국왕국어
독학(獨學) 필수
기출 독해 200선

구성과 특징

병태 요정이 알려주는 유형 GUIDE
문제의 풀이 과정을 발문 확인부터 선택지 분석까지 4단계로 나누어 설명해 두었어요. 이 단계를 잘 따라오면 낯선 제시문에도 당황하지 않고 문제를 풀 수 있답니다.

대표 기출
'대표 기출'에서 학습한 문제 풀이 과정을 실제 기출 문제에 적용하여 단계에 따라 문제 풀이 과정을 설명하고 있어요. 또한 필요한 경우에는 제시문에 설명을 보충하여 지문을 효과적으로 분석하는 방법을 제시하고 있답니다.

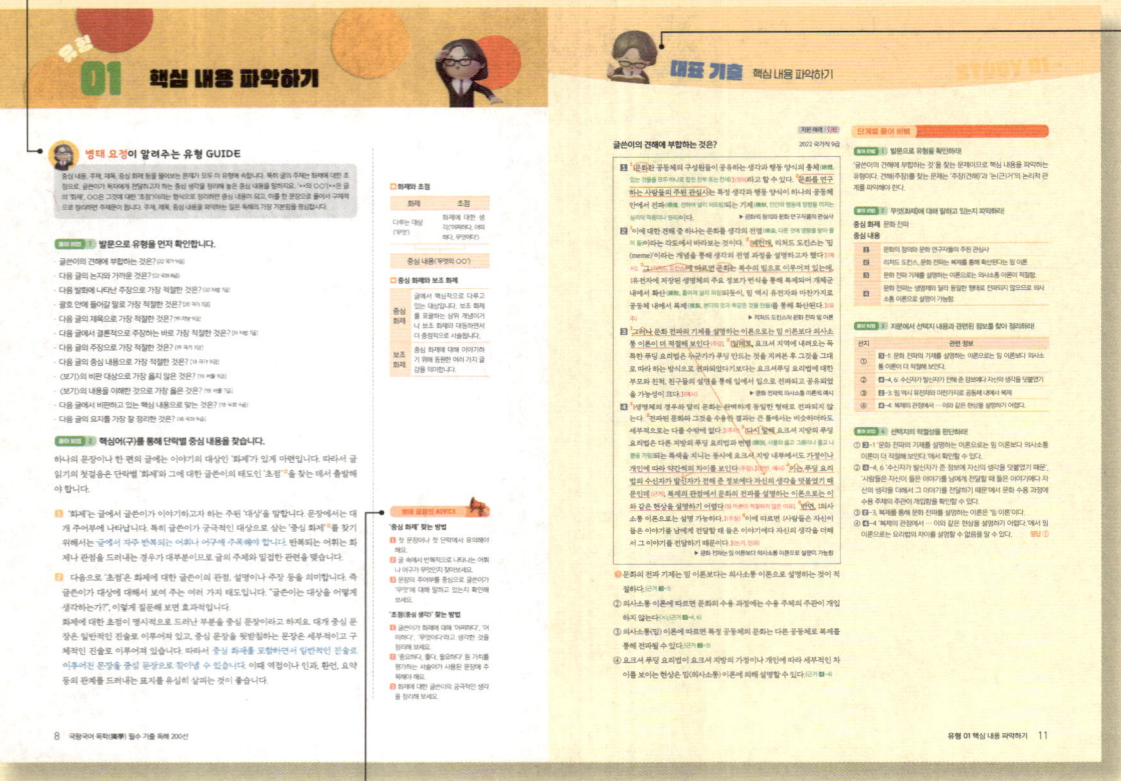

병태 요정 ADVICE
문제 풀이 과정에 대한 설명 중 낯선 개념이나 추가 보충해야 할 내용을 보조단에 수록하고 있어요. 또한 '병태 요정의 ADVICE'를 통해 비문학 문제를 푸는 데 필요한 실제 비법을 제공하고 있답니다.

학습일과 학습 시간 체크

문제를 풀 때에는 스톱워치를 활용해 4~5문항을 푸는 동안 걸리는 시간을 체크하는 연습이 필요해요. 문제 풀이에 필요한 모범 풀이 시간을 제시하고 있으므로 제한된 시간 안에 문제를 푸는 연습을 게을리하지 말아야 합니다.

단계별 풀이 비법

'유형 GUIDE'에서 학습한 문제 풀이 과정을 실제 기출 문제에 적용하여 STEP마다 문제 풀이 과정을 설명하고 있어요. 또한 필요한 경우에는 제시문에 설명을 보충하여 제시해 두었답니다.

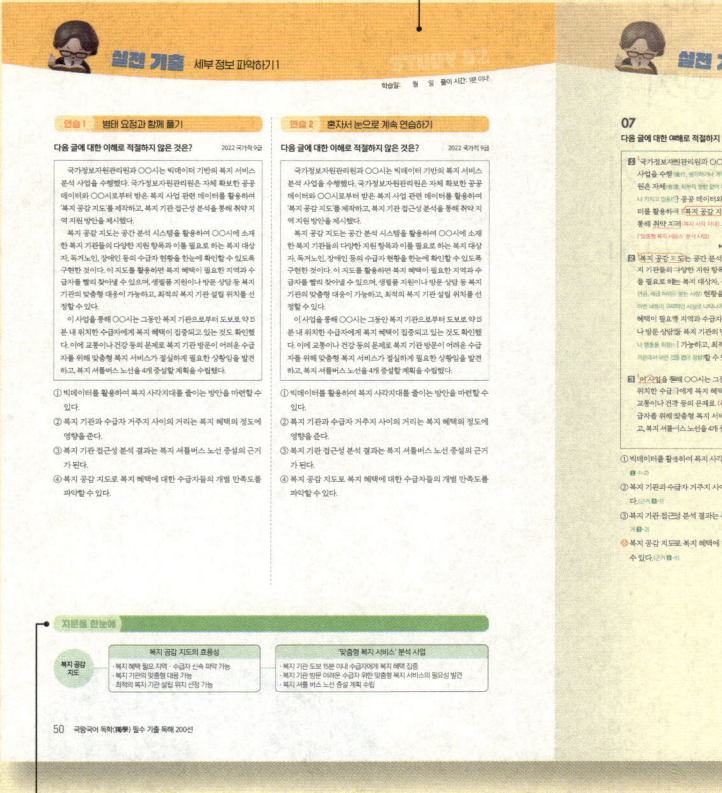
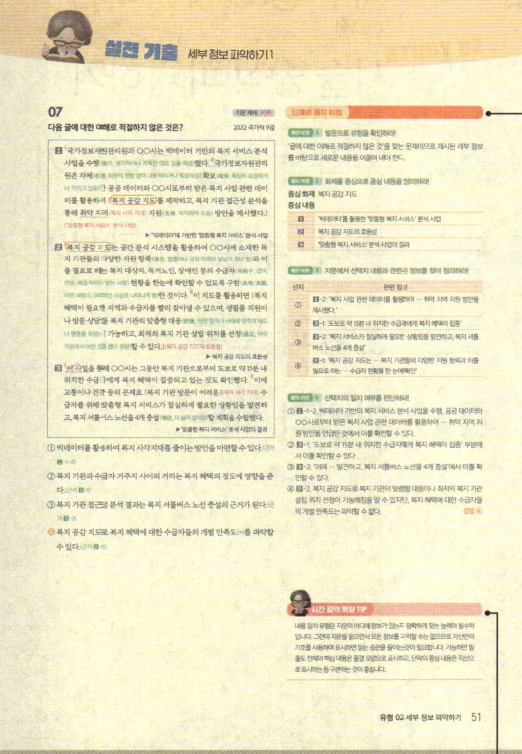

지문을 한눈에

지문의 내용을 한눈에 확인할 수 있도록 도식화하여 설명하였어요. 지문을 구조적으로 분석하는 연습을 통해 문제 풀이 능력을 향상할 수 있답니다.

개념 PLUS와 시간 절약 꿀팁 TIP

'개념 PLUS'는 제시문의 내용 또는 문제 풀이 방법과 관련하여 함께 학습하면 좋은 내용들로 구성했어요. 또한 문제 풀이 방법과 관련하여 알아 두면 비문학 독해 시간을 절약할 수 있는 '시간 절약 꿀팁 TIP'을 알려드릴게요.

국왕국어
독학(獨學) 필수
기출 독해 200선

유형 01 핵심 내용 파악하기

유형 02 세부 정보 파악하기

유형 03 서술 방식 파악하기

유형 04 논리적 흐름 파악하기

유형 05 추리·추론·비판하기

유형 06 논증과 오류

유형 07 화법과 작문

목차

Study	Theme	Page	Self Check
01	핵심 내용 파악하기	10	○ ○ ○
02	세부 정보 파악하기 1	36	○ ○ ○
03	세부 정보 파악하기 2	58	○ ○ ○
04	세부 정보 파악하기 3	78	○ ○ ○
05	세부 정보 파악하기 4	96	○ ○ ○
06	서술 방식 파악하기	120	○ ○ ○
07	논리적 흐름 파악하기	148	○ ○ ○
08	추리·추론·비판하기 1	178	○ ○ ○
09	추리·추론·비판하기 2	208	○ ○ ○
10	추리·추론·비판하기 3	236	○ ○ ○
11	추리·추론·비판하기 4	264	○ ○ ○
12	논증과 오류	296	○ ○ ○
13	화법과 작문 1	304	○ ○ ○
14	화법과 작문 2	332	○ ○ ○
15	화법과 작문 3	358	○ ○ ○

PART 1

유형 01 핵심 내용 파악하기
유형 02 세부 정보 파악하기

유형별 출제 경향

핵심 내용 파악하기
7개 유형 중 13%의 비중을 차지하고 있어 상대적으로 높은 출제 빈도를 보이고 있습니다. 과거에는 국가직의 경우 거의 매년 출제된 반면 지방직은 9급에서만 주로 출제되었으나, 현재는 국가직·지방직 7·9급에서 모두 출제되어 비문학에서 가장 핵심 파트임을 증명하고 있습니다.

세부 정보 파악하기
7개 유형 중 20%의 높은 비중을 차지하고 있으며, 매 시험에서 1문제 이상 출제되는 중요한 유형입니다. 전 직렬에서 고루 출제되며, 특히 국가직에서는 거의 매년 출제되고, 국회직, 법원직, 사회복지직 등 여러 직렬에서도 중요하게 출제되는 유형임을 고려할 때, [추리·추론·비판하기] 유형과 함께 가장 높은 출제율을 보이는 유형 중 하나입니다.

5개년 출제율

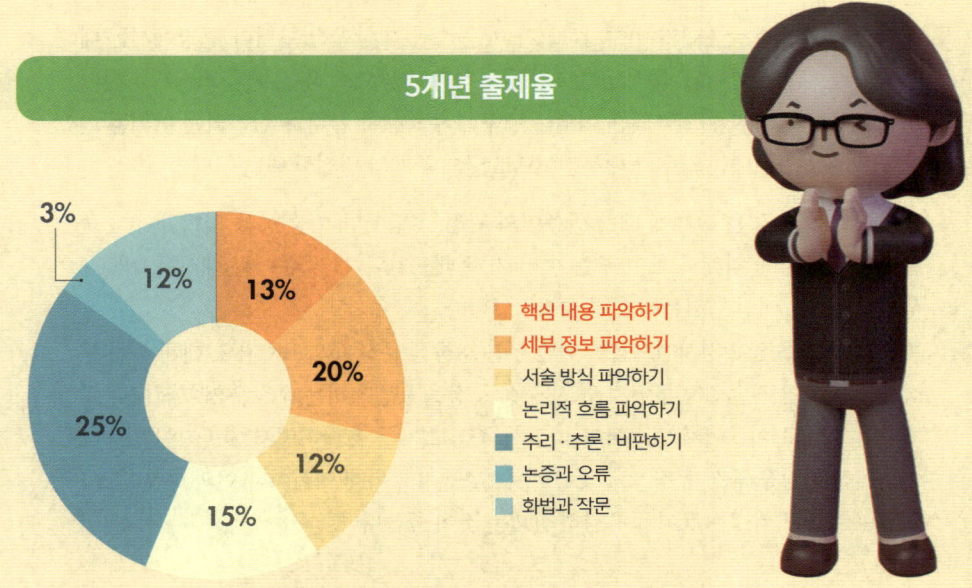

유형 01 핵심 내용 파악하기

병태 요정이 알려주는 유형 GUIDE

중심 내용, 주제, 제목, 중심 화제 등을 물어보는 문제가 모두 이 유형에 속합니다. 특히 글의 주제는 화제에 대한 초점으로, 글쓴이가 독자에게 전달하고자 하는 중심 생각을 정리해 놓은 중심 내용을 말하지요. 'xx의 ○○'(xx은 글의 '화제', ○○은 그것에 대한 '초점')이라는 형식으로 정리하면 중심 내용이 되고, 이를 한 문장으로 풀어서 구체적으로 정리하면 주제문이 됩니다. 주제, 제목, 중심 내용을 파악하는 일은 독해의 가장 기본임을 명심합시다.

📌 화제와 초점

화제	초점
다루는 대상 ('무엇')	화제에 대한 생각('어찌하다, 어떠하다, 무엇이다')

⬇

중심 내용('무엇의 ○○')

📌 중심 화제와 보조 화제

중심 화제	글에서 핵심적으로 다루고 있는 대상입니다. 보조 화제를 포괄하는 상위 개념이거나 보조 화제와 대등하면서 더 중점적으로 서술됩니다.
보조 화제	중심 화제에 대해 이야기하기 위해 동원한 여러 가지 글감을 의미합니다.

풀이 비법 1 발문으로 유형을 먼저 확인합니다.

- 글쓴이의 견해에 부합하는 것은? [22 국가 9급]
- 다음 글의 논지와 가까운 것은? [22 국회 8급]
- 다음 발화에 나타난 주장으로 가장 적절한 것은? [20 지방 7급]
- 괄호 안에 들어갈 말로 가장 적절한 것은? [20 국가 7급]
- 다음 글의 제목으로 가장 적절한 것은? [19 지방 9급]
- 다음 글에서 결론적으로 주장하는 바로 가장 적절한 것은? [19 지방 7급]
- 다음 글의 주장으로 가장 적절한 것은? [19 국가 7급]
- 다음 글의 중심 내용으로 가장 적절한 것은? [18 국가 9급]
- 〈보기〉의 비판 대상으로 가장 옳지 않은 것은? [18 서울 9급]
- 〈보기〉의 내용을 이해한 것으로 가장 옳은 것은? [18 서울 7급]
- 다음 글에서 비판하고 있는 핵심 내용으로 맞는 것은? [18 국회 9급]
- 다음 글의 요지를 가장 잘 정리한 것은? [18 국회 9급]

풀이 비법 2 핵심어(구)를 통해 단락별 중심 내용을 찾습니다.

하나의 문장이나 한 편의 글에는 이야기의 대상인 '화제'가 있게 마련입니다. 따라서 글 읽기의 첫걸음은 단락별 '화제'와 그에 대한 글쓴이의 태도인 '초점'을 찾는 데서 출발해야 합니다.

병태 요정의 ADVICE

'중심 화제' 찾는 방법
1. 첫 문장이나 첫 단락에서 유의해야 해요.
2. 글 속에서 반복적으로 나타나는 어휘나 어구가 무엇인지 찾아보세요.
3. 문장의 주어부를 중심으로 글쓴이가 '무엇'에 대해 말하고 있는지 확인해 보세요.

'초점(중심 생각)' 찾는 방법
1. 글쓴이가 화제에 대해 '어찌하다', '어떠하다', '무엇이다'라고 생각한 것을 정리해 보세요.
2. '중요하다, 좋다, 필요하다' 등 가치를 평가하는 서술어가 사용된 문장에 주목해야 해요.
3. 화제에 대한 글쓴이의 궁극적인 생각을 정리해 보세요.

1. '화제'는 글에서 글쓴이가 이야기하고자 하는 주된 '대상'을 말합니다. 문장에서는 대개 주어부에 나타납니다. 특히 글쓴이가 궁극적인 대상으로 삼는 '중심 화제'를 찾기 위해서는 글에서 자주 반복되는 어휘나 어구에 주목해야 합니다. 반복되는 어휘는 화제나 관점을 드러내는 경우가 대부분이므로 글의 주제와 밀접한 관련을 맺습니다.

2. 다음으로 '초점'은 화제에 대한 글쓴이의 관점, 설명이나 주장 등을 의미합니다. 즉 글쓴이가 대상에 대해서 보여 주는 여러 가지 태도입니다. "글쓴이는 대상을 어떻게 생각하는가?", 이렇게 질문해 보면 효과적입니다.

화제에 대한 초점이 명시적으로 드러난 부분을 중심 문장이라고 하지요. 대개 중심 문장은 일반적인 진술로 이루어져 있고, 중심 문장을 뒷받침하는 문장은 세부적이고 구체적인 진술로 이루어져 있습니다. 따라서 중심 화제를 포함하면서 일반적인 진술로 이루어진 문장을 중심 문장으로 찾아낼 수 있습니다. 이때 역접이나 인과, 환언, 요약 등의 관계를 드러내는 표지를 유심히 살피는 것이 좋습니다.

3 글에 따라 중심 문장이 드러나지 않은 경우도 있습니다. 이런 경우에는 문단 내용을 바탕으로 중심 문장을 재구성해야 합니다. 즉 글쓴이가 화제의 어떤 점을 어떻게 말하고 있는가 하는 초점을 파악해야 합니다. '화제'와 '초점'을 정리하면 그것이 곧 단락의 중심 내용이 됩니다.

> **풀이 비법 2 한눈에 쏙쏙**
>
> 1 단락에서 반복되는 어휘에 주목하여 '화제'를 찾으세요.
>
> ↓
>
> 2 단락의 중심 화제를 포함하면서 일반적 진술로 이루어진 중심 문장을 찾으세요.
>
> ↓
>
> 3 단락 내용을 재구성하여 중심 내용을 정리하세요.

풀이 비법 3 단락별 중심 내용을 종합하여 주제를 파악합니다.

각 단락의 중심 내용을 파악했다면, 이를 종합하여 글쓴이가 궁극적으로 말하고자 하는 바가 무엇인지 판단해야 합니다. 이것이 바로 글의 주제가 되지요. 글의 주제는 글 전체의 화제와 초점을 정리하면 됩니다.

1 우선 단락별 중심 내용들을 바탕으로 각 단락의 성격 등을 통해 단락 간의 관계를 살펴봅니다. 글의 흐름상 도입이나 전제, 상술, 부연, 예시, 강조 등의 역할을 하는 뒷받침 단락보다 글쓴이의 주장이나 의도, 관점 등이 나타나는 중심 단락을 찾습니다.

2 이러한 단락의 관계를 중심으로 각 단락의 중심 내용들을 종합합니다. 내용을 종합할 때에는 모든 단락의 중심 내용들을 포괄할 수 있도록 합니다.

3 단락별 중심 내용들을 아우르는 내용을 파악한 후에는 글쓴이의 궁극적인 의도나 중심 화제에 대한 관점 등이 드러나도록 요약합니다. 이와 같이 요약하여 글쓴이가 궁극적으로 말하고자 하는 바, 즉 글의 주제를 도출할 수 있습니다.

> **풀이 비법 3 한눈에 쏙쏙**
>
> 1 단락 간의 관계를 살펴 글쓴이의 의도나 관점 등이 드러나는 중심 단락을 찾으세요.
>
> ↓
>
> 2 단락별 중심 내용을 종합하여 글 전체의 중심 내용을 정리해요.
>
> ↓
>
> 3 글쓴이의 의도가 드러나도록 요약하여 주제를 도출하세요.

풀이 비법 4 부합하는 선택지를 찾습니다.

단락별 중심 내용 모두를 포괄하는 선택지를 고릅니다. 선택지는 대개 '화제＋핵심어(구)'로 구성되는데, 특히 '핵심어(구)'에 유의하여 사전에 파악한 주제와의 일치 여부를 파악해야 합니다. 중심 화제나 조금이라도 어긋나거나 관계없는 내용, 부차적인 내용을 포함한 선택지는 제외하도록 합니다.

▶ 단락의 종류

중심 단락	주제 문단	주제 및 논지가 드러난 문단입니다.
	결론 문단	앞부분의 내용을 요약·정리·종합하는 문단입니다.
뒷받침 단락	도입 문단	글을 쓰는 동기나 목적, 문제 제기 등을 통해 독자의 흥미를 유발하는 문단입니다.
	상술 문단	앞부분의 내용을 자세하게 설명하는 문단입니다.
	예시 문단	구체적 사례를 들어 설명하는 문단입니다.
	부연 문단	앞부분의 내용에서 부족한 부분을 보충하는 문단입니다.
	첨가 문단	앞부분의 내용에 새로운 내용을 덧붙이는 문단입니다.

병태 요점의 ADVICE

중심 내용의 요약('○○'은 화제)

1 **○○의 개념**: 대상의 뜻을 정의의 방법 등으로 풀이하는 내용이에요.
2 **○○의 본질**: 대상의 근본적인 뜻이나 성격을 밝히는 내용이에요.
3 **○○의 의의**: 대상이 갖는 가치나 필요성, 중요성을 밝히는 내용이에요.
4 **○○의 특징**: 그 대상만이 지니고 있는 독특한 성격을 밝히는 내용이에요.
5 **○○의 기능**: 그 대상이 속해 있는 전체에 대하여 담당하는 역할을 밝히는 내용이에요.

다음 글의 중심 내용으로 가장 적절한 것은?

2022 국가직 9급

문화란 공동체의 구성원들이 공유하는 생각과 행동 양식의 총체라고 할 수 있다. 문화를 연구하는 사람들의 주된 관심사는 특정 생각과 행동 양식이 하나의 공동체 안에서 전파되는 기제이다.

이에 대한 견해 중 하나는 문화를 생각의 전염이라는 각도에서 바라보는 것이다. 예컨대, 리처드 도킨스는 '밈(meme)'이라는 개념을 통해 생각의 전염 과정을 설명하고자 했다. 그에 따르면 문화는 복수의 밈으로 이루어져 있는데, 유전자에 저장된 생명체의 주요 정보가 번식을 통해 복제되어 개체군 내에서 확산되듯이, 밈 역시 유전자와 마찬가지로 공동체 내에서 복제를 통해 확산된다.

그러나 문화 전파의 기제를 설명하는 이론으로는 밈 이론보다 의사소통 이론이 더 적절해 보인다. 일례로, 요크셔 지역에 내려오는 독특한 푸딩 요리법은 누군가가 푸딩 만드는 것을 지켜본 후 그것을 그대로 따라 하는 방식으로 전파되었다기보다는 요크셔 푸딩 요리법에 대한 부모와 친척, 친구들의 설명을 통해 입에서 입으로 전파되고 공유되었을 가능성이 크다.

생명체의 경우와 달리 문화는 완벽하게 동일한 형태로 전파되지 않는다. 전파된 문화와 그것을 수용한 결과는 큰 틀에서는 비슷하더라도 세부적으로는 다를 수밖에 없다. 다시 말해 요크셔 지방의 푸딩 요리법은 다른 지방의 푸딩 요리법과 변별되는 특색을 지니는 동시에 요크셔 지방 내부에서도 가정이나 개인에 따라 약간씩의 차이를 보인다. 이는 푸딩 요리법의 수신자가 발신자가 전해 준 정보에다 자신의 생각을 덧붙였기 때문인데, 복제의 관점에서 문화의 전파를 설명하는 이론으로는 이와 같은 현상을 설명하기 어렵다. 반면, 의사소통 이론으로는 설명 가능하다. 이에 따르면 사람들은 자신이 들은 이야기를 남에게 전달할 때 들은 이야기에다 자신의 생각을 더해서 그 이야기를 전달하기 때문이다.

① 문화의 전파 기제는 밈 이론보다는 의사소통 이론으로 설명하는 것이 적절하다.
② 의사소통 이론에 따르면 문화의 수용 과정에는 수용 주체의 주관이 개입하지 않는다.
③ 의사소통 이론에 따르면 특정 공동체의 문화는 다른 공동체로 복제를 통해 전파될 수 있다.
④ 요크셔 푸딩 요리법이 요크셔 지방의 가정이나 개인에 따라 세부적인 차이를 보이는 현상은 밈 이론에 의해 설명할 수 있다.

대표 기출 — 핵심 내용 파악하기

글쓴이의 견해에 부합하는 것은?

지문 제재 | 인문
2022 국가직 9급

1 ¹문화란 공동체의 구성원들이 공유하는 생각과 행동 양식의 총체(總體, 있는 것들을 모두 하나로 합친 전부 또는 전체)(정의)라고 할 수 있다. ²문화를 연구하는 사람들의 주된 관심사는 특정 생각과 행동 양식이 하나의 공동체 안에서 전파(傳播, 전하여 널리 퍼뜨림)되는 기제(機制, 인간의 행동에 영향을 미치는 심리의 작용이나 원리)이다.
▶ 문화의 정의와 문화 연구자들의 관심사

2 ¹이에 대한 견해 중 하나는 문화를 생각의 전염(傳染, 다른 것에 영향을 받아 물이 듦)이라는 각도에서 바라보는 것이다. ²예컨대, 리처드 도킨스는 '밈(meme)'이라는 개념을 통해 생각의 전염 과정을 설명하고자 했다.(예시) ³그(리처드 도킨스)에 따르면 문화는 복수의 밈으로 이루어져 있는데, [유전자에 저장된 생명체의 주요 정보가 번식을 통해 복제되어 개체군 내에서 확산(擴散, 흩어져 널리 퍼짐)되듯이, 밈 역시 유전자와 마찬가지로 공동체 내에서 복제(複製, 본디의 것과 똑같은 것을 만듦)를 통해 확산된다.](유추)
▶ 리처드 도킨스의 문화 전파 밈 이론

3 ¹그러나 문화 전파의 기제를 설명하는 이론으로는 밈 이론보다 의사소통 이론이 더 적절해 보인다.(주장) ²[일례로, 요크셔 지역에 내려오는 독특한 푸딩 요리법은 누군가가 푸딩 만드는 것을 지켜본 후 그것을 그대로 따라 하는 방식으로 전파되었다기보다는 요크셔푸딩 요리법에 대한 부모와 친척, 친구들의 설명을 통해 입에서 입으로 전파되고 공유되었을 가능성이 크다.](예시)
▶ 문화 전파의 의사소통 이론의 예시

4 ¹[생명체의 경우와 달리 문화는 완벽하게 동일한 형태로 전파되지 않는다. ²전파된 문화와 그것을 수용한 결과는 큰 틀에서는 비슷하더라도 세부적으로는 다를 수밖에 없다.](주장) ³[다시 말해 요크셔 지방의 푸딩 요리법은 다른 지방의 푸딩 요리법과 변별(辨別, 사물의 옳고 그름이나 좋고 나쁨을 가림)되는 특색을 지니는 동시에 요크셔 지방 내부에서도 가정이나 개인에 따라 약간씩의 차이를 보인다.(주장)](환언, 예시) ⁴이는 푸딩 요리법의 수신자가 발신자가 전해 준 정보에다 자신의 생각을 덧붙였기 때문인데(근거), 복제의 관점에서 문화의 전파를 설명하는 이론으로는 이와 같은 현상을 설명하기 어렵다(밈 이론이 적절하지 않은 이유). ⁵반면, [의사소통 이론으로는 설명 가능하다.](주장) ⁶이에 따르면 [사람들은 자신이 들은 이야기를 남에게 전달할 때 들은 이야기에다 자신의 생각을 더해서 그 이야기를 전달하기 때문이다.](논거, 인과)
▶ 문화 전파는 밈 이론보다 의사소통 이론으로 설명이 가능함

① 문화의 전파 기제는 밈 이론보다는 의사소통 이론으로 설명하는 것이 적절하다.(근거 **3**-1)
② 의사소통 이론에 따르면 문화의 수용 과정에는 수용 주체의 주관이 개입하지 않는다(×).(근거 **4**-4, 6)
③ 의사소통(밈) 이론에 따르면 특정 공동체의 문화는 다른 공동체로 복제를 통해 전파될 수 있다.(근거 **2**-3)
④ 요크셔 푸딩 요리법이 요크셔 지방의 가정이나 개인에 따라 세부적인 차이를 보이는 현상은 밈(의사소통) 이론에 의해 설명할 수 있다.(근거 **4**-4)

단계별 풀이 비법

풀이 비법 1 발문으로 유형을 확인하라!

'글쓴이의 견해에 부합하는 것'을 찾는 문제이므로 핵심 내용을 파악하는 유형이다. 견해(주장)를 찾는 문제는 '주장(견해)'과 '논(근)거'의 논리적 관계를 파악해야 한다.

풀이 비법 2 무엇(화제)에 대해 말하고 있는지 파악하라!

중심 화제 문화 전파
중심 내용

1	문화의 정의와 문화 연구자들의 주된 관심사
2	리처드 도킨스, 문화 전파는 복제를 통해 확산된다는 밈 이론
3	문화 전파 기제를 설명하는 이론으로는 의사소통 이론이 적절함.
4	문화 전파는 생명체와 달리 동일한 형태로 전파되지 않으므로 의사소통 이론으로 설명이 가능함.

풀이 비법 3 지문에서 선택지 내용과 관련된 정보를 찾아 정리하라!

선지	관련 정보
①	**3**-1: 문화 전파의 기제를 설명하는 이론으로는 밈 이론보다 의사소통 이론이 더 적절해 보인다.
②	**4**-4, 6: 수신자가 발신자가 전해 준 정보에다 자신의 생각을 덧붙였기
③	**2**-3: 밈 역시 유전자와 마찬가지로 공동체 내에서 복제
④	**4**-4: 복제의 관점에서 … 이와 같은 현상을 설명하기 어렵다.

풀이 비법 4 선택지의 적절성을 판단하라!

① **3**-1 '문화 전파의 기제를 설명하는 이론으로는 밈 이론보다 의사소통 이론이 더 적절해 보인다.'에서 확인할 수 있다.
② **4**-4, 6 '수신자가 발신자가 준 정보에 자신의 생각을 덧붙였기 때문', '사람들은 자신이 들은 이야기를 남에게 전달할 때 들은 이야기에다 자신의 생각을 더해서 그 이야기를 전달하기 때문에'에서 문화 수용 과정에 수용 주체의 주관이 개입함을 확인할 수 있다.
③ **2**-3, 복제를 통해 문화 전파를 설명하는 이론은 '밈 이론'이다.
④ **4**-4 '복제의 관점에서 … 이와 같은 현상을 설명하기 어렵다.'에서 밈 이론으로는 요리법의 차이를 설명할 수 없음을 알 수 있다.   **정답 ①**

실전 기출 — 핵심 내용 파악하기

학습일: 월   일   풀이 시간: 1분 이내

연습 1 병태 요정과 함께 풀기

다음 글의 중심 내용으로 가장 적절한 것은?   2023 지방직 9급

　교환가치는 거래를 통해 발생하는 가치이며, 사용가치는 어떤 상품을 사용할 때 느끼는 가치이다. 전자가 시장에서 결정된다는 점에서 객관적이라면, 후자는 개인에 따라 다르다는 점에서 주관적이다. 상품에는 사용가치와 교환가치가 섞여 있는데, 교환가치가 아무리 높아도 '나'에게 사용가치가 없다면 해당 상품을 구매하지 않을 것이다.

　하지만 이 같은 상식이 통하지 않는 경우를 종종 볼 수 있다. 예를 들어 보자. 인터넷 커뮤니티에서 백만 원짜리 공연 티켓을 판매하는데, 어떤 사람이 "이 공연의 가치는 돈으로 환산할 수 없어요." 등의 댓글들을 보고서 애초에 관심도 없던 이 공연의 티켓을 샀다. 그에게 그 공연의 사용가치는 처음에는 없었으나 많은 댓글로 인해 사용가치가 있을 것으로 잘못 판단한 것이다. 안타깝게도, 그는 그 공연에서 조금도 만족하지 못했다.

　이 사례에서 볼 때 건강한 소비를 위해서는 구매하려는 상품의 사용가치가 어떤 과정을 거쳐 결정된 것인지 곰곰이 생각해봐야 한다. '나'에게 얼마나 필요한가에 대한 고민 없이 다른 사람들의 말에 휩쓸려 어떤 상품의 사용가치가 결정될 때, 그 상품은 '나'에게 쓸모없는 골칫덩이가 될 수 있다.

① 사용가치보다 교환가치가 큰 상품을 구매해야 한다.
② 상품을 구매할 때 사용가치와 교환가치를 두루 고려해야 한다.
③ 상품에 대한 다른 사람들의 평가를 반영해서 상품을 구매해야 한다.
④ 상품을 구매할 때 사용가치가 자신의 필요에 의해 결정된 것인지 신중하게 따져야 한다.

연습 2 혼자서 눈으로 계속 연습하기

다음 글의 중심 내용으로 가장 적절한 것은?   2023 지방직 9급

　교환가치는 거래를 통해 발생하는 가치이며, 사용가치는 어떤 상품을 사용할 때 느끼는 가치이다. 전자가 시장에서 결정된다는 점에서 객관적이라면, 후자는 개인에 따라 다르다는 점에서 주관적이다. 상품에는 사용가치와 교환가치가 섞여 있는데, 교환가치가 아무리 높아도 '나'에게 사용가치가 없다면 해당 상품을 구매하지 않을 것이다.

　하지만 이 같은 상식이 통하지 않는 경우를 종종 볼 수 있다. 예를 들어 보자. 인터넷 커뮤니티에서 백만 원짜리 공연 티켓을 판매하는데, 어떤 사람이 "이 공연의 가치는 돈으로 환산할 수 없어요." 등의 댓글들을 보고서 애초에 관심도 없던 이 공연의 티켓을 샀다. 그에게 그 공연의 사용가치는 처음에는 없었으나 많은 댓글로 인해 사용가치가 있을 것으로 잘못 판단한 것이다. 안타깝게도, 그는 그 공연에서 조금도 만족하지 못했다.

　이 사례에서 볼 때 건강한 소비를 위해서는 구매하려는 상품의 사용가치가 어떤 과정을 거쳐 결정된 것인지 곰곰이 생각해봐야 한다. '나'에게 얼마나 필요한가에 대한 고민 없이 다른 사람들의 말에 휩쓸려 어떤 상품의 사용가치가 결정될 때, 그 상품은 '나'에게 쓸모없는 골칫덩이가 될 수 있다.

① 사용가치보다 교환가치가 큰 상품을 구매해야 한다.
② 상품을 구매할 때 사용가치와 교환가치를 두루 고려해야 한다.
③ 상품에 대한 다른 사람들의 평가를 반영해서 상품을 구매해야 한다.
④ 상품을 구매할 때 사용가치가 자신의 필요에 의해 결정된 것인지 신중하게 따져야 한다.

지문을 한눈에

건강한 소비 방법

교환가치와 사용가치 개념	사용가치의 중요성 사례	주지
· 교환가치: 거래를 통해 발생하는 가치, 객관적 · 사용가치: 어떤 상품을 사용할 때 느끼는 가치, 주관적	사용가치가 없으나 남들로 인해 사용가치가 있을 것으로 오판하면 불만족하게 됨.	건강한 소비를 위해서는 구매하려는 상품의 사용가치가 어떤 과정을 거쳐 결정된 것인지 곰곰이 생각해봐야 함.

실전 기출 — 핵심 내용 파악하기

01
다음 글의 중심 내용으로 가장 적절한 것은?

지문 제재 | 사회
2023 지방직 9급

1. [¹교환가치(交換價値, 일정량의 물품이 다른 종류의 물품과 어떤 비율로 교환될 수 있는가 하는 상대적 가치)는 거래(去來, 주고받음. 또는 사고팖)를 통해 발생하는 가치이며, 사용가치(使用價値, 경제 사람의 욕망을 채울 수 있는 재화나 용역의 유용성)는 어떤 상품을 사용할 때 느끼는 가치이다.](개념 제시) [²전자가 시장에서 결정된다는 점에서 객관적(客觀的, 자기와의 관계에서 벗어나 제삼자의 입장에서 사물을 보거나 생각하는 것)이라면, 후자는 개인에 따라 다르다는 점에서 주관적이다.](대조) [³상품에는 사용가치와 교환가치가 섞여 있는데, 교환가치가 아무리 높아도 '나'에게 사용가치가 없다면 해당 상품을 구매(購買, 물건 따위를 사들임)하지 않을 것이다.](전제)
   ▶ 높은 교환가치에도 사용가치가 없다면 구매를 안 함

2. ¹하지만 이 같은 상식이 통하지 않는 경우를 종종 볼 수 있다. ²예를 들어 보자. 인터넷 커뮤니티에서 백만 원짜리 공연 티켓을 판매(販賣, 상품 따위를 팖)하는데, 어떤 사람이 "이 공연의 가치는 돈으로 환산(換算, 어떤 단위나 척도로 된 것을 다른 단위나 척도로 고쳐서 헤아림)할 수 없어요." 등의 댓글들을 보고서 애초에 관심도 없던 이 공연의 티켓을 샀다. ³그에게 그 공연의 사용가치는 처음에는 없었으나 많은 댓글로 인해 사용가치가 있을 것으로 [잘못 판단](誤判/오판)한 것이다. ⁴안타깝게도, 그는 그 공연에서 조금도 만족하지 못했다. ▶ 사용가치가 없음에도 상품을 구매한 사례

3. ¹위 사례에서 볼 때 [건강한 소비(消費, 돈이나 물자, 시간, 노력 따위를 들이거나 써서 없앰)를 위해서는 구매하려는 상품의 사용가치가 어떤 과정을 거쳐 결정된 것인지 곰곰이 생각해봐야 한다.](주지) ²['나'에게 얼마나 필요한가에 대한 고민 없이 다른 사람들의 말에 휩쓸려 어떤 상품의 사용가치가 결정될 때, 그 상품은 '나'에게 쓸모없는 골칫덩이가 될 수 있다.](부연)
   ▶ 건강한 소비를 위해서 사용가치의 의미를 고민해야 함

① 사용가치보다 교환가치가 큰(×) 상품을 구매해야 한다.(근거 **1**-3, **2**-3, 4)
② 상품을 구매할 때 사용가치와 교환가치를 두루(×) 고려해야 한다.(근거 **1**-3, **3**-1)
③ 상품에 대한 다른 사람들의 평가를 반영해서(×) 상품을 구매해야 한다.(근거 **3**-2)
④ 상품을 구매할 때 사용가치가 자신의 필요에 의해 결정된 것인지 신중하게 따져야 한다.(근거 **3**-1)

단계별 풀이 비법

풀이 비법 1 발문으로 유형을 확인하라!
'글의 중심 내용'을 묻고 있으므로 글 전체를 아우르는 주제를 찾는 유형이다.

풀이 비법 2 무엇(화제)에 대해 말하고 있는지 파악하라!

중심 화제 교환가치와 사용가치
중심 내용

1	교환가치가 높더라도 사용가치가 없다면 구매가 이루어지지 않음.
2	교환가치가 높아서 나에게 사용가치가 없음에도 불구하고 상품을 구매한 사례
3	건강한 소비를 위해서 사용가치의 의미를 고민해야 함.

풀이 비법 3 지문에서 선택지 내용과 관련된 정보를 찾아 정리하라!

선지	관련 정보
①	**1**-3, **2**-3, 4: 교환가치가 아무리 높아도 '나'에게 사용가치가 없다면 해당 상품을 구매하지 않을 것, 사용가치가 있을 것으로 오판하면 만족하지 못한다.
②	**1**-3, **3**-1: 교환가치가 아무리 높아도 '나'에게 사용가치가 없다면 해당 상품을 구매하지 않을 것
③	**3**-2: 다른 사람들의 말에 휩쓸려 어떤 상품의 사용가치가 결정될 때, 그 상품은 '나'에게 쓸모없는 골칫덩이가 됨.
④	**3**-1: 건강한 소비를 위해서는 구매하려는 상품의 사용가치가 어떤 과정을 거쳐 결정된 것인지 곰곰이 생각해봐야 한다.

풀이 비법 4 선택지의 적절성을 판단하라!
① 건강한 소비를 위해서는 사용가치가 어떻게 결정된 것인지 생각해 봐야 하므로 이 글의 중심 내용과는 관련이 없는 내용이다.
② 상품에는 두 가치가 섞여 있다는 내용은 제시되어 있지만, 두 가치를 두루 고려해야 한다는 내용은 없다.
③ 상품 구매시 다른 사람들의 말에 휩쓸려 어떤 상품의 사용가치가 결정되면 안 된다고 하였다.
④ 건강한 소비를 위해서는 구매하려는 상품의 사용가치가 어떤 과정을 거쳐 결정된 것인지 곰곰이 생각해봐야 한다고 했으므로 중심 내용으로 적절하다.

정답 ④

실전 기출 핵심 내용 파악하기

학습일: 월   일   풀이 시간: 1분 이내

연습 1 병태 요정과 함께 풀기

다음 글을 이해한 내용으로 가장 적절한 것은?   2023 국가직 9급

전 세계를 대표하는 항공기인 보잉과 에어버스의 중요한 차이점은 자동조종시스템의 활용 정도에 있다. 보잉의 경우, 조종사가 대개 항공기를 조종간으로 직접 통제한다. 조종간은 비행기의 날개와 물리적으로 연결되어 있어서 어떤 상황에서도 조종사가 조작한 대로 반응한다. 이와 다르게 에어버스는 조종간 대신 사이드스틱을 설치하여 컴퓨터가 조종사의 행동을 제한하거나 조종에 개입할 수 있게 설계되었다. 보잉에서는 조종사가 항공기를 통제할 수 있는 전권을 가지지만 에어버스에서는 컴퓨터가 조종사의 조작을 감시하고 제한한다.

보잉과 에어버스의 이러한 차이는 기계를 다루는 인간을 바라보는 관점이 서로 다른 데서 비롯된다. 보잉사를 창립한 윌리엄 보잉의 철학은 "비행기를 통제하는 최종 권한은 언제나 조종사에게 있다."이다. 시스템은 불안정하고 완벽하지 않기 때문에 컴퓨터가 조종사의 판단보다 우선시될 수 없다는 것이다. 반면 에어버스의 아버지라고 불리는 베테유는 "인간은 실수할 수 있는 존재"라고 전제한다. 베테유는 이런 자신의 신념을 토대로 에어버스를 설계함으로써 조종사의 모든 조작을 컴퓨터가 모니터링하고 제한하게 만든 것이다.

① 보잉은 시스템의 불완전성을, 에어버스는 인간의 실수 가능성을 고려하여 설계되었다.
② 베테유는 인간이 실수할 수 있는 존재라고 보지만 윌리엄 보잉은 그렇지 않다고 본다.
③ 에어버스의 조종사는 항공기 운항에서 자동조종시스템을 통제하고 조작한다.
④ 보잉의 조종사는 자동조종시스템을 사용하지 않고 항공기를 조종한다.

연습 2 혼자서 눈으로 계속 연습하기

다음 글을 이해한 내용으로 가장 적절한 것은?   2023 국가직 9급

전 세계를 대표하는 항공기인 보잉과 에어버스의 중요한 차이점은 자동조종시스템의 활용 정도에 있다. 보잉의 경우, 조종사가 대개 항공기를 조종간으로 직접 통제한다. 조종간은 비행기의 날개와 물리적으로 연결되어 있어서 어떤 상황에서도 조종사가 조작한 대로 반응한다. 이와 다르게 에어버스는 조종간 대신 사이드스틱을 설치하여 컴퓨터가 조종사의 행동을 제한하거나 조종에 개입할 수 있게 설계되었다. 보잉에서는 조종사가 항공기를 통제할 수 있는 전권을 가지지만 에어버스에서는 컴퓨터가 조종사의 조작을 감시하고 제한한다.

보잉과 에어버스의 이러한 차이는 기계를 다루는 인간을 바라보는 관점이 서로 다른 데서 비롯된다. 보잉사를 창립한 윌리엄 보잉의 철학은 "비행기를 통제하는 최종 권한은 언제나 조종사에게 있다."이다. 시스템은 불안정하고 완벽하지 않기 때문에 컴퓨터가 조종사의 판단보다 우선시될 수 없다는 것이다. 반면 에어버스의 아버지라고 불리는 베테유는 "인간은 실수할 수 있는 존재"라고 전제한다. 베테유는 이런 자신의 신념을 토대로 에어버스를 설계함으로써 조종사의 모든 조작을 컴퓨터가 모니터링하고 제한하게 만든 것이다.

① 보잉은 시스템의 불완전성을, 에어버스는 인간의 실수 가능성을 고려하여 설계되었다.
② 베테유는 인간이 실수할 수 있는 존재라고 보지만 윌리엄 보잉은 그렇지 않다고 본다.
③ 에어버스의 조종사는 항공기 운항에서 자동조종시스템을 통제하고 조작한다.
④ 보잉의 조종사는 자동조종시스템을 사용하지 않고 항공기를 조종한다.

지문을 한눈에

자동조종 시스템의 활용 정도	보잉	에어버스
	조종사가 대개 항공기를 조종간으로 직접 통제 조종사가 항공기를 통제할 수 있는 전권을 가짐.	컴퓨터가 조종사의 행동을 제한하거나 조종에 개입함. 컴퓨터가 조종사의 조작을 감시하고 제한함.

실전 기출 — 핵심 내용 파악하기

02
다음 글을 이해한 내용으로 가장 적절한 것은?

지문 제재 | 기술
2023 국가직 9급

> **1** ¹전 세계를 대표하는 항공기인 보잉과 에어버스의 중요한 차이점은 자동조종(自動操縱, 조종사의 조종 없이도 항공기가 미리 정해 놓은 비행 경로 및 고도를 유지하도록 하는 조종 장치)시스템의 활용 정도(程度, 알맞은 한도)에 있다. ²보잉의 경우, 조종사가 대개 항공기를 조종간으로 직접 통제(統制, 일정한 방침이나 목적에 따라 행위를 제한하거나 제약함)한다. ³조종간은 비행기의 날개와 물리적으로 연결되어 있어서 어떤 상황에서도 조종사가 조작(操作, 기계 따위를 일정한 방식에 따라 다루어 움직임)한 대로 반응(反應, 자극에 대응하여 어떤 현상이 일어남)한다. ⁴이와 다르게 에어버스는 조종간(操縱杆, 조종사가 항공기의 비행 방향과 운동 방향을 조종하는 막대 모양의 장치) 대신 사이드스틱을 설치(設置, 어떤 일을 하는 데 필요한 기관이나 설비 따위를 베풀어 둠)하여 컴퓨터가 조종사의 행동을 제한하거나 조종에 개입(介入, 자신과 직접적인 관계가 없는 일에 끼어듦)할 수 있게 설계(設計, 계획을 세움)되었다. ⁵보잉에서는 조종사가 항공기를 통제할 수 있는 전권(全權, 맡겨진 일을 책임지고 처리할 수 있는 일체의 권한)을 가지지만 에어버스에서는 컴퓨터가 조종사의 조작을 감시하고 제한(制限, 일정한 한도를 정하거나 그 한도를 넘지 못하게 막음)한다.
> ▶ 보잉과 에어버스의 차이점
>
> **2** ¹보잉과 에어버스의 이러한 차이는 기계를 다루는 인간을 바라보는 관점(觀點, 사물이나 현상을 관찰할 때, 그 사람이 보고 생각하는 태도나 방향 또는 처지)이 서로 다른 데서 비롯된다. ²보잉사를 창립한 윌리엄 보잉의 철학은 "비행기를 통제하는 최종 권한은 언제나 조종사에게 있다."이다. ³시스템은 불안정하고 완벽하지 않기 때문에 컴퓨터가 조종사의 판단(判斷, 사물을 인식하여 논리나 기준 등에 따라 판정을 내림)보다 우선시될 수 없다는 것이다. ⁴반면 에어버스의 아버지라고 불리는 베테유는 "인간은 실수할 수 있는 존재"라고 전제(前提, 어떠한 사물이나 현상을 이루기 위하여 먼저 내세우는 것)한다. ⁵베테유는 이런 자신의 신념을 토대로 에어버스를 설계함으로써 조종사의 모든 조작을 컴퓨터가 모니터링하고 제한하게 만든 것이다.
> ▶ 보잉은 조종사의 판단을, 에어버스는 컴퓨터의 시스템을 우선시함

① 보잉은 시스템의 불완전성을, 에어버스는 인간의 실수 가능성을 고려하여 설계되었다. (근거 **2**-3, 4)

② 베테유는 인간이 실수할 수 있는 존재라고 보지만 윌리엄 보잉은 그렇지 않다고 본다(×). (근거 **2**-3, 4)

③ 에어버스(×)의 조종사는 항공기 운항에서 자동조종시스템을 통제하고 조작한다. (근거 **1**-2, **2**-2)

④ 보잉의 조종사는 자동조종시스템을 사용하지 않고(×) 항공기를 조종한다. (근거 **1**-2, 5 **2**-3)

단계별 풀이 비법

풀이 비법 1 발문으로 유형을 확인하라!

글에 대한 이해의 적절성을 묻는 문제지만 핵심 내용을 파악하는 유형임을 알 수 있다. '보잉'과 '에어버스'의 주요 차이를 구별하면서 문제를 풀어야 한다.

풀이 비법 2 화제를 중심으로 중심 내용을 정리하라!

중심 화제 '보잉'과 '에어버스'의 차이
중심 내용 자동 조정 시스템의 활용 정도에 다라 '보잉'과 '에어버스'의 차이점

구분	내용
1-1~4	자동 조정 시스템의 활용 정도에 따른 보잉과 에어버스의 차이점
1-5	보잉 조종사는 항공기를 통제할 수 있는 전권을 갖지만 에어버스에서는 컴퓨터가 조종사의 조작을 제한함.
2-1	두 항공사의 차이는 기계를 다루는 인간을 바라보는 관점의 차이에서 비롯됨.
2-2~3	보잉은 조정사의 판단을 우선시함.
2-4~5	에어버스는 조종사의 모든 조작을 컴퓨터가 모니터링하고 제한함.

풀이 비법 3 지문에서 선택지 내용과 관련된 정보를 찾아 정리하라!

선지	관련 정보
①	**2**-3, 4
②	**2**-3, 4
③	**1**-2, **2**-2
④	**1**-2, 5, **2**-3

풀이 비법 4 선택지의 적절성을 판단하라!

① 보잉은 시스템이 불안정하고 완벽하지 않기 때문에 컴퓨터가 조종사의 판단보다 우선시될 수 없으므로 조종사가 항공기를 조종간으로 직접 통제한다. 반면에 에어버스는 '인간은 실수할 수 있는 존재'라고 전제하여 조종사의 모든 조작을 컴퓨터가 모니터링하고 제한하게 만들었다.

② 베테유는 "인간은 실수할 수 있는 존재"라고 전제하였다. 윌리엄 보잉은 컴퓨터가 조종사의 판단보다 우선시될 수 없다는 것이지, 인간이 실수하지 않는 존재라고 전제하지 않았다.

③ 에어버스의 조종사는 항공기 운항에서 자동조종시스템에 통제되는 대상이다. 보잉의 조종사가 자동조종시스템을 통제하고 조작한다.

④ 보잉은 조종사가 자동조종시스템을 통제한다는 것이지, 이 시스템을 사용하지 않는 것은 아니다.

정답 ①

실전 기출 — 핵심 내용 파악하기

STUDY 01

학습일: 월 일 풀이 시간: 1분 이내

연습 1 병태 요정과 함께 풀기

다음 글의 주제로 가장 적절한 것은? 2022 지방직 9급

예전에 '혐오'는 대중에게 관심을 끄는 말이 아니었지만, 요즘에는 익숙하게 듣는 말이 되었다. 이는 과거에 혐오가 존재하지 않았다는 말이 아니다. 단지 최근 몇 년 사이에 이 문제가 폭발하듯 가시화되었다는 뜻이다. 혐오 현상은 외계에서 뚝 떨어진 괴물이 만들어 낸 것이 아니라, 거기엔 자체의 역사와 사회적 배경이 반드시 선행한다.

이 문제를 바라볼 때 주의 사항이 있다. 혐오나 증오라는 특정 감정에 집착해선 안 된다는 것이다. 혐오가 주제인데 거기에 집중하지 말라니, 얼핏 이율배반처럼 들리지만 이는 매우 중요한 포인트다. 왜 혐오가 나쁘냐고 물어보면 많은 사람들은 이렇게 답한다. "나쁜 감정이니까 나쁘다.", "약자와 소수자를 차별하게 만드니까 나쁘다." 이 대답들은 분명 선량한 마음에서 나온 것이다. 하지만 문제의 성격을 오인하게 만들 수 있다. 혐오나 증오라는 감정에 집중할수록 우린 '달을 가리키는 손가락만 바라보는' 잘못을 범하기 쉬워진다.

인과관계를 혼동하면 곤란하다. 우리가 문제시하고 있는 각종 혐오는 자연 발생한 게 아니라 사회적으로 형성된 감정이다. 사회문제의 기원이나 원인이 아니라, 발현이며 결과다. 더 정확히 말하자면 혐오는 증상이다. 증상을 관찰하는 일은 중요하지만 거기에만 매몰되면 곤란하다. 우리는 혐오나 증오 그 자체를 사회악으로 지목해 도덕적으로 지탄하는 데서 그치지 말아야 한다.

① 혐오 현상에는 인과관계가 존재하지 않는다.
② 혐오 현상은 선량한 마음으로 바라보아야 한다.
③ 혐오 현상을 만들어 내는 근본 원인을 찾아야 한다.
④ 혐오라는 감정에 집중할수록 사회문제는 잘 보인다.

연습 2 혼자서 눈으로 계속 연습하기

다음 글의 주제로 가장 적절한 것은? 2022 지방직 9급

예전에 '혐오'는 대중에게 관심을 끄는 말이 아니었지만, 요즘에는 익숙하게 듣는 말이 되었다. 이는 과거에 혐오가 존재하지 않았다는 말이 아니다. 단지 최근 몇 년 사이에 이 문제가 폭발하듯 가시화되었다는 뜻이다. 혐오 현상은 외계에서 뚝 떨어진 괴물이 만들어 낸 것이 아니라, 거기엔 자체의 역사와 사회적 배경이 반드시 선행한다.

이 문제를 바라볼 때 주의 사항이 있다. 혐오나 증오라는 특정 감정에 집착해선 안 된다는 것이다. 혐오가 주제인데 거기에 집중하지 말라니, 얼핏 이율배반처럼 들리지만 이는 매우 중요한 포인트다. 왜 혐오가 나쁘냐고 물어보면 많은 사람들은 이렇게 답한다. "나쁜 감정이니까 나쁘다.", "약자와 소수자를 차별하게 만드니까 나쁘다." 이 대답들은 분명 선량한 마음에서 나온 것이다. 하지만 문제의 성격을 오인하게 만들 수 있다. 혐오나 증오라는 감정에 집중할수록 우린 '달을 가리키는 손가락만 바라보는' 잘못을 범하기 쉬워진다.

인과관계를 혼동하면 곤란하다. 우리가 문제시하고 있는 각종 혐오는 자연 발생한 게 아니라 사회적으로 형성된 감정이다. 사회문제의 기원이나 원인이 아니라, 발현이며 결과다. 더 정확히 말하자면 혐오는 증상이다. 증상을 관찰하는 일은 중요하지만 거기에만 매몰되면 곤란하다. 우리는 혐오나 증오 그 자체를 사회악으로 지목해 도덕적으로 지탄하는 데서 그치지 말아야 한다.

① 혐오 현상에는 인과관계가 존재하지 않는다.
② 혐오 현상은 선량한 마음으로 바라보아야 한다.
③ 혐오 현상을 만들어 내는 근본 원인을 찾아야 한다.
④ 혐오라는 감정에 집중할수록 사회문제는 잘 보인다.

지문을 한눈에

혐오 현상

- **1 도입**: '혐오 현상'엔 자체의 역사와 사회적 배경이 반드시 선행됨.
- **1 전제 ~ 2 주지**: 혐오나 증오라는 특정 감정에 집착하면 본질을 놓치는 잘못을 범하기 쉬움. 따라서 혐오 현상을 만들어 내는 근본 원인을 찾아야 함.

실전 기출 — 핵심 내용 파악하기

03
다음 글의 주제로 가장 적절한 것은?

지문 제재 | 사회
2022 지방직 9급

■1 ¹[예전에 (혐오(嫌惡, 싫어하고 미워함))는 대중에게 관심을 끄는 말이 아니었지만, 요즘에는 익숙하게 듣는 말이 되었다.](독자의 흥미 유발) ²이는 과거에 혐오가 존재하지 않았다는 말이 아니다. ³[단지 최근 몇 년 사이에 이 문제가 폭발하듯 가시화(可視化, 어떤 현상이 실제로 드러남)되었다는 뜻이다.] (시사적인 상황 제시) ⁴[(혐오 현상)은 외계에서 뚝 떨어진 괴물이 만들어 낸 것이 아니라, 거기엔 자체의 역사와 사회적 배경(근본 원인)이 반드시 선행(先行, 어떠한 것보다 앞서가거나 앞에 있음)한다.](문제 제기)
▶ 혐오 현상에 대한 문제 제기

■2 ¹이 문제를 바라볼 때 주의 사항이 있다. ²혐오나 증오라는 특정 감정에 집착해선 안 된다는 것이다. ³혐오가 주제인데 거기에 집중하지 말라니, 얼핏 이율배반(二律背反, 서로 모순되어 양립할 수 없는 두 개의 명제)처럼 들리지만 이는 매우 중요한 포인트다. ⁴왜 혐오가 나쁘냐고 물어보면 많은 사람들은 이렇게 답한다. ⁵"나쁜 감정이니까 나쁘다.", "약자와 소수자를 차별하게 만드니까 나쁘다." 이 대답들은 분명 선량한 마음에서 나온 것이다. ⁶(하지만) 문제의 성격을 오인(誤認, 잘못 보거나 잘못 생각함)하게 만들 수 있다. ⁷혐오나 증오라는 감정에 집중할수록 우린 ['달을 가리키는 손가락만 바라보는'][견지망월(見指忘月): 본질을 외면한 채 지엽적인 것에 집착한다] 잘못을 범하기 쉬워진다.
▶ 혐오라는 감정에 집착하면 본질을 놓침

■3 ¹인과관계를 혼동(混同, 구별하지 못하고 뒤섞어서 생각함)하면 곤란하다. ²우리가 문제시하고 있는 각종 (혐오)는 자연 발생한 게 아니라 사회적으로 형성된 감정이다. ³사회문제의 기원이나 원인이 아니라, 발현(發現/發顯, 속에 있거나 숨은 것이 밖으로 나타나거나 그렇게 나타나게 함)이며 결과다. ⁴더 정확히 말하자면 (혐오)는 증상이다. ⁵증상을 관찰하는 일은 중요하지만 거기에만 매몰(埋沒, 보이지 아니하게 파묻히거나 파묻음)되면 곤란하다. ⁶우리는 혐오나 증오 그 자체를 사회악으로 지목(指目, 사람이나 사물이 어떠하다고 가리켜 정함)해 도덕적으로 지탄(指彈, 잘못을 지적하여 비난함)하는 데서 그치지 말아야 한다.](주장)
▶ 혐오는 사회문제의 발현이며 증상이므로 현상 자체에 매몰되면 안 됨

① 혐오 현상에는 인과관계가 존재하지 않는다.(근거 ■1-4, ■3-2)
② 혐오 현상은 선량한 마음으로 바라보아야 한다.(근거 ■2-2, 5~6)
❸ 혐오 현상을 만들어 내는 근본 원인을 찾아야 한다.(근거 ■1-4 ■2-2, 7 ■3-2~6)
④ 혐오라는 감정에 집중할수록 사회문제는 잘 보인다.(근거 ■2-7)

단계별 풀이 비법

풀이 비법 1 발문으로 유형을 확인하라!

'글의 주제'를 묻고 있다. 단락별 중심 내용들을 아우르는 내용을 파악한 후에는 글쓴이의 주장이나 의도, 관점 등에 따라 핵심적인 내용으로 요약한다. 이와 같이 요약하면 글쓴이가 궁극적으로 말하고자 하는 바, 즉 '글의 주제'를 도출할 수 있다.

풀이 비법 2 무엇(화제)에 대해 말하고 있는지 파악하라!

중심 화제 혐오 현상
중심 내용 혐오 현상은 사회문제의 원인이 아니라 증상이므로 혐오 현상을 만들어 내는 원인을 찾아야 한다.

풀이 비법 3 화제에 대한 글쓴이의 생각이 드러나는 부분을 찾아라!

초점 ■1-4, ■2-2, 7, ■3-2~6에서 '혐오 현상'에 대한 글쓴이의 생각이 드러난다.

■1-4	혐오 현상에는 자체의 역사와 사회적 배경이 반드시 선행한다.
■2-2 7	혐오나 증오라는 특정 감정에 집착하면 '달을 가리키는 손가락만 바라보는' 잘못을 범하기 쉬워진다.
■3-2-6	혐오는 사회적으로 형성된 감정, 사회문제의 발현이며 결과, 증상

화제와 초점

화제	초점(글쓴이의 생각)
혐오 현상	원인이 아니라 현상임.

혐오 현상을 만들어 내는 원인을 찾아야 한다.

풀이 비법 4 선택지의 적절성을 판단하라!

① ■1-4, ■1-2, '혐오 현상'엔 자체의 역사와 사회적 배경이 반드시 선행하고, 자연 발생한 게 아니라고 서술하고 있다.
② ■2-2, 5~6, 혐오나 증오라는 특정 감정에 집착해선 안 되며 선량한 마음에서 나온 대답은 문제의 성격을 오인하게 만든다.
③ 혐오 현상을 이해하려면 원인이 되는 사회문제를 찾아야 하므로 '혐오 현상을 만들어 내는 근본 원인을 찾아야 한다.'가 주제로 적절하다.
④ ■2-7, 혐오나 증오라는 감정에 집중할수록 우린 잘못을 범하기 쉬워진다고 하였으므로 적절하지 않은 진술이다.

정답 ③

실전 기출 — 핵심 내용 파악하기

학습일: 월   일   풀이 시간: 1분 이내

연습 1 병태 요정과 함께 풀기

다음 글의 중심 내용으로 가장 적절한 것은?   2017 국가직 9급 추가

책 없이도 인간은 기억하고 생각하고 상상하고 표현한다. 그런데 책과 책 읽기는 인간이 이 능력을 키우고 발전시키는 데 중대한 차이를 가져온다. 책을 읽는 문화와 책을 읽지 않는 문화는 기억, 사유, 상상, 표현의 층위에서 상당히 다른 개인들을 만들어 내고, 상당한 질적 차이를 가진 사회적 주체들을 생산한다. 누구도 맹목적인 책 예찬자가 될 필요는 없다. 그러나 중요한 것은 인간을 더욱 인간적이게 하는 소중한 능력들을 지키고 발전시키기 위해서는 책은 결코 희생할 수 없는 매체라는 사실이다. 그 능력의 지속적 발전에 드는 비용은 싸지 않다. 무엇보다도 책 읽기는 손쉬운 일이 아니다. 거기에는 상당량의 정신 에너지가 투입돼야 하고, 훈련이 요구되고, 읽기의 즐거움을 경험하는 정신 습관의 형성이 필요하다.

① 인간의 기억과 상상
② 독서의 필요성과 어려움
③ 맹목적인 책 예찬론의 위험성
④ 책 읽기 능력 개발에 드는 비용

연습 2 혼자서 눈으로 계속 연습하기

다음 글의 중심 내용으로 가장 적절한 것은?   2017 국가직 9급 추가

책 없이도 인간은 기억하고 생각하고 상상하고 표현한다. 그런데 책과 책 읽기는 인간이 이 능력을 키우고 발전시키는 데 중대한 차이를 가져온다. 책을 읽는 문화와 책을 읽지 않는 문화는 기억, 사유, 상상, 표현의 층위에서 상당히 다른 개인들을 만들어 내고, 상당한 질적 차이를 가진 사회적 주체들을 생산한다. 누구도 맹목적인 책 예찬자가 될 필요는 없다. 그러나 중요한 것은 인간을 더욱 인간적이게 하는 소중한 능력들을 지키고 발전시키기 위해서는 책은 결코 희생할 수 없는 매체라는 사실이다. 그 능력의 지속적 발전에 드는 비용은 싸지 않다. 무엇보다도 책 읽기는 손쉬운 일이 아니다. 거기에는 상당량의 정신 에너지가 투입돼야 하고, 훈련이 요구되고, 읽기의 즐거움을 경험하는 정신 습관의 형성이 필요하다.

① 인간의 기억과 상상
② 독서의 필요성과 어려움
③ 맹목적인 책 예찬론의 위험성
④ 책 읽기 능력 개발에 드는 비용

지문을 한눈에

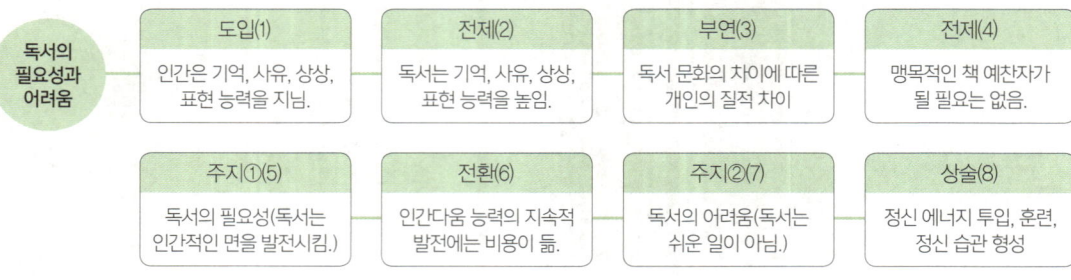

실전 기출 — 핵심 내용 파악하기

04
다음 글의 중심 내용으로 가장 적절한 것은?

지문 제재 | 인문 2017 국가직 9급 추가

> **1** ¹책 없이도 인간은 기억하고 생각하고 상상하고 표현한다. ²그런데 책과 책 읽기는 인간이 이(기억하고 생각하고 상상하고 표현하는) 능력을 키우고 발전시키는 데 중대한 차이를 가져온다. ³책을 읽는 문화와 책을 읽지 않는 문화는 기억, 사유, 상상, 표현의 층위(層位, 어떤 유(類)의 언어 요소가 전체 언어 구조에서 차지하는 위치)에서 상당히 다른 개인들을 만들어 내고, 상당한 질적 차이를 가진 사회적 주체들을 생산한다. ⁴누구도 맹목적(盲目的, 주관이나 원칙이 없이 덮어놓고 행동하는 것)인 책 예찬자가 될 필요는 없다. ⁵그러나 중요한 것은 인간을 더욱 인간적이게 하는 소중한 능력들을 지키고 발전시키기 위해서는 책은 결코 희생할 수 없는 매체(媒體, 어떤 작용을 한쪽에서 다른 쪽으로 전달하는 물체. 또는 그런 수단)라는 사실이다. ⁶그 능력의 지속적 발전에 드는 비용은 싸지 않다. ⁷무엇보다도 책 읽기는 손쉬운 일이 아니다. ⁸거기에는(책 읽기에는) [상당량의 정신 에너지가 투입(投入, 사람이나 물자, 자본 따위를 필요한 곳에 넣음)돼야 하고](어려움의 근거 ①), [훈련이 요구되고](어려움의 근거 ②), [읽기의 즐거움을 경험하는 정신 습관의 형성이 필요하다](어려움의 근거 ③).
> ▶ 독서의 필요성과 어려움

① 인간의 기억과 상상 (글의 화제('독서')와 무관)
❷ 독서의 필요성과 어려움 근거(근거 **1**-5, 7)
③ 맹목적인 책 예찬론의 위험성 (지엽적이며 글의 내용과도 일치하지 않음)
④ 책 읽기 능력 개발에 드는 비용 (지엽적인 내용)

단계별 풀이 비법

풀이 비법 1 발문으로 유형을 확인하라!
'글의 중심 내용'을 묻고 있으므로 글 전체를 아우를 수 있는 중심 화제 혹은 주제로 적절한 것을 찾는 유형으로 볼 수 있다. 발문을 볼 때, 주제문보다는 '무엇의 OO'(무엇은 글의 화제, OO은 그것에 대한 글쓴이의 관점 또는 전하고자 하는 내용)이라는 형식을 지닌 중심 화제를 찾는 문제이다.

풀이 비법 2 무엇(화제)에 대해 말하고 있는지 파악하라!
화제 책, 책 읽기
중심 내용 전체적으로 책과 책 읽기에 대한 글쓴이의 견해를 제시하고 있다.

풀이 비법 3 화제에 대한 글쓴이의 생각이 드러나는 부분을 찾아라!
초점 **1**-2와 **1**-5, **1**-7 등에서 '책과 책 읽기'에 관한 글쓴이의 생각이 드러난다.

1-2	책과 책 읽기는 인간이 이 능력을 키우고 발전시키는 데 중대한 차이를 가져온다.
1-5	인간을 더욱 인간적이게 하는 소중한 능력들을 지키고 발전시키기 위해서는 책은 결코 희생할 수 없는 매체
1-7	책 읽기는 손쉬운 일이 아니다.

화제○- 초점

화제	초점(글쓴이의 생각)
책, 책 읽기	필요하다, 어렵다

책 읽기의 필요성과 어려움

풀이 비법 4 선택지의 적절성을 판단하라!
① **1**-1에서 인간의 기억과 상상이 드러나기는 하지만, 이는 글의 중심 화제를 이끌어 내기 위한 도입 혹은 전제에 불과하며, 글쓴이의 생각이 나타나지도 않았다.
② **1**-2와 **1**-5는 책 읽기의 필요성을 제시하고 있고, **1**-7은 책 읽기의 어려움을 제시하고 있다. 따라서 이를 종합하면 '독서의 필요성과 어려움'을 글 전체의 중심 화제 또는 주제로 볼 수 있다.
③ **1**-4에서 맹목적인 책 예찬론에 관한 글쓴이의 생각이 제시되어 있지만, 그 위험성을 언급하지는 않았다.
④ **1**-6에서 독서에 드는 비용이 싸지 않음을 언급하고 있지만, 이는 책 읽기에 대한 글쓴이의 궁극적인 생각을 포괄하지 못한다. 또한 '비용'에 대한 글쓴이의 생각도 제시되지 않았다.
정답 ②

병태 요정의 지문 분석
독서는 인간다움을 강화하기 위해서 반드시 필요하지만 그것을 일상화하기에는 많은 노력이 필요하다는 것을 설명하는 글입니다. 독서에 대한 옛사람의 견해를 설명하는 글은 꾸준히 제시되고 있으므로 앞으로도 유사한 내용의 지문이 출제될 가능성이 높은데요. 하지만 독서의 방법이나 태도 등에 대한 구체적인 내용은 다를 것이며, 주로 핵심 내용이나 세부 정보 파악 유형으로 출제될 가능성이 높습니다.

실전 기출 — 핵심 내용 파악하기

학습일: 월   일   풀이 시간: 1분 이내

연습 1 병태 요정과 함께 풀기

다음 발화에 나타난 주장으로 가장 적절한 것은? 2020 지방직 7급

신어(新語)에 대해 말할 때, 보통 유행어나 비속어, 은어와 같은 한정된 대상을 떠올리는 경우가 많습니다. 그런데 신어 연구의 대상은 특정한 범주의 언어, 소수 집단의 언어에 한정되지 않습니다. 어려운 전문 용어는 의사소통의 효율성이나 교육적 목적을 위해 순화된 신어로 대체할 필요가 있는데, 특히, 상당수의 전문 용어는 신어에 대한 정책적인 고려가 필요해 보입니다. 예를 들어 '좌창(痤瘡)'이라는 의학 용어를 대체한 '여드름'은 일상생활뿐만 아니라 전문 분야에서도 신어로 자리를 잡았습니다. 이와 같은 신어는 전문 용어의 순화에도 일정한 역할을 하고 있습니다. 이는 신어 연구가 단지 새로운 어휘와 몇 가지 주제를 나열하는 연구를 넘어서 한국어 조어론 전반에 대한 연구로 확장되어야 하는 이유이기도 합니다. 이러한 신어의 영역은 대중이 생산하는 '자연 발생적 신어'의 영역과 더불어 '인위적인 신어'의 영역으로 논의되어야 합니다.

① 신어에서 비속어나 은어가 빠져야 한다.
② 신어는 연구 대상과 영역을 확장해야 한다.
③ 자연 발생적인 신어에 대한 정책적 고려가 필요하다.
④ 신어는 의사소통의 효율성을 위해 그 범주를 특정해야 한다.

연습 2 혼자서 눈으로 계속 연습하기

다음 발화에 나타난 주장으로 가장 적절한 것은? 2020 지방직 7급

신어(新語)에 대해 말할 때, 보통 유행어나 비속어, 은어와 같은 한정된 대상을 떠올리는 경우가 많습니다. 그런데 신어 연구의 대상은 특정한 범주의 언어, 소수 집단의 언어에 한정되지 않습니다. 어려운 전문 용어는 의사소통의 효율성이나 교육적 목적을 위해 순화된 신어로 대체할 필요가 있는데, 특히, 상당수의 전문 용어는 신어에 대한 정책적인 고려가 필요해 보입니다. 예를 들어 '좌창(痤瘡)'이라는 의학 용어를 대체한 '여드름'은 일상생활뿐만 아니라 전문 분야에서도 신어로 자리를 잡았습니다. 이와 같은 신어는 전문 용어의 순화에도 일정한 역할을 하고 있습니다. 이는 신어 연구가 단지 새로운 어휘와 몇 가지 주제를 나열하는 연구를 넘어서 한국어 조어론 전반에 대한 연구로 확장되어야 하는 이유이기도 합니다. 이러한 신어의 영역은 대중이 생산하는 '자연 발생적 신어'의 영역과 더불어 '인위적인 신어'의 영역으로 논의되어야 합니다.

① 신어에서 비속어나 은어가 빠져야 한다.
② 신어는 연구 대상과 영역을 확장해야 한다.
③ 자연 발생적인 신어에 대한 정책적 고려가 필요하다.
④ 신어는 의사소통의 효율성을 위해 그 범주를 특정해야 한다.

지문을 한눈에

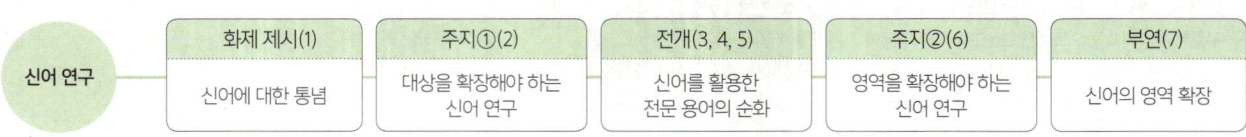

05

다음 발화에 나타난 주장으로 가장 적절한 것은?

지문 제재 | 언어
2020 지방직 7급

> ① ¹신어(新語, 새로 생긴 말. 또는 새로 귀화한 외래어)에 대해 말할 때, 보통 유행어나 비속어, 은어(隱語, 어떤 계층이나 부류의 사람이 다른 사람들이 알아듣지 못하도록 자기네 구성원들끼리만 빈번하게 사용하는 말)와 같은 한정된 대상을 떠올리는 경우가 많습니다. ²그런데 신어 연구의 대상은 특정한 범주(範疇, 동일한 성질을 가진 부류나 범위)의 언어, 소수 집단의 언어에 한정되지 않습니다. ³【어려운 전문 용어는 의사소통의 효율성이나 교육적 목적을 위해 순화(醇化, 잡스러운 것을 걸러서 순수하게 함)된 신어로 대체(代替, 다른 것으로 대신함)할 필요가 있는데,】(신어의 연구 대상이 전문 용어까지 확대되어야 하는 이유) 특히, 상당수의 전문 용어는 신어에 대한 정책적인 고려가 필요해 보입니다. ⁴예를 들어 '좌창(痤瘡)'이라는 의학 용어를 대체한 '여드름'은 일상생활뿐만 아니라 전문 분야에서도 신어로 자리를 잡았습니다. ⁵이와(여드름이 '좌창'이라는 전문 용어를 대체한 것과) 같은 신어는 전문 용어의 순화에도 일정한 역할을 하고 있습니다. ⁶이는(신어가 전문 용어의 순화에 기여를 한 것은) 신어 연구가 단지 새로운 어휘와 몇 가지 주제를 나열하는 연구를 넘어서 한국어 조어론 전반에 대한 연구로 확장(擴張, 범위, 규모, 세력 따위를 늘려서 넓힘)되어야 하는 이유이기도 합니다. ⁷이러한(한국어 조어론 전반에 대한 연구로 확장되어야 하는) 신어의 영역은 대중이 생산하는 【'자연 발생적 신어'의 영역】(유행어, 비속어, 은어 등의 신어)과 더불어 【'인위적인 신어'의 영역】(전문 용어의 순화를 위해 의도적으로 만든 신어)으로 논의되어야 합니다.
>
> ▶ 연구 대상과 영역을 확장해야 하는 신어

① 신어에서 비속어나 은어가 빠져야 한다. (지문과 불일치. 근거 ①-1, 2)
❷ 신어는 연구 대상과 영역을 확장해야 한다. (①-2, 6)
③ 자연 발생적인 신어(× 인위적인 신어)에 대한 정책적 고려가 필요하다. (지문과 불일치하며 지엽적. 근거 ①-3)
④ 신어는 의사소통의 효율성을 위해 그 범주를 특정해야 한다. (지문과 불일치. 근거 ①-2)

단계별 풀이 비법

풀이 비법 1 발문으로 유형을 확인하라!

'발화에 나타난 주장'을 묻고 있으므로 글 전체를 아우를 수 있는 주제를 찾는 유형으로 볼 수 있다. 이런 유형 대부분은 글의 핵심 내용이 직접적으로 드러나지 않으므로 각 단락의 내용을 종합해서 주제를 구성해야 한다.

풀이 비법 2 무엇(화제)에 대해 말하고 있는지 파악하라!

중심 화제 신어 연구
중심 내용 신어 연구의 대상은 특정한 범주의 언어나 소수 집단의 언어에 한정되지 않으므로 한국어 조어론 전반에 대한 연구로 확장되어야 한다.

풀이 비법 3 화제에 대한 글쓴이의 생각이 드러나는 부분을 찾아라!

초점 ①-2와 ①-6에서 '신어 연구'에 관한 글쓴이의 생각이 드러난다.

| ①-2 | 신어 연구의 대상은 특정한 범주의 언어, 소수 집단의 언어에 한정되지 않습니다. |
| ①-5 | (신어 연구가) 한국어 조어론 전반에 대한 연구로 확장되어야 |

화제와 초점

화제	초점(글쓴이의 생각)
신어 연구	연구 대상과 영역의 확장 필요

연구 대상과 영역이 확장되어야 하는 신어 연구

풀이 비법 4 선택지의 적절성을 판단하라!

① ①-2에서 글쓴이는 신어 연구의 대상이 유행이나 비속어, 은어 같은 한정된 대상에서 더 확장되어야 한다고 주장하고 있다. 따라서 신어에서 비속어나 은어가 빠져야 한다고 주장하는 것은 아니다.

② ①-2, 6에서 글쓴이는 신어 연구가 지금과 같은 한정된 대상을 벗어나서 전문 용어 같은 범주까지 대상을 확대해야 한다고 보며, 그 영역 또한 새로운 어휘와 몇 가지 주제를 나열하는 연구를 넘어서 한국어 조어론 전반에 대한 연구로 확장되어야 한다고 주장하고 있다.

③ ①-3에서 글쓴이는 어려운 전문 용어를 정책적으로 순화된 신어로 대체할 필요가 있다고 주장하고 있다. 이때의 신어는 유행이나 비속어, 은어 같이 자연발생적으로 만들어진 것이 아니라 전문 용어를 대체하기 위해 인위적으로 만들어진 것으로 보아야 한다. 따라서 자연 발생적인 신어에 대한 정책적 고려가 필요하다는 이해는 발화 내용과 일치하지 않는다.

④ ①-2에서 글쓴이는 신어의 연구 대상을 특정한 범주로 한정해서는 안 된다는 견해를 제시하고 있다. 전문 용어를 언급한 것은 의사소통의 효율성을 위해 신어를 활용해야 한다는 주장을 펼치기 위해서이지 그 범주를 특정하려는 것이 아니다.

정답 ②

실전 기출 — 핵심 내용 파악하기

학습일: 월   일   풀이 시간: 1분 이내

연습 1 병태 요정과 함께 풀기

다음 글의 주장으로 가장 적절한 것은? 2020 지방직 9급

> 우리에게 친숙한 동물들의 사소한 행동을 살펴보면 그들이 자신의 환경을 개조한다는 것을 알 수 있다. 가장 단순한 생명체는 먹이가 그들에게 헤엄쳐 오게 만들고, 고등동물은 먹이를 구하기 위해 땅을 파거나 포획 대상을 추적하기도 한다. 이처럼 동물들은 자신의 목적을 위해 행동함으로써 환경을 변형시킨다. 이러한 생존 방식을 흔히 환경에 적응하는 것으로 설명한다. 그러나 이러한 설명은 생명체들이 그들의 환경 개변(改變)에 능동적으로 행동한다는 중요한 사실을 놓치고 있다.
>
> 가장 고등한 동물인 인간도 다른 생명체와 마찬가지로 생존이나 적응을 넘어서 환경에 대해 적극성을 보인다. 이는 인간의 세 가지 충동—사는 것, 잘 사는 것, 더 잘 사는 것—으로 인하여 가능하다. 잘 살기 위한 노력은 순응적이기보다는 능동적인 모습으로 나타나게 된다. 인간도 생명체이다. 더 잘 살기 위해서는 환경에 순응할 수만은 없다.

① 인간은 환경에 적응해 왔다.
② 삶의 기술은 생존을 위한 것이다.
③ 생명체는 환경을 능동적으로 변형한다.
④ 인간은 잘 사는 것을 삶의 목표로 한다.

연습 2 혼자서 눈으로 계속 연습하기

다음 글의 주장으로 가장 적절한 것은? 2020 지방직 9급

> 우리에게 친숙한 동물들의 사소한 행동을 살펴보면 그들이 자신의 환경을 개조한다는 것을 알 수 있다. 가장 단순한 생명체는 먹이가 그들에게 헤엄쳐 오게 만들고, 고등동물은 먹이를 구하기 위해 땅을 파거나 포획 대상을 추적하기도 한다. 이처럼 동물들은 자신의 목적을 위해 행동함으로써 환경을 변형시킨다. 이러한 생존 방식을 흔히 환경에 적응하는 것으로 설명한다. 그러나 이러한 설명은 생명체들이 그들의 환경 개변(改變)에 능동적으로 행동한다는 중요한 사실을 놓치고 있다.
>
> 가장 고등한 동물인 인간도 다른 생명체와 마찬가지로 생존이나 적응을 넘어서 환경에 대해 적극성을 보인다. 이는 인간의 세 가지 충동—사는 것, 잘 사는 것, 더 잘 사는 것—으로 인하여 가능하다. 잘 살기 위한 노력은 순응적이기보다는 능동적인 모습으로 나타나게 된다. 인간도 생명체이다. 더 잘 살기 위해서는 환경에 순응할 수만은 없다.

① 인간은 환경에 적응해 왔다.
② 삶의 기술은 생존을 위한 것이다.
③ 생명체는 환경을 능동적으로 변형한다.
④ 인간은 잘 사는 것을 삶의 목표로 한다.

지문을 한눈에

동물과 인간이 환경을 대하는 방식

- **1 주지**: 먹이를 구하기 위해 환경을 능동적으로 변형하는 동물들
- **2 주지**: 더 잘 살기 위해서 환경에 능동적으로 대응하는 인간

실전 기출 핵심 내용 파악하기

06
다음 글의 주장으로 가장 적절한 것은?

지문 제재 | 사회
2020 지방직 9급

> **1** ¹우리에게 친숙(親熟, 친하여 익숙하고 허물이 없음)한 동물들의 사소(些少, 보잘것없이 작거나 적음)한 행동을 살펴보면 그들이 자신의 환경을 개조한다는 것을 알 수 있다. ²가장 단순한 생명체는 먹이가 그들에게 헤엄쳐 오게 만들고, 고등 동물은 먹이를 구하기 위해 땅을 파거나 포획(捕獲, 짐승이나 물고기를 잡음) 대상을 추적하기도 한다. ³이처럼 (하등 동물이나 고등 동물이 먹이를 구하기 위해 하는 행동처럼) 동물들은 자신의 목적을 위해 행동함으로써 환경을 변형시킨다. ⁴이러한(동물들이 자신의 목적을 위해 환경을 변형시키는) 생존 방식을 흔히 환경에 적응하는 것으로 설명한다. ⁵그러나 이러한(환경에 적응하는 것으로 보는) 설명은 생명체들이 그들의 환경 개변(改變, 상태, 제도, 시설 따위를 근본적으로 바꾸거나 발전적인 방향으로 고침)에 능동적으로 행동한다는 중요한 사실을 놓치고 있다. ▶ 환경을 능동적으로 개조하는 동물들
>
> **2** ¹가장 고등한 동물인 인간도 다른 생명체와 마찬가지로 생존이나 적응을 넘어서 환경에 대해 적극성을 보인다. ²이는(인간이 환경에 대해 적극성을 보이는 것은) 인간의 세 가지 충동(衝動, 순간적으로 어떤 행동을 하고 싶은 욕구를 느끼게 하는 마음속의 자극) ─ 사는 것, 잘 사는 것, 더 잘 사는 것 ─ 으로 인하여 가능하다. ³잘 살기 위한 노력은 순응적이기보다는 능동적인 모습으로 나타나게 된다. ⁴인간도 생명체이다. ⁵더 잘 살기 위해서는 [환경에 순응할 수만은 없다.](환경을 능동적으로 변형함) ▶ 환경을 능동적으로 개조하는 인간

① 인간은 환경에 적응해 왔다.(능동적으로 개변함. 근거 **2**-1, 5)
② 삶의 기술은 생존을 위한 것이다.(인간은 잘 사는 것을 목표로 함. 근거 **2**-1, 2)
❸ 생명체는 환경을 능동적으로 변형한다.(근거 **1**-3, 5, **2**-1, 4)
④ 인간은 잘 사는 것을 삶의 목표로 한다.(중심 화제에서 벗어나는 지엽적인 내용)

단계별 풀이 비법

풀이 비법 1 발문으로 유형을 확인하라!
'글의 주장'을 묻고 있으므로 글 전체를 아우를 수 있는 주제를 찾는 유형으로 볼 수 있다. 이런 유형 대부분은 글의 핵심 내용이 직접적으로 드러나지 않으므로 각 단락의 내용을 종합해서 주제를 구성해야 한다.

풀이 비법 2 무엇(화제)에 대해 말하고 있는지 파악하라!
중심 화제 동물과 인간이 환경을 대하는 방식
중심 내용 동물들은 먹이를 구하기 위해 환경을 능동적으로 변형하고, 인간 또한 더 잘 살기 위해 환경을 능동적으로 개변하는 노력을 한다.

풀이 비법 3 화제에 대한 글쓴이의 생각이 드러나는 부분을 찾아라!
초점 **1**-5와 **2**-5에서 '동물과 인간이 환경을 대하는 방식'에 대한 글쓴이의 생각이 드러난다.

| **1**-5 | 생명체들이 그들의 환경 개변에 능동적으로 행동한다는 중요한 사실 |
| **2**-5 | 더 잘 살기 위해서는 환경에 순응할 수만은 없다. |

화제와 초점

화제	초점(글쓴이의 생각)
동물과 인간이 환경을 대하는 방식	능동적으로 변형

환경을 능동적으로 변형하는 생명체

풀이 비법 4 선택지의 적절성을 판단하라!
① **2**단락의 '잘 살기 위해서는 환경에 순응할 수만은 없다.'는 내용과 상충한다.
② **2**단락에 따르면, 인간은 생존이나 적응을 넘어서서 더 잘 살기 위해 환경에 대해 적극성을 보인다. 그러나 삶의 기술은 생존을 위한 것이라는 주장은 이에 부합하지 않는다.
③ 동물들이 능동적으로 환경을 개조한다는 **1**단락의 내용과 인간 또한 동물처럼 환경에 적극적으로 대응한다는 **2**단락의 내용을 종합하면, 생명체(동물+인간)는 어떤 목적을 위해 환경을 능동적으로 변형한다는 주장을 도출할 수 있다.
④ **2**-2의 내용과 일치하지만 **1**단락의 내용을 포괄하지 못한다. 또한 생명체의 환경에 대한 대응 방식이라는 글 전체의 화제와 거리가 멀다.

정답 ③

핵심 내용 파악하기

연습 1 병태 요정과 함께 풀기

다음 글의 주장으로 가장 적절한 것은? 2020 지방직 9급

> 예술 작품의 복제 기술이 좋아지고 있음에도 불구하고 원본을 보러 가는 이유는 무엇인가? 예술 작품의 특성상 원본 고유의 예술적 속성을 복제본에서는 느낄 수 없다고 생각하는 경향이 강하기 때문이다. 사진은 원본인지 복제본인지 중요하지 않지만, 회화는 붓 자국 하나하나가 중요하기 때문에 복제본이 원본을 대체할 수 없다고 생각하는 사람들이 많다.
>
> 그러나 이러한 생각은 잘못이다. 회화와 달리 사진의 경우, 보통은 '그 작품'이라고 지칭되는 사례들이 여러 개 있을 수 있다. 20세기 위대한 사진작가 빌 브란트가 마음만 먹었다면, 런던에 전시한 인화본의 조도를 더 낮추는 방식으로 다른 곳에 전시한 것과 다른 예술적 속성을 갖게 할 수 있었을 것이다. 이것은 사진의 경우, 작가가 재현적 특질을 선택하고 변형할 수 있는 방법이 다양함을 의미한다.

① 복제본의 예술적 가치는 원본을 뛰어넘을 수 없다.
② 복제 기술 덕분에 예술의 매체적 특성이 비슷해졌다.
③ 복제본의 재현적 특질을 변형하는 방법은 제한적이다.
④ 복제본도 원본과는 다른 별개의 예술적 특성을 담보할 수 있다.

연습 2 혼자서 눈으로 계속 연습하기

다음 글의 주장으로 가장 적절한 것은? 2020 지방직 9급

> 예술 작품의 복제 기술이 좋아지고 있음에도 불구하고 원본을 보러 가는 이유는 무엇인가? 예술 작품의 특성상 원본 고유의 예술적 속성을 복제본에서는 느낄 수 없다고 생각하는 경향이 강하기 때문이다. 사진은 원본인지 복제본인지 중요하지 않지만, 회화는 붓 자국 하나하나가 중요하기 때문에 복제본이 원본을 대체할 수 없다고 생각하는 사람들이 많다.
>
> 그러나 이러한 생각은 잘못이다. 회화와 달리 사진의 경우, 보통은 '그 작품'이라고 지칭되는 사례들이 여러 개 있을 수 있다. 20세기 위대한 사진작가 빌 브란트가 마음만 먹었다면, 런던에 전시한 인화본의 조도를 더 낮추는 방식으로 다른 곳에 전시한 것과 다른 예술적 속성을 갖게 할 수 있었을 것이다. 이것은 사진의 경우, 작가가 재현적 특질을 선택하고 변형할 수 있는 방법이 다양함을 의미한다.

① 복제본의 예술적 가치는 원본을 뛰어넘을 수 없다.
② 복제 기술 덕분에 예술의 매체적 특성이 비슷해졌다.
③ 복제본의 재현적 특질을 변형하는 방법은 제한적이다.
④ 복제본도 원본과는 다른 별개의 예술적 특성을 담보할 수 있다.

지문을 한눈에

예술 작품의 복제본

- **1 전제**: 복제본은 원본이 지닌 예술적 속성을 지닐 수 없음.
- **2 주지**: 복제본은 원본과 다른 예술적 속성을 지닐 수 있음.

실전 기출 — 핵심 내용 파악하기

07
다음 글의 주장으로 가장 적절한 것은?

지문 제재 | 예술
2020 지방직 9급

> **1** ¹예술 작품의 복제(複製, 본디의 것과 똑같은 것을 만듦. 또는 그렇게 만든 것) 기술이 좋아지고 있음에도 불구하고 원본(原本, 베끼거나 고친 것에 대하여 근본이 되는 서류나 문건 따위)을 보러 가는 이유는 무엇인가? ²[예술 작품의 특성상 원본 고유의 예술적 속성을 복제본에서는 느낄 수 없다](예술 작품에 대한 일반적 인식 ①)고 생각하는 경향(傾向, 현상이나 사상, 행동 따위가 어떤 방향으로 기울어짐)이 강하기 때문이다. ³사진은 원본인지 복제본인지 중요하지 않지만, 회화는 붓 자국 하나하나가 중요하기 때문에 [복제본이 원본을 대체할 수 없다](예술 작품에 대한 일반적 인식 ②)고 생각하는 사람들이 많다.
> ▶ 예술 작품의 복제본에 대한 일반적 인식
>
> **2** ¹그러나 이러한 생각은 잘못이다. ²회화와 달리 [사진의 경우, 보통은 '그 작품'이라고 지칭되는 사례들이 여러 개 있을 수 있다.](사진은 원본과 복제본의 구별이 불가능함) ³20세기 위대한 사진작가 빌 브란트가 마음만 먹었다면, 런던에 전시한 인화본의 조도(照度, 단위 면적이 단위 시간에 받는 빛의 양)를 더 낮추는 방식으로 다른 곳에 전시한 것과 다른 예술적 속성을 갖게 할 수 있었을 것이다. ⁴이것은 사진의 경우, [작가가 재현적 특질을 선택하고 변형할 수 있는 방법이 다양함](복제본도 원본과 다른 예술적 특성을 지닐 수 있음)을 의미한다.
> ▶ 원본과 다른 예술적 속성을 지닐 수 있는 복제본

① 복제본의 예술적 가치는 원본을 뛰어넘을 수 없다.(글쓴이가 비판하려는 통념. 근거 **2**-1)
② 복제 기술 덕분에 예술의 매체적 특성이 비슷해졌다.(지문과 불일치. 근거 **2**-2)
③ 복제본의 재현적 특질을 변형하는 방법은 제한적이다.(지문과 불일치. 근거 **2**-4)
❹ 복제본도 원본과는 다른 별개의 예술적 특성을 담보할 수 있다.(근거 **2**-1, 3, 4)

단계별 풀이 비법

풀이비법 1 발문으로 유형을 확인하라!
'글'의 주장을 묻고 있으므로 글 전체를 아우를 수 있는 주제를 찾는 유형으로 볼 수 있다. 이런 유형 대부분은 글의 핵심 내용이 직접적으로 드러나지 않으므로 각 단락의 내용을 종합해서 주제를 구성해야 한다.

풀이비법 2 무엇(화제)에 대해 말하고 있는지 파악하라!
중심 화제 예술 작품의 복제본
중심 내용 흔히 예술 작품의 복제본에서는 원본 고유의 예술적 속성을 느낄 수 없다고 생각하지만 사진은 작가가 얼마든지 작품마다 다른 예술적 속성을 부여할 수 있다.

풀이비법 3 화제에 대한 글쓴이의 생각이 드러나는 부분을 찾아라!
초점 **2**-1과 4에서 '예술 작품의 복제본'에 대한 글쓴이의 생각이 드러난다.

2-1	이러한(복제본이 원본을 대체할 수 없다는) 생각은 잘못이다.
2-4	사진의 경우, (동일한 대상을 재현한 것이라도) 작가가 재현적 특질을 선택하고 변형할 수 있는 방법이 다양함을 의미한다.

화제와 초점

화제	초점(글쓴이의 생각)
예술 작품의 복제본	고유한 예술적 속성을 지닐 수 있음.

복제본도 고유한 예술적 속성을 지닐 수 있음.

풀이비법 4 선택지의 적절성을 판단하라!
① 복제본의 예술적 가치는 원본을 뛰어넘을 수 없다는 것은 **2**단락에서 사진의 예를 통해 글쓴이가 비판하려는 통념이다.
② **2**-2에서 사진은 동일한 작품이 여러 개 존재할 수 있다고 언급하고 있지만, 회화와 사진은 다르다고 전제하고 있다. 따라서 복제 기술 때문에 예술의 매체적 특성이 비슷해졌다는 주장을 이끌어 내는 것은 적절하지 않다.
③ **2**-4에 따르면, 사진의 경우에는 작가가 재현적 특질을 선택하고 변형할 수 있는 방법이 다양하다. 따라서 따라서 복제본의 재현적 특질을 변형하는 방법이 제한적이라는 주장은 적절하지 않다.
④ **2**-1에서 글쓴이는 복제본이 원본을 대체할 수 없다는 인식이 잘못되었다고 주장한 뒤, 작가가 재현적 특질을 얼마든지 선택적으로 변형할 수 있는 사진을 그 예로 들고 있다. 이를 종합하면, 복제본도 원본과는 다른 고유한 예술적 특성을 담보할 수 있다는 주장을 이끌어 낼 수 있다.

정답 ④

실전 기출 — 핵심 내용 파악하기

학습일: 월   일   풀이 시간: 1분 이내

연습 1 병태 요정과 함께 풀기

㉠에 들어갈 주장으로 가장 적절한 것은?　　2020 국가직 9급

> 경상 지역 방언을 쓰는 사람들은 대체로 'ㅓ'와 'ㅡ'를 구별하지 못한다. 이들은 '증표(證票)'나 '정표(情表)'를 구별하여 듣지 못할 뿐만 아니라 구별하여 발음하지 못하기 십상이다. 또 이들은 'ㅅ'과 'ㅆ'을 구별하지 못하는 경우가 많다. 따라서 이들은 '살밥을 많이 먹어서 쌀이 많이 쪘다'고 말하든 '쌀밥을 많이 먹어서 살이 많이 쪘다'고 말하든 쉽게 그 차이를 알지 못한다. 한편 평안도 및 전라도와 경상도의 일부에서는 'ㅗ'와 'ㅓ'를 제대로 분별해서 발음하지 않는 경우가 종종 있다. 평안도 사람들의 'ㅈ' 발음은 다른 지역의 'ㄷ' 발음과 매우 비슷하다. 이처럼 (　　　㉠　　　)

① 우리말에는 지역마다 다양한 소리가 있다.
② 우리말은 지역에 따라 다양한 표준 발음법이 있다.
③ 우리말에는 지역에 따라 구별되지 않는 소리가 있다.
④ 자음보다 모음을 변별하지 못하는 지역이 더 많이 있다.

연습 2 혼자서 눈으로 계속 연습하기

㉠에 들어갈 주장으로 가장 적절한 것은?　　2020 국가직 9급

> 경상 지역 방언을 쓰는 사람들은 대체로 'ㅓ'와 'ㅡ'를 구별하지 못한다. 이들은 '증표(證票)'나 '정표(情表)'를 구별하여 듣지 못할 뿐만 아니라 구별하여 발음하지 못하기 십상이다. 또 이들은 'ㅅ'과 'ㅆ'을 구별하지 못하는 경우가 많다. 따라서 이들은 '살밥을 많이 먹어서 쌀이 많이 쪘다'고 말하든 '쌀밥을 많이 먹어서 살이 많이 쪘다'고 말하든 쉽게 그 차이를 알지 못한다. 한편 평안도 및 전라도와 경상도의 일부에서는 'ㅗ'와 'ㅓ'를 제대로 분별해서 발음하지 않는 경우가 종종 있다. 평안도 사람들의 'ㅈ' 발음은 다른 지역의 'ㄷ' 발음과 매우 비슷하다. 이처럼 (　　　㉠　　　)

① 우리말에는 지역마다 다양한 소리가 있다.
② 우리말은 지역에 따라 다양한 표준 발음법이 있다.
③ 우리말에는 지역에 따라 구별되지 않는 소리가 있다.
④ 자음보다 모음을 변별하지 못하는 지역이 더 많이 있다.

지문을 한눈에

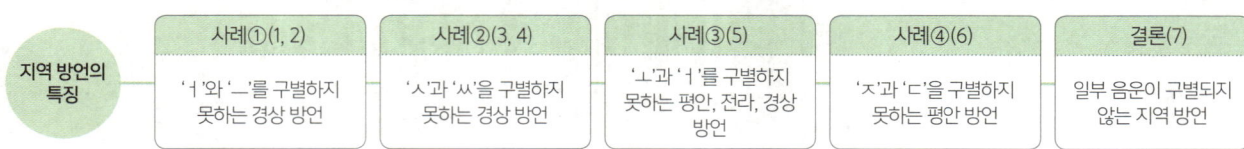

지역 방언의 특징	사례① (1, 2)	사례② (3, 4)	사례③ (5)	사례④ (6)	결론 (7)
	'ㅓ'와 'ㅡ'를 구별하지 못하는 경상 방언	'ㅅ'과 'ㅆ'을 구별하지 못하는 경상 방언	'ㅗ'과 'ㅓ'를 구별하지 못하는 평안, 전라, 경상 방언	'ㅈ'과 'ㄷ'을 구별하지 못하는 평안 방언	일부 음운이 구별되지 않는 지역 방언

실전 기출 핵심 내용 파악하기

08

지문 제재 | 언어
2020 국가직 9급

㉠에 들어갈 주장으로 가장 적절한 것은?

> 1 ¹경상 지역 방언을 쓰는 사람들은 대체로 'ㅓ'와 'ㅡ'를 구별하지 못한다. ²이들은(경상 지역 방언을 쓰는 사람들은) ['증표(證票, 증명이나 증거가 될 만한 표)'나 '정표(情表, 간절한 정을 드러내 보이기 위하여 물품을 줌. 또는 그 물품)'를 구별하여 듣지 못할 뿐만 아니라 구별하여 발음하지 못하기 십상(十常, 열에 여덟이나 아홉 정도로 거의 예외가 없음)이다.]('ㅓ'와 'ㅡ'를 구별하지 못하는 예시) ³또 이들은(경상 지역 방언을 쓰는 사람들은) 'ㅅ'과 'ㅆ'을 구별하지 못하는 경우가 많다. ⁴따라서 이들은(경상 지역 방언을 쓰는 사람들은) ['살밥을 많이 먹어서 쌀이 많이 쪘다'고 말하든 '쌀밥을 많이 먹어서 살이 많이 쪘다'고 말하든 쉽게 그 차이를 알지 못한다.]('ㅅ'과 'ㅆ'을 구별하지 못하는 예시) ⁵한편 평안도 및 전라도와 경상도의 일부에서는 'ㅗ'와 'ㅓ'를 제대로 분별(分別, 서로 다른 일이나 사물을 구별하여 가름)해서 발음하지 않는 경우가 종종 있다. ⁶평안도 사람들의 'ㅈ' 발음은 다른 지역의 'ㄷ' 발음과 매우 비슷하다. ⁷이처럼(경상 지역 방언을 쓰는 사람들과 평안도 및 전라도와 경상도 일부의 발음 사례처럼) (㉠)
> ▶ 지역에 따라 잘 구별하지 못하는 소리가 있는 현상

① 우리말에는 지역마다 다양한 소리가 있다. (공용어 존재)
② 우리말은 지역에 따라 다양한 표준 발음법이 있다. (하나의 표준 발음법 규정)
❸ 우리말에는 지역에 따라 구별되지 않는 소리가 있다. (근거 1-1, 3, 5)
④ 자음보다 모음을 변별하지 못하는 지역이 더 많이 있다. (근거 1-1, 3, 5)

단계별 풀이 비법

풀이비법 1 발문으로 유형을 확인하라!
글의 마지막에 들어갈 '주장'을 묻고 있으므로 글의 주제를 찾는 유형임을 알 수 있다. 따라서 지문을 먼저 정리한 뒤 선택지에서 그것을 적절하게 포괄할 수 있는 내용을 골라야 한다.

풀이비법 2 무엇(화제)에 대해 말하고 있는지 파악하라!
중심 화제 지역 방언
중심 내용 일부 지역 방언에서 나타나는 음운 발음의 특징을 소개하고 있다.

풀이비법 3 화제에 대한 글쓴이의 생각이 드러나는 부분을 찾아라!
초점 1-1, 3, 5에서 지역 방언의 발음과 관련된 구체적인 내용이 드러난다.

1-1	경상 지역 방언을 쓰는 사람들은 대체로 'ㅓ'와 'ㅡ'를 구별하지 못한다.
1-3	이들은 'ㅅ'과 'ㅆ'을 구별하지 못하는 경우가 많다.
1-5	평안도 및 전라도와 경상도의 일부에서는 'ㅗ'와 'ㅓ'를 제대로 분별해서 발음하지 않는 경우가 종종 있다.

화제와 초점

화제	초점(글쓴이의 생각)
지역 방언	일부 음운을 구별하지 못함.

⬇
일부 음운을 구별하지 못하는 지역 방언

풀이비법 4 선택지의 적절성을 판단하라!
① 전체적으로 경상도나 평안도, 전라도 등 일부 지역에서 특정 음운을 구별하지 못하는 사례를 들고 있을 뿐이므로, 이를 바탕으로 우리말에는 지역마다 다양한 소리가 있다는 결론을 이끌어 내는 것은 적절하지 않다.
② 지역마다 존재하는 표준 발음법에 대한 내용이 아니라 일부 지역에서 특정 음운을 구별하지 못하는 현상을 제시하고 있다.
③ 1-1, 3, 5에 제시된 내용을 종합하면, 우리말에는 지역에 따라 구별되지 않는 소리가 있다는 결론을 이끌어 낼 수 있다.
④ 1-1, 3, 5에 따르면, 일부 지역 사람들이 구별하지 못한다고 제시된 사례는 'ㅓ'와 'ㅡ', 'ㅅ'과 'ㅆ', 'ㅗ'와 'ㅓ', 'ㅈ'과 'ㄷ' 등이다. 자음과 모음이 동일하게 제시되어 있으므로 이를 바탕으로 자음보다 모음을 변별하지 못하는 지역이 더 많다는 결론을 이끌어 내는 것은 적절하지 않다.

정답 ③

병태 요정의 지문 분석

언어 지식이나 문법과 관계되는 설명문은 공무원 시험에서는 거의 출제되지 않았습니다. 그러나 수능이나 사관학교 시험 등에서는 꾸준히 문법 관련 설명문이 길게 출제되고 있습니다. 공무원 시험이 점차 수능처럼 변해가고 있는 점을 고려할 때, 일반적인 문법에서는 잘 다루지 않는 내용과 관련된 언어 지식이나 문법 설명문을 제시한 뒤, 그것을 적용하는 문제가 출제될 수도 있습니다. 물론 이 문제는 주제를 찾는 추론 문제입니다. 하지만 이런 지문을 바탕으로 구체적인 사례에 적용하거나 그것과 관련된 언어나 문법 지식을 묻는 문제가 출제될 수도 있다는 점은 염두에 두어야 합니다.

핵심 내용 파악하기

연습 1 병태 요정과 함께 풀기

다음 글의 중심 내용으로 가장 적절한 것은? 2018 국가직 9급

'언문'은 실용 범위에 제약이 있었는데, 이런 현실은 '언간'에도 적용된다. '언간' 사용의 제약은 무엇보다 이것을 주고받은 사람의 성별(性別)에서 뚜렷이 드러난다. 15세기 후반 이래로 숱한 언간이 현전하지만 남성 간에 주고받은 언간은 찾아보기 어렵다. 이는 남성 간에는 한문 간찰이 오간 때문이나 남성이 공적인 영역을 독점했던 당시의 현실을 감안하면 '언문'이 공식성을 인정받지 못했던 사실과 상통한다. 결국 조선시대에는 언간의 발신자나 수신자 어느 한쪽으로 반드시 여성이 관여하는 특징을 보인다고 할 수 있다.

이러한 사용자의 성별 특징으로 인하여 종래 '언간'은 '내간'으로 일컬어지기도 하였다. 그러나 이러한 명칭 때문에 내간이 부녀자만을 상대로 하거나 부녀자끼리만 주고받은 편지로 오해되어서는 안 된다. 16, 17세기의 것만 하더라도 수신자는 왕이나 사대부를 비롯하여 한글 해독 능력이 있는 하층민에 이르기까지 거의 전 계층의 남성이 될 수 있었기 때문이다. 한문 간찰이 사대부 계층 이상 남성만의 전유물이었다면 언간은 특정 계층에 관계없이 남녀 모두의 공유물이었다고 할 수 있다.

① '언문'과 마찬가지로 '언간'의 실용 범위에는 제약이 있었다.
② 사용자의 성별 특징으로 인해 '언간'은 '내간'으로 일컬어졌다.
③ 언간은 특정 계층과 성별에 관계없이 이용된 의사소통 수단이었다.
④ 조선시대에는 언간의 발신자나 수신자 어느 한쪽으로 반드시 여성이 관여하는 특징을 보인다.

연습 2 혼자서 눈으로 계속 연습하기

다음 글의 중심 내용으로 가장 적절한 것은? 2018 국가직 9급

'언문'은 실용 범위에 제약이 있었는데, 이런 현실은 '언간'에도 적용된다. '언간' 사용의 제약은 무엇보다 이것을 주고받은 사람의 성별(性別)에서 뚜렷이 드러난다. 15세기 후반 이래로 숱한 언간이 현전하지만 남성 간에 주고받은 언간은 찾아보기 어렵다. 이는 남성 간에는 한문 간찰이 오간 때문이나 남성이 공적인 영역을 독점했던 당시의 현실을 감안하면 '언문'이 공식성을 인정받지 못했던 사실과 상통한다. 결국 조선시대에는 언간의 발신자나 수신자 어느 한쪽으로 반드시 여성이 관여하는 특징을 보인다고 할 수 있다.

이러한 사용자의 성별 특징으로 인하여 종래 '언간'은 '내간'으로 일컬어지기도 하였다. 그러나 이러한 명칭 때문에 내간이 부녀자만을 상대로 하거나 부녀자끼리만 주고받은 편지로 오해되어서는 안 된다. 16, 17세기의 것만 하더라도 수신자는 왕이나 사대부를 비롯하여 한글 해독 능력이 있는 하층민에 이르기까지 거의 전 계층의 남성이 될 수 있었기 때문이다. 한문 간찰이 사대부 계층 이상 남성만의 전유물이었다면 언간은 특정 계층에 관계없이 남녀 모두의 공유물이었다고 할 수 있다.

① '언문'과 마찬가지로 '언간'의 실용 범위에는 제약이 있었다.
② 사용자의 성별 특징으로 인해 '언간'은 '내간'으로 일컬어졌다.
③ 언간은 특정 계층과 성별에 관계없이 이용된 의사소통 수단이었다.
④ 조선시대에는 언간의 발신자나 수신자 어느 한쪽으로 반드시 여성이 관여하는 특징을 보인다.

지문을 한눈에

언간의 특징

1 전제: '언간'은 한문 '간찰'과 달리 반드시 여성이 관여하는 특징을 지님.

2 주지: '언간'은 한문 '간찰'과 달리 특정 계층에 관계없이 남녀 모두의 공유물이었음.

실전 기출 — 핵심 내용 파악하기

09
다음 글의 중심 내용으로 가장 적절한 것은?

지문 제재 | 인문
2018 국가직 9급

> **1** ¹'언문(諺文, 상말을 적는 문자라는 뜻으로, '한글'을 속되게 이르던 말)'은 실용 범위에 제약이 있었는데, 이런 현실은 '언간(諺簡, 언문 편지라는 뜻으로, 한글로 쓴 편지를 낮잡는 뜻으로 이르던 말)'에도 적용된다. ²'언간' 사용의 제약은 무엇보다 이것을 주고받은 사람의 성별(性別)에서 뚜렷이 드러난다. ³15세기 후반 이래로 숱한 언간이 현전(現傳, 현재까지 전하여 옴)하지만 남성 간에 주고받은 언간은 찾아보기 어렵다. ⁴이는 남성 간에는 한문 간찰(簡札, 안부, 소식, 용무 따위를 적어 보내는 글)이 오간 때문이나 남성이 공적인 영역을 독점했던 당시의 현실을 감안하면 '언문'이 공식성을 인정받지 못했던 사실과 상통한다. ⁵결국 조선시대에는 언간의 발신자나 수신자 어느 한쪽으로 반드시 여성이 관여(關與, 어떤 일에 관계하여 참여함)하는 특징을 보인다고 할 수 있다.
> ▶ 여성이 관여하는 특징을 지닌 언간
>
> **2** ¹이러한(발신자나 수신자 어느 한쪽에 여성이 관여하는) 사용자의 성별 특징으로 인하여 종래 '언간'은 '내간(內簡, 부녀자가 쓰는 편지)'으로 일컬어지기도 하였다. ²그러나 이러한(내간이라는) 명칭 때문에 내간이 부녀자만을 상대로 하거나 부녀자끼리만 주고받은 편지로 오해되어서는 안 된다. ³16, 17세기의 것만 하더라도 수신자는 왕이나 사대부를 비롯하여 한글 해독 능력이 있는 하층민에 이르기까지 거의 전 계층의 남성이 될 수 있었기 때문이다. ⁴한문 간찰이 사대부 계층 이상 남성만의 전유물(專有物, 혼자 독차지하여 가지는 물건)이었다면 언간은 특정 계층에 관계없이 남녀 모두의 공유물(共有物, 두 사람 이상이 공동으로 소유하는 물건)이었다고 할 수 있다.
> ▶ 남녀 모두의 공유물이었던 언간

① '언문'과 마찬가지로 '언간'의 실용 범위에는 제약이 있었다. (지엽적인 내용)
② 사용자의 성별 특징으로 인해 '언간'은 '내간'으로 일컬어졌다. (지엽적인 내용)
❸ 언간은 특정 계층과 성별에 관계없이 이용된 의사소통 수단이었다. (근거 **2**-2, 4)
④ 조선시대에는 언간의 발신자나 수신자 어느 한쪽으로 반드시 여성이 관여하는 특징을 보인다. (지엽적인 내용)

단계별 풀이 비법

풀이비법 1 발문으로 유형을 확인하라!
'글의 중심 내용'을 묻고 있으므로 글 전체를 아우를 수 있는 중심 화제 혹은 주제를 찾는 유형으로 볼 수 있다. 그리고 발문을 볼 때, 명사형인 중심 화제가 아니라 문장으로 끝나는 주제를 파악하는 것임을 알 수 있다.

풀이비법 2 무엇(화제)에 대해 말하고 있는지 파악하라!
중심 화제: 언간
중심 내용: **1**단락과 **2**단락에서 각각 '언간'의 특징을 설명하고 있다.

풀이비법 3 화제에 대한 글쓴이의 생각이 드러나는 부분을 찾아라!
초점: **1**-5와 **2**-4에서 '언간'에 관한 글쓴이의 생각이 드러난다.

| **1**-5 | 언간의 발신자나 수신자 어느 한쪽으로 반드시 여성이 관여하는 특징을 보인다. |
| **2**-4 | 언간은 특정 계층에 관계없이 남녀 모두의 공유물이었다. |

화제와 초점

화제	초점(글쓴이의 생각)
언간	여성이 관여하지만 남녀 모두의 공유물임.

언간의 특징(남녀 모두의 공유물)

풀이비법 4 선택지의 적절성을 판단하라!
① **1**-1에서 언간은 실용 범위의 제약이 있었다는 내용이 언급되고 있다. 하지만 이어지는 내용을 볼 때, 이는 전체 내용을 포괄하지 못하는 지엽적인 내용일 뿐이다.
② **2**-1에서 언간을 내간으로 불렀다는 내용이 나타난다. 하지만 이어지는 내용을 볼 때, 이는 전체 내용을 포괄하지 못하는 지엽적인 내용일 뿐이다.
③ 풀이비법 3에서 정리한 내용과 일치하며, **2**-3과 4에서 언간은 남성의 전유물이었던 한문 편지와 달리 계층에 관계없이 남녀 모두가 사용했음을 강조하고 있다.
④ **1**-5에서 언간의 특징으로 제시되어 있는 내용이다. 하지만 **1**단락에만 해당하는 내용으로, 주지 단락으로 볼 수 있는 **2**단락의 내용을 포괄하지 못하고 있다.

정답 ③

시간 절약 깨알 TIP
고전에서 인용한 인문이나 사회 지문의 경우에는 마지막 부분에 궁극적인 주장이 드러나는 경우가 많습니다. 따라서 고전 지문의 중심 생각을 파악하는 문제는 글의 마지막 부분을 빨리 훑어본 다음 글을 읽는 것이 효율적입니다.

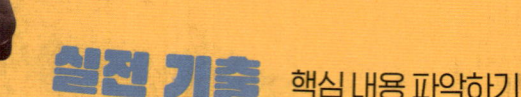

실전 기출 — 핵심 내용 파악하기

학습일: 월 일 풀이 시간: 1분 이내

연습 1 병태 요정과 함께 풀기

다음 글의 제목으로 가장 적절한 것은? 2019 지방직 9급

> 계몽주의 사상가들은 명백히 모순되는 두 개의 견해를 취했다. 그들은 인간의 위치를 자연계 안에서 해명하려고 애썼다. 역사의 법칙이란 것을 자연의 법칙과 동일한 것으로 여겼다. 다른 한편, 그들은 진보를 믿었다. 그렇다면 그들이 자연을 진보하는 것으로, 다시 말해 끊임없이 어떤 목적을 향해서 전진하는 것으로 받아들인 데에는 어떤 근거가 있었던가? 헤겔은 역사는 진보하는 것이고 자연은 진보하지 않는 것이라고 뚜렷이 구분했다. 반면, 다윈은 진화와 진보를 동일한 것으로 주장함으로써 모든 혼란을 정리한 듯했다. 자연도 역사와 마찬가지로 진보하는 것으로 본 것이다. 그러나 이것은 진화의 원천인 생물학적인 유전(biological inheritance)을 역사에서의 진보의 원천인 사회적인 획득(social acquisition)과 혼동함으로써 훨씬 더 심각한 오해에 이를 수 있는 길을 열어 놓았다. 오늘날 그 둘이 분명히 구별된다는 것은 익히 알려진 것이다.

① 자연의 진보에 대한 증거
② 인간 유전의 사회적 의미
③ 역사의 법칙과 자연의 법칙
④ 진보와 진화에 관한 견해들

연습 2 혼자서 눈으로 계속 연습하기

다음 글의 제목으로 가장 적절한 것은? 2019 지방직 9급

> 계몽주의 사상가들은 명백히 모순되는 두 개의 견해를 취했다. 그들은 인간의 위치를 자연계 안에서 해명하려고 애썼다. 역사의 법칙이란 것을 자연의 법칙과 동일한 것으로 여겼다. 다른 한편, 그들은 진보를 믿었다. 그렇다면 그들이 자연을 진보하는 것으로, 다시 말해 끊임없이 어떤 목적을 향해서 전진하는 것으로 받아들인 데에는 어떤 근거가 있었던가? 헤겔은 역사는 진보하는 것이고 자연은 진보하지 않는 것이라고 뚜렷이 구분했다. 반면, 다윈은 진화와 진보를 동일한 것으로 주장함으로써 모든 혼란을 정리한 듯했다. 자연도 역사와 마찬가지로 진보하는 것으로 본 것이다. 그러나 이것은 진화의 원천인 생물학적인 유전(biological inheritance)을 역사에서의 진보의 원천인 사회적인 획득(social acquisition)과 혼동함으로써 훨씬 더 심각한 오해에 이를 수 있는 길을 열어 놓았다. 오늘날 그 둘이 분명히 구별된다는 것은 익히 알려진 것이다.

① 자연의 진보에 대한 증거
② 인간 유전의 사회적 의미
③ 역사의 법칙과 자연의 법칙
④ 진보와 진화에 관한 견해들

지문을 한눈에

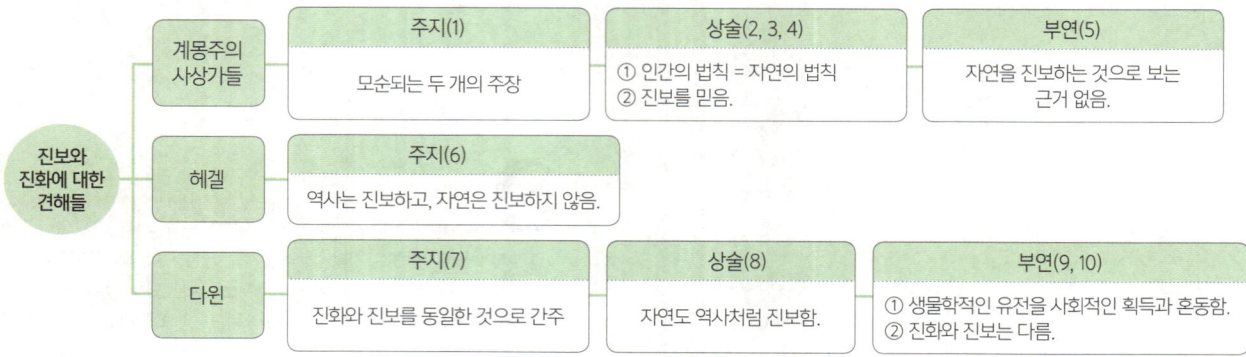

10

다음 글의 제목으로 가장 적절한 것은?

지문 제재 | 인문
2019 지방직 9급

> ¹[계몽주의 사상가들]은 명백히 모순(矛盾, 어떤 사실의 앞뒤, 또는 두 사실이 이치상 어긋나서 서로 맞지 않음을 이르는 말)되는 두 개의 견해를 취했다. ²그들은 인간의 위치를 자연계 안에서 해명하려고 애썼다. ³역사의 법칙이란 것을 자연의 법칙과 동일한 것으로 여겼다. ⁴다른 한편, 그들은 진보(進步, 정도나 수준이 나아지거나 높아짐)를 믿었다.](진보와 진화에 대한 계몽주의 사상가들의 견해. 자연 = 진보) ⁵그렇다면(역사의 법칙과 자연의 법칙을 동일하게 여기고 진보를 믿었다면) 그들이 자연을 진보하는 것으로, 다시 말해 끊임없이 어떤 목적을 향해서 전진하는 것으로 받아들인 데에는 어떤 근거가 있었던가? ⁶[헤겔은 역사는 진보하는 것이고 자연은 진보하지 않는 것이라고 뚜렷이 구분했다.](진보와 진화에 대한 헤겔의 견해. 자연≠진보) ⁷반면, [다윈은 진화(進化, 생물이 생명의 기원 이후부터 점진적으로 변해 가는 현상)와 진보를 동일한 것으로 주장함으로써 모든 혼란을 정리한 듯했다. ⁸자연도 역사와 마찬가지로 진보하는 것으로 본 것이다.](진보와 진화에 대한 다윈의 견해. 자연 = 진화 = 진보) ⁹그러나 이것은(진화와 진보를 동일한 것으로 본 것은) 진화의 원천인 생물학적인 유전(biological inheritance)을 역사에서의 진보의 원천인 사회적인 획득(social acquisition)과 혼동함으로써 훨씬 더 심각한 오해에 이를 수 있는 길을 열어 놓았다. ¹⁰오늘날 그 둘(진화와 진보)이 분명히 구별된다는 것은 익히 알려진 것이다.
> ▶ 진보와 진화에 관한 다양한 견해

① 자연의 진보에 대한 증거 (헤겔의 견해와 맞지 않고, 증거에 대한 언급도 없음.)
② 인간 유전의 사회적 의미 (지문 내용과 무관)
③ 역사의 법칙과 자연의 법칙 (역사의 법칙과 자연의 법칙에 대한 결론이 제시되지 않음. 근거 1-9)
❹ 진보와 진화에 관한 견해들 (근거 1-3, 4, 6, 7)

단계별 풀이 비법

풀이 비법 1 발문으로 유형을 확인하라!

'글의 제목'을 찾는 문제이므로, 글의 화제와 그것에 대한 글쓴이의 관점이나 의도가 가장 잘 드러나는 제목을 찾아야 한다.

풀이 비법 2 무엇(화제)에 대해 말하고 있는지 파악하라!

중심 화제 역사, 자연, 진보, 진화
중심 내용 전체적으로 진보의 개념을 지닌 역사와 진화의 개념을 지닌 자연에 대한 다양한 견해를 설명하고 있다.

풀이 비법 3 화제에 대한 글쓴이의 생각이 드러나는 부분을 찾아라!

초점 1-3, 4, 1-6, 1-7에서 여러 사상가들의 견해가 제시된다. 그리고 1-5와 1-9에서 이들에 대한 글쓴이의 견해가 드러난다.

1-3, 4	역사의 법칙이란 것을 자연의 법칙과 동일한 것으로 여겼다. 그들은 진보를 믿었다.
1-6	역사는 진보하는 것이고 자연은 진보하지 않는 것이라고 뚜렷이 구분
1-7	진화와 진보를 동일한 것으로 주장
1-5	계몽주의 사상가들이 자연을 진보하는 것으로 본 데에는 어떤 근거도 없음.
1-9	진화와 진보를 혼동함.

화제와 초점

화제	초점(글쓴이의 생각)
진보와 진화	다양한 견해가 존재하며, 그중 일부는 문제가 있음.

⬇

진보와 진화에 대한 다양한 견해

풀이 비법 4 선택지의 적절성을 판단하라!

① 1-6에서 헤겔은 자연은 진보하지 않는다고 보았으므로 '자연의 진보'라고 하면 이와 맞지 않는다. 또한 증거와 관련된 내용도 언급되지 않았다.
② 화제나 내용과 무관한 제목이다.
③ 얼핏 정답으로 보이는 매력적인 오답이다. 하지만 1-5와 1-9에서 글쓴이가 진보와 진화에 좀더 초점을 두고 있음을 알 수 있다.
④ **풀이 비법 3** 에서 정리한 내용과 일치한다. 특히 1-9와 10에서 진보와 진화는 서로 다른 것이라는 점을 언급하고 있는데, 이를 통해 글쓴이는 역사와 자연이 아니라 진보와 진화에 대한 설명을 하고 있음을 알 수 있다.

정답 ④

연습 1 병태 요정과 함께 풀기

다음 글의 주장으로 가장 적절한 것은? 2019 국가직 7급

> 사람은 일곱 자의 몸뚱이를 지니고 있지만 마음과 이치를 제하고 나면 귀하다 할 만한 것은 없다. 온통 한 껍데기의 피고름이 큰 뼈 덩어리를 감싸고 있을 뿐이다. 배고프면 밥 먹고 목마르면 물 마신다. 옷을 입을 줄도 알고 음탕한 욕심을 채울 줄도 안다. 가난하고 천하게 살면서 부귀를 사모하고, 부귀하게 지내면서 권세를 탐한다. 성날 때는 싸우고 근심이 생기면 슬퍼한다. 궁하게 되면 못 하는 짓이 없고, 즐거우면 음란해진다. 무릇 백 가지 하는 바가 한결같이 본능에 따르니, 늙어 죽은 뒤에야 그만둘 따름이다. 그렇다면 이를 짐승이라 말하여도 괜찮을 것이다.

① 자연의 이치를 알고자 하는 욕구는 사람에게 본능적이다.
② 마음으로 본능을 다스리는 삶의 자세가 필요하다.
③ 빈부 격차는 인간 삶의 지향성에 영향을 준다.
④ 근심과 슬픔은 늙기 전까지 끊이지 않는다.

연습 2 혼자서 눈으로 계속 연습하기

다음 글의 주장으로 가장 적절한 것은? 2019 국가직 7급

> 사람은 일곱 자의 몸뚱이를 지니고 있지만 마음과 이치를 제하고 나면 귀하다 할 만한 것은 없다. 온통 한 껍데기의 피고름이 큰 뼈 덩어리를 감싸고 있을 뿐이다. 배고프면 밥 먹고 목마르면 물 마신다. 옷을 입을 줄도 알고 음탕한 욕심을 채울 줄도 안다. 가난하고 천하게 살면서 부귀를 사모하고, 부귀하게 지내면서 권세를 탐한다. 성날 때는 싸우고 근심이 생기면 슬퍼한다. 궁하게 되면 못 하는 짓이 없고, 즐거우면 음란해진다. 무릇 백 가지 하는 바가 한결같이 본능에 따르니, 늙어 죽은 뒤에야 그만둘 따름이다. 그렇다면 이를 짐승이라 말하여도 괜찮을 것이다.

① 자연의 이치를 알고자 하는 욕구는 사람에게 본능적이다.
② 마음으로 본능을 다스리는 삶의 자세가 필요하다.
③ 빈부 격차는 인간 삶의 지향성에 영향을 준다.
④ 근심과 슬픔은 늙기 전까지 끊이지 않는다.

지문을 한눈에

마음과 이치의 가치	주지(1)	상술(2~10)
	마음과 이치가 가장 귀함.	마음과 이치가 없으면 인간의 모든 행동이 짐승처럼 본능에 따르게 됨.

실전 기출 — 핵심 내용 파악하기

11
다음 글의 주장으로 가장 적절한 것은?

지문 제재 | 인문
2019 국가직 7급

> **1** ¹사람은 일곱 자의 몸뚱이를 지니고 있지만 마음과 이치를 제하고 나면 귀하다 할 만한 것은 없다. ²온통 한 껍데기의 피고름이 큰 뼈 덩어리를 감싸고 있을 뿐이다. ³배고프면 밥 먹고 목마르면 물 마신다. ⁴옷을 입을 줄도 알고 음탕(淫蕩, 음란하고 방탕함)한 욕심을 채울 줄도 안다. ⁵가난하고 천하게 살면서 부귀를 사모(思慕, 우러러 받들고 마음속 깊이 따름)하고, 부귀하게 지내면서 권세(權勢, 권력과 세력을 아울러 이르는 말)를 탐한다. ⁶성날 때는 싸우고 근심이 생기면 슬퍼한다. ⁷궁하게 되면 못 하는 짓이 없고, 즐거우면 음란해진다. ⁸【무릇 백 가지 하는 바가 한결같이 본능에 따르니】(앞의 내용을 종합함), 늙어 죽은 뒤에야 그만둘 따름이다. ⁹그렇다면 (모든 하는 바가 본능에 따른다면) 이를 짐승이라 말해도 괜찮을 것이다.
> ▶ 마음과 이치의 중요성 및 본능에 충실한 삶의 한계

① 자연의 이치를 알고자 하는 욕구는 사람에게 본능적이다. (자연의 이치에 대한 탐구 ≠ 본능. 근거 **1**-1)
❷ 마음으로 본능을 다스리는 삶의 자세가 필요하다. (근거 **1**-1, 8, 9)
③ 빈부 격차는 인간 삶의 지향성에 영향을 준다. (지엽적이며 글쓴이가 무가치하게 여기는 것)
④ 근심과 슬픔은 늙기 전까지 끊이지 않는다. (지엽적이며 글쓴이가 무가치하게 여기는 것)

단계별 풀이 비법

풀이 비법 1 발문으로 유형을 확인하라!
'글의 주장'을 찾는 문제이므로, 글의 화제와 관련한 글쓴이의 주장, 즉 주제를 찾는 유형으로 볼 수 있다. 만약 주제문이 드러나지 않을 경우에는 내용을 참고하여 직접 만들어야 한다.

풀이 비법 2 무엇(화제)에 대해 말하고 있는지 파악하라!
중심 화제 사람, 마음과 이치, 본능
중심 내용 사람이 평소에 추구하는 것은 모두 본능에 따르는 것이므로 마음과 이치가 없으면 짐승과 마찬가지임을 경계하고 있다.

풀이 비법 3 화제에 대한 글쓴이의 생각이 드러나는 부분을 찾아라!
초점 **1**-1에서 전체 내용을 포괄하는 주장이 나타난다.

1-1 마음과 이치를 제하고 나면 귀하다 할 만한 것은 없다.

화제 ○ 초점

화제	초점(글쓴이의 생각)
마음과 이치	사람에게 마음과 이치가 없으면 짐승과 같음.

마음과 이치의 중요성

풀이 비법 4 선택지의 적절성을 판단하라!
① 자연의 이치를 알고자 하는 욕구에 관한 언급은 나타나지 않는다. 또한 자연의 이치에 대한 탐구는 이성적인 것으로 본능으로 이해하는 것도 적절하지 않다.
② **1**-1에 나타난 주장과, 본능에 따르는 삶은 짐승과 같다는 뒷받침 내용을 고려할 때, 글쓴이는 마음으로 본능을 다스려야 한다는 주장을 하고 있음을 알 수 있다.
③ **1**-5에서 빈부 격차가 인간 삶의 지향성에 영향을 미친다는 것을 알 수 있지만, 이는 물질적인 안락함을 추구하는 본능에 관한 것이므로 마음과 이치를 중시하는 글쓴이의 주장으로 적절하지 않다.
④ **1**-3에서 관련 내용이 나오지만, 이는 글쓴이가 짐승의 삶으로 여기는 본능과 관련된 내용이므로 글쓴이의 주장으로 적절하지 않다. **정답 ②**

유형 02 세부 정보 파악하기

병태 요정이 알려주는 유형 GUIDE

세부 정보 일치 여부, 이해의 적절성 파악, 단락별 중심 내용 등을 물어보는 문제가 모두 이 유형에 속합니다. 한 편의 글을 읽을 때 가장 먼저 해야 할 일은 글의 내용을 있는 그대로, 즉 사실적으로 파악하는 것입니다. 글쓴이가 글에서 언급하고 있는 내용을 사실적으로 파악할 수 있어야 글쓴이의 궁극적인 의도, 숨겨진 내용 등등 그 이후의 사고 활동이 가능해지기 때문입니다. 글의 세부 정보 파악은 기본적으로 각 문장의 표면적 의미를 파악하는 것이고, 나아가 단락별 중심 내용을 정리하는 것입니다.

풀이 비법 1 발문으로 유형을 먼저 확인합니다.

- 다음 글에 대한 이해로 적절하지 않은 것은? [22 국가/지방 9급]
- 다음 글에 대한 이해로 적절한 것은? [21 지방 9급]
- 다음 글의 내용과 부합하지 않은 것은? [21 지방 9급]
- ㉠과 ㉡에 대한 글쓴이의 견해로 적절하지 않은 것은? [20 지방 7급]
- 다음 글에 대한 이해로 적절하지 않은 것은? [20 지방 7급]
- 다음 글의 이해로 가장 적절한 것은? [19 지방 9급]
- 다음 글의 내용에 부합하지 않는 것은? [19 지방 7급]
- 다음 글의 내용을 잘못 이해한 사람은? [18 지방 9급]
- 다음 글의 내용과 부합하지 않는 것은? [18 국가 9급]
- 다음 글의 내용과 부합하는 것은? [18 국가 9급]
- 밑줄 친 부분의 이유에 대한 필자의 견해로 볼 수 없는 것은? [18 지방 9급]
- 다음 글에서 알 수 없는 것은? [18 지방 9급]
- 〈보기〉에 대한 설명으로 가장 옳은 것은? [18 서울 9급]
- 다음 글에 대한 이해로 가장 적절한 것은? [18 교행 9급]
- 윗글에 대한 이해로 가장 적절한 것은? [18 교행 9급]
- 빅데이터에 대한 이해로 적절하지 않은 것은? [18 교행 9급]
- 윗글에서 답을 확인하기 어려운 질문은? [18 교행 7급]

풀이 비법 2 화제를 중심으로 단락별 중심 내용을 정리합니다.

하나의 문장이나 한 편의 글에는 설명이나 주장 등의 대상인 '화제'가 있게 마련입니다. 따라서 세부 정보를 파악할 때는 문장과 단락의 '화제'를 찾고, 그것에 대한 글쓴이의 중심 생각을 찾는 것입니다.

 글쓴이가 이야기의 대상으로 삼고 있는 화제를 찾습니다. 문장에서는 대개 주어부에 나타나며, 단락에서는 대개 첫 문장에 나타납니다. 마지막 문장에서 반복되는 경우도 많습니다. 이때 찾은 화제에는 기호를 사용한 표시를 해 두어야 합니다. 만약 상반되거나 서로 다른 성격의 화제라면 표시 기호도 다르게 하는 것이 좋습니다.

2 그리고 글을 읽으면서 찾은 화제와 관련된 생각이 드러나는 문장을 찾아 밑줄을 긋습니다.

▶ 문장과 단락의 관계

- **단락**: 생각의 한 단위
- **단락의 구성**: 하나의 중심 문장+하나 이상의 뒷받침 문장

```
  두괄식
┌─────────────────────┐
│ 중심 문장 + 뒷받침 문장 │
│ 글쓴이의 의도  설명 or 근거 or 상술 │
└─────────────────────┘
  미괄식
```

▶ 주어부와 서술부

주어부	• 문장의 주체로, 설명의 대상이 되는 부분입니다. • 주어와 그에 딸린 말로 이루어집니다.
서술부	• 문장의 주체가 되는 대상의 동작, 상태, 성질 등을 설명하는 부분을 이릅니다. • 서술어와 그에 딸린 말로 이루어지며, 목적어와 보어는 서술부에 속합니다.
예	'노란 들국화가 매우 아름답게 피었다.'에서 주어부는 '노란 들국화가', 서술부는 '매우 아름답게 피었다.'가 됩니다.

3 그런 다음에는 단락별 정보를 개괄적으로 확인합니다. 정보의 개괄적 확인은 제시된 글의 전체적인 흐름을 파악하는 것으로, 각 단락의 중심 화제와 그것에 대한 중심 생각을 찾아 간단명료하게 요약·정리하는 것입니다.

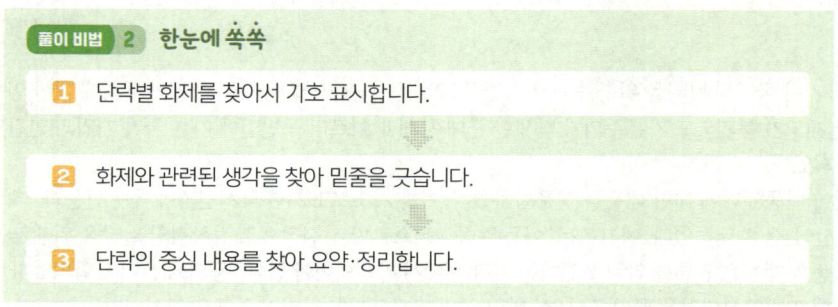

풀이 비법 3 지문에서 선택지와 관련된 부분을 찾습니다.

화제와 그것에 관한 정보에 표시를 하면서 각 단락의 내용을 개괄적으로 파악했다면, 이제 각 선택지를 보고 관련 내용이 지문의 어느 부분에 나오는지를 화제를 중심으로 하여 찾아야 합니다.

1 선택지들이 하나의 화제로 통일되어 있거나 발문에서 특정한 화제에 대한 정보만을 요구했을 경우에는 지문의 표시 부분을 보며 그것과 관련된 부분을 찾아야 합니다. 관련이 없는 부분은 무시하는 것이 시간 절약에 도움이 됩니다.

2 각 선택지의 문장에 제시된 화제와 동일한 화제를 지문에서 찾습니다. 이때 관련 화제가 여러 군데 있을 수도 있습니다. 만약 선택지의 문장과 동일한 화제가 표시되어 있지 않다면 동일한 의미의 단어나 어구가 제시된 부분을 찾아야 합니다.

3 그리고 선택지에 나온 화제와 관련된 생각 중에서 특정한 기준에 맞는 정보를 찾습니다. 특정한 기준은 바로 선택지의 내용입니다. 즉, 선택지의 중심 내용과 관련된 지문의 내용을 재구성하여 선택지와의 일치 여부를 따져야 합니다. 이때 접속어나 연결 어미에 유의해야 합니다.

> **풀이 비법 3 한눈에 쏙쏙**
>
> 1 하나의 화제에 대한 선택지일 경우 그것과 관련된 부분만 찾습니다.
>
> 2 각 선택지에 제시된 화제를 지문에서 찾습니다.
>
> 3 지문 내용을 재구성하여 선택지의 일치 여부를 판단합니다.

풀이 비법 4 선택지의 일치 여부를 판단합니다.

선택지의 내용이 제시된 글의 세부 정보와 일치하는지 여부를 판단한 다음, 긍정 발문인지 부정 발문인지에 맞추어서 적절한 선택지를 고릅니다. 긍정 발문은 '적절한 것'을 고르는 것이고, 부정 발문은 '적절하지 않은 것'을 고르는 것입니다. 이때 두 세 가지 정보를 합쳐야 파악할 수 있는 선택지가 제시되기도 한다는 점을 염두에 두어야 합니다.

▶ 접속어의 종류

순접	그리고, 이와 같이
역접	그러나, 하지만, 반면에, 그렇지만
인과	그래서, 따라서, 그러므로, 왜냐하면
환언·요약	요컨대, 결국, 곧, 즉
전환	그런데, 한편
예시	이를테면, 예컨대, 가령
첨가·보충	더구나, 게다가, 또한, 그뿐 아니라
대등·병렬	혹은, 및, 또한

병태 요정의 ADVICE

'세부 내용 일치' 유형에서 시간을 줄이는 방법

1 하나의 지문에 하나의 내용 일치 문제만 있을 경우에는 문제의 선택지를 먼저 훑어보는 것이 좋아요.

2 지문에서 선택지와 관련된 화제나 내용이 언급될 경우 바로 선택지의 적절성을 파악해야 해요.

3 지문을 먼저 읽어야 하는 경우에는 □, △, ○ 등의 기호를 사용하여 화제에 표시를 해 둘 필요가 있어요.

4 각 기호는 나름대로 의미하는 내용을 분류해 두어야 해요. 예를 들면 동그라미는 글 전체의 중심 화제, 네모는 문단의 화제, 그리고 세모는 이와 대등하거나 대립하는 개념을 지닌 화제로 정하는 것이죠.

5 화제나 글 전체의 중심 화제와 관련된 내용에는 밑줄을 긋고, 관련 화제와 이어진다는 표시를 해 두는 것이 좋아요.

대표 기출 — 세부 정보 파악하기 1

다음 글에 대한 이해로 적절하지 않은 것은?

2022 국가직 9급

지문 제재: 언어

아동이 부모의 소유물 또는 종족의 유지나 국가의 방위를 위한 수단으로 간주되었던 전근대 사회에서는 아동의 권리에 대한 인식이 존재하지 않았다. 산업혁명으로 봉건제도가 붕괴되고 자본주의가 탄생한 근대 사회에 이르러 구빈법에 따른 국가 개입과 민간단체의 자발적인 참여로 아동보호가 시작되었다.

1922년 잽 여사는 아동권리사상을 담아 아동권리에 대한 내용을 성문화하였다. 이를 기초로 1924년 국제연맹에서는 전문과 5개의 조항으로 된 『아동권리에 관한 제네바 선언』을 채택하였다. 여기에는 "아동은 물질적으로나 정신적으로 정상적인 발달을 위해 필요한 조건이 충족되어야 한다." 라든지 "아동의 재능은 인류를 위해 쓰인다는 자각 속에서 양육되어야 한다." 등의 내용이 포함되었다.

그러나 여기에서도 아동은 보호의 객체로만 인식되었을 뿐 생존, 보호, 발달을 위한 적극적인 권리의 주체로 인식되지는 않았다. 최근에 와서야 국제사회의 노력에 힘입어 아동은 보호되어야 할 수동적인 존재에서 자신의 권리를 주장할 수 있는 능동적인 존재로 자리매김할 수 있게 되었다. 1989년 유엔총회에서 채택된 『아동권리협약』이 그것이다.

우리나라는 이를 토대로 2016년 『아동권리헌장』 9개 항을 만들었다. 이 헌장은 '생존과 발달의 권리', '아동이 최선의 이익을 보장 받을 권리', '차별 받지 않을 권리', '자신의 의견이 존중될 권리' 등 유엔의 아동권리협약의 네 가지 기본 원칙을 포함하고 있다. 또한 전문에는 아동의 권리와 더불어 "부모와 사회, 국가와 지방자치단체는 아동의 이익을 최우선으로 고려해야 하며, 다음과 같은 아동의 권리를 확인하고 실현할 책임이 있다."라고 명시하여 아동을 둘러싼 사회적 주체들의 책임을 명확히 하였다.

① 아동의 권리에 대한 인식은 근대 이후에 형성되었다.
② 『아동권리헌장』은 『아동권리협약』을 토대로 만들어졌다.
③ 『아동권리에 관한 제네바 선언』, 『아동권리협약』, 『아동권리 헌장』에는 모두 아동의 발달에 대한 내용이 들어가 있다.
④ 『아동권리에 관한 제네바 선언』은 아동을 적극적인 권리의 주체로 인식함으로써 아동의 권리에 대한 진전된 성과를 이루었다.

지문을 한눈에

아동 권리 보장의 역사	전근대	잽 여사(1922)	유엔(1989)	우리나라(2016)
	아동 권리에 대한 인식 부재 · 부모 소유물 · 종족 유지 수단 · 국가 방위 수단	아동 권리 성문화 / 국제연맹(1924) 『아동 권리에 관한 제네바 선언』	『아동권리협약』 · 적극적 권리의 주체(능동적 존재)로 인식 · 생존과 발달의 권리 등 4대 기본원칙 명시	『아동권리헌장』 · 유엔 아동권리협약 4대 기본 원칙 포함 · 사회적 주체의 책임 명시

대표 기출 — 세부 정보 파악하기 1

다음 글에 대한 이해로 적절하지 않은 것은?

지문 제재 | 언어
2022 국가직 9급

1 ¹아동이 부모의 소유물 또는 종족의 유지나 국가의 방위를 위한 수단으로 간주되었던 전근대 사회에서는 아동의 권리에 대한 인식이 존재하지 않았다. ²산업혁명으로 봉건제도가 붕괴되고 자본주의가 탄생한 근대 사회에 이르러 구빈법(救貧法, 영국의 빈민을 구제하기 위한 법률)에 따른 국가 개입과 민간단체의 자발적인 참여로 아동보호가 시작되었다.
▶ 근대 사회에 들어서 아동보호가 시작됨

2 ¹1922년 잽 여사는 아동권리사상을 담아 아동권리에 대한 내용을 성문화(成文化, 글이나 문서로 나타냄)하였다. ²이를 기초로 1924년 국제연맹에서는 전문과 5개의 조항으로 된 『아동권리에 관한 제네바 선언』을 채택하였다. ³여기에는 "아동은 물질적으로나 정신적으로 정상적인 발달을 위해 필요한 조건이 충족되어야 한다." 라든지 "아동의 재능은 인류를 위해 쓰인다는 자각 속에서 양육되어야 한다." 등의 내용이 포함되었다.
▶ 아동 발달 조건 등의 아동 권리 내용이 성문화됨

3 ¹그러나 여기에서도 아동은 보호의 객체(客體, 의사나 행위가 미치는 대상)로만 인식되었을 뿐 생존, 보호, 발달을 위한 적극적인 권리의 주체(主體, 사물의 작용이나 행동의 주가 되는 것)로 인식되지는 않았다. ²최근에 와서야 국제 사회의 노력에 힘입어 아동은 보호되어야 할 수동적인 존재에서 자신의 권리를 주장할 수 있는 능동적인 존재로 자리매김할 수 있게 되었다. ³1989년 유엔총회에서 채택된 『아동권리협약』이 그것이다.
▶ 『아동권리협약(1989)』에서 비로소 아동을 적극적 권리의 주체로 인식함

4 ¹우리나라는 이를 토대로 2016년 『아동권리헌장』 9개 항을 만들었다. ²이 헌장은 '생존과 발달의 권리', '아동이 최선의 이익을 보장 받을 권리', '차별 받지 않을 권리', '자신의 의견이 존중될 권리' 등 유엔의 아동권리협약의 네 가지 기본 원칙을 포함하고 있다. ³또한 전문에는 아동의 권리와 더불어 "부모와 사회, 국가와 지방자치단체는 아동의 이익을 최우선으로 고려해야 하며, 다음과 같은 아동의 권리를 확인하고 실현할 책임이 있다."라고 명시하여 아동을 둘러싼 사회적 주체들의 책임을 명확히 하였다.
▶ 우리나라는 『아동권리헌장』에서 아동의 능동적 권리와 사회 주체의 책임을 명시함

① 아동의 권리에 대한 인식은 근대 이후에 형성되었다. (근거 **1**-2)
② 『아동권리헌장』은 『아동권리협약』을 토대로 만들어졌다. (근거 **4**-1)
③ 『아동권리에 관한 제네바 선언』, 『아동권리협약』, 『아동권리 헌장』에는 모두 아동의 발달에 대한 내용이 들어가 있다. (근거 **2**-3, **4**-1, **4**-2)
❹ 『아동권리에 관한 제네바 선언』은 아동을 적극적인 권리의 주체로 인식함으로써(×) 아동의 권리에 대한 진전된 성과를 이루었다. (근거 **3**-1)

단계별 풀이 비법

풀이 비법 1 발문으로 유형을 먼저 확인하라!

'글에 대한 이해'를 묻고 있지만 세부 정보를 파악하는 문제이다. 지문에 제시된 정보와 내용을 있는 그대로 이해했는가를 묻고 있으므로 문단별 중심 화제가 무엇인지 표시해 놓고 선지와 관련 내용을 확인하면 풀어야 한다.

풀이 비법 2 무엇(화제)에 대해 말하고 있는지 파악하라!

중심 화제 아동의 권리 보장의 역사
중심 내용

1	근대 사회에 들어 아동보호가 시작됨.
2	아동 발달 조건 등 아동 권리 내용이 성문화됨(잽 여사, 『아동권리에 관한 제네바 선언』).
3	『아동권리협약』(1989)에서 비로소 아동을 적극적·능동적 권리의 주체로 인식함.
4	우리나라의 『아동권리헌장』(2016)은 아동의 능동적 권리와 사회 주체의 책임을 명시함.

풀이 비법 3 지문에서 선택지 내용과 관련된 내용을 찾아 정리하라!

화제와 초점

선지	관련 정보
①	**1**-2: '근대 사회에 이르러 … 아동 보호 시작'
②	**4**-1: '우리나라는 이를 토대로 … 9개 항을 만들었다.'
③	**2**-3: '발달을 위해 필요한 조건 … 등의 내용 포함' **4**-1, **4**-2: '이 헌장은 생존과 발달의 권리 … 『아동권리협약』의 네 가지 기본 원칙 포함'
④	**3**-1: '… 적극적 권리의 주체로 인식되지는 않았다.'

풀이 비법 4 선택지의 적절성을 판단하라!

① **1**-2, 아동의 권리를 인식하고 아동을 보호의 대상으로 여기게 된 것은 근대 사회에 들어서이다. 산업혁명으로 자본주의가 발달한 영국에서 빈민을 구제하기 위한 구빈법을 제정하면서 아동에 대해서도 국가적 개입을 하게 된 것이 아동보호의 시작이라 볼 수 있다.
② **4**-1, 우리나라는 유엔『아동권리협약』이 제시한 네 가지 기본 원칙을 포함해서 9개 조항으로 이뤄진 『아동권리헌장』을 만들었다.
③ **2**-3, 『아동권리에 관한 제네바 선언』은 '아동은 물질적으로나 정신적으로 정상적인 발달을 위해 필요한 조건이 충족되어야'에서 보듯이 아동 발달에 대한 내용을 포함하고 있다.
4-1, **4**-2 '이 헌장은 생존과 발달의 권리 … 아동권리협약의 네 가지 기본 원칙을 포함하고 있다.'는 내용에서 아동권리헌장과 아동권리협약 모두 아동의 발달에 대한 내용이 들어가 있음을 알 수 있다.
④ **3**-1, '그러나 여기에서도 … 적극적 권리의 주체로 인식되지는 않았다.'에서 『아동권리에 관한 제네바 선언』에서는 아직 아동이 적극적 권리의 주체로 인식되고 있지 않음을 알 수 있다.
정답 ④

실전 기출 — 세부 정보 파악하기 1

학습일: 월 일 풀이 시간: 1분 이내

연습 1 병태 요정과 함께 풀기

다음 글을 이해한 내용으로 적절하지 않은 것은? 2023 지방직 9급

> 고소설의 유통 방식은 '구연에 의한 유통'과 '문헌에 의한 유통'으로 나눌 수 있다. 구연에 의한 유통은 구연자가 소설을 사람들에게 읽어 주는 방식으로, 글을 모르는 사람들과 글을 읽을 수 있지만 남이 읽어 주는 것을 선호하는 이들을 대상으로 이루어졌다. 구연자는 '전기수'로 불렸으며, 소설 구연을 통해 돈을 벌던 전문적 직업인이었다. 하지만 이 방식은 문헌에 의한 유통에 비해 시간과 공간의 제약이 많아서 유통 범위를 넓히는 데 뚜렷한 한계가 있었다.
>
> 문헌에 의한 유통은 차람, 구매, 상업적 대여로 나눌 수 있다. 차람은 소설을 소유하고 있는 사람에게 직접 빌려서 보는 것으로, 알고 지내던 개인들 사이에서 이루어졌다. 구매는 서적 중개인에게 돈을 지불하고 책을 사는 것인데, 책값이 상당히 비쌌기 때문에 소설을 구매할 수 있는 사람은 그리 많지 않았다. 상업적 대여는 세책가에 돈을 지불하고 일정 기간 동안 소설을 빌려 보는 것이다. 세책가에서는 소설을 구매하는 것보다 훨씬 적은 비용으로 빌려 볼 수 있었기 때문에 경제적으로 넉넉하지 않은 사람도 소설을 쉽게 접할 수 있었다. 이로 인해 조선 후기 사회에서 세책가가 성행하게 되었다.

① 전기수는 글을 모르는 사람들에게 소설을 구연하였다.
② 차람은 알고 지내던 사람에게 대가를 지불하고 책을 빌려 보는 방식이다.
③ 문헌에 의한 유통은 구연에 의한 유통에 비해 시간과 공간의 제약이 적었다.
④ 조선 후기에 세책가가 성행한 원인은 소설을 구매하는 비용보다 세책가에서 빌리는 비용이 적다는 데 있다.

연습 2 혼자서 눈으로 계속 연습하기

다음 글을 이해한 내용으로 적절하지 않은 것은? 2023 지방직 9급

> 고소설의 유통 방식은 '구연에 의한 유통'과 '문헌에 의한 유통'으로 나눌 수 있다. 구연에 의한 유통은 구연자가 소설을 사람들에게 읽어 주는 방식으로, 글을 모르는 사람들과 글을 읽을 수 있지만 남이 읽어 주는 것을 선호하는 이들을 대상으로 이루어졌다. 구연자는 '전기수'로 불렸으며, 소설 구연을 통해 돈을 벌던 전문적 직업인이었다. 하지만 이 방식은 문헌에 의한 유통에 비해 시간과 공간의 제약이 많아서 유통 범위를 넓히는 데 뚜렷한 한계가 있었다.
>
> 문헌에 의한 유통은 차람, 구매, 상업적 대여로 나눌 수 있다. 차람은 소설을 소유하고 있는 사람에게 직접 빌려서 보는 것으로, 알고 지내던 개인들 사이에서 이루어졌다. 구매는 서적 중개인에게 돈을 지불하고 책을 사는 것인데, 책값이 상당히 비쌌기 때문에 소설을 구매할 수 있는 사람은 그리 많지 않았다. 상업적 대여는 세책가에 돈을 지불하고 일정 기간 동안 소설을 빌려 보는 것이다. 세책가에서는 소설을 구매하는 것보다 훨씬 적은 비용으로 빌려 볼 수 있었기 때문에 경제적으로 넉넉하지 않은 사람도 소설을 쉽게 접할 수 있었다. 이로 인해 조선 후기 사회에서 세책가가 성행하게 되었다.

① 전기수는 글을 모르는 사람들에게 소설을 구연하였다.
② 차람은 알고 지내던 사람에게 대가를 지불하고 책을 빌려 보는 방식이다.
③ 문헌에 의한 유통은 구연에 의한 유통에 비해 시간과 공간의 제약이 적었다.
④ 조선 후기에 세책가가 성행한 원인은 소설을 구매하는 비용보다 세책가에서 빌리는 비용이 적다는 데 있다.

지문을 한눈에

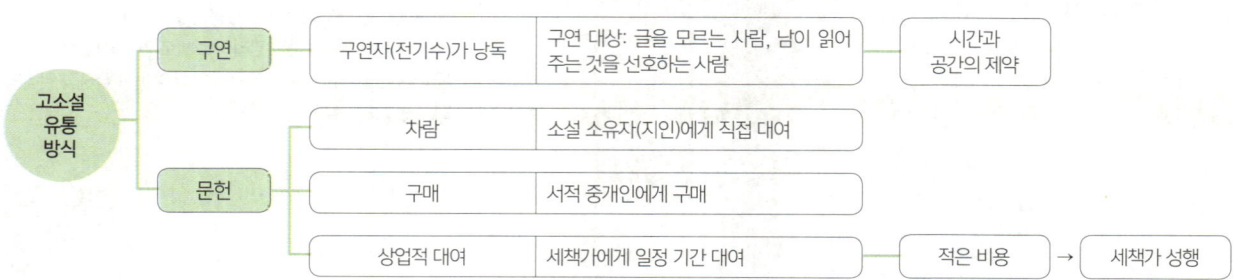

실전 기출 — 세부 정보 파악하기 1

01

다음 글을 이해한 내용으로 적절하지 않은 것은?

지문 제재 | 사회
2023 지방직 9급

> **1** [¹고소설의 유통(流通, 상품 따위가 생산자에서 소비자, 수요자에 도달하기까지 여러 단계에서 교환되고 분배되는 활동) 방식은 '구연에 의한 유통'과 '문헌에 의한 유통'으로 나눌 수 있다.] (구분, 일반적 진술) [²구연(口演, 동화, 야담, 만담 따위를 여러 사람 앞에서 말로써 재미있게 이야기함)에 의한 유통은 구연자가 소설을 사람들에게 읽어 주는 방식으로, 글을 모르는 사람들과 글을 읽을 수 있지만 남이 읽어 주는 것을 선호하는 이들을 대상으로 이루어졌다. ³구연자는 '전기수'로 불렸으며, 소설 구연을 통해 돈을 벌던 전문적 직업인이었다.] 구연에 의한 유통의 구체적 진술 ⁴하지만 이 방식은 문헌(文獻, 연구의 자료가 되는 서적이나 문서)에 의한 유통에 비해 시간과 공간의 제약이 많아서 유통 범위를 넓히는 데 뚜렷한 한계(限界, 사물이나 능력, 책임 따위가 실제 작용할 수 있는 범위)가 있었다. ▶ 구연에 의한 유통의 한계
>
> **2** [¹문헌에 의한 유통은 차람(借覽, 남의 서화를 빌려서 봄), 구매(購買, 물건 따위를 사들임), 상업적 대여(貸與, 물건이나 돈을 나중에 도로 돌려받기로 하고 얼마 동안 내어 줌)로 나눌 수 있다.] (구분, 일반적 진술) [²차람은 소설을 소유하고 있는 사람에게 직접 빌려서 보는 것으로, 알고 지내던 개인들 사이에서 이루어졌다. ³구매는 서적 중개인에게 돈을 지불(支拂, 돈을 내어 줌. 또는 값을 치름)하고 책을 사는 것인데, 책값이 상당히 비쌌기 때문에 소설을 구매(購買, 물건 따위를 사들임)할 수 있는 사람은 그리 많지 않았다. ⁴상업적 대여는 세책가에 돈을 지불하고 일정 기간 동안 소설을 빌려 보는 것이다.] (문헌에 의한 유통의 구체적 진술) ⁵세책가에서는 소설을 구매하는 것보다 훨씬 적은 비용(費用, 어떤 일을 하는 데 드는 돈)으로 빌려 볼 수 있었기 때문에 경제적으로 넉넉하지 않은 사람도 소설을 쉽게 접할 수 있었다. ⁶이로 인해 조선 후기 사회에서 세책가가 성행(盛行, 매우 성하게 유행함)하게 되었다. ▶ 문헌에 의한 유통 중 세책가가 성행한 이유

① 전기수는 글을 모르는 사람들에게 소설을 구연하였다. (근거 **1**-2, 3)
❷ 차람은 알고 지내던 사람에게 대가를 지불하고(×) 책을 빌려 보는 방식이다. (근거 **2**-2)
③ 문헌에 의한 유통은 구연에 의한 유통에 비해 시간과 공간의 제약이 적었다. (근거 **1**-4)
④ 조선 후기에 세책가가 성행한 원인은 소설을 구매하는 비용보다 세책가에서 빌리는 비용이 적다는 데 있다. (근거 **2**-5, 6)

단계별 풀이 비법

풀이 비법 1 발문으로 유형을 확인하라!

글을 이해한 내용으로 적절하지 않은 것을 묻는 문제이다. 세부 정보를 파악할 때 대상의 서술 내용을 바꿔치기 하지 않았는지 주목해야 한다.

풀이 비법 2 무엇(화제)에 대해 말하고 있는지 파악하라!

중심 화제 고소설의 유통 방식
중심 내용 구연에 의한 유통은 한계가 있는 반면 문헌에 의한 유통 중 상업적 대여는 적은 비용 때문에 누구나 쉽게 빌릴 수 있어서 성행했다.

풀이 비법 3 지문에서 선택지 내용과 관련된 정보를 찾아 정리하라!

선지	관련 정보
①	**1**-2, 3: 글을 모르는 사람들과 글을 읽을 수 있지만 남이 읽어 주는 것을 선호하는 이들을 대상으로 이루어졌다. 구연자는 '전기수'로 불렸으며
②	**2**-2: 차람은 소설을 소유하고 있는 사람에게 직접 빌려서 보는 것
③	**1**-4: 이 방식은 문헌에 의한 유통에 비해 시간과 공간의 제약이 많아서 유통 범위를 넓히는 데 뚜렷한 한계가 있었다.
④	**2**-5, 6: 경제적으로 넉넉하지 않은 사람도 소설을 쉽게 접할 수 있었고, 이로 인해 조선 후기 사회에서 세책가가 성행하게 되었다.

풀이 비법 4 선택지의 일치 여부를 판단하라!

① 전기수는 '글을 모르는 사람들과 글을 읽을 수 있지만 남이 읽어 주는 것을 선호하는 이들을 대상'으로 소설을 구연하였다는 내용을 통해 알 수 있다.
② 차람은 소설을 소유하고 있는 사람에게 직접 빌려서 보는 것으로, 알고 지내던 개인들 사이에서 이루어졌다. 그러나 차람할 때 대가를 지불했는지는 제시문에 없다.
③ 구연에 의한 유통은 문헌에 의한 유통에 비해 시간과 공간의 제약이 많았다는 내용을 통해 알 수 있다.
④ 세책가에서는 소설을 구매하는 것보다 훨씬 적은 비용으로 빌려 볼 수 있었기 때문에 조선 후기 사회에서 세책가가 성행하게 되었다는 내용을 통해 알 수 있다.

정답 ②

실전 기출 — 세부 정보 파악하기 1

학습일: 월   일   풀이 시간: 1분 이내

연습 1   병태 요정과 함께 풀기

다음 글을 이해한 내용으로 가장 적절한 것은?   2023 지방직 9급

《삼국사기》는 본기 28권, 지 9권, 표 3권, 열전 10권의 체제로 되어 있다. 이 중 열전은 전체 분량의 5분의 1을 차지하며, 수록된 인물은 86명으로, 신라인이 가장 많고, 백제인이 가장 적다. 수록 인물의 배치에는 원칙이 있는데, 앞부분에는 명장, 명신, 학자 등을 수록했고, 다음으로 관직에 있지는 않았으나 기릴 만한 사람을 실었다.

반신(叛臣)의 경우 열전의 끝부분에 배치되어 있다. 이들을 수록한 까닭은 왕을 죽인 부정적 행적을 드러내어 반면교사로 삼는 데에 있었으나, 그 목적에 부합하지 않는 내용이 있어 흥미롭다. 가령 고구려의 연개소문은 반신이지만, 당나라에 당당히 대적한 민족적 영웅의 모습도 포함되어 있다. 흔히 《삼국사기》에 대해, 신라 정통론에 기반해 있으며, 유교적 사관에 따라 당시의 지배 질서를 공고히 하고자 했다고 평가한다.

하지만 연개소문의 사례에서 볼 수 있듯 《삼국사기》는 기존 평가와 달리 다면적이고 중층적인 역사 텍스트라고 할 수 있다.

① 《삼국사기》 열전에 고구려인과 백제인도 수록되었다는 점은 이 책이 신라 정통론을 계승하지 않았다는 것을 보여준다.
② 《삼국사기》 열전에 수록된 반신 중에는 이 책에 대한 기존 평가를 다르게 할 수 있는 사례가 있다.
③ 《삼국사기》 열전에는 기릴 만한 업적이 있더라도 관직에 오르지 못한 사람은 수록되지 않았다.
④ 《삼국사기》의 체제 중에서 열전이 가장 많은 권수를 차지한다.

연습 2   혼자서 눈으로 계속 연습하기

다음 글을 이해한 내용으로 가장 적절한 것은?   2023 지방직 9급

《삼국사기》는 본기 28권, 지 9권, 표 3권, 열전 10권의 체제로 되어 있다. 이 중 열전은 전체 분량의 5분의 1을 차지하며, 수록된 인물은 86명으로, 신라인이 가장 많고, 백제인이 가장 적다. 수록 인물의 배치에는 원칙이 있는데, 앞부분에는 명장, 명신, 학자 등을 수록했고, 다음으로 관직에 있지는 않았으나 기릴 만한 사람을 실었다.

반신(叛臣)의 경우 열전의 끝부분에 배치되어 있다. 이들을 수록한 까닭은 왕을 죽인 부정적 행적을 드러내어 반면교사로 삼는 데에 있었으나, 그 목적에 부합하지 않는 내용이 있어 흥미롭다. 가령 고구려의 연개소문은 반신이지만, 당나라에 당당히 대적한 민족적 영웅의 모습도 포함되어 있다. 흔히 《삼국사기》에 대해, 신라 정통론에 기반해 있으며, 유교적 사관에 따라 당시의 지배 질서를 공고히 하고자 했다고 평가한다.

하지만 연개소문의 사례에서 볼 수 있듯 《삼국사기》는 기존 평가와 달리 다면적이고 중층적인 역사 텍스트라고 할 수 있다.

① 《삼국사기》 열전에 고구려인과 백제인도 수록되었다는 점은 이 책이 신라 정통론을 계승하지 않았다는 것을 보여준다.
② 《삼국사기》 열전에 수록된 반신 중에는 이 책에 대한 기존 평가를 다르게 할 수 있는 사례가 있다.
③ 《삼국사기》 열전에는 기릴 만한 업적이 있더라도 관직에 오르지 못한 사람은 수록되지 않았다.
④ 《삼국사기》의 체제 중에서 열전이 가장 많은 권수를 차지한다.

지문을 한눈에

삼국사기	열전		반신 수록 이유
본기(28권), 지(9권) 표(3권), 열전(10권)	수록 인물	배치 순서	왕을 죽인 부정적 행위를 드러내어 반면교사 예외 사례: 연개소문은 반신이나 당나라에 대적한 민족적 영웅
	86명(신라인 최다, 백제인 최소)	명장, 명신, 학자 등 → 관직 없어도 기릴 사람 → 반신	

평가	· 신라 정통론 기반, 유교적 사관에 따른 지배 질서 확립 · 연개소문 사례에서 보듯이 다면적, 중층적 역사 텍스트

실전 기출 — 세부 정보 파악하기 1

02

다음 글을 이해한 내용으로 가장 적절한 것은?

지문 제재 | 인문
2023 지방직 9급

1　[¹《삼국사기》는 본기 28권, 지 9권, 표 3권, 열전(列傳, 여러 사람의 전기를 차례로 벌여서 기록한 책) 10권의 체제(體制, 생기거나 이루어진 틀)로 되어 있다.]주지 [²이 중 열전은 전체 분량(分量, 수효, 무게 따위의 많고 적음이나 부피의 크고 작은 정도)의 5분의 1을 차지하며, 수록(收錄, 모아서 기록함)된 인물은 86명으로, 신라인이 가장 많고, 백제인이 가장 적다. ³수록 인물의 배치(配置, 사람이나 물자 따위를 일정한 자리에 나누어 둠)에는 원칙(原則, 어떤 행동이나 이론 따위에서 일관되게 지켜야 하는 기본적인 규칙이나 법칙)이 있는데, 앞부분에는 명장, 명신, 학자 등을 수록했고, 다음으로 관직에 있지는 않았으나 기릴 만한 사람을 실었다.]상세화
▶《삼국사기》의 체제

2　¹반신(叛臣, 임금을 반역하거나 모반을 꾀한 신하)의 경우 열전의 끝부분에 배치되어 있다. ²이들을 수록한 까닭은 왕을 죽인 부정적 행적(行跡, 행위의 실적이나 자취)을 드러내어 반면교사(反面敎師, 사람이나 사물 따위의 부정적인 면에서 얻는 깨달음이나 가르침을 주는 대상을 이르는 말)로 삼는 데에 있었으나, 그 목적에 부합(附合, 서로 맞대어 붙임)하지 않는 내용이 있어 흥미롭다. ³가령 고구려의 연개소문은 반신이지만, 당나라에 당당히 대적(對敵, 적이나 어떤 세력, 힘 따위와 맞서 겨룸)한 민족적 영웅의 모습도 포함(包含, 어떤 사물이나 현상 가운데 함께 들어 있거나 함께 넣음)되어 있다. ⁴흔히 《삼국사기》에 대해, 신라 정통론에 기반(基盤, 기초가 되는 바탕. 또는 사물의 토대)해 있으며, 유교적 사관(史觀, 역사의 발전 법칙에 대한 체계적인 견해)에 따라 당시의 지배 질서를 공고(鞏固, 단단하고 튼튼함)히 하고자 했다고 평가(評價, 물건값을 헤아려 매김)한다.
▶ 삼국사기에 대한 기존 평가를 다르게 할 수 있는 사례

3　¹하지만 연개소문의 사례(事例, 어떤 일이 전에 실제로 일어난 예)에서 볼 수 있듯 《삼국사기》는 기존 평가와 달리 다면적이고 중층적(重層的, 여러 겹으로 겹친 상태로 된 것)인 역사 텍스트라고 할 수 있다.
▶ 삼국사기에 대한 새로운 평가

① 《삼국사기》 열전에 고구려인과 백제인도 수록되었다는 점은 이 책이 신라 정통론을 계승하지 않았다(×)는 것을 보여준다. (근거 1-2, 2-4)

❷ 《삼국사기》 열전에 수록된 반신 중에는 이 책에 대한 기존 평가를 다르게 할 수 있는 사례가 있다. (근거 2-2~4, 3-1)

③ 《삼국사기》 열전에는 기릴 만한 업적이 있더라도 관직에 오르지 못한 사람은 수록되지 않았다(×). (근거 1-3)

④ 《삼국사기》의 체제 중에서 열전이 가장 많은 권수를 차지(×)한다. (근거 1-1)

단계별 풀이 비법

풀이 비법 1 발문으로 유형을 확인하라!
글에 대한 이해의 적절성을 묻는 문제지만 세부 정보를 파악하는 내용 일치 유형임을 알 수 있다.

풀이 비법 2 무엇(화제)에 대해 말하고 있는지 파악하라!
중심 화제 삼국사기
중심 내용

1	삼국사기는 본기 28권, 지 9권, 표 3권, 열전 10권의 체제임.
2	신라 정통론 기반하며 유교적 사관에 따른 지배 질서의 확립을 공고히 했다. 이런 평가를 다르게 할 수 있는 연개소문의 사례를 듦.
3	삼국사기는 연개소문 사례에서 보듯이 다면적이고 중층적 역사 텍스트라 할 수 있음.

풀이 비법 3 지문에서 선택지 내용과 관련된 정보를 찾아 정리하라!

선지	관련 정보
①	2-4: 신라 정통론에 기반해 있으며
②	2-2~4, 3-1: 고구려의 연개소문은 반신이지만, 당나라에 당당히 대적한 민족적 영웅의 모습도 포함되어 있다. 삼국사기는 기존 평가와 달리 다면적이고 중층적인 역사 텍스트라고 할 수 있다.
③	1-3: 관직에 있지는 않았으나 기릴 만한 사람을 실었다.
④	1-1: 《삼국사기》는 본기 28권, 지 9권, 표 3권, 열전 10권의 체제로 되어 있다.

풀이 비법 4 선택지의 일치 여부를 판단하라!

① 2-4에서 삼국사기는 '신라 정통론에 기반해' 있다고 하였으므로, 신라 정통론을 계승하지 않았다고 볼 수 없다.

② 2와 3에 '고구려의 연개소문은 반신이지만, 당나라에 당당히 대적한 민족적 영웅의 모습도 포함'되어 있어 삼국사기는 '기존 평가와 달리 다면적이고 중층적인 역사 텍스트'라고 볼 수 있다고 하였다.

③ 1-3에서 열전 수록 인물의 배치를 알 수 있는데, 명장, 명신, 학자 등의 수록 이후 '관직에 있지는 않았으나 기릴 만한 사람'을 실었다.

④ 1-1에서 삼국사기는 본기 28권, 지 9권, 표 3권, 열전 10권으로 이루어져 있다는 내용을 통해 본기가 가장 많은 권수를 차지한다는 것을 알 수 있다.

정답 ②

실전 기출 — 세부 정보 파악하기 1

STUDY 02

학습일: 월   일   풀이 시간: 1분 이내

연습 1 병태 요정과 함께 풀기

다음 글을 이해한 내용으로 가장 적절한 것은?   2023 국가직 9급

루카치는 그리스 세계를 신과 인간의 결합 정도를 가리키는 '총체성' 개념을 기준으로 세 시대로 구분하였다. 첫 번째 시대에서 후대로 갈수록 총체성의 정도는 낮아진다. 첫째는 총체성이 완전히 구현되어 있는 '서사시의 시대'이다. 호메로스의 〈일리아드〉와 〈오디세이아〉에서는 신과 인간의 세계가 하나로 얽혀 있다. 인간들이 그리스와 트로이 두 패로 나뉘어 전쟁을 벌일 때 신들도 인간의 모습을 하고 두 패로 나뉘어 전쟁에 참여했다. 둘째는 '비극의 시대'이다. 소포클레스나 에우리피데스의 비극에서는 총체성이 흔들려 신과 인간의 세계가 분리된다. 하지만 두 세계가 완전히 분리되지는 않고 신탁이라는 약한 통로로 이어져 있다. 비극에서 신은 인간의 행위에 직접 개입하지 않고 신탁을 통해서 자신의 뜻을 그저 전달하는 존재로 바뀐다. 셋째는 플라톤으로 대표되는 '철학의 시대'이다. 이 시대는 이미 계몽된 세계여서 신탁 같은 것은 신뢰할 수 없게 되었다. 신과 인간의 세계가 완전히 분리됨으로써 신의 세계는 인격적 성격을 상실하여 '이데아'라는 추상성의 세계로 바뀐다. 신의 세계와 인간의 세계는 그 사이에 어떤 통로도 존재할 수 없는, 절대적으로 분리된 세계가 되었다.

① 계몽사상은 서사시의 시대에서 철학의 시대로의 전환을 이끌었다.
② 플라톤의 이데아는 신탁이 사라진 시대의 비극적 세계를 표현한다.
③ 루카치는 각기 다른 기준에 따라 그리스 세계를 세 시대로 구분하였다.
④ 에우리피데스의 비극에 비해 〈오디세이아〉에서는 신과 인간의 결합 정도가 높다.

연습 2 혼자서 눈으로 계속 연습하기

다음 글을 이해한 내용으로 가장 적절한 것은?   2023 국가직 9급

루카치는 그리스 세계를 신과 인간의 결합 정도를 가리키는 '총체성' 개념을 기준으로 세 시대로 구분하였다. 첫 번째 시대에서 후대로 갈수록 총체성의 정도는 낮아진다. 첫째는 총체성이 완전히 구현되어 있는 '서사시의 시대'이다. 호메로스의 〈일리아드〉와 〈오디세이아〉에서는 신과 인간의 세계가 하나로 얽혀 있다. 인간들이 그리스와 트로이 두 패로 나뉘어 전쟁을 벌일 때 신들도 인간의 모습을 하고 두 패로 나뉘어 전쟁에 참여했다. 둘째는 '비극의 시대'이다. 소포클레스나 에우리피데스의 비극에서는 총체성이 흔들려 신과 인간의 세계가 분리된다. 하지만 두 세계가 완전히 분리되지는 않고 신탁이라는 약한 통로로 이어져 있다. 비극에서 신은 인간의 행위에 직접 개입하지 않고 신탁을 통해서 자신의 뜻을 그저 전달하는 존재로 바뀐다. 셋째는 플라톤으로 대표되는 '철학의 시대'이다. 이 시대는 이미 계몽된 세계여서 신탁 같은 것은 신뢰할 수 없게 되었다. 신과 인간의 세계가 완전히 분리됨으로써 신의 세계는 인격적 성격을 상실하여 '이데아'라는 추상성의 세계로 바뀐다. 신의 세계와 인간의 세계는 그 사이에 어떤 통로도 존재할 수 없는, 절대적으로 분리된 세계가 되었다.

① 계몽사상은 서사시의 시대에서 철학의 시대로의 전환을 이끌었다.
② 플라톤의 이데아는 신탁이 사라진 시대의 비극적 세계를 표현한다.
③ 루카치는 각기 다른 기준에 따라 그리스 세계를 세 시대로 구분하였다.
④ 에우리피데스의 비극에 비해 〈오디세이아〉에서는 신과 인간의 결합 정도가 높다.

지문을 한눈에

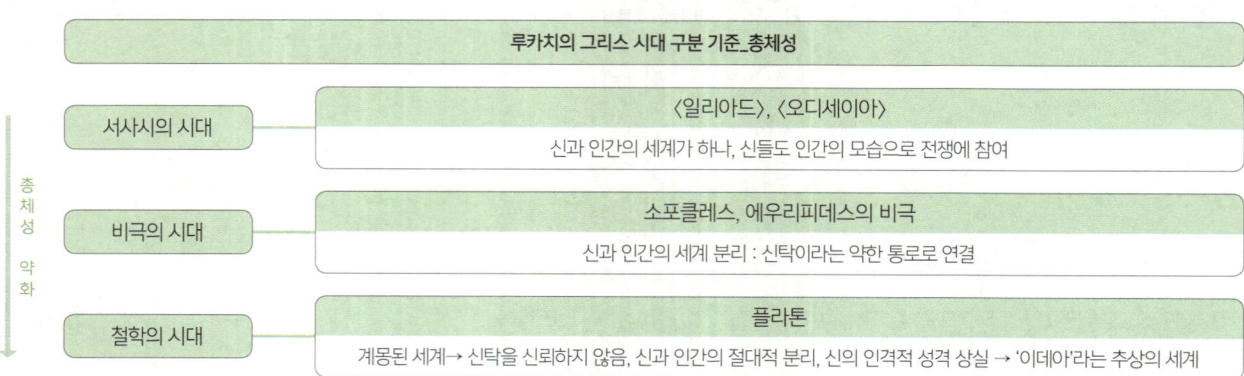

실전 기출 세부 정보 파악하기1

03

다음 글을 이해한 내용으로 가장 적절한 것은?

지문 제재 | 인문
2023 국가직 9급

1 [¹루카치는 그리스 세계를 신과 인간의 결합(結合, 둘 이상의 사물이나 사람이 서로 관계를 맺어 하나가 됨) 정도를 가리키는 '총체성(總體性, 어떤 대상의 전체적인 성질)' 개념을 기준(基準, 기본이 되는 표준)으로 세 시대로 구분(區分, 일정한 기준에 따라 전체를 몇 개로 갈라 나눔)하였다.](총체성의 약화에 따른 시대의 성격 변화) ²첫 번째 시대에서 후대로 갈수록 총체성의 정도는 낮아진다. ³첫째는 총체성이 완전히 구현(具現/具顯, 어떤 내용이 구체적인 사실로 나타나게 함)되어 있는 '서사시의 시대'이다. ⁴호메로스의 〈일리아드〉와 〈오디세이아〉에서는 신과 인간의 세계가 하나로 얽혀 있다. ⁵인간들이 그리스와 트로이 두 패로 나뉘어 전쟁을 벌일 때 신들도 인간의 모습을 하고 두 패로 나뉘어 전쟁에 참여(參與, 어떤 일에 끼어들어 관계함)했다. ⁶둘째는 '비극의 시대'이다. ⁷소포클레스나 에우리피데스의 비극에서는 총체성이 흔들려 신과 인간의 세계가 분리(分離, 서로 나뉘어 떨어짐)된다. ⁸하지만 두 세계가 완전히 분리되지는 않고 신탁(神託, 신이 사람을 매개자로 하여 그의 뜻을 나타내거나 인간의 물음에 대답하는 일)이라는 약한 통로(通路, 통하여 다니는 길)로 이어져 있다. ⁹비극에서 신은 인간의 행위에 직접 개입(介入, 자신과 직접적인 관계가 없는 일에 끼어듦)하지 않고 신탁(神託, 신이 사람을 매개자로 하여 그의 뜻을 나타내거나 인간의 물음에 대답하는 일)을 통해서 자신의 뜻을 그저 전달하는 존재(存在, 현실에 실제로 있음. 또는 그런 대상)로 바뀐다. ¹⁰셋째는 플라톤으로 대표되는 '철학의 시대'이다. ¹¹이 시대는 이미 계몽(啓蒙, 지식 수준이 낮거나 인습에 젖은 사람을 가르쳐서 깨우침)된 세계여서 신탁 같은 것은 신뢰(信賴, 굳게 믿고 의지함)할 수 없게 되었다. ¹²신과 인간의 세계가 완전히 분리됨으로써 신의 세계는 인격적 성격을 상실(喪失, 어떤 것이 아주 없어지거나 사라짐)하여 '이데아'라는 추상성의 세계로 바뀐다. ¹³신의 세계와 인간의 세계는 그 사이에 어떤 통로도 존재할 수 없는, 절대적으로 분리된 세계가 되었다.

① 계몽사상(×)은 서사시의 시대에서 철학의 시대로의 전환을 이끌었다.(근거 1-10, 11)

② 플라톤의 이데아는 신탁이 사라진 시대의 비극적 세계(×)를 표현한다.(근거 1-10)

③ 루카치는 각기(×) 다른(×) 기준에 따라 그리스 세계를 세 시대로 구분하였다.(근거 1-1)

❹ 에우리피데스의 비극에 비해 〈오디세이아〉에서는 신과 인간의 결합 정도가 높다.(근거 1-4, 7)

단계별 풀이 비법

풀이 비법 1 발문으로 유형을 확인하라!

'글을 이해한 내용'의 적절성을 묻는 것이므로 제시된 세부 정보를 바탕으로 이해한 내용이 적절한 것을 골라야 한다.

풀이 비법 2 무엇(화제)에 대해 말하고 있는지 파악하라!

중심 화제 루카치의 그리스 시대 구분 기준
중심 내용 루카치는 신과 인간의 결합 정도를 가리키는 총체성의 기준에 따라 그리스 세계를 서사시의 시대, 비극의 시대, 철학의 시대로 구분했다.

풀이 비법 3 지문에서 선택지 내용과 관련된 정보를 찾아 정리하라!

선지	관련 정보
①	1-10, 11: 철학의 시대는 이미 계몽된 세계
②	1-10: 플라톤으로 대표되는 '철학의 시대'
③	1-1: 루카치는 그리스 세계를 신과 인간의 결합 정도를 가리키는 '총체성' 개념을 기준으로 세 시대로 구분
④	1-4, 7: 호메로스의 〈일리아드〉와 〈오디세이아〉에서는 신과 인간의 세계가 하나로 얽혀, 에우리피데스의 비극에서는 총체성이 흔들려 신과 인간의 세계가 분리

풀이 비법 4 선택지의 적절성을 판단하라!

① '철학의 시대'는 이미 계몽된 세계라고 하였다. 따라서 계몽된 세계가 '비극의 시대'에서 '철학의 시대'로의 전환을 이끌었다고 추론할 수 있다. 계몽사상은 16~18세기에 유럽 전역에 일어난 혁신적 사상이다.

② '비극의 시대'는 신과 인간이 신탁이라는 약한 통로로 이어져 있다. 신탁이 사라진 시대는 '철학의 시대'이다.

③ 루카치는 '총체성'이라는 하나의 기준으로 시대를 구분하였다.

④ 에우리피데스의 비극은 신과 인간의 총체성이 낮아진 비극의 시대에 등장했고, 〈오디세이아〉는 신과 인간이 하나인 시대의 작품이므로 오디세이아에서 신과 인간의 결합 정도가 높게 나타난다.   정답 ④

실전 기출 — 세부 정보 파악하기1

학습일: 월   일   풀이 시간: 1분 이내

연습 1 | 병태 요정과 함께 풀기

다음 글의 내용과 부합하지 않는 것은? 2023 국가직 9급

> 몽유록(夢遊錄)은 '꿈에서 놀다 온 기록'이라는 뜻으로, 어떤 인물이 꿈에서 과거의 역사적 인물을 만나 특정 사건에 대한 견해를 듣고 현실로 돌아온다는 특징이 있다. 이때 꿈을 꾼 인물인 몽유자의 역할에 따라 몽유록을 참여자형과 방관자형으로 구분할 수 있다. 참여자형에서는 몽유자가 꿈에서 만난 인물들의 모임에 초대를 받고 토론과 시연에 직접 참여한다. 방관자형에서는 몽유자가 인물들의 모임을 엿볼 뿐 직접 그 모임에 참여하지는 않는다. 16~17세기에 창작되었던 몽유록에는 참여자형이 많다. 참여자형에서는 몽유자와 꿈속 인물들이 동질적인 이념을 공유하고 현실의 고통스러운 문제에 대해 의견을 나누며 비판적 목소리를 낸다. 그러나 주로 17세기 이후에 창작된 방관자형에서는 몽유자가 꿈속 인물들과 함께 현실을 비판하는 것이 아니라 구경꾼의 위치에 서 있다. 이 시기의 몽유록이 통속적이고 허구적인 성격으로 변모하는 것은 몽유자의 역할 변화와 무관하지 않다.

① 몽유자가 꿈속 인물들의 모임에 직접 참여하는지, 참여하지 않는지에 따라 몽유록의 유형을 나눌 수 있다.
② 17세기보다 나중 시기의 몽유록에서는 몽유자가 현실을 비판하는 경향이 강하게 나타난다.
③ 몽유자가 모임의 구경꾼 역할을 하는 몽유록은 통속적이고 허구적인 성격이 강하다.
④ 몽유자가 꿈속 인물들과 함께 현실을 비판하는 몽유록은 참여자형에 해당한다.

연습 2 | 혼자서 눈으로 계속 연습하기

다음 글의 내용과 부합하지 않는 것은? 2023 국가직 9급

> 몽유록(夢遊錄)은 '꿈에서 놀다 온 기록'이라는 뜻으로, 어떤 인물이 꿈에서 과거의 역사적 인물을 만나 특정 사건에 대한 견해를 듣고 현실로 돌아온다는 특징이 있다. 이때 꿈을 꾼 인물인 몽유자의 역할에 따라 몽유록을 참여자형과 방관자형으로 구분할 수 있다. 참여자형에서는 몽유자가 꿈에서 만난 인물들의 모임에 초대를 받고 토론과 시연에 직접 참여한다. 방관자형에서는 몽유자가 인물들의 모임을 엿볼 뿐 직접 그 모임에 참여하지는 않는다. 16~17세기에 창작되었던 몽유록에는 참여자형이 많다. 참여자형에서는 몽유자와 꿈속 인물들이 동질적인 이념을 공유하고 현실의 고통스러운 문제에 대해 의견을 나누며 비판적 목소리를 낸다. 그러나 주로 17세기 이후에 창작된 방관자형에서는 몽유자가 꿈속 인물들과 함께 현실을 비판하는 것이 아니라 구경꾼의 위치에 서 있다. 이 시기의 몽유록이 통속적이고 허구적인 성격으로 변모하는 것은 몽유자의 역할 변화와 무관하지 않다.

① 몽유자가 꿈속 인물들의 모임에 직접 참여하는지, 참여하지 않는지에 따라 몽유록의 유형을 나눌 수 있다.
② 17세기보다 나중 시기의 몽유록에서는 몽유자가 현실을 비판하는 경향이 강하게 나타난다.
③ 몽유자가 모임의 구경꾼 역할을 하는 몽유록은 통속적이고 허구적인 성격이 강하다.
④ 몽유자가 꿈속 인물들과 함께 현실을 비판하는 몽유록은 참여자형에 해당한다.

지문을 한눈에

몽유록 (꿈에서 놀다 온 기록)
인물이 꿈에서 과거의 역사적 인물을 만나 특정 사건에 대한 견해를 듣고 현실로 돌아옴.

→ 몽유자의 역할에 따라

- **참여자형 (꿈 속 인물 모임에 직접 참여)**
  - 16~17세기 몽유록
  - 꿈속 인물과 이념 공유
  - 현실 문제 의견 제시, 비판적

- **방관자형 (꿈 속 인물의 모임을 엿봄.)**
  - 17세기 이후 몽유록
  - 구경꾼의 위치
  - 통속적, 허구적 성격

실전 기출 — 세부 정보 파악하기 1

04

다음 글의 내용과 부합하지 않는 것은?

지문 제재 | 인문
2023 국가직 9급

> **1** ¹몽유록(夢遊錄)은 '꿈에서 놀다 온 기록'이라는 뜻으로, 어떤 인물이 꿈에서 과거의 역사적 인물을 만나 특정(特定, 특별히 지정함) 사건에 대한 견해(見解, 어떤 사물이나 현상에 대한 자기의 의견이나 생각)를 듣고 현실로 돌아온다는 특징(特徵, 다른 것에 비하여 특별히 눈에 뜨이는 점)이 있다. ²이때 꿈을 꾼 인물인 몽유자의 역할(役割, 자기가 마땅히 하여야 할 맡은 바 직책이나 임무)에 따라 몽유록을 참여자형과 방관자(傍觀者, 어떤 일에 직접 나서서 관여하지 않고 곁에서 보기만 하는 사람)형으로 구분할 수 있다. ³참여자형에서는 몽유자가 꿈에서 만난 인물들의 모임에 초대를 받고 토론과 시연에 직접 참여한다. ⁴방관자형에서는 몽유자가 인물들의 모임을 엿볼 뿐 직접 그 모임에 참여하지는 않는다. ⁵16~17세기에 창작되었던 몽유록에는 참여자형이 많다. ⁶참여자형에서는 몽유자와 꿈속 인물들이 동질적인 이념을 공유(共有, 두 사람 이상이 한 물건을 공동으로 소유함)하고 현실의 고통스러운 문제에 대해 의견을 나누며 비판적 목소리를 낸다. ⁷그러나 주로 17세기 이후에 창작된 방관자형에서는 몽유자가 꿈속 인물들과 함께 현실을 비판하는 것이 아니라 구경꾼의 위치에 서 있다. ⁸이(17세기 이후 구경꾼의 위치에 선 방관자형 몽유록이 대세인 시기) 시기의 몽유록이 통속적(通俗的, 비전문적이고 대체로 저속하며 일반 대중에게 쉽게 통할 수 있는 것)이고 허구적(虛構的, 사실에 없는 일을 사실처럼 꾸며 만드는 성질을 띤 것)인 성격으로 변모(變貌, 모양이나 모습이 달라지거나 바뀜)하는 것은 몽유자의 역할 변화와 무관하지 않다.

① 몽유자가 꿈속 인물들의 모임에 직접 참여하는지, 참여하지 않는지에 따라 몽유록의 유형을 나눌 수 있다. (근거 **1**-2~4)

❷ 17세기보다 나중 시기의 몽유록에서는 몽유자가 현실을 비판하는 경향이 강하게(×) 나타난다. (근거 **1**-6, 7)

③ 몽유자가 모임의 구경꾼 역할을 하는 몽유록은 통속적이고 허구적인 성격이 강하다. (근거 **1**-7, 8)

④ 몽유자가 꿈속 인물들과 함께 현실을 비판하는 몽유록은 참여자형에 해당한다. (근거 **1**-6)

단계별 풀이 비법

풀이비법 1 발문으로 유형을 확인하라!

'글의 내용과 부합하지 않는 것'을 고르는 문제는 세부 정보를 파악하는 유형임을 알 수 있다. 부정 발문이므로 지문 내용과 일치하지 않는 선택지를 골라야 한다.

풀이비법 2 무엇(화제)에 대해 말하고 있는지 파악하라!

중심 화제 몽유록
중심 내용 몽유록은 몽유자의 역할에 따라 참여자형과 방관자형으로 구분할 수 있다. 꿈 속 인물 모임에 직접 참여하는 참여자형은 꿈속 인물과 이념을 공유하며 현실 문제에 대한 의견을 제시하며 비판적이다. 17세기 이후에 창작된 방관자형은 통속적이고 허구적인 성격으로 변모한다.

풀이비법 3 지문에서 선택지 내용과 관련된 정보를 찾아 정리하라!

선지	관련 정보
①	**1**-2~4: 참여자형에서는 몽유자가 ~ 토론과 시연에 직접 참여, 방관자형에서는 몽유자가 ~ 그 모임에 참여하지는 않는다.
②	**1**-6, 7: 참여자형에서는 ~ 현실의 고통스러운 문제에 대해 의견을 나누며 비판적 목소리를 낸다. 17세기 이후에 창작된 방관자형에서는 ~ 현실을 비판하는 것이 아니라
③	**1**-7, 8: 방관자형에서는 ~ 구경꾼의 위치에 서 있다. 통속적이고 허구적인 성격으로 변모
④	**1**-6: 참여자형에서는 ~ 현실의 고통스러운 문제에 대해 의견을 나누며 비판적 목소리를 낸다.

풀이비법 4 선택지의 적절성을 판단하라!

① 몽유자의 역할에 따라 참여자형과 방관자형으로 구분한다. 참여자형에서는 몽유자가 토론과 시연에 직접 참여하고 방관자형에서는 몽유자가 그 모임에 참여하지는 않는다.

② 몽유자가 현실을 비판하는 경향은 참여자형이 많은 16-17세기 몽유록의 특징이다.

③ 몽유자가 구경꾼 역할을 하는 방관자형은 17세기 이후 몽유록의 특징으로 통속적이고 허구적인 성격을 지닌다.

④ 몽유자가 현실을 비판하는 몽유록은 16-17세기 참여자형 몽유록에 해당한다.

정답 ②

실전 기출 — 세부 정보 파악하기 1

학습일:　월　일　풀이 시간: 1분 이내

연습 1　병태 요정과 함께 풀기

다음 글을 이해한 내용으로 적절한 것은?　2023 국가직 9급

　디지털 트윈은 현실 세계와 똑같은 가상의 세계이다. 최근 주목받고 있는 메타버스와 개념은 유사하지만 활용 목적의 측면에서 구별된다. 메타버스는 가상 세계와 현실 세계가 융합된 플랫폼으로 이용자들에게 새로운 경제·사회·문화적 경험을 제공하는 데 목적을 둔다. 반면 디지털 트윈은 현실 세계에 존재하는 사물, 공간, 환경, 공정 등을 컴퓨터상에 디지털 데이터 모델로 표현하여 똑같이 복제하고 실시간으로 서로 반응할 수 있도록 한다. 그래서 디지털 트윈의 이용자는 가상 세계에서의 시뮬레이션을 통해 미래 상황을 예측할 수 있게 된다. 디지털 트윈에 대한 수요가 증가하면서 관련 시장도 확대되고 있으며, 국내외의 글로벌 기업들은 여러 산업 분야에서 디지털 트윈을 도입하여 사전에 위험 요소를 제거하고 수익 모델의 효율성을 높이고 있다. 디지털 트윈이 이렇게 주목받는 이유는 안정성과 경제성 때문인데 현실 세계를 그대로 옮겨 놓은 가상 세계에 데이터를 전송, 취합, 분석, 이해, 실행하는 과정은 실제 실험보다 매우 빠르고 정밀하며 안전할 뿐 아니라 비용도 적게 든다.

① 디지털 트윈을 활용함에 따라 글로벌 기업들의 고용률이 향상되었다.
② 디지털 트윈의 데이터 모델은 현실 세계의 각종 실험 모델보다 경제성이 낮다.
③ 디지털 트윈에서의 시뮬레이션으로 현실 세계의 위험 요소를 찾아내고 방지할 수 있다.
④ 디지털 트윈은 현실 세계의 이용자에게 새로운 문화적 경험을 제공하는 데 목적이 있다.

연습 2　혼자서 눈으로 계속 연습하기

다음 글을 이해한 내용으로 적절한 것은?　2023 국가직 9급

　디지털 트윈은 현실 세계와 똑같은 가상의 세계이다. 최근 주목받고 있는 메타버스와 개념은 유사하지만 활용 목적의 측면에서 구별된다. 메타버스는 가상 세계와 현실 세계가 융합된 플랫폼으로 이용자들에게 새로운 경제·사회·문화적 경험을 제공하는 데 목적을 둔다. 반면 디지털 트윈은 현실 세계에 존재하는 사물, 공간, 환경, 공정 등을 컴퓨터상에 디지털 데이터 모델로 표현하여 똑같이 복제하고 실시간으로 서로 반응할 수 있도록 한다. 그래서 디지털 트윈의 이용자는 가상 세계에서의 시뮬레이션을 통해 미래 상황을 예측할 수 있게 된다. 디지털 트윈에 대한 수요가 증가하면서 관련 시장도 확대되고 있으며, 국내외의 글로벌 기업들은 여러 산업 분야에서 디지털 트윈을 도입하여 사전에 위험 요소를 제거하고 수익 모델의 효율성을 높이고 있다. 디지털 트윈이 이렇게 주목받는 이유는 안정성과 경제성 때문인데 현실 세계를 그대로 옮겨 놓은 가상 세계에 데이터를 전송, 취합, 분석, 이해, 실행하는 과정은 실제 실험보다 매우 빠르고 정밀하며 안전할 뿐 아니라 비용도 적게 든다.

① 디지털 트윈을 활용함에 따라 글로벌 기업들의 고용률이 향상되었다.
② 디지털 트윈의 데이터 모델은 현실 세계의 각종 실험 모델보다 경제성이 낮다.
③ 디지털 트윈에서의 시뮬레이션으로 현실 세계의 위험 요소를 찾아내고 방지할 수 있다.
④ 디지털 트윈은 현실 세계의 이용자에게 새로운 문화적 경험을 제공하는 데 목적이 있다.

지문을 한눈에

메타 버스	가상 세계, 현실 세계 융합 플랫폼으로 디지털 트윈과 개념이 유사하나 활용 목적 다름.

디지털 트윈		
현실 세계	사물, 공간, 환경, 공정 등 —(똑같이 복제)→ ← (실시간 반응) → 시뮬레이션 미래 상황 예측	가상 세계 (디지털 데이터 모델)

안정성, 경제성	현실 세계의 실험보다 빠르고, 정밀하고, 안전하고, 비용이 적게 듦.

수요 증가 ⇩ 시장 확대

글로벌 기업에서 도입	사전에 위험 요소 제거, 수익 모델 효율성 높임.

실전 기출 — 세부 정보 파악하기 1

05

다음 글을 이해한 내용으로 적절한 것은?

지문 제재 | 사회
2023 국가직 9급

> ¹디지털 트윈은 현실 세계와 똑같은 가상(假想, 사실이 아니거나 사실 여부가 분명하지 않은 것을 사실이라고 가정하여 생각함)의 세계이다. ²최근 주목(注目, 관심을 가지고 주의 깊게 살핌)받고 있는 메타버스와 개념은 유사(類似, 서로 비슷함)하지만 활용 목적의 측면(側面, 사물이나 현상의 한 부분)에서 구별(區別, 성질이나 종류에 따라 차이가 남)된다. ³메타버스는 가상 세계와 현실 세계가 융합(融合, 다른 종류의 것이 하나로 합하여지거나 그렇게 만듦)된 플랫폼으로 이용자들에게 새로운 경제·사회·문화적 경험을 제공(提供, 무엇을 내주거나 갖다 바침)하는 데 목적을 둔다. ⁴반면 디지털 트윈은 현실 세계에 존재하는 사물, 공간, 환경, 공정(工程, 일이 진척되는 과정) 등을 컴퓨터상에 디지털 데이터(정보) 모델로 표현하여 똑같이 복제(複製, 본디의 것과 똑같은 것을 만듦)하고 실시간으로 서로 반응(反應, 자극에 대응하여 어떤 현상이 일어남)할 수 있도록 한다. ⁵그래서 디지털 트윈의 이용자는 가상 세계에서의 시뮬레이션을 통해 미래 상황을 예측(豫測, 미리 헤아려 짐작함)할 수 있게 된다. ⁶디지털 트윈에 대한 수요(需要, 어떤 재화나 용역을 일정한 가격으로 사려고 하는 욕구)가 증가(增加, 양이나 수치가 늚)하면서 관련 시장도 확대(擴大, 모양이나 규모 따위를 더 크게 함)되고 있으며, 국내외의 글로벌 기업들은 여러 산업 분야에서 디지털 트윈을 도입(導入, 끌어 들임)하여 사전에 위험 요소를 제거(除去, 없애 버림)하고 수익(收益, 이익을 거두어들임) 모델의 효율성(效率性, 들인 노력과 얻은 결과의 비율이 높은 특성)을 높이고 있다. ⁷디지털 트윈이 이렇게 주목받는 이유는 안정성과 경제성 때문인데 현실 세계를 그대로 옮겨 놓은 가상 세계에 데이터를 전송(傳送, 전하여 보냄), 취합(聚合, 모아서 합침), 분석(分析, 얽혀 있거나 복잡한 것을 풀어서 개별적인 요소나 성질로 나눔), 이해(理解, 사리를 분별하여 해석함), 실행하는 과정은 실제 실험보다 매우 빠르고 정밀(精密, 아주 정교하고 치밀하여 빈틈이 없고 자세함)하며 안전할 뿐 아니라 비용도 적게 든다.

① 디지털 트윈을 활용함에 따라 글로벌 기업들의 고용률이 향상되었다.(×) (근거 ①-6)

② 디지털 트윈의 데이터 모델은 현실 세계의 각종 실험 모델보다 경제성이 낮다(×).(근거 ①-7)

❸ 디지털 트윈에서의 시뮬레이션으로 현실 세계의 위험 요소를 찾아내고 방지할 수 있다.(근거 ①-5, 6)

④ 디지털 트윈(×)은 현실 세계의 이용자에게 새로운 문화적 경험을 제공하는 데 목적이 있다.(근거 ①-3)

단계별 풀이 비법

풀이비법 1 발문으로 유형을 확인하라!

글에 대한 이해의 적절성을 묻는 문제지만 세부 정보를 파악하는 내용 일치 유형임을 알 수 있다.

풀이비법 2 무엇(화제)에 대해 말하고 있는지 파악하라!

중심 화제 디지털 트윈
중심 내용 디지털 트윈이 주목받는 이유는 디지털 트윈에서의 시뮬레이션으로 현실 세계의 위험 요소를 제거하여 안정성과 경제성을 갖췄다.

풀이비법 3 지문에서 선택지 내용과 관련된 정보를 찾아 정리하라!

선지	관련 정보
①	①-6: 글로벌 기업들은 디지털 트윈을 도입하여 수익 모델의 효율성을 높이고 있다.
②	①-7: 디지털 트윈이 주목받는 이유는 안정성과 경제성 때문, 비용도 적게 든다.
③	①-5, 6: 디지털 트윈의 이용자는 시뮬레이션을 통해 미래 상황을 예측, 사전에 위험 요소를 제거
④	①-3: 메타버스는 이용자들에게 새로운 경제·사회·문화적 경험을 제공하는 데 목적을 둔다.

풀이비법 4 선택지의 일치 여부를 판단하라!

① 디지털 트윈을 활용함에 따라 글로벌 기업들의 고용률이 향상되었다는 언급은 없다.

② 디지털 트윈이 주목받는 이유는 안정성과 경제성 때문이다. 실제 실험보다 매우 빠르고 정밀하며 비용도 적게 든다고 하였으므로, 디지털 트윈의 데이터 모델은 각종 실험 모델보다 경제성이 높다고 볼 수 있다.

③ '시뮬레이션 통해 미래 상황 예측'과 '사전에 위험 요소 제거'에서 확인할 수 있다.

④ 현실 세계의 이용자에게 새로운 문화적 경험을 제공하는 데 목적이 있는 것은 '디지털 트윈'이 아니라 '메타버스'이다.

정답 ③

연습 1 병태 요정과 함께 풀기

다음 글을 이해한 내용으로 적절하지 않은 것은? 2023 국가직 9급

> 사람의 '지각과 생각'은 항상 어떤 맥락, 관점 혹은 어떤 평가 기준이나 가정하에서 일어난다. 이러한 맥락, 관점, 평가 기준, 가정을 프레임이라고 한다. 지각과 생각은 인간의 모든 정신 활동을 뜻한다. 따라서 우리의 모든 정신 활동은 진공 상태에서 일어나는 것이 아니라, 어떤 맥락이나 가정하에서 일어난다. 한마디로 우리가 프레임이라는 안경을 쓰고 세상을 보고 있음을 의미한다. 간혹 어떤 사람이 자신은 어떤 프레임의 지배도 받지 않고 세상을 있는 그대로, 객관적으로 본다고 주장한다면, 그 주장은 진실이 아닐 것이다.

① 인간의 정신 활동은 프레임 없이 일어나지 않는다.
② 프레임은 인간이 세상을 바라볼 때 어떤 편향성을 가지게 한다.
③ 인간의 지각과 사고를 확장하는 과정에서 프레임은 극복해야 할 대상이다.
④ 프레임은 인간의 정신 활동에 영향을 미치는 어떤 맥락이나 평가 기준이다.

연습 2 혼자서 눈으로 계속 연습하기

다음 글을 이해한 내용으로 적절하지 않은 것은? 2023 국가직 9급

> 사람의 '지각과 생각'은 항상 어떤 맥락, 관점 혹은 어떤 평가 기준이나 가정하에서 일어난다. 이러한 맥락, 관점, 평가 기준, 가정을 프레임이라고 한다. 지각과 생각은 인간의 모든 정신 활동을 뜻한다. 따라서 우리의 모든 정신 활동은 진공 상태에서 일어나는 것이 아니라, 어떤 맥락이나 가정하에서 일어난다. 한마디로 우리가 프레임이라는 안경을 쓰고 세상을 보고 있음을 의미한다. 간혹 어떤 사람이 자신은 어떤 프레임의 지배도 받지 않고 세상을 있는 그대로, 객관적으로 본다고 주장한다면, 그 주장은 진실이 아닐 것이다.

① 인간의 정신 활동은 프레임 없이 일어나지 않는다.
② 프레임은 인간이 세상을 바라볼 때 어떤 편향성을 가지게 한다.
③ 인간의 지각과 사고를 확장하는 과정에서 프레임은 극복해야 할 대상이다.
④ 프레임은 인간의 정신 활동에 영향을 미치는 어떤 맥락이나 평가 기준이다.

지문을 한눈에

| 프레임에 대한 철학적 정의 | 1-1~4 인간의 정신 활동은 프레임을 바탕으로 일어난다. | 1-5~6 인간은 프레임을 통해 세상을 본다. |

실전 기출 — 세부 정보 파악하기 1

06
다음 글을 이해한 내용으로 적절하지 않은 것은?

지문 제재 | 인문
2023 국가직 9급

> 1 ¹사람의 ['지각과 생각'](정신 활동)은 항상 어떤 맥락(脈絡, 사물 따위가 서로 이어져 있는 관계나 연관) 관점(觀點, 사물이나 현상을 관찰할 때, 그 사람이 보고 생각하는 태도나 방향 또는 처지) 혹은 어떤 평가(評價, 사물의 가치나 수준 따위를 평함) 기준(基準, 기본이 되는 표준)이나 가정하에서 일어난다. ²이러한 맥락, 관점, 평가 기준, 가정을 프레임이라고 한다. ³지각과 생각은 인간의 모든 정신 활동을 뜻한다. ⁴따라서 우리의 모든 정신 활동은 진공 상태(眞空狀態, 진공인 상태)에서 일어나는 것이 아니라, [어떤 맥락이나 가정하](프레임)에서 일어난다. ⁵한마디로 우리가 프레임이라는 안경을 쓰고 세상을 보고 있음을 의미한다. ⁶간혹 어떤 사람이 자신은 어떤 프레임의 지배(支配, 외부의 요인이 사람의 생각이나 행동에 적극적으로 영향을 미침)도 받지 않고 세상을 있는 그대로, 객관적으로 본다고 주장한다면, 그 주장은 진실이 아닐 것이다.

① 인간의 정신 활동은 프레임 없이 일어나지 않는다. (근거 1-1, 2, 6)
② 프레임은 인간이 세상을 바라볼 때 어떤 편향성(偏向性, 한쪽으로 치우친 성질)을 가지게 한다. (근거 1-5, 6)
❸ 인간의 지각과 사고를 확장하는(×) 과정에서 프레임은 극복해야(×) 할 대상이다.
④ 프레임은 인간의 정신 활동에 영향을 미치는 어떤 맥락이나 평가 기준이다. (근거 1-2~4)

단계별 풀이 비법

풀이 비법 1 발문과 선택지를 확인하라!
글에 대한 이해의 적절성을 묻는 문제지만 세부 정보를 파악하는 내용 일치 유형임을 알 수 있다.

풀이 비법 2 무엇(화제)에 대해 말하고 있는지 파악하라!
중심 화제 프레임
중심 내용 인간은 프레임을 통해 지각과 생각을 한다.

1-1~4	인간의 정신 활동은 프레임을 바탕으로 일어난다.
1-5	인간은 프레임을 통해 세상을 본다.
1-6	인간은 프레임을 통하지 않고 세상을 볼 수 없다.

풀이 비법 3 지문에서 선택지 내용과 관련된 정보를 찾아 정리하라!

선지	관련 정보
①	1-1, 2, 6번 문장
②	1-5, 6 문장
③	1-4, 5 문장
④	1-2~4 문장

풀이 비법 4 선택지의 일치 여부를 판단하라!
① 첫 문장을 통해 인간의 모든 정신 활동은 프레임 없이 일어나지 않는다는 것을 알 수 있다.
② 어떤 프레임의 지배도 받지 않고 세상을 객관적으로 본다는 주장은 진실 아니라는 했으므로 어떤 편향성을 가진다고 볼 수 있다.
③ 사람의 '지각과 생각'은 프레임을 통해 세상을 본다. 따라서 '프레임'은 극복해야 할 대상이 아니다. 또한 인간의 사고를 확장하는 과정도 나타나 있지 않다.
④ '맥락, 관점, 평가 기준, 가정을 프레임'이라고 했고, 인간의 모든 정신 활동은 '어떤 맥락이나 가정하'에서 일어난다고 했으므로 적절하다고 볼 수 있다.

정답 ③

실전 기출 — 세부 정보 파악하기 1

STUDY 02

학습일: 월   일   풀이 시간: 1분 이내

연습 1 병태 요정과 함께 풀기

다음 글에 대한 이해로 적절하지 않은 것은? 2022 국가직 9급

국가정보자원관리원과 ○○시는 빅데이터 기반의 복지 서비스 분석 사업을 수행했다. 국가정보자원관리원은 자체 확보한 공공 데이터와 ○○시로부터 받은 복지 사업 관련 데이터를 활용하여 '복지 공감 지도'를 제작하고, 복지 기관 접근성 분석을 통해 취약 지역 지원 방안을 제시했다.

복지 공감 지도는 공간 분석 시스템을 활용하여 ○○시에 소재한 복지 기관들의 다양한 지원 항목과 이를 필요로 하는 복지 대상자, 독거노인, 장애인 등의 수급자 현황을 한눈에 확인할 수 있도록 구현한 것이다. 이 지도를 활용하면 복지 혜택이 필요한 지역과 수급자를 빨리 찾아낼 수 있으며, 생필품 지원이나 방문 상담 등 복지 기관의 맞춤형 대응이 가능하고, 최적의 복지 기관 설립 위치를 선정할 수 있다.

이 사업을 통해 ○○시는 그동안 복지 기관으로부터 도보로 약 15분 내 위치한 수급자에게 복지 혜택이 집중되고 있는 것도 확인했다. 이에 교통이나 건강 등의 문제로 복지 기관 방문이 어려운 수급자를 위해 맞춤형 복지 서비스가 절실하게 필요한 상황임을 발견하고, 복지 셔틀버스 노선을 4개 증설할 계획을 수립했다.

① 빅데이터를 활용하여 복지 사각지대를 줄이는 방안을 마련할 수 있다.
② 복지 기관과 수급자 거주지 사이의 거리는 복지 혜택의 정도에 영향을 준다.
③ 복지 기관 접근성 분석 결과는 복지 셔틀버스 노선 증설의 근거가 된다.
④ 복지 공감 지도로 복지 혜택에 대한 수급자들의 개별 만족도를 파악할 수 있다.

연습 2 혼자서 눈으로 계속 연습하기

다음 글에 대한 이해로 적절하지 않은 것은? 2022 국가직 9급

국가정보자원관리원과 ○○시는 빅데이터 기반의 복지 서비스 분석 사업을 수행했다. 국가정보자원관리원은 자체 확보한 공공 데이터와 ○○시로부터 받은 복지 사업 관련 데이터를 활용하여 '복지 공감 지도'를 제작하고, 복지 기관 접근성 분석을 통해 취약 지역 지원 방안을 제시했다.

복지 공감 지도는 공간 분석 시스템을 활용하여 ○○시에 소재한 복지 기관들의 다양한 지원 항목과 이를 필요로 하는 복지 대상자, 독거노인, 장애인 등의 수급자 현황을 한눈에 확인할 수 있도록 구현한 것이다. 이 지도를 활용하면 복지 혜택이 필요한 지역과 수급자를 빨리 찾아낼 수 있으며, 생필품 지원이나 방문 상담 등 복지 기관의 맞춤형 대응이 가능하고, 최적의 복지 기관 설립 위치를 선정할 수 있다.

이 사업을 통해 ○○시는 그동안 복지 기관으로부터 도보로 약 15분 내 위치한 수급자에게 복지 혜택이 집중되고 있는 것도 확인했다. 이에 교통이나 건강 등의 문제로 복지 기관 방문이 어려운 수급자를 위해 맞춤형 복지 서비스가 절실하게 필요한 상황임을 발견하고, 복지 셔틀버스 노선을 4개 증설할 계획을 수립했다.

① 빅데이터를 활용하여 복지 사각지대를 줄이는 방안을 마련할 수 있다.
② 복지 기관과 수급자 거주지 사이의 거리는 복지 혜택의 정도에 영향을 준다.
③ 복지 기관 접근성 분석 결과는 복지 셔틀버스 노선 증설의 근거가 된다.
④ 복지 공감 지도로 복지 혜택에 대한 수급자들의 개별 만족도를 파악할 수 있다.

지문을 한눈에

복지 공감 지도

복지 공감 지도의 효용성	'맞춤형 복지 서비스' 분석 사업
· 복지 혜택 필요 지역·수급자 신속 파악 가능 · 복지 기관의 맞춤형 대응 가능 · 최적의 복지 기관 설립 위치 선정 가능	· 복지 기관 도보 15분 이내 수급자에게 복지 혜택 집중 · 복지 기관 방문 어려운 수급자 위한 맞춤형 복지 서비스의 필요성 발견 · 복지 셔틀 버스 노선 증설 계획 수립

실전 기출 — 세부 정보 파악하기 1

07
다음 글에 대한 이해로 적절하지 않은 것은?

지문 제재 | 사회
2022 국가직 9급

> **1** ¹국가정보자원관리원과 ○○시는 빅데이터 기반의 복지 서비스 분석 사업을 수행(遂行, 생각하거나 계획한 대로 일을 해냄)했다. ²국가정보자원관리원은 자체(自體, 외부적 영향 없이 내부적이거나 독립적임) 확보(確保, 확실히 보증하거나 가지고 있음)한 공공 데이터와 ○○시로부터 받은 복지 사업 관련 데이터를 활용하여 [복지 공감 지도를 제작하고, 복지 기관 접근성 분석을 통해 취약 지역(복지 사각 지대) 지원(支援, 지지하여 도움) 방안을 제시했다.]
> ('맞춤형 복지 서비스' 분석 사업)
> ▶ '빅데이터'에 기반한 '맞춤형 복지 서비스' 분석 사업
>
> **2** 복지 공감 지도는 공간 분석 시스템을 활용하여 ○○시에 소재한 복지 기관들의 다양한 지원 항목(項目, 법률이나 규정 따위의 낱낱의 조나 항)과 이를 필요로 하는 복지 대상자, 독거노인, 장애인 등의 수급자(受給者, 급여, 연금, 배급 따위를 받는 사람) 현황을 한눈에 확인할 수 있도록 구현(具現/具顯, 어떤 내용이 구체적인 사실로 나타나게 함)한 것이다. ²이 지도를 활용하면 [복지 혜택이 필요한 지역과 수급자를 빨리 찾아낼 수 있으며, 생필품 지원이나 방문 상담 등 복지 기관의 맞춤형 대응(對應, 어떤 일이나 사태에 맞추어 태도나 행동을 취함)이 가능하고, 최적의 복지 기관 설립 위치를 선정(選定, 여럿 가운데서 어떤 것을 뽑아 정함)할 수 있다.] (복지 공감 지도의 효용성)
> ▶ 복지 공감 지도의 효용성
>
> **3** ¹이 사업을 통해 ○○시는 그동안 복지 기관으로부터 도보로 약 15분 내 위치한 수급자에게 복지 혜택이 집중되고 있는 것도 확인했다. ²이에 교통이나 건강 등의 문제로 [복지 기관 방문이 어려운](복지 사각 지대) 수급자를 위해 맞춤형 복지 서비스가 절실하게 필요한 상황임을 발견하고, 복지 셔틀버스 노선을 4개 증설(增設, 더 늘려 설치함)할 계획을 수립했다.
> ▶ '맞춤형 복지 서비스' 분석 사업의 결과

① 빅데이터를 활용하여 복지 사각지대를 줄이는 방안을 마련할 수 있다. (근거 **1**-1~2)

② 복지 기관과 수급자 거주지 사이의 거리는 복지 혜택의 정도에 영향을 준다. (근거 **3**-1)

③ 복지 기관 접근성 분석 결과는 복지 셔틀버스 노선 증설의 근거가 된다. (근거 **3**-2)

❹ 복지 공감 지도로 복지 혜택에 대한 수급자들의 개별 만족도(×)를 파악할 수 있다. (근거 **2**-2)

단계별 풀이 비법

풀이 비법 1 발문으로 유형을 확인하라!
'글에 대한 이해로 적절하지 않은 것'을 찾는 문제이므로 제시된 세부 정보를 바탕으로 새로운 내용을 이끌어 내야 한다.

풀이 비법 2 화제를 중심으로 중심 내용을 정리하라!
중심 화제 복지 공감 지도
중심 내용

1	'빅데이터'를 활용한 '맞춤형 복지 서비스' 분석 사업
2	복지 공감 지도의 효용성
3	'맞춤형 복지 서비스' 분석 사업의 결과

풀이 비법 3 지문에서 선택지 내용과 관련된 정보를 찾아 정리하라!

선지	관련 정보
①	**1**-2: '복지 사업 관련 데이터를 활용하여 … 취약 지역 지원 방안을 제시했다.'
②	**3**-1: '도보로 약 15분 내 위치한 수급자에게 복지 혜택이 집중'
③	**3**-2: '복지 서비스가 절실하게 필요한 상황임을 발견하고, 복지 셔틀버스 노선을 4개 증설'
④	**2**-1: '복지 공감 지도는 … 복지 기관들의 다양한 지원 항목과 이를 필요로 하는 … 수급자 현황을 한 눈에 확인'

풀이 비법 4 선택지의 일치 여부를 판단하라!
① **1**-1~2, 빅데이터 기반의 복지 서비스 분석 사업을 수행, 공공 데이터와 ○○시로부터 받은 복지 사업 관련 데이터를 활용하여 … 취약 지역 지원 방안을 언급한 것에서 이를 확인할 수 있다.
② **3**-1, '도보로 약 15분 내 위치한 수급자에게 복지 혜택이 집중' 부분에서 이를 확인할 수 있다.
③ **3**-2, '이에 … 발견하고, 복지 셔틀버스 노선을 4개 증설'에서 이를 확인할 수 있다.
④ **2**-2, 복지 공감 지도로 복지 기관의 맞춤형 대응이나 최적의 복지 기관 설립 위치 선정이 가능해짐을 알 수 있지만, 복지 혜택에 대한 수급자들의 개별 만족도는 파악할 수 없다.

정답 ④

시간 절약 꿀알 TIP

내용 일치 유형은 지문의 어디에 정보가 있는지 정확하게 찾는 능력이 필수적입니다. 그런데 지문을 읽으면서 모든 정보를 기억할 수는 없으므로 자신만의 기호를 사용하여 표시하면 읽는 습관을 들이는 것이 필요합니다. 가능하면 밑줄도 전체의 핵심 내용은 물결 모양으로 표시하고, 단락의 중심 내용은 직선으로 표시하는 등 구분하는 것이 좋습니다.

실전 기출 — 세부 정보 파악하기 1

학습일:　월　일　풀이 시간: 1분 이내

연습 1 　병태 요정과 함께 풀기

다음 글에 대한 이해로 적절하지 않은 것은?　2022 국가직 9급

> △△시 시장님께
>
> 안녕하십니까? 저는 △△시에서 농장을 운영하는 □□□입니다. 이렇게 글을 쓰게 된 것은 우리 농장 근처에 신축된 골프장의 빛 공해 문제에 대해 말씀드리기 위함입니다. 빛이 공해가 될 수 있다는 말이 다소 생소하실 수도 있습니다. 하지만 지나친 야간 조명이 식물의 성장에 부정적인 영향을 끼쳐 작물 수확량을 감소시킬 수 있음은 이미 여러 연구를 통해 입증된 바 있습니다. 좀 늦었지만 △△시에서도 이 문제에 대해 경각심을 가질 필요가 있습니다. 실제로 골프장이 야간 운영을 시작했을 때를 기점으로 우리 농장의 수확률이 현저히 낮아졌음을 제가 확인했습니다. 물론, 이윤을 추구하는 골프장의 야간 운영을 무조건 막는다면 골프장 측에서 반발할 것입니다. 그래서 계절에 따라 야간 운영 시간을 조정하거나 운영 제한에 따른 손실금을 보전해 주는 등의 보완책도 필요합니다. 또한 ○○군에서도 빛 공해 문제를 해결하기 위해 야간 조명의 조도를 조정하는 프로젝트를 진행한 바 있으니 참고해 보시기 바랍니다. 모쪼록 시장님께서 이 문제에 관심을 가지고 농장과 골프장이 상생할 수 있는 정책을 펼쳐주시기를 부탁드립니다.

① 시장에게 빛 공해로 농장이 겪는 어려움에 대해 관심을 촉구하고 있다.
② 건의에 대한 신뢰성을 높이기 위해 인용한 자료의 출처를 밝히고 있다.
③ 다른 지역에서 야간 조명으로 인한 폐해를 해결하기 위해 노력한 사례를 언급하고 있다.
④ 골프장의 야간 운영을 제한할 때 예상되는 문제점과 그 해결 방안에 대해 제시하고 있다.

연습 2 　혼자서 눈으로 계속 연습하기

다음 글에 대한 이해로 적절하지 않은 것은?　2022 국가직 9급

> △△시 시장님께
>
> 안녕하십니까? 저는 △△시에서 농장을 운영하는 □□□입니다. 이렇게 글을 쓰게 된 것은 우리 농장 근처에 신축된 골프장의 빛 공해 문제에 대해 말씀드리기 위함입니다. 빛이 공해가 될 수 있다는 말이 다소 생소하실 수도 있습니다. 하지만 지나친 야간 조명이 식물의 성장에 부정적인 영향을 끼쳐 작물 수확량을 감소시킬 수 있음은 이미 여러 연구를 통해 입증된 바 있습니다. 좀 늦었지만 △△시에서도 이 문제에 대해 경각심을 가질 필요가 있습니다. 실제로 골프장이 야간 운영을 시작했을 때를 기점으로 우리 농장의 수확률이 현저히 낮아졌음을 제가 확인했습니다. 물론, 이윤을 추구하는 골프장의 야간 운영을 무조건 막는다면 골프장 측에서 반발할 것입니다. 그래서 계절에 따라 야간 운영 시간을 조정하거나 운영 제한에 따른 손실금을 보전해 주는 등의 보완책도 필요합니다. 또한 ○○군에서도 빛 공해 문제를 해결하기 위해 야간 조명의 조도를 조정하는 프로젝트를 진행한 바 있으니 참고해 보시기 바랍니다. 모쪼록 시장님께서 이 문제에 관심을 가지고 농장과 골프장이 상생할 수 있는 정책을 펼쳐주시기를 부탁드립니다.

① 시장에게 빛 공해로 농장이 겪는 어려움에 대해 관심을 촉구하고 있다.
② 건의에 대한 신뢰성을 높이기 위해 인용한 자료의 출처를 밝히고 있다.
③ 다른 지역에서 야간 조명으로 인한 폐해를 해결하기 위해 노력한 사례를 언급하고 있다.
④ 골프장의 야간 운영을 제한할 때 예상되는 문제점과 그 해결 방안에 대해 제시하고 있다.

지문을 한눈에

빛 공해 문제	현황	문제 제기	해결 방안
	농장 근처에 골프장의 빛 공해 문제	· 골프장의 야간 운영으로 농장의 수확률 감소함. · 골프장 야간 운영을 제한할 때의 문제점	야간 운영 시간 조정 운영 제한에 따른 손실금 보전 등 보완책 제시

실전 기출 — 세부 정보 파악하기1

08
다음 글에 대한 이해로 적절하지 않은 것은?

지문 제재 | 건의문
2022 국가직 9급

1 ¹△△시 시장님께
²안녕하십니까? ³저는 △△시에서 농장을 운영하는 □□□입니다. ⁴이렇게 글을 쓰게 된 것은 우리 농장 근처에 신축된 골프장의 빛 공해 문제에 대해 말씀드리기 위함입니다. ⁵빛이 공해가 될 수 있다는 말이 다소 생소(生疏, 어떤 대상이 친숙하지 못하고 낯이 섦)하실 수도 있습니다. ⁶하지만 지나친 야간 조명이 식물의 성장에 부정적인 영향을 끼쳐 작물 수확량을 감소시킬 수 있음은 이미 [여러 연구를 통해 입증(立證, 어떤 증거 따위를 내세워 증명함)된 바 있습니다.](출처를 밝히지 않음) ⁷좀 늦었지만 △△시에서도 이 문제에 대해 경각심(警覺心, 정신을 차리고 주의 깊게 살피어 경계하는 마음)을 가질 필요가 있습니다. ⁸실제로 골프장이 야간 운영을 시작했을 때를 기점(起點, 어떠한 것이 처음으로 일어나거나 시작되는 곳)으로 [우리 농장의 수확률이 현저히 낮아졌음을 제가 확인했습니다.](빛 공해로 농장이 겪는 어려움, 문제 상황) ⁹물론, [이윤을 추구하는 골프장의 야간 운영(運營, 조직이나 기구, 사업체 따위를 운용하고 경영함)을 무조건 막는다면 골프장 측에서 반발할 것입니다.](예상되는 문제점) ¹⁰그래서 [계절에 따라 야간 운영 시간을 조정(調整, 어떤 기준이나 실정에 맞게 정돈함)하거나 운영 제한에 따른 손실금을 보전(補塡, 부족한 부분을 보태어 채움)해 주는 등의 보완책도 필요합니다.](해결 방안 제시) ¹¹또한 [○○군에서도 빛 공해 문제를 해결하기 위해 야간 조명의 조도(照度, 물리 단위 면적이 단위 시간에 받는 빛의 양)를 조정하는 프로젝트를 진행한 바 있으니 참고해 보시기 바랍니다.](다른 지역 사례) ¹²[모쪼록 시장님께서 이 문제에 관심을 가지고 농장과 골프장이 상생할 수 있는 정책을 펼쳐주시기를 부탁드립니다.](건의문, 인사말로 마무리)

▶ 빛 공해로 인하여 겪는 문제점과 해결 방안 제시

① 시장에게 빛 공해로 농장이 겪는 어려움에 대해 관심을 촉구하고 있다.(근거 1-8, 12)
❷ 건의에 대한 신뢰성을 높이기 위해 인용(×)한 자료의 출처를 밝히고 있다(×).(근거 1-7)
③ 다른 지역에서 야간 조명으로 인한 폐해를 해결하기 위해 노력한 사례를 언급하고 있다.(근거 1-11)
④ 골프장의 야간 운영을 제한할 때 예상되는 문제점과 그 해결 방안에 대해 제시하고 있다.(근거 1-9~11)

단계별 풀이 비법

풀이 비법 1 발문으로 유형을 확인하라!
'글에 대한 이해'를 확인하는 문제이므로 세부 정보를 파악하는 유형이다. '빛 공해'에 대한 문제 제기와 해결 방안을 제시하는 구조로 되어 있으므로 적절하지 않은 답을 찾기 쉽다.

풀이 비법 2 무엇(화제)에 대해 말하고 있는지 파악하라!

중심 화제 빛 공해 문제
중심 내용

1-1~5	농장 근처에 골프장의 빛 공해 현황
1-6~9	골프장의 야간 운영으로 농장의 수확률 감소와 골프장 야간 운영을 제한할 때 예상되는 문제점
1-10~12	야간 운영 시간 조정하거나 운영 제한에 따른 손실금 보전 등 보완책 제시

풀이 비법 3 지문에서 선택지 내용과 관련된 정보를 찾아 정리하라!

선지	관련 정보
①	1-8, 12: '농장의 수확률이 현저히 낮아졌음'. '시장님께서 이 문제에 … 정책을 펼쳐주시기를 부탁드립니다.'
②	1-7: '여러 연구를 통해 입증 된 바'
③	1-11: '○○군에서도 빛 공해 문제를 해결하기 위해 … 조정하는 프로젝트를 진행한바 있으니'
④	1-9~11: '골프장 측에서 반발, 야간 운영 시간을 조정하거나 운영 제한에 따른 손실금을 보전'

풀이 비법 4 선택지의 적절성을 판단하라!
① 1-8, 12, 골프장이 야간 운영을 시작한 후 수확률이 현저히 낮아졌음을 언급하며 빛 공해로 인하여 겪는 문제를 이야기하고, 이에 따라 문제에 관심을 가지고 농장과 골프장이 상생할 수 있는 정책을 펼쳐달라고 요구하고 있다.
② 1-7, '지나친 야간 조명이 식물의 성장에 부정적인 영향을 끼쳐 작물 수확량을 감소시킬 수 있음.'은 이미 여러 연구를 통해 입증된 바 있다는 사실을 언급했을 뿐, 자료를 인용하거나 자료의 출처를 밝히지는 않았다.
③ 1-11, '○○군에서도 빛 공해 문제를 해결하기 위해 야간 조명의 조도를 조정하는 프로젝트를 진행한 바 있으니 참고해 보시기 바랍니다.'에서 확인할 수 있다.
④ 1-9~11, '골프장의 야간 운영을 무조건 막는다면 골프장 측에서 반발할 것'이라며 예상되는 문제점을 제시하였고, '계절에 따라 야간 운영 시간을 조정하거나 운영 제한에 따른 손실금을 보전해주는 등의 보완책'과 같은 해결 방안을 제시하였다.

정답 ②

실전 기출 — 세부 정보 파악하기 1

연습 1 병태 요정과 함께 풀기

다음 글에 대한 이해로 적절하지 않은 것은? 2022 지방직 9급

> 연출자가 자신의 저작권을 침해당했다고 주장하기 위해서는 우선 그가 유효한 저작권을 소유하고 있어야 한다. 즉 저작권 보호 가능성이 있는 창작물이 필요하다. 다음으로 창작적인 표현을 도용당했는지 밝혀야 하는데, 이것이 쉽지 않다. 왜냐하면 연출자가 주관적으로 창작성이 있다고 느끼는 부분일지라도 객관적인 시각에서는 이미 공연 예술 무대에서 흔히 사용되는 표현 기법일 수 있고, 저작권법상 보호 대상이 아닌 아이디어의 요소와 보호 가능한 요소인 표현이 얽혀 있는 경우가 있기 때문이다. 쉬운 예로 셰익스피어를 보자. 그의 명작 중에 선대에 있었던 작품에 의거하지 않고 탄생한 작품이 있는가. 대부분의 연출자는 선행 예술가로부터 영향을 받아 창작에 임하는 것이 너무도 당연하고 자연스럽다. 따라서 무대연출 작업 중에서 독보적인 창작을 걸러내서 배타적인 권한인 저작권을 부여하는 것은 매우 흔치 않은 경우이고, 후발 창작을 방해하는 요소로 작용할 수도 있다. 저작권법은 창작자에게 개인적인 인센티브를 제공하여 창작을 장려함과 동시에 일반 공중이 저작물을 원활하게 이용할 수 있도록 해야 하는 두 가지 가치의 균형을 이루는 것이 목표다.

① 무대연출의 창작적인 표현의 도용 여부를 밝히기는 쉽지 않다.
② 저작권 침해를 당했다고 주장하려면 유효한 저작권을 소유하고 있어야 한다.
③ 독보적인 무대연출 작업에 저작권을 부여한다고 해서 후발 창작에 방해가 되지는 않는다.
④ 저작권법의 목표는 창작자의 창작을 장려하고 일반 공중의 저작물 이용을 원활하게 하는 것이다.

연습 2 혼자서 눈으로 계속 연습하기

다음 글에 대한 이해로 적절하지 않은 것은? 2022 지방직 9급

> 연출자가 자신의 저작권을 침해당했다고 주장하기 위해서는 우선 그가 유효한 저작권을 소유하고 있어야 한다. 즉 저작권 보호 가능성이 있는 창작물이 필요하다. 다음으로 창작적인 표현을 도용당했는지 밝혀야 하는데, 이것이 쉽지 않다. 왜냐하면 연출자가 주관적으로 창작성이 있다고 느끼는 부분일지라도 객관적인 시각에서는 이미 공연 예술 무대에서 흔히 사용되는 표현 기법일 수 있고, 저작권법상 보호 대상이 아닌 아이디어의 요소와 보호 가능한 요소인 표현이 얽혀 있는 경우가 있기 때문이다. 쉬운 예로 셰익스피어를 보자. 그의 명작 중에 선대에 있었던 작품에 의거하지 않고 탄생한 작품이 있는가. 대부분의 연출자는 선행 예술가로부터 영향을 받아 창작에 임하는 것이 너무도 당연하고 자연스럽다. 따라서 무대연출 작업 중에서 독보적인 창작을 걸러내서 배타적인 권한인 저작권을 부여하는 것은 매우 흔치 않은 경우이고, 후발 창작을 방해하는 요소로 작용할 수도 있다. 저작권법은 창작자에게 개인적인 인센티브를 제공하여 창작을 장려함과 동시에 일반 공중이 저작물을 원활하게 이용할 수 있도록 해야 하는 두 가지 가치의 균형을 이루는 것이 목표다.

① 무대연출의 창작적인 표현의 도용 여부를 밝히기는 쉽지 않다.
② 저작권 침해를 당했다고 주장하려면 유효한 저작권을 소유하고 있어야 한다.
③ 독보적인 무대연출 작업에 저작권을 부여한다고 해서 후발 창작에 방해가 되지는 않는다.
④ 저작권법의 목표는 창작자의 창작을 장려하고 일반 공중의 저작물 이용을 원활하게 하는 것이다.

지문을 한눈에

저작권의 목표
- 저작권 침해 주장이 어려운 이유 ↔ 저작권은 후발 창작을 방해하는 요소로 작용함.
- 저작자의 이익과 일반 공중의 이익간의 균형을 이루는 것

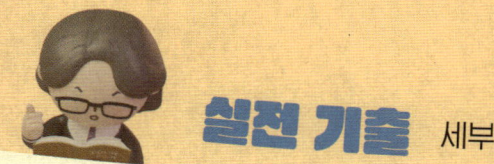

실전 기출 — 세부 정보 파악하기1

09
다음 글에 대한 이해로 적절하지 않은 것은?

지문 제재 | 인문
2022 지방직 9급

■ ¹【연출자가 자신의 저작권(著作權, 문학, 예술, 학술에 속하는 창작물에 대하여 저작자나 그 권리 승계인이 행사하는 배타적·독점적 권리. 저작자의 생존 기간 및 사후 70년간 유지됨)을 침해당했다고 주장하기 위해서는 우선 그가 유효(有效, 법률적 행위가 당사자나 법률이 의도한 본래의 효과가 있음)한 저작권을 소유하고 있어야 한다.】(저작권 침해를 주장하기 위한 조건) ²즉(환언 문장) 저작권 보호 가능성이 있는 창작물이 필요하다. ³다음으로 창작적인(유효한 저작권, 법적으로 보호 받을 수 있는 창작물) 표현을 도용(盜用, 남의 물건이나 명의를 몰래 씀)당했는지 밝혀야 하는데, 이것이 쉽지 않다. ⁴왜냐하면 연출자가 주관적(主觀的, 자기의 견해나 관점을 기초로 하는)으로 창작성이 있다고 느끼는 부분일지라도【객관적(客觀的, 자기와의 관계에서 벗어나 제삼자의 입장에서 사물을 보거나 생각하는)인 시각에서는 이미 공연 예술 무대에서 흔히 사용되는 표현 기법】【표준적 삽화의 원칙(전형적이거나 통상적으로 등장하는 필수 장면은 저작권법 보호를 받을 수 없다는 원칙)】일 수 있고, 저작권법상【보호 대상이 아닌 아이디어의 요소와 보호 가능한 요소인 표현이 얽혀 있는 경우】【합체의 원칙(창작적인 표현이라고 하더라도 그 표현이 해당 저작물의 사상이나 감정과 같은 아이디어가 오직 그 표현 방법 외에는 달리 효과적으로 표현할 방법이 없는 경우에는 그 표현에 대하여는 저작권의 보호가 주어져서는 아니된다는 원칙)】이 있기 때문이다. ⁵쉬운 예로 셰익스피어를 보자. ⁶그의 명작 중에 선대(先代, 조상의 세대)에 있었던 작품에 의거(依據, 어떤 사실이나 원리 따위에 근거함)하지 않고 탄생한 작품이 있는가. ⁷대부분의 연출자는 선행 예술가로부터 영향을 받아 창작에 임하는 것이 너무도 당연하고 자연스럽다. ⁸따라서 무대 연출 작업 중에서 독보적인 창작을 걸러내서 배타적(排他的, 남을 배척하는)인 권한인 저작권을 부여하는 것은 매우 흔치 않은 경우이고, 후발(後發, 남보다 뒤늦게 어떤 일을 시작함) 창작을 방해하는 요소로 작용할 수도 있다. ⁹저작권법은 창작자에게 개인적인 인센티브(어떤 행동을 하도록 사람을 부추기는 것을 목적으로 하는 자극. 특히 종업원의 근로 의욕이나 소비자의 구매 의욕을 높이는 것을 이름)를 제공하여 창작을 장려함과 동시에 일반 공중이 저작물을 원활하게 이용할 수 있도록 해야 하는 두 가지 가치의 균형을 이루는 것이 목표다.
▶저작자의 이익과 일반 공중의 이익간의 균형을 이루는 것이 저작권법의 목표임

① 무대연출의 창작적인 표현의 도용 여부를 밝히기는 쉽지 않다. (근거 ■-3)
② 저작권 침해를 당했다고 주장하려면 유효한 저작권을 소유하고 있어야 한다. (근거 ■-1)
❸ 독보적인 무대연출 작업에 저작권을 부여한다고 해서 후발 창작에 방해가 되지는 않는다(×). (근거 ■-8. 후발 창작을 방해하는 요소로 작용할 수도 있음.)
④ 저작권법의 목표는 창작자의 창작을 장려하고 일반 공중의 저작물 이용을 원활하게 하는 것이다. (근거 ■-9)

단계별 풀이 비법

풀이 비법 1 발문으로 유형을 확인하라!
'글에 대한 이해'를 확인하는 문제이므로 세부 정보를 파악하는 유형임을 알 수 있다. 그리고 부정 발문이므로 지문 내용과 일치하지 않는 선택지를 골라야 한다.

풀이 비법 2 무엇(화제)에 대해 말하고 있는지 파악하라!
화제 저작권 침해와 방안
전체 내용 저작자의 이익과 일반 공중의 이익 간의 균형을 이루는 것이 저작권법의 목표이다.

■-1, 2	창작자가 저작권 침해를 주장하기 위해서는 유효한 저작권이 있어야 한다.
■-3	저작권 침해 주장의 어려움
■-4	표준 삽화의 원칙과 합체의 원칙
■-5, 6	셰익스피어의 작품도 선대의 작품에서 영향을 받음.
■-7	대부분의 연출가도 선행 예술가의 영향을 받음.
■-8	저작권은 후발 창작을 방해하는 요소로 작용함.
■-9	저작권 보호와 저작물 이용을 용이하게 하는 균형 회복의 필요성

풀이 비법 3 지문에서 선택지 내용과 관련된 정보를 찾아 정리하라!

선지	관련 정보
①	■-3: '도용당했는지 … 이것이 쉽지 않다.'
②	■-1: '저작권을 침해당했다고 주장하기 위해서는 우선 그가 유효한 저작권을 소유하고'
③	■-8: '후발 창작을 방해하는 요소로 작용할 수도 있다.'
④	■-9: '창작을 장려함과 동시에 일반 공중이 저작물을 원활하게 이용할 수 있도록 해야'

풀이 비법 4 선택지의 적절성을 판단하라!
① ■-3, 창작적인 표현을 도용당했는지 밝히는 것이 쉽지 않다고 진술하고 있다.
② ■-1, 연출자가 저작권 침해를 주장하기 위한 조건으로 '유효한 저작권의 소유'를 제시하고 있다.
③ ■-8, 무대 연출 작업 중에서 독보적인 창작을 걸러내어 배타적인 권한인 저작권을 부여하는 것은 후발 창작을 방해하는 요소로 작용할 수 있다고 했으므로 일치하지 않는 진술이다.
④ ■-9, 저작권법은 창작자에게 창작을 장려함과 동시에 일반 공중이 저작물을 원활하게 이용할 수 있도록 해야 하는 저작권법의 두 가지 목표를 진술하고 있다.

정답 ③

실전 기출 — 세부 정보 파악하기 1

학습일:　월　일　풀이 시간: 1분 이내

연습 1 병태 요정과 함께 풀기

다음 글에 대한 이해로 적절하지 않은 것은?　2022 지방직 9급

> 올해 A시는 '청소년 의회 교실' 운영에 관한 조례를 발표함으로써 청소년들이 지방의회의 역할과 기능을 이해하고 민주 시민으로서의 소양과 자질을 함양할 수 있는 근거를 마련하였다. 청소년 의회 교실이란 청소년을 대상으로 실시하는 의회 체험 프로그램을 의미한다. 여기에 참여할 수 있는 대상은 A시에 있는 학교에 재학 중인 만 19세 미만의 청소년이다. 이 조례에 따르면 시의회 의장은 의회 교실의 참가자 선정 및 운영 방안을 결정할 수 있다. 운영 방안에는 지방자치 및 의회의 기능과 역할, 민주 시민의 소양과 자질 등에 관한 교육 내용이 포함된다. 또한 시의회 의장은 고유 권한으로 본회의장 시설 사용이 가능하도록 지원할 수 있다. 최근 A시는 '수업 시간 스마트폰 사용 제한에 관한 조례안'을 주제로 본회의장에서 첫 번째 의회 교실을 운영하였다. 참석 학생들은 1일 시의원이 되어 의원 선서를 한 후 주제에 관한 자유 발언 시간을 가졌다. 이어서 관련 조례안을 상정한 후 찬반 토론을 거쳐 전자 투표로 표결 처리하였다. 학생들이 의회 과정 전반에 대해 체험할 수 있었던 뜻 깊은 시간이었다.

① A시에 있는 학교의 만 19세 미만 재학생은 청소년 의회 교실에 참여할 수 있는 대상이다.
② A시의 시의회 의장은 청소년 의회 교실의 민주 시민 소양과 관련된 교육 내용을 결정할 수 있다.
③ A시에서 시행된 청소년 의회 교실에서 시의회 의장은 본회의장 시설을 사용하도록 지원해 주었다.
④ A시의 올해 청소년 의회 교실은 의원 선서, 조례안 상정, 자유 발언, 찬반 토론, 전자 투표의 순서로 진행되었다.

연습 2 혼자서 눈으로 계속 연습하기

다음 글에 대한 이해로 적절하지 않은 것은?　2022 지방직 9급

> 올해 A시는 '청소년 의회 교실' 운영에 관한 조례를 발표함으로써 청소년들이 지방의회의 역할과 기능을 이해하고 민주 시민으로서의 소양과 자질을 함양할 수 있는 근거를 마련하였다. 청소년 의회 교실이란 청소년을 대상으로 실시하는 의회 체험 프로그램을 의미한다. 여기에 참여할 수 있는 대상은 A시에 있는 학교에 재학 중인 만 19세 미만의 청소년이다. 이 조례에 따르면 시의회 의장은 의회 교실의 참가자 선정 및 운영 방안을 결정할 수 있다. 운영 방안에는 지방자치 및 의회의 기능과 역할, 민주 시민의 소양과 자질 등에 관한 교육 내용이 포함된다. 또한 시의회 의장은 고유 권한으로 본회의장 시설 사용이 가능하도록 지원할 수 있다. 최근 A시는 '수업 시간 스마트폰 사용 제한에 관한 조례안'을 주제로 본회의장에서 첫 번째 의회 교실을 운영하였다. 참석 학생들은 1일 시의원이 되어 의원 선서를 한 후 주제에 관한 자유 발언 시간을 가졌다. 이어서 관련 조례안을 상정한 후 찬반 토론을 거쳐 전자 투표로 표결 처리하였다. 학생들이 의회 과정 전반에 대해 체험할 수 있었던 뜻 깊은 시간이었다.

① A시에 있는 학교의 만 19세 미만 재학생은 청소년 의회 교실에 참여할 수 있는 대상이다.
② A시의 시의회 의장은 청소년 의회 교실의 민주 시민 소양과 관련된 교육 내용을 결정할 수 있다.
③ A시에서 시행된 청소년 의회 교실에서 시의회 의장은 본회의장 시설을 사용하도록 지원해 주었다.
④ A시의 올해 청소년 의회 교실은 의원 선서, 조례안 상정, 자유 발언, 찬반 토론, 전자 투표의 순서로 진행되었다.

지문을 한눈에

청소년 의회 교실	1 1-6		1 7-10
	'청소년 의회 교실' 운영에 관한 조례 발표		'수업 시간 스마트폰 사용 제한에 관한 조례안'을 주제로 의회 교실 운영
	청소년 의회 교실의 정의 및 참가 대상	시의회 의장의 권한 및 운영 방안	의원 선서, 자유 발언, 조례안 상정, 찬반 토론, 전자 투표의 순서로 진행

실전 기출 — 세부 정보 파악하기 1

10

지문 제재 | 사회
2022 지방직 9급

다음 글에 대한 이해로 적절하지 않은 것은?

1 ¹올해 A시는 '청소년 의회 교실' 운영에 관한 조례(條例, 조목조목 적어 놓은 규칙이나 명령)를 발표(發表, 어떤 사실이나 결과, 작품 따위를 세상에 널리 드러내어 알림)함으로써 청소년들이 지방의회의 역할(役割, 맡은 바 직책이나 임무)과 기능을 이해하고 민주 시민으로서의 소양(素養, 평소 닦아 놓은 학문이나 지식)과 자질(資質, 타고난 성품이나 소질)을 함양(涵養, 능력이나 품성 따위를 길러 쌓거나 갖춤)할 수 있는 근거를 마련하였다. ²[청소년 의회 교실이란 청소년을 대상으로 실시하는 의회 체험(體驗, 자기가 몸소 겪음) 프로그램을 의미한다.](정의) ³여기에 참여(參與, 어떤 일에 끼어들어 관계함)할 수 있는 대상은 [A시에 있는 학교에 재학 중인 만 19세 미만의 청소년이다.](참가 대상) ⁴이 조례에 따르면 [시의회 의장은 의회 교실의 참가자 선정(選定, 여럿 가운데서 어떤 것을 뽑아 정함) 및 운영(運營, 조직이나 기구, 사업체 따위를 운용하고 경영함) 방안(方案, 일을 처리하거나 해결하여 나갈 방법이나 계획)을 결정할 수 있다.](시의회 의장의 권한) ⁵운영 방안에는 지방자치 및 의회의 기능과 역할, 민주 시민의 소양과 자질 등에 관한 교육 내용이 포함된다. ⁶또한 시의회 의장은 고유 권한(權限, 어떤 사람이나 기관의 권리나 권력이 미치는 범위)으로 본회의장 시설 사용이 가능하도록 지원할 수 있다. ⁷최근 A시는 '수업 시간 스마트폰 사용 제한에 관한 조례안'을 주제로 본회의장에서 첫 번째 의회 교실을 운영하였다. ⁸참석 학생들은 1일 시의원이 되어 의원 선서를 한 후 주제에 관한 자유 발언 시간을 가졌다. ⁹이어서 관련 조례안을 상정(上程, 토의할 안건을 회의 석상에 내어놓음)한 후 찬반 토론을 거쳐 전자 투표로 표결(票決, 투표를 하여 결정함) 처리하였다. ¹⁰학생들이 의회 과정 전반에 대해 체험할 수 있었던 뜻 깊은 시간이었다.

① A시에 있는 학교의 만 19세 미만 재학생은 청소년 의회 교실에 참여할 수 있는 대상이다. (근거 **1**-3)
② A시의 시의회 의장은 청소년 의회 교실의 민주 시민 소양과 관련된 교육 내용을 결정할 수 있다. (근거 **1**-4~5)
③ A시에서 시행된 청소년 의회 교실에서 시의회 의장은 본회의장 시설을 사용하도록 지원해 주었다. (근거 **1**-6)
❹ A시의 올해 청소년 의회 교실은 의원 선서, 조례안 상정, 자유 발언, 찬반 토론, 전자 투표의 순서로 진행되었다. (근거 **1**-8~9)

단계별 풀이 비법

풀이 비법 1 발문과 선택지로 유형을 확인하라!

글에 대한 이해의 적절성을 묻는 문제지만 세부 정보를 파악하는 내용 일치 유형임을 알 수 있다.

풀이 비법 2 무엇(화제)에 대해 말하고 있는지 파악하라!

중심 화제 '청소년 의회 교실' 운영에 관한 조례 발표
중심 내용

1-1~2	'청소년 의회 교실' 운영에 관한 조례 발표 및 청소년 의회 교실의 정의
1-3	청소년 의회 교실 참가 대상
1-4~6	시의회 의장의 권한 및 운영 방안
1-7	'수업 시간 스마트폰 사용 제한에 관한 조례안'을 주제로 의회 교실 운영
1-8~10	의원 선서, 자유 발언, 조례안 상정, 찬반 토론, 전자 투표의 순서로 진행

풀이 비법 3 지문에서 선택지 내용과 관련된 정보를 찾아 정리하라!

선지	관련 정보
①	**1**-3: 'A시에 있는 학교에 재학 중인 만 19세 미만의 청소년'
②	**1**-4~5: '시의회 의장은 운영 방안 결정할 수 있고, 운영 방안에는 민주 시민의 소양과 자질 등에 관한 교육 내용이 포함된다.'
③	**1**-6: '시 의회 의장 고유 권한 … 본회의장 시설 사용이 가능'
④	**1**-8~9: '선서 → 자유 발언 → 조례안 상정 → 찬반 토론 → 전자 투표'

풀이 비법 4 선택지의 적절성을 판단하라!

① **1**-3, '참여할 수 있는 대상은 A시에 있는 학교에 재학 중인 만 19세 미만의 청소년이다.'란 문장을 통해 알 수 있는 내용이다.
② **1**-4~5, '시의회 의장은 의회 교실의 참가자 선정 및 운영 방안을 결정할 수 있다. … 운영 방안에는 지방자치 및 의회의 기능과 역할, 민주 시민의 소양과 자질 등에 관한 교육 내용이 포함된다.' 등을 통해 알 수 있는 내용이다.
③ **1**-6, '시의회 의장은 고유 권한으로 본회의장 시설 사용이 가능하도록 지원할 수 있다.'는 부분을 통해 알 수 있는 내용이다.
④ **1**-8~9, 의원 선서 후 자유 발언을 하며 관련 조례안 상정을 순으로 진행한다고 언급하고 있으므로 적절하지 않은 진술이다.

정답 ④

실전 기출 — 세부 정보 파악하기 2

학습일: 월   일   풀이 시간: 1분 이내

연습 1 병태 요정과 함께 풀기

다음 글의 내용과 부합하지 않는 것은?   2023 국가직 9급

　과학 혁명 이전 아리스토텔레스 철학은 로마 가톨릭교의 정통 교리와 결합되어 있었기 때문에 오랜 시간 동안 지배적인 영향력을 발휘하였다. 천문 분야 또한 예외는 아니었다. 아리스토텔레스의 세계관을 따라 우주의 중심은 지구이며, 모든 천체는 원운동을 하면서 지구의 주위를 공전한다는 천동설이 정설로 자리 잡고 있었다. 프톨레마이오스가 천체들의 공전 궤도를 관찰하던 도중, 행성들이 주기적으로 종전의 운동과는 반대 방향으로 움직인다는 관찰 결과를 얻었을 때도 그는 이를 행성의 역행 운동을 허용하지 않는 천동설로 설명하고자 하였다. 그래서 지구를 중심으로 공전하는 원 궤도에 중심을 두고 있는 원, 즉 주전원(周轉圓)을 따라 공전 궤도를 그리면서 행성들이 운동한다고 주장하였다.

　과학과 아리스토텔레스 철학의 결별은 서서히 일어났다. 그 과정에서 일어난 가장 중요한 사건은 1543년 코페르니쿠스가 행성들의 운동 이론에 관한 책을 발간한 일이다. 코페르니쿠스는 천체의 중심에 지구 대신 태양을 놓고 지구가 태양의 주위를 공전한다고 주장하였다. 태양을 우주의 중심에 둔 코페르니쿠스의 지동설은 행성들의 운동에 대해 프톨레마이오스보다 수학적으로 단순하게 설명하였다.

① 과학 혁명 이전 시기에는 천동설이 정설로 받아들여졌다.
② 프톨레마이오스의 주전원은 지동설을 지지하고자 만든 개념이다.
③ 천동설과 지동설은 우주의 중심을 어디에 두느냐에 따라 구분된다.
④ 행성의 공전에 대한 프톨레마이오스의 설명은 코페르니쿠스의 설명보다 수학적으로 복잡하였다.

연습 2 혼자서 눈으로 계속 연습하기

다음 글의 내용과 부합하지 않는 것은?   2023 국가직 9급

　과학 혁명 이전 아리스토텔레스 철학은 로마 가톨릭교의 정통 교리와 결합되어 있었기 때문에 오랜 시간 동안 지배적인 영향력을 발휘하였다. 천문 분야 또한 예외는 아니었다. 아리스토텔레스의 세계관을 따라 우주의 중심은 지구이며, 모든 천체는 원운동을 하면서 지구의 주위를 공전한다는 천동설이 정설로 자리 잡고 있었다. 프톨레마이오스가 천체들의 공전 궤도를 관찰하던 도중, 행성들이 주기적으로 종전의 운동과는 반대 방향으로 움직인다는 관찰 결과를 얻었을 때도 그는 이를 행성의 역행 운동을 허용하지 않는 천동설로 설명하고자 하였다. 그래서 지구를 중심으로 공전하는 원 궤도에 중심을 두고 있는 원, 즉 주전원(周轉圓)을 따라 공전 궤도를 그리면서 행성들이 운동한다고 주장하였다.

　과학과 아리스토텔레스 철학의 결별은 서서히 일어났다. 그 과정에서 일어난 가장 중요한 사건은 1543년 코페르니쿠스가 행성들의 운동 이론에 관한 책을 발간한 일이다. 코페르니쿠스는 천체의 중심에 지구 대신 태양을 놓고 지구가 태양의 주위를 공전한다고 주장하였다. 태양을 우주의 중심에 둔 코페르니쿠스의 지동설은 행성들의 운동에 대해 프톨레마이오스보다 수학적으로 단순하게 설명하였다.

① 과학 혁명 이전 시기에는 천동설이 정설로 받아들여졌다.
② 프톨레마이오스의 주전원은 지동설을 지지하고자 만든 개념이다.
③ 천동설과 지동설은 우주의 중심을 어디에 두느냐에 따라 구분된다.
④ 행성의 공전에 대한 프톨레마이오스의 설명은 코페르니쿠스의 설명보다 수학적으로 복잡하였다.

지문을 한눈에

| 천체의 회전 운동을 통해 본 과학 혁명 | 천동설: 아리스토텔레스의 세계관을 따라 모든 천체는 원운동을 하면서 지구의 주위를 공전한다. | 과학 혁명 | 지동설: 태양을 우주의 중심에 두고 지구가 태양의 주위를 공전한다. |

실전 기출 세부 정보 파악하기 2

01

다음 글의 내용과 부합하지 않는 것은?

지문 제재 | 사회
2023 국가직 9급

1 ¹과학 혁명 이전 아리스토텔레스 철학은 로마 가톨릭교의 정통 교리(敎理, 종교적인 원리나 이치)와 결합되어 있었기 때문에 오랜 시간 동안 지배적인 영향력을 발휘(發揮, 재능, 능력 따위를 떨치어 나타냄)하였다. ²천문 분야 또한 예외(例外, 일반적 규칙이나 정례에서 벗어나는 일)는 아니었다. ³[아리스토텔레스의 세계관을 따라 우주의 중심(中心, 한가운데)은 지구이며, 모든 천체(天體, 우주에 존재하는 모든 물체. 항성, 행성, 위성, 혜성, 성단, 성운, 성간 물질, 인공위성 따위를 통틀어 이르는 말)는 원운동을 하면서 지구의 주위를 공전(公轉, 한 천체가 다른 천체의 둘레를 주기적으로 도는 일)한다](천동설의 정의)는 천동설이 정설(定說, 일정한 결론에 도달하여 이미 확정하거나 인정한 설)로 자리 잡고 있었다. ⁴프톨레마이오스가 천체들의 공전 궤도(軌道, 행성, 혜성, 인공위성 따위가 중력의 영향을 받아 다른 천체의 둘레를 돌면서 그리는 곡선의 길)를 관찰하던 도중, [행성들이 주기적으로 종전의 운동과는 반대 방향으로 움직인다는 관찰 결과를 얻었을 때도](천동설의 문제점: 외행성의 문제점) 그는 이를 행성의 역행(逆行, 보통의 방향과 반대 방향으로 거슬러 나아감) 운동을 허용하지 않는 천동설로 설명하고자(기존의 패러다임 옹호) 하였다. ⁵그래서 [지구를 중심으로 공전하는 원 궤도에 중심을 두고 있는 원, 즉 주전원(周轉圓)을 따라 공전 궤도를 그리면서 행성들이 운동한다고 주장하였다.]기존 패러다임을 옹호하기 위해 주전원 개념 도입

▶천동설을 옹호하기 위해 주전원 개념을 도입함

2 ¹과학과 아리스토텔레스 철학의 결별(訣別, 관계나 교제를 영원히 끊음)은 서서히 일어났다. ²그 과정에서 일어난 가장 중요한 사건은 1543년 코페르니쿠스가 행성들의 운동 이론에 관한 책을 발간(發刊, 책, 신문, 잡지 따위를 만들어 냄)한 일이다. ³[코페르니쿠스는 천체의 중심에 지구 대신 태양을 놓고 지구가 태양의 주위를 공전한다고 주장하였다.](새로운 패러다임 등장) ⁴태양을 우주의 중심에 둔 코페르니쿠스의 지동설은 행성들의 운동에 대해 프톨레마이오스보다 수학적으로 단순하게 설명하였다.(프톨레마이오스처럼 복잡한 주전원 없이도 지구와 태양의 위치만을 바꿈으로써 천체의 복잡한 운행을 설명할 수 있음)

▶새로운 패러다임으로 코페르니쿠스의 지동설 등장함

① 과학 혁명 이전 시기에는 천동설이 정설로 받아들여졌다.(근거 1-3)
② 프톨레마이오스의 주전원은 지동설(×)을 지지하고자 만든 개념이다.(근거 1-4, 5)
③ 천동설과 지동설은 우주의 중심을 어디에 두느냐에 따라 구분된다.(근거 1-3, 2-4)
④ 행성의 공전에 대한 프톨레마이오스의 설명은 코페르니쿠스의 설명보다 수학적으로 복잡하였다.(근거 2-4)

단계별 풀이 비법

풀이 비법 1 발문으로 유형을 확인하라!
'글의 내용과 부합하지 않는 것'을 찾는 문제이다. 두 개의 핵심어 '지동설'과 '천동설'의 차이점을 구별하면서 내용을 정리하면 된다.

풀이 비법 2 화제를 중심으로 중심 내용을 정리하라!
중심 화제 과학 혁명을 이끈 코페르니쿠스의 지동설
중심 내용 과학 혁명으로서 천동설을 뒤엎은 지동설을 설명하고 있다.

1-1~3	아리스토텔레스의 세계관을 따라 천동설이 정설로 자리 잡음.
1-4~5	외행성의 역행 문제를 해결하기 위해 프톨레마이오스가 주전원의 개념을 도입함.
2-1~3	철학과 과학의 결별 과정 중 코페르니쿠스의 지동설 등장
2-4	코페르니쿠스의 지동설의 의의

풀이 비법 3 지문에서 선택지 내용과 관련된 정보를 찾아 정리하라!

선지	관련 정보
①	1-3: 아리스토텔레스의 세계관을 따라 우주의 중심 ~ 천동설이 정설로 자리 잡고
②	1-4, 5: 행성의 역행 운동을 허용하지 않는 천동설로 설명하고자, 주전원(周轉圓)을 따라 공전 궤도를 그리면서 행성들이 운동한다고 주장
③	1-3, 2-4: 지구의 주위를 공전한다는 천동설, 태양을 우주의 중심에 둔 코페르니쿠스의 지동설
④	2-4: 코페르니쿠스의 지동설은 행성들의 운동에 대해 프톨레마이오스보다 수학적으로 단순하게 설명

풀이 비법 4 선택지의 적절성을 판단하라!
① 아리스토텔레스의 세계관을 따라 천동설이 정설로 자리 잡고 있었다.
② 주전원은 프톨레마이오스가 자신의 관찰 결과를 천동설로 설명하고자 주장한 것이다.
③ 천동설은 우주의 중심은 지구이고, 지동설은 태양을 우주의 중심에 두었다.
④ 코데르니쿠스의 지동설은 행성들의 운동에 대해 프톨레마이오스보다 수학적으로 단순하게 설명했다는 내용에서 확인할 수 있다.

정답 ②

유형 02 세부 정보 파악하기 59

실전 기출 — 세부 정보 파악하기 2

학습일: 월   일   풀이 시간: 1분 이내

연습 1 병태 요정과 함께 풀기

다음 글의 내용과 부합하지 않는 것은?   2022 지방직 7급

> 과거에 예술은 고급 예술만을 의미했다. 특별한 재능을 가진 예술가의 작품을 귀족과 같은 상층 사람들이 제한된 장소에서 감상하기만 했다. 그러나 사진기와 같은 새로운 기술의 발명으로 기존의 걸작품이 복제되어 인테리어 소품이나 낭만적인 엽서로 사용되면서 대중도 예술 작품을 공유할 수 있게 되었다. 원작에 버금가는 위작이 만들어지고, 게다가 일상의 생필품처럼 사용되는 작품도 등장하게 되면서는, 대중은 더 이상 예술 작품을 수동적으로 감상하는 데에 머물지 않고 능동적으로 소비하고 실용적으로 사용하게 되었다.
>
> 이런 상황의 변화는 예술이 무엇인가를 고민하게 만들었다. 이전까지는 예술 작품이 진본성, 유일성을 가져야 한다고 보았지만 이러한 기술 복제 시대에는 이와 같은 조건이 적용될 수 없었기 때문이다. 또한 공원에 타도록 설치된 그네를 예술 작품이라 하는 것과 같이 일상의 물품 역시 과거와 달리 예술의 범주에 들어갈 수 있게 되었기 때문이다.

① 복제와 관련된 기술의 발명은 예술을 둘러싼 상황을 변화시키는 데 기여했다.
② 기술 복제 시대 전에도 귀족은 예술 작품을 실용적으로 사용했다.
③ 기술 복제 시대에는 진본성을 갖추는 것이 예술 작품의 필수 조건이 되지 못했다.
④ 기술 복제 시대 전에는 인테리어 소품이 예술에 포함될 수 없었지만 기술 복제 시대에는 포함될 수 있었다.

연습 2 혼자서 눈으로 계속 연습하기

다음 글의 내용과 부합하지 않는 것은?   2022 지방직 7급

> 과거에 예술은 고급 예술만을 의미했다. 특별한 재능을 가진 예술가의 작품을 귀족과 같은 상층 사람들이 제한된 장소에서 감상하기만 했다. 그러나 사진기와 같은 새로운 기술의 발명으로 기존의 걸작품이 복제되어 인테리어 소품이나 낭만적인 엽서로 사용되면서 대중도 예술 작품을 공유할 수 있게 되었다. 원작에 버금가는 위작이 만들어지고, 게다가 일상의 생필품처럼 사용되는 작품도 등장하게 되면서는, 대중은 더 이상 예술 작품을 수동적으로 감상하는 데에 머물지 않고 능동적으로 소비하고 실용적으로 사용하게 되었다.
>
> 이런 상황의 변화는 예술이 무엇인가를 고민하게 만들었다. 이전까지는 예술 작품이 진본성, 유일성을 가져야 한다고 보았지만 이러한 기술 복제 시대에는 이와 같은 조건이 적용될 수 없었기 때문이다. 또한 공원에 타도록 설치된 그네를 예술 작품이라 하는 것과 같이 일상의 물품 역시 과거와 달리 예술의 범주에 들어갈 수 있게 되었기 때문이다.

① 복제와 관련된 기술의 발명은 예술을 둘러싼 상황을 변화시키는 데 기여했다.
② 기술 복제 시대 전에도 귀족은 예술 작품을 실용적으로 사용했다.
③ 기술 복제 시대에는 진본성을 갖추는 것이 예술 작품의 필수 조건이 되지 못했다.
④ 기술 복제 시대 전에는 인테리어 소품이 예술에 포함될 수 없었지만 기술 복제 시대에는 포함될 수 있었다.

지문을 한눈에

과거의 예술	새로운 기술의 발명 (사진기 등)	기술 복제 시대의 예술
· 특별한 재능을 가진 예술가의 작품 · 상층 사람들이 제한된 장소에서 감상	· 걸작품 복제: 인테리어 소품 등 · 대중의 능동적 소비, 실용적 사용	· 걸작품 복제로 진본성, 유일성 적용될 수 없음. · 그네 등 일상의 물품도 예술에 포함

실전 기출 세부 정보 파악하기 2

02

다음 글의 내용과 부합하지 않는 것은?

지문 제재 | 예술
2022 지방직 7급

① ¹과거에 예술(藝術, 특별한 재료, 기교, 양식 따위로 감상의 대상이 되는 아름다움을 표현하려는 인간의 활동 및 그 작품)은 고급 예술만을 의미(意味, 말이나 글이 무엇을 뜻)했다. ²특별(特別, 보통과 구별되게 다름)한 재능을 가진 예술가의 작품을 귀족과 같은 상층(上層, 계급이나 신분, 지위 따위가 높은 계층) 사람들이 제한(制限, 일정한 한도를 정하거나 그 한도를 넘지 못하게 막음)된 장소에서 감상(鑑賞, 주로 예술 작품을 이해하여 즐기고 평가함)하기만 했다. ³그러나 사진기와 같은 새로운 기술의 발명으로 기존의 걸작품(傑作品, 매우 뛰어나게 잘된 작품)이 복제(複製, 본디의 것과 똑같은 것을 만듦)되어 인테리어 소품이나 낭만적인 엽서로 사용되면서 대중도 예술 작품을 공유(共有, 두 사람 이상이 한 물건을 공동으로 소유함)할 수 있게 되었다. ⁴원작에 버금가는 위작(僞作, 다른 사람의 작품을 흉내 내어 비슷하게 만드는 일)이 만들어지고, 게다가 일상의 생필품처럼 사용되는 작품도 등장(登場, 어떤 사건이나 분야에서 새로운 제품이나 현상, 인물 등이 세상에 처음으로 나옴)하게 되면서는, 대중은 더 이상 예술 작품을 수동적(受動的, 스스로 움직이지 않고 다른 것의 작용을 받아 움직이는 것)으로 감상하는 데에 머물지 않고 능동적으로 소비하고 실용적으로 사용하게 되었다.
▶ 새로운 기술의 발명으로 과거와 달리 대중은 예술을 능동적으로 소비하고 실용적으로 사용하게 됨

② ¹이런 상황(狀況, 일이 되어 가는 과정이나 형편)의 변화는 예술이 무엇인가를 고민(苦悶, 마음속으로 괴로워하고 애를 태움)하게 만들었다. ²이전까지는 예술 작품이 진본성, 유일성(唯一性, 오직 그 하나만 있는 성질)을 가져야 한다고 보았지만 이러한 기술 복제 시대에는 이와 같은 조건(條件, 어떤 일이 이루어지려면 갖추어져야 할 상태나 요소)이 적용(適用, 알맞게 이용되거나 맞추어 씀)될 수 없었기 때문이다. ³또한 공원에 타도록 설치(設置, 어떤 일을 하는 데 필요한 기관이나 설비 따위를 베풀어 둠)된 그네를 예술 작품이라 하는 것과 같이 일상의 물품 역시 과거와 달리 예술의 범주(範疇, 동일한 성질을 가진 부류나 범위)에 들어갈 수 있게 되었기 때문이다.
▶ 기술 복제 시대에는 일상의 물품도 예술에 포함됨

① 복제와 관련된 기술의 발명은 예술을 둘러싼 상황을 변화시키는 데 기여했다. (근거 ①-3, 4, ②-1)
❷ 기술 복제 시대 전(×)에도 귀족은 예술 작품을 실용적으로 사용했다. (근거 ①-1, 2)
③ 기술 복제 시대에는 진본성을 갖추는 것이 예술 작품의 필수 조건이 되지 못했다. (근거 ②-2)
④ 기술 복제 시대 전에는 인테리어 소품이 예술에 포함될 수 없었지만 기술 복제 시대에는 포함될 수 있었다. (근거 ②-2, 3)

단계별 풀이 비법

풀이 비법 1 발문으로 유형을 확인하라!
글의 내용과 부합하는 것을 찾는 내용 일치 유형 문제이므로 서술 내용 바꿔치기한 것이 없는지 선택지를 확인하면서 읽는다.

풀이 비법 2 무엇(화제)에 대해 말하고 있는지 파악하라!
중심 화제 예술의 범주
중심 내용

1	과거에 예술은 고급 예술만을 의미했다. 사진기와 같은 새로운 기술의 발명으로 대중도 예술 작품을 공유할 수 있게 되었다.
2	기술 복제 시대에는 일상의 물품도 예술에 포함되었다.

풀이 비법 3 지문에서 선택지 내용과 관련된 정보를 찾아 정리하라!

선지	관련 정보
①	①-3, 4, ②-1: 사진기와 같은 새로운 기술의 발명으로 기존의 걸작품이 복제, 이런 상황 변화가 예술이 무엇인가
②	①-1, 2: 예술가의 작품을 귀족과 같은 상층 사람들이 제한된 장소에서 감상하기만 ~
③	②-2: 이전까지는 예술 작품이 진본성, 유일성을 가져야 한다고 보았지만
④	②-2, 3: 이러한 기술 복제 시대에는 이와 같은 조건이 적용될 수 없었기, 그네를 예술 작품이라 하는 것과 같이 일상의 물품 역시 과거와 달리 예술의 범주에 들어갈 수 있게 ~

풀이 비법 4 선택지의 적절성을 판단하라!
① ①-3, 4, ②-1 사진기와 같은 새로운 기술의 발명으로 대중들도 예술 작품을 공유하면서 능동적이며 실용적으로 사용하게 되었다. 이런 변화가 예술을 둘러싼 상황을 변화시키는 데 기여했다.
② ①-1, 2에서 과거의 예술은 고급 예술만을 의미했으며 상층 사람들이 제한된 장소에서 감상만 했다는 내용으로 보아 글의 내용과 부합하지 않는다.
③ ②-2의 '이전까지는 예술 작품이 진본성, 유일성 ~ 기술 복제 시대에는 이와 같은 조건이 적용될 수 없었다'는 내용을 통해 확인할 수 있다.
④ ②-2, 3 기술 복제 시대에는 진본성, 유일성의 조건을 갖추지 않더라도 일상의 물품 역시 예술의 범주에 들어간다는 내용을 통해 확인할 수 있다.

정답 ②

실전 기출 — 세부 정보 파악하기 2

학습일: 월 일 풀이 시간: 1분 이내

연습 1 병태 요정과 함께 풀기

다음 글의 내용과 부합하는 것은? 2022 지방직 7급

> 사적인 필요가 사적 건축을 낳는다면, 공적인 필요는 다수를 위한 공공 건축을 낳는다. 공공 건축은 정부나 지방자치 단체가 주도하면서 사적 자본이 생산해 낼 수 없는 공간을 생산해 내어야 한다. 이곳은 자본의 논리에서 소외된 영역을 보살피는 공적인 영역이다. 따라서 공공 건축은 국민의 삶의 질을 한 단계 높이는 데 기여할 수 있어야 한다. 그리고 특정 개인의 취향이 반영된 것이 아니라 보다 큰 다수가 누릴 수 있는 것을 배려하는 보편성을 갖추어야 한다. 그러면서도 사적 건축으로는 하기 어려운 지역의 정체성과 문화적 전통도 보존해야 한다. 이렇게 공공 건축은 공적인 소통의 장이 되어야 하는 것이다.

① 사적 건축은 국민의 삶의 질을 높이는 역할을 해야 한다.
② 사적 건축은 국민 다수의 보편적인 취향을 반영해야 한다.
③ 공공 건축은 지역의 정체성을 반영한 소통의 장이 되어야 한다.
④ 공공 건축은 사적 자본을 활용하여 다수가 누릴 수 있는 공간을 만들어야 한다.

연습 2 혼자서 눈으로 계속 연습하기

다음 글의 내용과 부합하는 것은? 2022 지방직 7급

> 사적인 필요가 사적 건축을 낳는다면, 공적인 필요는 다수를 위한 공공 건축을 낳는다. 공공 건축은 정부나 지방자치 단체가 주도하면서 사적 자본이 생산해 낼 수 없는 공간을 생산해 내어야 한다. 이곳은 자본의 논리에서 소외된 영역을 보살피는 공적인 영역이다. 따라서 공공 건축은 국민의 삶의 질을 한 단계 높이는 데 기여할 수 있어야 한다. 그리고 특정 개인의 취향이 반영된 것이 아니라 보다 큰 다수가 누릴 수 있는 것을 배려하는 보편성을 갖추어야 한다. 그러면서도 사적 건축으로는 하기 어려운 지역의 정체성과 문화적 전통도 보존해야 한다. 이렇게 공공 건축은 공적인 소통의 장이 되어야 하는 것이다.

① 사적 건축은 국민의 삶의 질을 높이는 역할을 해야 한다.
② 사적 건축은 국민 다수의 보편적인 취향을 반영해야 한다.
③ 공공 건축은 지역의 정체성을 반영한 소통의 장이 되어야 한다.
④ 공공 건축은 사적 자본을 활용하여 다수가 누릴 수 있는 공간을 만들어야 한다.

지문을 한눈에

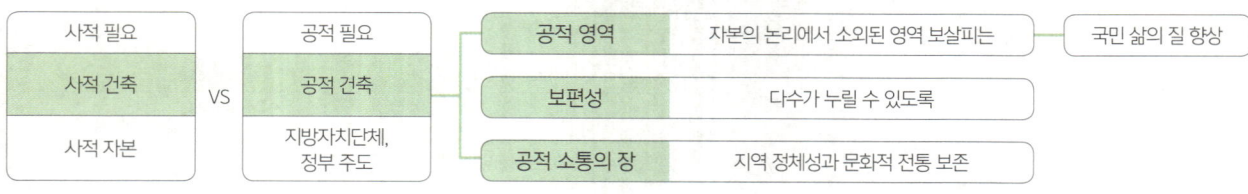

실전 기출 — 세부 정보 파악하기 2

03
다음 글의 내용과 부합하는 것은?

지문 제재 | 사회
2022 지방직 7급

> ❶ ¹사적인 필요가 사적 건축을 낳는다면, 공적인 필요는 다수를 위한 공공 건축(公共建築, 관공서, 공공 청사, 공원 등 국가나 사회의 구성원에게 두루 관계되는 건축물을 만드는 일)을 낳는다. [²공공 건축은 정부나 지방자치 단체가 주도(主導, 주동적인 처지가 되어 이끎)하면서 사적 자본(資本, 장사나 사업 따위의 기본이 되는 돈)이 생산해 낼 수 없는 공간을 생산해 내어야 한다.](공공 건축의 역할) ³이곳은 자본의 논리에서 소외(疏外, 어떤 무리에서 기피하여 따돌리거나 멀리함)된 영역(領域, 활동, 기능, 효과, 관심 따위가 미치는 일정한 범위)을 보살피는 공적인 영역이다. ⁴따라서 공공 건축은 국민의 삶의 질을 한 단계 높이는 데 기여(寄與, 도움이 되도록 이바지함)할 수 있어야 한다. ⁵그리고 특정 개인의 취향이 반영(反映, 다른 것에 영향을 받아 어떤 현상이 나타남. 또는 어떤 현상을 나타냄)된 것이 아니라 보다 큰 다수가 누릴 수 있는 것을 배려(配慮, 도와주거나 보살펴 주려고 마음을 씀)하는 보편성(普遍性, 모든 것에 두루 미치거나 통하는 성질)을 갖추어야 한다. ⁶그러면서도 사적 건축으로는 하기 어려운 지역의 정체성(正體性, 변하지 아니하는 존재의 본질을 깨닫는 성질)과 문화적 전통도 보존(保存, 잘 보호하고 간수하여 남김)해야 한다. ⁷어떻게 공공 건축은 공적인 소통(疏通, 막히지 아니하고 잘 통함)의 장이 되어야 하는 것이다.

① 사적 건축(×)은 국민의 삶의 질을 높이는 역할을 해야 한다. (근거 ❶-4)
② 사적 건축(×)은 국민 다수의 보편적인 취향을 반영해야 한다. (근거 ❶-5)
❸ 공공 건축은 지역의 정체성을 반영한 소통의 장이 되어야 한다. (근거 ❶-6, 7)
④ 공공 건축은 사적(×) 자본을 활용하여 다수가 누릴 수 있는 공간을 만들어야 한다. (근거 ❶-2, 5)

단계별 풀이 비법

풀이비법 1 발문으로 유형을 확인하라!
글의 내용과 부합하는 것을 찾는 내용 일치 유형 문제이므로 서술 내용 바꿔치기한 것이 없는지 선택지를 확인하면서 읽는다.

풀이비법 2 무엇(화제)에 대해 말하고 있는지 파악하라!
중심 화제 공공 건축의 역할
중심 내용 공공 건축은 국민의 삶의 질을 높이며, 보편성, 정체성과 문화적 전통을 보존해 공적인 소통의 장이 되어야 한다.

풀이비법 3 지문에서 선택지 내용과 관련된 정보를 찾아 정리하라!

선지	관련 정보
①	❶-4: 공공 건축은 국민의 삶의 질을 한 단계 높이는 데 기여
②	❶-5: 보편성을 갖추어야 한다.
③	❶-6, 7: 지역의 정체성과 문화적 전통도 보존해야 한다. 이렇게 공공 건축은 공적인 소통의 장이 되어야 하는 것
④	❶-2, 5: 공공 건축은 정부나 지방자치 단체가 주도하면서 사적 자본이 생산해 낼 수 없는 공간을 생산, 보다 큰 다수가 누릴 수 있는 것

풀이비법 4 선택지의 적절성을 판단하라!
① ❶-4에서 '공공 건축은 국민의 삶의 질을 한 단계 높이는 데 기여'한다는 내용을 통해 확인할 수 있다.
② ❶-5에서 공공 건축은 '특정 개인의 취향이 반영된 것이 아니라 보편성을 갖추어야 한다'는 내용을 통해 확인할 수 있다.
③ ❶-6과 ❶-7에서 지역의 정체성과 문화적 전통을 보존하여 공적인 소통의 장이 되어야 한다는 내용을 통해 확인할 수 있다.
④ 공공 건축은 '정부나 지방자치 단체가 주도하면서 사적 자본이 생산해 낼 수 없는 공간을 생산'하여 '보다 큰 다수가 누릴 수 있는 것'을 만든다는 내용을 통해 확인할 수 있다.

정답 ③

실전 기출 — 세부 정보 파악하기 2

연습 1 병태 요정과 함께 풀기

글쓴이의 견해에 부합하지 않는 것은? 2020 국가직 9급

사물 인터넷(IoT, Internet of Things)의 정의로 '수십 억 개의 사물이 서로 연결되는 것'이라고 설명하는 것은 그리 유용하지 않다. 사물 인터넷이 무엇인지 이해하기 위해서는 '사물'에서 출발하기보다는 '인터넷'에서 출발하는 것이 좋다. 인터넷이 전 세계의 컴퓨터를 서로 소통하도록 만든다는 생각이 실현된 것이라면, 사물 인터넷은 이제 전 세계의 사물들을 '컴퓨터로 만들어' 서로 소통하도록 만든다는 생각을 실현하는 것이다. 컴퓨터는 본래 전원이 있고 칩이 있고, 이것이 통신 장치와 프로토콜을 갖게 되어 연결된 것이다. 그렇다면 이제는 전원이 있었던 전자 기기나 기계 등은 그 자체로, 전원이 없었던 일반 사물들은 새롭게 센서와 배터리, 통신 모듈이 부착되면서 컴퓨터가 되고 이렇게 컴퓨터가 된 사물들이 그들 간에 또는 인간의 스마트 기기와 네트워크로 연결되는 것이다. 현재의 인터넷과 사물 인터넷의 차이를, 혹자는 사람이 개입되는 것은 사물 인터넷이 아니라고 이야기하면서 엄격한 M2M(Machine to Machine)이라는 개념에 근거해 설명한다. 또 혹자는 사물 인터넷이 실현되려면 사람만큼 사물이 판단할 수 있어야 한다고 주장하면서 사물의 지능성을 중요시하는 경우도 있는데, 두 가지 모두 그릇된 것이다. 사물 인터넷을 제대로 이해하려면 기존 인터넷과의 차이점에 주목하기보다는 오히려 공통점을 인식하는 것이 더 중요하다. 컴퓨터를 서로 연결하는 수준에서 출발한 것이 기존의 인터넷이라면, 이제는 사물 각각이 컴퓨터가 되고, 그 사물들이 사람과 손쉽게 닿는 스마트폰, 스마트 워치 등과 서로 소통하는 것이다.

① 사물 인터넷의 개념을 파악하기 위해서는 기존 인터넷과의 공통점을 이해하는 것이 필요하다.
② 센서와 배터리, 통신 모듈 등을 갖춘 사물들이 네트워크로 연결되어 사물 인터넷으로 기능한다.
③ 사물 인터넷은 사람 수준의 지능을 가진 사물들이 네트워크상에서 인간의 개입 없이 서로 소통하는 것으로 정의된다.
④ 사물 인터넷은 컴퓨터가 아니었던 사물도 네트워크로 연결될 수 있다는 점에서 기존의 인터넷과 다르다.

연습 2 혼자서 눈으로 계속 연습하기

글쓴이의 견해에 부합하지 않는 것은? 2020 국가직 9급

사물 인터넷(IoT, Internet of Things)의 정의로 '수십 억 개의 사물이 서로 연결되는 것'이라고 설명하는 것은 그리 유용하지 않다. 사물 인터넷이 무엇인지 이해하기 위해서는 '사물'에서 출발하기보다는 '인터넷'에서 출발하는 것이 좋다. 인터넷이 전 세계의 컴퓨터를 서로 소통하도록 만든다는 생각이 실현된 것이라면, 사물 인터넷은 이제 전 세계의 사물들을 '컴퓨터로 만들어' 서로 소통하도록 만든다는 생각을 실현하는 것이다. 컴퓨터는 본래 전원이 있고 칩이 있고, 이것이 통신 장치와 프로토콜을 갖게 되어 연결된 것이다. 그렇다면 이제는 전원이 있었던 전자 기기나 기계 등은 그 자체로, 전원이 없었던 일반 사물들은 새롭게 센서와 배터리, 통신 모듈이 부착되면서 컴퓨터가 되고 이렇게 컴퓨터가 된 사물들이 그들 간에 또는 인간의 스마트 기기와 네트워크로 연결되는 것이다. 현재의 인터넷과 사물 인터넷의 차이를, 혹자는 사람이 개입되는 것은 사물 인터넷이 아니라고 이야기하면서 엄격한 M2M(Machine to Machine)이라는 개념에 근거해 설명한다. 또 혹자는 사물 인터넷이 실현되려면 사람만큼 사물이 판단할 수 있어야 한다고 주장하면서 사물의 지능성을 중요시하는 경우도 있는데, 두 가지 모두 그릇된 것이다. 사물 인터넷을 제대로 이해하려면 기존 인터넷과의 차이점에 주목하기보다는 오히려 공통점을 인식하는 것이 더 중요하다. 컴퓨터를 서로 연결하는 수준에서 출발한 것이 기존의 인터넷이라면, 이제는 사물 각각이 컴퓨터가 되고, 그 사물들이 사람과 손쉽게 닿는 스마트폰, 스마트 워치 등과 서로 소통하는 것이다.

① 사물 인터넷의 개념을 파악하기 위해서는 기존 인터넷과의 공통점을 이해하는 것이 필요하다.
② 센서와 배터리, 통신 모듈 등을 갖춘 사물들이 네트워크로 연결되어 사물 인터넷으로 기능한다.
③ 사물 인터넷은 사람 수준의 지능을 가진 사물들이 네트워크상에서 인간의 개입 없이 서로 소통하는 것으로 정의된다.
④ 사물 인터넷은 컴퓨터가 아니었던 사물도 네트워크로 연결될 수 있다는 점에서 기존의 인터넷과 다르다.

지문을 한눈에

'사물 인터넷'의 개념

1 주제: '사물'이 아니라 '인터넷'에 초점을 두어야 함.

2 주제: 기존 인터넷과의 공통점을 인식해야 함.

04

글쓴이의 견해에 부합하지 않는 것은?

지문 제재 | 기술
2020 국가직 9급

1 ¹사물 인터넷(IoT, Internet of Things)의 정의(定義, 어떤 말이나 사물의 뜻을 명백히 밝혀 규정함. 또는 그 뜻)로 ['수십 억 개의 사물이 서로 연결되는 것'](사물 인터넷에 대한 일반적인 정의 → '사물'에 초점을 둠)이라고 설명하는 것은 그리 유용(有用, 쓸모가 있음)하지 않다. ²사물 인터넷이 무엇인지 이해하기 위해서는 '사물'에서 출발하기보다는 '인터넷'에서 출발하는 것이 좋다. ³인터넷이 전 세계의 컴퓨터를 서로 소통(疏通, 막히지 아니하고 잘 통함)하도록 만든다는 생각이 실현(實現, 꿈, 기대 따위를 실제로 이룸)된 것이라면, 사물 인터넷은 이제 [전 세계의 사물들을 '컴퓨터로 만들어' 서로 소통하도록 만든다는 생각을 실현하는 것](사물 인터넷에 대한 글쓴이의 생각)이다. ⁴컴퓨터는 본래 전원(電源, 전기 코드의 콘센트 따위와 같이 기계 등에 전류가 오는 원천)이 있고 칩이 있고, 이것이(전원과 칩이 있는 것이) 통신 장치와 프로토콜을 갖게 되어 연결된 것이다. ⁵그렇다면 이제는 전원이 있었던 전자 기기나 기계 등은 그 자체로, 전원이 없었던 일반 사물들은 새롭게 센서와 배터리, 통신 모듈이 부착(附着/付着, 떨어지지 아니하게 붙음. 또는 그렇게 붙이거나 닮)되면서 컴퓨터가 되고 이렇게(새롭게 센서와 배터리, 통신 모듈이 부착되면서) 컴퓨터가 된 사물들이 그들 간에 또는 인간의 스마트 기기와 네트워크로 연결되는 것이다.
▶ '인터넷'에 초점을 둔 사물 인터넷에 대한 이해

2 ¹현재의 인터넷과 사물 인터넷의 차이를, 혹자(或者, 어떤 사람)는 [사람이 개입(介入, 자신과 직접적인 관계가 없는 일에 끼어듦)되는 것은 사물 인터넷이 아니라고 이야기하면서 엄격한 M2M(Machine to Machine)이라는 개념에 근거해서 설명](사물 인터넷에 대한 새로운 주장 ①)한다. ²또 혹자는 사물 인터넷이 실현되려면 [사람만큼 사물이 판단할 수 있어야 한다고 주장하면서 사물의 지능성을 중요시하는 경우](사물 인터넷에 대한 새로운 주장 ②)도 있는데, 두 가지 모두 그릇된 것이다. ³사물 인터넷을 제대로 이해하려면 기존 인터넷과의 차이점에 주목하기보다는 오히려 공통점(컴퓨터 간의 네트워크를 통한 소통)을 인식하는 것이 더 중요하다. ⁴컴퓨터를 서로 연결하는 수준에서 출발한 것이 기존의 인터넷이라면, 이제는 [사물 각각이 컴퓨터가 되고, 그(컴퓨터가 된) 사물들이 사람과 손쉽게 닿는 스마트폰, 스마트 워치 등과 서로 소통하는 것](사물 인터넷에 대한 글쓴이의 정의)이다.
▶ 기존 인터넷과의 공통점에 주목해야 하는 사물 인터넷

① 사물 인터넷의 개념을 파악하기 위해서는 기존 인터넷과의 공통점을 이해하는 것이 필요하다. (근거 **2**-3)

② 센서와 배터리, 통신 모듈 등을 갖춘 사물들이 네트워크로 연결되어 사물 인터넷으로 기능한다. (근거 **1**-5)

❸ 사물 인터넷은 사람 수준의 지능을 가진 사물들이 네트워크상에서 인간의 개입 없이 서로 소통하는 것으로 정의된다. (근거 **2**-1, 2)

④ 사물 인터넷은 컴퓨터가 아니었던 사물도 네트워크로 연결될 수 있다는 점에서 기존의 인터넷과 다르다. (근거 **2**-4)

단계별 풀이 비법

풀이 비법 1 발문으로 유형을 먼저 확인하라!

'글쓴이의 견해'에 부합하지 않는 것을 찾는 문제이므로 세부 정보를 파악하는 내용 일치불일치 유형임을 알 수 있다. 그리고 부정 발문이므로 지문 내용과 일치하지 않는 선택지를 골라야 한다.

풀이 비법 2 화제를 중심으로 중심 내용을 정리하라!

화제	중심 내용
1 사물 인터넷의 개념	사물들을 컴퓨터로 만들어 서로 소통하도록 만든 것
2 기존 인터넷과 사물 인터넷	둘의 차이점보다 공통점을 인식해야 함

풀이 비법 3 지문에서 선택지 내용과 관련된 정보를 찾아 정리하라!

선지	관련 정보
①	**2**-3: '사물 인터넷을 제대로 이해하려면 기존 인터넷과의 차이점에 주목하기보다는 오히려 공통점을 인식하는 것이 더 중요'
②	**1**-5: '전원이 없었던 일반 사물들은 새롭게 센서와 배터리, 통신 모듈이 부착되면서 컴퓨터가 되고 이렇게 컴퓨터가 된 사물들이 그들 간에 또는 인간의 스마트 기기와 네트워크로 연결되는 것'
③	**2**-1, 2: '혹자는 사람이 개입되는 것은 사물 인터넷이 아니라고 이야기하면서', '혹자는 사물 인터넷이 실현되려면 사람만큼 사물이 판단할 수 있어야 한다고 주장하면서 사물의 지능성을 중요시 … 두 가지 모두 그릇된 것'
④	**2**-4: '컴퓨터를 서로 연결하는 수준에서 출발한 것이 기존의 인터넷 … 사물 각각이 컴퓨터가 되고, 그 사물들이 사람과 손쉽게 닿는 스마트폰, 스마트 워치 등과 서로 소통하는 것'

풀이 비법 4 선택지의 일치 여부를 정리하라!

① **2**-3에 따르면, 글쓴이는 사물 인터넷을 이해하려면 기존 인터넷과의 차이점이 아니라 공통점을 이해하는 것이 더 중요하다고 주장하고 있다.

② **1**-5에 따르면, 글쓴이는 사물 인터넷은 센서와 배터리, 통신 모듈을 갖추어 컴퓨터가 된 사물들이 그들 간에 또는 인간의 스마트 기기와 네트워크로 연결되는 것으로 보고 있다.

③ **2**-1과 2에 따르면, 사물 인터넷을 사람이 개입이 없어야 한다고 주장하거나 사물이 사람만큼 판단할 수 있는 지능을 갖추어야 한다는 주장도 있다. 하지만 글쓴이는 이런 주장이 모두 그릇된 것으로 본다. 따라서 글쓴이의 견해에 부합하지 않는다.

④ **2**-4에 따르면, 기존 인터넷과 달리 사물 인터넷을 사물을 컴퓨터로 만들어 네트워크화한 것이다.

정답 ③

실전 기출 — 세부 정보 파악하기 2

학습일: 월   일   풀이 시간: 1분 이내

연습 1 병태 요정과 함께 풀기

다음 글의 내용을 이해한 것으로 적절하지 않은 것은?

2017 국가직 7급

  기생 생물과 숙주는 날을 세운 창과 무쇠를 덧댄 방패와 같다. 한쪽은 끊임없이 양분을 빼앗으려 하고, 한쪽은 어떻게든 방어하려 한다. 이때 문제가 발생한다. 기생 생물은 가능한 한 숙주로부터 많은 것을 빼앗는 것이 유리하지만 숙주가 죽게 되면 기생 생물에게도 오히려 해가 된다. 기생 생물에게 숙주는 양분을 공급해 주는 먹잇감인 동시에 살아가는 서식처이기 때문이다. 따라서 기생 생물은 최적의 생활 조건을 유지하기 위해 '중용의 도'를 깨달아야 하는 상황에 놓인다. 이때쯤 되면 기생 생물은 자신의 종족이 장기적으로 번성하려면 많은 양분을 한꺼번에 빼앗아 숙주를 죽이는 것이 아니라 견딜 수 있을 만큼만 빼앗아 숙주를 살려 둔 상태로 장기간 수탈하는 것이 더 낫다고 판단한다.

  보통, 미생물은 인간과 처음 마주치게 되면 낯선 숙주인 인간을 강력하게 공격한다. 설상가상으로 낯선 미생물을 접해 본 적이 없는 인간의 면역계는 그에 대한 항체를 만드는 데 서투르기 때문에 낯선 미생물과 인간의 초기 전투는 미생물의 일방적인 승리로 끝난다. 2세기경 로마 제국에서는 알 수 없는 역병이 두 번에 걸쳐 유행했다. 이 역병의 대유행으로 지칠대로 지친 로마는 4세기경 게르만족이 침입했을 때 이미 싸울 기력조차 없었다. 학자들은 지중해의 패권을 쥐었던 로마를 속으로부터 골병들게 만들었던 장본인을 홍역으로 보고 있다. 이제는 유아 질환으로 자리 잡은 홍역의 위력이 당시에는 어마어마했던 것이다. 소에서 유래된 것으로 알려진 홍역 바이러스가 처음 인간의 몸에 유입되었을 때 인간은 이에 대한 항체가 거의 없었기 때문에 속수무책으로 당할 수밖에 없었다. 그러나 대유행이 몇 번 지나가고 나면 점차 독성이 약해진다. 이는 미생물이 숙주를 장기간 착취하려고 한발 물러서는 한편 숙주가 항체를 만들어 내면서 미생물 퇴치에 한발 나아감에 따라 저울의 추가 균형점으로 이동하기 때문이다.

① 숙주는 기생 생물의 서식처이다.
② 홍역은 로마의 전투력 약화에 중요한 원인을 제공했다.
③ 홍역 바이러스의 독성이 약화되는 과정에서 숙주가 하는 역할은 미미하다.
④ 대체로 미생물과의 초기 전투에서 인간은 일방적으로 패배했다.

연습 2 혼자서 눈으로 계속 연습하기

다음 글의 내용을 이해한 것으로 적절하지 않은 것은?

2017 국가직 7급

  기생 생물과 숙주는 날을 세운 창과 무쇠를 덧댄 방패와 같다. 한쪽은 끊임없이 양분을 빼앗으려 하고, 한쪽은 어떻게든 방어하려 한다. 이때 문제가 발생한다. 기생 생물은 가능한 한 숙주로부터 많은 것을 빼앗는 것이 유리하지만 숙주가 죽게 되면 기생 생물에게도 오히려 해가 된다. 기생 생물에게 숙주는 양분을 공급해 주는 먹잇감인 동시에 살아가는 서식처이기 때문이다. 따라서 기생 생물은 최적의 생활 조건을 유지하기 위해 '중용의 도'를 깨달아야 하는 상황에 놓인다. 이때쯤 되면 기생 생물은 자신의 종족이 장기적으로 번성하려면 많은 양분을 한꺼번에 빼앗아 숙주를 죽이는 것이 아니라 견딜 수 있을 만큼만 빼앗아 숙주를 살려 둔 상태로 장기간 수탈하는 것이 더 낫다고 판단한다.

  보통, 미생물은 인간과 처음 마주치게 되면 낯선 숙주인 인간을 강력하게 공격한다. 설상가상으로 낯선 미생물을 접해 본 적이 없는 인간의 면역계는 그에 대한 항체를 만드는 데 서투르기 때문에 낯선 미생물과 인간의 초기 전투는 미생물의 일방적인 승리로 끝난다. 2세기경 로마 제국에서는 알 수 없는 역병이 두 번에 걸쳐 유행했다. 이 역병의 대유행으로 지칠대로 지친 로마는 4세기경 게르만족이 침입했을 때 이미 싸울 기력조차 없었다. 학자들은 지중해의 패권을 쥐었던 로마를 속으로부터 골병들게 만들었던 장본인을 홍역으로 보고 있다. 이제는 유아 질환으로 자리 잡은 홍역의 위력이 당시에는 어마어마했던 것이다. 소에서 유래된 것으로 알려진 홍역 바이러스가 처음 인간의 몸에 유입되었을 때 인간은 이에 대한 항체가 거의 없었기 때문에 속수무책으로 당할 수밖에 없었다. 그러나 대유행이 몇 번 지나가고 나면 점차 독성이 약해진다. 이는 미생물이 숙주를 장기간 착취하려고 한발 물러서는 한편 숙주가 항체를 만들어 내면서 미생물 퇴치에 한발 나아감에 따라 저울의 추가 균형점으로 이동하기 때문이다.

① 숙주는 기생 생물의 서식처이다.
② 홍역은 로마의 전투력 약화에 중요한 원인을 제공했다.
③ 홍역 바이러스의 독성이 약화되는 과정에서 숙주가 하는 역할은 미미하다.
④ 대체로 미생물과의 초기 전투에서 인간은 일방적으로 패배했다.

지문을 한눈에

미생물과 인간의 경쟁적 공생

1 전제
기생 생물은 숙주를 살려 둔 상태로 장기간 수탈함.

2 주지
기생 생물인 미생물과 숙주인 인간은 미생물의 전략과 인간의 항체 형성으로 공생함. → 경쟁적 공생

실전 기출 — 세부 정보 파악하기 2

05

다음 글의 내용을 이해한 것으로 적절하지 않은 것은?

지문 제재 | 과학
2017 국가직 7급

1 ¹기생 생물과 숙주(宿主, 기생 생물에게 영양을 공급하는 생물)는 날을 세운 창과 무쇠를 덧댄 방패와 같다. ²한쪽(기생 생물)은 끊임없이 양분(養分, 영양이 되는 성분)을 빼앗으려 하고, 한쪽(숙주)은 어떻게든 방어하려 한다. ³이때 문제가 발생한다. ⁴[기생 생물은 가능한 한 숙주로부터 많은 것을 빼앗는 것이 유리하지만 숙주가 죽게 되면 기생 생물에게도 오히려 해가 된다.](과유불급(過猶不及)) ⁵기생 생물에게 숙주는 양분을 공급해 주는 먹잇감인 동시에 살아가는 서식처이기 때문이다. ⁶따라서 기생 생물은 최적의 생활 조건을 유지하기 위해 '중용(中庸, 지나치거나 모자라지 아니하고 한쪽으로 치우치지도 아니한, 떳떳하며 변함이 없는 상태나 정도)의 도'를 깨달아야 하는 상황에 놓인다. ⁷이때쯤 되면 기생 생물은 [자신의 종족이 장기적으로 번성](기생 생물의 궁극적인 목적)하려면 많은 양분을 한꺼번에 빼앗아 숙주를 죽이는 것이 아니라 견딜 수 있을 만큼만 빼앗아 숙주를 살려 둔 상태로 장기간 수탈하는 것이 더 낫다고 판단한다. ▶ 숙주에 대한 기생 생물의 전략

2 ¹보통, 미생물은 인간과 처음 마주치게 되면 낯선 숙주인 인간을 강력하게 공격한다. ²설상가상(雪上加霜, 눈 위에 서리가 덮인다는 뜻으로, 난처한 일이나 불행한 일이 잇따라 일어남을 이르는 말)으로 낯선 미생물을 접해 본 적이 없는 인간의 면역계는 그(낯선 미생물)에 대한 항체(抗體, 항원의 자극에 의하여 생체 내에 만들어져 특이하게 항원과 결합하는 단백질)를 만드는 데 서투르기 때문에 [낯선 미생물과 인간의 초기 전투는 미생물의 일방적인 승리](궁극적으로는 미생물에게도 해가 됨 → 한 발 물러섬)로 끝난다. ³2세기경 로마 제국에서는 알 수 없는 역병(疫病, 집단적으로 생기는 악성 전염병)이 두 번에 걸쳐 유행했다. ⁴이 역병(홍역)의 대유행으로 지칠대로 지친 로마는 4세기경 게르만족이 침입했을 때 이미 싸울 기력조차 없었다. ⁵학자들은 지중해의 패권(霸權, 어떤 분야에서 우두머리나 으뜸의 자리를 차지하여 누리는 공인된 권리와 힘)을 쥐었던 로마를 속으로부터 골병들게 만들었던 장본인을 홍역으로 보고 있다. ⁶이제는 [유아 질환으로 자리 잡은 홍역](어른은 대부분 홍역 접종을 맞아 항체가 있음)의 위력이 당시에는 어마어마했던 것이다. ⁷소에서 유래된 것으로 알려진 홍역 바이러스가 처음 인간의 몸에 유입(流入, 병원균 따위가 들어옴)되었을 때 인간은 이에 대한 항체가 거의 없었기 때문에 속수무책(束手無策, 손을 묶은 것처럼 어찌할 도리가 없어 꼼짝 못 함)으로 당할 수밖에 없었다. ⁸그러나 대유행이 몇 번 지나가고 나면 점차 독성이 약해진다. ⁹이는 [미생물이 숙주를 장기간 착취하려고 한 발 물러서는](기생 생물의 독성이 약해지는 이유 ①) 한편 [숙주가 항체를 만들어 내면서 미생물 퇴치에 한발 나아감](기생 생물의 독성이 약해지는 이유 ②)에 따라 [저울의 추가 균형점으로 이동](미생물과 인간이 공생함)하기 때문이다. ▶ 기생 생물인 미생물과 숙주인 인간의 관계

① 숙주는 기생 생물의 서식처이다. (근거 **1**-5)
② 홍역은 로마의 전투력 약화에 중요한 원인을 제공했다. (근거 **2**-3, 4, 5)
❸ 홍역 바이러스의 독성이 약화되는 과정에서 숙주가 하는 역할은 미미하다. (숙주인 인간이 항체를 만들어 냄. 근거 **2**-9)
④ 대체로 미생물과의 초기 전투에서 인간은 일방적으로 패배했다. (근거 **2**-2, 7)

단계별 풀이 비법

풀이 비법 1 발문으로 유형을 먼저 확인하라!

'글의 내용을 이해'한 것을 확인하는 문제이므로 세부 정보를 파악하는 유형임을 알 수 있다. 그리고 지문 내용과 일치하지 않은 것을 골라야 한다.

풀이 비법 2 화제를 중심으로 중심 내용을 정리하라!

	화제	중심 내용
1	기생 생물과 숙주	숙주를 죽이지 않고 장기간 수탈
2	기생 생물의 독성 약화	미생물의 물러섬과 숙주의 저항

풀이 비법 3 지문에서 선택지 내용과 관련된 정보를 찾아 정리하라!

선지	관련 정보
①	**1**-5: '숙주는 양분을 공급해 주는 먹잇감인 동시에 살아가는 서식처'
②	**2**-3, 4, 5: '알 수 없는 역병', '이 역병의 대유행으로 지칠대로 지친 로마', '장본인을 홍역으로 보고 있다.'
③	**2**-9: '숙주가 항체를 만들어 내면서 미생물 퇴치에 한발 나아감.'
④	**2**-2: '낯선 미생물과 인간의 초기 전투는 미생물의 일방적인 승리'

풀이 비법 4 선택지의 일치 여부를 판단하라!

① **1**-5의 '기생 생물에게 숙주는 양분을 공급해 주는 먹잇감인 동시에 살아가는 서식처이기 때문이다.'라는 설명과 일치하는 내용이다.
② **2**-3, 4, 5에 따르면, 2세기경 로마군은 홍역 때문에 속으로 골병이 들어 4세기경 게르만족이 침입했을 때 싸울 기력조차 없었다. 따라서 홍역을 로마의 전투력 약화에 중요한 원인이라고 볼 수 있다.
③ **2**-9의 '숙주가 항체를 만들어 내면서 미생물 퇴치에 한발 나아감에 따라 저울의 추가 균형점으로 이동하기 때문이다.'에서, 숙주인 인간도 홍역을 반복 경험하면서 침입에 대항할 수 있는 항체를 만들어 내는 것을 알 수 있다. 따라서 홍역 바이러스의 독성이 약화되는 과정에서 숙주도 중요한 역할을 했다고 볼 수 있다.
④ **2**-2의 '낯선 미생물과 인간의 초기 전투는 미생물의 일방적인 승리로 끝난다.'라는 설명과 일치하는 내용이다.

정답 ③

실전 기출 — 세부 정보 파악하기 2

연습 1 병태 요정과 함께 풀기

다음 글의 내용을 잘못 이해한 사람은? 2018 지방직 9급

> 심리학에서는 동조(同調)가 일어나는 이유를 크게 두 가지로 설명한다. 첫째는, 사람들은 자기가 확실히 알지 못하는 일에 대해 남이 하는 대로 따라 하면 적어도 손해를 보지는 않는다고 생각한다는 것이다. 둘째는, 어떤 집단이 그 구성원들을 이끌어 나가는 질서나 규범 같은 힘을 가지고 있을 때, 그러한 집단의 압력 때문에 동조 현상이 일어난다는 것이다. 만약 어떤 개인이 그 힘을 인정하지 않는다면 그는 집단에서 배척당하기 쉽다. 이런 사정 때문에 사람들은 집단으로부터 소외되지 않기 위해서 동조를 하게 된다. 여기서 주목할 것은 자신이 믿지 않거나 옳지 않다고 생각하는 문제에 대해서도 동조의 입장을 취하게 된다는 것이다.
>
> 동조는 개인의 심리 작용에 영향을 미치는 요인이 무엇이냐에 따라 그 강도가 다르게 나타난다. 가지고 있는 정보가 부족하여 어떤 판단을 내리기 어려운 상황일수록, 자신의 판단에 대한 확신이 들지 않을수록 동조 현상은 강하게 나타난다. 또한 집단의 구성원 수가 많거나 그 결속력이 강할 때, 특정 정보를 제공하는 사람의 권위와 지위, 그에 대한 신뢰도가 높을 때도 동조 현상은 강하게 나타난다. 그리고 어떤 문제에 대한 집단 구성원들의 만장일치 여부도 동조에 큰 영향을 미치게 되는데, 만약 이때 단 한 명이라도 이탈자가 생기면 동조의 정도는 급격히 약화된다.

① 영희: 줄 서기의 경우, 줄을 서 있는 사람이 많을수록 나중에 오는 사람들이 그 줄 뒤에 설 확률이 더 높아.
② 철수: 특히 응집력이 강한 집단에 항거하는 것은 더 어려운 일이야. 이런 경우, 동조 압력은 더 강할 수밖에 없겠지.
③ 갑순: 동조 현상에 영향을 미치는 요인은 우매한 조직의 결속력보다 개인의 신념이라고 볼 수 있겠군.
④ 갑돌: 아침에 수많은 정류장 중 어디에서 공항버스를 타야 할지 몰랐는데 스튜어디스 차림의 여성이 향하는 정류장 쪽으로 따라갔었어. 이 경우, 그 스튜어디스 복장이 신뢰도를 높였다고 할 수 있겠네.

연습 2 혼자서 눈으로 계속 연습하기

다음 글의 내용을 잘못 이해한 사람은? 2018 지방직 9급

> 심리학에서는 동조(同調)가 일어나는 이유를 크게 두 가지로 설명한다. 첫째는, 사람들은 자기가 확실히 알지 못하는 일에 대해 남이 하는 대로 따라 하면 적어도 손해를 보지는 않는다고 생각한다는 것이다. 둘째는, 어떤 집단이 그 구성원들을 이끌어 나가는 질서나 규범 같은 힘을 가지고 있을 때, 그러한 집단의 압력 때문에 동조 현상이 일어난다는 것이다. 만약 어떤 개인이 그 힘을 인정하지 않는다면 그는 집단에서 배척당하기 쉽다. 이런 사정 때문에 사람들은 집단으로부터 소외되지 않기 위해서 동조를 하게 된다. 여기서 주목할 것은 자신이 믿지 않거나 옳지 않다고 생각하는 문제에 대해서도 동조의 입장을 취하게 된다는 것이다.
>
> 동조는 개인의 심리 작용에 영향을 미치는 요인이 무엇이냐에 따라 그 강도가 다르게 나타난다. 가지고 있는 정보가 부족하여 어떤 판단을 내리기 어려운 상황일수록, 자신의 판단에 대한 확신이 들지 않을수록 동조 현상은 강하게 나타난다. 또한 집단의 구성원 수가 많거나 그 결속력이 강할 때, 특정 정보를 제공하는 사람의 권위와 지위, 그에 대한 신뢰도가 높을 때도 동조 현상은 강하게 나타난다. 그리고 어떤 문제에 대한 집단 구성원들의 만장일치 여부도 동조에 큰 영향을 미치게 되는데, 만약 이때 단 한 명이라도 이탈자가 생기면 동조의 정도는 급격히 약화된다.

① 영희: 줄 서기의 경우, 줄을 서 있는 사람이 많을수록 나중에 오는 사람들이 그 줄 뒤에 설 확률이 더 높아.
② 철수: 특히 응집력이 강한 집단에 항거하는 것은 더 어려운 일이야. 이런 경우, 동조 압력은 더 강할 수밖에 없겠지.
③ 갑순: 동조 현상에 영향을 미치는 요인은 우매한 조직의 결속력보다 개인의 신념이라고 볼 수 있겠군.
④ 갑돌: 아침에 수많은 정류장 중 어디에서 공항버스를 타야 할지 몰랐는데 스튜어디스 차림의 여성이 향하는 정류장 쪽으로 따라갔었어. 이 경우, 그 스튜어디스 복장이 신뢰도를 높였다고 할 수 있겠네.

지문을 한눈에

동조 현상의 발생 원인과 동조 강도

1 주지	2 주지
자기가 알지 못하거나 집단의 압력 때문에 동조 현상이 일어남.	개인의 심리 작용에 영향을 미치는 요인에 따라 동조의 강도가 달라짐.

실전 기출 세부 정보 파악하기 2

06
다음 글의 내용을 잘못 이해한 사람은?

지문 제재 | 인문
2018 지방직 9급

1 ¹심리학에서는 동조(同調, 남의 주장에 자기의 의견을 일치시키거나 보조를 맞춤)가 일어나는 이유를 크게 두 가지로 설명한다. ²첫째는, 사람들은 자기가 확실히 알지 못하는 일에 대해 남이 하는 대로 따라 하면 적어도 손해를 보지는 않는다고 생각한다는 것이다. ³둘째는, 어떤 집단이 그 구성원들을 이끌어 나가는 질서나 규범 같은 힘을 가지고 있을 때, 그러한(질서나 규범 같은 힘을 지닌) 집단의 압력 때문에 동조 현상이 일어난다는 것이다. ⁴만약 어떤 개인이 그 힘을 인정하지 않는다면 그는 집단에서 배척(排斥, 따돌리거나 거부하여 밀어 내침)당하기 쉽다. ⁵이런(집단의 질서나 규범을 거부하면 집단에서 배척당하는) 사정 때문에 사람들은 집단으로부터 소외되지 않기 위해서 동조를 하게 된다. ⁶여기서 주목(注目, 관심을 가지고 주의 깊게 살핌)할 것은 【자신이 믿지 않거나 옳지 않다고 생각하는 문제에 대해서도 동조의 입장을 취하게 된다】(개인의 신념과 무관하게 동조 현상이 일어남)는 것이다.
▶ 동조가 발생하는 원인

2 ¹동조는 개인의 심리 작용에 영향을 미치는 요인이 무엇이냐에 따라 그 강도가 다르게 나타난다. ²가지고 있는 정보가 부족하여 어떤 판단을 내리기 어려운 상황일수록, 자신의 판단에 대한 확신이 들지 않을수록 동조 현상은 강하게 나타난다. ³또한 집단의 구성원 수가 많거나 그 결속력이 강할 때, 특정 정보를 제공하는 사람의 권위와 지위, 그에 대한 신뢰도가 높을 때도 동조 현상은 강하게 나타난다. ⁴그리고 어떤 문제에 대한 집단 구성원들의 만장일치(滿場一致, 모든 사람의 의견이 같음) 여부도 동조에 큰 영향을 미치게 되는데, 만약 이때 단 한 명이라도 이탈자가 생기면 동조의 정도는 급격히 약화된다. ▶ 동조의 강도에 영향을 미치는 요인

① 영희: 줄 서기의 경우, 줄을 서 있는 사람이 많을수록 나중에 오는 사람들이 그 줄 뒤에 설 확률이 더 높아.(근거 **2**-3)

② 철수: 특히 응집력이 강한 집단에 항거하는 것은 더 어려운 일이야. 이런 경우, 동조 압력은 더 강할 수밖에 없겠지.(근거 **1**-3, 4, **2**-3)

❸ 갑순: 동조 현상에 영향을 미치는 요인은 우매한 조직의 결속력보다 개인의 신념이라고 볼 수 있겠군.(조직의 결속력이 강할수록, 개인의 신념과 상관 없이 동조 현상이 강하게 나타남. 근거 **1**-6, **2**-3)

④ 갑돌: 아침에 수많은 정류장 중 어디에서 공항버스를 타야 할지 몰랐는데 스튜어디스 차림의 여성이 향하는 정류장 쪽으로 따라갔었어. 이 경우, 그 스튜어디스 복장이 신뢰도를 높였다고 할 수 있겠네.(근거 **2**-3)

단계별 풀이 비법

풀이비법 1 발문으로 유형을 먼저 확인하라!
'글의 내용'을 확인하는 문제이므로 세부 정보를 파악하는 유형임을 알 수 있다. 그리고 지문 내용과 일치하지 않은 것을 골라야 한다.

풀이비법 2 화제를 중심으로 중심 내용을 정리하라!

	화제	중심 내용
1	동조	동조가 일어나는 이유
2	동조 강도	동조의 강도에 영향을 미치는 요인

풀이비법 3 지문에서 선택지 내용과 관련된 정보를 찾아 정리하라!

선지	관련 정보
①	**2**-3: '집단의 구성원 수가 많거나'
②	**1**-3, 4: '집단의 압력 때문에 동조 현상이 일어난다.', '어떤 개인이 그 힘을 인정하지 않는다면 그는 집단에서 배척'
③	**1**-6, **2**-3: '자신이 믿지 않거나 옳지 않다고 생각하는 문제에 대해서도 동조의 입장을 취하게 된다.', '집단의 구성원 수가 많거나 그 결속력이 강할 때'
④	**2**-3: '특정 정보를 제공하는 사람의 권위와 지위, 그에 대한 신뢰도가 높을 때'

풀이비법 4 선택지의 일치 여부를 판단하라!

① **2**-3에 따르면, 집단의 구성원 수가 많을수록 동조 현상이 강하게 나타난다. 따라서 줄을 서 있는 사람이 많을수록 줄을 서는 행위에 동조할 확률이 높다.

② **1**-3, 4에 따르면, 구성원들을 이끌어 나가는 질서나 규범 같은 힘을 지닌 집단에서, 어떤 개인이 그 힘을 인정하지 않는다면 그는 집단에서 배척당하기 쉬우며, 이 때문에 동조 현상이 나타난다. 이를 고려할 때, 응집력이 강한 집단에서 동조 압력이 강하게 일어나고, 이것에 항거하는 것은 어려움을 알 수 있다.

③ **2**-3에 따르면, 집단 구성원의 결속력이 높을수록 동조 현상은 더 강하게 나타난다. 그리고 **1**-6에 따르면, 동조 현상이 나타나면 자신이 믿지 않거나 옳지 않다고 생각하는 문제에 대해서도 동조의 입장을 취하게 된다. 따라서 개인의 신념이 조직의 결속력보다 동조 현상에 더 큰 영향을 미친다는 이해는 적절하지 않다.

④ **2**-3에 따르면, 특정 정보를 제공하는 사람의 권위와 지위, 그에 대한 신뢰도가 높을수록 동조 현상이 강하게 나타난다. 이를 고려할 때, 스튜어디스 차림은 공항으로 가는 정보에 대한 신뢰도를 높이는 요인으로 볼 수 있다.

정답 ③

실전 기출 — 세부 정보 파악하기 2

연습 1 병태 요정과 함께 풀기

다음 글에 대한 이해로 가장 적절한 것은? 2019 지방직 9급

> 책은 벗입니다. 먼 곳에서 찾아온 반가운 벗입니다. 배움과 벗에 관한 이야기는 논어의 첫 구절에도 있습니다. '배우고 때때로 익히니 어찌 기쁘지 않으랴. 벗이 먼 곳에서 찾아오니 어찌 즐겁지 않으랴.'가 그런 뜻입니다.
>
> 그러나 오늘 우리의 현실은 그렇지 못합니다. 인생의 가장 빛나는 시절을 수험 공부로 보내야 하는 학생들에게 독서는 결코 반가운 벗이 아닙니다. 가능하면 빨리 헤어지고 싶은 불행한 만남일 뿐입니다. 밑줄 그어 암기해야 하는 독서는 진정한 의미의 독서가 못 됩니다.
>
> 독서는 모름지기 자신을 열고, 자신을 확장하고, 자신을 뛰어넘는 비약이어야 합니다. 그렇기 때문에 독서는 삼독(三讀)입니다. 먼저 글을 읽고 다음으로 그 글을 집필한 필자를 읽어야 합니다. 그 글이 제기하고 있는 문제뿐만 아니라 필자가 어떤 시대, 어떤 사회에 발 딛고 있는지를 읽어야 합니다. 그리고 최종적으로 그것을 읽고 있는 독자 자신을 읽어야 합니다. 그렇게 함으로써 자신의 처지와 우리 시대의 문맥을 깨달아야 합니다.

① 독서는 타인의 경험이나 생각 등을 자기화(自己化)하는 과정이다.
② 반가운 벗과의 독서야말로 진정한 독자로 거듭날 수 있는 첩경(捷徑)이다.
③ 시대와 불화(不和)한 독자일수록 독서를 통해 자신의 위치를 발견하기 쉽다.
④ 자신이 배운 것을 제때에 적용하기 위해서는 친밀한 교우(交友) 관계가 중요하다.

연습 2 혼자서 눈으로 계속 연습하기

다음 글에 대한 이해로 가장 적절한 것은? 2019 지방직 9급

> 책은 벗입니다. 먼 곳에서 찾아온 반가운 벗입니다. 배움과 벗에 관한 이야기는 논어의 첫 구절에도 있습니다. '배우고 때때로 익히니 어찌 기쁘지 않으랴. 벗이 먼 곳에서 찾아오니 어찌 즐겁지 않으랴.'가 그런 뜻입니다.
>
> 그러나 오늘 우리의 현실은 그렇지 못합니다. 인생의 가장 빛나는 시절을 수험 공부로 보내야 하는 학생들에게 독서는 결코 반가운 벗이 아닙니다. 가능하면 빨리 헤어지고 싶은 불행한 만남일 뿐입니다. 밑줄 그어 암기해야 하는 독서는 진정한 의미의 독서가 못 됩니다.
>
> 독서는 모름지기 자신을 열고, 자신을 확장하고, 자신을 뛰어넘는 비약이어야 합니다. 그렇기 때문에 독서는 삼독(三讀)입니다. 먼저 글을 읽고 다음으로 그 글을 집필한 필자를 읽어야 합니다. 그 글이 제기하고 있는 문제뿐만 아니라 필자가 어떤 시대, 어떤 사회에 발 딛고 있는지를 읽어야 합니다. 그리고 최종적으로 그것을 읽고 있는 독자 자신을 읽어야 합니다. 그렇게 함으로써 자신의 처지와 우리 시대의 문맥을 깨달아야 합니다.

① 독서는 타인의 경험이나 생각 등을 자기화(自己化)하는 과정이다.
② 반가운 벗과의 독서야말로 진정한 독자로 거듭날 수 있는 첩경(捷徑)이다.
③ 시대와 불화(不和)한 독자일수록 독서를 통해 자신의 위치를 발견하기 쉽다.
④ 자신이 배운 것을 제때에 적용하기 위해서는 친밀한 교우(交友) 관계가 중요하다.

지문을 한눈에

진정한 독서 방법

1 전제	2 전환	3 주지
책은 먼 곳에서 찾아 온 반가운 벗과 같음.	시험을 목적으로 하는 독서는 진정한 독서가 아님.	독서는 글을 읽고, 필자를 읽고, 자기 자신을 읽는 과정을 거쳐야 함.

실전 기출 — 세부 정보 파악하기 2

07
다음 글에 대한 이해로 가장 적절한 것은?

지문 제재 | 인문
2019 지방직 9급

① ¹책은 벗입니다. ²먼 곳에서 찾아온 반가운 벗입니다. ³배움과 벗에 관한 이야기는 《논어》의 첫 구절에도 있습니다. ⁴'[배우고 때로로 익히니 어찌 기쁘지 않으랴.](學而時習之不亦說乎) [벗이 먼 곳에서 찾아오니 어찌 즐겁지 않으랴.](有朋自遠方來不亦樂乎)'가 그런 뜻입니다.
▶ 책은 먼 곳에서 찾아온 벗과 같음

② ¹그러나 오늘 우리의 현실은 그렇지 못합니다. ²인생의 가장 빛나는 시절을 수험(受驗, 시험을 치름) 공부로 보내야 하는 학생들에게 독서는 결코 반가운 벗이 아닙니다. ³가능하면 빨리 헤어지고 싶은 불행한 만남일 뿐입니다. ⁴밑줄 그어 암기해야 하는 독서는 진정한 의미의 독서가 못 됩니다.
▶ 진정한 독서를 하지 못하는 학생들

③ ¹독서는 모름지기 자신을 열고, 자신을 확장하고, 자신을 뛰어넘는 비약(飛躍, 지위나 수준이 갑자기 빠른 속도로 높아지거나 향상됨)이어야 합니다. ²그렇기 때문에 독서는 삼독(三讀)입니다. ³먼저 글을 읽고 다음으로 그 글을 집필한 필자를 읽어야 합니다. ⁴그 글이 제기(提起, 의견이나 문제를 내어놓음)하고 있는 문제뿐만 아니라 필자가 어떤 시대, 어떤 사회에 발 딛고 있는지를 읽어야 합니다. ⁵그리고 최종적으로 그것을 읽고 있는 독자 자신을 읽어야 합니다. ⁶그렇게 함으로써(삼독을 함으로써) 자신의 처지와 우리 시대의 문맥(文脈, 글월에 표현된 의미의 앞뒤 연결)을 깨달아야 합니다.
▶ 진정한 독서의 단계 및 그 목적

❶ 독서는 타인(필자)의 경험이나 생각 등을 자기화(自己化)하는 과정이다. (근거 ③-3, 5, 6)

② 반가운 벗과의 독서야말로 진정한 독자로 거듭날 수 있는 첩경(捷徑)이다. (벗과 독서를 하는 것이 아니라 책을 벗에 비유함. 근거 ①-1, 2)

③ 시대와 불화(不和)한 독자일수록 독서를 통해 자신의 위치를 발견하기 쉽다. (자신의 처지와 시대의 문맥을 깨달아야 함. 근거 ③-6)

④ 자신이 배운 것을 제때에 적용하기 위해서는 친밀한 교우(交友) 관계가 중요하다. (지문과 무관한 내용)

단계별 풀이 비법

풀이 비법 1 발문으로 유형을 먼저 확인하라!
'글에 대한 이해'를 확인하는 문제이므로 세부 정보를 파악하는 유형임을 알 수 있다. 그리고 지문 내용과 일치하는 선택지를 골라야 한다.

풀이 비법 2 화제를 중심으로 중심 내용을 정리하라!

	화제	중심 내용
①	책	책은 반가운 벗과 같음.
②	학생들의 현실	진정한 독서를 못함.
③	독서	삼독이 필요함.

풀이 비법 3 지문에서 선택지 내용과 관련된 정보를 찾아 정리하라!

선지	관련 정보
①	③-3, 5, 6: '글을 읽고', '필자를 읽어야', '독자 자신을 읽어야', '자신의 처지와 우리 시대의 문맥을 깨달아야'
②	①-1, 2: '먼 곳에서 찾아온 반가운 벗'
③	③-6: '자신의 처지와 우리 시대의 문맥을 깨달아야'
④	①-1, 2: '먼 곳에서 찾아온 반가운 벗'

풀이 비법 4 선택지의 일치 여부를 판단하라!

① ③단락에 따르면 진정한 독서는 필자의 생각과 경험을 통해 자신의 처지를 깨닫는 것이다. 이는 타인의 경험이나 생각 등을 자기화하는 것으로 볼 수 있다.

② ①-1, 2에 따르면, 책은 먼 곳에서 찾아온 반가운 벗과 같다. 하지만 벗과의 독서를 언급하지는 않았다. 책을 벗에 빗댄 것일 뿐이다.

③ ③-5에 따르면, 진정한 독서는 삼독을 통해 자신의 처지와 우리 시대의 문맥을 깨달아야 한다. 이 과정에서 필자가 속한 시대와 사회에 대한 이해도 이루어져야 한다. 따라서 시대와 화합하지 못하는 독자일수록 독서를 통해 자신의 위치를 발견하는 것이 어렵다고 할 수 있다.

④ 친밀한 교우 관계나 배운 것의 적용에 대한 언급은 이루어지지 않았다. ①단락에서 책을 벗에 비유하고 있을 뿐이다.

정답 ①

실전 기출 — 세부 정보 파악하기 2

학습일: 월   일   풀이 시간: 1분 이내

연습 1 병태 요정과 함께 풀기

다음 글의 내용과 부합하지 않는 것은?　　2018 국가직 9급

> 세잔이, 사라졌다고 느낀 것은 균형과 질서의 감각이다. 인상주의자들은 순간순간의 감각에만 너무 사로잡힌 나머지 자연의 굳건하고 지속적인 형태는 소홀히 했다고 느꼈던 것이다. 반 고흐는 인상주의가 시각적 인상에만 집착하여 빛과 색의 광학적 성질만을 탐구한 나머지 미술의 강렬한 정열을 상실하게 될 위험에 처했다고 느꼈다. 마지막으로 고갱은 그가 본 인생과 예술 전부에 대해 철저하게 불만을 느꼈다. 그는 더 단순하고 더 솔직한 어떤 것을 열망했고 그것을 원시인들 속에서 발견할 수 있으리라고 기대했다. 이 세 사람의 화가가 모색했던 제각각의 해법은 세 가지 현대 미술 운동의 이념적 바탕이 되었다. 세잔의 해결 방법은 프랑스에 기원을 둔 입체주의(cubism)를 일으켰고, 반 고흐의 방법은 독일 중심의 표현주의(expressionism)를 일으켰다. 고갱의 해결 방법은 다양한 형태의 프리미티비즘(primitivism)을 이끌어 냈다.

① 세잔은 인상주의가 균형과 질서의 감각을 잃었다고 생각했다.
② 고흐는 인상주의가 강렬한 정열을 상실할 위험에 처했다고 생각했다.
③ 고갱은 인상주의가 충분히 솔직하고 단순했다고 생각했다.
④ 세잔, 고흐, 고갱은 인상주의의 문제를 극복하고자 각자 새로운 해결 방법을 모색했다.

연습 2 혼자서 눈으로 계속 연습하기

다음 글의 내용과 부합하지 않는 것은?　　2018 국가직 9급

> 세잔이, 사라졌다고 느낀 것은 균형과 질서의 감각이다. 인상주의자들은 순간순간의 감각에만 너무 사로잡힌 나머지 자연의 굳건하고 지속적인 형태는 소홀히 했다고 느꼈던 것이다. 반 고흐는 인상주의가 시각적 인상에만 집착하여 빛과 색의 광학적 성질만을 탐구한 나머지 미술의 강렬한 정열을 상실하게 될 위험에 처했다고 느꼈다. 마지막으로 고갱은 그가 본 인생과 예술 전부에 대해 철저하게 불만을 느꼈다. 그는 더 단순하고 더 솔직한 어떤 것을 열망했고 그것을 원시인들 속에서 발견할 수 있으리라고 기대했다. 이 세 사람의 화가가 모색했던 제각각의 해법은 세 가지 현대 미술 운동의 이념적 바탕이 되었다. 세잔의 해결 방법은 프랑스에 기원을 둔 입체주의(cubism)를 일으켰고, 반 고흐의 방법은 독일 중심의 표현주의(expressionism)를 일으켰다. 고갱의 해결 방법은 다양한 형태의 프리미티비즘(primitivism)을 이끌어 냈다.

① 세잔은 인상주의가 균형과 질서의 감각을 잃었다고 생각했다.
② 고흐는 인상주의가 강렬한 정열을 상실할 위험에 처했다고 생각했다.
③ 고갱은 인상주의가 충분히 솔직하고 단순했다고 생각했다.
④ 세잔, 고흐, 고갱은 인상주의의 문제를 극복하고자 각자 새로운 해결 방법을 모색했다.

지문을 한눈에

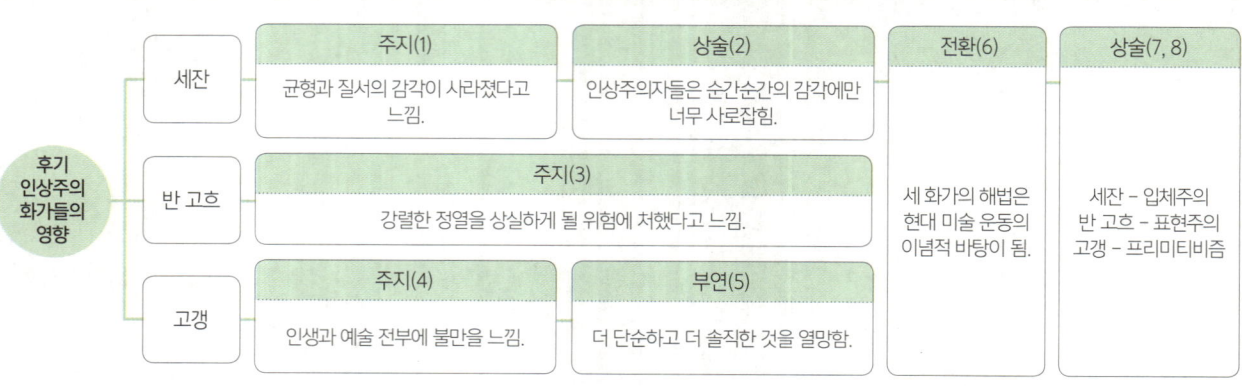

실전 기출 — 세부 정보 파악하기 2

08
다음 글의 내용과 부합하지 않는 것은?

지문 제재 | 예술
2018 국가직 9급

> **1** ¹세잔이, 사라졌다고 느낀 것은 균형과 질서의 감각이다. ²인상주의자들은 순간순간의 감각에만 너무 사로잡힌 나머지 자연의 굳건하고 지속적인 형태는 소홀히했다고 느꼈던 것이다. ³반 고흐는 인상주의가 시각적 인상에만 집착(執着, 어떤 것에 늘 마음이 쏠려 잊지 못하고 매달림)하여 빛과 색의 광학적(光學的, 빛의 성질과 현상에 관련된) 성질만을 탐구한 나머지 미술의 강력한 정열을 상실하게 될 위험에 처했다고 느꼈다. ⁴마지막으로 고갱은 그가 본 인생과 예술 전부에 대해 철저하게 불만을 느꼈다. ⁵그는 더 단순하고 더 솔직한 어떤 것을 열망(熱望, 열렬하게 바람)했고 그것을 원시인(原始人, 현생 인류 이전의 고대 인류)들 속에서 발견할 수 있으리라고 기대했다. ⁶이 세 사람의 화가가 모색했던 제각각의 해법은 세 가지 현대 미술 운동의 이념적 바탕이 되었다. ⁷세잔의 해결 방법은 프랑스에 기원(起源/起原, 사물이 처음으로 생김. 또는 그런 근원)을 둔 입체주의(cubism)를 일으켰고, 반 고흐의 방법은 독일 중심의 표현주의(expressionism)를 일으켰다. ⁸고갱의 해결 방법은 다양한 형태의 프리미티비즘(primitivism)을 이끌어 냈다.
> ▶ 인상주의의 문제점을 해결하려 한 세잔, 고흐, 고갱

① 세잔은 인상주의가 균형과 질서의 감각을 잃었다고 생각했다. (근거 **1**-1)
② 고흐는 인상주의가 강렬한 정열을 상실할 위험에 처했다고 생각했다. (근거 **1**-3)
❸ 고갱은 인상주의가 충분히 솔직하고 단순했다고 생각했다. (고갱은 예술 전부에 불만을 느끼며 더 단순하고 더 솔직한 것을 열망함. 근거 **1**-4, 5)
④ 세잔, 고흐, 고갱은 인상주의의 문제를 극복하고자 각자 새로운 해결 방법을 모색했다. (근거 **1**-6)

단계별 풀이 비법

풀이 비법 1 발문으로 유형을 먼저 확인하라!
'글의 내용'과 일치하지 않는 것을 찾는 문제이므로 세부 정보를 파악하는 내용 일치 유형임을 알 수 있다.

풀이 비법 2 화제를 중심으로 중심 내용을 정리하라!

화제	중심 내용
세잔, 반 고흐, 고갱	인상주의의 문제점을 해결하려 함.

풀이 비법 3 지문에서 선택지 내용과 관련된 정보를 찾아 정리하라!

선지	관련 정보
①	**1**-1: '세잔이, 사라졌다고 느낀 것은 균형과 질서의 감각'
②	**1**-3: '미술의 강력한 정열을 상실하게 될 위험에 처했다고 느꼈다.'
③	**1**-4, 5: '고갱은 그가 본 인생과 예술 전부에 대해 철저하게 불만을 느꼈다.', '그는 더 단순하고 더 솔직한 어떤 것을 열망했고'
④	**1**-6: '이 세 사람의 화가가 모색했던 제각각의 해법은'

풀이 비법 4 선택지의 일치 여부를 판단하라!
① **1**-1에 따르면, 세잔은 인상주의자들이 균형과 질서의 감각을 잃어 버렸다고 여겼다.
② **1**-3에 따르면, 반 고흐는 인상주의가 미술의 강렬한 정열을 상실하게 될 위험에 처했다고 느꼈다.
③ **1**-4와 5에 따르면, 고갱은 자신이 본 예술 전부에 대해 철저하게 불만을 느꼈고, 더 단순하고 더 솔직한 어떤 것을 열망했다. 따라서 고갱이 인상주의를 충분히 솔직하고 단순하게 여겼다는 이해는 적절하지 않다.
④ **1**-6에 따르면, 세잔과 고흐, 고갱은 모두 제각기 느낀 인상주의의 문제들을 해결하기 위한 방법을 모색했고, 이것은 세 가지 현대 미술 운동의 이념적 바탕이 되었다.   정답 ③

병태 요정의 지문 분석

후기인상주의 화가들이 현대 미술에 미친 영향을 설명하고 있는 글입니다. 세잔이나 고흐 같은 화자 개인에 대한 내용보다는 그들이 추구한 예술이 어떤 것이었는지, 그리고 그것이 후대에 어떤 영향을 미쳤는지를 설명하는 글로 변형되어 출제될 수 있습니다. 예술 지문은 미술과 관련된 지문이 자주 출제되므로 미술의 흐름을 대표 작가 중심으로 정리해 두는 것이 유리한데요. 이때 특정 시기의 미술 사조는 그것을 포괄하는 예술 사조의 영향을 받기 마련이므로 예술 사조의 흐름을 함께 통시적으로 정리하는 것도 좋은 방법입니다.

시간 절약 깨알 TIP

1개 단락으로 이루어진 독해 지문의 경우 선택지의 핵심어를 기준으로 중심 내용을 역으로 찾아내는 방법이 편할 수 있습니다. 이때, 명심해야 할 점은 눈으로 읽지만 말고 핵심어를 찾아 자기 나름대로의 표시를 하거나 곁에 메모를 하는 것입니다.

실전 기출 — 세부 정보 파악하기 2

연습 1 병태 요정과 함께 풀기

다음 글의 내용에 부합하지 않는 것은? 2019 지방직 7급

> 한국 전통 건축의 특징 중 하나는 여러 건물들이 일정한 축이나 질서에 의해 배치되고, 그 중간 부분에 크고 작은 마당들이 있다는 것이다. 그리고 마당으로부터의 시선이 마루를 거쳐 방으로 연결되고, 다시 창호를 통해 저 멀리의 들과 강과 산으로 이어진다. 한국 전통 건축은 결코 자연을 소유하려 하지 않는다. 자연을 있는 그대로 두고 열려진 건축 공간을 통해 정원처럼 즐기는 방식을 취한다. 그것은 자연을 정복하려는 중국 전통 건축이나, 자연을 소유하려는 일본 전통 건축의 특징과 명확히 구별되는 것이다.
>
> 한국 전통 건축물이 왜소하거나 초라해 보인다고 말하는 경우는 대개 외형적인 크기와 넓이 그리고 장식적 요소에만 집착하기 때문이다. 한국 전통 건축은 '겸손의 건축'이다. 자연과 인간은 하나라는 생각을 바탕으로, 자연을 침해하면서까지 건축물을 두드러지게 하지 않는다는 것이 한국 전통 건축의 기본 철학이다. 더 나아가 건축물도 자연의 일부라고 생각해서, 인간이 잠시 그 품에 머물렀다가 사라지는 것이 옳다는 철학도 한국 전통 건축에 반영되어 있다. 그래서 사람들은 처음부터 산과 들을 제압하는 거대한 건축물을 짓지 않으려고 했으며, 그 형태 또한 인위적인 직선을 배제하고 자연계의 곡선을 따르는 것을 즐겼다.

① 한국의 전통 가옥은 방의 창문을 통해 자연의 풍경을 감상할 수 있는 구조로 이루어져 있다.
② 한국 전통 건축은 자연을 소유의 대상으로 삼지 않는다는 면에서 일본 전통 건축과 다르다.
③ 한국 전통 건축에서 자연을 압도하는 건축을 추구하지 않은 것은 건축물을 자연의 일부로 여긴 까닭이다.
④ 한국 전통 건축의 조형미를 직선보다 곡선에서 찾은 것은 한국 전통 건축의 철학을 잘못 이해한 결과이다.

연습 2 혼자서 눈으로 계속 연습하기

다음 글의 내용에 부합하지 않는 것은? 2019 지방직 7급

> 한국 전통 건축의 특징 중 하나는 여러 건물들이 일정한 축이나 질서에 의해 배치되고, 그 중간 부분에 크고 작은 마당들이 있다는 것이다. 그리고 마당으로부터의 시선이 마루를 거쳐 방으로 연결되고, 다시 창호를 통해 저 멀리의 들과 강과 산으로 이어진다. 한국 전통 건축은 결코 자연을 소유하려 하지 않는다. 자연을 있는 그대로 두고 열려진 건축 공간을 통해 정원처럼 즐기는 방식을 취한다. 그것은 자연을 정복하려는 중국 전통 건축이나, 자연을 소유하려는 일본 전통 건축의 특징과 명확히 구별되는 것이다.
>
> 한국 전통 건축물이 왜소하거나 초라해 보인다고 말하는 경우는 대개 외형적인 크기와 넓이 그리고 장식적 요소에만 집착하기 때문이다. 한국 전통 건축은 '겸손의 건축'이다. 자연과 인간은 하나라는 생각을 바탕으로, 자연을 침해하면서까지 건축물을 두드러지게 하지 않는다는 것이 한국 전통 건축의 기본 철학이다. 더 나아가 건축물도 자연의 일부라고 생각해서, 인간이 잠시 그 품에 머물렀다가 사라지는 것이 옳다는 철학도 한국 전통 건축에 반영되어 있다. 그래서 사람들은 처음부터 산과 들을 제압하는 거대한 건축물을 짓지 않으려고 했으며, 그 형태 또한 인위적인 직선을 배제하고 자연계의 곡선을 따르는 것을 즐겼다.

① 한국의 전통 가옥은 방의 창문을 통해 자연의 풍경을 감상할 수 있는 구조로 이루어져 있다.
② 한국 전통 건축은 자연을 소유의 대상으로 삼지 않는다는 면에서 일본 전통 건축과 다르다.
③ 한국 전통 건축에서 자연을 압도하는 건축을 추구하지 않은 것은 건축물을 자연의 일부로 여긴 까닭이다.
④ 한국 전통 건축의 조형미를 직선보다 곡선에서 찾은 것은 한국 전통 건축의 철학을 잘못 이해한 결과이다.

지문을 한눈에

한국 전통 건축의 특징

- **1 주지**: 한국 전통 건축은 자연을 소유하려 하지 않음.
- **2 지**: 한국 전통 건축은 자연을 제압하거나 침해하지 않음.

실전 기출 — 세부 정보 파악하기 2

09
다음 글의 내용에 부합하지 않는 것은?

지문 제재 | 예술
2019 지방직 7급

> **1** ¹한국 전통 건축의 특징 중 하나는 여러 건물들이 일정한 축이나 질서에 의해 배치(配置, 사람이나 물자 따위를 일정한 자리에 알맞게 나누어 둠)되고, 그 중간 부분에 크고 작은 마당들이 있다는 것이다. ²그리고 마당으로부터의 시선이 마루를 거쳐 방으로 연결되고, 다시 창호(窓戶, 온갖 창과 문을 통틀어 이르는 말)를 통해 저 멀리의 들과 강과 산으로 이어진다. ³한국 전통 건축은 결코 자연을 소유하려 하지 않는다. ⁴자연을 있는 그대로 두고 열려진 건축 공간을 통해 정원처럼 즐기는 방식을 취한다. ⁵그것은 (자연을 소유하려 하지 않고 열려진 건축 공간을 통해 정원처럼 즐기는 것은) 자연을 정복하려는 중국 전통 건축이나, 자연을 소유하려는 일본 전통 건축의 특징과 명확히 구별되는 것이다.
> ▶ 자연을 소유하려 하지 않는 한국 전통 건축
>
> **2** ¹한국 전통 건축물이 왜소(矮小, 작고 초라함)하거나 초라해 보인다고 말하는 경우는 대개 외형적인 크기와 넓이 그리고 장식적(裝飾的, 옷이나 액세서리 따위로 곱게 꾸미는) 요소에만 집착하기 때문이다. ²한국 전통 건축은 겸손의 건축이다. ³[자연과 인간은 하나](한국 전통 건축의 철학 ①)라는 생각을 바탕으로, 자연을 침해(侵害, 침범하여 해를 끼침)하면서까지 건축물을 두드러지게 하지 않는다는 것이 한국 전통 건축의 기본 철학이다. ⁴더 나아가 [건축물도 자연의 일부](한국 전통 건축의 철학 ②)라고 생각해서, 인간이 잠시 그 품에 머물렀다가 사라지는 것이 옳다는 철학도 한국 전통 건축에 반영되어 있다. ⁵그래서 사람들은 처음부터 산과 들을 제압(制壓, 위력이나 위엄으로 세력이나 기세 따위를 억눌러서 통제함)하는 거대한 건축물을 짓지 않으려고 했으며, 그 형태 또한 인위적인 직선을 배제(排除, 받아들이지 아니하고 물리쳐 제외함)하고 자연계의 곡선을 따르는 것을 즐겼다.
> ▶ 자연을 제압하거나 침해하지 않는 한국 전통 건축

① 한국의 전통 가옥은 방의 창문을 통해 자연의 풍경을 감상할 수 있는 구조로 이루어져 있다. (근거 **1**-2, 4)
② 한국 전통 건축은 자연을 소유의 대상으로 삼지 않는다는 면에서 일본 전통 건축과 다르다. (근거 **1**-3, 5)
③ 한국 전통 건축에서 자연을 압도하는 건축을 추구하지 않은 것은 건축물을 자연의 일부로 여긴 까닭이다. (**2**-4, 5)
❹ 한국 전통 건축의 조형미를 직선보다 곡선에서 찾은 것은 한국 전통 건축의 철학을 잘못 이해한 결과이다. (한국 전통 건축 철학을 바르게 이해한 것. 근거 **2**-3, 4, 5)

단계별 풀이 비법

풀이 비법 1 발문으로 유형을 먼저 확인하라!
'글의 내용에 부합하지 않는 것'을 찾는 문제이므로 세부 정보를 파악하는 내용 일치 유형임을 알 수 있다.

풀이 비법 2 화제를 중심으로 중심 내용을 정리하라!

	화제	중심 내용
1	한국 전통 건축의 특징	자연을 소유하려 하지 않음.
2	한국 전통 건축의 특징	자연을 제압하려 하지 않음.

풀이 비법 3 지문에서 선택지 내용과 관련된 정보를 찾아 정리하라!

선지	관련 정보
①	**1**-2, 4: '창호를 통해 저 멀리의 들과 강과 산으로 이어진다.', '자연을 있는 그대로 두고 열려진 건축 공간을 통해 정원처럼 즐기는 방식'
②	**1**-3, 5: '결코 자연을 소유하려 하지 않는다.', '자연을 소유하려는 일본 전통 건축의 특징과 명확히 구별'
③	**2**-4, 5: '건축물도 자연의 일부라고 생각', '산과 들을 제압하는 거대한 건축물을 짓지 않으려고 했으며'
④	**2**-3, 4, 5: '자연과 인간은 하나라는 생각', '건축물도 자연의 일부라고 생각', '인위적인 직선을 배제하고 자연계의 곡선을 따르는 것을 즐겼다.'

풀이 비법 4 선택지의 일치 여부를 판단하라!
① **1**-2와 4에 따르면, 한국의 전통 가옥은 창호를 통해 멀리 있는 들과 산과 강을 즐길 수 있는 구조를 취하고 있다.
② **1**-3과 5에 따르면, 한국 전통 건축은 결코 자연을 소유하려 하지 않는데, 이런 특징은 자연을 소유하려는 일본 전통 건축의 특징과 명확히 구별된다.
③ **2**-4와 5에 따르면, 한국 전통 건축은 건축물도 자연의 일부라고 생각하여 자연을 압도하는 거대한 건축물을 짓지 않으려고 했다.
④ **2**단락에 따르면, 한국 전통 건축물은 자연과 인간은 하나라는 철학과 건축물도 자연의 일부라는 철학을 바탕으로 자연을 제압하는 큰 건축물을 짓지 않았고, 형태도 자연계의 곡선을 따랐다. 정답 ④

실전 기출 — 세부 정보 파악하기 2

연습 1 병태 요정과 함께 풀기

다음 글에서 알 수 없는 것은? 2018 지방직 9급

　소설의 출현은 사적 생활이라는 개념의 출현과 밀접한 관련이 있다. 왜냐하면 소설 읽기와 쓰기에 있어 사적 생활은 필수적인 까닭이다. 어쩌면 사적 생산과 소비 형태 탓에 사생활은 소설이라는 장르의 태동 때부터 소설의 중심 주제였는지도 모른다. 혹은 이와는 반대로 사적 경험이라는 비교적 새로운 개념을 탐색해야 할 필요 탓에 소설이 생긴 것인지도 모른다. …… 사적 공간은 개인, 가족, 친구, 그리고 자기 자신 등과의 교류에 필요한 은밀한 공간이 실제 생활 속에 구현되도록 도왔다. 자기만의 내적인 것에 대한 추구는 사람들의 이상이 되었고 점점 그 중요성이 커지면서 사람들의 존재 방식과 글쓰기 행태에 변화를 요구하였다.

　이전의 지배적 문학 형태인 서사시, 서정시, 희곡 등과는 달리 소설은 낭독하는 전통이 없었다. 또한 낭독을 이상으로 삼지도 않고, 청중의 참여를 전제로 하지도 않았다. 소설 장르는 여럿이 함께 모여 문학 작품을 감상하는 청중 개념의 붕괴와 밀접한 관련이 있다. 19세기는 르네상스 시대와 17세기와는 달리 공통의 규범과 가치를 나누는 단일 사회가 아니었다. 따라서 청중이 한자리에 모여 동일한 가치를 나누는 일이 점차 불가능해졌다. 혼자 소리 내지 않고 책을 읽기 시작했다는 것은 사람들이 이미 사적 생활에 상당한 의미를 두게 되었음을 뜻한다. ……

　이러한 사적 경험으로서의 책 읽기에 대응되어 나타난 것이 사적인 글쓰기였다. 사적으로 글을 쓸 경우 작가는 이야기꾼, 음유 시인, 극작가들과 달리 청중들로부터 아무런 즉각적 반응도 얻을 수 없다. 인류학자, 언어학자들에 의하면 언어의 의미는 그것을 쓸 때의 상황에 크게 좌우된다고 한다. 그러나 글쓰기, 그중에도 특히 인쇄에 의해 복제된 글쓰기는 작가에게서 떨어져 나와 결국 아무에게도 속하지 않는 자율적 담론을 창조하게 되었다.

① 사적인 글쓰기의 출현으로 작가는 독자와 직접 소통할 수 있게 되었다.
② 자기만의 내적인 것에 대한 추구가 새로운 형태의 글쓰기를 요구하였다.
③ 소설은 사적 공간에서의 책 읽기와 글쓰기가 가능해진 시기에 출현하였다.
④ 희곡작가는 낭독을 통해 청중들과 교류하며 공통의 규범과 가치를 나누고자 하였다.

연습 2 혼자서 눈으로 계속 연습하기

다음 글에서 알 수 없는 것은? 2018 지방직 9급

　소설의 출현은 사적 생활이라는 개념의 출현과 밀접한 관련이 있다. 왜냐하면 소설 읽기와 쓰기에 있어 사적 생활은 필수적인 까닭이다. 어쩌면 사적 생산과 소비 형태 탓에 사생활은 소설이라는 장르의 태동 때부터 소설의 중심 주제였는지도 모른다. 혹은 이와는 반대로 사적 경험이라는 비교적 새로운 개념을 탐색해야 할 필요 탓에 소설이 생긴 것인지도 모른다. …… 사적 공간은 개인, 가족, 친구, 그리고 자기 자신 등과의 교류에 필요한 은밀한 공간이 실제 생활 속에 구현되도록 도왔다. 자기만의 내적인 것에 대한 추구는 사람들의 이상이 되었고 점점 그 중요성이 커지면서 사람들의 존재 방식과 글쓰기 행태에 변화를 요구하였다.

　이전의 지배적 문학 형태인 서사시, 서정시, 희곡 등과는 달리 소설은 낭독하는 전통이 없었다. 또한 낭독을 이상으로 삼지도 않고, 청중의 참여를 전제로 하지도 않았다. 소설 장르는 여럿이 함께 모여 문학 작품을 감상하는 청중 개념의 붕괴와 밀접한 관련이 있다. 19세기는 르네상스 시대와 17세기와는 달리 공통의 규범과 가치를 나누는 단일 사회가 아니었다. 따라서 청중이 한자리에 모여 동일한 가치를 나누는 일이 점차 불가능해졌다. 혼자 소리 내지 않고 책을 읽기 시작했다는 것은 사람들이 이미 사적 생활에 상당한 의미를 두게 되었음을 뜻한다. ……

　이러한 사적 경험으로서의 책 읽기에 대응되어 나타난 것이 사적인 글쓰기였다. 사적으로 글을 쓸 경우 작가는 이야기꾼, 음유 시인, 극작가들과 달리 청중들로부터 아무런 즉각적 반응도 얻을 수 없다. 인류학자, 언어학자들에 의하면 언어의 의미는 그것을 쓸 때의 상황에 크게 좌우된다고 한다. 그러나 글쓰기, 그중에도 특히 인쇄에 의해 복제된 글쓰기는 작가에게서 떨어져 나와 결국 아무에게도 속하지 않는 자율적 담론을 창조하게 되었다.

① 사적인 글쓰기의 출현으로 작가는 독자와 직접 소통할 수 있게 되었다.
② 자기만의 내적인 것에 대한 추구가 새로운 형태의 글쓰기를 요구하였다.
③ 소설은 사적 공간에서의 책 읽기와 글쓰기가 가능해진 시기에 출현하였다.
④ 희곡작가는 낭독을 통해 청중들과 교류하며 공통의 규범과 가치를 나누고자 하였다.

지문을 한눈에

소설의 출현과 사적 생활

1 주지	2 상술	3 부연
소설의 출현은 사적 생활이라는 개념의 출현과 밀접한 관련이 있음.	이전의 문학 양식과 달리 소설은 청중 개념을 전제로 하지 않음.	사적 경험으로서의 책 읽기와 대응되어 사적인 글쓰기가 나타남.

실전 기출 세부 정보 파악하기2

10
다음 글에서 알 수 없는 것은?

지문 제재 | 인문
2018 지방직 9급

> 1 ¹소설의 출현은 사적 생활이라는 개념의 출현과 밀접한 관련이 있다. ²왜냐하면 소설 읽기와 쓰기에 있어 사적 생활은 필수적인 까닭이다. ³어쩌면 사적 생산과 소비 형태 탓에 사생활은 소설이라는 장르의 태동(胎動, 어떤 일이 생기려는 기운이 싹틈) 때부터 소설의 중심 주제였는지도 모른다. ⁴혹은 이와는 반대로 사적 경험이라는 비교적 새로운 개념을 탐색해야 할 필요 탓에 소설이 생긴 것인지도 모른다. …… ⁵사적 공간은 개인, 가족, 친구, 그리고 자기 자신 등과의 교류에 필요한 은밀한 공간이 실제 생활 속에 구현(具現/具顯, 어떤 내용이 구체적인 사실로 나타나게 함)되도록 도왔다. ⁶자기만의 내적인 것에 대한 추구는 사람들의 이상이 되었고 점점 그 중요성이 커지면서 사람들의 존재 방식과 글쓰기 행태에 변화를 요구하였다.
> ▶ 사적 생활과 밀접한 관련이 있는 소설
>
> 2 ¹이전의 지배적 문학 형태인 서사시, 서정시, 희곡 등과는 달리 소설은 낭독(朗讀, 글을 소리 내어 읽음)하는 전통이 없었다. ²또한 낭독을 이상으로 삼지도 않고, 청중의 참여를 전제(前提, 어떠한 사물이나 현상을 이루기 위하여 먼저 내세우는 것)로 하지도 않았다. ³소설 장르는 여럿이 함께 모여 문학 작품을 감상하는 청중 개념의 붕괴와 밀접한 관련이 있다. ⁴19세기는 르네상스 시대와 17세기와는 달리 공통의 규범과 가치를 나누는 단일 사회가 아니었다. ⁵따라서 청중이 한자리에 모여 동일한 가치를 나누는 일이 점차 불가능해졌다. ⁶혼자 소리 내지 않고 책을 읽기 시작했다는 것은 사람들이 이미 사적 생활에 상당한 의미를 두게 되었음을 뜻한다. ……
> ▶ 청중 개념이 없는 소설
>
> 3 ¹이러한 사적 경험으로서의 책 읽기에 대응되어 나타난 것이 사적인 글쓰기였다. ²사적으로 글을 쓸 경우 작가는 이야기꾼, 음유(吟遊, 시를 지어 읊으며 여기저기 떠돌아다님) 시인, 극작가들과 달리 청중들로부터 아무런 즉각적 반응도 얻을 수 없다. ³인류학자, 언어학자들에 의하면 언어의 의미는 그것을 쓸 때의 상황에 크게 좌우된다고 한다. ⁴그러나 글쓰기, 그 중에도 특히 인쇄에 의해 복제된 글쓰기는 작가에게서 떨어져 나와 결국 아무에게도 속하지 않는 자율적 담론을 창조하게 되었다.
> ▶ 사적인 글쓰기의 출현과 그 영향

① 사적인 글쓰기의 출현으로 작가는 독자와 직접 소통할 수 있게 되었다.(직접 소통 X, 근거 ③-2, 4)

② 자기만의 내적인 것에 대한 추구가 새로운 형태의 글쓰기를 요구하였다.(근거 ①-6)

③ 소설은 사적 공간에서의 책 읽기와 글쓰기가 가능해진 시기에 출현하였다.(근거 ①-1, 2, 5)

④ 희곡작가는 낭독을 통해 청중들과 교류하며 공통의 규범과 가치를 나누고자 하였다.(근거 ②-1, 4, 5)

단계별 풀이 비법

풀이비법 1 발문으로 유형을 먼저 확인하라!

'글에서 알 수 없는 것'을 찾는 문제이므로 세부 정보를 파악하는 유형임을 알 수 있다.

풀이비법 2 화제를 중심으로 중심 내용을 정리하라!

	화제	중심 내용
①	소설의 출현	사적 생활과 밀접한 관련이 있음.
②	소설	청중 개념의 붕괴와 밀접한 관련이 있음.
③	사적인 글쓰기	작가와 관계없는 자율적 담론을 창조함.

풀이비법 3 지문에서 선택지 내용과 관련된 정보를 찾아 정리하라!

선지	관련 정보
①	③-2, 4: '청중들로부터 아무런 즉각적 반응도 얻을 수 없다.', '글쓰기는 작가에게서 떨어져 나와'
②	①-6: '자기만의 내적인 것에 대한 추구', '사람들의 존재 방식과 글쓰기 행태에 변화를 요구'
③	①-1, 2, 5: '소설 읽기와 쓰기에 있어 사적 생활은 필수적', '(사적 공간은) 은밀한 공간이 실제 생활 속에 구현되도록 도왔다.'
④	②-1, 4, 5: '서사시, 서정시, 희곡 등과는 달리 소설은 낭독하는 전통이 없었다.', '공통의 규범과 가치를 나누는', '청중이 한자리에 모여'

풀이비법 4 선택지의 일치 여부를 판단하라!

① ③-2와 4에 따르면, 사적인 글쓰기는 청중의 즉각적 반응을 얻을 수 없으며, 작가에게서 떨어져 나와 자율적 담론을 창조하였다. 이는 사적인 글쓰기의 출현으로 작가는 독자와 직접 소통할 수 없게 되었음을 의미한다.

② ①-6에 따르면, 자기만의 내적인 것에 대한 추구는 존재 방식과 더불어 글쓰기 행태에 변화를 요구하였다.

③ ① 단락에 따르면, 소설은 사적 생활이라는 개념의 출현과 밀접한 관련이 있는데, 사적 생활은 사적 공간을 통해 이루어졌다.

④ ② 단락에 따르면, 소설은 서정시나 서사시, 희곡 등과 달리 낭독의 형식을 통한 청중의 참여를 전제로 하지 않았으며, 청중이 한자리에 모여 공통의 규범과 가치를 나누는 시기에 출현하지도 않았다. 이를 고려하면, 소설과 대비되는 희곡은 낭독을 통해 청중과 교류하며 공통의 규범과 가치를 나누려고 했을 것임을 알 수 있다.

정답 ①

실전 기출 세부 정보 파악하기 3

학습일: 월 일 풀이 시간: 1분 이내

연습 1 병태 요정과 함께 풀기

다음 글의 내용에 부합하지 않는 것은? 2019 국가직 7급

세계 각국의 정부와 기업에 미래 전략을 연구하는 부서가 급증하고 있다. 미래에 대한 다양한 정보를 수집하면 의사 결정의 질을 높일 수 있다는 인식하에 이들은 의사 결정 지원 시스템과 미래 예측 시스템을 지속적으로 개선하고 있다. 그렇지만 빠른 변화와 복합적인 세계화로 미래에 대한 정보를 판단하는 것은 점점 어려워지고 있다.

그 결과, 기관은 컴퓨터 시스템에 더욱 의존하게 되었으며, 빅데이터와 연결된 인공지능을 의사 결정에 적극적으로 이용하게 되었다. 이러한 현상을 증폭시킨 것이 적시에 지식을 제공해 의사 결정에 도움을 주는 집단 지성 시스템이다. 이는 인간의 두뇌, 지식 정보 시스템 등의 개체들이 협력이나 경쟁을 통해 기존의 지적 수준을 뛰어넘는 새로운 지성을 얻는 시스템을 의미한다. 예를 들어 집단 지성 시스템을 활용하면 재해 예방 및 대응에 관한 의사 결정 과정에서 재해를 예측하고, 재해에 대응하고, 재해로부터 회복하는 복원 시스템을 수립할 수 있다.

그러기에 미래 전략을 수립하고 분별 있는 결정을 내리기 위해 의사 결정자들은 미래학자에게서 단순히 전망 보고나 브리핑을 받는 데서 그치지 않고, 그들과 정기적으로 장기적인 사안을 논의할 수 있어야 한다. 이러한 장기적 관점의 논의 과정이야말로 빠르고 정확한 의사 결정 수립에 필수적이기 때문이다. 입법부에 미래위원회가 설립되고 정부 지도자 의사 결정 과정에 미래학자가 참여하는 이유가 여기에 있다.

① 기관은 미래에 대한 정보를 판단하기 위해 컴퓨터 시스템을 활용하고 있다.
② 미래학자가 의사 결정 과정에 참여하는 주된 의의는 미래 예측 시스템의 경쟁력을 제고하기 위해서이다.
③ 정부와 기업의 의사 결정자들은 의사 결정의 질을 높이기 위해서 미래 예측 능력을 개선해야 한다고 생각한다.
④ 발생 가능한 재해를 예측하고 이에 대응하기 위한 복원 시스템을 수립하는 데 집단 지성 시스템을 이용할 수 있다.

연습 2 혼자서 눈으로 계속 연습하기

다음 글의 내용에 부합하지 않는 것은? 2019 국가직 7급

세계 각국의 정부와 기업에 미래 전략을 연구하는 부서가 급증하고 있다. 미래에 대한 다양한 정보를 수집하면 의사 결정의 질을 높일 수 있다는 인식하에 이들은 의사 결정 지원 시스템과 미래 예측 시스템을 지속적으로 개선하고 있다. 그렇지만 빠른 변화와 복합적인 세계화로 미래에 대한 정보를 판단하는 것은 점점 어려워지고 있다.

그 결과, 기관은 컴퓨터 시스템에 더욱 의존하게 되었으며, 빅데이터와 연결된 인공지능을 의사 결정에 적극적으로 이용하게 되었다. 이러한 현상을 증폭시킨 것이 적시에 지식을 제공해 의사 결정에 도움을 주는 집단 지성 시스템이다. 이는 인간의 두뇌, 지식 정보 시스템 등의 개체들이 협력이나 경쟁을 통해 기존의 지적 수준을 뛰어넘는 새로운 지성을 얻는 시스템을 의미한다. 예를 들어 집단 지성 시스템을 활용하면 재해 예방 및 대응에 관한 의사 결정 과정에서 재해를 예측하고, 재해에 대응하고, 재해로부터 회복하는 복원 시스템을 수립할 수 있다.

그러기에 미래 전략을 수립하고 분별 있는 결정을 내리기 위해 의사 결정자들은 미래학자에게서 단순히 전망 보고나 브리핑을 받는 데서 그치지 않고, 그들과 정기적으로 장기적인 사안을 논의할 수 있어야 한다. 이러한 장기적 관점의 논의 과정이야말로 빠르고 정확한 의사 결정 수립에 필수적이기 때문이다. 입법부에 미래위원회가 설립되고 정부 지도자 의사 결정 과정에 미래학자가 참여하는 이유가 여기에 있다.

① 기관은 미래에 대한 정보를 판단하기 위해 컴퓨터 시스템을 활용하고 있다.
② 미래학자가 의사 결정 과정에 참여하는 주된 의의는 미래 예측 시스템의 경쟁력을 제고하기 위해서이다.
③ 정부와 기업의 의사 결정자들은 의사 결정의 질을 높이기 위해서 미래 예측 능력을 개선해야 한다고 생각한다.
④ 발생 가능한 재해를 예측하고 이에 대응하기 위한 복원 시스템을 수립하는 데 집단 지성 시스템을 이용할 수 있다.

지문을 한눈에

미래 전략 수립을 위한 방안

1 전제: 여러 기관이 의사 결정의 질을 높이기 위해 미래에 대한 정보를 수집함.

2 상술: 미래 정보를 판단하기 위해 집단 지성 시스템을 활용한 인공지능을 활용함.

3 주지: 보다 정확한 의사 결정을 하려면 미래학자들과의 정기적인 논의 과정이 필요함.

실전 기출 세부 정보 파악하기 3

01
다음 글의 내용에 부합하지 않는 것은?

지문 제재 | 사회
2019 국가직 7급

> **1** ¹세계 각국의 정부와 기업에 미래 전략을 연구하는 부서가 급증하고 있다. ²미래에 대한 다양한 정보를 수집하면 의사 결정의 질을 높일 수 있다는 인식하에 이들은 의사 결정 지원 시스템과 미래 예측 시스템을 지속적으로 개선하고 있다. ³그렇지만 빠른 변화와 복합적인 세계화로 미래에 대한 정보를 판단하는 것은 점점 어려워지고 있다.
> ▶ 미래에 대한 정보 판단이 점점 어려워짐
>
> **2** ¹그 결과, 기관은 컴퓨터 시스템에 더욱 의존하게 되었으며, 빅데이터와 연결된 인공지능을 의사 결정에 적극적으로 이용하게 되었다. ²이러한 (빅데이터와 연결된 인공지능을 의사결정에 적극적으로 이용하게 된) 현상을 증폭시킨 것이 적시(適時, 알맞은 때)에 지식을 제공(提供, 무엇을 내주거나 갖다 바침)해 의사 결정에 도움을 주는 집단 지성 시스템이다. ³이는 인간의 두뇌, 지식 정보 시스템 등의 개체들이 협력이나 경쟁을 통해 기존의 지적 수준을 뛰어넘는 새로운 지성을 얻는 시스템을 의미한다. ⁴예를 들어 집단 지성 시스템을 활용하면 재해 예방 및 대응에 관한 의사 결정 과정에서 재해를 예측하고, 재해에 대응하고, 재해로부터 회복하는 복원 시스템을 수립할 수 있다.
> ▶ 의사 결정에 도움을 주는 집단 지성 시스템
>
> **3** ¹그러기에(집단 지성 시스템을 이용하면 적절한 의사 결정을 내릴 수 있기에) 미래 전략을 수립하고 분별 있는 결정을 내리기 위해 의사 결정자들은 미래학자에게서 단순히 전망 보고나 브리핑을 받는 데서 그치지 않고, 그들과 정기적으로 장기적인 사안을 논의할 수 있어야 한다. ²이러한(미래학자들과 정기적으로 하는) 장기적 관점의 논의 과정이야말로 빠르고 정확한 의사 결정 수립에 필수적이기 때문이다. ³입법부에 미래위원회가 설립되고 정부 지도자 의사 결정 과정에 미래학자가 참여하는 이유가 여기에 있다.
> ▶ 보다 정확한 미래 전략 수립을 위한 방안

① 기관은 미래에 대한 정보를 판단하기 위해 컴퓨터 시스템을 활용하고 있다.(근거 **1**-3, **2**-1)

❷ 미래학자가 의사 결정 과정에 참여하는 주된 의의는 미래 예측 시스템의 경쟁력을 제고하기 위해서이다.(빠르고 정확한 의사 결정 수립을 위해. 근거 **3**-2, 3)

③ 정부와 기업의 의사 결정자들은 의사 결정의 질을 높이기 위해서 미래 예측 능력을 개선해야 한다고 생각한다.(근거 **1**-1, 2)

④ 발생 가능한 재해를 예측하고 이에 대응하기 위한 복원 시스템을 수립하는 데 집단 지성 시스템을 이용할 수 있다.(근거 **2**-4)

단계별 풀이 비법

풀이 비법 1 발문으로 유형을 먼저 확인하라!

'글의 내용'과 일치하지 않는 것을 찾는 문제이므로 세부 정보를 파악하는 내용 일치 유형임을 알 수 있다.

풀이 비법 2 화제를 중심으로 중심 내용을 정리하라!

	화제	중심 내용
1	미래에 대한 정보	판단하는 것이 점점 어려워짐.
2	집단 지성 시스템	빅데이터와 연결된 인공지능을 이용함.
3	미래 전략 수립	미래학자와 정기적으로 논의해야 함.

풀이 비법 3 지문에서 선택지 내용과 관련된 정보를 찾아 정리하라!

선지	관련 정보
①	**1**-3, **2**-1: '미래에 대한 정보를 판단하는 것은 점점 어려워지고 있다.', '기관은 컴퓨터 시스템에 더욱 의존'
②	**3**-2, 3: '빠르고 정확한 의사 결정 수립에 필수적', '의사 결정 과정에 미래학자가 참여하는 이유'
③	**1**-1, 2: '미래에 대한 다양한 정보를 수집하면 의사 결정의 질을 높일 수 있다', '미래 예측 시스템을 지속적으로 개선'
④	**2**-4: '재해를 예측하고, 재해에 대응하고, 재해로부터 회복하는 복원 시스템을 수립할 수 있다.'

풀이 비법 4 선택지의 일치 여부를 판단하라!

① **1**-3과 **2**-1에 따르면, 미래에 대한 정보를 판단하는 것이 점점 더 어려워지면서 기관은 인공지능을 활용한 컴퓨터 시스템에 더욱 의존하고 있다.

② **3**-2와 3에 따르면, 의사 결정 과정에 미래학자가 참여하는 이유는 보다 정확하게 미래 전략을 수립하고 분별 있는 결정을 내리기 위해서이지, 미래 예측 시스템의 경쟁력을 제고하기 위해서가 아니다.

③ **1**-1과 2에 따르면, 정부와 기업의 의사 결정자들은 의사 결정의 질을 높이기 위해서 의사 결정 지원 시스템과 미래 예측 시스템을 지속적으로 개선하고 있다.

④ **2**-4에 따르면, 집단 지성 시스템을 활용하면 재해를 예측하고, 재해에 대응하고, 재해로부터 회복하는 복원 시스템을 수립할 수 있다. **정답 ②**

실전 기출 — 세부 정보 파악하기 3

연습 1 병태 요정과 함께 풀기

다음 글의 내용으로 적절하지 않은 것은? 2019 국가직 7급

> 20대의 체험은 40대의 체험을 못 따르고, 40대의 체험은 70대의 체험을 못 당할 것이다. 그러므로 장자(莊子)도 소년(少年)은 대년(大年)을 못 따른다고 했다. 그러나 인간이 장수를 한들 몇백 년을 살 것인가. 수백 년 수천 년의 체험은 오직 독서를 통해서만 얻을 것이니, 연령이 문제가 아니라 독서가 문제인 것이다.
>
> 책이 너무 많아 일생을 읽어도 부족하다고 걱정할지 모른다. 그러나 내 눈을 꼭 한번 거쳐야 될 필요가 있는 서적이란 열 손가락을 넘지 아니할 것이다. 박학다식이니 박람강기니 하여 널리 알고 많이 기억하지 못하는 것을 걱정할 필요는 없다. 때로는 이것이 오히려 글 쓰는 데 지장이 될 수 있다. 잡박한 지식의 무질서한 기억은 우리의 총명을 혼미하게 할 수도 있기 때문이다.

① 널리 알고 많이 기억하는 것이 글쓰기에 방해가 될 수도 있다.
② 70대의 독서가 20대의 독서보다 글쓰기에 더 도움이 된다.
③ 인간의 체험에는 한계가 있으므로 독서가 중요하다.
④ 자신에게 필요한 독서를 해야 한다.

연습 2 혼자서 눈으로 계속 연습하기

다음 글의 내용으로 적절하지 않은 것은? 2019 국가직 7급

> 20대의 체험은 40대의 체험을 못 따르고, 40대의 체험은 70대의 체험을 못 당할 것이다. 그러므로 장자(莊子)도 소년(少年)은 대년(大年)을 못 따른다고 했다. 그러나 인간이 장수를 한들 몇백 년을 살 것인가. 수백 년 수천 년의 체험은 오직 독서를 통해서만 얻을 것이니, 연령이 문제가 아니라 독서가 문제인 것이다.
>
> 책이 너무 많아 일생을 읽어도 부족하다고 걱정할지 모른다. 그러나 내 눈을 꼭 한번 거쳐야 될 필요가 있는 서적이란 열 손가락을 넘지 아니할 것이다. 박학다식이니 박람강기니 하여 널리 알고 많이 기억하지 못하는 것을 걱정할 필요는 없다. 때로는 이것이 오히려 글 쓰는 데 지장이 될 수 있다. 잡박한 지식의 무질서한 기억은 우리의 총명을 혼미하게 할 수도 있기 때문이다.

① 널리 알고 많이 기억하는 것이 글쓰기에 방해가 될 수도 있다.
② 70대의 독서가 20대의 독서보다 글쓰기에 더 도움이 된다.
③ 인간의 체험에는 한계가 있으므로 독서가 중요하다.
④ 자신에게 필요한 독서를 해야 한다.

지문을 한눈에

독서의 필요성

- **1 주지**: 독서를 통해 선조들의 누적된 지식을 얻을 수 있음.
- **2 부연**: 자신에게 필요한 책은 열 손가락을 넘지 않음.

02

다음 글의 내용으로 적절하지 않은 것은?

지문 제재 | 인문
2019 국가직 7급

> **1** ¹20대의 체험은 40대의 체험을 못 따르고, 40대의 체험은 70대의 체험을 못 당할 것이다. ²그러므로 장자(莊子)도 소년(少年)은 대년(大年)(문맥상 '노년(老年)'을 의미)을 못 따른다고 했다. ³그러나 인간이 장수를 한들 몇백 년을 살 것인가. ⁴수백 년 수천 년의 체험은 오직 독서를 통해서만 얻을 것이니,(체험으로 얻을 수 있는 지식은 한계가 있음) 연령이 문제가 아니라 독서가 문제인 것이다. ▶ 선조들의 누적된 체험을 얻을 수 있는 독서
>
> **2** ¹책이 너무 많아 일생을 읽어도 부족하다고 걱정할지 모른다. ²그러나 내 눈을 꼭 한번 거쳐야 될 필요가 있는 서적이란 열 손가락을 넘지 아니할 것이다.(자신에게 필요한 책을 골라 읽어야 함) ³박학다식(博學多識, 학식이 넓고 아는 것이 많음)이니 박람강기(博覽强記, 여러 가지의 책을 널리 많이 읽고 기억을 잘 함)니 하여 널리 알고 많이 기억하지 못하는 것을 걱정할 필요는 없다. ⁴때로는 이것이 오히려 글 쓰는 데 지장이 될 수 있다. ⁵잡박(雜駁, 질서가 없이 이것저것 마구 뒤섞여 있음)한 지식의 무질서한 기억은 우리의 총명을 혼미하게 할 수도 있기 때문이다. ▶ 열 손가락을 넘지 않는 필독서

① 널리 알고 많이 기억하는 것이 글쓰기에 방해가 될 수도 있다.(근거 **2**-3, 4)
② 70대의 독서가 20대의 독서보다 글쓰기에 더 도움이 된다.(독서를 하는 연령과 글쓰기는 무관, 근거 **1**-4)
③ 인간의 체험에는 한계가 있으므로 독서가 중요하다.(근거 **1**-3, 4)
④ 자신에게 필요한 독서를 해야 한다.(근거 **2**-2)

단계별 풀이 비법

풀이 비법 1 발문으로 유형을 먼저 확인하라!

'글의 내용'과 일치하지 않는 것을 찾는 문제이므로 세부 정보를 파악하는 내용 일치 유형임을 알 수 있다.

풀이 비법 2 화제를 중심으로 중심 내용을 정리하라!

	화제	중심 내용
1	독서	오래 누적된 체험은 독서를 통해서만 얻을 수 있음.
2	책	꼭 읽어야 하는 책은 채 열 권이 되지 않음.

풀이 비법 3 지문에서 선택지 내용과 관련된 정보를 찾아 정리하라!

선지	관련 정보
①	**2**-3, 4: '박학다식이니 박람강기니', '이것이 오히려 글 쓰는 데 지장이 될 수 있다.'
②	**1**-4, 5: '수백 년 수천 년의 체험은 오직 독서를 통해서만 얻을 것', '연령이 문제가 아니라 독서가 문제'
③	**1**-3, 4: '인간이 장수를 한들 몇백 년을 살 것인가', '수백 년 수천 년의 체험은 오직 독서를 통해서만 얻을 것'
④	**2**-2: '내 눈을 꼭 한번 거쳐야 될 필요― 있는 서적이란 열 손가락을 넘지 아니할 것'

풀이 비법 4 선택지의 일치 여부를 판단하라!

① **2**-3과 4에 따르면, 박학다식이나 박람강기 같은 말처럼 널리 알고 많이 기억하는 것이 오히려 글 쓰는 데 지장이 될 수 있다.
② **1**단락에 따르면, 연령보다 독서를 하는 것이 더 중요하며, 오랜 세월 누적된 지식은 독서를 통해서만 얻을 수 있다. 또한 독서를 하는 연령과 글쓰기는 직접적인 관련이 없다.
③ **1**-3과 4에 따르면, 인간의 수명에는 한계가 있으므로 직접 체험을 통한 지식에는 한계가 있을 수밖에 없으며, 수백 년 수천 년의 체험은 오직 독서를 통해서만 얻을 수 있다.
④ **2**-2의 '내 눈을 꼭 한번 거쳐야 될 필요가 있는 서적이란 열 손가락을 넘지 아니할 것이다.'라는 말은 인생에 있어 꼭 필요한 책은 그리 많지 않으므로 자신에게 필요한 책을 선별하여 읽어야 한다는 의미이다.

정답 ②

시간 절약 꿀팁 TIP

담화 표지인 접속어에 유의해서 읽으면 내용을 보다 정확하게 파악할 수 있습니다. 특히 역접과 인과의 접속어에 유의해야 합니다. '하지만, 반면에' 등과 같은 역접의 접속어와 '따라서, 그러므로' 등과 같은 인과의 접속어 뒤에 핵심 내용이 이어지기 때문입니다.

실전 기출 — 세부 정보 파악하기 3

학습일: 월   일   풀이 시간: 1분 이내

연습 1 병태 요정과 함께 풀기

다음 글의 내용에 부합하지 않는 것은?   2017 국가직 7급 추가

'쓰나미'는 항구를 뜻하는 '쓰[津]'와 파도를 뜻하는 '나미[波]'로 이루어진 일본어 합성어이다. 쓰나미는 위협적인 파도를 동반해 일본의 항구 지역에 수시로 타격을 입히지만 신기하게도 같은 시간 먼바다에 나가 있는 어부들은 아무런 이상을 느끼지 못한다고 한다. 즉 쓰나미는 해안에 나타나 엄청난 파괴력을 발휘하지만 먼바다에서는 눈에 잘 띄지 않는다는 것이다. 심지어 쓰나미를 목격한 대부분의 사람들은 당시 날씨가 아주 평온하고 바다도 무척 잔잔했다고 말한다. 이는 쓰나미가 일반적인 태풍처럼 특정한 기상 조건 때문에 생성되는 것이 아니라는 뜻이다.

끈을 양쪽으로 묶은 다음, 한쪽 끝에서 수직 방향으로 갑작스러운 충격을 보내면 어떻게 될까? 위로 솟았다가 내려가는 연속적인 움직임이 끈을 타고 나아갈 것이다. 이것이 바로 간단하게 파동을 만드는 방법이다. 쓰나미의 원리도 바로 이 파동 현상으로 설명할 수 있다.

해안에 나타나는 파도는 끈의 끝에서 일어나는 파동과 같다. 끈 자체가 움직이는 게 아닌 것처럼, 바닷물도 그 자체가 이동하는 것이 아니라 물결의 일렁임이 해안 쪽으로 옮겨 오면서 확대되는 것이다. 쓰나미의 규모가 큰 경우에는 마지막에 파도가 크게 부서지면서 바닷물이 땅으로 넘치고, 그중 일부는 원래의 바다로부터 떨어져 나와 물 자체가 이동하게 된다.

① 쓰나미는 물 자체의 이동보다는 파동의 전달에서 비롯되는 것이다.
② 쓰나미는 태풍과 같이 특정 기상 조건에 따라 생성되는 것이 아니다.
③ 쓰나미는 물결의 일렁임이 해안 방향으로 이동하며 확대되는 것이다.
④ 쓰나미는 일본어 합성어로, 가까운 바다보다 먼바다에서 더 위협적이다.

연습 2 혼자서 눈으로 계속 연습하기

다음 글의 내용에 부합하지 않는 것은?   2017 국가직 7급 추가

'쓰나미'는 항구를 뜻하는 '쓰[津]'와 파도를 뜻하는 '나미[波]'로 이루어진 일본어 합성어이다. 쓰나미는 위협적인 파도를 동반해 일본의 항구 지역에 수시로 타격을 입히지만 신기하게도 같은 시간 먼바다에 나가 있는 어부들은 아무런 이상을 느끼지 못한다고 한다. 즉 쓰나미는 해안에 나타나 엄청난 파괴력을 발휘하지만 먼바다에서는 눈에 잘 띄지 않는다는 것이다. 심지어 쓰나미를 목격한 대부분의 사람들은 당시 날씨가 아주 평온하고 바다도 무척 잔잔했다고 말한다. 이는 쓰나미가 일반적인 태풍처럼 특정한 기상 조건 때문에 생성되는 것이 아니라는 뜻이다.

끈을 양쪽으로 묶은 다음, 한쪽 끝에서 수직 방향으로 갑작스러운 충격을 보내면 어떻게 될까? 위로 솟았다가 내려가는 연속적인 움직임이 끈을 타고 나아갈 것이다. 이것이 바로 간단하게 파동을 만드는 방법이다. 쓰나미의 원리도 바로 이 파동 현상으로 설명할 수 있다.

해안에 나타나는 파도는 끈의 끝에서 일어나는 파동과 같다. 끈 자체가 움직이는 게 아닌 것처럼, 바닷물도 그 자체가 이동하는 것이 아니라 물결의 일렁임이 해안 쪽으로 옮겨 오면서 확대되는 것이다. 쓰나미의 규모가 큰 경우에는 마지막에 파도가 크게 부서지면서 바닷물이 땅으로 넘치고, 그중 일부는 원래의 바다로부터 떨어져 나와 물 자체가 이동하게 된다.

① 쓰나미는 물 자체의 이동보다는 파동의 전달에서 비롯되는 것이다.
② 쓰나미는 태풍과 같이 특정 기상 조건에 따라 생성되는 것이 아니다.
③ 쓰나미는 물결의 일렁임이 해안 방향으로 이동하며 확대되는 것이다.
④ 쓰나미는 일본어 합성어로, 가까운 바다보다 먼바다에서 더 위협적이다.

지문을 한눈에

1 화제 제시	2 관련 원리	3 발생 과정
• 쓰나미의 어원 분석: '항구의 파도'라는 뜻 • 쓰나미의 특징: 먼바다보다 해안에 파괴력을 발휘함.	파동 현상의 원리	파동 원리에 따른 쓰나미의 발생 과정

실전 기출 세부 정보 파악하기 3

03
다음 글의 내용에 부합하지 않는 것은?

지문 제재 | 과학
2017 국가직 7급 추가

1 ¹쓰나미는 항구를 뜻하는 '쓰[津]'와 파도를 뜻하는 '나미[波]'로 이루어진 일본어 합성어이다. ²쓰나미는 위협적인 파도를 동반해 일본의 항구 지역에 수시로 타격을 입히지만 신기하게도 같은 시간 먼바다에 나가 있는 어부들은 아무런 이상을 느끼지 못한다고 한다. ³즉 쓰나미는 해안에 나타나 엄청난 파괴력을 발휘하지만 먼바다에서는 눈에 잘 띄지 않는다는 것이다. ⁴심지어 쓰나미를 목격한(해안에 있던) 대부분의 사람들은 당시 날씨가 아주 평온하고 바다도 무척 잔잔했다고 말한다. ⁵이는 쓰나미가 일반적인 태풍처럼 특정한 기상 조건 때문에 생성되는 것이 아니라는 뜻이다. (1, 2를 이어주는 역할을 하는 문장) ▶ 쓰나미의 어원과 특징

2 ¹끈을 양쪽으로 묶은 다음, 한쪽 끝에서 수직 방향으로 갑작스러운 충격을 보내면 어떻게 될까? ²위로 솟았다가 내려가는 연속적인 움직임이 끈을 타고 나아갈 것이다. ³이것이 바로 간단하게 파동을 만드는 방법이다. ⁴쓰나미의 원리도 바로 이 파동 현상으로 설명할 수 있다. ▶ 쓰나미의 원리

3 ¹해안에 나타나는 파도는 끈의 끝에서 일어나는 파동과 같다. ²끈 자체가 움직이는 게 아닌 것처럼, 바닷물도 그 자체가 이동하는 것이 아니라 물결의 일렁임이 (먼바다에서부터) 해안 쪽으로 옮겨 오면서 확대되는 것이다. ³쓰나미의 규모가 큰 경우에는 마지막에 파도가 크게 부서지면서 바닷물이 땅으로 넘치고, 그중 일부는 원래의 바다(먼바다)로부터 떨어져 나와 물 자체가 (해안으로) 이동하게 된다. (그 결과 해안에서 쓰나미가 발생하게 됨) ▶ 쓰나미의 원리인 파동 현상에 따라 나타나는 쓰나미 현상

① 쓰나미는 물 자체의 이동보다는 파동의 전달에서 비롯되는 것이다. (근거 2-4, 3-2 → '물결의 일렁임'은 '파동'을 가리킴. 3-2에서 '바닷물 그 자체가 이동하는 것이 아니'라는 설명이 나타남.)

② 쓰나미는 태풍과 같이 특정 기상 조건에 따라 생성되는 것이 아니다. (근거 1-5)

③ 쓰나미는 물결의 일렁임이 해안 방향으로 이동하며 확대되는 것이다. (근거 3-2)

❹ 쓰나미는 일본어 합성어로, 가까운 바다보다 먼바다에서 더 위협적이다. (근거 1-1, 2, 3)

단계별 풀이 비법

풀이 비법 1 발문으로 유형을 먼저 확인하라!
과학 지문은 언뜻 보면 복잡한 지식이 나열된 것처럼 보여 어렵다는 인상을 준다. 부합하는 세부 내용을 찾기 전에, 반복되는 키워드를 살펴 대략의 중심 화제를 파악하고 읽어 나가는 것이 좋다.

풀이 비법 2 핵심어를 통해 단락별 중심 내용을 찾아라!
중심 화제 쓰나미, 파동 현상
중심 내용

1	쓰나미의 어원 분석 및 쓰나미의 특징
2	파동 현상의 원리와 쓰나미
3	파동 현상으로 인해 해안에서 쓰나미가 발생하는 과정

풀이 비법 3 단락별 중심 내용을 종합하여 주제를 파악하라!
1-2에서 글쓴이는 쓰나미가 먼바다에서는 느껴지지 않지만 항구 지역(해안가)에는 큰 영향을 미치는 데 주목하고 있다. 따라서 이후의 내용을 '먼바다'와 '해안(가)'라는 키워드를 중심으로 파악하면 비교적 빠른 시간 내에 중심 화제를 훑어볼 수 있게 된다. 제시문은 2에서 '파동 현상'을 설명하고, 3에서 쓰나미에서는 파동 현상이 어떻게 나타나는지 과정을 설명함으로써 1-2에서 제시된 화제에 대한 답변을 제시하고 있다.

풀이 비법 4 부합하는 선택지를 찾아라!
① 3-3의 뒷부분만을 보면 마치 물 자체가 이동하여 쓰나미가 일어나는 것처럼 오해할 수 있으므로 유의한다. 3에 제시된 전 과정을 고려하면 '먼바다에서 파동 발생 – 파동이 해안 쪽으로 옮겨 옴 – 바닷물의 일부가 해안으로 이동할 수 있음'의 단계를 거치므로 쓰나미는 파동의 전달에서 비롯된다고 할 수 있다.

② '이는 쓰나미가 일반적인 태풍처럼 특정한 기상 조건 때문에 생성되는 것이 아니라는 뜻이다.'라는 문장에서 알 수 있다.

③ '물결의 일렁임이 해안 쪽으로 옮겨 오면서 확대되는 것이다.'라는 부분에서 알 수 있다.

④ 쓰나미가 '먼바다'에서는 눈에 잘 띄지 않지만 '항구 지역'이나 '해안'에 타격을 입힌다는 점에서 쓰나미는 가까운 바다에 더 위협적임을 알 수 있다.

정답 ④

실전 기출 — 세부 정보 파악하기 3

학습일: 월   일   풀이 시간: 1분 이내

연습 1 병태 요정과 함께 풀기

다음 글에 대한 설명으로 적절하지 않은 것은? 2019 국가직 9급

믿기 어렵겠지만 자장면 문화와 미국의 피자 문화는 닮은 점이 많다. 젊은 청년들이 오토바이를 타고 배달한다는 점에서 참으로 닮은꼴이다. 이사한다고 짐을 내려놓게 되면 주방 기구들이 부족하게 되고 이때 자장면은 참으로 편리한 해결책이다. 미국에서의 피자도 마찬가지다. 갑자기 아이들의 친구들이 많이 몰려왔을 때 피자는 참으로 편리한 음식이다.

남자들이 군에 가 훈련을 받을 때 비라도 추적추적 오게 되면 자장면 생각이 제일 많이 난다고 한다. 비가 오는 바깥을 보며 따뜻한 방에서 입에 자장을 묻히는 장면은 정겨울 수밖에 없다. 프로 농구 원년에 수입된 미국 선수들은 하루도 빠지지 않고 피자를 시켜 먹었다고 한다. 음식이 맞지 않는 탓도 있겠지만 향수를 달래고자 함이 아닐까?

싸게 먹을 수 있는 이국 음식이란 점에서 자장면과 피자는 특별한 의미를 갖는다. 외식을 하기엔 부담되고 한번쯤 식단을 바꾸어 보고 싶을 즈음이면 중국식 자장면이나 이탈리아식 피자는 한국이나 미국의 서민에겐 안성맞춤이다. 그런데 한국에서나 미국에서나 변화가 생기기 시작했다. 한국에서는 피자 배달이 보편화되기 시작했다. 피자를 간식이 아닌 주식으로 삼고자 하는 아이들도 생겼다. 졸업식을 마치고 중국집으로 향하던 발걸음들이 이제 피자집으로 돌려졌다. 피자보다 자장면을 좋아하는 아이들을 찾아보기가 힘들어졌다.

① 피자는 쉽게 배달시켜 먹을 수 있는 편리한 음식이다.
② 자장면과 피자는 이국적인 음식이다.
③ 자장면과 피자는 값이 싸면서도 기분 전환이 되는 음식이다.
④ 자장면은 특별한 날에 어린이들에게 여전히 가장 사랑받는 음식이다.

연습 2 혼자서 눈으로 계속 연습하기

다음 글에 대한 설명으로 적절하지 않은 것은? 2019 국가직 9급

믿기 어렵겠지만 자장면 문화와 미국의 피자 문화는 닮은 점이 많다. 젊은 청년들이 오토바이를 타고 배달한다는 점에서 참으로 닮은꼴이다. 이사한다고 짐을 내려놓게 되면 주방 기구들이 부족하게 되고 이때 자장면은 참으로 편리한 해결책이다. 미국에서의 피자도 마찬가지다. 갑자기 아이들의 친구들이 많이 몰려왔을 때 피자는 참으로 편리한 음식이다.

남자들이 군에 가 훈련을 받을 때 비라도 추적추적 오게 되면 자장면 생각이 제일 많이 난다고 한다. 비가 오는 바깥을 보며 따뜻한 방에서 입에 자장을 묻히는 장면은 정겨울 수밖에 없다. 프로 농구 원년에 수입된 미국 선수들은 하루도 빠지지 않고 피자를 시켜 먹었다고 한다. 음식이 맞지 않는 탓도 있겠지만 향수를 달래고자 함이 아닐까?

싸게 먹을 수 있는 이국 음식이란 점에서 자장면과 피자는 특별한 의미를 갖는다. 외식을 하기엔 부담되고 한번쯤 식단을 바꾸어 보고 싶을 즈음이면 중국식 자장면이나 이탈리아식 피자는 한국이나 미국의 서민에겐 안성맞춤이다. 그런데 한국에서나 미국에서나 변화가 생기기 시작했다. 한국에서는 피자 배달이 보편화되기 시작했다. 피자를 간식이 아닌 주식으로 삼고자 하는 아이들도 생겼다. 졸업식을 마치고 중국집으로 향하던 발걸음들이 이제 피자집으로 돌려졌다. 피자보다 자장면을 좋아하는 아이들을 찾아보기가 힘들어졌다.

① 피자는 쉽게 배달시켜 먹을 수 있는 편리한 음식이다.
② 자장면과 피자는 이국적인 음식이다.
③ 자장면과 피자는 값이 싸면서도 기분 전환이 되는 음식이다.
④ 자장면은 특별한 날에 어린이들에게 여전히 가장 사랑받는 음식이다.

지문을 한눈에

1 화제 제시	2 공통점 ①	3 공통점 ②	4 공통점 ③	5 변화
한국의 자장면 문화와 미국의 피자 문화의 공통점	· 배달이 됨. · 주방 기구가 부족한 경우에도 먹을 수 있음.	· 자장면: 한국 남성에게는 군대에서 추억의 음식으로 기능함. · 피자: 미국 농구 선수에게는 한국에서 향수를 달래주는 음식으로 기능함.	저렴하게 먹을 수 있는 이국 음식	· 한국: 최근 자장면보다 피자를 선호 · 미국: 제시문에 나타나지 않음.

04

다음 글에 대한 설명으로 적절하지 않은 것은?

지문 제재 | 인문
2019 국가직 9급

1 ¹믿기 어렵겠지만 자장면 문화와 미국의 피자 문화는 닮은 점이 많다. ²젊은 청년들이 오토바이를 타고 배달한다는 점에서 참으로 닮은꼴이다. ³이사한다고 짐을 내려놓게 되면 주방 기구들이 부족하게 되고 이때 자장면은 참으로 편리한 해결책이다. ⁴미국에서의 피자도 마찬가지다. ⁵갑자기 아이들의 친구들이 많이 몰려왔을 때 피자는 참으로 편리한 음식이다.
▶ 자장면 문화와 피자 문화의 공통점 ①: 주문하고 먹기에 편함

2 ¹남자들이 군에 가 훈련을 받을 때 비라도 추적추적 오게 되면 자장면 생각이 제일 많이 난다고 한다. ²비가 오는 바깥을 보며 따뜻한 방에서 입에 자장을 묻히는 장면은 정겨울 수밖에 없다. ³프로 농구 원년에 수입된 미국 선수들은 하루도 빠지지 않고 피자를 시켜 먹었다고 한다. ⁴음식이 맞지 않는 탓도 있겠지만 향수를 달래고자 함이 아닐까?
▶ 자장면 문화와 피자 문화의 공통점 ②: 추억과 향수를 불러일으킴

3 ¹싸게 먹을 수 있는 이국 음식이란 점에서 자장면과 피자는 특별한 의미를 갖는다. ²외식을 하기엔 부담되고 한번쯤 식단을 바꾸어 보고 싶은 즈음이면 중국식 자장면이나 이탈리아식 피자는 한국이나 미국의 서민에겐 안성맞춤이다. (자장면 문화와 피자 문화의 공통점 ③: 싸게 먹을 수 있는 이국 음식) ³[그런데 한국에서나 미국에서나 변화가 생기기 시작했다. ⁴한국에서는 피자 배달이 보편화되기 시작했다. ⁵피자를 간식이 아닌 주식으로 삼고자 하는 아이들도 생겼다. ⁶졸업식을 마치고 중국집으로 향하던 발걸음들이 이제 피자집으로 돌려졌다. ⁷피자보다 자장면을 좋아하는 아이들을 찾아보기가 힘들어졌다.] (한국의 자장면 문화와 피자 문화에서 최근 일어난 변화: 자장면보다 피자를 선호 → **3** 이후에 이어질 내용은 미국의 자장면 문화와 피자 문화에서 최근 일어난 변화임을 짐작할 수 있음. 또한 그 변화의 내용은 한국과 동일하거나 반대일 것이라고 추리할 수 있음)
▶ 자장면 문화와 피자 문화의 공통점 ③과 최근의 변화

① 피자는 쉽게 배달시켜 먹을 수 있는 편리한 음식이다. (근거 **1**-4, 5 → '피자도 마찬가지다'에서 '마찬가지'가 가리키는 내용이 무엇인지 파악해야 함.)

② 자장면과 피자는 이국적인 음식이다. (근거 **3**-1)

③ 자장면과 피자는 값이 싸면서도 기분 전환이 되는 음식이다. (근거 **3**-2)

❹ 자장면은 특별한 날에 어린이들에게 여전히 가장 사랑받는 음식이다. (근거 **3**-6, 7 → 아이들은 피자를 자장면보다 선호하게 됐음.)

단계별 풀이 비법

풀이 비법 1 발문으로 유형을 먼저 확인하라!
글에 대한 설명이 어떠한지 묻는 발문은 결국 글의 내용을 파악하고 이해하였는지 묻는 유형에 속한다. 제시문에 나온 정보의 일치, 불일치보다 한 단계 더 높은 수준의 이해력을 알아보기 위한 문제이다.

풀이 비법 2 핵심어를 통해 단락별 중심 내용을 찾아라!
중심 화제 자장면 문화, 피자 문화
중심 내용

1	배달과 취식이 용이한 음식
2	정서적 위안을 주는 음식
3	저렴한 이국 음식으로 기능해 왔으나 최근 변화가 생겨남.

풀이 비법 3 단락별 중심 내용을 종합하여 주제를 파악하라!
제시문의 서두에서 '(한국의) 자장면 문화와 미국의 피자 문화'라는 화제를 제시한 뒤, 두 문화의 공통점을 각 단락에서 나열하고 있다. 이때 **3**단락의 경우 공통점도 서술되어 있으나 최근의 변화 양상도 서술되어 있으므로, 비록 하나의 단락이지만 크게 두 가지 내용(공통점, 최근의 변화)이 서술되어 있음에 유의한다.

풀이 비법 4 부합하는 선택지를 찾아라!

① **1**-4, 5에 따르면 갑자기 집에 어린 손님들이 많이 왔을 때, 피자가 자장면과 마찬가지로 편리한 면이 있다고 한다. 그렇다면 첫째, 배달이 가능하며, 둘째, 주방 기구가 부족한 경우에도 먹을 수 있다는 자장면의 편리함을 피자 역시 갖고 있음을 추론해 볼 수 있다.

② '싸게 먹을 수 있는 이국 음식', '중국식 자장면이나 이탈리아식 피자'라는 표현에서 자장면과 피자 모두 이국적인 음식임을 알 수 있다.

③ '한번쯤 식단을 바꾸어 보고 싶다'는 데서 '기분 전환'을, '서민에겐 안성맞춤'이란 표현에서 '값이 싸다'는 점을 추리해볼 수 있다.

④ **3**-6에서 '특별한 날', 즉 '졸업식'과 같은 날에 과거에는 중국집에 가서 자장면을 먹었으나 이제는 피자집에 가서 피자를 먹는 것으로 변화가 일어났음을 알 수 있다.
정답 ④

실전 기출 — 세부 정보 파악하기 3

연습 1   병태 요정과 함께 풀기

다음 글의 내용과 부합하는 것은?   2018 국가직 9급

　동양의 음식 중에는 특별한 의미가 담긴 것들이 있다. 우리나라 대표적인 명절 음식 중 하나인 송편은 반달의 모습을 본뜬 음식으로 풍년과 발전을 상징한다. 《삼국사기》에 따르면, 백제 의자왕 때 궁궐 땅속에서 파낸 거북이 등에 쓰여 있는 '백제는 만월(滿月) 신라는 반달'이라는 글귀를 두고 점술사가 백제는 만월이라서 다음 날부터 쇠퇴하고 신라는 앞으로 크게 발전할 징표라고 해석했다고 한다. 결과적으로 점술가의 예언이 적중했다. 이때부터 반달은 더 나은 미래를 기원하는 뜻으로 쓰이며, 그러한 뜻을 담아 송편도 반달 모양의 떡으로 빚었다고 한다.

　중국에서는 반달이 아닌 보름달 모양의 월병을 빚어 즐겨 먹었다. 옛날에 월병은 송편과 마찬가지로 제수 용품이었다. 점차 제례 음식으로서 위상을 잃었지만 모든 가족이 모여 보름달을 바라보면서 함께 나눠 먹는 음식으로 자리 잡았다. 이 때문에 보름달 모양의 월병은 둥근 원탁에 온가족이 모인 것을 상징한다. 한국에서 지역의 단합을 위해 수천 명 분의 비빔밥을 만들듯이 중국에서는 수천 명이 먹을 수 있는 월병을 만들 정도로 이는 의미 있는 음식으로 대접받고 있다.

① 중국의 월병은 제수 음식으로서의 명맥을 유지하고 있다.
② 신라인들은 더 나은 미래를 기원하는 마음을 담아 송편을 빚었다.
③ 중국의 월병은 한국에서 비빔밥을 만들어 먹는 것을 본떠 만든 음식이다.
④ 《삼국사기》에 따르면 점술가의 예언 덕분에 신라가 크게 발전할 수 있었다.

연습 2   혼자서 눈으로 계속 연습하기

다음 글의 내용과 부합하는 것은?   2018 국가직 9급

　동양의 음식 중에는 특별한 의미가 담긴 것들이 있다. 우리나라 대표적인 명절 음식 중 하나인 송편은 반달의 모습을 본뜬 음식으로 풍년과 발전을 상징한다. 《삼국사기》에 따르면, 백제 의자왕 때 궁궐 땅속에서 파낸 거북이 등에 쓰여 있는 '백제는 만월(滿月) 신라는 반달'이라는 글귀를 두고 점술사가 백제는 만월이라서 다음 날부터 쇠퇴하고 신라는 앞으로 크게 발전할 징표라고 해석했다고 한다. 결과적으로 점술가의 예언이 적중했다. 이때부터 반달은 더 나은 미래를 기원하는 뜻으로 쓰이며, 그러한 뜻을 담아 송편도 반달 모양의 떡으로 빚었다고 한다.

　중국에서는 반달이 아닌 보름달 모양의 월병을 빚어 즐겨 먹었다. 옛날에 월병은 송편과 마찬가지로 제수 용품이었다. 점차 제례 음식으로서 위상을 잃었지만 모든 가족이 모여 보름달을 바라보면서 함께 나눠 먹는 음식으로 자리 잡았다. 이 때문에 보름달 모양의 월병은 둥근 원탁에 온가족이 모인 것을 상징한다. 한국에서 지역의 단합을 위해 수천 명 분의 비빔밥을 만들듯이 중국에서는 수천 명이 먹을 수 있는 월병을 만들 정도로 이는 의미 있는 음식으로 대접받고 있다.

① 중국의 월병은 제수 음식으로서의 명맥을 유지하고 있다.
② 신라인들은 더 나은 미래를 기원하는 마음을 담아 송편을 빚었다.
③ 중국의 월병은 한국에서 비빔밥을 만들어 먹는 것을 본떠 만든 음식이다.
④ 《삼국사기》에 따르면 점술가의 예언 덕분에 신라가 크게 발전할 수 있었다.

지문을 한눈에

1 화제 제시
· 특별한 의미가 담긴 동양의 음식

2 우리나라: 송편
· 반달 모양
· 풍년과 발전을 상징

3 중국: 월병
· 보름달 모양
· 단합을 상징

05
다음 글의 내용과 부합하는 것은?

지문 제재 | 인문
2018 국가직 9급

> **1** ¹동양의 음식 중에는 특별한 의미가 담긴 것들이 있다. ²우리나라 대표적인 명절 음식 중 하나인 송편은 반달의 모습을 본뜬 음식으로 풍년과 발전을 상징한다. ³《삼국사기》에 따르면, 백제 의자왕 때 궁궐 땅속에서 파낸 거북이 등에 쓰여 있는 '백제는 만월(滿月) 신라는 반달'이라는 글귀를 두고 점술사가 백제는 만월이라서 다음 날부터 쇠퇴하고 신라는 앞으로 크게 발전할 징표라고 해석했다고 한다. ⁴결과적으로 점술가의 예언이 적중했다. ⁵이때부터 반달은 더 나은 미래를 기원하는 뜻으로 쓰이며, 그러한 뜻을 담아 송편도 반달 모양의 떡으로 빚었다고 한다.
> ▶ 송편의 유래와 의미
>
> **2** ¹중국에서는 반달이 아닌 보름달 모양의 월병을 빚어 즐겨 먹었다. ²옛날에 월병은 송편과 마찬가지로(**1**에서 설명하지 않은 송편의 특징을 짐작할 수 있음. 바로 송편 역시 '제수 용품'이었다는 점임) 제수 용품이었다. ³점차 제례 음식으로서 위상을 잃었지만 모든 가족이 모여 보름달을 바라보면서 함께 나눠 먹는 음식으로 자리 잡았다. ⁴이 때문에 보름달 모양의 월병은 둥근 원탁에 온가족이 모인 것을 상징한다. ⁵한국에서 지역의 단합을 위해 수천 명 분의 비빔밥을 만들듯이 중국에서는 수천 명이 먹을 수 있는 월병을 만들 정도로 이는 의미 있는 음식으로 대접받고 있다.
> ▶ 월병의 유래와 의미

① 중국의 월병은 제수 음식으로서의 명맥을 유지하고 있다.(근거 **2**-3 → 제수 음식으로서의 특징은 **2**에만 서술되어 있으나, **2**-2로부터 송편의 제수 음식으로서의 특징도 추론해 낼 수 있어야 함. 즉, 두 음식 모두 제수 음식으로 출발하였으나, 월병은 제례적 의미를 상실했고, 송편은 여전히 제례적 의미를 지니고 있음.)

❷ 신라인들은 더 나은 미래를 기원하는 마음을 담아 송편을 빚었다.(근거 **1**-5)

③ 중국의 월병은 한국에서 비빔밥을 만들어 먹는 것을 본떠(×) 만든 음식이다.(근거 **1**-5)

④ 《삼국사기》에 따르면 점술가의 예언 덕분에(×) 신라가 크게 발전할 수 있었다.(근거 **1**-4)

단계별 풀이 비법

풀이 비법 1 발문으로 유형을 먼저 확인하라!
글의 일치-불일치를 묻는 문제 중 적답지 하나를 선택하는 경우, 중심 화제을 찾아 주제를 파악하고, 이와 가장 부합하는 선택지가 무엇인지 찾는 것이 시간을 절약할 수 있다.

풀이 비법 2 핵심어를 통해 단락별 중심 내용을 찾아라!
중심 화제 송편, 월병
중심 내용 송편과 월병의 비교

	송편	월병
지역	우리나라	중국
모양	반달 모양	보름달 모양
성격	제례 음식 (과거 & 현재)	제례 음식 (과거)
의미	더 나은 미래 기원	단합을 기원
유사한 의미의 음식	-	비빔밥

풀이 비법 3 단락별 중심 내용을 종합하여 주제를 파악하라!
동양의 음식 중 우리나라의 송편과 중국의 월병을 예로 들어, 음식에 담긴 특별한 의미에 대해 서술하는 글이다. 두 대상이 서로 비교되며 서술되고 있으므로 **풀이 비법 2** 에서처럼 비교표를 만들어 보면 놓치는 내용 없이 세세한 정보를 확인할 수 있다.

풀이 비법 4 부합하는 선택지를 찾아라!

① '월병은~제수 용품이었다. 점차 제례 음식으로서 위상을 잃었지만'에서 월병이 더 이상 제수 음식으로서의 명맥을 유지하고 있지 못함을 알 수 있다.

② **1**-3, 5를 종합하면, 송편은 신라 시대부터 더 나은 미래를 기원하는 뜻으로 빚어져 왔다고 볼 수 있다.

③ 비빔밥은 '단합'을 중시한다는 점에서 월병과 유사한 의미를 지닌 음식으로 제시된 것이다. 월병이 비빔밥을 본떠 만들어졌다는 내용은 제시문에 나오지 않는다.

④ 신라의 발전에 대한 '점술가의 예언이 적중'한 것이지, 예언 덕분에 신라가 발전한 것은 아니다.

정답 ②

실전 기출 — 세부 정보 파악하기 3

학습일: 월 일 풀이 시간: 1분 이내

연습 1 병태 요정과 함께 풀기

다음 글의 내용으로 적절하지 않은 것은? 2019 국가직 7급

우리나라를 비롯해 동양에는 빛과 그림자의 대비를 사실적으로 표현하는 명암법이 존재하지 않았다는 점이 새삼 흥미롭게 다가온다.

단원 김홍도의 〈씨름〉을 보자. 어디에도 그림자는 없다. 숨바꼭질하는 아이들이 꼭꼭 숨어 버린 것처럼 모든 그림자가 다 사라져 버렸다. 이처럼 선묘에 의지해 대상을 나타내는 우리의 전통 회화에서는 그림자 표현을 찾아보기 어렵다. 동양 회화는 명암을 의도적으로 외면하는 경향이 있다. 빛과 그림자를 통해 그림의 사실성을 높이고 사물의 물리적인 실재감을 높이는 것은 선의 맛을 중시하여 정신성을 극대화해 온 동양 회화의 전통과 배치되기 때문이다.

하지만 현상의 원리로서 음양의 조화를 추구해 온 역사가 시사하듯 물리적인 빛과 그림자를 그리지는 않았어도 그 조화와 원리에 대한 관념은 화폭에 진하게 물들어 있다. 사실의 묘사보다 정신의 표현을 중시한 까닭에 동양 회화에서 빛과 그림자는 이처럼 정신의 현상으로 녹아 있다고 할 수 있다.

그럼에도 조선 후기에 들어서면 명암 표현이 어렴풋이 시도되는데, 이는 북경으로부터 명암법, 원근법 등에 기초한 서양 화법이 우리나라로 흘러들어 왔기 때문이다. 김두량의 〈견도(犬圖)〉, 이희영의 〈견도(犬圖)〉 등 일부 화인들의 그림에서 그 흔적을 찾아볼 수 있다.

① 선의 맛을 중시한 전통 때문에 동양 회화에서는 명암 표현을 찾기가 어렵다.
② 김홍도의 〈씨름〉, 김두량의 〈견도(犬圖)〉는 다른 명암법을 사용하고 있다.
③ 회화에서 명암은 사물의 실재감을 높이는 데 중요한 역할을 한다.
④ 동양 회화는 정신성을 추구하기 위하여 사실성과 거리를 두었다.

연습 2 혼자서 눈으로 계속 연습하기

다음 글의 내용으로 적절하지 않은 것은? 2019 국가직 7급

우리나라를 비롯해 동양에는 빛과 그림자의 대비를 사실적으로 표현하는 명암법이 존재하지 않았다는 점이 새삼 흥미롭게 다가온다.

단원 김홍도의 〈씨름〉을 보자. 어디에도 그림자는 없다. 숨바꼭질하는 아이들이 꼭꼭 숨어 버린 것처럼 모든 그림자가 다 사라져 버렸다. 이처럼 선묘에 의지해 대상을 나타내는 우리의 전통 회화에서는 그림자 표현을 찾아보기 어렵다. 동양 회화는 명암을 의도적으로 외면하는 경향이 있다. 빛과 그림자를 통해 그림의 사실성을 높이고 사물의 물리적인 실재감을 높이는 것은 선의 맛을 중시하여 정신성을 극대화해 온 동양 회화의 전통과 배치되기 때문이다.

하지만 현상의 원리로서 음양의 조화를 추구해 온 역사가 시사하듯 물리적인 빛과 그림자를 그리지는 않았어도 그 조화와 원리에 대한 관념은 화폭에 진하게 물들어 있다. 사실의 묘사보다 정신의 표현을 중시한 까닭에 동양 회화에서 빛과 그림자는 이처럼 정신의 현상으로 녹아 있다고 할 수 있다.

그럼에도 조선 후기에 들어서면 명암 표현이 어렴풋이 시도되는데, 이는 북경으로부터 명암법, 원근법 등에 기초한 서양 화법이 우리나라로 흘러들어 왔기 때문이다. 김두량의 〈견도(犬圖)〉, 이희영의 〈견도(犬圖)〉 등 일부 화인들의 그림에서 그 흔적을 찾아볼 수 있다.

① 선의 맛을 중시한 전통 때문에 동양 회화에서는 명암 표현을 찾기가 어렵다.
② 김홍도의 〈씨름〉, 김두량의 〈견도(犬圖)〉는 다른 명암법을 사용하고 있다.
③ 회화에서 명암은 사물의 실재감을 높이는 데 중요한 역할을 한다.
④ 동양 회화는 정신성을 추구하기 위하여 사실성과 거리를 두었다.

지문을 한눈에

동양 회화에서의 명암법

1 화제 제시	2 상술	3 부연	4 첨가
동양에는 명암법이 존재하지 않음.	사실성을 추구하는 명암법은 정신성을 추구한 동양 회화의 전통과 배치됨.	동양 회화에서도 명암의 조화와 원리에 대한 관념은 존재함.	조선 후기에 서양 화법의 영향으로 명암법이 시도됨.

실전 기출 세부 정보 파악하기 3

06
다음 글의 내용으로 적절하지 않은 것은?

지문 제재 | 예술
2019 국가직 7급

> 1 ¹우리나라를 비롯해 동양에는 빛과 그림자의 대비를 사실적으로 표현하는 명암법이 존재하지 않았다는 점이 새삼 흥미롭게 다가온다.
> ▶ 동양에는 명암법이 존재하지 않았음
>
> 2 ¹단원 김홍도의 〈씨름〉을 보자. ²어디에도 그림자는 없다. ³숨바꼭질하는 아이들이 꼭꼭 숨어 버린 것처럼 모든 그림자가 다 사라져 버렸다. ⁴이처럼 선묘(線描, 선으로만 그림)에 의지해 대상을 나타내는 우리의 전통 회화에서는 그림자 표현을 찾아보기 어렵다. ⁵동양 회화는 명암을 의도적으로 외면하는 경향이 있다. ⁶빛과 그림자를 통해 그림의 사실성을 높이고 사물의 물리적인 실재감을 높이는 것은 선의 맛을 중시하여 정신성을 극대화해 온 동양 회화의 전통과 배치(背馳, 서로 반대로 되어 어그러지거나 어긋남)되기 때문이다. ▶ 정신성을 극대화하기 위해 명암을 의도적으로 외면함
>
> 3 ¹하지만 현상(現象, 인간이 지각할 수 있는, 사물의 모양과 상태)의 원리로서 음양의 조화를 추구해 온 역사가 시사(示唆, 어떤 것을 미리 간접적으로 표현해 줌)하듯 물리적인 빛과 그림자를 그리지는 않았어도 그 조화와 원리에 대한 관념은 화포(畫布, 캔버스)에 진하게 물들어 있다. ²사실의 묘사보다 정신의 표현을 중시한 까닭에 동양 회화에서 빛과 그림자는 이처럼 정신의 현상으로 녹아 있다고 할 수 있다. ▶ 명암의 조화와 원리에 대한 관념은 존재함
>
> 4 ¹그럼에도 (명암법을 사용하지 않았음에도) 조선 후기에 들어서면 명암 표현이 어렴풋이 시도되는데, 이는 북경으로부터 명암법, 원근법 등에 기초한 서양 화법(畫法, 그림을 그리는 방법)이 우리나라로 흘러들어 왔기 때문이다. ²김두량의 〈견도(犬圖)〉, 이희영의 〈견도(犬圖)〉 등 일부 화인(畫人, 화가)들의 그림에서 그 흔적을 찾아볼 수 있다.
> ▶ 서양 화법의 영향으로 조선 후기부터 명암법이 시도됨

① 선의 맛을 중시한 전통 때문에 동양 회화에서는 명암 표현을 찾기가 어렵다. (근거 2-5, 6)
❷ 김홍도의 〈씨름〉, 김두량의 〈견도(犬圖)〉는 다른 명암법을 사용하고 있다. (김홍도의 〈씨름〉에는 명암법이 사용되지 않음. 근거 2-1, 2, 4-2)
③ 회화에서 명암은 사물의 실재감을 높이는 데 중요한 역할을 한다. (근거 2-6)
④ 동양 회화는 정신성을 추구하기 위하여 사실성과 거리를 두었다. (근거 2-5, 6)

단계별 풀이 비법

풀이비법 1 발문으로 유형을 먼저 확인하라!
'글의 내용'을 확인하는 문제이므로 세부 정보를 파악하는 유형임을 알 수 있다. 그리고 지문 내용과 일치하지 않은 것을 골라야 한다.

풀이비법 2 화제를 중심으로 중심 내용을 정리하라!

	화제	중심 내용
1	명암법	동양에는 존재하지 않았음.
2	동양 회화	명암을 의도적으로 외면함.
3	동양 회화	명암의 개념은 있었음.
4	명암법	조선 후기에 들어 시도됨.

풀이비법 3 지문에서 선택지 내용과 관련된 정보를 찾아 정리하라!

선지	관련 정보
①	2-5, 6: '명암을 의도적으로 외면', '선의 맛을 중시하여 정신성을 극대화해 온 동양 회화의 전통과 배치되기 때문'
②	2-1, 2, 4-2: '어디에도 그림자는 없다.', '김두량의 〈견도〉, 이희영의 〈견도〉 등 일부 화인들의 그림에서 그 흔적을 찾아볼 수 있다.'
③	2-6: '빛과 그림자를 통해 그림의 사실성을 높이고 사물의 물리적인 실재감을 높이는 것'
④	2-5, 6: '명암을 의도적으로 외면', '정신성을 극대화해 온 동양 회화의 전통과 배치되기 때문'

풀이비법 4 선택지의 일치 여부를 판단하라!
① 2-5와 6에 따르면, 동양 회화는 선의 맛을 중시하였기 때문에 명암을 의도적으로 외면하였다.
② 2-1과 2에 따르면, 김홍도의 〈씨름〉에는 그림자가 나타나지 않는다. 이는 명암법이 사용되지 않았음을 의미한다. 그런데 4단락에 따르면, 김두량의 〈견도(犬圖)〉에는 명암법이 사용되었다.
③ 2-6에 따르면, 명암을 표현함으로써 그림의 사실성을 높이고 사물의 물리적인 실재감을 높일 수 있다.
④ 2-5와 6에 따르면, 동양 회화에서 사실성을 높이는 명암 표현을 의도적으로 외면한 것은 정신성을 극대화해 온 동양 회화의 전통과 배치되기 때문이다.

정답 ②

실전 기출 — 세부 정보 파악하기 3

연습 1 병태 요정과 함께 풀기

다음 글에서 알 수 없는 것은? 2019 국가직 7급

팰럼시스트(palimpsest)란 원래 양피지 위에 글자가 여러 겹 겹쳐서 보이는 것을 일컫는다. 종이가 발명되기 전에는 양피지에 글을 썼는데 양피지는 귀했기 때문에 이를 재활용하기 위해 이미 쓰여 있는 글자를 지우고 그 위에 다시 글자를 쓰는 일이 빈번했다. 이로 인해 이전에 쓴 글자 위로 새로 쓴 글자가 중첩되어 보이는 현상이 벌어졌다. 건축에서는 이러한 팰럼시스트를 오래된 역사적 흔적이 현재의 공간에 영향을 미칠 때 그것을 은유적으로 설명하기 위해 원용하고 있다.

가장 손쉬운 예로 서울 강북의 복잡한 도로망을 들 수 있다. 조선 시대 한양에는 상하수도 시설이 부재하였다. 하지만 물은 인간 생활에 가장 필요한 기본 요건인바, 물을 효율적으로 사용하기 위해 이 당시 주거들은 한강의 지류 하천을 따라서 형성될 수밖에 없었다. 실개천 주변으로 주거들이 들어서게 되고 그 옆으로 사람과 말들이 지나다니면서 자연 발생적으로 도로가 만들어지게 되었다. 수변(水邊) 공간에서 일상생활을 영위하고 하천을 상하수도 시설처럼 사용하는 커뮤니티가 자연스럽게 형성되었다고 볼 수 있다.

그러나 이후 인구 밀도가 높아지면서 위생 문제가 심각해지고, 동시에 자동차가 급증하여 자동차 도로를 확보하는 것이 도시 형성의 필수 조건으로 부각되면서 하천 주변은 상당 부분 자동차 도로로 바뀌었다. 강북의 도로망 가운데 많은 부분이 구불구불한 자연 하천과도 같은 모습을 갖게 된 것은 이러한 연유에서이다. 산업화 이후 대형 간선도로의 등장이 본격화되면서 하천을 중심으로 형성되었던 기존 커뮤니티는 간선도로에 의해 나눠지게 된 것이다.

① 팰럼시스트는 종이가 발명되기 이전, 양피지를 재활용하면서 빚어진 현상을 말한다.
② 하천이 커뮤니티의 중심이었던 과거와 달리 지금은 간선도로가 커뮤니티를 나누고 있다.
③ 도시 주거의 기본 요건 중 하나가 상하수도 시설이기 때문에 하천 주변이 자동차 도로가 된 것은 필연적이다.
④ 강북의 복잡한 도로망은 상하수도 시설이 없었던 시절의 흔적이 현재의 공간에 영향을 미친 팰럼시스트의 예이다.

연습 2 혼자서 눈으로 계속 연습하기

다음 글에서 알 수 없는 것은? 2019 국가직 7급

팰럼시스트(palimpsest)란 원래 양피지 위에 글자가 여러 겹 겹쳐서 보이는 것을 일컫는다. 종이가 발명되기 전에는 양피지에 글을 썼는데 양피지는 귀했기 때문에 이를 재활용하기 위해 이미 쓰여 있는 글자를 지우고 그 위에 다시 글자를 쓰는 일이 빈번했다. 이로 인해 이전에 쓴 글자 위로 새로 쓴 글자가 중첩되어 보이는 현상이 벌어졌다. 건축에서는 이러한 팰럼시스트를 오래된 역사적 흔적이 현재의 공간에 영향을 미칠 때 그것을 은유적으로 설명하기 위해 원용하고 있다.

가장 손쉬운 예로 서울 강북의 복잡한 도로망을 들 수 있다. 조선 시대 한양에는 상하수도 시설이 부재하였다. 하지만 물은 인간 생활에 가장 필요한 기본 요건인바, 물을 효율적으로 사용하기 위해 이 당시 주거들은 한강의 지류 하천을 따라서 형성될 수밖에 없었다. 실개천 주변으로 주거들이 들어서게 되고 그 옆으로 사람과 말들이 지나다니면서 자연 발생적으로 도로가 만들어지게 되었다. 수변(水邊) 공간에서 일상생활을 영위하고 하천을 상하수도 시설처럼 사용하는 커뮤니티가 자연스럽게 형성되었다고 볼 수 있다.

그러나 이후 인구 밀도가 높아지면서 위생 문제가 심각해지고, 동시에 자동차가 급증하여 자동차 도로를 확보하는 것이 도시 형성의 필수 조건으로 부각되면서 하천 주변은 상당 부분 자동차 도로로 바뀌었다. 강북의 도로망 가운데 많은 부분이 구불구불한 자연 하천과도 같은 모습을 갖게 된 것은 이러한 연유에서이다. 산업화 이후 대형 간선도로의 등장이 본격화되면서 하천을 중심으로 형성되었던 기존 커뮤니티는 간선도로에 의해 나눠지게 된 것이다.

① 팰럼시스트는 종이가 발명되기 이전, 양피지를 재활용하면서 빚어진 현상을 말한다.
② 하천이 커뮤니티의 중심이었던 과거와 달리 지금은 간선도로가 커뮤니티를 나누고 있다.
③ 도시 주거의 기본 요건 중 하나가 상하수도 시설이기 때문에 하천 주변이 자동차 도로가 된 것은 필연적이다.
④ 강북의 복잡한 도로망은 상하수도 시설이 없었던 시절의 흔적이 현재의 공간에 영향을 미친 팰럼시스트의 예이다.

지문을 한눈에

팰럼시스트의 개념 및 사례

- **1 주지**: 건축에서 팰럼시스트를 과거의 흔적이 현재의 공간에 영향을 미친 상황을 설명하는 용어로 원용함.
- **2, 3 예시**: 서울 강북의 복잡한 도로망은 과거 하천 중심의 생활 흔적이 남은 팰럼시스트 사례임.

실전 기출 세부 정보 파악하기 3

07

다음 글에서 알 수 없는 것은?

지문 제재 | 사회
2019 국가직 7급

① ¹[팰림시스트(palimpsest)란 원래 양피지 위에 글자가 여러 겹 겹쳐서 보이는 것을 일컫는다.](팰림시스트의 개념) ²종이가 발명되기 전에는 양피지(羊皮紙, 양의 생가죽을 얇게 펴서 약품 처리를 한 후에 표백하여 말린, 글을 쓰는 데 사용하는 재료)에 글을 썼는데 양피지는 귀했기 때문에 이를 재활용하기 위해 이미 쓰여 있는 글자를 지우고 그 위에 다시 글자를 쓰는 일이 빈번했다. ³이로 인해(이미 쓰여 있는 글자를 지우고 그 위에 다시 글자를 쓰는 일로 인해) 이전에 쓴 글자 위로 새로 쓴 글자가 중첩되어 보이는 현상이 벌어졌다. ⁴건축에서는 이러한 팰림시스트를 오래된 역사적 흔적이 현재의 공간에 영향을 미칠 때 그것을 은유적으로 설명하기 위해 원용(援用, 자기의 주장이나 학설을 세우기 위하여 문헌이나 관례 따위를 끌어다 씀)하고 있다.
▶ 팰림시스트의 개념과 건축에서의 원용

② ¹가장 손쉬운 예로, 서울 강북의 복잡한 도로망을 들 수 있다. ²조선 시대 한양에는 상하수도 시설이 부재하였다. ³하지만 물은 인간 생활에 가장 필요한 기본 요건인바, 물을 효율적으로 사용하기 위해 이 당시 주거(住居, 일정한 곳에 머물러 사는 집)들은 한강의 지류 하천을 따라서 형성될 수밖에 없었다. ⁴[실개천 주변으로 주거들이 들어서게 되고 그 옆으로 사람과 말들이 지나다니면서 자연 발생적으로 도로가 만들어지게 되었다] (현재 서울 강북의 도로 모양이 자연 하천 같은 모습이 된 이유) ⁵수변(水邊, 물가) 공간에서 일상생활을 영위(營爲, 일을 꾸려 나감)하고 하천을 상하수도 시설처럼 사용하는 커뮤니티가 자연스럽게 형성되었다고 볼 수 있다.
▶ 하천 중심으로 형성되었던 조선 시대의 커뮤니티

③ ¹그러나 이후 인구 밀도가 높아지면서 위생 문제가 심각해지고, 동시에 자동차가 급증하여 자동차 도로를 확보하는 것이 도시 형성의 필수 조건으로 부각되면서 [하천 주변은 상당 부분 자동차 도로로 바뀌었다.] (조선 시대의 자연 발생적 도로가 자동차 도로로 변함) ²강북의 도로망 가운데 많은 부분이 구불구불한 자연 하천과도 같은 모습을 갖게 된 것은 이러한 연유(緣由, 일의 까닭)에서이다. ³산업화 이후 대형 간선도로(幹線道路, 원줄기가 되는 주요한 도로)의 등장이 본격화되면서 하천을 중심으로 형성되었던 기존 커뮤니티는 간선도로에 의해 나눠지게 된 것이다.
▶ 서울 강북의 도로망에 있는 팰림시스트

① 팰림시스트는 종이가 발명되기 이전, 양피지를 재활용하면서 빚어진 현상을 말한다. (근거 ①-1, 2, 3)

② 하천이 커뮤니티의 중심이었던 과거와 달리 지금은 간선도로가 커뮤니티를 나누고 있다. (근거 ②-5, ③-3)

❸ 도시 주거의 기본 요건 중 하나가 상하수도 시설이기 때문에 하천 주변이 자동차 도로가 된 것은 필연적이다. (자동차 도로 확보가 도시 형성의 필수 조건이기 때문. 근거 ③-1)

④ 강북의 복잡한 도로망은 상하수도 시설이 없었던 시절의 흔적이 현재의 공간에 영향을 미친 팰림시스트의 예이다. (근거 ②-1, 2, 5, ③-1, 2)

단계별 풀이 비법

풀이 비법 1 발문으로 유형을 먼저 확인하라!

'글에서 알 수 없는 것'을 찾는 문제이므로 세부 정보를 파악하는 유형이다.

풀이 비법 2 화제를 중심으로 중심 내용을 정리하라!

	화제	중심 내용
①	팰림시스트	건축에서 역사적 흔적을 설명하기 위해 원용함.
②	조선 시대의 한양	하천을 중심으로 하는 커뮤니티가 형성됨.
③	서울 강북의 도로망	하천 주변이 대부분 자동차 도로로 바뀜.

풀이 비법 3 지문에서 선택지 내용과 관련된 정보를 찾아 정리하라!

선지	관련 정보
①	①-1, 2, 3: '종이가 발명되기 전에는 양피지에 글을 썼는데 양피지는 귀했기 때문에 이를 재활용', '이전에 쓴 글자 위로 새로 쓴 글자가 중첩되어 보이는 현상'
②	②-5, ③-3: '하천을 상하수도 시설처럼 사용하는 커뮤니티', '기존 커뮤니티는 간선도로에 의해 나눠지게 된 것'
③	③-1: '자동차 도로를 확보하는 것이 도시 형성의 필수 조건'
④	②-1, 2, 5, ③-1, 2: '한양에는 상하수도 시설이 부재', '하천을 상하수도 시설처럼 사용', '하천 주변은 상당 부분 자동차 도로로 바뀌었다.'

풀이 비법 4 선택지의 일치 여부를 판단하라!

① ①단락에 따르면, 팰림시스트는 양피지를 재활용하면서 새로 쓴 글자와 이전의 글자가 중첩되어 보이는 현상을 의미한다.

② ②-5에 따르면, 조선 시대 한양에서는 하천을 중심으로 하는 커뮤니티가 형성되었고, 그런데 ③-3에 따르면, 지금은 이전과 달리 간선도로가 커뮤니티를 나누고 있다.

③ ③-1에 따르면, 하천 주변이 자동차 도로가 된 것은 자동차 도로 확보가 도시 형성의 필수 조건이기 때문이며, 상하수도 시설과는 무관하다.

④ ②단락과 ③단락에 따르면, 지금 강북의 도로망이 자연 하천 같이 복잡하게 된 것은 상하수도 시설이 없었던 조선 시대의 생활이 현재의 공간에 영향을 미쳤기 때문이다.

정답 ③

실전 기출 — 세부 정보 파악하기 3

연습 1 병태 요정과 함께 풀기

다음 글에 대한 이해로 적절하지 않은 것은? 2022 지방직 9급

르네상스가 일어나게 된 요인으로 많은 것들이 거론되어 왔지만, 의학사의 관점에서 볼 때 흥미롭고 논쟁적인 원인은 페스트이다. 페스트가 유럽의 인구를 격감시킴으로써 사회 경제 구조가 급변하게 되었고, 사람들은 재래의 전통이 지니고 있던 강력한 권위에 의문을 품기 시작했다. 예컨대 사람들은 이 무시무시한 질병을 예측하지 못한 기존의 의학적 전통을 불신하게 되었으며, 페스트로 인해 '사악한 자'들만이 아니라 '선량한 자'들까지 무차별적으로 죽는 것을 보고 이전까지 의심하지 않았던 신과 교회의 막강한 권위에 대해서도 회의하게 되었다.

속수무책으로 당할 수밖에 없었던 죽음에 대한 경험은 사람들을 여러 방향에서 변화시켰다. 사람들은 거리에 시체가 널려 있는 광경에 익숙해졌고, 인간의 유해에 대한 두려움 또한 점차 옅어졌다. 교회에서 제시한 세계관 및 사후관에 대한 신뢰가 떨어지고, 삶과 죽음 같은 인간의 본질적인 문제에 대해 새롭게 사유하기 시작했다. 중세의 지적 전통에 대한 의구심은 고대의 학문과 예술, 언어에 대한 재평가로 이어졌으며, 이에 따라 신에 대한 무조건적 찬양과 복종 대신 인간에 대한 새로운 관심과 사유가 활발해졌다.

이러한 움직임은 미술사에서 두드러지게 포착된다. 인간에 대한 관심의 증대에 따라 인체의 아름다움이 재발견되었고, 인체를 묘사하는 다양한 화법도 등장했다. 인체에 대한 관심은 보이는 부분뿐만 아니라 보이지 않는 부분에 대한 관심으로 이어졌다. 기존의 의학적 전통을 여전히 신봉하던 의사들에게 해부학적 지식은 불필요한 것으로 인식되었던 반면, 당시의 미술가들은 예술가이면서 동시에 해부학자이기도 할 만큼 인체의 내부 구조를 탐색하는 데 골몰했다.

① 전염병의 창궐은 르네상스의 발생을 설명하는 다양한 요인 가운데 하나이다.
② 페스트로 인한 선인과 악인의 무차별적인 죽음은 교회가 유지하던 막강한 권위를 약화시켰다.
③ 예술가들이 인체의 아름다움을 재발견함으로써 고대의 학문과 언어에 대한 재평가도 이루어졌다.
④ 르네상스 시기에 해부학은 의사들보다도 미술가들의 관심을 끌었다.

연습 2 혼자서 눈으로 계속 연습하기

다음 글에 대한 이해로 적절하지 않은 것은? 2022 지방직 9급

르네상스가 일어나게 된 요인으로 많은 것들이 거론되어 왔지만, 의학사의 관점에서 볼 때 흥미롭고 논쟁적인 원인은 페스트이다. 페스트가 유럽의 인구를 격감시킴으로써 사회 경제 구조가 급변하게 되었고, 사람들은 재래의 전통이 지니고 있던 강력한 권위에 의문을 품기 시작했다. 예컨대 사람들은 이 무시무시한 질병을 예측하지 못한 기존의 의학적 전통을 불신하게 되었으며, 페스트로 인해 '사악한 자'들만이 아니라 '선량한 자'들까지 무차별적으로 죽는 것을 보고 이전까지 의심하지 않았던 신과 교회의 막강한 권위에 대해서도 회의하게 되었다.

속수무책으로 당할 수밖에 없었던 죽음에 대한 경험은 사람들을 여러 방향에서 변화시켰다. 사람들은 거리에 시체가 널려 있는 광경에 익숙해졌고, 인간의 유해에 대한 두려움 또한 점차 옅어졌다. 교회에서 제시한 세계관 및 사후관에 대한 신뢰가 떨어지고, 삶과 죽음 같은 인간의 본질적인 문제에 대해 새롭게 사유하기 시작했다. 중세의 지적 전통에 대한 의구심은 고대의 학문과 예술, 언어에 대한 재평가로 이어졌으며, 이에 따라 신에 대한 무조건적 찬양과 복종 대신 인간에 대한 새로운 관심과 사유가 활발해졌다.

이러한 움직임은 미술사에서 두드러지게 포착된다. 인간에 대한 관심의 증대에 따라 인체의 아름다움이 재발견되었고, 인체를 묘사하는 다양한 화법도 등장했다. 인체에 대한 관심은 보이는 부분뿐만 아니라 보이지 않는 부분에 대한 관심으로 이어졌다. 기존의 의학적 전통을 여전히 신봉하던 의사들에게 해부학적 지식은 불필요한 것으로 인식되었던 반면, 당시의 미술가들은 예술가이면서 동시에 해부학자이기도 할 만큼 인체의 내부 구조를 탐색하는 데 골몰했다.

① 전염병의 창궐은 르네상스의 발생을 설명하는 다양한 요인 가운데 하나이다.
② 페스트로 인한 선인과 악인의 무차별적인 죽음은 교회가 유지하던 막강한 권위를 약화시켰다.
③ 예술가들이 인체의 아름다움을 재발견함으로써 고대의 학문과 언어에 대한 재평가도 이루어졌다.
④ 르네상스 시기에 해부학은 의사들보다도 미술가들의 관심을 끌었다.

지문을 한눈에

페스트가 가져온 변화
① 중세의 지적 전통에 대한 의구심은 고대의 학문과 언어에 대한 재평가가 이루어짐.
② 신과 교회의 막강한 권위에 복종하는 대신 인간에 대한 관심이 생기고 사유함.

→ **미술사**
예술가들이 인체의 아름다움을 재발견함.

실전 기출 — 세부 정보 파악하기 3

08

다음 글에 대한 이해로 적절하지 않은 것은?

지문 제재 | 인문
2022 지방직 9급

1 ¹르네상스가 일어나게 된 요인으로 많은 것들이 거론되어 왔지만, 의학사의 관점에서 볼 때 흥미롭고 논쟁(論爭, 서로 다른 의견을 가진 사람들이 각각 자기의 주장을 말이나 글로 논하여 다툼)적인 원인은 페스트이다. ²페스트가 유럽의 인구를 격감(激減, 수량이 갑자기 줆)시킴으로써 사회 경제 구조가 급변하게 되었고, 사람들은 재래의 전통이 지니고 있던 강력한 권위에 의문을 품기 시작했다.(인과) ³예컨대 사람들은 이 무시무시한 질병을 예측하지 못한 기존의 의학적 전통을 불신하게 되었으며, 페스트로 인해 '사악한 자'들만이 아니라 '선량한 자'들까지 무차별적으로 죽는 것을 보고 이전까지 의심하지 않았던 신과 교회의 막강한 권위에 대해서도 회의(懷疑, 의심을 품음)하게 되었다.
▶ 페스트가 가져온 변화

2 ¹속수무책(束手無策, 손을 묶은 것처럼 어찌할 도리가 없어 꼼짝 못 함)으로 당할 수밖에 없었던 죽음에 대한 경험은 사람들을 여러 방향에서 변화시켰다. ²[사람들은 거리에 시체가 널려 있는 광경에 익숙해졌고, 인간의 유해(遺骸, 주검을 태우고 남은 뼈)에 대한 두려움 또한 점차 옅어졌다.](예시) ³교회에서 제시한 세계관 및 사후관에 대한 신뢰가 떨어지고, 삶과 죽음 같은 인간의 본질적인 문제에 대해 새롭게 사유(思惟, 대상을 두루 생각하는 일)하기 시작했다. ⁴중세의 지적 전통에 대한 의구심(疑懼心, 믿지 못하고 두려워하는 마음)은 고대의 학문과 예술, 언어에 대한 재평가로 이어졌으며, 이에 따라 신에 대한 무조건적 찬양과 복종 대신 [인간에 대한 새로운 관심과 사유가 활발해졌다.](르네상스의 시초)
▶ 인간에 대한 새로운 관심이 생기고 사유가 활발해짐

3 ¹어러한 움직임은 미술사에서 두드러지게 포착(捕捉, 어떤 기회나 정세를 알아차림)된다. ²인간에 대한 관심의 증대에 따라 인체의 아름다움이 재발견되었고, 인체를 묘사하는 다양한 화법도 등장했다. ³인체에 대한 관심은 보이는 부분뿐만 아니라 보이지 않는 부분에 대한 관심으로 이어졌다. ⁴기존의 의학적 전통을 여전히 신봉하던 의사들에게 해부학적 지식은 불필요한 것으로 인식되었던 반면, 당시의 미술가들은 예술가이면서 동시에 해부학자이기도 할 만큼 인체의 내부 구조를 탐색하는 데 골몰(汨沒, 다른 생각을 할 여유도 없이 한 가지 일에만 파묻힘)했다.
▶ 인간에 대한 관심이 미술사에서도 나타남

① 전염병의 창궐은 르네상스의 발생을 설명하는 다양한 요인 가운데 하나이다. (근거 1-1)

② 페스트로 인한 선인과 악인의 무차별적인 죽음은 교회가 유지하던 막강한 권위를 약화시켰다. (근거 1-3)

③ 예술가들이 인체의 아름다움을 재발견함으로써 고대의 학문과 언어에 대한 재평가도 이루어졌다. (근거 2-4, 3-2)

④ 르네상스 시기에 해부학은 의사들보다도 미술가들의 관심을 끌었다. (근거 3-4)

단계별 풀이 비법

풀이비법 1 발문으로 유형을 확인하라!

'글에 대한 이해'를 확인하는 문제이므로 세부 정보를 파악하는 유형임을 알 수 있다. 그리고 부정 발문이므로 지문 내용과 일치하지 않는 선택지를 골라야 한다.

풀이비법 2 무엇(화제)에 대해 말하고 있는지 파악하라!

중심 화제 페스트가 가져온 변화
중심 내용 페스트를 겪은 후, 사람들은 인간에 대한 새로운 관심이 생겼으며 사유가 활발해졌다.

풀이비법 3 지문에서 선택지 내용과 관련된 정보를 찾아 정리하라!

선지	관련 정보
①	1-1: '르네상스가 일어나게 된 요인으로 많은 것들이 거론되어 … 원인은 페스트이다.'
②	1-3: '페스트로 인해 '사악한 자' … 신과 교회의 막강한 권위에 대해서도 회의하게 되었다.'
③	2-4, 3-2: 중세의 지적 전통에 대한 의구심 → 고대의 학문과 예술, 언어에 대한 재평가 → 인간에 대한 관심이 증대함. → 인체의 아름다움이 재발견됨.
④	3-4: '의사들에게 해부학적 지식은 불필요한 것으로 인식 … 미술가들은 예술가이면서 동시에 해부학자이기도 할 만큼 인체의 내부 구조를 탐색하는 데 골몰'

풀이비법 4 선택지의 적절성을 판단하라!

① 1-1, 르네상스가 일어나게 된 요인으로 많은 것들 중, 페스트는 의학사의 관점에서 본 것이다.

② 1-3, "페스트로 인해 '사악한 … 신과 교회의 막강한 권위에 대해서도 회의하게 되었다."는 서술을 통해 확인할 수 있다.

③ 2-4, 3-2, 중세의 지적 전통에 대한 의구심이 고대의 학문과 예술, 언어에 대한 재평가로 이어졌고, 인간에 대한 관심이 증대함에 따라 인체의 아름다움이 재발견되었다.

④ 3-4, '의사들에게 해부학적 지식은 불필요한 것으로 인식 … 미술가들은 예술가이면서 동시에 해부학자이기도 할 만큼 인체의 내부 구조를 탐색하는 데 골몰'했다는 서술을 통해 확인할 수 있다.

정답 ③

실전 기출 — 세부 정보 파악하기 3

연습 1 병태 요정과 함께 풀기

다음 글에서 알 수 있는 것은? 2018 국가직 7급

우리가 들은 특정 소리는 머릿속에 존재하는 어휘 목록 속에서 어떻게 의도된 단어에 접속하여 그 의미만을 활성화할 수 있는 것일까? 즉 우리가 어떤 단어를 들었을 때, 그 단어와 다른 모든 단어들이 구별되는 과정을 거치지 않고서도 어떻게 해당 단어의 의미가 정확하게 활성화될 수 있을까? 마슬렌-윌슨(Marslen-Wilson)은 어떤 단어를 듣고 인식하는 데 필요한 조건에 관련된 실험을 진행했다. 그는 실험을 통해 앞부분이 같은 다른 단어들과 구별되는 지점까지 들어야 비로소 어떤 단어가 인식된다는 것을 알아냈다. 예를 들어 'slander'는 /d/를 들었을 때 비로소 앞부분이 같은 다른 단어들과 확실하게 구별되며, 이 지점에 도달하기 전까지는 'slant'와 구별되지 않는다. 여기서 청각 체계로 들어온 소리가 머릿속 어휘 목록의 해당 항목에 접속할 뿐만 아니라 그것을 활성화한다는 점이 중요하다. 이러한 과정은 금고를 열기 위한 숫자 조합의 원리와 유사하다. 숫자 조합 자물쇠의 회전판을 올바른 순서로 회전시킬 때, 모든 숫자를 끝까지 회전시키지 않고도 맞아떨어질 수 있다. 이와 유사하게, 특정 소리 연속체를 요구하는 신경 회로들은 진행 중인(하지만 아직 완전히 진행되지 않은) 소리의 연속체로 인해 활성화될 수 있다. 그에 따르면 /slan/은 'slander'와 'slant'에 관련되는 신경 회로들 전부를 활성화할 것이다.

① 머릿속에 저장된 단어들에, 청각 체계로 들어온 음성 신호가 접속하여 의미가 활성화된다.
② 'slander'와 'slant'의 의미를 서로 구별하기 위해서는 각 단어의 발음을 끝까지 들어야 한다.
③ 어떤 단어를 머릿속 어휘 목록에서 선택하여 발화하는 과정은 숫자 조합 자물쇠의 원리로 설명할 수 있다.
④ 특정 단어와 관련되는 신경 회로는 그 단어와 소리가 유사한 다른 단어들이 구별될 때까지 활성화되지 않는다.

연습 2 혼자서 눈으로 계속 연습하기

다음 글에서 알 수 있는 것은? 2018 국가직 7급

우리가 들은 특정 소리는 머릿속에 존재하는 어휘 목록 속에서 어떻게 의도된 단어에 접속하여 그 의미만을 활성화할 수 있는 것일까? 즉 우리가 어떤 단어를 들었을 때, 그 단어와 다른 모든 단어들이 구별되는 과정을 거치지 않고서도 어떻게 해당 단어의 의미가 정확하게 활성화될 수 있을까? 마슬렌-윌슨(Marslen-Wilson)은 어떤 단어를 듣고 인식하는 데 필요한 조건에 관련된 실험을 진행했다. 그는 실험을 통해 앞부분이 같은 다른 단어들과 구별되는 지점까지 들어야 비로소 어떤 단어가 인식된다는 것을 알아냈다. 예를 들어 'slander'는 /d/를 들었을 때 비로소 앞부분이 같은 다른 단어들과 확실하게 구별되며, 이 지점에 도달하기 전까지는 'slant'와 구별되지 않는다. 여기서 청각 체계로 들어온 소리가 머릿속 어휘 목록의 해당 항목에 접속할 뿐만 아니라 그것을 활성화한다는 점이 중요하다. 이러한 과정은 금고를 열기 위한 숫자 조합의 원리와 유사하다. 숫자 조합 자물쇠의 회전판을 올바른 순서로 회전시킬 때, 모든 숫자를 끝까지 회전시키지 않고도 맞아떨어질 수 있다. 이와 유사하게, 특정 소리 연속체를 요구하는 신경 회로들은 진행 중인(하지만 아직 완전히 진행되지 않은) 소리의 연속체로 인해 활성화될 수 있다. 그에 따르면 /slan/은 'slander'와 'slant'에 관련되는 신경 회로들 전부를 활성화할 것이다.

① 머릿속에 저장된 단어들에, 청각 체계로 들어온 음성 신호가 접속하여 의미가 활성화된다.
② 'slander'와 'slant'의 의미를 서로 구별하기 위해서는 각 단어의 발음을 끝까지 들어야 한다.
③ 어떤 단어를 머릿속 어휘 목록에서 선택하여 발화하는 과정은 숫자 조합 자물쇠의 원리로 설명할 수 있다.
④ 특정 단어와 관련되는 신경 회로는 그 단어와 소리가 유사한 다른 단어들이 구별될 때까지 활성화되지 않는다.

지문을 한눈에

특정 소리의 의미를 인식하는 원리	화제 제시(1, 2)	구체화(3, 4)	예시(5)	부연(6~8)	주지(9)	예시(10)
	어떤 단어를 들을 때 머릿속에서 그 단어의 의미만 활성화되는 원리에 대한 의문	앞부분이 같은 다른 단어들과 구별되는 지점까지 들어야 비로소 특정 단어가 인식됨.	'slander'는 /d/를 들었을 때 비로소 'slant'와 구별됨.	청각 체계로 들어온 소리가 머릿속 어휘 목록에 접속하여 해당 항목을 활성화함.	특정 소리 연속체를 요구하는 신경 회로들은 진행 중인 소리의 연속체로 인해 활성화됨.	/slan/은 'slander'와 'slant'에 관련되는 신경 회로들 전부를 활성화함.

실전 기출 세부 정보 파악하기 3

09
다음 글에서 알 수 있는 것은?

지문 제재 | 인문
2018 국가직 7급

> **1** ¹우리가 들은 특정 소리는 머릿속에 존재하는 어휘 목록 속에서 어떻게 의도된 단어에 접속하여 그 의미만을 활성화(活性化, 사회나 조직 등의 기능이 활발함. 또는 그러한 기능을 활발하게 함)할 수 있는 것일까? ²(즉) 우리가 어떤 단어를 들었을 때, 그 단어와 다른 모든 단어들이 구별되는 과정을 거치지 않고서도 어떻게 해당 단어의 의미가 정확하게 활성화될 수 있을까? ³마슬렌-윌슨(Marslen-Wilson)은 어떤 단어를 듣고 인식하는 데 필요한 조건에 관련된 실험을 진행했다. ⁴그는 실험을 통해 앞부분이 같은 다른 단어들과 구별되는 지점까지 들어야 비로소 어떤 단어가 인식된다는 것을 알아냈다. ⁵예를 들어 'slander'는 /d/를 들었을 때 비로소 앞부분이 같은 다른 단어들과 확실하게 구별되며, 이 지점에 도달하기 전까지는 'slant'와 구별되지 않는다. ⁶여기서 청각 체계로 들어온 소리가 머릿속 어휘 목록의 해당 항목에 접속할 뿐만 아니라 그것을 활성화한다는 점이 중요하다. ⁷[이러한 (청각 체계로 들어온 소리가 머릿속 어휘 목록의 해당 항목에 접속할 뿐만 아니라 그것을 활성화하는) 과정은 금고를 열기 위한 숫자 조합의 원리와 유사하다.] (유추의 설명 방법) ⁸숫자 조합 자물쇠의 회전판을 올바른 순서로 회전시킬 때, 모든 숫자를 끝까지 회전시키지 않고도 맞아 떨어질 수 있다. ⁹이와 유사하게, 특정 소리 연속체를 요구하는 신경 회로들은 진행 중인(하지만 아직 완전히 진행되지 않은) 소리의 연속체로 인해 활성화될 수 있다. ¹⁰그에 따르면 [/slan/은 'slander'와 'slant'에 관련되는 신경 회로들 전부를 활성화할 것] (이어지는 /d/나 /t/를 듣기 전에는 특정 단어의 의미만이 활성화되지 않음)이다.
>
> ▶ 어떤 단어를 듣고 그 의미를 인식하는 원리

① 머릿속에 저장된 단어들에, 청각 체계로 들어온 음성 신호가 접속하여 의미가 활성화된다.(근거 **1**-6)

② 'slander'와 'slant'의 의미를 서로 구별하기 위해서는 각 단어의 발음을 끝까지 들어야 한다.(/d/나 /t/까지만 들으면 됨. 근거 **1**-5)

③ 어떤 단어를 머릿속 어휘 목록에서 선택하여 발화하는 과정은 숫자 조합 자물쇠의 원리로 설명할 수 있다.(발화하는 과정이 아니라 청취하는 과정임. 근거 **1**-7)

④ 특정 단어와 관련되는 신경 회로는 그 단어와 소리가 유사한 다른 단어들이 구별될 때까지 활성화되지 않는다.(구별되기 전까지는 동일한 소리가 이어진 모든 단어의 신경 회로가 활성화되어 있음. 근거 **1**-10)

단계별 풀이 비법

풀이비법 1 발문으로 유형을 먼저 확인하라!
'글에서 알 수 있는 것'을 찾는 문제이므로 세부 정보를 파악하는 유형임을 알 수 있다.

풀이비법 2 화제를 중심으로 중심 내용을 정리하라!

화제	중심 내용
청각 체계로 들어온 어떤 단어	앞부분이 같은 다른 단어들과 구별되는 지점까지 들어야 의미를 인식함.

풀이비법 3 지문에서 선택지 내용과 관련된 정보를 찾아 정리하라!

선지	관련 정보
①	**1**-6: '청각 체계로 들어온 소리가 머릿속 어휘 목록의 해당 항목에 접속할 뿐만 아니라 그것을 활성화한다.'
②	**1**-5: "slander'는 /d/를 들었을 때 비로소 앞부분이 같은 다른 단어들과 확실하게 구별'
③	**1**-7: '이러한 과정은 금고를 열기 위한 숫자 조합의 원리와 유사'
④	**1**-10: '/slan/은 'slander'와 'slant'에 관련되는 신경 회로를 전부를 활성화할 것'

풀이비법 4 선택지의 일치 여부를 판단하라

① **1**-6의 "청각 체계로 들어온 소리가 머릿속 어휘 목록의 해당 항목에 접속할 뿐만 아니라 그것을 활성화한다."라는 설명과 일치한다.

② **1**-5에 따르면, 'slander'와 'slant'는 동일한 부분인 /slan/까지는 구별이 불가능하며, 다른 단어와 확실하게 구별되는 지점인 /d/ 또는 /t/를 들었을 때 비로소 의미의 구별이 가능하다.

③ **1**-6과 7에 따르면, 숫자 조합 자물쇠의 원리와 유사한 것은 단어를 발화하는 과정이 아니라, 청각 체계로 들어온 어떤 소리를 다른 단어와 구별해서 의미를 활성화하는 과정이다.

④ **1**-10에 따르면, /slan/은 'slander'와 'slant'에 관련되는 신경 회로들 전부를 활성화한다. 이는 특정 단어와 관련되는 신경 회로는 그 단어와 소리가 유사한 다른 단어들이 구별될 때까지 모두 활성화됨을 의미한다.

정답 ①

실전 기출 — 세부 정보 파악하기 4

연습 1 병태 요정과 함께 풀기

다음 글에 대한 이해로 적절하지 않은 것은?　2021 지방직 7급

> 15세기 중엽 구텐베르크가 인쇄술을 도입했을 때 인쇄업에는 모험적인 투자가 필요했다. 인쇄 시설은 자주 교체해야 했고 노동비용과 종잇값도 비쌌을 뿐 아니라, 막대한 투자금의 회수도 오래 걸렸다. 결국 15세기 말 인쇄업은 자금을 빌려주는 업자들에게 종속되었는데 그들은 경제적 목적을 가지고 책 사업을 장악하였다. 책은 생산 원가의 2 ~ 3배의 이윤을 남기는 고가의 제품이었기 때문이다. 필사본의 수량적 한계를 뛰어넘은 책은 상인들의 교역로를 따라 유럽 각지로 퍼져 나갔다. 이 사치품은 수지맞는 상품으로 시장에서 거래되었고, 그 과정에서 사상의 교환이 촉진되었다. 15세기 후반부에는 라틴어가 가장 중요했기에 라틴어로 된 종교 서적이 인쇄의 주류를 이루었다. 16세기 들어 인쇄술은 고대 문헌들의 출판을 통해 인문주의의 대의에 공헌했으며, 1517년 이후 종교개혁을 위한 수단으로도 이용되었다.

① 16세기에는 인쇄술이 종교개혁에 영향을 주었다.
② 15세기 말 인쇄업은 대금업자들에게 금전적으로 의존했다.
③ 유럽의 상인들이 사상의 교환을 위해서 책을 유통한 것은 아니었다.
④ 15세기 후반부에 라틴어는 인쇄술에 힘입어 가장 중요한 언어가 되었다.

연습 2 혼자서 눈으로 계속 연습하기

다음 글에 대한 이해로 적절하지 않은 것은?　2021 지방직 7급

> 15세기 중엽 구텐베르크가 인쇄술을 도입했을 때 인쇄업에는 모험적인 투자가 필요했다. 인쇄 시설은 자주 교체해야 했고 노동비용과 종잇값도 비쌌을 뿐 아니라, 막대한 투자금의 회수도 오래 걸렸다. 결국 15세기 말 인쇄업은 자금을 빌려주는 업자들에게 종속되었는데 그들은 경제적 목적을 가지고 책 사업을 장악하였다. 책은 생산 원가의 2 ~ 3배의 이윤을 남기는 고가의 제품이었기 때문이다. 필사본의 수량적 한계를 뛰어넘은 책은 상인들의 교역로를 따라 유럽 각지로 퍼져 나갔다. 이 사치품은 수지맞는 상품으로 시장에서 거래되었고, 그 과정에서 사상의 교환이 촉진되었다. 15세기 후반부에는 라틴어가 가장 중요했기에 라틴어로 된 종교 서적이 인쇄의 주류를 이루었다. 16세기 들어 인쇄술은 고대 문헌들의 출판을 통해 인문주의의 대의에 공헌했으며, 1517년 이후 종교개혁을 위한 수단으로도 이용되었다.

① 16세기에는 인쇄술이 종교개혁에 영향을 주었다.
② 15세기 말 인쇄업은 대금업자들에게 금전적으로 의존했다.
③ 유럽의 상인들이 사상의 교환을 위해서 책을 유통한 것은 아니었다.
④ 15세기 후반부에 라틴어는 인쇄술에 힘입어 가장 중요한 언어가 되었다.

지문을 한눈에

인쇄업의 역사

15세기 중엽	15세기 말	15세기 후반	이후 오랫동안
· 인쇄술 도입(구텐베르크) · 인쇄업은 모험적 투자: 막대한 투자금, 장기적 회수	· 책은 2~3배 이윤 남는 고가 사치품 · 자금력 있는 업자가 장악 · 교역로 따라 유럽 각지 판매	· 책의 시장 거래 · 사상 교환 촉진 · 라틴어 종교 서적이 주류	· 고대 문헌 출판·인문주의 대의에 공헌 · 1517년 종교개혁의 수단

01

다음 글에 대한 이해로 적절하지 않은 것은?

지문 제재 | 인문
2021 지방직 7급

> ① ¹15세기 중엽 구텐베르크가 인쇄술을 도입(導入, 기술, 방법, 물자 따위를 끌어 들임)했을 때 인쇄업에는 모험(冒險, 위험을 무릅쓰고 어떠한 일을 함)적인 투자(投資, 이익을 얻기 위하여 어떤 일에 자본을 대거나 시간이나 정성을 쏟음)가 필요했다. ²인쇄 시설(施設, 도구, 기계, 장치 따위를 베풀어 설비함)은 자주 교체(交替/交遞, 사람이나 사물을 다른 사람이나 사물로 대신함)해야 했고 노동비용(勞動費用, 기업이 노동자 한 명을 1년간 고용하는 데에 드는 비용)과 종잇값도 비쌌을 뿐 아니라, 막대한 투자금의 회수(回收, 도로 거두어들임)도 오래 걸렸다. ³결국 15세기 말 인쇄업은 자금을 빌려주는 업자들에게 종속(從屬, 자주성이 없이 주가 되는 것에 딸려 붙음)되었는데 그들은 경제적 목적을 가지고 책 사업을 장악(掌握, 손안에 잡아 쥔다는 뜻으로, 무엇을 마음대로 할 수 있게 됨)하였다. ⁴책은 생산 원가의 2 ~ 3배의 이윤(利潤, 장사 따위를 하여 남은)을 남기는 고가의 제품이었기 때문이다. ⁵필사본(筆寫本, 손으로 써서 만든 책)의 수량적 한계(限界, 사물이나 능력, 책임 따위가 실제 작용할 수 있는 범위)를 뛰어넘은 책은 상인들의 교역로(交易路, 상인이 물건을 사고팔고 바꾸기 위하여 지나다니는 길)를 따라 유럽 각지로 퍼져 나갔다. ⁶이 사치품(奢侈品, 분수에 지나치거나 생활의 필요 정도에 넘치는 물품)은 수지(收支, 거래 관계에서 얻는 이익)맞는 상품으로 시장에서 거래되었고, 그 과정에서 사상의 교환이 촉진(促進, 다그쳐 빨리 나아가게 함)되었다. ⁷15세기 후반부에는 라틴어가 가장 중요했기에 라틴어로 된 종교 서적이 인쇄의 주류를 이루었다. ⁸16세기 들어 인쇄술은 고대 문헌(文獻, 연구의 자료가 되는 서적이나 문서)들의 출판을 통해 인문주의의 대의(大義, 사람으로서 마땅히 지키고 행하여야 할 큰 도리)에 공헌(貢獻, 힘을 써 이바지함)했으며, 1517년 이후 종교개혁(宗敎改革, 16세기에 유럽에서 로마 가톨릭교회에 반대하여 일어난 개혁 운동)을 위한 수단(手段, 어떤 목적을 이루기 위한 방법)으로도 이용되었다.

① 16세기에는 인쇄술이 종교개혁에 영향을 주었다. (근거 ①-8)
② 15세기 말 인쇄업은 대금업자들에게 금전적으로 의존했다. (근거 ①-3)
③ 유럽의 상인들이 사상의 교환을 위해서 책을 유통한 것은 아니었다. (근거 ①-4)
❹ 15세기 후반부에 라틴어는 인쇄술에 힘입어(×) 가장 중요한 언어가 되었다. (근거 ①-7)

단계별 풀이 비법

풀이 비법 1 발문으로 유형을 확인하라!

'글에 대한 이해로 적절하지 않은 것'을 찾는 문제이므로 제시된 세부 정보를 바탕으로 새로운 내용을 이끌어 내야 한다.

풀이 비법 2 화제를 중심으로 중심 내용을 정리하라!

중심 화제 인쇄업의 역사
중심 내용

①-1~2	15세기 중엽 구텐베르크가 인쇄술을 도입했을 때, 막대한 투자금 회수도 오래 걸림.
①-3~7	15세기 말 인쇄업은 자금력 있는 업자가 장악했고 책은 2~3배 이윤 남는 고가 사치품으로 유럽 각지로 퍼져 나갔고, 라틴어로 된 종교 서적이 인쇄의 주류를 이룸.
①-8	16세기에 인쇄술은 고대 문헌의 출판을 통해 인문주의 대의에 공헌했으며 종교개혁의 수단으로 이용됨.

풀이 비법 3 지문에서 선택지 내용과 관련된 정보를 찾아 정리하라!

선지	관련 정보
①	①-8: 1517년 이후 종교개혁을 위한 수단
②	①-3: 15세기 말 인쇄업은 자금을 빌려주는 업자들에게 종속~
③	①-4: 책은 생산 원가의 2 ~ 3배의 이윤을 남기는 고가의 제품이었기 때문이다.
④	①-7: 15세기 후반부에는 라틴어가 가장 중요했기에 라틴어로 된 종교 서적이 인쇄의 주류를 이루었다.

풀이 비법 4 선택지의 일치 여부를 판단하라!

① 인쇄술은 1517년 이후 종교개혁을 위한 수단으로도 이용되었다는 내용을 통해 16세기에는 인쇄술이 종교개혁에 영향을 끼쳤음을 알 수 있다.
② 15세기 말 인쇄업은 자금을 빌려주는 업자들에게 종속되었다는 내용을 통해 확인할 수 있다.
③ 책은 원가의 2~3배의 이윤을 남기는 고가의 제품이었기 때문에 유럽 각지로 퍼져 나갔고 그 과정에서 사상의 교환이 촉진됐다는 내용을 통해 확인할 수 있다.
④ 15세기 후반부에는 라틴어가 가장 중요했기에 라틴어 종교 서적이 인쇄의 주류를 이루었다는 내용을 통해 인쇄술에 힘입어 라틴어가 중요한 언어가 된 것이 아님을 알 수 있다.

정답 ④

실전 기출 — 세부 정보 파악하기 4

연습 1 병태 요정과 함께 풀기

다음 글에 대한 이해로 적절한 것은? 2021 지방직 7급

> 서양의 드래건(dragon)은 불을 내뿜는 악의 상징이었지만, 동양의 용(龍)은 신령스러움을 상징하는 존재였다. 용에 대한 동양의 인식에 의하면, 용은 날개 달린 드래건과 달리 날개 없이도 자유롭게 하늘을 날아다닐 수 있고 물속에서도 지낼 수 있으며, 네 발이 있으나 땅에서 걷는 일이 없다. 바닷가 사람들은 이러한 용이 주로 바다 속 용궁에서 지낸다고 생각했던 데 비해, 육지 사람들은 주로 하늘 위 구름 속에서 지낸다고 믿었다. 이는 환경 중심적 사고에 기인한바, 어부들은 용을 고깃배를 위협하는 풍랑(風浪)의 원인으로, 농부들은 곡식을 자라게 하는 풍우(風雨)의 원인으로 여긴 까닭이다. 자연히 어부는 '공포', 농부는 '은혜'라는 대립적 관념을 용의 신령함에 결부하게 됐는데 우리나라 전통 사회에서는 농업 비중이 큰 까닭에 대체로 용을 두려움의 대상으로보다는 상서로운 존재로 여겼다.

① 바닷가 어부들에게 '구름'과 '용궁'은 대립적 관념이었다.
② 육지 농부들은 구름 속 용에게 네 발이 있다고 인식했다.
③ 환경 중심적 사고에 의하면 풍랑과 풍우는 상서로운 현상이다.
④ 드래건에 대한 서양의 인식에 의하면 드래건은 하늘을 날 수 없다.

연습 2 혼자서 눈으로 계속 연습하기

다음 글에 대한 이해로 적절한 것은? 2021 지방직 7급

> 서양의 드래건(dragon)은 불을 내뿜는 악의 상징이었지만, 동양의 용(龍)은 신령스러움을 상징하는 존재였다. 용에 대한 동양의 인식에 의하면, 용은 날개 달린 드래건과 달리 날개 없이도 자유롭게 하늘을 날아다닐 수 있고 물속에서도 지낼 수 있으며, 네 발이 있으나 땅에서 걷는 일이 없다. 바닷가 사람들은 이러한 용이 주로 바다 속 용궁에서 지낸다고 생각했던 데 비해, 육지 사람들은 주로 하늘 위 구름 속에서 지낸다고 믿었다. 이는 환경 중심적 사고에 기인한바, 어부들은 용을 고깃배를 위협하는 풍랑(風浪)의 원인으로, 농부들은 곡식을 자라게 하는 풍우(風雨)의 원인으로 여긴 까닭이다. 자연히 어부는 '공포', 농부는 '은혜'라는 대립적 관념을 용의 신령함에 결부하게 됐는데 우리나라 전통 사회에서는 농업 비중이 큰 까닭에 대체로 용을 두려움의 대상으로보다는 상서로운 존재로 여겼다.

① 바닷가 어부들에게 '구름'과 '용궁'은 대립적 관념이었다.
② 육지 농부들은 구름 속 용에게 네 발이 있다고 인식했다.
③ 환경 중심적 사고에 의하면 풍랑과 풍우는 상서로운 현상이다.
④ 드래건에 대한 서양의 인식에 의하면 드래건은 하늘을 날 수 없다.

지문을 한눈에

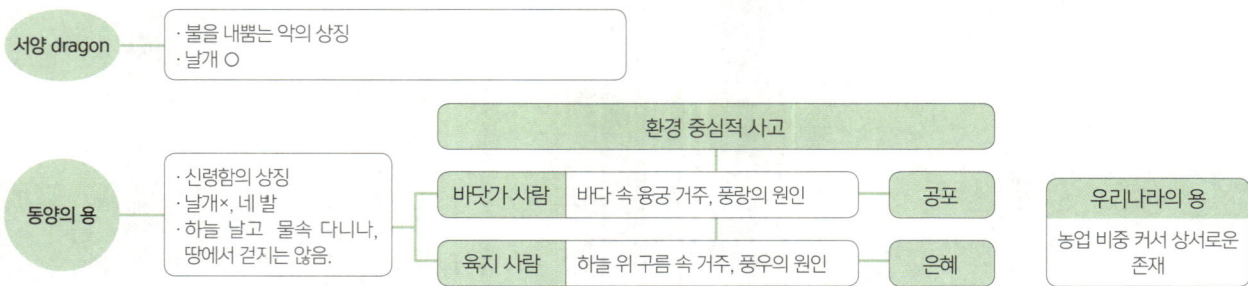

- 서양 dragon
  - 불을 내뿜는 악의 상징
  - 날개 ○

- 동양의 용
  - 신령함의 상징
  - 날개×, 네 발
  - 하늘 날고 물속 다니나, 땅에서 걷지는 않음.

환경 중심적 사고
- 바닷가 사람: 바다 속 용궁 거주, 풍랑의 원인 → 공포
- 육지 사람: 하늘 위 구름 속 거주, 풍우의 원인 → 은혜

우리나라의 용: 농업 비중 커서 상서로운 존재

실전 기출 — 세부 정보 파악하기 4

02
다음 글에 대한 이해로 적절한 것은?

지문 제재 | 인문
2021 지방직 7급

> **1** ¹서양의 드래건(dragon)은 불을 내뿜는 악의 상징(象徵, 추상적인 개념이나 사물을 구체적인 사물로 나타냄)이었지만, 동양의 용(龍)은 신령(神靈, 신으로 받들어지는 영혼 또는 자연물)스러움을 상징하는 존재였다. ²용에 대한 동양의 인식(認識, 사물을 분별하고 판단하여 앎)에 의하면, 용은 날개 달린 드래건과 달리 날개 없이도 자유롭게 하늘을 날아다닐 수 있고 물속에서도 지낼 수 있으며, 네 발이 있으나 땅에서 걷는 일이 없다. ³바닷가 사람들은 이러한 용이 주로 바다 속 용궁에서 지낸다고 생각했던 데 비해, 육지 사람들은 주로 하늘 위 구름 속에서 지낸다고 믿었다. ⁴이는 환경 중심적 사고(環境中心的思考, 인간을 환경의 일부로 여기고 환경을 정복의 대상이 아니라 공존의 대상으로 보는 사고)에 기인(起因, 어떠한 것에 원인을 둠)한바, 어부들은 용을 고깃배를 위협(威脅, 힘으로 으르고 협박함)하는 풍랑(風浪, 바람과 물결)의 원인으로, 농부들은 곡식을 자라게 하는 풍우(風雨)의 원인으로 여긴 까닭이다. ⁵자연히 어부는 '공포(恐怖, 두렵고 무서움)', 농부는 '은혜(恩惠, 고맙게 베풀어 주는 신세나 혜택)'라는 대립적 관념(觀念, 어떤 일에 대한 견해나 생각)을 용의 신령함에 결부(結付, 일정한 사물이나 현상을 서로 연관시킴)하게 됐는데 우리나라 전통 사회에서는 농업 비중(比重, 다른 것과 비교할 때 차지하는 중요도)이 큰 까닭에 대체로 용을 두려움의 대상으로보다는 상서(祥瑞, 복되고 길한 일이 일어날 조짐)로운 존재로 여겼다.

① 바닷가 어부들에게 '구름'과 '용궁'은 대립적(×) 관념이었다. (근거 **1**-3)
❷ 육지 농부들은 구름 속 용에게 네 발이 있다고 인식했다. (근거 **1**-2, 3)
③ 환경 중심적 사고에 의하면 풍랑과 풍우는 상서로운(×) 현상이다. (근거 **1**-4, 5)
④ 드래건에 대한 서양의 인식에 의하면 드래건은 하늘을 날 수 없다(×). (근거 **1**-2)

단계별 풀이 비법

풀이 비법 1 발문으로 유형을 확인하라!
'글에 대한 이해'를 확인하는 문제이므로 세부 정보를 파악하는 유형이다. 차이점을 중심으로 지문 내용과 일치하는 것을 찾으면 된다.

풀이 비법 2 무엇(화제)에 대해 말하고 있는지 파악하라!
중심 화제 서양 드래건과 다른 용에 대한 사람들의 인식
중심 내용 어부들은 용을 고깃배를 위협하는 풍랑의 원인으로, 농부들은 곡식을 자라게 하는 풍우의 원인으로 여긴 까닭에 농업 비중이 큰 우리나라에서는 용을 상서로운 존재로 여겼다.

풀이 비법 3 지문에서 선택지 내용과 관련된 정보를 찾아 정리하라!

선지	관련 정보
①	**1**-3: 바닷가 사람들은 이러한 용이 주로 바다 속 용궁에서 지낸다고 생각했던 데 비해, 육지 사람들은 주로 하늘 위 구름 속에서 지낸다고 믿었다.
②	**1**-2, 3: 네 발이 있으나, 육지 사람들은 주로 하늘 위 구름 속에서 지낸다고 믿음.
③	**1**-4, 5: 환경 중심적 사고에 기인한 바, 어부들은 용을 고깃배를 위협하는 풍랑의 원인으로, 어부는 '공포'
④	**1**-2: 날개 달린 드래건

풀이 비법 4 선택지의 적절성을 판단하라!

① 바닷가 사람들은 용이 바다 속 '용궁'에서, 육지 사람들은 '구름' 속에서 지낸다고 믿었으므로 바닷가 어부들에게 '구름'과 '용궁'이 대립적 관념이었다는 이해는 적절하지 않다.
② 동양의 인식에 의하면 용은 네 발이 있다고 믿었다. 육지 사람들은 이러한 용이 구름 속에서 지낸다고 생각했으므로 적절한 이해로 볼 수 있다.
③ 환경 중심적 사고에 기인한 바, 어부들은 용을 고깃배를 위협하는 풍랑의 원인으로 여겨 공포를 느꼈으므로 풍랑을 상서로운 현상이라 볼 수 없다.
④ 용은 날개 달린 드래건과 달리 날개 없이도 자유롭게 하늘을 날아다닌다는 서술을 통해 '드래건'은 하늘을 날 수 없다는 이해는 적절하지 않다.

정답 ②

실전 기출 — 세부 정보 파악하기 4

학습일: 월 일 풀이 시간: 1분 이내

연습 1 병태 요정과 함께 풀기

다음 글의 내용에 부합하지 않는 것은? 2018 국가직 7급

검증되지 않은 지식은 인간의 의식 공간에서 믿음의 체계를 구성한다. 믿음의 체계는 허구를 기초로 해서라도 성립될 수 있는 것이라는 점에서 사실의 체계와 구별된다. 물론 이 말은 스스로 허구라고 믿으면서도 그것을 가지고 자신의 의식 공간에서 믿음의 체계를 구성한다고 하는 얘기가 아니다. 어떤 사람이 허구임을 인정한 것이라면 이는 그 사람의 의식 공간에서는 어떠한 영향력도 행사할 수 없을 것이기 때문이다. 따라서 개인의 의식 공간에서 구성된 사실의 체계에 동원된 지식이나 믿음의 체계에 동원된 지식이나 모두 다 그 사람에게 있어서는 사실이 아니면 안 된다. 믿음의 체계를 구성하는 데 사용된 지식이라고 하더라도 그러한 체계를 구성해 갖추고 있는 사람에게 그것은 사실로 받아들여지는 지식이어야 하는 것이다. 일단 사실임이 전제되지 않는 것은 한 사람의 의식 공간에서 일정한 영역을 확보하지 못할 것이기 때문이다.

하나하나의 지식을 놓고 볼 때는 그것이 믿음의 체계를 구성하는 검증되지 않은 지식인지 아니면 사실의 체계를 구성하는 검증된 지식인지 구별해 볼 수 있다. 그러나 이들이 총체적으로 작용해서 이루어지는 인간의 의식 세계는 저러한 두 가지 체계가 서로 분명하게 구별되지 않고 뒤엉켜 있다. 그러므로 의식 세계에서 사실의 체계와 믿음의 체계를 확실하게 구분해 낼 수는 없을 것이다.

① 믿음의 체계는 검증되지 않은 지식이 인간의 의식 공간에 구성한 것이다.
② 어떤 이가 믿음의 체계에 포함시킨 지식이라면 그 지식은 그가 사실로 수긍한 것이다.
③ 검증된 지식과 검증되지 않은 지식의 변별이 인간의 의식 세계에서는 명확하지 않다.
④ 검증되지 않은 지식이라도 한 사람에게 사실로 인정되면 사실의 체계를 구성할 수 있다.

연습 2 혼자서 눈으로 계속 연습하기

다음 글의 내용에 부합하지 않는 것은? 2018 국가직 7급

검증되지 않은 지식은 인간의 의식 공간에서 믿음의 체계를 구성한다. 믿음의 체계는 허구를 기초로 해서라도 성립될 수 있는 것이라는 점에서 사실의 체계와 구별된다. 물론 이 말은 스스로 허구라고 믿으면서도 그것을 가지고 자신의 의식 공간에서 믿음의 체계를 구성한다고 하는 얘기가 아니다. 어떤 사람이 허구임을 인정한 것이라면 이는 그 사람의 의식 공간에서는 어떠한 영향력도 행사할 수 없을 것이기 때문이다. 따라서 개인의 의식 공간에서 구성된 사실의 체계에 동원된 지식이나 믿음의 체계에 동원된 지식이나 모두 다 그 사람에게 있어서는 사실이 아니면 안 된다. 믿음의 체계를 구성하는 데 사용된 지식이라고 하더라도 그러한 체계를 구성해 갖추고 있는 사람에게 그것은 사실로 받아들여지는 지식이어야 하는 것이다. 일단 사실임이 전제되지 않는 것은 한 사람의 의식 공간에서 일정한 영역을 확보하지 못할 것이기 때문이다.

하나하나의 지식을 놓고 볼 때는 그것이 믿음의 체계를 구성하는 검증되지 않은 지식인지 아니면 사실의 체계를 구성하는 검증된 지식인지 구별해 볼 수 있다. 그러나 이들이 총체적으로 작용해서 이루어지는 인간의 의식 세계는 저러한 두 가지 체계가 서로 분명하게 구별되지 않고 뒤엉켜 있다. 그러므로 의식 세계에서 사실의 체계와 믿음의 체계를 확실하게 구분해 낼 수는 없을 것이다.

① 믿음의 체계는 검증되지 않은 지식이 인간의 의식 공간에 구성한 것이다.
② 어떤 이가 믿음의 체계에 포함시킨 지식이라면 그 지식은 그가 사실로 수긍한 것이다.
③ 검증된 지식과 검증되지 않은 지식의 변별이 인간의 의식 세계에서는 명확하지 않다.
④ 검증되지 않은 지식이라도 한 사람에게 사실로 인정되면 사실의 체계를 구성할 수 있다.

지문을 한눈에

1 두 종류의 체계와 이를 구성하는 지식
- 믿음의 체계: 검증되지 않은 지식(허구)을 기반으로 함.
- 사실의 체계: 검증된 지식(사실)을 기반으로 함.

2 두 체계를 구성하는 지식의 특징
- 두 체계를 구성하는 지식을 인간의 의식 세계에서 명확히 구별하기 어려움.
- 결국 두 체계 역시 인간의 의식 세계에서 명확히 구별하기 어려움.

실전 기출 — 세부 정보 파악하기 4

03
다음 글의 내용에 부합하지 않는 것은?

지문 제재 | 인문
2018 국가직 7급

> **1** ¹검증되지 않은 지식은 인간의 의식 공간에서 믿음의 체계를 구성한다. ²믿음의 체계는 허구를 기초로 해서라도 성립될 수 있는 것이라는 점에서 사실의 체계와 구별된다.('믿음의 체계'와 '사실의 체계'의 차이점) ³물론 이 말은 스스로 허구라고 믿으면서도 그것을 가지고 자신의 의식 공간에서 믿음의 체계를 구성한다고 하는 얘기가 아니다.('허구를 기초로 해서 성립된다'라는 말의 의미를 부연 설명함, 허구이지만 그 사람은 사실로 믿는다는 의미) ⁴어떤 사람이 허구임을 인정한 것이라면 이는 그 사람의 의식 공간에서는 어떠한 영향력도 행사할 수 없을 것이기 때문이다. ⁵따라서 개인의 의식 공간에서 구성된 사실의 체계에 동원된 지식이나 믿음의 체계에 동원된 지식이나 모두 다 그 사람에게 있어서는 사실이 아니면 안 된다. ⁶믿음의 체계를 구성하는 데 사용된 지식(검증되지 않은 지식, 즉 허구를 가리킴)이라고 하더라도 그러한 체계를 구성해 갖추고 있는 사람에게 그것은 사실로 받아들여지는 지식이어야 하는 것이다. ⁷일단 사실임이 전제되지 않은 것은 한 사람의 의식 공간에서 일정한 영역을 확보하지 못할 것이기 때문이다.
> ▶ 믿음의 체계의 특징
>
> **2** ¹하나하나의 지식을 놓고 볼 때는 그것이 믿음의 체계를 구성하는 검증되지 않은 지식인지 아니면 사실의 체계를 구성하는 검증된 지식인지 구별해 볼 수 있다. ²그러나 이들이 총체적으로 작용해서 이루어지는 인간의 의식 세계는 저러한 두 가지 체계가 서로 분명하게 구별되지 않고 뒤엉켜 있다. ³그러므로 의식 세계에서 사실의 체계와 믿음의 체계를 확실하게 구분해 낼 수는 없을 것이다.
> ▶ 믿음의 체계를 구성하는 지식의 특징

① 믿음의 체계는 검증되지 않은 지식이 인간의 의식 공간에 구성한 것이다. (근거 **1**-1)
② 어떤 이가 믿음의 체계에 포함시킨 지식이라면 그 지식은 그가 사실로 수긍한 것이다. (근거 **1**-6)
③ 검증된 지식과 검증되지 않은 지식의 변별이 인간의 의식 세계에서는 명확하지 않다. (근거 **2**-2, 3)
④ 검증되지 않은 지식이라도 한 사람에게 사실로 인정되면 사실의 체계(×)를 구성할 수 있다. (근거 **1**-1, 5)

단계별 풀이 비법

풀이 비법 1 발문으로 유형을 먼저 확인하라!
내용 일치를 묻는 문제이나, 익숙하지 않은 어려운 내용을 다룬 글의 경우, 선택지를 훑어보면 핵심어가 무엇인지 짐작할 수 있는 경우가 많다. 제시문의 경우, 선택지를 먼저 확인하면 '믿음의 체계'와 '검증된/검증되지 않은 지식'이란 표현이 반복됨을 알 수 있다.

풀이 비법 2 핵심어를 통해 단락별 중심 내용을 찾아라!
중심 화제 믿음의 체계, 지식
중심 내용

1	믿음의 체계의 특징: 사실의 체계와 비교
2	믿음의 체계를 구성하는 검증되지 않은 지식과 사실의 체계를 구성하는 검증된 지식

풀이 비법 3 단락별 중심 내용을 종합하여 주제를 파악하라!
제시문에서 '허구'는 '검증되지 않은 지식'을 가리키고, '사실'은 '검증된 지식'을 가리킨다. 이처럼 핵심어가 어떻게 다른 표현으로 지칭되는지 면밀히 논리를 따라가며 읽어야 한다. 제시문에 따르면, 사실이 아닌 허구, 즉 검증되지 않은 지식이 믿음의 체계를 구성하는데, 믿음의 체계를 지닌 사람은 그 지식이 사실이라고 믿고 있다는 것이다. 따라서 의식 세계에서는 사실의 체계와 믿음의 체계를 확연히 구분해내기 어렵게 된다.

풀이 비법 4 부합하는 선택지를 찾아라!
① '검증되지 않은 지식'은 '허구'를 가리킨다. 믿음의 체계는 허구를 기초로 성립된 체계이다.
② **1**-6에 따르면, 허구가 믿음의 체계를 구성하나, 믿음의 체계를 지닌 사람은 자신의 지식이 사실이라고 믿고 있다.
③ '인간의 의식 세계'에서는 '두 가지 체계가 서로 분명하게 구별되지 않는다'는 데서, 사실의 체계를 구성하는 검증된 지식과 믿음의 체계를 구성하는 검증되지 않은 지식이 인간의 의식 세계에서는 구별이 명확하지 않음을 알 수 있다.
④ 검증되지 않은 지식이 이루는 체계는 믿음의 체계이다. 　　정답 ④

실전 기출 — 세부 정보 파악하기 4

학습일:　월　일　풀이 시간: 1분 이내

연습 1　병태 요정과 함께 풀기

다음 글에 대한 이해로 적절한 것은?　2018 지방직 7급

> 이산화탄소와 온실효과가 처음부터 자연에 해가 되었던 것은 아니었다. 오히려 온실효과는 지구의 환경을 생태계에 적합하도록 해 주었다. 만약 자연적인 온실효과가 없다면 지구 표면에서 복사된 열이 모두 외계로 방출되어 지구의 온도는 지금보다 평균 3, 4도 정도 낮아져서 생물들이 살아갈수 없게 될 것이다. 그런데 화석연료의 사용이 늘어나면서 대기 중에 이산화탄소가 너무나 많아져서 지구 온난화 현상이 생기는 것이 문제이다.
>
> 특히 이산화탄소는 공기 중에 50~200년이나 체류하기 때문에 그 효과가 크다. 이산화탄소 외에도 온실효과를 일으키는 기체로는 프레온, 아산화질소, 메탄, 수증기 등이 있다. 프레온은 전자 제품을 생산할 때 세척제 혹은 냉장고의 냉매로 쓰인다. 아산화질소와 메탄은 공장과 자동차의 배기가스에서 생긴다. 수증기도 지구 온난화에 영향을 미치기는 하지만 그 양은 자연 생태계가 조절하고 있어서 별 문제가 되지는 않는다.

① 프레온, 아산화질소, 메탄 등의 기체는 지구 온난화에 직접적인 영향이 없다.
② 자연적인 온실효과 때문에 지구 표면에서 복사된 열이 모두 외계로 방출된다.
③ 이산화탄소는 공기 중에 체류하는 기간이 길어서 지구 온난화 방지에 도움을 준다.
④ 수증기도 이산화탄소처럼 온실효과를 나타내지만 지구 온난화에 미치는 영향은 작다.

연습 2　혼자서 눈으로 계속 연습하기

다음 글에 대한 이해로 적절한 것은?　2018 지방직 7급

> 이산화탄소와 온실효과가 처음부터 자연에 해가 되었던 것은 아니었다. 오히려 온실효과는 지구의 환경을 생태계에 적합하도록 해 주었다. 만약 자연적인 온실효과가 없다면 지구 표면에서 복사된 열이 모두 외계로 방출되어 지구의 온도는 지금보다 평균 3, 4도 정도 낮아져서 생물들이 살아갈수 없게 될 것이다. 그런데 화석연료의 사용이 늘어나면서 대기 중에 이산화탄소가 너무나 많아져서 지구 온난화 현상이 생기는 것이 문제이다.
>
> 특히 이산화탄소는 공기 중에 50~200년이나 체류하기 때문에 그 효과가 크다. 이산화탄소 외에도 온실효과를 일으키는 기체로는 프레온, 아산화질소, 메탄, 수증기 등이 있다. 프레온은 전자 제품을 생산할 때 세척제 혹은 냉장고의 냉매로 쓰인다. 아산화질소와 메탄은 공장과 자동차의 배기가스에서 생긴다. 수증기도 지구 온난화에 영향을 미치기는 하지만 그 양은 자연 생태계가 조절하고 있어서 별 문제가 되지는 않는다.

① 프레온, 아산화질소, 메탄 등의 기체는 지구 온난화에 직접적인 영향이 없다.
② 자연적인 온실효과 때문에 지구 표면에서 복사된 열이 모두 외계로 방출된다.
③ 이산화탄소는 공기 중에 체류하는 기간이 길어서 지구 온난화 방지에 도움을 준다.
④ 수증기도 이산화탄소처럼 온실효과를 나타내지만 지구 온난화에 미치는 영향은 작다.

지문을 한눈에

1 화제 제시	2 부연
이산화탄소와 온실 가스의 이로움과 문제점	온실 효과를 일으키는 가스의 종류와 발생 원인

04

다음 글에 대한 이해로 적절한 것은?

지문 제재 | 과학
2018 지방직 7급

1 ¹이산화탄소와 온실 효과(溫室效果, 지표에서 우주 공간으로 향하는 적외선 복사를 대부분 흡수하여 지표의 온도를 비교적 높게 유지하는 작용)가 처음부터 자연에 해(害, 이롭지 아니하게 하거나 손상을 입힘)가 되었던 것은 아니었다. ²[오히려 온실 효과는 지구의 환경을 생태계(生態系, 어느 환경 안에서 사는 생물군과 그 생물들을 제어하는 제반 요인을 포함한 복합 체계)에 적합(適合, 일이나 조건 따위에 꼭 알맞음)하도록 해 주었다. ³만약 자연적인 온실 효과가 없다면 지구 표면에서 복사(輻射, 물체로부터 열이나 전자기파가 사방으로 방출)된 열이 모두 외계로 방출(放出, 입자나 전자기파의 형태로 에너지를 내보냄)되어 지구의 온도는 지금보다 평균 3, 4도 정도 낮아져서 생물들이 살아갈 수 없게 될 것이다.](온실 효과의 이로움) ⁴그런데 [화석 연료(化石燃料, 지질 시대에 생물이 땅속에 묻혀 화석같이 굳어져 오늘날 연료로 이용하는 물질)의 사용이 늘어나면서](원인) [대기 중에 이산화탄소가 너무나 많아져서 지구 온난화 현상이 생기는 것이 문제이다.](결과, 문제 제기) ▶ 이산화탄소와 온실 가스의 이로움과 문제점

2 ¹[특히 이산화탄소는 공기 중에 50~200년이나 체류(滯留, 머물러 있음)하기 때문에 그 효과가 크다.](이산화탄소가 많아지는 원인) ²[이산화탄소 외에도 온실 효과를 일으키는 기체로는 프레온, 아산화질소, 메탄, 수증기 등이 있다.](분석) ³프레온은 전자 제품을 생산할 때 세척제(洗滌劑, 세제) 혹은 냉장고의 냉매(冷媒, 냉동기 따위에서, 저온 물체로부터 고온 물체로 열을 끌어가는 매체)로 쓰인다. ⁴아산화질소와 메탄은 공장과 자동차의 배기가스에서 생긴다. ⁵수증기(水蒸氣/水烝氣, 기체 상태로 되어 있는 물)도 지구 온난화에 영향(影響, 어떤 사물의 효과나 작용이 다른 것에 미치는 일)을 미치기는 하지만 그 양은 자연 생태계가 조절(調節, 균형이 맞게 바로잡음)하고 있어서 별 문제가 되지는 않는다. ▶ 온실 가스의 종류와 발생 원인

① 프레온, 아산화질소, 메탄 등의 기체는 지구 온난화에 직접적인 영향이 없다(×).(근거 **1**-4, **2**-2)

② 자연적인 온실 효과 때문에 지구 표면에서 복사된 열이 모두 외계로 방출(×)된다.(근거 **1**-3)

③ 이산화탄소는 공기 중에 체류하는 기간이 길어서 지구 온난화 방지(×)에 도움을 준다.(근거 **1**-4, **2**-1)

❹ 수증기도 이산화탄소처럼 온실 효과를 나타내지만 지구 온난화에 미치는 영향은 작다.(근거 **2**-5)

단계별 풀이 비법

풀이 비법 1 발문과 선택지를 확인하라!

'글에 대한 이해로 적절한 것'을 찾는 문제이므로 세부 정보를 파악하는 유형임을 알 수 있다. 선택지 중에서 글에 제시된 정보와 일치하는 것을 골라야 한다.

풀이 비법 2 화제어와 중심 내용을 파악하라!

중심 화제 온실 가스의 종류와 발생 원인
중심 내용

| **1** | 이산화탄소와 온실 가스의 이로움과 문제점 |
| **2** | 온실 가스의 종류와 발생 원인 |

풀이 비법 3 지문에서 선택지와 관련된 부분을 찾아라!

①은 **1**-4와 **2**-2, ②는 **1**-3, ③은 **1**-4와 **2**-1, ④는 **2**-5에 관련된 내용이 언급되어 있다.

풀이 비법 4 지문과 선택지를 비교하여 일치 여부를 판단하라!

① **2**-2에서 온실 효과를 유발하는 기체로 이산화탄소, 프레온, 아산화질소, 메탄, 수증기 등이 있다고 언급하였고 **1**-4에서 이산화탄소가 많아져서 지구 온난화가 생긴다고 하였으므로 프레온, 아산화질소, 메탄 등의 기체가 지구 온난화에 직접적인 영향이 있다고 볼 수 있다.
② **1**-3에서 자연적인 온실 효과가 지구 표면의 복사열이 외계로 방출되는 것을 막아준다고 언급하고 있다.
③ **1**-4와 **2**-1의 내용을 종합하면 이산화탄소는 공기 중에 체류하는 기간이 길어 지구 온난화에 미치는 효과가 더욱 큼을 알 수 있다.
④ **2**-5에서 수증기도 지구 온난화에 영향을 미치기는 하지만 그 양을 자연 생태계가 조절하므로 크게 영향을 끼치지는 못한다고 했으므로 적절한 이해이다.

정답 ④

시간 절약 깨알 TIP

1. 글 속에서 반복되는 단어에 주목하여 화제를 찾습니다.
2. 화제에 대한 글쓴이의 관점을 정리합니다.
3. 단락별로 중심 문장과 뒷받침 문장을 구별하여 핵심 정보를 파악합니다.
4. 중요하지 않은 내용은 빼면서 내용을 간추립니다. 더이상 간추릴 수 없을 때 그것이 핵심 내용이 됩니다.
5. 중심 문장이 드러나 있지 않은 경우에는 각 문장들의 내용을 종합하거나, 그것들을 포함할 수 있는 문장(일반적 or 추상적 진술)을 만들어 봅니다.

실전 기출 — 세부 정보 파악하기 4

연습 1 병태 요정과 함께 풀기

다음 글의 내용과 부합하는 것은? 2021 지방직 9급

> 미국의 어머니들은 자녀와 함께 놀이를 할 때 특정 사물에 초점을 맞추고 그 사물의 속성을 아이들에게 가르친다. 사물의 속성 자체에 관심을 기울이도록 훈련받은 아이들은 스스로 독립적인 행동을 하도록 교육받는다. 미국에서는 아이들에게 의사소통을 가르칠 때 자신의 생각을 분명하게 표현하고 말하는 사람의 입장에서 대화에 임해야 하며, 대화 과정에서 오해가 발생하면 그것은 말하는 사람의 잘못이라고 강조한다.
>
> 반면에 일본의 어머니들은 대상의 '감정'에 특별히 신경을 써서 가르친다. 특히 자녀가 말을 안 들을 때에 그러하다. 예를 들어 "네가 밥을 안 먹으면, 고생한 농부 아저씨가 얼마나 슬퍼하겠니?", "인형을 그렇게 던져 버리다니, 저 인형이 울잖아. 담장도 아파하잖아." 같은 말들로 꾸중하는 모습을 자주 볼 수 있다. 다른 사람과의 관계에 초점을 맞춘 훈련을 받은 아이들은 자신의 생각을 드러내기보다는 행동에 영향을 받는 다른 사람들의 감정을 미리 예측하도록 교육받는다. 곧 일본에서는 아이들에게 듣는 사람의 입장에서 말할 것을 강조한다.

① 미국의 어머니는 듣는 사람의 입장, 일본의 어머니는 말하는 사람의 입장을 강조한다.
② 일본의 어머니는 사물의 속성을 아는 것이 관계를 아는 것보다 더 중요하다고 생각한다.
③ 미국의 어머니는 어떤 일을 있는 그대로 보지 말고 이면에 있는 감정을 읽어야 한다고 생각한다.
④ 미국의 어머니는 자녀가 독립적인 행동을 하도록 교육하며, 일본의 어머니는 자녀가 타인의 감정을 예측하도록 교육한다.

연습 2 혼자서 눈으로 계속 연습하기

다음 글의 내용과 부합하는 것은? 2021 지방직 9급

> 미국의 어머니들은 자녀와 함께 놀이를 할 때 특정 사물에 초점을 맞추고 그 사물의 속성을 아이들에게 가르친다. 사물의 속성 자체에 관심을 기울이도록 훈련받은 아이들은 스스로 독립적인 행동을 하도록 교육받는다. 미국에서는 아이들에게 의사소통을 가르칠 때 자신의 생각을 분명하게 표현하고 말하는 사람의 입장에서 대화에 임해야 하며, 대화 과정에서 오해가 발생하면 그것은 말하는 사람의 잘못이라고 강조한다.
>
> 반면에 일본의 어머니들은 대상의 '감정'에 특별히 신경을 써서 가르친다. 특히 자녀가 말을 안 들을 때에 그러하다. 예를 들어 "네가 밥을 안 먹으면, 고생한 농부 아저씨가 얼마나 슬퍼하겠니?", "인형을 그렇게 던져 버리다니, 저 인형이 울잖아. 담장도 아파하잖아." 같은 말들로 꾸중하는 모습을 자주 볼 수 있다. 다른 사람과의 관계에 초점을 맞춘 훈련을 받은 아이들은 자신의 생각을 드러내기보다는 행동에 영향을 받는 다른 사람들의 감정을 미리 예측하도록 교육받는다. 곧 일본에서는 아이들에게 듣는 사람의 입장에서 말할 것을 강조한다.

① 미국의 어머니는 듣는 사람의 입장, 일본의 어머니는 말하는 사람의 입장을 강조한다.
② 일본의 어머니는 사물의 속성을 아는 것이 관계를 아는 것보다 더 중요하다고 생각한다.
③ 미국의 어머니는 어떤 일을 있는 그대로 보지 말고 이면에 있는 감정을 읽어야 한다고 생각한다.
④ 미국의 어머니는 자녀가 독립적인 행동을 하도록 교육하며, 일본의 어머니는 자녀가 타인의 감정을 예측하도록 교육한다.

지문을 한눈에

동서양 어머니들의 교육 방법 비교

1 미국의 어머니
자녀가 사물의 속성에 관심을 기울여 스스로 독립적인 행동을 하며 의사소통 시 자신의 입장을 분명히 밝힐 수 있도록 교육함.

2 일본의 어머니
자녀가 다른 사람의 관계에 초점을 두어 의사소통 시 청자의 감정을 예측하여 청자의 입장에서 말하도록 교육함.

실전 기출 세부 정보 파악하기 4

05

지문 제재 | 사회
2021 지방직 9급

다음 글의 내용과 부합하는 것은?

> **1** ¹<u>미국의 어머니들</u>은 자녀와 함께 놀이를 할 때 특정(特定, 특별히 지정함) 사물에 초점을 맞추고 그 사물의 속성(屬性, 사물의 특징이나 성질)을 아이들에게 가르친다. ²사물의 속성 자체에 관심을 기울이도록 훈련받은 아이들은 스스로 독립적인 행동을 하도록 교육받는다. ³미국에서는 아이들에게 의사소통을 가르칠 때 자신의 생각을 분명하게 표현하고 말하는 사람의 입장에서 대화에 임해야 하며, 대화 과정에서 오해가 발생하면 그것은 말하는 사람의 잘못이라고 강조(強調, 어떤 부분을 특별히 강하게 주장하거나 두드러지게 함)한다. ▶ 미국 어머니들의 교육 방법
>
> **2** ¹반면에 <u>일본의 어머니들</u>은 대상의 '감정(感情, 어떤 현상이나 일에 대하여 일어나는 마음이나 느끼는 기분)'에 특별히 신경을 써서 가르친다. ²특히 자녀가 말을 안 들을 때에 그러하다. ³예를 들어 "네가 밥을 안 먹으면, 고생한 농부 아저씨가 얼마나 슬퍼하겠니?", "인형을 그렇게 던져 버리다니, 저 인형이 울잖아. 담장도 아파하잖아." 같은 말들로 꾸중하는 모습을 자주 볼 수 있다. ⁴다른 사람과의 관계(關係, 둘 이상의 사람, 사물, 현상 따위가 서로 관련을 맺거나 관련이 있음)에 초점을 맞춘 훈련을 받은 아이들은 자신의 생각을 드러내기보다는 행동에 영향을 받는 다른 사람들의 감정을 미리 예측하도록 교육받는다. ⁵곧 일본에서는 아이들에게 듣는 사람의 입장에서 말할 것을 강조한다. ▶ 일본 어머니들의 교육 방법

① 미국의 어머니는 듣는(말하는) 사람의 입장, 일본의 어머니는 말하는(듣는) 사람의 입장을 강조한다(×). (근거 **1**-3, **2**-5)

② 일본의 어머니는 사물의 속성을 아는 것이 관계를 아는 것보다 더 중요하다고 생각한다(×). (근거 **1**-1, **2**-4)

③ 미국의 어머니는 어떤 일을 있는 그대로 보지 말고(×) 이면에 있는 감정을 읽어야 한다(×)고 생각한다. (근거 **2**-4)

④ 미국의 어머니는 자녀가 독립적인 행동을 하도록 교육하며, 일본의 어머니는 자녀가 타인의 감정을 예측하도록 교육한다. (근거 **1**-2, **2**-4)

단계별 풀이 비법

풀이비법 1 발문으로 유형을 확인하라!

'글의 내용'과 부합하는 것을 찾는 문제이므로 세부 정보를 파악하는 내용 일치·불일치 유형임을 알 수 있다. 그리고 긍정 발문이므로 지문의 핵심 내용을 파악하는 것이 빠르게 답을 찾는데 유리하다.

풀이비법 2 무엇(화제)에 대해 말하고 있는지 파악하라!

중심 화제 동서양 어머니들의 교육 방법 비교

1	미국의 어머니들은 자녀가 스스로 독립적인 행동을 하며 의사소통 시 자신의 입장을 분명히 밝히도록 교육함.
2	일본의 어머니들은 자녀가 다른 사람의 관계에 초점을 두어 의사소통 시 청자의 입장에서 말하도록 교육함.

중심 내용

풀이비법 3 지문에서 선택지 내용과 관련된 정보를 찾아 정리하라!

선지	관련 정보
①	**1**-3, **2**-5: '미국에서는~자신의 생각'을 분명하게 표현하고 말하는 사람의 입장에서 대화에 임해야 하며', '일본에서는~듣는 사람의 입장에서'
②	**1**-1, **2**-4: '미국의 어머니들은~사물의 속성을', '다른 사람과의 관계에 초점을 맞춘'
③	**2**-4: '행동에 영향을 받는 다른 사람들의 감정을 미리 예측하도록'
④	**1**-2, **2**-4: '독립적인 행동을 하도록 교육받는다', '다른 사람들의 감정을 미리 예측하도록 교육받는다'

풀이비법 4 선택지의 일치 여부를 판단하라!

① **1**-3, **2**-5 미국의 어머니는 말하는 사람의 입장, 일본의 어머니는 듣는 사람의 입장에서 말할 것을 강조한다.

② **1**-1, **2**-4 일본의 어머니는 사물의 속성을 아는 것보다 다른 사람과의 관계에 초점을 맞추어 아이들을 훈련한다. 사물의 속성을 아이들에게 가르치는 것은 미국의 어머니들이다.

③ **2**-4 행동 이면에 있는 다른 사람들의 감정을 예측하는 것은 일본의 어머니의 교육법에 가깝다.

④ **1**-2, **2**-4 미국의 아이들은 '독립적인 행동을 하도록 교육받는다'고 하였고, 일본의 아이들은 '다른 사람들의 감정을 미리 예측하도록 교육받는다'고 하였다.

정답 ④

실전 기출 — 세부 정보 파악하기 4

연습 1 — 병태 요정과 함께 풀기

다음 글에 대한 이해로 적절한 것은? 2021 지방직 9급

국제기구인 유엔은 영어, 중국어, 러시아어, 프랑스어, 스페인어, 아랍어 등이 공용어로 사용되나 그곳에 근무하는 모든 외교관들이 이 공용어들을 전부 다 잘해야 하는 것은 아니다. 유럽연합에서의 공용어 개념도 유엔에서의 경우와 마찬가지로 여러 공용어 중 하나만 알아도 공식 업무상 불편이 없게끔 한다는 것이지 모든 유럽연합인들이 열 개가 넘는 공용어를 전부 다 배워야하는 것은 아니다.

마찬가지 논리로 우리가 만일 한국어와 영어를 공용어로 지정한다면 이는 한국에서는 한국어와 영어 중 어느 하나를 알기만 하면 공식 업무상 불편이 없게끔 국가에서 보장한다는 뜻이지 모든 한국인들이 영어를 할 줄 알아야 된다는 뜻은 아니다. 따라서 우리가 영어를 한국어와 함께 공용어로 지정하기만 하면 모든 한국인이 영어를 잘할 수 있게 되리라는 믿음은 공용어의 개념을 제대로 이해하지 못한 데서 오는 망상에 불과하다.

① 유엔에서 근무하는 외교관들은 유엔의 공용어를 다 구사하지 않으면 안 된다.
② 유럽연합의 복수의 공용어를 지정하여 공무상 편의를 도모하였다.
③ 한국에서 영어를 공용어로 지정하면 한국인들은 영어를 다 잘할 수 있을 것이다.
④ 한국에서 머지않아 영어가 공용어로 지정될 것이다.

연습 2 — 혼자서 눈으로 계속 연습하기

다음 글에 대한 이해로 적절한 것은? 2021 지방직 9급

국제기구인 유엔은 영어, 중국어, 러시아어, 프랑스어, 스페인어, 아랍어 등이 공용어로 사용되나 그곳에 근무하는 모든 외교관들이 이 공용어들을 전부 다 잘해야 하는 것은 아니다. 유럽연합에서의 공용어 개념도 유엔에서의 경우와 마찬가지로 여러 공용어 중 하나만 알아도 공식 업무상 불편이 없게끔 한다는 것이지 모든 유럽연합인들이 열 개가 넘는 공용어를 전부 다 배워야하는 것은 아니다.

마찬가지 논리로 우리가 만일 한국어와 영어를 공용어로 지정한다면 이는 한국에서는 한국어와 영어 중 어느 하나를 알기만 하면 공식 업무상 불편이 없게끔 국가에서 보장한다는 뜻이지 모든 한국인들이 영어를 할 줄 알아야 된다는 뜻은 아니다. 따라서 우리가 영어를 한국어와 함께 공용어로 지정하기만 하면 모든 한국인이 영어를 잘할 수 있게 되리라는 믿음은 공용어의 개념을 제대로 이해하지 못한 데서 오는 망상에 불과하다.

① 유엔에서 근무하는 외교관들은 유엔의 공용어를 다 구사하지 않으면 안 된다.
② 유럽연합의 복수의 공용어를 지정하여 공무상 편의를 도모하였다.
③ 한국에서 영어를 공용어로 지정하면 한국인들은 영어를 다 잘할 수 있을 것이다.
④ 한국에서 머지않아 영어가 공용어로 지정될 것이다.

지문을 한눈에

공용어 지정

1 화제 제시: 유엔과 유럽연합에서는 복수의 공용어 지정으로 공무상 편의를 도모함.

2 부연: 영어를 한국어와 함께 공용어로 지정한다고 해도 한국인의 영어 구사 능력이 향상되는 것은 아님.

실전 기출 | 세부 정보 파악하기 4

06
다음 글에 대한 이해로 적절한 것은?

지문 제재 | 언어
2021 지방직 9급

1 ¹국제기구인 유엔은 영어, 중국어, 러시아어, 프랑스어, 스페인어, 아랍어 등이 공용어(公用語, 국제회의나 기구에서 공식적으로 쓰는 언어)로 사용되나 그곳에 근무하는 모든 외교관들이 이 공용어들을 전부 다 잘해야 하는 것은 아니다. ²유럽연합에서의 공용어 개념(槪念, 어떤 사물이나 현상에 대한 일반적인 지식)도 유엔에서의 경우와 마찬가지로 여러 공용어 중 하나만 알아도 공식 업무상 불편이 없게끔 한다는 것이지 모든 유럽연합인들이 열 개가 넘는 공용어를 전부 다 배워야 하는 것은 아니다.
▶ 복수의 공용어 지정으로 공무상 편의 도모

2 ¹마찬가지 논리로 우리가 만일 한국어와 영어를 공용어로 지정(指定, 어떤 것에 특정한 자격을 줌)한다면 이(한국어와 영어를 공용어로 지정하는 것)는 한국에서는 한국어와 영어 중 어느 하나를 알기만 하면 공식 업무상 불편이 없게끔 국가에서 보장(保障, 어떤 일이 어려움 없이 이루어지도록 조건을 마련하여 보증하거나 보호함)한다는 뜻이지 모든 한국인들이 영어를 할 줄 알아야 된다는 뜻은 아니다. ²따라서 [우리가 영어를 한국어와 함께 공용어로 지정하기만 하면](전건) [모든 한국인이 영어를 잘할 수 있게 되리라](조건문 중 후건)는 믿음은 공용어의 개념을 제대로 이해하지 못한 데서 오는 망상(妄想, 이치에 맞지 아니한 망령된 생각을 함)에 불과하다.
▶ 영어 공용화와 영어 구사 능력은 상관이 없음

① 유엔에서 근무하는 외교관들은 유엔의 공용어를 다 구사하지 않으면 안 (×) 된다.(근거 **1**-1)
② 유럽연합의 복수의 공용어를 지정하여 공무상 편의를 도모하였다.(근거 **1**-2)
③ 한국에서 영어를 공용어로 지정하면 한국인들은 영어를 다 잘할(×) 수 있을 것이다.(근거 **2**-2)
④ 한국에서 머지않아 영어가 공용어로 지정될 것이다.(×).(근거 없음)

단계별 풀이 비법

풀이 비법 1 발문으로 유형을 확인하라!

'글에 대한 이해로 적절한 것'을 찾는 문제이므로 세부 정보를 파악하는 유형임을 알 수 있다. 선택지 중에서 글에 제시된 정보와 일치하는 것을 골라야 한다.

풀이 비법 2 화제를 중심으로 중심 내용을 정리하라!

중심 화제 공용어
중심 내용

1	유엔과 유럽연합에서는 복수의 공용어를 지정하여 공무상 편의를 도모함.
2	우리가 영어를 한국어와 함께 공용어로 지정한다고 해도 한국인의 영어 구사 능력이 향상되는 것은 아님.

풀이 비법 3 지문에서 선택지 내용과 관련된 정보를 찾아 정리하라!

선지	관련 정보
①	**1**-1: '유엔은 … 모든 외교관들이 이 공용어들을 전부 다 잘해야 하는 것은 아니다'
②	**1**-2: '유럽연합에서의 공용어 개념도 … 공식 업무상 불편이 없게끔 한다'
③	**2**-2 '우리가 영어를 … 망상에 불과하다'
④	머지않아 영어가 공용어로 지정될 것이라는 예측은 제시문에 나와 있지 않다.

풀이 비법 4 선택지의 일치 여부를 판단하라!

① **1**-1, 유엔에서 근무하는 모든 외교관들이 공용어를 전부 다 잘해야 하는 것은 아니므로 적절하지 않은 진술이다.
② **1**-2, 유럽연합에서도 여러 공용어 중 하나만 알아도 공식 업무상 불편이 없게끔 한다는 내용을 통해 '복수의 공용어를 지정하여 공무상 편의를 도모하였다'라는 진술은 적절하다고 볼 수 있다.
③ **2**-2, 한국에서 영어를 공용어로 지정하면 한국인들이 영어를 다 잘할 수 있을 것이라는 생각은 공용어의 개념을 제대로 이해하지 못한 데서 오는 망상에 불과하다.
④ 영어가 공용어로 지정될 것이라는 예측은 제시되지 않았다. **정답 ②**

실전 기출 — 세부 정보 파악하기 4

연습 1 병태 요정과 함께 풀기

다음 글의 내용과 부합하지 않는 것은? 2021 지방직 9급

인터넷이 있는 곳이면 어디나 악플이 있기 마련이지만, 한국은 정도가 심하다. 악플러들 가운데는 피해의식과 열등감에 시달리는 이들이 많다고 한다. 그들에게 악플의 즐거움은 무엇인가. 자신이 올린 글 한 줄에 다른 사람들이 동요하는 모습을 보면서 자기 효능감(self-efficacy)을 맛볼 수 있다. 아무에게도 영향력을 행사하지 못하고 자신의 삶과 환경을 통제하지도 못하면서 무력감에 시달리는 사람일수록 공격적인 발설로 자기 효능감을 느끼려 한다.

그런데 자기 효능감은 상대방의 반응에 좌우된다. 마구 욕을 퍼부었는데 상대방이 별로 개의치 않는다면, 계속할 마음이 사라질 것이다. 무시당했다는 생각에 오히려 자괴감에 빠질 수도 있다. 개인주의가 안착된 사회에서는 자신을 향한 비판에 대해 '그건 너의 생각'이라면서 넘겨 버리는 사람들이 많다. 말도 안 되는 욕설이나 험담이 날아오면 제정신이 아닌 사람의 소행으로 웃어넘기거나 법적인 조치를 취할 것이다.

개인주의는 여러 속성을 지니고 있지만, 자신의 존재 가치를 스스로 매긴다는 긍정적 측면이 있다. 한국에는 그런 의미에서의 개인주의가 뿌리내리지 못했다. 남에 대해 신경을 너무 곤두세운다. 그것은 두 가지 차원으로 나뉘는데, 한편으로 타인에게 필요 이상의 관심을 보이면서 참견하고 타인의 영역을 침범한다. 다른 한편으로 자기에 대한 타인의 평가와 반응에 너무 예민하다. 이 두 가지 특성이 인터넷 공간에서 맞물려 악플을 양산한다. 우선 다른 사람에게 너무 쉽게 험담을 늘어놓고 당사자에게 악담을 던진다. 그렇게 악을 올리면 상대방이 발끈하거나 움츠러든다. 이따금 일파만파로 사회가 요동을 치기도 한다. 악플러 입장에서는 재미가 쏠쏠하다. 예상했던 피드백을 즉각적으로 받으면서 자기 효능감을 맛볼 수 있기 때문이다.

① 악플러는 자신의 말에 타인이 동요하는 것을 보면서 자기 효능감을 느낀다.
② 개인주의자는 악플에 무반응함으로써 악플러를 자괴감에 빠지게 할 수 있다.
③ 자신의 삶을 잘 통제하는 악플러일수록 타인을 더욱 엄격한 잣대로 비판한다.
④ 한국에서 악플이 양산되는 것은 한국인들이 타인에 대해 신경을 많이 쓰는 것과 관계가 있다.

연습 2 혼자서 눈으로 계속 연습하기

다음 글의 내용과 부합하지 않는 것은? 2021 지방직 9급

인터넷이 있는 곳이면 어디나 악플이 있기 마련이지만, 한국은 정도가 심하다. 악플러들 가운데는 피해의식과 열등감에 시달리는 이들이 많다고 한다. 그들에게 악플의 즐거움은 무엇인가. 자신이 올린 글 한 줄에 다른 사람들이 동요하는 모습을 보면서 자기 효능감(self-efficacy)을 맛볼 수 있다. 아무에게도 영향력을 행사하지 못하고 자신의 삶과 환경을 통제하지도 못하면서 무력감에 시달리는 사람일수록 공격적인 발설로 자기 효능감을 느끼려 한다.

그런데 자기 효능감은 상대방의 반응에 좌우된다. 마구 욕을 퍼부었는데 상대방이 별로 개의치 않는다면, 계속할 마음이 사라질 것이다. 무시당했다는 생각에 오히려 자괴감에 빠질 수도 있다. 개인주의가 안착된 사회에서는 자신을 향한 비판에 대해 '그건 너의 생각'이라면서 넘겨 버리는 사람들이 많다. 말도 안 되는 욕설이나 험담이 날아오면 제정신이 아닌 사람의 소행으로 웃어넘기거나 법적인 조치를 취할 것이다.

개인주의는 여러 속성을 지니고 있지만, 자신의 존재 가치를 스스로 매긴다는 긍정적 측면이 있다. 한국에는 그런 의미에서의 개인주의가 뿌리내리지 못했다. 남에 대해 신경을 너무 곤두세운다. 그것은 두 가지 차원으로 나뉘는데, 한편으로 타인에게 필요 이상의 관심을 보이면서 참견하고 타인의 영역을 침범한다. 다른 한편으로 자기에 대한 타인의 평가와 반응에 너무 예민하다. 이 두 가지 특성이 인터넷 공간에서 맞물려 악플을 양산한다. 우선 다른 사람에게 너무 쉽게 험담을 늘어놓고 당사자에게 악담을 던진다. 그렇게 악을 올리면 상대방이 발끈하거나 움츠러든다. 이따금 일파만파로 사회가 요동을 치기도 한다. 악플러 입장에서는 재미가 쏠쏠하다. 예상했던 피드백을 즉각적으로 받으면서 자기 효능감을 맛볼 수 있기 때문이다.

① 악플러는 자신의 말에 타인이 동요하는 것을 보면서 자기 효능감을 느낀다.
② 개인주의자는 악플에 무반응함으로써 악플러를 자괴감에 빠지게 할 수 있다.
③ 자신의 삶을 잘 통제하는 악플러일수록 타인을 더욱 엄격한 잣대로 비판한다.
④ 한국에서 악플이 양산되는 것은 한국인들이 타인에 대해 신경을 많이 쓰는 것과 관계가 있다.

지문을 한눈에

악플의 특성과 악플이 양산되는 이유

- **1 도입**: 피해의식과 열등감에 시달리는 사람일수록 악플을 통해 자기 효능감을 느낌.
- **2 부연**: 상대방의 반응에 좌우되는 자기 효능감
- **3 전개**: 타인을 지나치게 의식하는 문화 때문에 악플이 양산됨.

실전 기출 세부 정보 파악하기 4

07

다음 글의 내용과 부합하지 않은 것은?

지문 제재 | 사회
2021 지방직 9급

> **1** ¹인터넷이 있는 곳이면 어디나 악플이 있기 마련이지만, 한국은 정도가 심하다. ²악플러들 가운데는 피해의식(被害意識, 자신이 손해를 입었다고 생각하는 감정)과 열등감(劣等感, 자기를 남보다 못하다고 평가하는 감정)에 시달리는 이들이 많다고 한다. ³그들에게 악플의 즐거움은 무엇인가. ⁴자신이 올린 글 한 줄에 다른 사람들이 동요(動搖, 생각이나 처지가 확고하지 못하고 흔들림)하는 모습을 보면서 자기 효능감(self-efficacy)을 맛볼 수 있다. ⁵아무에게도 영향력(影響力, 어떤 힘이 다른 것에 미치는 힘)을 행사하지 못하고 자신의 삶과 환경을 통제(統制, 행위를 제한하거나 제약함)하지도 못하면서 무력감에 시달리는 사람일수록 공격적인 발설(發說, 입 밖으로 말을 냄)로 자기 효능감(效能感, 특정 상황에서 적절한 행동을 함으로써 문제를 해결할 수 있다고 믿는 신념)을 느끼려 한다.
> ▶ 악플러는 악플을 통해 자기 효능감을 느낌
>
> **2** ¹그런데 자기 효능감은 상대방의 반응에 좌우된다. ²마구 욕을 퍼부었는데 상대방이 별로 개의(介意, 마음에 두고 생각하거나 신경을 씀)치 않는다면, 계속할 마음이 사라질 것이다. ³무시당했다는 생각에 오히려 자괴감(自愧感, 스스로 부끄러워하는 마음)에 빠질 수도 있다. ⁴개인주의가 안착(安着, 마음의 흔들림 없이 어떤 곳에 착실하게 자리 잡음)된 사회에서는 자신을 향한 비판(批判, 잘못된 점을 지적함)에 대해 '그건 너의 생각'이라면서 넘겨 버리는 사람들이 많다. ⁵말도 안 되는 욕설이나 험담이 날아오면 제정신이 아닌 사람의 소행으로 웃어넘기거나 법적인 조치(措置, 필요한 대책을 세워 행함)를 취할 것이다.
> ▶ 상대방의 반응에 좌우되는 자기 효능감
>
> **3** ¹개인주의는 여러 속성(屬性, 사물의 성질)을 지니고 있지만, 자신의 존재 가치를 스스로 매긴다는 긍정적 측면이 있다. ²한국에는 그런 의미에서의 개인주의(個人主義, 개인의 가치를 존중하는 태도)가 뿌리내리지 못했다. ³남에 대해 신경을 너무 곤두세운다. ⁴그것은 (남에 대해 신경을 쓰는 것) 두 가지 차원으로 나뉘는데, 한편으로 타인에게 필요 이상의 관심을 보이면서 참견하고 타인의 영역(領域, 관심 따위가 미치는 일정한 범위)을 침범(侵犯, 남의 영토나 권리, 재산, 신분 따위를 침노하여 범하거나 해를 끼침)한다. ⁵다른 한편으로 자기에 대한 타인의 평가와 반응에 너무 예민(銳敏, 자극에 대한 반응이나 감각이 지나치게 날카로움)하다. ⁶이 두 가지 특성이 인터넷 공간에서 맞물려 악플을 양산(量産, 많이 만들어 냄)한다. ⁷우선 다른 사람에게 너무 쉽게 험담을 늘어놓고 당사자에게 악담을 던진다. ⁸그렇게 악플을 올리면 상대방이 발끈하거나 움츠러든다. ⁹이따금 일파만파로 사회가 요동(搖動, 흔들어 움직임)을 치기도 한다. ¹⁰악플러 입장에서는 재미가 쏠쏠하다. ¹¹예상했던 피드백을 즉각적으로 받으면서 자기 효능감을 맛볼 수 있기 때문이다.
> ▶ 타인을 지나치게 의식하는 문화 때문에 악플이 양산됨

① 악플러는 자신의 말에 타인이 동요하는 것을 보면서 자기 효능감을 느낀다.(근거 **1**-4)

② 개인주의자는 악플에 무반응함으로써 악플러를 자괴감에 빠지게 할 수 있다.(근거 **2**-2, 3)

❸ 자신의 삶을 잘 통제하는(×) 악플러일수록 타인을 더욱 엄격한 잣대로 비판한다(×).(근거 **1**-5)

④ 한국에서 악플이 양산되는 것은 한국인들이 타인에 대해 신경을 많이 쓰는 것과 관계가 있다.(근거 **3**-3~6)

단계별 풀이 비법

풀이 비법 1 발문으로 유형을 확인하라!
'글의 내용'과 일치하지 않는 것을 찾는 문제이므로 세부 정보를 파악하는 내용 일치 유형임을 알 수 있다.

풀이 비법 2 무엇(화제)에 대해 말하고 있는지 파악하라!
중심 화제 악플러
중심 내용

1	악플러는 악플을 통해 자기 효능감을 느낌
2	상대방의 반응에 좌우되는 자기 효능감
3	타인을 지나치게 의식하는 문화 때문에 악플이 양산됨

풀이 비법 3 지문에서 선택지 내용과 관련된 정보를 찾아 정리하라!

선지	관련 정보
①	**1**-4: '자신이 올린 글 한 줄에 … 자기 효능감'
②	**2**-2, 3: '욕을 퍼부었는데 상대방이 별로 개의치 않는다면, 계속할 마음이 사라질 것', '무시당했다는 생각에 오히려 자괴감에 빠질 수도 있다'
③	**1**-5: '자신의 삶과 환경을 통제하지도 못하면서 무력감에 시달리는 사람'
④	**3**-3~6: '남에 대해 신경을 너무 곤두세운다', '이 두 가지 특성이 인터넷 공간에서 맞물려 악플을 양산'

풀이 비법 4 선택지의 적절성을 판단하라!

① **1**-4, 악플러는 자신이 올린 글 한 줄에 다른 사람들이 동요하는 모습을 보면서 자기 효능감을 느낀다.

② **2**-2, 3, 악플에도 상대방이 별로 신경 쓰지 않는다면 무시당했다는 생각에 오히려 자괴감에 빠질 수도 있다는 내용을 통해, 개인주의자는 악플에 반응하지 않음으로써 악플러를 자괴감에 빠지게 할 수 있다.

③ **1**-5, 자신의 삶과 환경을 통제하지 못하면서 무력감에 시달리는 사람일수록 악플을 통해 자기 효능감을 느끼려 한다는 내용을 통해, '악플러일수록 타인을 더욱 엄격한 잣대로 비판'한다는 진술은 글의 내용과 부합하지 않는다.

④ **3**-3~6, 한국에서 악플이 양산되는 것은 한국인들이 남에 대해 신경을 많이 쓰는 특성과 관계가 있다고 할 수 있다.

정답 ③

실전 기출 — 세부 정보 파악하기 4

연습 1 병태 요정과 함께 풀기

다음 글에 대한 이해로 적절하지 않은 것은? 2020 지방직 7급

우리 헌법에는 신체의 자유, 거주·이전의 자유, 직업의 자유, 주거의 자유, 통신의 자유 등 명시적으로 개별적인 기본권을 정하고 있다. 하지만 인간의 삶에 필요한 자유가 특정 시점을 기준으로 모두 구체적인 이름을 띠고 있을 수는 없다. 그런 이유로 인간이 살아가면서 발견하게 될 자유도 헌법상 보장되는 장치를 할 필요가 있어서 헌법 제37조 제1항에 "국민의 자유와 권리는 헌법에 열거되지 아니한 이유로 경시되지 아니한다."라고 정함으로써 모든 영역에 걸쳐 자유를 보장하고 있다.

그런데 자유는 무한하지도 않고, 방임도 아니다. 이런 자유는 타인의 자유와 권리를 침해하지 않는 범위 내에서 인정되며, 공동체의 존속과 발전을 침해하지 않는 범위 내에서 향유할 수 있는 것이다. 우리 헌법이 규율하는 공동체 질서 내에서의 자유는 어디까지나 공동체의 존속, 안전, 평화, 그리고 타인과 더불어 살아가는 상생을 전제로 하는 것이다.

헌법에서 보장하는 자유도 이러한 범위에서 제한을 받는 것이기는 하지만 국가안전보장, 질서유지, 공공복리라는 가치들이 있기만 하면 국민의 자유가 마음대로 제한될 수 있는 것은 아니다. 이런 가치에 의해 자유를 제한하는 경우에도 과잉금지원칙이 적용되고 기본권의 본질적인 내용은 침해할 수 없다.

① 인간의 자유는 공동체의 존속과 발전을 침해하지 않는 범위 내에서 향유할 수 있다.
② 헌법 제37조 제1항은 헌법에 열거되지 않은 자유에 대해서 보장하는 장치를 마련하고 있다.
③ 헌법에 명시된 자유 외에 새롭게 발견하게 될 자유를 제한할 경우에 과잉금지원칙을 적용한다.
④ 자유는 무한하지도 않고, 방임도 아니므로 특정 시점을 기준으로 구체적인 이름을 부여할 필요가 있다.

연습 2 혼자서 눈으로 계속 연습하기

다음 글에 대한 이해로 적절하지 않은 것은? 2020 지방직 7급

우리 헌법에는 신체의 자유, 거주·이전의 자유, 직업의 자유, 주거의 자유, 통신의 자유 등 명시적으로 개별적인 기본권을 정하고 있다. 하지만 인간의 삶에 필요한 자유가 특정 시점을 기준으로 모두 구체적인 이름을 띠고 있을 수는 없다. 그런 이유로 인간이 살아가면서 발견하게 될 자유도 헌법상 보장되는 장치를 할 필요가 있어서 헌법 제37조 제1항에 "국민의 자유와 권리는 헌법에 열거되지 아니한 이유로 경시되지 아니한다."라고 정함으로써 모든 영역에 걸쳐 자유를 보장하고 있다.

그런데 자유는 무한하지도 않고, 방임도 아니다. 이런 자유는 타인의 자유와 권리를 침해하지 않는 범위 내에서 인정되며, 공동체의 존속과 발전을 침해하지 않는 범위 내에서 향유할 수 있는 것이다. 우리 헌법이 규율하는 공동체 질서 내에서의 자유는 어디까지나 공동체의 존속, 안전, 평화, 그리고 타인과 더불어 살아가는 상생을 전제로 하는 것이다.

헌법에서 보장하는 자유도 이러한 범위에서 제한을 받는 것이기는 하지만 국가안전보장, 질서유지, 공공복리라는 가치들이 있기만 하면 국민의 자유가 마음대로 제한될 수 있는 것은 아니다. 이런 가치에 의해 자유를 제한하는 경우에도 과잉금지원칙이 적용되고 기본권의 본질적인 내용은 침해할 수 없다.

① 인간의 자유는 공동체의 존속과 발전을 침해하지 않는 범위 내에서 향유할 수 있다.
② 헌법 제37조 제1항은 헌법에 열거되지 않은 자유에 대해서 보장하는 장치를 마련하고 있다.
③ 헌법에 명시된 자유 외에 새롭게 발견하게 될 자유를 제한할 경우에 과잉금지원칙을 적용한다.
④ 자유는 무한하지도 않고, 방임도 아니므로 특정 시점을 기준으로 구체적인 이름을 부여할 필요가 있다.

지문을 한눈에

헌법으로 보장되는 자유
- **1 주지**: 헌법으로 보장되는 자유
- **2 부연 ①**: 헌법이 보장하는 자유의 전제 조건
- **3 부연 ②**: 법률로 자유를 제한할 때의 조건

실전 기출 세부 정보 파악하기 4

08
다음 글에 대한 이해로 적절하지 않은 것은?

지문 제재 | 사회
2020 지방직 7급

> **1** ¹우리 헌법에는 신체의 자유, 거주·이전의 자유, 직업의 자유, 주거의 자유, 통신의 자유 등 명시적으로 개별적인 기본권을 정하고 있다. ²하지만 인간의 삶에 필요한 자유가 특정 시점을 기준으로 모두 구체적인 이름을 띠고 있을 수는 없다. ³그런 (인간에게 필요한 모든 자유가 구체적인 이름을 띠고 있을 수 없다는) 이유로 인간이 살아가면서 발견하게 될 자유도 헌법상 보장되는 장치를 할 필요가 있어서 헌법 제37조 제1항에 "국민의 자유와 권리는 헌법에 열거되지 아니한 이유로 경시(輕視, 대수롭지 않게 보거나 업신여김)되지 아니한다."라고 정함으로써 모든 영역에 걸쳐 자유를 보장하고 있다.
> ▶ 헌법으로 보장되는 자유
>
> **2** ¹그런데 자유는 무한하지도 않고, 방임(放任, 돌보거나 간섭하지 않고 제멋대로 내버려 둠)도 아니다. ²이런 (모든 영역에 걸친) 자유는 타인의 자유와 권리를 침해하지 않는 범위 내에서 인정되며, 공동체의 존속과 발전을 침해하지 않는 범위 내에서 향유(享有, 누리어 가짐)할 수 있는 것이다. ³우리 헌법이 규율하는 공동체 질서 내에서의 자유는 어디까지나 [공동체의 존속, 안전, 평화, 그리고 타인과 더불어 살아가는 상생을 전제(前提, 어떠한 사물이나 현상을 이루기 위하여 먼저 내세우는 것)](자유의 조건)로 하는 것이다.
> ▶ 헌법이 보장하는 자유의 전제 조건
>
> **3** ¹헌법에서 보장하는 자유도 이러한 (공동체의 존속, 안전, 평화, 그리고 타인과 더불어 살아가는 상생을 전제로 하는) 범위에서 제한을 받는 것이기는 하지만 [국가안전보장, 질서유지, 공공복리](개인의 자유를 법률로써 제한할 수 있는 조건)라는 가치들이 있기만 하면 국민의 자유가 마음대로 제한될 수 있는 것은 아니다. ²이런 (국가안전보장, 질서유지, 공공복리라는) 가치에 의해 자유를 제한하는 경우에도 [과잉금지원칙이 적용되고 기본권의 본질적인 내용은 침해할 수 없다.](법률로 자유를 제한할 때의 조건)
> ▶ 법률로 자유를 제한할 때의 조건

① 인간의 자유는 공동체의 존속과 발전을 침해하지 않는 범위 내에서 향유할 수 있다. (근거 **2**-3)
② 헌법 제37조 제1항은 헌법에 열거되지 않은 자유에 대해서 보장하는 장치를 마련하고 있다. (근거 **1**-3)
③ 헌법에 명시된 자유 외에 새롭게 발견하게 될 자유를 제한할 경우에 과잉금지원칙을 적용한다. (근거 **1**-3, **3**-2)
❹ 자유는 무한하지도 않고, 방임도 아니므로(○) 특정 시점을 기준으로 구체적인 이름을 부여할 필요가 있다(✕). (근거 **2**-1, **1**-2)

단계별 풀이 비법

풀이 비법 1 발문으로 유형을 먼저 확인하라!
'글에 대한 이해'의 적절성을 따지는 문제이므로 세부 정보를 파악하는 내용 열치불일치 유형임을 알 수 있다. 이때 지문 내용과 일치하지 않는 것을 찾아야 한다.

풀이 비법 2 화제를 중심으로 중심 내용을 정리하라!

	화제	중심 내용
1	자유	헌법으로 보장되는 자유
2	자유	헌법이 보장하는 자유의 전제 조건
3	자유	법률로 자유를 제한할 때의 조건

풀이 비법 3 지문에서 선택지 내용과 관련된 정보를 찾아 정리하라!

선지	관련 정보
①	**2**-3: '자유는 어디까지나 공동체의 존속, 안전, 평화, 그리고 타인과 더불어 살아가는 상생을 전제로 하는 것'
②	**1**-3: '인간이 살아가면서 발견하게 될 자유도 헌법상 보장되는 장치를 할 필요가 있어서 헌법 제37조 제1항에 … 모든 영역에 걸쳐 자유를 보장하고 있다.'
③	**1**-3, **3**-2: '인간이 살아가면서 발견하게 될 자유도 헌법상 보장', '자유를 제한하는 경우에도 과잉금지원칙이 적용'
④	**2**-1, **1**-2: '인간의 삶에 필요한 자유가 특정 시점을 기준으로 모두 구체적인 이름을 띠고 있을 수는 없다.'

풀이 비법 4 선택지의 일치 여부를 판단하라!

① **2**-3에 따르면, 공동체 질서 내에서의 자유는 어디까지나 공동체의 존속, 안전, 평화, 그리고 타인과 더불어 살아가는 상생을 전제로 한다. 따라서 인간의 자유는 공동체의 존속과 발전을 침해하지 않는 범위 내에서 향유할 수 있다.
② **1**-3에 따르면, 헌법에 명시되지 않은 자유도 헌법 제37조 제1항에 의해 보장되고 있다.
③ **1**단락에 따르면 기본권과 새롭게 발견될 자유는 헌법에 의해 보장되고 있다. 그리고 **3**-2에서 합법적으로 자유를 제한할 경우에도 과잉금지원칙이 적용된다고 설명하였다. 따라서 헌법에 명시된 자유 외에 새롭게 발견하게 될 자유를 제한할 경우에 과잉금지원칙을 적용한다는 이해는 적절하다.
④ **2**-1에 따르면 자유는 무한하지도 않고, 방임도 아니다. 하지만 **1**-2에서 언급한 것처럼 모든 자유가 구체적인 이름을 띠고 있을 수는 없으므로 특정 시점을 기준으로 구체적인 이름을 부여할 필요가 있다는 이해는 적절하지 않다.

정답 ④

연습 1 병태 요정과 함께 풀기

다음 글에 대한 이해로 적절한 것은? 2020 지방직 7급

> 생산량이나 소득처럼 겉보기에 가장 간단할 것 같은 경제학적 개념도 이끌어 내는 데 각종 어려움이 따른다. 거기에 수많은 가치 판단이 들어가기 때문이다. 생산량 통계에 가사 노동을 포함하지 않는 것이 한 예이다. 숫자 자체에 이의를 제기하지 않더라도 생산량이나 소득 통계가 생활수준을 정확히 나타낸다고 말하기는 어렵다. 특히, 가난한 나라보다 식량, 주거, 의료 서비스 등 기본적 필요를 충족한 상태인 부유한 나라들은 더욱 그렇다.
>
> 또 구매력, 노동 시간, 생활수준을 결정하는 비금전적인 요인, 비합리적인 소비 행위, 위치재 등이 초래하는 차이도 고려해야 한다. 행복측정 연구는 이런 문제들을 피하려고 노력하지만, 그 연구에는 더 심각한 문제들이 있다. 행복은 그 자체로 측정이 어렵다는 점과 다양한 선호의 문제가 개입된다는 점 때문이다. 행복은 가치의 영역으로서 그에 대해 부여하는 우리의 관념과 욕망, 선호의 지점이 각기 다를 뿐만 아니라 비금전적인 요인 등 복잡한 차이가 존재하므로 행복측정 연구와 같은 영역은 그 대상을 측정하는 것이 그만큼 어려워진다.
>
> 물론 이렇게 문제가 있다고 해서 경제학에서 숫자를 사용하면 안 된다는 말이 아니다. 생산량, 성장률, 실업률, 불평등 수준 등에 관한 주요 숫자를 모르고서는 우리는 실제 세상의 경제를 제대로 이해할 수 없다. 그렇지만 이 숫자들이 무엇을 말해 주고, 무엇을 말해 주지 않는지를 항상 명심해야 한다.

① 행복측정 연구에서 측정의 어려움은 선호의 문제로 보완될 수 있다.
② 사람들의 생활수준을 측정하는 것은 가난한 나라보다 부유한 나라에서 더 어렵다.
③ 가치 판단은 측정이 불가능하기 때문에 경제학적 개념을 추출하는 데 어려움을 초래한다.
④ 경제학에서 사용하는 숫자는 객관성이 부족하기 때문에 실제 경제를 이해하는 데 도움이 되지 않는다.

연습 2 혼자서 눈으로 계속 연습하기

다음 글에 대한 이해로 적절한 것은? 2020 지방직 7급

> 생산량이나 소득처럼 겉보기에 가장 간단할 것 같은 경제학적 개념도 이끌어 내는 데 각종 어려움이 따른다. 거기에 수많은 가치 판단이 들어가기 때문이다. 생산량 통계에 가사 노동을 포함하지 않는 것이 한 예이다. 숫자 자체에 이의를 제기하지 않더라도 생산량이나 소득 통계가 생활수준을 정확히 나타낸다고 말하기는 어렵다. 특히, 가난한 나라보다 식량, 주거, 의료 서비스 등 기본적 필요를 충족한 상태인 부유한 나라들은 더욱 그렇다.
>
> 또 구매력, 노동 시간, 생활수준을 결정하는 비금전적인 요인, 비합리적인 소비 행위, 위치재 등이 초래하는 차이도 고려해야 한다. 행복측정 연구는 이런 문제들을 피하려고 노력하지만, 그 연구에는 더 심각한 문제들이 있다. 행복은 그 자체로 측정이 어렵다는 점과 다양한 선호의 문제가 개입된다는 점 때문이다. 행복은 가치의 영역으로서 그에 대해 부여하는 우리의 관념과 욕망, 선호의 지점이 각기 다를 뿐만 아니라 비금전적인 요인 등 복잡한 차이가 존재하므로 행복측정 연구와 같은 영역은 그 대상을 측정하는 것이 그만큼 어려워진다.
>
> 물론 이렇게 문제가 있다고 해서 경제학에서 숫자를 사용하면 안 된다는 말이 아니다. 생산량, 성장률, 실업률, 불평등 수준 등에 관한 주요 숫자를 모르고서는 우리는 실제 세상의 경제를 제대로 이해할 수 없다. 그렇지만 이 숫자들이 무엇을 말해 주고, 무엇을 말해 주지 않는지를 항상 명심해야 한다.

① 행복측정 연구에서 측정의 어려움은 선호의 문제로 보완될 수 있다.
② 사람들의 생활수준을 측정하는 것은 가난한 나라보다 부유한 나라에서 더 어렵다.
③ 가치 판단은 측정이 불가능하기 때문에 경제학적 개념을 추출하는 데 어려움을 초래한다.
④ 경제학에서 사용하는 숫자는 객관성이 부족하기 때문에 실제 경제를 이해하는 데 도움이 되지 않는다.

지문을 한눈에

| 경제학적 숫자의 이해 | **1 도입**
숫자로 표현되는 경제학적 개념의 한계 | **2 전개**
행복 측정 연구의 어려움 | **3 주지**
경제학적 숫자에 대한 정확한 이해의 필요성 |

09

다음 글에 대한 이해로 적절한 것은?

지문 제재 | 사회
2020 지방직 7급

■ ¹생산량이나 소득처럼 겉보기에 가장 간단할 것 같은 경제학적 개념도 이끌어 내는 데 각종 어려움이 따른다. ²거기에(겉보기에 가장 간단할 것 같은 경제학적 개념에) [수많은 가치 판단이 들어가기 때문](수치로 나타나는 경제학적 개념을 이끌어 내기 어려운 이유)이다. ³생산량 통계에 가사 노동을 포함하지 않는 것이 한 예이다. ⁴숫자 자체에 이의(異意, 다른 의견이나 의사)를 제기하지 않더라도 생산량이나 소득 통계가 생활 수준을 정확히 나타낸다고 말하기는 어렵다. ⁵특히, [가난한 나라보다 식량, 주거, 의료 서비스 등 기본적 필요를 충족한 상태인 부유한 나라들은 더욱 그렇다.](생활 수준에는 기본적인 의식주 외에 주관적인 가치 판단이 들어가는 요소가 포함되기 때문에)
▶ 숫자로 표현되는 경제학적 개념을 이끌어 내기 어려운 이유

② ¹또 구매력, 노동 시간, 생활 수준을 결정하는 비금전적인 요인, 비합리적인 소비 행위, 위치재(位置財, 희소하거나 다른 사람들이 대체재보다 선호하기 때문에 가치가 생기는 재화. 예를 들어 높은 사회적 지위, 명성, 매우 좋은 식당의 예약, 비싼 자동차 따위) 등이 초래하는 차이도 고려해야 한다. ²행복 측정 연구는 이런(생활 수준을 측정하는 여러 요소들이 초래하는 차이로 인한) 문제들을 피하려고 노력하지만, 그(행복 측정) 연구에는 더 심각한 문제들이 있다. ³행복은 그 자체로 측정이 어렵다는 점과 다양한 선호(選好, 여럿 가운데서 특별히 가려서 좋아함)의 문제가 개입된다는 점 때문이다. ⁴행복은 가치의 영역으로서 그에 대해 부여(附與, 사람에게 권리·명예·임무 따위를 지니도록 해 주거나, 사물이나 일에 가치·의의 따위를 붙여 줌)하는 우리의 관념과 욕망, 선호의 지점이 각기 다를 뿐만 아니라 비금전적인 요인 등 복잡한 차이가 존재하므로 행복 측정 연구와 같은 영역은 그 대상을 측정하는 것이 그만큼 어려워진다.
▶ 주관적 가치 판단이 개입할 수밖에 없는 행복 측정 연구

③ ¹물론 이렇게(생산량이나 소득 통계가 생활 수준을 정확히 나타낸다고 말하기는 어려운 것 같은) 문제가 있다고 해서 경제학에서 숫자를 사용하면 안 된다는 말이 아니다. ²[생산량, 성장률, 실업률, 불평등 수준 등에 관한 주요 숫자를 모르고서는 우리는 실제 세상의 경제를 제대로 이해할 수 없다.](숫자로 나타나는 경제학적 개념은 현실의 경제 수준을 나타내는 지표가 됨) ³그렇지만 이(생산량, 성장률, 실업률, 불평등 수준 등의 경제학적 개념) 숫자들이 [무엇을 말해 주고,](경제 상황의 정도) [무엇을 말해 주지 않는지](행복 수준을 비롯하여 가치 판단이 들어가는 생활 수준)를 항상 명심해야 한다. ▶ 경제학적 숫자에 대한 정확한 이해의 당부

① 행복 측정 연구에서 측정의 어려움은 선호의 문제(측정이 어려운 원인 중 하나)로 보완될 수 있다.(근거 ②-2, 3)
❷ 사람들의 생활 수준을 측정하는 것은 가난한 나라보다 부유한 나라에서 더 어렵다.(근거 ■-4, 5)
③ 가치 판단은 측정이 불가능(× 어려움)하기 때문에 경제학적 개념을 추출하는 데 어려움을 초래한다.(근거 ■-2, ②-4)
④ 경제학에서 사용하는 숫자는 객관성이 부족하기 때문에(× 주관적인 가치 판단을 반영하기 어려울 뿐) 실제 경제를 이해하는 데 도움이 되지 않는다.(× 현실의 경제 수준을 나타내는 지표가 됨)(근거 ③-2)

단계별 풀이 비법

풀이 비법 1 발문으로 유형을 먼저 확인하라!

'글에 대한 이해'의 적절성을 묻는 문제이므로 지문의 세부 정보를 파악하는 내용 일치불일치 유형임을 알 수 있다. 그리고 긍정 발문이므로 지문 내용과 일치하는 선택지를 골라야 한다.

풀이 비법 2 화제를 중심으로 중심 내용을 정리하라!

	화제	중심 내용
■	경제학적 개념	생활 수준을 정확히 나타내지 못함.
②	행복 측정 연구	대상을 측정하기 어려움.
③	경제학의 숫자	말하는 것과 말해주지 못하는 것을 구분해야 함.

풀이 비법 3 지문에서 선택지 내용과 관련된 정보를 찾아 정리하라!

선지	관련 정보
①	②-2, 3: '행복은 그 자체로 측정이 어렵다는 점과 다양한 선호의 문제가 개입된다는 점 때문'
②	■-4, 5: '생산량이나 소득 통계가 생활 수준을 정확히 나타낸다고 말하기는 어렵다.', '부유한 나라들은 더욱 그렇다.'
③	■-2, ②-4: '거기에 수많은 가치 판단이 들어가기 때문', '행복은 가치의 영역으로서 … 행복 측정 연구와 같은 영역은 그 대상을 측정하는 것이 그만큼 어려워진다.'
④	③-2: '생산량, 성장률, 실업률, 불평등 수준 등에 관한 주요 숫자를 모르고서는 우리는 실제 세상의 경제를 제대로 이해할 수 없다.'

풀이 비법 4 선택지의 일치 여부를 판단하라!

① ②-2와 3에 따르면, 가치 판단이 들어가는 선호의 문제는 행복 측정 연구를 보완하는 것이 아니라 오히려 어렵게 하는 요소 중 하나이다.
② ■-4와 5에 따르면, 생산량이나 소득 통계가 생활 수준을 정확히 나타낸다고 말하기는 어려우며, 특히 가난한 나라보다는 부유한 나라에서 이런 경향이 두드러진다. 따라서 사람들의 생활 수준을 측정하는 것은 가난한 나라보다 부유한 나라에서 더 어렵다고 볼 수 있다.
③ ■-2와 ②-4에 따르면, 행복 같이 주관성이 개입되는 가치 판단은 측정이 불가능한 것이 아니라 측정하기 어려운 것이다.
④ ③-2에 따르면, 생산량, 성장률, 실업률, 불평등 수준 등 경제학에서 사용하는 주요 숫자를 모르면 실제 세상의 경제를 제대로 이해할 수 없다. 또한 ■-3을 고려할 때, 주관적인 가치 판단이 개입되는 요소는 통계를 작성할 때 제외하므로 객관성이 부족하다고 보기도 어렵다.

정답 ②

실전 기출 — 세부 정보 파악하기 4

학습일: 월 일 풀이 시간: 1분 이내

연습 1 병태 요정과 함께 풀기

다음 글에 대한 이해로 적절하지 않은 것은? 2020 국가직 9급

> 희극의 발생 조건에 대하여 베르그송은 집단, 지성, 한 개인의 존재 등을 꼽았다. 즉 집단으로 모인 사람들이 자신들의 감성을 침묵하게 하고 지성만을 행사하는 가운데 그들 중 한 개인에게 그들의 모든 주의가 집중되도록 할 때 희극이 발생한다고 보았다. 그러나 그가 말하는 세 가지 사항은 웃음을 유발하는 것이 아니라 그러한 것을 가능케 하는 조건들이다. 웃음을 유발하는 단순한 형태의 직접적인 장치는 대상의 신체적인 결함이나 성격적인 결함을 들 수 있다. 관객은 이러한 결함을 지닌 인물을 통하여 스스로 자기 우월성을 인식하고 즐거워질 수 있게 된다. 이와 관련해 "한 인물이 우리에게 희극적으로 보이는 것은 우리 자신과 비교해서 그 인물이 육체의 활동에는 많은 힘을 소비하면서 정신의 활동에는 힘을 쓰지 않는 경우이다. 어느 경우에나 우리의 웃음이 그 인물에 대하여 우리가 지니는 기분 좋은 우월감을 나타내는 것임은 부정할 수 없다."라는 프로이트의 말은 시사적이다.

① 베르그송에 의하면 희극은 관객의 감성이 집단적으로 표출된 결과이다.
② 베르그송에 의하면 집단, 지성, 한 개인의 존재는 희극발생의 조건이다.
③ 한 개인의 신체적·성격적 결함은 집단의 웃음을 유발하는 직접적인 장치이다.
④ 프로이트에 의하면 상대적으로 정신 활동보다 육체 활동에 힘을 쓰는 상대가 희극적인 존재이다.

연습 2 혼자서 눈으로 계속 연습하기

다음 글에 대한 이해로 적절하지 않은 것은? 2020 국가직 9급

> 희극의 발생 조건에 대하여 베르그송은 집단, 지성, 한 개인의 존재 등을 꼽았다. 즉 집단으로 모인 사람들이 자신들의 감성을 침묵하게 하고 지성만을 행사하는 가운데 그들 중 한 개인에게 그들의 모든 주의가 집중되도록 할 때 희극이 발생한다고 보았다. 그러나 그가 말하는 세 가지 사항은 웃음을 유발하는 것이 아니라 그러한 것을 가능케 하는 조건들이다. 웃음을 유발하는 단순한 형태의 직접적인 장치는 대상의 신체적인 결함이나 성격적인 결함을 들 수 있다. 관객은 이러한 결함을 지닌 인물을 통하여 스스로 자기 우월성을 인식하고 즐거워질 수 있게 된다. 이와 관련해 "한 인물이 우리에게 희극적으로 보이는 것은 우리 자신과 비교해서 그 인물이 육체의 활동에는 많은 힘을 소비하면서 정신의 활동에는 힘을 쓰지 않는 경우이다. 어느 경우에나 우리의 웃음이 그 인물에 대하여 우리가 지니는 기분 좋은 우월감을 나타내는 것임은 부정할 수 없다."라는 프로이트의 말은 시사적이다.

① 베르그송에 의하면 희극은 관객의 감성이 집단적으로 표출된 결과이다.
② 베르그송에 의하면 집단, 지성, 한 개인의 존재는 희극발생의 조건이다.
③ 한 개인의 신체적·성격적 결함은 집단의 웃음을 유발하는 직접적인 장치이다.
④ 프로이트에 의하면 상대적으로 정신 활동보다 육체 활동에 힘을 쓰는 상대가 희극적인 존재이다.

지문을 한눈에

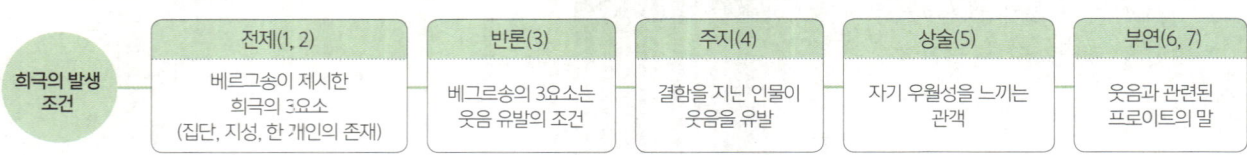

10
다음 글에 대한 이해로 적절하지 않은 것은?

지문 제재 : 인문
2020 국가직 9급

> ¹희극(戱劇, 실없이 익살을 부려 관객을 웃기는 장면이 많은 연극)의 발생 조건에 대하여 베르그송은 집단, 지성(知性, 지각된 것을 정리하고 통일하여, 이것을 바탕으로 새로운 인식을 낳게 하는 정신 작용), 한 개인의 존재 등을 꼽았다. ²즉 집단으로 모인 사람들이 자신들의 감성(感性, 자극이나 자극의 변화를 느끼는 성질)을 침묵하게 하고 지성만을 행사하는 가운데 그들(집단으로 모인 사람들) 중 한 거인에게 그들의 모든 주의(注意, 어떤 곳이나 일에 관심을 집중하여 기울임)가 집중되도록 할 때 희극이 발생한다고 보았다. ³그러나 그가(베르그송이) 말하는 세 가지 사항은 웃음을 유발(誘發, 어떤 것이 다른 일을 일어나게 함)하는 것이 아니라 그러한(웃음을 유발하는) 것을 가능케 하는 조건들이다. ⁴웃음을 유발하는 단순한 형태의 직접적인 장치는 대상의 신체적인 결함(缺陷, 부족하거나 완전하지 못하여 흠이 되는 부분)이나 성격적인 결함을 들 수 있다. ⁵관객은 이러한(신체적이나 성격적인) 결함을 지닌 인물을 통하여 [스스로 자기 우월성(優越性, 우월한 성질이나 특성)을 인식](결함을 지닌 인물을 통해 웃음이 유발되는 까닭)하고 즐거워질 수 있게 된다. ⁶이와(웃음을 유발하는 직접적인 장치와) 관련해 "한 인물이 우리에게 희극적으로 보이는 것은 우리 자신과 비교해서 그 인물이 [육체의 활동에는 많은 힘을 소비하면서 정신의 활동에는 힘을 쓰지 않는 경우](정신적 결함을 지닌 인물)이다. 어느 경우에나 우리의 웃음이 그 인물에 대하여 우리가 지니는 기분 좋은 우월감을 나타내는 것임은 부정(否定, 그렇지 아니하다고 단정하거나 옳지 아니하다고 반대함)할 수 없다."라는 프로이트의 말은 시사적(示唆的, 어떤 것을 미리 간접적으로 표현해 주는 것)이다.

▶ 희극에서 웃음을 유발하는 직접적인 장치

① 베르그송에 의하면 희극은 관객의 감성이(지성이) 집단적으로 표출된 결과이다. (근거 ❶-2)
② 베르그송에 의하면 집단, 지성, 한 개인의 존재는 희극 발생의 조건이다. (근거 ❶-1)
③ 한 개인의 신체적·성격적 결함은 집단의 웃음을 유발하는 직접적인 장치이다. (근거 ❶-2, 4)
④ 프로이트에 의하면 상대적으로 정신 활동보다 육체 활동에 힘을 쓰는 상대가 희극적인 존재이다. (근거 ❶-6)

단계별 풀이 비법

풀이 비법 1 발문으로 유형을 먼저 확인하라!
'글에 대한 이해'의 적절성을 따지는 문제이므로 세부 정보를 파악하는 내용 일치불일치 유형임을 알 수 있다. 이때 지문 내용과 일치하지 않는 것을 찾아야 한다.

풀이 비법 2 화제를 중심으로 중심 내용을 정리하라!

	화제	중심 내용
❶	희극에서 웃음을 유발하는 장치	신체적 혹은 정신적 결함을 지닌 인물

풀이 비법 3 지문에서 선택지 내용과 관련된 정보를 찾아 정리하라!

선지	관련 정보
①	❶-2: '집단으로 모인 사람들이 자신들의 감성을 침묵하게 하고 지성만을 행사하는 가운데'
②	❶-1: '희극의 발생 조건에 대하여 베르그송은 집단, 지성, 한 개인의 존재 등을 꼽았다.'
③	❶-2, 4: '웃음을 유발하는 단순한 형태의 직접적인 장치는 대상의 신체적인 결함이나 성격적인 결함을 들 수 있다.'
④	❶-6: '한 인물이 우리에게 희극적으로 보이는 것은 우리 자신과 비교해서 그 인물이 육체의 활동에는 많은 힘을 소비하면서 정신의 활동에는 힘을 쓰지 않는 경우이다.'

풀이 비법 4 선택지의 일치 여부를 판단하라!
① ❶-2에 따르면, 희극은 관객의 감성이 집단적으로 표출된 결과가 아니라 관객의 지성이 집단적으로 표출된 결과이다.
② ❶-1에 따르면, 베르그송은 집단, 지성, 한 개인의 존재를 희극 발생의 조건으로 제시하였다.
③ ❶-2와 4에 따르면, 글쓴이는 한 개인의 신체적·성격적 결함이 집단의 웃음을 유발하는 직접적인 장치라고 제시하고 있다.
④ ❶-6에 따르면, 육체의 활동에는 많은 힘을 소비하면서 정신의 활동에는 힘을 쓰지 않는 인물을 희극적 존재로 보았다.

정답 ①

유형별 출제 경향

서술 방식 파악하기

7개 유형 중 12%의 비중을 차지하고 있습니다. 발문을 보면 "다음 글의 주된 설명 방식 이 적용된 것으로 가장 적절한 것은?"처럼 직접적으로 서술 방식을 묻는 유형도 있고, "윗글에서 취하고 있는 논지 전개 방식과 가장 가까운 것은?"처럼 논지 전개의 방식을 물으나 실제 선택지를 보면 서술 방식을 묻는 유형도 있으므로 문제를 풀기 전에 반드시 선택지를 확인해야 합니다.

논리적 흐름 파악하기

7개 유형 중 15%의 비중을 차지하고 있어 출제 비율이 높은 편입니다. 매년 평균 5~6문제가 출제되며, 모든 직렬에서 골고루 출제되고 있습니다. 본 유형의 경우 다른 유형에 비해 제시문의 길이가 긴 편이어서 수험생들이 문제를 풀 때 시간이 상당히 오래 걸리기 때문에, 평소에 논리적 구조를 파악하는 연습을 게을리 하지 말아야 합니다. 논리적 구조를 파악하는 문제도 독해력이 뒷받침되어야 쉽게 풀 수 있다는 사실을 항상 명심하세요.

5개년 출제율

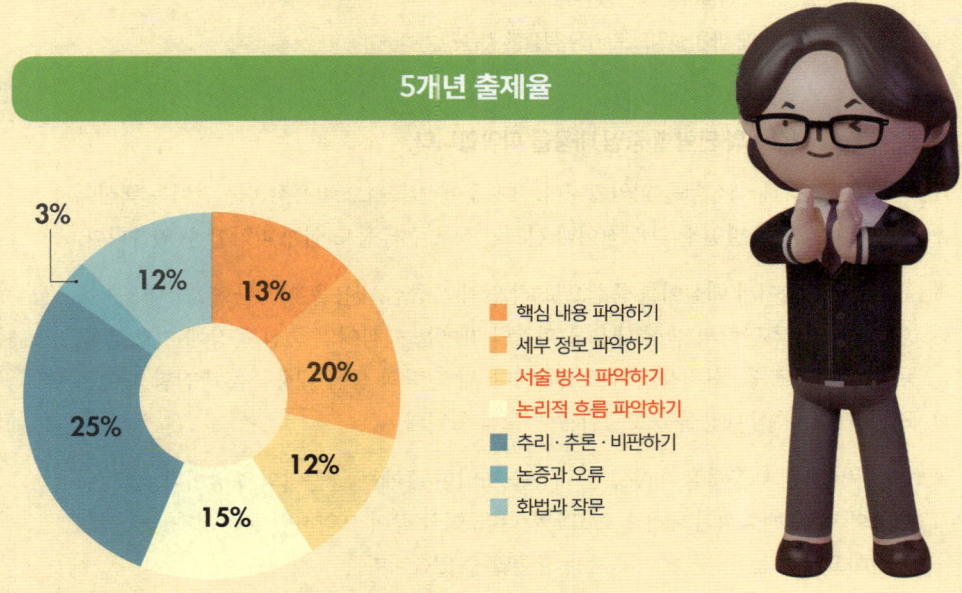

유형 03 서술 방식 파악하기

병태 요정이 알려주는 유형 GUIDE

서술 방식이나 논지 전개 방식은 설명문과 논설문 등에서 주제나 화제를 독자에게 효과적으로 전달하기 위해 글쓴이가 선택한 글쓰기 전략입니다. 논설문과 설명문을 제시한 후 서술 방식을 묻는 문제를 해결하기 위해서는 기본적인 개념에 대한 이해는 물론이고, 꾸준한 독해 훈련을 병행하는 연습이 필요합니다. 독해의 기본은 신속하면서도 정확하게 읽는 것입니다. 시간을 단축하기 위해서는 제시문을 읽기 전에 선택지의 개념어를 미리 파악하는 것이 좋습니다.

지문 제재에 따른 전개 방식

인문 사회	• 문제 → 원인 분석 → 해결 방안 • 문제 → 자문자답 → 대안 제시 • 통념 → 반박·의문 제기 • 주장 → 앞 주장과 반대되는 결론(주장) → 이유 제시
과학 예술 언어	• 정의 → 문제점 → 한계 제시 → 보완 제시 • 정의 → 문제점 → 비판 제시 → 대안 제시 • 소개(이론, 개념, 의견, 원리) → 비판 → 대안 제시 • 이론 소개 → 상반 이론 → 이론 선택 → 지지나 비판

풀이 비법 1 발문을 확인하고 선택지를 확인합니다.

· 다음 글의 주된 서술 방식은? [22 지방 9급]
· 다음 글의 주된 서술 방식은? [21 국가 9급]
· ㉠과 ㉡에 대한 진술 방식으로 적절하지 않은 것은? [20 지방 7급]
· 다음에서 제시한 글의 전개 방식의 예로 가장 적절한 것은? [20 국가 9급]
· 다음 글의 글쓰기 전략으로 볼 수 없는 것은? [19 국가 9급]
· 밑줄 친 부분의 주된 설명 방식은? [19 지방 7급]
· 다음 글의 논지 전개 방식으로 적절한 것은? [18 지방 7급]
· 다음 글의 주된 설명 방식이 적용된 것으로 가장 적절한 것은? [18 국가 9급]
· 〈보기〉에 대한 설명으로 가장 옳은 것은? [18 서울 9급]
· 〈보기〉에 나타난 설명 방식으로 가장 옳지 않은 것은? [18 서울 7급]
· 윗글에 대한 설명으로 가장 적절한 것은? [18 교행 9급]
· 윗글에 대한 설명으로 가장 적절한 것은? [18 교행 7급]
· 윗글의 서술 방식으로 가장 적절한 것은? [18 법원 9급]
· 위 글에서 취하고 있는 논지 전개 방식과 가장 가까운 것은? [18 법원 9급]
· 다음 글의 전개 방식에 대한 설명으로 적절한 것은? [17 지방 9급]
· 다음 글의 진술 방식에 대한 설명으로 적절하지 않은 것은? [17 지방 7급]
· 윗글에 대한 설명으로 적절하지 않은 것은? [17 교행 7급]
· 다음 글의 서술 방식에 대한 설명으로 가장 적절한 것은? [17 국회 8급]

병태 요정의 ADVICE

중심 문장 쉽게 찾는 방법
1. 중심 문장은 보통 각 문단의 처음이나 끝부분에 위치하는 경우가 많아요.
2. 예시, 인용, 첨가, 부연, 이유 제시 등의 역할을 하는 문장은 중심 문장이 되기 어려워요. 예를 들어 '말하고자 하는 바'가 대체로 중심 문장이니까, 중심 문장은 예를 든 문장의 전후에 오는 경우가 많지요.
3. '따라서, 그러므로, 요컨대' 등의 접속 부사를 포함한 문장은 중심 문장일 가능성이 높아요.

서술 방식 답안 빨리 찾는 방법
1. 제시문이 한 단락인, 긍정 문두의 답은 첫 문장에 있어요.
2. 제시문이 여러 단락인, 긍정 문두의 답은 첫 단락과 마지막 문장을 연결하면 찾을 수 있어요. 또는 주제를 제시하는 방법이 답이지요.
3. 제시문이 여러 단락인, 부정 문두의 답은 첫째와 둘째 단락에 나타난 서술 방식을 찾고 나면 쉽게 틀린 답을 찾을 수 있어요.
4. 정의, 흥미 유발, 질문, 통념, 한계 등의 서술 방식은 첫 단락에서, 비교, 대조, 분류, 반박 등은 둘째 단락에서 주로 쓰여요.

풀이 비법 2 핵심어와 단락별 중심 내용을 파악합니다.

1. 제시문을 통해 핵심어를 파악합니다. 제시문에 반복적으로 등장하는 단어는 핵심어입니다. 핵심어를 알면 글의 성격이나 전개 방식, 주제 등도 쉽게 파악할 수 있습니다.

2. 단락별로 끊어서 핵심어를 중심으로 각 단락의 중심 내용을 파악한 후, 그 내용들을 종합합니다. 각 단락의 중심 내용을 파악할 때에는 핵심어와 중심 문장에 기호(밑줄, 동그라미, 네모 등)를 활용하여 표시합니다. 각 단락의 중심 내용들을 종합할 때에는 모든 단락의 중심 내용들을 포괄할 수 있도록 합니다.

3. 단락별 중심 내용들을 아우르는 내용을 파악한 후에는 글쓴이의 주장이나 의도, 관점 등에 따라 핵심적인 내용으로 요약합니다. 이와 같이 요약하면 글쓴이가 궁극적으로 말하고자 하는 바, 즉 글의 주제를 도출할 수 있습니다.

풀이 비법 2	한눈에 쏙쏙
1 제시문의 핵심어를 파악합니다.
2 단락별로 중심 내용을 종합합니다.
3 종합한 내용을 요약하여 주제를 도출합니다.

풀이 비법 3 **글의 구조를 바탕으로 서술 방식을 파악합니다.**

글의 구조와 서술 방식을 파악하면 독해력이 강화될 뿐 아니라 서술 방식 문제의 선지를 예측할 수 있습니다.

1 중심 문장과 도입, 전제, 부연, 예시, 상술 등의 뒷받침 문장을 구분하고 문장 간의 관계를 파악합니다.

2 문장 간의 관계를 바탕으로 글의 흐름을 살펴보며 글의 서술 방식을 파악합니다.

3 글의 서술 방식으로는 정의, 예시, 비교, 대조, 분류, 분석, 유추, 묘사, 열거, 서사, 과정, 인과, 인용 등의 전개 방법과 질문 → 답변, 판단 ⇄ 근거, 반론(박) → 주장, 원인 → 해결, 관점 대립, 절충, 전문가의 견해, 통시와 공시, 통념과 반박, 일반적 진술과 구체화 등의 서술 전략이 있습니다.

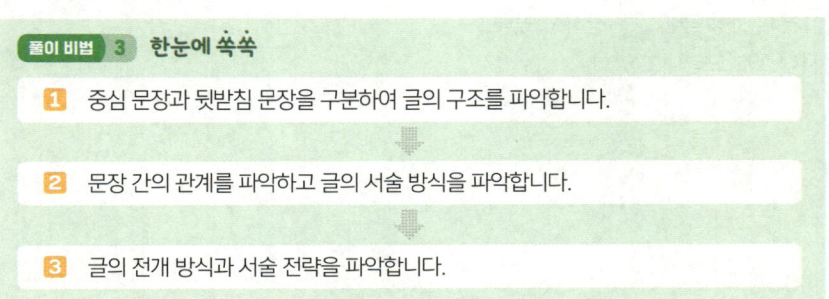

풀이 비법 4 **부합하는 선택지를 찾습니다.**

단락별 중심 내용 모두를 대표하는 선택지를 고르는 것이 중요합니다. 선택지는 '화제+핵심어'로 구성되는데, 특히 핵심어에 유의하여 정답을 찾아야 합니다. 글의 내용과 조금이라도 어긋나거나 관계없는 내용, 부차적인 내용을 포함한 선택지는 제외하도록 합니다.

서술 방식

정의	대상의 뜻을 명백히 밝혀 규정합니다.
유추	두 대상이 여러 면에서 비슷하다는 것을 근거로 다른 속성도 유사할 것이라고 추론하는 방법입니다.
비교	공통점이나 유사점에 초점을 맞춰 서술하는 방법입니다.
대조	차이점에 초점을 맞춰 서술하는 방법입니다.
묘사	구체적인 대상을 감각적인 인상에 의존해 그림을 그리듯이 표현하는 방법입니다.
분석	대상의 전체 구조를 부분적인 구성 요소로 나누어서 설명하는 방식입니다.
분류	어떤 대상들을 특성(기준)에 근거해서 구분 짓는 방법입니다.
예시	일반적인 원리·법칙·진술을, 세부적인 예로 구체화하는 방법입니다.
인과	원인과 결과의 관계로 내용을 서술하는 방식입니다.
과정	어떤 일이 진행되는 과정이나 단계를 차례대로 제시하는 방법입니다.
서사	시간적인 흐름에 따른 사건의 진행 과정이나 사물의 움직임과 변화를 이야기하듯이 기술하는 방법입니다.

화제와 핵심어

화제	글의 제재, 글의 재료에 해당하는 어휘로, 대체로 문장의 주어부에 위치합니다.
핵심어	화제의 속성을 포괄하여 글의 주제 또는 서술 방식을 직접적으로 드러내는 어휘입니다.

다음 글에 대한 설명으로 적절하지 않은 것은?

> (가) 20세기 들어서 생태학자들은 지속성 농약이 자연 생태계에 어떤 악영향을 미치는지를 밝힐 수 있었다. 예컨대 제2차 세계대전 이후 전 세계에서 해충 구지용으로 널리 사용됨으로써 농업 생산량 향상에 커다란 기여를 한 디디티(DDT)는 유기 염소계 살충제의 대명사이다.
>
> (나) 그렇지만 이 유기 염소계 살충제는 물에 잘 녹지 않고 자연에서 햇빛에 의한 광분해나 미생물에 의한 생물학적 분해가 거의 이루어지지 않는다. 그래서 디디티는 토양이나 물속의 퇴적물 속에 수십 년간 축적된다. 게다가 디디티는 지방에는 잘 녹아서 먹이 사슬을 거치는 동안 지방 함량이 높은 동물 체내에 그 농도가 높아진다. 이렇듯 많은 양의 유기 염소계 살충제를 체내에 축적하게 된 맹금류는 물질대사에 장애를 일으켜서 껍질이 매우 얇은 알을 낳기 때문에, 포란 중 대부분의 알이 깨져 버려 멸종의 길을 걷게 된다.
>
> (다) 디디티는 쉽게 분해되지 않기 때문에 한번 뿌려진 디디티는 물과 공기, 생물체 등을 매개로 세계 전역으로 퍼질 수 있다. 그래서 디디티에 한 번도 노출된 적이 없는 알래스카 지방의 에스키모 산모의 젖에서도 디디티가 검출되었고, 남극 지방의 펭귄 몸속에서도 디디티가 발견되었다. 이러한 생물 농축과 잔존성의 특성이 밝혀짐으로써 미국에서는 1972년부터 디디티 생산이 전면 중단되었고, 1980년대에 이르러서는 유기 염소계 농약의 사용이 대부분 금지되었다.
>
> (라) 이와 같이 디디티의 생물 농축 현상에서처럼 생태학자들은 한 생물 종에 미치는 오염의 영향이 오랫동안 누적되면 전체 생태계를 훼손시킬 수 있다는 사실을 발견하였다. 그래서인지 최근 우리나라에서도 사소한 환경 오염 행위가 장차 어떠한 재앙을 몰고 올 수 있는지에 대한 연구가 활발히 이루어지고 있다.

① (가)는 중심 화제를 소개하고, 핵심어를 제시함으로써 전개될 내용을 암시하고 있다.
② (나)는 디디티가 끼칠 생태계의 영향을 인과 분석의 방법으로 설명하고 있다.
③ (다)는 디디티의 악영향을 제시하고, 그것의 사용 금지를 주장하고 있다.
④ (라)는 환경 오염에 대한 경각심을 암시적으로 드러내고 있다.

대표 기출 — 서술 방식 파악하기

지문 제재 | 과학

다음 글에 대한 설명으로 적절하지 않은 것은?

2019 국가직 9급

(가) ¹[20세기 들어서 생태학자들은 지속성 농약이 자연 생태계에 어떤 악영향을 미치는지를 밝힐 수 있었다.](화제 제시) ²예컨대 제2차 세계대전 이후 전 세계에서 해충 구제용으로 널리 사용됨으로써 농업 생산량 향상에 커다란 기여를 한 디디티(DDT)는 유기 염소계 살충제의 대명사이다.
▶ 지속성 농약 디디티(DDT)가 자연 생태계에 미치는 악영향

(나) ¹[그렇지만 이 유기 염소계 살충제(디디티)는 물에 잘 녹지 않고 자연에서 햇빛에 의한 광분해나 미생물에 의한 생물학적 분해가 거의 이루어지지 않는다(디디티의 특성이 생태계에 악영향을 끼치는 원인이 됨). ²그래서(결과를 제시하는 접속 부사) 디디티는 토양이나 물속의 퇴적물 속에 수십 년간 축적(蓄積, 많이 모으는 일)된다. ³게다가 디디티는 지방에는 잘 녹아서 먹이 사슬을 거치는 동안 지방 함량(含量, 물질이 어떤 성분을 포함하고 있는 분량)이 높은 동물 체내에 그 농도(濃度, 용액 따위의 진함과 묽음의 정도)가 높아진다. ⁴이렇듯 많은 양의 유기 염소계 살충제를 체내에 축적하게 된 맹금류는 물질대사(物質代謝, 생물체가 몸 밖으로부터 섭취한 영양물질을 몸 안에서 분해하고, 합성하여 생체 성분이나 생명 활동에 쓰는 물질이나 에너지를 생성하고 필요하지 않은 물질을 몸 밖으로 내보내는 작용)에 장애(障礙, 본래의 제 기능을 하지 못하는 상태)를 일으켜서 껍질이 매우 얇은 알을 낳기 때문에, 포란 중 대부분의 알이 깨져 버려 멸종의 길을 걷게 된다.](인과, 디디티의 특성을 분석하여 제시함)
▶ 디디티가 생태계에 끼치는 폐해

(다) ¹디디티는 [쉽게 분해되지 않기 때문에](디디티의 특성) 한번 뿌려진 디디티는 물과 공기, 생물체 등을 매개(媒介, 양편의 관계를 맺어 줌)로 세계 전역으로 퍼질 수 있다. ²그래서 디디티에 한 번도 노출(露出, 겉으로 드러나거나 드러냄)된 적이 없는 알래스카 지방의 에스키모 산모의 젖에서도 디디티가 검출(檢出, 시료 속에 화학종이나 미생물 따위의 존재 유무를 알아내는 일)되었고, 남극 지방의 펭귄 몸속에서도 디디티가 발견되었다. ³이러한 생물 농축과 잔존성의 특성이 밝혀짐으로써 [미국에서는 1972년부터 디디티 생산이 전면 중단되었고, 1980년대에 이르러서는 유기 염소계 농약의 사용이 대부분 금지되었다.](사례 제시)
▶ 디디티의 생물 농축과 잔존성의 특성으로 인해 미국에서 디디티의 사용이 금지됨

(라) ¹이와 같이 디디티의 생물 농축 현상에서처럼 생태학자들은 한 생물 종에 미치는 오염의 영향이 오랫동안 누적(累積, 포개어 여러 번 쌓음)되면 전체 생태계를 훼손시킬 수 있다는 사실을 발견하였다. ²그래서인지 [최근 우리나라에서도 사소한 환경 오염 행위가 장차 어떠한 재앙을 몰고 올 수 있는지에 대한 연구가 활발히 이루어지고 있다.](환경 오염에 대한 경각심을 간접적으로 제시함)
▶ 디디티의 생물 농축이 생태계에 미치는 악영향과 환경 오염에 대한 경각심 제시

① (가)는 중심 화제를 소개하고, 핵심어를 제시함으로써 전개될 내용을 암시하고 있다. (근거 (가)-1, 2)
② (나)는 디디티가 끼칠 생태계의 영향을 인과 분석의 방법으로 설명하고 있다. (근거 (나))
❸ (다)는 디디티의 악영향을 제시하고, 그것의 사용 금지를 주장(×)하고 있다. (근거 (다)-1, 2)
④ (라)는 환경 오염에 대한 경각심을 암시적으로 드러내고 있다. (근거 (라)-2)

단계별 풀이 비법

풀이 비법 1 발문과 선택지를 확인하라!

글에 대한 설명으로 적절하지 않은 것을 찾는 문제이므로 선택지에 있는 내용 중 전개될 내용을 암시하는지, 인과와 분석, 악영향을 제시하고 사용 금지를 주장, 환경 오염에 대한 경각심을 암시적으로 드러내는지 확인하면서 제시문을 분석해야 한다.

풀이 비법 2 화제어와 중심 내용을 파악하라!

중심 화제 디디티(DDT)가 생태계에 미치는 악영향
중심 내용

(가)	지속성 농약 디디티(DDT)가 자연 생태계에 미치는 악영향
(나)	디디티가 생태계에 끼치는 폐해
(다)	디디티의 생물 농축과 잔존성의 특성으로 인해 미국에서 디디티의 사용이 금지됨
(라)	디디티의 생물 농축이 생태계에 미치는 악영향과 환경 오염에 대한 경각심 제시

풀이 비법 3 글의 구조를 바탕으로 서술 방식을 파악하라!

디디티가 생태계에 끼치는 악영향을 인과 분석과 사례를 들어 제시하면서 환경 오염에 대한 경각심을 간접적으로 드러내고 있다.

풀이 비법 4 부합하는 선택지를 찾아라!

① (가)에서는 '지속성 농약'이라는 중심 화제와 '디디티(DDT)'라는 핵심어를 제시함으로써 디디티가 자연 생태계에 미친 악영향에 대한 내용이 전개될 것을 암시하고 있다.
② (나)에서는 디디티가 생태계에 끼치는 악영향이 결국에는 맹금류의 멸종기라는 결과를 가져온다고 인과 분석의 방법으로 설명하고 있다.
③ (다)에서는 디디티의 생물 농축과 잔존성이라는 특성으로 인해 미국에서 디디티의 생산과 유기 염소계 농약의 사용이 대부분 금지되었다는 정보를 전달하고 있을 뿐 디디티의 사용 금지를 주장하지는 않았다.
④ (라)에서는 한 생물 종에 미치는 오염의 영향이 오랫동안 누적되면 전체 생태계를 훼손시킬 수 있다는 사실을 제시하면서 환경 오염에 대한 경각심을 마지막 문장에서 암시적으로 드러내고 있다.

정답 ③

실전 기출 — 서술 방식 파악하기

학습일: 월   일   풀이 시간: 1분 이내

연습 1 병태 요정과 함께 풀기

다음 글의 주된 서술 방식으로 가장 적절한 것은? 2022 지방직 7급

> 배의 돛은 바람의 힘을 이용하여 배를 멀리까지 항해할 수 있게 한다. 별도의 동력에 의지하지 않고도 추진력을 얻는 것이다. 이와 마찬가지로 우주선도 별도의 동력 없이 먼 우주 공간까지 갈 수 있을 것이다. 우주 공간에도 태양에서 방출되는 입자들이 일으키는 바람이 있어서 '햇살 돛'을 만들면 그 태양풍의 힘으로 추진력을 얻을 수 있기 때문이다.

① 정의
② 분류
③ 서사
④ 유추

연습 2 혼자서 눈으로 계속 연습하기

다음 글의 주된 서술 방식으로 가장 적절한 것은? 2022 지방직 7급

> 배의 돛은 바람의 힘을 이용하여 배를 멀리까지 항해할 수 있게 한다. 별도의 동력에 의지하지 않고도 추진력을 얻는 것이다. 이와 마찬가지로 우주선도 별도의 동력 없이 먼 우주 공간까지 갈 수 있을 것이다. 우주 공간에도 태양에서 방출되는 입자들이 일으키는 바람이 있어서 '햇살 돛'을 만들면 그 태양풍의 힘으로 추진력을 얻을 수 있기 때문이다.

① 정의
② 분류
③ 서사
④ 유추

지문을 한눈에

(유추)
- 배 → 바람 & 배의 돛 → 무동력 추진력 → 멀리 항해
- 우주선 → 태양풍 & 햇살 돛 → 무동력 추진력 → 먼 우주 공간까지

실전 기출 — 서술 방식 파악하기

01
다음 글의 주된 서술 방식으로 가장 적절한 것은?

지문 제재 | 과학
2022 지방직 7급

> **1** ¹배의 돛은 바람의 힘을 이용하여 배를 멀리까지 항해(航海, 배를 타고 바다 위를 다님)할 수 있게 한다. ²별도(別途, 원래의 것에 덧붙여서 추가한 것)의 동력(動力, 전기 또는 자연에 있는 에너지를 쓰기 위하여 기계적인 에너지로 바꾼 것)에 의지(意志, 어떠한 일을 이루고자 하는 마음)하지 않고도 추진력(推進力, 물체를 밀어 앞으로 내보내는 힘)을 얻는 것이다. ³이와 마찬가지로 우주선도 별도의 동력 없이 먼 우주 공간(空間, 물리적으로나 심리적으로 널리 퍼져 있는 범위)까지 갈 수 있을 것이다. ⁴우주 공간에도 태양에서 방출(放出, 물리 입자나 전자기파의 형태로 에너지를 내보냄)되는 입자(粒子, 물질을 구성하는 미세한 크기의 물체. 소립자, 원자, 분자, 콜로이드 따위를 이른다.)들이 일으키는 바람이 있어서 '햇살 돛'을 만들면 그 태양풍(太陽風, 태양에서 방출되는 미립자의 흐름)의 힘으로 추진력을 얻을 수 있기 때문이다.

① 정의
② 분류
③ 서사
❹ 유추 (근거 **1**-3 이와 마찬가지로)

단계별 풀이 비법

풀이 비법 1 발문과 선택지를 확인하라!

글의 주된 서술 방식을 찾는 문제이다. 선택지에 제시된 정의, 분류, 서사, 유추 중 어떤 서술 방식이 쓰였는지 확인하면서 풀어야 한다.

풀이 비법 2 무엇(화제)에 대해 말하고 있는지 파악하라!

중심 화제 배의 돛과 햇살 돛
중심 내용

1-1~2	'배의 돛'은 별도의 동력 없이 바람의 힘을 이용하여 추진력을 얻는다.
1-3~4	우주선은 별도의 동력 없이 '햇살 돛'의 태양풍을 이용하여 추진력을 얻을 수 있다.

풀이 비법 3 글의 내용을 바탕으로 서술 방식을 파악하라!

'배의 돛'은 바람의 힘을 이용하여 추진력을 얻는 것과 마찬가지로 우주선도 '햇살 돛'의 태양풍을 이용하여 추진력을 얻을 수 있다고 유추하고 있다.

풀이 비법 4 선택지의 적절성을 판단하라!

① 정의는 사물 또는 대상의 개념을 규정하고 본질을 설명하는 방식이다.
② 분류는 어떤 대상을 공통적인 특성 기준에 따라 나누어 구분 짓는 방식이다.
③ 서사는 시간의 흐름에 따라 진행되는 사건이나 행동의 변화를 서술하는 방식이다.
④ 유추는 일종의 확장된 비교로서, 생소한 개념이나 매우 어렵고 복잡한 주제를 설명하고자 할 경우, 그보다 친숙하고 단순한 어떤 개념이나 주제로부터 이끌어 내어 설명하는 방식이다. 별도의 동력에 의지하지 않고 배를 항해할 수 있게 하는 '돛'의 원리를 통해 우주선도 '햇살 돛'을 만들어 별도의 동력 없이 먼 우주 공간까지 갈 수 있을 것이라고 유추하고 있다.

정답 ④

실전 기출 — 서술 방식 파악하기

연습 1 병태 요정과 함께 풀기

㉠을 설명한 방식으로 적절한 것은? 2021 지방직 7급

> 담배가 해로운데도 ㉠담배를 피우는 이유는 무엇일까? 첫째, 담배 피우는 모습이 멋있고 어른스럽다고 생각하는 것이다. 요즘은 담배를 마약과 같이 부정적으로 보는 시각이 크지만 과거에는 담배에 대해 긍정적인 인식이 있었다.
>
> 둘째, 담배를 피우면 정신이 안정되어 집중이 잘된다고 생각하는 점도 있다. 이것은 담배를 피움으로써 니코틴 금단 증상이 해소되기 때문인 것으로, 담배를 안 피우는 사람에 비해 더 안정되거나 집중이 잘되는 것은 아니다.
>
> 셋째, 담배를 피우는 이유는 니코틴 의존에도 있다. 체내에 니코틴이 없어지면 여러 가지 금단 증상으로 불안하고 초조해지는 등 고통스럽고, 이 고통 때문에 담배를 끊기 어렵다.
>
> 넷째, 담배를 피우는 이유에는 습관도 있다. 주위에 재떨이, 라이터, 꽁초 등이 눈에 보이면 자기도 모르게 담배에 손이 가고, 식후나 술을 마실 때도 습관적으로 담배 생각이 나서 피우게 된다.

① 정의   ② 분석
③ 서사   ④ 비교

연습 2 혼자서 눈으로 계속 연습하기

㉠을 설명한 방식으로 적절한 것은? 2021 지방직 7급

> 담배가 해로운데도 ㉠담배를 피우는 이유는 무엇일까? 첫째, 담배 피우는 모습이 멋있고 어른스럽다고 생각하는 것이다. 요즘은 담배를 마약과 같이 부정적으로 보는 시각이 크지만 과거에는 담배에 대해 긍정적인 인식이 있었다.
>
> 둘째, 담배를 피우면 정신이 안정되어 집중이 잘된다고 생각하는 점도 있다. 이것은 담배를 피움으로써 니코틴 금단 증상이 해소되기 때문인 것으로, 담배를 안 피우는 사람에 비해 더 안정되거나 집중이 잘되는 것은 아니다.
>
> 셋째, 담배를 피우는 이유는 니코틴 의존에도 있다. 체내에 니코틴이 없어지면 여러 가지 금단 증상으로 불안하고 초조해지는 등 고통스럽고, 이 고통 때문에 담배를 끊기 어렵다.
>
> 넷째, 담배를 피우는 이유에는 습관도 있다. 주위에 재떨이, 라이터, 꽁초 등이 눈에 보이면 자기도 모르게 담배에 손이 가고, 식후나 술을 마실 때도 습관적으로 담배 생각이 나서 피우게 된다.

① 정의   ② 분석
③ 서사   ④ 비교

지문을 한눈에

담배를 피우는 이유

피우는 모습이 멋있어서	정신이 안정, 집중되어서	니코틴 의존	습관
과거에는 긍정적 인식	금단 증상 해소이지 비흡연자보다 더 안정, 집중되는 것은 아님.	금단 증상으로 인한 고통	눈에 띌 때 식후, 음주 시

실전 기출 — 서술 방식 파악하기

02

㉠을 설명한 방식으로 적절한 것은?

지문 제재 | 작문
2021 지방직 7급

> ① ¹담배가 해로운데도 ㉠담배를 피우는 이유는 무엇일까? ²첫째, 담배 피우는 모습이 멋있고 어른스럽다고 생각하는 것이다. [³요즘은 담배를 마약과 같이 부정적(否定的, 바람직하지 못한 것)으로 보는 시각이 크지만 과거에는 담배에 대해 긍정적(肯定的, 바람직한 것)인 인식(認識, 사물을 분별하고 판단하여 앎)이 있었다](대조).
> ▶ 담배 피우는 모습이 멋있고 어른스러움
>
> ② ¹둘째, 담배를 피우면 정신이 안정되어 집중(集中, 한 가지 일에 모든 힘을 쏟아부음)이 잘된다고 생각하는 점도 있다. ²이것은 담배를 피움으로써 니코틴 금단(禁斷, 어떤 행위를 못하도록 금함) 증상(症狀, 병을 앓을 때 나타나는 여러 가지 상태나 모양)이 해소(解消, 어려운 일이나 문제가 되는 상태를 해결하여 없애 버림)되기 때문인 것으로, 담배를 안 피우는 사람에 비해 더 안정되거나 집중이 잘되는 것은 아니다.
> ▶ 담배를 피우면 정신이 안정·집중이 잘됨
>
> ③ ¹셋째, 담배를 피우는 이유는 니코틴 의존(依存, 다른 것에 의지하여 존재함)에도 있다. ²체내에 니코틴이 없어지면 여러 가지 금단 증상으로 불안하고 초조(焦燥, 애가 타서 마음이 조마조마함)해지는 등 고통스럽고, 이 고통 때문에 담배를 끊기 어렵다.
> ▶ 담배를 피우는 이유는 니코틴 의존
>
> ④ ¹넷째, 담배를 피우는 이유에는 습관도 있다. ²주위에 재떨이, 라이터, 꽁초 등이 눈에 보이면 자기도 모르게 담배에 손이 가고, 식후나 술을 마실 때도 습관적으로 담배 생각이 나서 피우게 된다.
> ▶ 담배를 피우는 이유는 습관도 있음

① 정의
② 분석
③ 서사
④ 비교

단계별 풀이 비법

풀이 비법 1 발문과 선택지를 확인하라!

글의 주된 서술 방식을 찾는 문제이다. 선택지에 제시된 정의, 분석, 서사, 비교 중 어떤 서술 방식이 쓰였는지 확인하면서 풀어야 한다.

풀이 비법 2 무엇(화제)에 대해 말하고 있는지 파악하라!

중심 화제 담배를 피우는 이유
중심 내용

①	담배를 피우는 첫째 이유는 피우는 모습이 멋있고 어른스럽다고 생각함.
②	둘째, 담배를 피우면 정신이 안정되어 집중이 잘된다고 생각함.
③	셋째, 담배를 피우는 이유는 니코틴 의존에도 있음.
④	넷째, 담배를 피우는 이유에는 습관도 있음.

풀이 비법 3 글의 내용을 바탕으로 서술 방식을 파악하라!

'담배를 피우는 이유'를 첫째, 둘째, 셋째, 넷째로 나누어 분석했다.

풀이 비법 4 선택지의 적절성을 판단하라!

① '정의'는 사물 또는 대상의 개념을 규정하고 본질을 설명하는 방식이다.
② '분석'은 대상을 부분적으로 나누어 구성 요소를 진술하는 방식이다. '분석'에는 대상을 구성 요소 별로 나누어 설명하는 '물리적 분석'과 추상적 대상을 구성 요소 별로 나누어 설명하는 '개념적 분석'이 있는데, 인과적 분석도 어떤 개념의 결과나 원인을 요소별로 분석해 내는 것이니 '개념적 분석'에 들어간다. '담배를 피우는 이유'를 네 가지로 나누어 설명했으니 '원인 분석'이라 볼 수 있다. '원인 분석'은 인과 관계가 성립하지 않으므로 '인과'와는 다르다.
③ '서사'는 시간의 흐름에 따라 진행되는 사건이나 행동의 변화를 서술하는 방식이다.
④ '비교'는 둘 또는 그 이상의 사물들에 대하 그들이 지니고 있는 비슷한 점을 밝혀내는 방식이다.

정답 ②

실전 기출 — 서술 방식 파악하기

학습일: 월   일   풀이 시간: 1분 이내

연습 1 병태 요정과 함께 풀기

다음 글의 주된 서술 방식은?   2022 지방직 9급

> 이지러는졌으나 보름을 가제 지난 달은 부드러운 빛을 흐붓이 흘리고 있다. 대화까지는 칠십 리의 밤길. 고개를 둘이나 넘고 개울을 하나 건너고, 벌판과 산길을 걸어야 된다. 길은 지금 긴 산허리에 걸려 있다. 밤중을 지난 무렵인지 죽은 듯이 고요한 속에서 짐승 같은 달의 숨소리가 손에 잡힐 듯이 들리며, 콩 포기와 옥수수 잎새가 한층 달에 푸르게 젖었다.

① 묘사 ② 설명
③ 유추 ④ 분석

연습 2 혼자서 눈으로 계속 연습하기

다음 글의 주된 서술 방식은?   2022 지방직 9급

> 이지러는졌으나 보름을 가제 지난 달은 부드러운 빛을 흐붓이 흘리고 있다. 대화까지는 칠십 리의 밤길. 고개를 둘이나 넘고 개울을 하나 건너고, 벌판과 산길을 걸어야 된다. 길은 지금 긴 산허리에 걸려 있다. 밤중을 지난 무렵인지 죽은 듯이 고요한 속에서 짐승 같은 달의 숨소리가 손에 잡힐 듯이 들리며, 콩 포기와 옥수수 잎새가 한층 달에 푸르게 젖었다.

① 묘사 ② 설명
③ 유추 ④ 분석

지문을 한눈에

메밀꽃 필 무렵	달밤	밤길	산허리에 걸린 달	달밤의 정경
	이지러진 달이 떠 있는 여름 밤(시각적 묘사)	봉평에서 대화까지 70리를 걸어야 함.	일행이 산 중턱을 지나고 있음 (시각적·간접적 묘사).	달밤의 고요함과 원시적 신비로움(직유법과 감각적 이미지를 활용하여 묘사함).

실전 기출 서술 방식 파악하기

03

다음 글의 주된 서술 방식은?

지문 제재 | 현대 수필
2022 지방직 9급

> ¹이지러는졌으나 보름을 가제(가제) 지난 달은 부드러운 빛을 흐붓이 흘리고 있다. ²대화까지는 칠십 리의 밤길. 고개를 둘이나 넘고 개울을 하나 건너고, 벌판과 산길을 걸어야 된다. ³길은 지금 긴 산허리에 걸려 있다. ⁴밤중을 지난 무렵인지 죽은 듯이 고요한 속에서 *짐승 같은 달의 숨소리*가 손에 잡힐 듯이 들리며, 콩 포기와 옥수수 잎새가 한층 달에 푸르게 젖었다.

- 달의 한쪽이 차지 않았으나 / 푸근하게 흠뻑 / 달밤이 주는 분위기를 서정적으로 묘사함
- 허 생원, 조 선달, 동이가 동행하는 길, 장돌뱅이의 삶이 있는 길
- 일행이 산 중턱으로 뻗은 길을 지나고 있음을 간접적으로 묘사함
- 공감각적 이미지(시각의 청각화)·직유법 공감각적 이미지(시각의 촉각화)
- 『 』: 달밤의 고요함과 원시적 신비로움 강조하며 달밤의 정경을 서정적으로 묘사함

❶ 묘사
② 설명
③ 유추
④ 분석

단계별 풀이 비법

풀이 비법 1 발문과 선택지를 확인하라!

글의 주된 서술 방식을 찾는 문제이다. 선택지에 제시된 묘사, 설명, 유추, 분석 등의 서술 방식이 제시문에 있는지 확인하면서 풀어야 한다.

풀이 비법 2 화제어와 중심 내용을 파악하라!

중심 화제 봉평에서 대화로 가는 밤길
중심 내용 봉평에서 대화로 가는 밤길에서 달밤 묘사

1-1	아름다운 달밤을 서정적으로 묘사함.
1-2	칠십 리의 밤길을 걸어야 함.
1-3	일행이 산 중턱을 지나고 있음.
1-4	고요한 달밤을 감각적으로 묘사함.

풀이 비법 3 글의 내용을 바탕으로 서술 방식을 파악하라!

지문은 이효석의 〈메밀꽃 필 무렵〉으로, 달밤에 대화까지 가는 길의 모습을 감각적 이미지를 사용하여 그림을 그리듯, 생생히 '묘사(描寫)'하고 있다.

풀이 비법 4 부합하는 선택지를 찾아라!

① '묘사'는 대상을 말로써 감각적으로 그려 보이는 서술방식이다. 아름다운 달빛이 비친 메밀밭은 시각적 이미지와 청각적 이미지, 공감각적 이미지를 통해 달밤의 정경을 서정적으로 묘사하고 있다.
② '설명'은 사물에 대한 지식과 정보를 알기 쉽게 풀이하는 서술 방식이다. 이것이 무엇이냐, 어떤 뜻이냐 등의 물음어 알기 쉽게 대답해 줌으로써 독자의 궁금증을 풀어주는 서술 방식이다.
③ '유추'는 다른 영역에 속하는 두 대상이 여러 면에서 비슷하다는 것을 근거로 다른 속성도 유사할 것이라고 추론하는 방법으로, 생소하고 어려운 개념을 친숙하고 쉬운 개념에 빗대어 설명하는 방식이다.
④ '분석'은 대상을 구성 요소로 나누어 설명하는 방식이다.   정답 ①

실전 기출 — 서술 방식 파악하기

학습일: 월   일   풀이 시간: 1분 이내

연습 1 병태 요정과 함께 풀기

다음 글의 주된 서술 방식은?   2021 국가직 9급

> 변지의가 천 리 길을 마다하지 않고 나를 찾아왔다. 내가 그 뜻을 물었더니, 문장 공부를 하기 위해 나를 찾아왔다고 했다. 때마침 이 날 우리 아이들이 나무를 심었기에 그 나무를 가리켜 이렇게 말해 주었다.
>
> "사람이 글을 쓰는 것은 나무에 꽃이 피는 것과 같다. 나무를 심는 사람은 가장 먼저 뿌리를 북돋우고 줄기를 바로잡는 일에 힘써야 한다. …〈중략〉… 나무의 뿌리를 북돋아 주듯 진실한 마음으로 온갖 정성을 쏟고, 줄기를 바로잡듯 부지런히 실천하며 수양하고, 진액이 오르듯 독서에 힘쓰고, 가지와 잎이 돋아나듯 널리 보고 들으며 두루 돌아다녀야 한다. 그렇게 해서 깨달은 것을 헤아려 표현한다면 그것이 바로 좋은 글이요, 사람들이 칭찬을 아끼지 않는 훌륭한 문장이 된다. 이것이야말로 참다운 문장이라고 할 수 있다."

① 서사 ② 분류
③ 비유 ④ 대조

연습 2 혼자서 눈으로 계속 연습하기

다음 글의 주된 서술 방식은?   2021 국가직 9급

> 변지의가 천 리 길을 마다하지 않고 나를 찾아왔다. 내가 그 뜻을 물었더니, 문장 공부를 하기 위해 나를 찾아왔다고 했다. 때마침 이 날 우리 아이들이 나무를 심었기에 그 나무를 가리켜 이렇게 말해 주었다.
>
> "사람이 글을 쓰는 것은 나무에 꽃이 피는 것과 같다. 나무를 심는 사람은 가장 먼저 뿌리를 북돋우고 줄기를 바로잡는 일에 힘써야 한다. …〈중략〉… 나무의 뿌리를 북돋아 주듯 진실한 마음으로 온갖 정성을 쏟고, 줄기를 바로잡듯 부지런히 실천하며 수양하고, 진액이 오르듯 독서에 힘쓰고, 가지와 잎이 돋아나듯 널리 보고 들으며 두루 돌아다녀야 한다. 그렇게 해서 깨달은 것을 헤아려 표현한다면 그것이 바로 좋은 글이요, 사람들이 칭찬을 아끼지 않는 훌륭한 문장이 된다. 이것이야말로 참다운 문장이라고 할 수 있다."

① 서사 ② 분류
③ 비유 ④ 대조

지문을 한눈에

문장 공부 방법

① 도입
변지의가 문장 공부를 하기 위해 나를 찾아옴.

② 전개
나무에 꽃 피는 과정에 빗대어 문장 공부의 방법 제시함.
→ 문장 공부 후 깨달은 것을 표현한다면 좋은 문장을 쓸 수 있음.

실전 기출 서술 방식 파악하기

04

다음 글의 주된 서술 방식은?

지문 제재 | 고전 수필
2021 국가직 9급

1 ¹변지의가 천 리 길을 마다하지 않고 나를 찾아왔다. ²내가 【그 뜻】(찾아온 뜻)을 물었더니, 문장 공부를 하기 위해 나를 찾아왔다고 했다. ³때마침 이날 우리 아이들이 나무를 심었기에 그 나무를 가리켜 이렇게 말해 주었다.
▶ 변지의가 문장 공부를 하기 위해 나를 찾아옴.

2 "¹[사람이 글을 쓰는 것은 나무에 꽃이 피는 것과 같다](비유, 유추). ²나무를 심는 사람은 가장 먼저 【뿌리를 북돋우고】(진실한 마음으로 문장 공부에 정성을 쏟고) 【줄기를 바로잡는 일】(실천, 수양)에 힘써야 한다. … 〈중략〉 … ³나무의 뿌리를 북돋아 주듯(직유에 쓰이는 어미) 진실한 마음으로 온갖 정성을 쏟고, 줄기를 바로잡듯 부지런히 실천(實踐, 생각한 바를 실제로 행함)하며 수양(修養, 몸과 마음을 갈고닦아 품성이나 지식, 도덕 따위를 높은 경지로 끌어올림)하고, 진액이 오르듯 독서에 힘쓰고, 가지와 잎이 돋아나듯 널리 보고 들으며[見聞] 두루 돌아다녀야 한다. ⁴그렇게 해서 깨달은 것을 헤아려 표현한다면 그것이 바로 좋은 글이요, 사람들이 칭찬을 아끼지 않는 훌륭한 문장이 된다. ⁵이것이야말로 참다운 문장이라고 할 수 있다."
▶ 좋은 글을 쓰기 위한 과정

① 서사
② 분류
❸ 비유(근거 2-1, 3)
④ 대조

단계별 풀이 비법

풀이 비법 1 발문으로 유형을 확인하라!

글의 주된 서술 방식을 찾는 문제이다. 선택지에 제시된 서사, 분류, 비유, 대조 등의 설명 방식이 제시문에 있는지 확인하면서 풀어야 한다.

풀이 비법 2 화제어와 중심 내용을 파악하라!

중심 화제 문장(글) 공부
중심 내용

1	변지의가 문장 공부를 하기 위해 나를 찾아옴.
2-1	글쓰기는 나무에 꽃 피는 것과 같다.
2-2,3	나무에 꽃 피는 과정에 빗대어 문장 공부의 방법 제시
2-4,5	문장 공부 후 글쓰기를 하면 좋은 글(문장)을 쓸 수 있음.

풀이 비법 3 글의 내용을 바탕으로 서술 방식을 파악하라!

문장 공부하는 것을 나무에 꽃을 피우기 위해, 나무 심은 사람이 나무에 정성을 쏟는 과정에 빗대어 서술하고 있다.

풀이 비법 4 선택지의 적절성을 판단하라!

① '서사'는 사건이 진행되어 가는 과정이나 인물의 행동이 변화되어 가는 과정을 시간의 흐름에 따라 이야기하는 서술 방법이다. 변의지가 글쓴이를 찾아오고 글쓴이가 변의지에게 답을 주는 사건이 있긴 하지만, 주된 서술 방법은 아니다.
② '분류'는 여러 대상을 일정 기준에 의해 상위 개념에서 하위 개념으로 구분하는 설명 방식이다. 제시문에서는 분류가 사용되지 않았다.
③ '사람이 글을 쓰는 것은 나무에 꽃이 피는 것과 같다.', '북돋아 주듯, 바로잡듯, 오르듯, 돋아나듯' 등의 어구를 통해 글 쓰는 것을 나무에 꽃이 피는 과정에 빗대고 있다. 따라서 제시문의 주된 서술 방식은 '표현하려는 대상을 그것과 비슷한 다른 대상에 빗대어 표현하는 방법'을 뜻하는 '비유'이다.
④ 대조는 둘 이상의 대상을 서로 맞대어 반대되거나 대비되는 것을 서술하는 설명 방식이다. 제시문에서는 대조가 사용되지 않았다.

정답 ③

실전 기출 — 서술 방식 파악하기

학습일: 월 일 풀이 시간: 1분 이내

연습 1 병태 요정과 함께 풀기

㉠과 ㉡에 대한 진술 방식으로 적절하지 않은 것은? 2020 지방직 7급

> ㉠예술의 본질은 무엇인가를 표현하는 것이다. 이 말은 예술이 ㉡과학과 마찬가지로 일종의 설명적 기능을 하고 있다는 것이다. 예술가는 자신의 언어를 통해서 대상에 대한 자신의 생각이나 느낌을 전달한다. 특히 낭만적인 예술가들은 예술의 기능을 본질적으로 표현에 있다고 보고, 예술의 기능이 과학의 기능과 질적으로 다르지 않다고 하였다. 과학이나 예술은 다 같이 우리들이 경험하고 있는 사물 현상에 질서를 주는 방법이라는 것이다. 과학이나 예술의 목적이 진리를 밝히는 데 있으며, 그들의 언어가 갖는 의미는 그 언어가 가리키는 지시 대상에서 찾아진다는 것이다.
>
> 그러나 예술의 언어가 과학의 언어처럼 지시적 기능을 갖고 있다는 사실은 예술에 대한 오해에서 비롯된 것이다. 다빈치의 〈모나리자〉는 모나리자라는 여인을 모델로 했다고 하더라도, 그러한 인물을 지시하고 표현했기 때문에 예술이 되는 것은 아니다. 이 예술 작품은 실재 인물과 상관없이 표현의 결과물로서 존재한다. 이처럼 예술 작품은 의미를 갖는 언어 뭉치로서 존재하는 것이다. 예술이 '말할 수 없는 것을 말하는 것'이라는 견해도 여기에서 비롯된다.

① ㉠에 대한 예시를 들고 있다.
② ㉠에 대한 개념을 밝히고 있다.
③ ㉠과 ㉡의 공통점을 기술하고 있다.
④ ㉠과 ㉡을 인과적으로 분석하고 있다.

연습 2 혼자서 눈으로 계속 연습하기

㉠과 ㉡에 대한 진술 방식으로 적절하지 않은 것은? 2020 지방직 7급

> ㉠예술의 본질은 무엇인가를 표현하는 것이다. 이 말은 예술이 ㉡과학과 마찬가지로 일종의 설명적 기능을 하고 있다는 것이다. 예술가는 자신의 언어를 통해서 대상에 대한 자신의 생각이나 느낌을 전달한다. 특히 낭만적인 예술가들은 예술의 기능을 본질적으로 표현에 있다고 보고, 예술의 기능이 과학의 기능과 질적으로 다르지 않다고 하였다. 과학이나 예술은 다 같이 우리들이 경험하고 있는 사물 현상에 질서를 주는 방법이라는 것이다. 과학이나 예술의 목적이 진리를 밝히는 데 있으며, 그들의 언어가 갖는 의미는 그 언어가 가리키는 지시 대상에서 찾아진다는 것이다.
>
> 그러나 예술의 언어가 과학의 언어처럼 지시적 기능을 갖고 있다는 사실은 예술에 대한 오해에서 비롯된 것이다. 다빈치의 〈모나리자〉는 모나리자라는 여인을 모델로 했다고 하더라도, 그러한 인물을 지시하고 표현했기 때문에 예술이 되는 것은 아니다. 이 예술 작품은 실재 인물과 상관없이 표현의 결과물로서 존재한다. 이처럼 예술 작품은 의미를 갖는 언어 뭉치로서 존재하는 것이다. 예술이 '말할 수 없는 것을 말하는 것'이라는 견해도 여기에서 비롯된다.

① ㉠에 대한 예시를 들고 있다.
② ㉠에 대한 개념을 밝히고 있다.
③ ㉠과 ㉡의 공통점을 기술하고 있다.
④ ㉠과 ㉡을 인과적으로 분석하고 있다.

지문을 한눈에

예술의 기능

1 화제 제시
예술의 언어는 지시적 기능을 지닌다는 견해
→ '무엇인가를 표현하는 것'

2 반론(주지)
예술 작품은 의미를 갖는 언어 뭉치로 존재함.
→ '말할 수 없는 것을 말하는 것'

실전 기출 서술 방식 파악하기

05
지문 제재 | 예술

㉠과 ㉡에 대한 진술 방식으로 적절하지 않은 것은? 2020 지방직 7급

1 ¹㉠ 예술의 본질은 무엇인가를 표현하는 것이다. ²이 말은 예술이 ㉡ 과학과 마찬가지로 【일종의 설명적 기능을 하고 있다】(예술과 과학의 공통점)는 것이다. ³예술가는 자신의 언어를 통해서 대상에 대한 자신의 생각이나 느낌을 전달한다. ⁴특히 낭만적인 예술가들은 예술의 기능을 본질적으로 표현에 있다고 보고, 예술의 기능이 과학의 기능과 질적으로 다르지 않다고 하였다. ⁵과학이나 예술은 다 같이 우리들이 경험하고 있는 사물 현상에 질서(秩序, 혼란 없이 순조롭게 이루어지게 하는 사물의 순서나 차례)를 주는 방법이라는 것이다. ⁶과학이나 예술의 목적이 진리를 밝히는 데 있으며, 그들의(과학이나 예술의) 언어가 갖는 의미는 그(과학이나 예술) 언어가 가리키는 지시 대상에서 찾아진다는 것이다.
▶ 예술의 설명적 기능에 대한 낭만적인 예술가들의 주장

2 ¹그러나 예술의 언어가 과학의 언어처럼 지시적 기능을 갖고 있다는 사실은 예술에 대한 오해에서 비롯된 것이다. ²다빈치의 〈모나리자〉는 모나리자라는 여인을 모델로 했다고 하더라도, 그러한(모나리자라는) 인물을 지시하고 표현했기 때문에 예술이 되는 것은 아니다. ³이(다빈치의 〈모나리자〉는) 예술 작품은 실재 인물과 상관없이 표현의 결과물로서 존재한다. ⁴이처럼(〈모나리자〉라는 예술 작품이 실재 인물과 상관없이 표현의 결과물로서 존재하는 것처럼) 【예술 작품은 의미를 갖는 언어 뭉치로서 존재하는 것】(예술은 어떤 대상을 지시하는 것이 아니라 그 자체로서 어떤 의미를 전달하는 것임)이다. ⁵예술이 【'말할 수 없는 것을 말하는 것'】(언어의 지시적 기능으로는 제대로 표현할 수 없는 것을 표현함)이라는 견해도 여기에서 비롯된다.
▶ 의미를 지닌 언어 뭉치로 존재하는 예술 작품

① ㉠에 대한 예시를 들고 있다. (근거 **2**-2)
② ㉠에 대한 개념을 밝히고 있다. (근거 **1**-1)
③ ㉠과 ㉡의 공통점을 기술하고 있다. (근거 **1**-2, 5)
❹ ㉠과 ㉡을 인과적으로 분석하고 있다. (비교, 인용, 예시 등이 나타남.)

단계별 풀이 비법

풀이 비법 1 발문과 선택지를 확인하라!
'진술 방식'의 적절성을 묻고 있으므로 서술 방식에 대한 문제임을 확인할 수 있다. 이때 전체적인 흐름이 아니라 ㉠과 ㉡에 관련된 진술 방식만을 파악해야 한다.

풀이 비법 2 화제어와 중심 내용을 파악하라!
중심 화제 예술의 기능
중심 내용

1	예술의 언어가 과학의 언어처럼 지시적 기능을 지니고 있다고 보는 견해 → 예술의 본질은 무엇인가를 표현하는 것
2	예술의 언어가 지시적 기능을 지니는 것이 아니라 예술 작품이 의미를 지닌 언어 뭉치로 존재함. → 예술은 말할 수 없는 것을 말하는 것

풀이 비법 3 ㉠과 ㉡을 중심으로 서술 방식을 파악하라!

㉠	· 예시: 다빈치의 〈모나리자〉 · 지정(정의): 예술의 본질은 무엇인가를 표현하는 것 · 인용: 낭만적인 예술가들의 견해 / 말할 수 없는 것을 말하는 것
㉠+㉡	· 비교: 예술과 과학 모두 설명적 기능을 지님. / 예술의 언어와 과학의 언어는 지시적 기능을 지님.

풀이 비법 4 부합하는 선택지를 찾아라
① **2**단락에서 다빈치의 〈모나리자〉를 ㉠에 대한 예로 들고 있다.
② **1**-1의 '예술의 본질은 무엇인가를 표현하는 것이다.'에서 ㉠의 개념을 밝히고 있다. 참고로, 엄격하게 따지면 **1**-1을 예술의 개념으로 보는 것은 적절하지 않다는 의견이 있을 수 있다. 어떤 대상에 대한 개념은 유개념과 종차 등의 구성 요소를 엄격하게 지켜야 하기 때문이다.
③ **1**-2의 '예술이 과학과 마찬가지로 일종의 설명적 기능을 하고 있다.'와 **1**-5의 '과학이나 예술은 다 같이 우리들이 경험하고 있는 사물 현상에 질서를 주는 방법' 등에서 ㉠과 ㉡의 공통점이 제시되고 있다.
④ **1**과 **2** 어디에서도 시간의 흐름에 따른 원인과 결과를 제시하는 인과의 서술 방식은 사용되지 않았다. 따라서 ㉠과 ㉡을 인과적으로 분석하고 였다는 진술은 적절하지 않다. 정답 ④

실전 기출 — 서술 방식 파악하기

학습일: 월   일   풀이 시간: 1분 이내

연습 1   병태 요정과 함께 풀기

다음에서 제시한 글의 전개 방식의 예로 가장 적절한 것은?
2020 국가직 9급

> '인과'는 원인과 결과를 서술하는 전개 방식이다. 어떤 현상이나 결과가 나타나게 된 원인이나 힘을 제시하고 그로 말미암아 초래된 결과를 나타내는 서술 방식이다.

① 온실 효과로 지구의 기온이 상승할 때 가장 심각한 영향은 해수면의 상승이다. 이러한 현상은 바다와 육지의 비율을 변화시켜 엄청난 기후 변화를 유발하며, 게다가 섬나라나 저지대는 온통 물에 잠기게 된다.

② 이 사회의 경제는 모두가 제로섬 요소로 구성되어 있다. 제로섬(zero-sum)이란 어떤 수를 합해서 제로가 된다는 뜻이다. 어떤 운동 경기를 한다고 할 때 이기는 사람이 있으면 반드시 지는 사람이 있게 마련이다.

③ 다음날도 찬호는 학교 담을 따라 돌았다. 그리고 고무신을 벗어 한 손에 한 짝씩 쥐고는 고양이 걸음으로 보초의 뒤를 빠져 팽이처럼 교문 안으로 뛰어들었다.

④ 벼랑 아래는 빽빽한 소나무 숲에 가려 보이지 않았다. 털구름이 흩어진 하늘 아래 저 멀리 논과 밭, 강을 선물세트처럼 끼고 들어앉은 소읍의 전경은 적막해 보였다.

연습 2   혼자서 눈으로 계속 연습하기

다음에서 제시한 글의 전개 방식의 예로 가장 적절한 것은?
2020 국가직 9급

> '인과'는 원인과 결과를 서술하는 전개 방식이다. 어떤 현상이나 결과가 나타나게 된 원인이나 힘을 제시하고 그로 말미암아 초래된 결과를 나타내는 서술 방식이다.

① 온실 효과로 지구의 기온이 상승할 때 가장 심각한 영향은 해수면의 상승이다. 이러한 현상은 바다와 육지의 비율을 변화시켜 엄청난 기후 변화를 유발하며, 게다가 섬나라나 저지대는 온통 물에 잠기게 된다.

② 이 사회의 경제는 모두가 제로섬 요소로 구성되어 있. 제로섬(zero-sum)이란 어떤 수를 합해서 제로가 된다는 뜻이다. 어떤 운동 경기를 한다고 할 때 이기는 사람이 있으면 반드시 지는 사람이 있게 마련이다.

③ 다음날도 찬호는 학교 담을 따라 돌았다. 그리고 고무신을 벗어 한 손에 한 짝씩 쥐고는 고양이 걸음으로 보초의 뒤를 빠져 팽이처럼 교문 안으로 뛰어들었다.

④ 벼랑 아래는 빽빽한 소나무 숲에 가려 보이지 않았다. 털구름이 흩어진 하늘 아래 저 멀리 논과 밭, 강을 선물세트처럼 끼고 들어앉은 소읍의 전경은 적막해 보였다.

지문을 한눈에

'인과'의 서술 방식 — **1 주제**: 인과의 개념 — **2 상술**: 구체적 방법

실전 기출 — 서술 방식 파악하기

06
다음에서 제시한 글의 전개 방식의 예로 가장 적절한 것은? 2020 국가직 9급

지문 제재 | 논리

> ¹['인과(因果, 원인과 결과를 아울러 이르는 말)'는 【원인과 결과를 서술하는 전개 방식】]('인과'의 정의)이다. ²【어떤 현상이나 결과가 나타나게 된 원인이나 힘을 제시하고 그로 말미암아 초래(招來, 일의 결과로서 어떤 현상을 생겨나게 함)된 결과를 나타내는 서술 방식】(인과에 대한 상술)이다.
> ▶ '인과'의 서술 방식 개념

① 온실 효과로 지구의 기온이 상승할 때 가장 심각한 영향은 해수면의 상승이다. 이러한 현상은 바다와 육지의 비율을 변화시켜 엄청난 기후 변화를 유발하며, 게다가 섬나라나 저지대는 온통 물에 잠기게 된다.(인과: 온실 효과 → 기온 상승 → 해수면 상승 → 기후 변화 + 저지대 침수)

② 이 사회의 경제는 모두가 제로섬 요소로 구성되어 있다. 제로섬(zero-sum)이란 어떤 수를 합해서 제로가 된다는 뜻이다.(정의) 어떤 운동 경기를 한다고 할 때 이기는 사람이 있으면 반드시 지는 사람이 있게 마련이다.

③ 다음날도 찬호는 학교 담을 따라 돌았다. 그리고 고무신을 벗어 한 손에 한 짝씩 쥐고는 고양이 걸음으로 보초의 뒤를 빠져 팽이처럼 교문 안으로 뛰어들었다.(서사)

④ 벼랑 아래는 빽빽한 소나무 숲에 가려 보이지 않았다. 털구름이 흩어진 하늘 아래 저 멀리 논과 밭, 강을 선물세트처럼 끼고 들어앉은 소읍의 전경은 적막해 보였다.(묘사)

단계별 풀이 비법

풀이 비법 1 발문과 선택지를 확인하라!
'전개 방식의 예'를 묻고 있으므로 서술 방식에 대한 문제임을 확인할 수 있다. 그런데 지문에 사용된 서술 방식을 찾는 것이 아니라 제시된 서술 방식에 부합하는 예문을 찾는 것이다.

풀이 비법 2 화제어와 중심 내용을 파악하라!
중심 화제 인과
중심 내용 원인을 제시하고 그에 따른 결과를 나타내는 서술 방식

풀이 비법 3 글의 구조를 바탕으로 서술 방식을 파악하라!
〈보기〉는 '인과'의 서술 방식에 대한 개념을 설명하고 있다.

풀이 비법 4 부합하는 선택지를 찾아라!
① '온실 효과(1차 원인) → 기온 상승(1차 결과, 2차 원인) → 해수면 상승(2차 결과, 3차 원인) → 기후 변화 및 섬나라나 저지대 침수(3차 결과)'라는 인과 관계를 중심으로 내용을 지구 온난화의 문제점을 제시하고 있다. 이는 인과의 설명(서술) 방법에 해당한다.
② '제로섬(zero-sum)이란 어떤 수를 합해서 제로가 된다는 뜻이다.'에서 제로섬의 개념을 분명하게 제시하는 '정의'의 방법을 사용하고 있다.
③ '찬호'가 학교 안으로 몰래 들어가는 과정을 시간의 흐름에 따라 사건을 전가하는 '서사'의 방법을 사용하고 있다.
④ 소읍의 전경을 마치 눈앞에서 보고 있는 것처럼 자세하게 표현하는 '묘사'의 방법을 사용하고 있다.

정답 ①

 개념 PLUS 서술 방식

진술(서술) 방식의 종류			
설명	과정, 분류·구분, 분석, 비교·대조, 예시, 유추, 인과, 정의		
묘사	대상의 외양이나 상태 등을 그림 그리듯이 구체적이고 자세하게 보여 주는 방식		
서사	사건의 진행, 현상의 움직임이나 변화 등을 시간의 흐름에 따라 서술하는 방식		
논증	귀납	구체적 사실들을 근거로 일반적 원리 도출	
	연역	일반적 원리를 전제로 개별적인 사실을 도출	
	유추	두 대상의 일부 속성이 유사함을 근거로 다른 속성도 유사할 것이라는 결론 도출	

실전 기출 — 서술 방식 파악하기

연습 1 병태 요정과 함께 풀기

다음 글의 전개 방식에 대한 설명으로 적절한 것은?

2017 지방직 9급 추가

> 유럽의 18~19세기는 혁신적 지성의 열기로 가득 찬 시대였다. 혁신적 지성은 정치적, 경제적, 사회적 여건의 성숙과 더불어 서양 근대 사회의 확립에 주도적 역할을 하였다. 수많은 개혁 사상과 혁명 사상의 제공자는 물론이요, 실천 면에서도 개혁가와 혁명가는 지성인 출신이었다. 그들은 새로운 미래를 제시하고, 그것을 뒷받침할 이데올로기를 마련하고, 그것을 실현할 구체적인 방안을 제시하는 동시에, 현실의 모순을 과감하게 비판하고 몸소 실천에 뛰어들기도 하였다.
>
> 하지만 20세기에 이르러 사태는 달라지기 시작하였다. 근대 사회 성립에 주도적 역할을 담당했던 혁신적 지성은 그 혁신적 성격과 개혁적 정열을 점차로 상실하고, 직업적이고 기술적인 지성으로 변모하였다. 이는 근대 사회가 완성되고 성숙함에 따른 당연한 귀결일지도 모르며, 오늘날 고도로 발달한 서구 사회에 직업적이고 기술적인 지성이 필요 불가결하기도 하다. 그러나 지성이 고도로 발달한 사회에서 직업적이고 전문적인 지식과 기술을 제공하는 것으로 만족할 것인가의 문제는 다시 한 번 생각해 봄직하다.
>
> 만일 서구 사회가 현재에 안주하고 현상 유지를 계속할 수가 있다면 문제는 다르다. 그러나 그것은 사회의 전면적인 침체를 가지고 올 것이며, 그것은 또한 불길한 몰락의 징조일지도 모른다.
>
> 현재의 모순과 문제를 파헤치고 이를 개혁하여 새로운 미래로 나아가는 구체적 방안을 모색하는 임무는 누가 져야 할 것인가? 그것은 역시 지성의 임무이다. 지성은 거의 영구불변의 기능이라고 할 수 있는 문화 창조의 기능을 가져야 한다. 현대의 지성은 전문 지식과 기술을 제공하는 데 그치지 말고, 현실을 비판하며 실현 가능한 구체적 방안을 모색하여 새로운 미래를 제시하는 혁신적 성격을 상실해서는 안 될 것이다.

① 자신의 주장을 밝히고 이와 상반된 견해를 반박하고 있다.
② 상호 대립된 견해를 제시하고 자신의 입장을 밝히고 있다.
③ 용어에 대한 개념 차이를 밝히며 자신의 주장을 펼치고 있다.
④ 시대적 변천 양상을 살피면서 바람직한 방향을 제시하고 있다.

연습 2 혼자서 눈으로 계속 연습하기

다음 글의 전개 방식에 대한 설명으로 적절한 것은?

2017 지방직 9급 추가

> 유럽의 18~19세기는 혁신적 지성의 열기로 가득 찬 시대였다. 혁신적 지성은 정치적, 경제적, 사회적 여건의 성숙과 더불어 서양 근대 사회의 확립에 주도적 역할을 하였다. 수많은 개혁 사상과 혁명 사상의 제공자는 물론이요, 실천 면에서도 개혁가와 혁명가는 지성인 출신이었다. 그들은 새로운 미래를 제시하고, 그것을 뒷받침할 이데올로기를 마련하고, 그것을 실현할 구체적인 방안을 제시하는 동시에, 현실의 모순을 과감하게 비판하고 몸소 실천에 뛰어들기도 하였다.
>
> 하지만 20세기에 이르러 사태는 달라지기 시작하였다. 근대 사회 성립에 주도적 역할을 담당했던 혁신적 지성은 그 혁신적 성격과 개혁적 정열을 점차로 상실하고, 직업적이고 기술적인 지성으로 변모하였다. 이는 근대 사회가 완성되고 성숙함에 따른 당연한 귀결일지도 모르며, 오늘날 고도로 발달한 서구 사회에 직업적이고 기술적인 지성이 필요 불가결하기도 하다. 그러나 지성이 고도로 발달한 사회에서 직업적이고 전문적인 지식과 기술을 제공하는 것으로 만족할 것인가의 문제는 다시 한 번 생각해 봄직하다.
>
> 만일 서구 사회가 현재에 안주하고 현상 유지를 계속할 수가 있다면 문제는 다르다. 그러나 그것은 사회의 전면적인 침체를 가지고 올 것이며, 그것은 또한 불길한 몰락의 징조일지도 모른다.
>
> 현재의 모순과 문제를 파헤치고 이를 개혁하여 새로운 미래로 나아가는 구체적 방안을 모색하는 임무는 누가 져야 할 것인가? 그것은 역시 지성의 임무이다. 지성은 거의 영구불변의 기능이라고 할 수 있는 문화 창조의 기능을 가져야 한다. 현대의 지성은 전문 지식과 기술을 제공하는 데 그치지 말고, 현실을 비판하며 실현 가능한 구체적 방안을 모색하여 새로운 미래를 제시하는 혁신적 성격을 상실해서는 안 될 것이다.

① 자신의 주장을 밝히고 이와 상반된 견해를 반박하고 있다.
② 상호 대립된 견해를 제시하고 자신의 입장을 밝히고 있다.
③ 용어에 대한 개념 차이를 밝히며 자신의 주장을 펼치고 있다.
④ 시대적 변천 양상을 살피면서 바람직한 방향을 제시하고 있다.

지문을 한눈에

1 도입	**2 화제 제시**	**3 문제 제기**	**4 해결 방안**
18~19세기 유럽의 혁신적 지성인들은 현실의 모순을 비판하며 새로운 미래인 근대 사회 확립에 주도적 역할을 함.	20세기 지성인들은 혁신적 정신을 상실하고, 직업적이고 기술적인 지성인으로 변모함.	현재에 안주하면 사회의 침체와 몰락을 가져올 수 있음.	현대 사회에서 지성이 수행해야 할 창조적, 비판적, 혁신적 역할

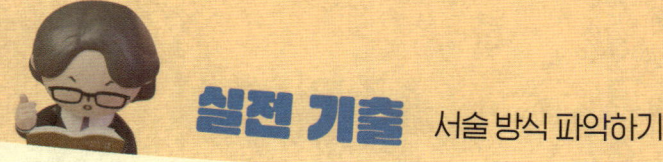

07

지문 제재 | 사회

다음 글의 전개 방식에 대한 설명으로 적절한 것은? 2017 지방직 9급 추가

1 ¹유럽의 (18~19세기)는 혁신적(革新的, 묵은 풍속, 관습, 조직, 방법 따위를 완전히 바꾸어 새롭게 하는) 지성의 열기(熱氣, 뜨거운 기운)로 가득 찬 시대였다. ²혁신적 지성은 정치적, 경제적, 사회적 여건(與件, 주어진 조건)의 성숙과 더불어 서양 근대 사회의 확립(確立, 체계나 견해, 조직 따위가 굳게 섬)에 주도적(主導的, 주동이 되어 이끄는) 역할을 하였다. ³수많은 개혁(改革, 제도나 기구 따위를 새롭게 뜯어고침) 사상(思想, 구체적인 사고나 생각)과 혁명 사상의 제공자는 물론이요, 실천 면에서도 개혁가와 혁명가는 지성인 출신이었다. ⁴그들은 새로운 미래를 제시하고, 그것을 뒷받침할 이데올로기를 마련하고, 그것을 실현할 구체적인 방안을 제시하는 동시에, 현실의 모순을 과감하게 비판하고 몸소 실천에 뛰어들기도 하였다.

▶ 유럽의 18~19세기 혁명가들은 현실의 모순을 비판하며 새로운 미래를 제시함

2 ¹하지만 20세기에 이르러 사태(事態, 일이 되어 가는 형편)는 달라지기 시작하였다. ²근대 사회 성립에 주도적 역할을 담당했던 혁신적 지성은 그 혁신적 성격과 개혁적 정열을 점차로 상실하고, 직업적이고 기술적인 지성으로 변모(變貌, 모양이나 모습이 달라지거나 바뀜)하였다. ³이는 근대 사회가 완성되고 성숙함에 따른 당연한 귀결(歸結, 어떤 결말이나 결과에 이름)일지도 모르며, 오늘날 고도로 발달한 서구 사회에 직업적이고 기술적인 지성이 필요 불가결하기도 하다. ⁴그러나 [지성이 고도로 발달한 사회에서 직업적이고 전문적인 지식과 기술을 제공하는 것으로 만족할 것인가의 문제는 다시 한번 생각해 봄직하다.](직업적이고 전문적인 지식과 기술에만 만족할 것인가에 대한 문제 제기)

▶ 20세기 혁신적 지성인들은 개혁적 정열을 상실하고, 기술적인 지성으로 변모함

3 ¹만일 서구 사회가 현재에 안주하고 현상 유지를 계속할 수가 있다면 문제는 다르다. ²그러나 [그것은 사회의 전면적인 침체(沈滯, 어떤 현상이나 사물이 진전하지 못하고 제자리에 머무름)를 가지고 올 것이며, 그것은 또한 불길한 몰락의 징조(徵兆, 어떤 일이 생길 기미)일지도 모른다.](문제 상황)

▶ 현재에 안주하는 것에 대한 문제점

4 ¹(현재)의 모순과 문제를 파헤치고 이를 개혁하여 새로운 미래로 나아가는 구체적 방안(方案, 해결 방법)을 모색하는 임무는 누가 져야 할 것인가?(문제 제기) ²[그것은 역시 지성의 임무이다. ³지성은 거의 영구불변의 기능이라고 할 수 있는 문화 창조(創造)의 기능을 가져야 한다(지성의 임무 1). ⁴현대의 지성은 전문 지식과 기술을 제공하는(지성의 임무 2) 데 그치지 말고, 현실을 비판하며 실현 가능한 구체적 방안을 모색(摸索, 방법이나 실마리를 더듬어 찾음)하여 새로운 미래를 제시하는(지성의 임무 3) 혁신적 성격을 상실해서는 안 될 것이다.](자문자답의 방식을 이용하여 해결 방안 제시함)

▶ 새로운 미래로 나아가는 구체적 방안을 모색하는 것이 현대 지성의 역할임

① 자신의 주장을 밝히고 이와 상반된 견해를 반박하고(×) 있다.
② 상호 대립된 견해를 제시하고(×) 자신의 입장을 밝히고 있다.
③ 용어에 대한 개념 차이를 밝히며(×) 자신의 주장을 펼치고 있다.
❹ 시대적 변천 양상을 살피면서 바람직한 방향을 제시하고 있다.(근거 1-1, 2-1, 4-1)

단계별 풀이 비법

풀이 비법 1 발문과 선택지를 확인하라!

글의 전개 방식을 묻는 문제이다. 적절한 것을 묻는 문제이므로 글 전체를 지배하고 있는 가장 큰 특징을 찾아야 한다. 주로 첫 단락이나 둘째 단락에서 글 전체를 지배하고 있는 가장 큰 특징의 단서를 찾을 수 있다.

풀이 비법 2 화제어와 중심 내용을 파악하라!

중심 화제: 지성의 임무
중심 내용

1	18~19세기 유럽의 혁신적 지성인들은 현실의 모순을 비판하며 근대 사회 확립에 주도적 역할을 함.
2	20세기 지성인들은 혁신적 정신을 상실하고, 직업적이고 기술적인 지성인으로 변모함.
3	현재에 안주하면 사회의 침체와 몰락을 가져올 수 있음.
4	새로운 미래로 나아가는 구체적 방안을 모색하는 것이 현대 지성의 역할임.

풀이 비법 3 글의 내용을 바탕으로 서술 방식을 파악하라!

1에서 18세기~19세기, 2에서 20세기, 4에서 현대 사회에서 지성이 수행해야 할 임무를 제시하고 있다.

풀이 비법 4 부합하는 선택지를 찾아라!

① 글쓴이의 주장과 상반된 견해가 제시되지도 않았고 반박하지도 않았다.
② 상호 대립되는 견해를 제시하지 않았다.
③ 4에서 지성이 현대 사회에서 수행해야 할 역할을 제시하고 있다는 점에서 자신의 주장을 펼치는 것처럼 보이나, 용어에 대한 개념적인 차이를 밝히지는 않았다.
④ 1에서 18세기~19세기 유럽에 지성의 '혁신적인 역할'을, 2에서 20세기 근대 사회에서 지성의 '직업적이고 기술적인 역할'을 제시하고 있다. 또한 4에서 현대 사회에서 지성이 마땅히 수행해야 할 창조적, 비판적, 혁신적 역할을 제시했다. 이는 중심 개념인 '지성'의 역할에 대한 시대적 변천 양상을 살펴보고, 현재의 사회에서 지성이 나아가야 할 방향을 제시하고 있는 것이다.

정답 ④

실전 기출 — 서술 방식 파악하기

학습일: 월   일   풀이 시간: 1분 이내

연습 1 병태 요정과 함께 풀기

㉠~㉢에 대한 설명으로 적절한 것은? 2017 지방직 9급 추가

　㉠<u>르네상스</u> 이래 화가들은 자신의 그림이 세상을 향한 창처럼 보이기를 바랐다. 그리하여 그림의 장면이나 주제를 하나의 고정된 시점에서 본 것처럼 그렸으며, 이러한 환영을 더욱 심화하기 위해 원근법적인 형태 묘사를 택했다. 그러나 1907년부터 피카소와 브라크는 전통적인 원근법의 관례를 버리고 리얼리티를 묘사하기 위한 새로운 방식을 실험하기 시작했다. 정물화에서 그들은 눈이 카메라 렌즈처럼 하나의 시점으로 세상을 인식한다는 기존의 믿음에 도전하여 뇌가 어떻게 다양한 시점과 연속적인 시간에 걸친 시각적인 정보를 점진적으로 축적해 나가는지를 보여 주고자 했다.
　피카소와 브라크의 혁명적인 그림은 과거의 어떤 그림과도 완전히 다르게 보이지만, 두 화가는 모두 ㉡<u>세잔</u>의 작업 방식에서 영향을 받았다. 과거의 화가들은 일관된 원근법 체계를 이용해 그림에 안정성과 깊이감을 부여하고자 했으나, 세잔은 회화적 공간을 의도적으로 왜곡하고 불안한 각도로 면을 기울여 안정적인 정물화에 역동감과 긴장감을 부여했다. 그는 정물의 적절한 위치를 찾기 위해 고심하며 매우 조심스럽게 화면을 구성했다. 다양한 각도와 시점을 미묘하게 결합하여 세잔은 세심하게 배열한 정물에 더욱 완벽한 시점을 부여하고자 노력했다.
　세잔이 죽은 지 1년 후 파리에서 열린 세잔의 대규모 회고전은 피카소와 브라크에게 커다란 영향을 끼쳤으며, ㉢<u>피카소와 브라크</u>는 즉각 세잔의 발상을 도입하여 초기 입체주의 회화로 발전시켰다. 이들은 초기 정물화에 동시적인 시점의 결합 가능성을 지속적으로 실험했다. 피카소와 브라크는 사물의 형태를 파편화할 때까지 왜곡했으며, 그림을 그리는 동안 정물의 주위를 걸어 다니며 각 단계의 다양한 세부 사항을 관찰하는 것 같은 인상을 만들어 냈다. 결과적으로 이들의 그림은 시간과 공간에 따른 움직임의 감각을 만들어 냈다.

① ㉠과 달리 ㉡과 ㉢은 대상을 바라보는 관점의 다양성을 인정한다.
② ㉡과 달리 ㉠과 ㉢은 단일한 시간과 공간을 기준으로 대상을 파악한다.
③ ㉢과 달리 ㉠과 ㉡은 대상을 있는 그대로 묘사하는 것이 회화의 목적이라 여긴다.
④ ㉠, ㉡, ㉢은 모두 가까이 있는 대상은 크게, 멀리 있는 대상은 작게 표현하는 방식을 취한다.

연습 2 혼자서 눈으로 계속 연습하기

㉠~㉢에 대한 설명으로 적절한 것은? 2017 지방직 9급 추가

　㉠<u>르네상스</u> 이래 화가들은 자신의 그림이 세상을 향한 창처럼 보이기를 바랐다. 그리하여 그림의 장면이나 주제를 하나의 고정된 시점에서 본 것처럼 그렸으며, 이러한 환영을 더욱 심화하기 위해 원근법적인 형태 묘사를 택했다. 그러나 1907년부터 피카소와 브라크는 전통적인 원근법의 관례를 버리고 리얼리티를 묘사하기 위한 새로운 방식을 실험하기 시작했다. 정물화에서 그들은 눈이 카메라 렌즈처럼 하나의 시점으로 세상을 인식한다는 기존의 믿음에 도전하여 뇌가 어떻게 다양한 시점과 연속적인 시간에 걸친 시각적인 정보를 점진적으로 축적해 나가는지를 보여 주고자 했다.
　피카소와 브라크의 혁명적인 그림은 과거의 어떤 그림과도 완전히 다르게 보이지만, 두 화가는 모두 ㉡<u>세잔</u>의 작업 방식에서 영향을 받았다. 과거의 화가들은 일관된 원근법 체계를 이용해 그림에 안정성과 깊이감을 부여하고자 했으나, 세잔은 회화적 공간을 의도적으로 왜곡하고 불안한 각도로 면을 기울여 안정적인 정물화에 역동감과 긴장감을 부여했다. 그는 정물의 적절한 위치를 찾기 위해 고심하며 매우 조심스럽게 화면을 구성했다. 다양한 각도와 시점을 미묘하게 결합하여 세잔은 세심하게 배열한 정물에 더욱 완벽한 시점을 부여하고자 노력했다.
　세잔이 죽은 지 1년 후 파리에서 열린 세잔의 대규모 회고전은 피카소와 브라크에게 커다란 영향을 끼쳤으며, ㉢<u>피카소와 브라크</u>는 즉각 세잔의 발상을 도입하여 초기 입체주의 회화로 발전시켰다. 이들은 초기 정물화에 동시적인 시점의 결합 가능성을 지속적으로 실험했다. 피카소와 브라크는 사물의 형태를 파편화할 때까지 왜곡했으며, 그림을 그리는 동안 정물의 주위를 걸어 다니며 각 단계의 다양한 세부 사항을 관찰하는 것 같은 인상을 만들어 냈다. 결과적으로 이들의 그림은 시간과 공간에 따른 움직임의 감각을 만들어 냈다.

① ㉠과 달리 ㉡과 ㉢은 대상을 바라보는 관점의 다양성을 인정한다.
② ㉡과 달리 ㉠과 ㉢은 단일한 시간과 공간을 기준으로 대상을 파악한다.
③ ㉢과 달리 ㉠과 ㉡은 대상을 있는 그대로 묘사하는 것이 회화의 목적이라 여긴다.
④ ㉠, ㉡, ㉢은 모두 가까이 있는 대상은 크게, 멀리 있는 대상은 작게 표현하는 방식을 취한다.

지문을 한눈에

르네상스 화가	세잔	피카소와 브라크
대상을 있는 그대로 묘사하는 원근법적 형태 묘사 채택	다양한 각도와 시점을 미묘하게 결합하여 '완벽한 시점'을 찾고자 함.	동시적인 시점의 결합 방식으로 시간과 공간에 따른 움직임의 감각을 창조함.

실전 기출 서술 방식 파악하기

08

지문 제재 | 예술

㉠~㉢에 대한 설명으로 적절한 것은?

2017 지방직 9급 추가

1 ¹㉠<u>르네상스 이래 화가</u>들은 자신의 그림이 세상을 향한 창처럼 보이기를 바랐다. ²그리하여 그림의 장면이나 주제를 하나의 <u>고정된 시점</u>에서 본 것처럼 그렸으며, 이러한 환영을 더욱 심화하기 위해 <u>원근법적인</u> 형태 묘사를 택했다. ³그러나 1907년부터 <u>피카소와 브라크</u>는 전통적인 <u>원근법의 관례를 버리고</u> 리얼리티를 묘사하기 위한 새로운 방식을 실험하기 시작했다. ⁴정물화에서 그들은 눈이 카메라 렌즈처럼 <u>하나의 시점</u>으로 세상을 인식한다는 기존의 믿음에 도전하여 뇌가 어떻게 <u>다양한 시점</u>과 연속적인 시간에 걸친 시각적인 정보를 점진적으로 축적해 나가는지를 보여 주고자 했다.
▶ 피카소와 브라크는 원근법적 묘사를 하는 르네상스의 화가들과 달리 다양한 시점 방식을 시도함

2 ¹피카소와 브라크의 혁명적인 그림은 과거의 어떤 그림과도 완전히 다르게 보이지만, 두 화가는 모두 ㉡<u>세잔</u>의 작업 방식에서 영향을 받았다. ²과거의 화가들은 일관된 원근법 체계를 이용해 그림에 안정성과 깊이감을 부여하고자 했으나, 세잔은 회화적 <u>공간을 의도적으로 왜곡</u>하고 불안한 <u>각도로 면</u>을 기울여 안정적인 정물화에 역동감과 긴장감을 부여했다. ³그는 정물의 적절한 위치를 찾기 위해 고심하며 매우 조심스럽게 화면을 구성했다. ⁴<u>다양한 각도와 시점을 미묘하게 결합하여</u> 세잔은 세심하게 배열한 정물에 더욱 완벽한 시점을 부여하고자 노력했다.
▶ 세잔은 다양한 각도와 시점을 미묘하게 결합하여 정물에 완벽한 시점을 부여함

3 ¹세잔이 죽은 지 1년 후 파리에서 열린 세잔의 대규모 회고전은 피카소와 브라크에게 커다란 영향을 끼쳤으며, ㉢<u>피카소와 브라크</u>는 즉각 세잔의 발상을 도입하여 <u>초기 입체주의 회화</u>로 발전시켰다. ²이들은 초기 정물화에 <u>동시적인 시점의 결합</u> 가능성을 지속적으로 실험했다. ³피카소와 브라크는 사물의 형태를 파편화할 때까지 왜곡했으며, 그림을 그리는 동안 정물의 주위를 걸어 다니며 각 단계의 다양한 세부 사항을 관찰하는 것 같은 인상을 만들어 냈다. ⁴결과적으로 이들의 <u>그림은 시간과 공간에 따른 움직임의 감각을</u> 만들어 냈다.
▶ 피카소와 브라크는 세잔의 발상을 도입하여 초기 입체주의 회화로 발전시킴

❶ ㉠과 달리 ㉡과 ㉢은 대상을 바라보는 관점의 다양성을 인정한다. (근거 **1**-3, 4, **2**-1, 2, 4, **3**-2)
② ㉡과 달리 ㉠과 ㉢은(×) 단일한 시간과 공간을 기준으로 대상을 파악한다. (근거 **1**-1, 2, **2**-4, **3**-4)
③ ㉢과 달리 ㉠과 ㉡은 대상을 있는 그대로 묘사하는 것이 회화의 목적이라 여긴다. (근거 **1**-1, **2**-2, **3**-3)
④ ㉠, ㉡, ㉢은 모두 가까이 있는 대상은 크게, 멀리 있는 대상은 작게 표현하는 방식을 취한다. (근거 **1**-2, 3, **2**-2)

단계별 풀이 비법

풀이 비법 1 발문과 선택지를 확인하라!
㉠~㉢의 특징을 차이점을 중심으로 파악하여 선택지와 비교하면서 풀어야 한다.

풀이 비법 2 화제어와 중심 내용을 파악하라!
중심 화제 회화적 재현에 대한 화가들의 작업 방식
중심 내용

1	피카소와 브라크는 원근법적 묘사를 하는 르네상스의 화가들과 달리 다양한 시점 방식을 시도함.
2	세잔은 다양한 각도와 시점을 미묘하게 결합하여 정물에 완벽한 시점을 부여함.
3	피카소와 브라크는 세잔의 발상을 도입하여 초기 입체주의 회화로 발전시킴.

풀이 비법 3 차이점을 중심으로 대상의 특징을 정리하라!
㉠은 원근법, ㉡은 다양한 각도와 시점 결합, ㉢은 ㉡의 영향을 받아 동시적인 시점의 결합을 시도했다.

풀이 비법 4 부합하는 선택지를 찾아라!
① ㉠은 '하나의 고정된 시점에서 본 것처럼' 그림을 그린 데 반하여, ㉡은 '다양한 각도와 시점을 미묘하게 결합하여' '완벽한 시점'을 부여하고자 노력했으며, ㉢은 ㉡의 영향을 받아 '동시적인 시점의 결합 가능성을 지속적으로 실험'하여 '시간과 공간에 따른 움직임의 감각을' 만들어 냈다.
② ㉠은 단일한 시간과 공간을 기준으로 대상을 파악하는 반면 ㉡과 ㉢은 공간을 의도적으로 왜곡하거나, 다양한 각도와 시점으로 대상을 파악하고 있으므로 틀린 진술이다.
③ ㉡, ㉢과 달리 ㉠은 '자신의 그림이 세상을 향한 창'처럼 보이기를 원했으므로 있는 그대로 묘사하는 것이 회화의 목적이라고 여겼다고 볼 수 있다.
④ '가까이 있는 대상은 크게, 멀리 있는 대상은 작게 표현하는 방법'은 전통적인 원근법에 해당하므로 ㉠이 취한 방식에 해당한다. ㉡은 '회화적 공간을 의도적으로 왜곡'하였으며, ㉢은 '전통적인 원근법의 관례를 버리고' '새로운 방식을 실험하기' 시작했다고 했으므로 틀린 진술이다.

정답 ①

비교·대조 독해 지문 분석 시간 절약 TIP

1. 공통점과 차이점, 특히 차이점을 중심으로 대상의 특징을 정확하게 파악합니다.
2. 르네상스 이래 화가들, 세잔, 피카소와 브라크의 특징에다 각각 동그라미, 네모와 세모의 기호로 표시합니다.
3. 차이점 중 가장 큰 특징은 시점입니다. 시점의 차이를 중심으로 적절한 답을 찾습니다.

실전 기출 — 서술 방식 파악하기

STUDY 06

학습일: 월 일 풀이 시간: 1분 이내

연습 1 병태 요정과 함께 풀기

다음 글의 글쓰기 전략으로 볼 수 없는 것은? 2019 국가직 9급

    고전파 음악은 어떤 음악인가? 서양 음악의 뿌리는 종교 음악에서 비롯되었다. 바로크 시대까지는 음악이 종교에 예속되어 있었으며, 음악가들 또한 종교에 예속되어 있었다. 고전파는 이렇게 종교에 예속되었던 음악을, 음악을 위한 음악으로 정립하려는 예술 운동에서 출발하였다. 따라서 종래의 신을 위한 음악에서 탈피해 형식과 내용의 일체화를 꾀하고 균형 잡힌 절대 음악을 추구하였다. 즉 '신'보다는 '사람'을 위한 음악, '음악'을 위한 음악을 이루어 나가겠다는 굳은 결의를 보여 준 것이다.

    또한 고전파 음악은 음악적 형식과 내용의 완숙을 이룬 음악이기도 하다. 이 시기에는 하이든, 모차르트, 베토벤 등 음악의 역사에서 가장 위대한 작곡가들이 배출되기도 하였다. 이때에는 성악이 아닌 기악만으로도 음악이 가능하게 되었으며, 교향곡의 기본을 이루는 소나타 형식이 완성되었다. 특히 옛 그리스나 로마 때처럼 보다 정돈된 형식을 가진 음악을 해 보자고 주장하였기에 '옛것에서 배우자는 의미의 고전'과 '청정하고 우아하며 흐림 없음, 최고의 예술적 경지에 다다름으로서의 고전'을 모두 지향하게 되었다.

    이렇듯 역사적으로 고전파 음악은 종교의 영역에서 음악 자체의 영역을 확보하였으며 최고 수준의 음악적 내용과 형식을 수립하였다. 고전파 음악이 서양 전통 음악 전체를 대표하게 된 것은 고전파 음악이 이룩한 역사적인 성과에서 비롯된 것일지도 모른다. 따라서 고전 음악의 개념을 이해하기 위해서는 고전파 음악의 성격과 특질에 대한 이해가 선행되어야 할 것이다.

① 고전파 음악이 지닌 음악사적 의의를 밝힌다.
② 고전파 음악의 음악가를 예시하여 이해를 돕는다.
③ 고전파 음악의 특징이 형식과 내용의 분리에 있음을 강조한다.
④ 질문을 통해 화제를 제시함으로써 호기심을 유발한다.

연습 2 혼자서 눈으로 계속 연습하기

다음 글의 글쓰기 전략으로 볼 수 없는 것은? 2019 국가직 9급

    고전파 음악은 어떤 음악인가? 서양 음악의 뿌리는 종교 음악에서 비롯되었다. 바로크 시대까지는 음악이 종교에 예속되어 있었으며, 음악가들 또한 종교에 예속되어 있었다. 고전파는 이렇게 종교에 예속되었던 음악을, 음악을 위한 음악으로 정립하려는 예술 운동에서 출발하였다. 따라서 종래의 신을 위한 음악에서 탈피해 형식과 내용의 일체화를 꾀하고 균형 잡힌 절대 음악을 추구하였다. 즉 '신'보다는 '사람'을 위한 음악, '음악'을 위한 음악을 이루어 나가겠다는 굳은 결의를 보여 준 것이다.

    또한 고전파 음악은 음악적 형식과 내용의 완숙을 이룬 음악이기도 하다. 이 시기에는 하이든, 모차르트, 베토벤 등 음악의 역사에서 가장 위대한 작곡가들이 배출되기도 하였다. 이때에는 성악이 아닌 기악만으로도 음악이 가능하게 되었으며, 교향곡의 기본을 이루는 소나타 형식이 완성되었다. 특히 옛 그리스나 로마 때처럼 보다 정돈된 형식을 가진 음악을 해 보자고 주장하였기에 '옛것에서 배우자는 의미의 고전'과 '청정하고 우아하며 흐림 없음, 최고의 예술적 경지에 다다름으로서의 고전'을 모두 지향하게 되었다.

    이렇듯 역사적으로 고전파 음악은 종교의 영역에서 음악 자체의 영역을 확보하였으며 최고 수준의 음악적 내용과 형식을 수립하였다. 고전파 음악이 서양 전통 음악 전체를 대표하게 된 것은 고전파 음악이 이룩한 역사적인 성과에서 비롯된 것일지도 모른다. 따라서 고전 음악의 개념을 이해하기 위해서는 고전파 음악의 성격과 특질에 대한 이해가 선행되어야 할 것이다.

① 고전파 음악이 지닌 음악사적 의의를 밝힌다.
② 고전파 음악의 음악가를 예시하여 이해를 돕는다.
③ 고전파 음악의 특징이 형식과 내용의 분리에 있음을 강조한다.
④ 질문을 통해 화제를 제시함으로써 호기심을 유발한다.

지문을 한눈에

1 화제 제시	**2 전개**	**3 마무리**
고전파 음악의 출발 동기와 성격	고전파 음악의 성과와 특질	고전파 음악이 지닌 음악사적 의의

실전 기출 — 서술 방식 파악하기

09
다음 글의 글쓰기 전략으로 볼 수 없는 것은?

지문 제재 | 예술
2019 국가직 9급

① 1고전파 음악은 어떤 음악인가? 2서양 음악의 뿌리는 종교 음악에서 비롯되었다. 3바로크 시대까지는 음악이 종교에 예속(隸屬, 남의 지배나 지휘 아래 매임)되어 있었으며, 음악가들 또한 종교에 예속되어 있었다. 4고전파는 이렇게 [종교에 예속되었던 음악을, 음악을 위한 음악으로 정립하려는 예술 운동에서 출발하였다](고전파 음악의 시작 동기). 5따라서 종래의 신을 위한 음악에서 탈피(脫皮, 일정한 상태나 처지에서 완전히 벗어남)해 [형식과 내용의 일체화를 꾀하고 균형(均衡, 어느 한쪽으로 기울거나 치우치지 아니하고 고른 상태) 잡힌 절대 음악을 추구(追求, 목적을 이룰 때까지 뒤좇아 구함)하였다. 6즉(상술) '신'보다는 '사람'을 위한 음악, '음악'을 위한 음악](고전파 음악의 특징)을 이루어 나가겠다는 굳은 결의를 보여 준 것이다.](자문자답을 통해 독자의 호기심 유발)
▶ 고전파 음악의 출발 동기와 성격

② 1또한 고전파 음악은 [음악적 형식과 내용의 완숙을 이룬 음악](고전파 음악의 성과)이기도 하다. 2이 시기에는 하이든, 모차르트, 베토벤 등(예시) 음악의 역사에서 가장 위대한 작곡가들이 배출(輩出, 인재가 계속하여 나옴)되기도 하였다. 3이때에는 성악이 아닌 기악만으로도 음악이 가능하게 되었으며, 교향곡의 기본을 이루는 소나타 형식이 완성되었다. 4특히 옛 그리스나 로마 때처럼 보다 정돈(整頓, 가지런히 바로잡음)된 형식을 가진 음악을 해 보자고 주장하였기에 '옛것에서 배우자는 의미의 고전'과 '청정(淸正, 맑고 바름)하고 우아(優雅, 고상하며 아름다움)하며 흐림 없음, 최고의 예술적 경지(境地, 학문, 예술, 인품 따위에서 일정한 특성과 체계를 갖춘 독자적인 범주나 부분)에 다다름으로서의 고전'을 모두 지향(志向, 어떤 목표로 뜻이 쏠리어 향함)하게 되었다.
▶ 고전파 음악의 성과와 특질

③ 1이렇듯 역사적으로 고전파 음악은 종교의 영역에서 음악 자체의 영역(領域, 활동, 기능, 효과, 관심 따위가 미치는 일정한 범위)을 확보(確保, 확실히 보증하거나 가지고 있음)하였으며 최고 수준(水準, 사물의 가치나 질 따위의 기준이 되는 일정한 표준이나 정도)의 음악적 내용과 형식을 수립하였다. 2고전파 음악이 서양 전통 음악 전체를 대표하게 된 것은 고전파 음악이 이룩한 역사적인 성과에서 비롯된 것일지도 모른다.](고전파 음악의 의의) 3따라서 [고전 음악의 개념을 이해(理解, 깨달아 앎)하기 위해서는 고전파 음악의 성격과 특질에 대한 이해가 선행되어야 할](고전파 음악의 개념을 이해하기 위한 선행 조건) 것이다.
▶ 고전파 음악이 지닌 음악사적 의의

① 고전파 음악이 지닌 음악사적 의의를 밝힌다. (근거 ③-1, 2)
② 고전파 음악의 음악가를 예시하여 이해를 돕는다. (근거 ②-1)
❸ 고전파 음악의 특징이 형식과 내용의 분리(✗)에 있음을 강조한다. (근거 ①-5, ②-1)
④ 질문을 통해 화제를 제시함으로써 호기심을 유발한다. (근거 ①-1)

단계별 풀이 비법

풀이 비법 1 발문과 선택지를 확인하라!
글의 서술 방식으로 쓰이지 않는 것을 찾는 문제로 제시문은 3단락으로 이루어져 있다. 이 경우에는 각 단락의 첫 문장이나 둘째 문장을 지배하고 있는 특징에서 서술 방식의 단서를 찾을 수 있다.

풀이 비법 2 화제어와 중심 내용을 파악하라!
중심 화제 고전파 음악
중심 내용

①	고전파 음악의 출발 동기와 성격
②	고전파 음악의 성과와 특질
③	고전파 음악이 지닌 음악사적 의의

풀이 비법 3 글의 내용을 바탕으로 서술 방식을 파악하라!
①에서 질문을 통해 화제를 제시하고, ②에서 고전파 음악의 성과와 특질을, ③에서 고전파 음악이 지닌 음악사적 의의를 밝히고 있다.

풀이 비법 4 부합하는 선택지를 찾아라!
① ③-1, 2에서 고전파 음악은 음악 자체의 영역을 확보하고 최고 수준의 음악적 내용과 형식을 수립하여 서양 전통 음악 전체를 대표하게 됐다는 내용을 통해 고전파 음악이 지닌 음악사적 의의를 알 수 있다.
② ②-2에서 고전파 음악의 음악가인 하이든, 모차르트, 베토벤 등을 예시로 들며 이해를 돕고 있다.
③ ①-5, ②-1에서 고전파는 형식과 내용의 일체화를 꾀하고 균형 잡힌 절대 음악을 추구했으며, 음악적 형식과 내용의 완숙을 이뤘다는 내용으로 보아 고전파 음악의 특징이 형식과 내용의 분리에 있다는 내용은 적절하지 않다.
④ ①-1에서 '고전파 음악은 어떤 음악인가?'라는 질문을 통해 화제를 제시함으로써 독자의 호기심을 유발하고 있다.

정답 ③

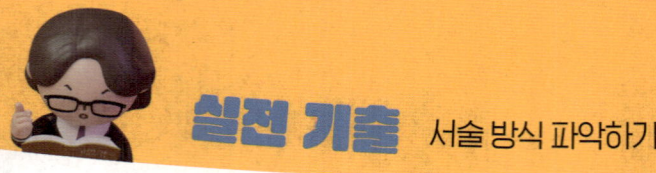 실전 기출 서술 방식 파악하기

학습일: 월   일   풀이 시간: 1분 이내

연습 1 병태 요정과 함께 풀기

밑줄 친 부분의 주된 설명 방식은?   2019 지방직 7급

> 보살은 자기 자신이 불경의 체험 내용인 보리를 구하려고 노력하는 동시에 일체의 타인에게도 그의 진리를 체득시키고자 정진하는 인간이다. 그러므로 보살은 나한과 같은 자리(自利)를 위하여 보리를 구하는 자가 아니고 어디까지든지 이타(利他)를 위하여 활동하는 것이다. 나한이 개인적 자각인 데 대하여 보살은 사회적 자각에 입각한 것이니, 나한은 언제든지 개인 본위이고 개인 중심주의인 데 대하여 보살은 사회 본위이고 사회 중심주의인 것이다.

① 유추   ② 묘사
③ 예시   ④ 대조

연습 2 혼자서 눈으로 계속 연습하기

밑줄 친 부분의 주된 설명 방식은?   2019 지방직 7급

> 보살은 자기 자신이 불경의 체험 내용인 보리를 구하려고 노력하는 동시에 일체의 타인에게도 그의 진리를 체득시키고자 정진하는 인간이다. 그러므로 보살은 나한과 같은 자리(自利)를 위하여 보리를 구하는 자가 아니고 어디까지든지 이타(利他)를 위하여 활동하는 것이다. 나한이 개인적 자각인 데 대하여 보살은 사회적 자각에 입각한 것이니, 나한은 언제든지 개인 본위이고 개인 중심주의인 데 대하여 보살은 사회 본위이고 사회 중심주의인 것이다.

① 유추   ② 묘사
③ 예시   ④ 대조

 개념 PLUS 서술 방식의 종류

분류		설명
시간성	서사	일정한 시간과 역사의 흐름 예 조선 전기 - 조선 중기 - 조선 후기
	과정	어떤 결과를 가져오게 한 일련의 변화 과정, 단계별 순서 예 김치찌개 끓이는 법
	인과	원인과 결과의 관계에 관심을 두고 전개하는 방법 예 사람들이 산을 개간하자, 비가 오면 흙이 쓸려가 결국 산은 더욱 헐벗게 되어 농사도 짓지 못하게 되었다.
설명	정의	대상의 뜻을 명백히 밝혀 본질적인 속성을 규정함.
	유추	두 대상이 여러 면에서 비슷하다는 것을 근거로 다른 속성도 유사할 것이라고 추론하는 방법 예 외래어를 황소개구리에 비유하여 설명함.
	상술	앞 문장(대개 중심 문장, 일반적 진술)을 뒤 문장에서 이해하기 쉽도록 풀어 서술함. 예 '즉', '곧'
	분석	대상의 전체 구조를 부분적인 구성 요소로 나누어서 설명하는 방식 예 시계는 태엽과 톱니바퀴, 바늘로 이루어져 있다.
	분류	어떤 대상들을 특성(기준)에 근거해서 구분 짓는 방법 예 시계에는 큰 시계(clock)와 휴대용 시계(watch)가 있다.
논증	문제 제기	어떤 사실이나 현상의 문제점을 지적함. 예 현황 및 실태 파악, 즉 어떤 사회 현상이나 관심사의 현재 모습을 보여 줌.
	통념 제시	사람들이 일반적으로 갖는 잘못된 생각들을 지적함. 예 로마는 흔히들 '마지막으로 보아야 하는 도시'라고 합니다. 그러나 나는 당신에게 제일 먼저 로마를 보라고 권하고 싶습니다. 왜냐하면 ~
	반박, 반론	예상되는 반론 제시 예 자신의 주장에 대해 예상되는 반대 의견을 필자가 언급하는 것
	논거 제시	권위자 인용(설득력 높임), 통계 수치 사용(통계 자료나 도표 등을 제시하여 독자로 하여금 객관적 신뢰를 확보함), 문헌 제시(역사적 자료나 사료(史料)를 제시하여 신뢰성을 확보함.

실전 기출 — 서술 방식 파악하기

10
밑줄 친 부분의 주된 설명 방식은?

지문 제재 | 인문
2019 지방직 7급

> ¹[(보살(菩薩, 위로 보리를 구하고 아래로 중생을 제도하는, 대승 불교의 이상적 수행자상)은 자기 자신이 불경의 체험(體驗, 직접 경험함) 내용인 보리(菩提, 불교 최고의 이상인 불타 정각의 지혜)를 구하려고 노력하는 동시에 일체(一切, 모든 것)의 타인에게도 그의 진리를 체득(體得, 몸소 체험하여 알게 됨)시키고자 정진(精進, 힘써 나아감)하는 인간이다.](보살의 정의) ²그러므로, 보살은 [나한과 같은 자리(自利, 수행하여 얻은 공덕을 자신에게만 돌림)를 위하여 보리를 구하는 자가](나한의 특성 ①) 아니고 어디까지든지 [이타(利他, 자기가 얻은 공덕과 이익을 다른 이에게 베풀어 주며 중생을 구제하는 일)를 위하여 활동하는 것](보살의 특성 ①)이다. ³[나한이 개인적 자각(自覺, 부처의 깨달음)인](나한의 특성 ②) 데 대하여 [보살은 사회적 자각에 입각(立脚, 어떤 사실이나 주장 따위에 근거를 두어 그 입장에 섬)한](보살의 특성 ②) 것이니, [나한은 언제든지 개인 본위(本位, 흔히 명사 뒤에 쓰여 판단이나 행동에서 중심이 되는 기준)이고 개인 중심주의인 데](나한의 특성 ③) 대하여 [보살은 사회 본위이고 사회 중심주의인](보살의 특성 ③) 것이다.

① 유추　② 묘사　③ 예시　**④ 대조**

단계별 풀이 비법

풀이 비법 1 발문과 선택지를 확인하라!
글의 주된 설명 방식을 찾는 문제이다. 선택지에 제시된 유추, 묘사, 예시, 대조 등의 설명 방식이 제시문에 있는지 확인하면서 풀어야 한다.

풀이 비법 2 화제어와 중심 내용을 파악하라!
중심 화제 나한과 대비를 통해 본 보살의 특성
중심 내용

1-1	보살의 정의
1-2	보살은 이타(利他)를 위하여 활동하고 나한은 자리(自利)를 위하여 활동함.
1-3	보살은 사회적 자각에 입각하여 사회 본위이고 사회 중심주의이고 나한은 개인적 자각에 입각하여 개인 본위이고 개인 중심주의임.

풀이 비법 3 글의 내용을 바탕으로 서술 방식을 파악하라!
'보살'의 개념을 정의하고 나서 '나한'과의 대비를 통해 보살의 특징을 열거하고 있다.

풀이 비법 4 부합하는 선택지를 찾아라!
① '유추'는 다른 영역에 속하는 두 대상이 여러 면에서 비슷하다는 것을 근거로 다른 속성도 유사할 것이라고 추론하는 방법으로, 생소하고 어려운 개념을 친숙하고 쉬운 개념에 빗대어 설명하는 방식이다. 2018 국가직 9급 시험에서 문학을 건축물에, 인생을 마라톤에 비유하여 설명한 지문이 출제된 바 있다.
② '묘사'는 대상을 말로써 감각적으로 그려 보이는 설명 방식이다. 2017 국회직 8급 시험에서 자명종의 모양을 첫 단락에서 그림 그리듯이 구체적으로 서술하고 있는데, 바로 그 방식이 묘사에 해당한다.
③ '예시'는 어떤 사실이나 현상에 대해 구체적인 예를 들어 보이며 설명하는 방식이다. 2019 서울시 9급 시험에서 유학자들은 자신뿐 아니라 백성들도 올바른 행동을 할 수 있도록 이끌어야 한다는 생각을 원칙으로 삼는다는 내용을 주희와 정약용을 예로 들어 설명한 바 있다.
④ '대조'는 둘 이상의 대상을 서로 맞대어 반대되거나 대비되는 것을 찾는 설명 방식이다. 밑줄 친 부분에서는 보살의 이타적 성격을 강조하기 위해, 자리를 위하여 활동하는 '나한'의 차이점을 대조의 방식으로 설명하고 있다.

정답 ④

지문을 한눈에

보살의 정의	보살	나한
보리를 구하는 동시에 일체의 타인에게도 진리를 체득시키고자 정진하는 인간	· 이타(利他)를 위하여 활동 · 사회적 자각 · 사회 본위이고 사회 중심주의	· 자리(自利)를 위하여 활동 · 개인적 자각 · 개인 본위이고 개인 중심주의

실전 기출 — 서술 방식 파악하기

STUDY 06

학습일:　　월　　일　　풀이 시간: 1분 이내

연습 1 병태 요정과 함께 풀기

다음 글의 주된 설명 방식이 적용된 것으로 가장 적절한 것은?
2018 국가직 9급

> 문학이 구축하는 세계는 실제 생활과 다르다. 즉 실제 생활은 허구의 세계를 구축하는 데 필요한 재료가 되지만 이 재료들이 일단 한 구조의 구성 분자가 되면 그 본래의 재료로서의 성질과 모습은 확연히 달라진다. 건축가가 집을 짓는 것을 떠올려 보자. 건축가는 어떤 완성된 구조를 생각하고 거기에 필요한 재료를 모아서 적절하게 집을 짓게 되는데, 이때 건물이라고 하는 하나의 구조를 완성하게 되면 이 완성된 구조의 구성 분자가 된 재료들은 본래의 재료와 전혀 다른 것이 된다.

① 르네상스 시대의 화가들은 원근법을 사용하여 세상을 향한 창과 같은 사실적인 그림을 그렸다. 현대 회화를 출발시켰다고 평가되는 인상주의자들이 의식적으로 추구한 것도 이러한 사실성이었다.

② 소설을 구성하는 요소는 물론 많지만 그중에서도 인물, 배경, 사건을 들 수 있다. 인물은 사건의 주체, 배경은 인물이 행동을 벌이는 시간과 공간, 분위기 등이고, 사건은 인물이 배경 속에서 벌이는 행동의 세계이다.

③ 목적을 지닌 인생은 의미 있다. 목적 없이 살아가는 사람은 험난한 인생의 노정을 완주하지 못한다. 목적을 갖고 뛰어야 마라톤에서 완주가 가능한 것처럼 우리의 인생에서도 목표를 가지고 꾸준히 노력하는 사람이 성공한다.

④ 신라의 육두품 출신 가운데 학문적으로 출중한 자들이 많았다. 가령, 강수, 설총, 녹진, 최치원 같은 사람들은 육두품 출신이었다. 이들은 신분적 한계 때문에 정계보다는 예술과 학문 분야에 일찌감치 몰두하게 되었다.

연습 2 혼자서 눈으로 계속 연습하기

다음 글의 주된 설명 방식이 적용된 것으로 가장 적절한 것은?
2018 국가직 9급

> 문학이 구축하는 세계는 실제 생활과 다르다. 즉 실제 생활은 허구의 세계를 구축하는 데 필요한 재료가 되지만 이 재료들이 일단 한 구조의 구성 분자가 되면 그 본래의 재료로서의 성질과 모습은 확연히 달라진다. 건축가가 집을 짓는 것을 떠올려 보자. 건축가는 어떤 완성된 구조를 생각하고 거기에 필요한 재료를 모아서 적절하게 집을 짓게 되는데, 이때 건물이라고 하는 하나의 구조를 완성하게 되면 이 완성된 구조의 구성 분자가 된 재료들은 본래의 재료와 전혀 다른 것이 된다.

① 르네상스 시대의 화가들은 원근법을 사용하여 세상을 향한 창과 같은 사실적인 그림을 그렸다. 현대 회화를 출발시켰다고 평가되는 인상주의자들이 의식적으로 추구한 것도 이러한 사실성이었다.

② 소설을 구성하는 요소는 물론 많지만 그중에서도 인물, 배경, 사건을 들 수 있다. 인물은 사건의 주체, 배경은 인물이 행동을 벌이는 시간과 공간, 분위기 등이고, 사건은 인물이 배경 속에서 벌이는 행동의 세계이다.

③ 목적을 지닌 인생은 의미 있다. 목적 없이 살아가는 사람은 험난한 인생의 노정을 완주하지 못한다. 목적을 갖고 뛰어야 마라톤에서 완주가 가능한 것처럼 우리의 인생에서도 목표를 가지고 꾸준히 노력하는 사람이 성공한다.

④ 신라의 육두품 출신 가운데 학문적으로 출중한 자들이 많았다. 가령, 강수, 설총, 녹진, 최치원 같은 사람들은 육두품 출신이었다. 이들은 신분적 한계 때문에 정계보다는 예술과 학문 분야에 일찌감치 몰두하게 되었다.

지문을 한눈에

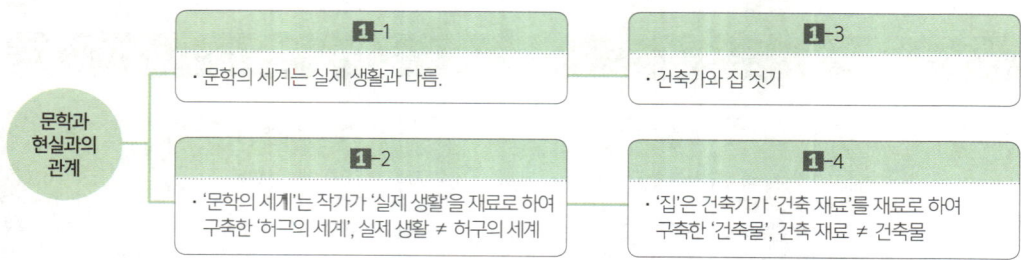

- 문학과 현실과의 관계
  - **1-1** · 문학의 세계는 실제 생활과 다름.
  - **1-2** · '문학의 세계'는 작가가 '실제 생활'을 재료로 하여 구축한 '허구의 세계', 실제 생활 ≠ 허구의 세계
  - **1-3** · 건축가와 집 짓기
  - **1-4** · '집'은 건축가가 '건축 재료'를 재료로 하여 구축한 '건축물', 건축 재료 ≠ 건축물

실전 기출 - 서술 방식 파악하기

11
지문 제재 | 인문

다음 글의 주된 설명 방식이 적용된 것으로 가장 적절한 것은?
2018 국가직 9급

1 ¹[문학이 구축(構築, 체제, 체계 따위의 기초를 닦아 세움)하는 세계는 실제 생활과 다르다(문학의 세계는 허구의 세계임).](중심 문장) ²즉 실제 생활(현실)은 허구의 세계(문학 속 허구 세계)를 구축하는 데 필요한 재료가 되지만 이 재료(실제 생활)들이 일단 한 구조의 구성 분자(문학의 구성 요소)가 되면 그 본래의 재료로서의 성질과 모습은 확연히 달라진다. ³[건축가가 집을 짓는 것을 떠올려 보자.](추상적 개념인 문학을 친숙하고 구체적인 건축과 비교하여 설명하는 유추의 방식을 사용함. 유추는 서로 다른 범주에 속하는 대상 간의 유사성을 비교하는 것) ⁴건축가는 어떤 완성된 구조를 생각하고 거기에 필요한 재료를 모아서 적절하게 집을 짓게 되는데, 이때 건물이라고 하는 하나의 구조를 완성하게 되면 이 완성된 구조의 구성 분자가 된 재료들은 본래의 재료와 전혀 다른 것이 된다.
▶ 문학과 현실과의 관계

① 르네상스 시대의 화가들은 원근법을 사용하여 세상을 향한 창과 같은 사실적(공통점)인 그림을 그렸다. 현대 회화를 출발시켰다고 평가되는 인상주의자들이 의식적으로 추구한 것도 이러한 사실성(공통점)이었다.(→ 비교: 둘 또는 그 이상의 대상들을 견주어 공통점을 중심으로 설명하는 방식)

② 소설을 구성하는 요소는 물론 많지만 그중에서도 인물, 배경, 사건을 들 수 있다. 인물은 사건의 주체, 배경은 인물이 행동을 벌이는 시간과 공간, 분위기 등이고, 사건은 인물이 배경 속에서 벌이는 행동의 세계이다.(→ 분석: 복잡한 구조를 구성하는 요소로 나누어 확실히 밝혀 설명하는 방식)

③ 목적을 지닌 인생은 의미 있다. 목적 없이 살아가는 사람은 험난한 인생의 노정을 완주하지 못한다. 목적을 갖고 뛰어야 마라톤에서 완주가 가능한 것처럼 우리의 인생에서도 목표를 가지고 꾸준히 노력하는 사람이 성공한다.(→ 유추: 생소한 개념이나 복잡한 주제를 보다 친숙하고 단순한 것과 비교하여 설명하는 방식으로, 서로 다른 범주에 속하는 대상 간의 유사성을 비교하는 방식)

④ 신라의 육두품 출신 가운데 학문적으로 출중한 자들이 많았다. 가령, 강수, 설총, 녹진, 최치원 같은 사람들은 육두품 출신이었다. 이들은 신분적 한계 때문에 정계보다는 예술과 학문 분야에 일찍감치 몰두하게 되었다.(→ 예시: 세부적인 예를 제시함으로써 일반적인 원리나 법칙이나 진술을 구체화하는 설명 방식)

단계별 풀이 비법

풀이 비법 1 발문과 선택지를 확인하라!
전형적인 글의 설명 방식을 묻는 문제이다. 적절한 답을 찾는 문제이므로 선택지에 제시된 예시문의 설명 방식도 파악해야 한다.

풀이 비법 2 화제어와 중심 내용을 파악하라!
중심 화제 현실은 문학을 구축하는 데 필수적 재료가 됨.
중심 내용

1-1	문학의 세계와 현실의 세계는 다름.
1-2	현실은 문학을 구축하는 필수 재료임.
1-3	건축을 예로 듦.
1-4	문학과 건축의 유사성 (문학 → 건물, 작가 → 건축가)

풀이 비법 3 글의 구조를 바탕으로 설명 방식을 파악하라!
'문학의 세계'가 '실제 생활'을 재료로 하여 구축된 '허구의 세계'라는 것을 설명하기 위해 그와 유사한 속성을 가진 '집을 짓는 것'에 대한 이야기를 통해 '문학의 세계'에 대한 이해를 돕고 있다.

풀이 비법 4 지문과 선택지를 비교하여 일치 여부를 판단하라!
① 르네상스 시대의 화가들과 인상주의자들이 지닌 공통점(사실성)을 중심으로 설명하는 '비교'의 방식이 사용된 글이다.
② 소설의 구성 요소인 인물, 배경, 사건을 '분석'하여 설명하고 있다.
③ 인생을 마라톤에 '유추'하여 설명하고 있으므로 제시문과 같은 유추의 설명 방식을 사용한 글이다.
④ 육두품 출신 가운데 학문적으로 출중한 강수, 설총, 녹진, 최치원을 '예시'로 들어 설명하고 있다.

정답 ③

시간 절약 깨알 TIP
설명 방식을 직접 묻는 문제는 내용을 다 읽을 필요 없이 화제어를 찾아 동그라미를 치고 분석, 분류, 유추, 비교, 대조, 정의, 묘사의 설명인지 찾으면 됩니다.

유형 03 서술 방식 파악하기 143

실전 기출 — 서술 방식 파악하기

연습 1 병태 요정과 함께 풀기

다음 글의 진술 방식에 대한 설명으로 적절하지 않은 것은?
2017 지방직 7급

> 언어도 인간처럼 생로병사의 과정을 겪는다. 언어가 새로 생겨나기도 하고 사멸 위기에 처하기도 하는 것이다. 〈중략〉하와이어도 사멸 위기를 겪었다. 하와이어의 포식 언어는 영어였다. 1778년 당시 80만 명에 달했던 하와이 원주민은 외부로부터 유입된 감기, 홍역 등의 질병과 정치 문화적 박해로 1900년에는 4만 명까지 감소했다. 당연히 하와이어 사용자도 급감했다. 1898년에 하와이가 미국에 합병되면서부터 인구가 증가하였으나, 하와이어의 위상은 영어 공용어 교육 정책 시행으로 인하여 크게 위축 되었다. 1978년부터 몰입식 공교육을 통한 하와이어 복원이 시도되고 있으나, 하와이어 모국어를 구사할 수 있는 원주민 수는 현재 1,000명 정도에 불과하다. 〈중략〉
> 언어의 사멸은 급속하게 진행된다. 어떤 조사에 따르면 평균 2주에 1개 정도의 언어가 사멸하고 있다. 우비크, 쿠페뇨, 맹크스, 쿤월, 음바바람, 메로에, 컴브리아어 등이 사라진 언어이다. 이러한 상태라면 금세기 말까지 지구에 존재하는 언어 가운데 90%가 사라지게 될 것이라는 추산도 가능하다.

① 통계 수치를 활용하여, 언어 사멸 현상을 설명하고 있다.
② 예상되는 반론을 제기하고, 언어가 사멸된다고 주장하였다.
③ 구체적인 예를 활용하여, 언어 사멸의 위기를 증명하였다.
④ 언어를 생명체에 비유하고, 수많은 언어가 사멸할 수 있다고 주장하였다.

연습 2 혼자서 눈으로 계속 연습하기

다음 글의 진술 방식에 대한 설명으로 적절하지 않은 것은?
2017 지방직 7급

> 언어도 인간처럼 생로병사의 과정을 겪는다. 언어가 새로 생겨나기도 하고 사멸 위기에 처하기도 하는 것이다. 〈중략〉하와이어도 사멸 위기를 겪었다. 하와이어의 포식 언어는 영어였다. 1778년 당시 80만 명에 달했던 하와이 원주민은 외부로부터 유입된 감기, 홍역 등의 질병과 정치 문화적 박해로 1900년에는 4만 명까지 감소했다. 당연히 하와이어 사용자도 급감했다. 1898년에 하와이가 미국에 합병되면서부터 인구가 증가하였으나, 하와이어의 위상은 영어 공용어 교육 정책 시행으로 인하여 크게 위축 되었다. 1978년부터 몰입식 공교육을 통한 하와이어 복원이 시도되고 있으나, 하와이어 모국어를 구사할 수 있는 원주민 수는 현재 1,000명 정도에 불과하다. 〈중략〉
> 언어의 사멸은 급속하게 진행된다. 어떤 조사에 따르면 평균 2주에 1개 정도의 언어가 사멸하고 있다. 우비크, 쿠페뇨, 맹크스, 쿤월, 음바바람, 메로에, 컴브리아어 등이 사라진 언어이다. 이러한 상태라면 금세기 말까지 지구에 존재하는 언어 가운데 90%가 사라지게 될 것이라는 추산도 가능하다.

① 통계 수치를 활용하여, 언어 사멸 현상을 설명하고 있다.
② 예상되는 반론을 제기하고, 언어가 사멸된다고 주장하였다.
③ 구체적인 예를 활용하여, 언어 사멸의 위기를 증명하였다.
④ 언어를 생명체에 비유하고, 수많은 언어가 사멸할 수 있다고 주장하였다.

지문을 한눈에

화제 제시 및 사례	문제 제기
언어의 사멸 현상	소수 언어의 사멸 위기와 전망

실전 기출 — 서술 방식 파악하기

STUDY 06

12
다음 글의 진술 방식에 대한 설명으로 적절하지 않은 것은?   2017 지방직 7급

지문 제재 | 인문

> **1** ¹[언어도 인간처럼 생로병사(生老病死, 사람이 나고 늙고 병들고 죽음)의 과정을 겪는다.](일반적 진술, 언어의 역사성, 비유) ²[언어가 새로 생겨나기도 하고 사멸 위기에 처하기도 하는 것이다.](상술) 〈중략〉 ³[하와이어도 사멸 위기를 겪었다.](구체적 진술) ⁴[하와이어의 포식 언어는 영어였다.](영어 공용화 정책으로 하와이어 사용자 사라짐) ⁵[1778년 당시 80만 명에 달했던 하와이 원주민은 외부로부터 유입된 감기, 홍역 등의 질병과 정치 문화적 박해로 1900년에는 4만 명까지 감소했다.](통계 수치를 활용하여 하와이 원주민이 감소하는 현상 제시 – 원인) ⁶[당연히 하와이어 사용자도 급감했다.](하와이어 사용자 감소 – 결과) ⁷1898년에 하와이가 미국에 합병되면서부터 인구가 증가하였으나, 하와이어의 위상은 [영어 공용어 교육 정책 시행으로 인하여 크게 위축되었다](하와이어 소멸의 근본 원인). ⁸[1978년부터 몰입식 공교육을 통한 하와이어 복원이 시도되고 있으나, 하와이어 모국어를 구사할 수 있는 원주민 수는 현재 1,000명 정도에 불과하다.](사후약방문, 소 잃고 외양간 고친다) 〈중략〉 ▶ 언어의 사멸 현상 – 하와이어를 구사하는 원주민의 수가 감소함
>
> **2** ¹언어의 사멸은 급속하게 진행된다. ²[어떤 조사에 따르면 평균 2주에 1개 정도의 언어가 사멸하고 있다.](소수 언어 소멸의 심각성) ³우비크, 쿠페뇨, 맹크스, 쿤윌, 음바바람, 메로에, 컴브리아어 등이 사라진 언어이다. ⁴[이러한 상태라면 금세기 말까지 지구에 존재하는 언어 가운데 90%가 사라지게 될 것이라는 추산도 가능하다.](소수 언어의 소멸 위기) ▶ 소수 언어의 사멸 위기와 전망

① 통계 수치를 활용하여, 언어 사멸 현상을 설명하고 있다. (근거 **1**-5, 7 **2**-2, 4)
❷ 예상되는 반론을 제기(×)하고, 언어가 사멸된다고 주장하였다. (근거 **2**-4)
③ 구체적인 예를 활용하여, 언어 사멸의 위기를 증명하였다. (근거 **1**-3, 8 **2**-3)
④ 언어를 생명체에 비유하고, 수많은 언어가 사멸할 수 있다고 주장하였다. (근거 **1**-1, 2 **2**-4)

단계별 풀이 비법

풀이 비법 1 발문과 선택지를 확인하라!
적절하지 않은 진술 방식을 찾는 문제이므로 선택지에 있는 통계 수치, 반론, 예시, 비유 등이 제시문에 사용됐는지 확인하면서 제시문을 분석해야 한다.

풀이 비법 2 화제어와 중심 내용을 파악하라!
중심 화제 소수 언어의 소멸 위기
중심 내용

1	하와이어를 구사하는 원주민의 수가 감소함.
2	소수 언어의 위기와 전망

풀이 비법 3 글의 구조를 바탕으로 설명 방식을 파악하라!
언어를 생명체에 비유하고, 수많은 언어가 사멸할 수 있다고 '하와이어'의 사례를 활용하여 주장하고 있는 글이다.

풀이 비법 4 지문과 선택지를 비교하여 일치 여부를 판단하라!
① '하와이어'를 구사하는 원주민의 수와, 미래에 사라질 언어의 비중을 통계 수치로 제시하며 언어 사멸 현상을 설명하고 있다.
② '하와이어'를 예로 들어 '언어의 사멸 가능성'을 주장하고 있으나, 필자의 주장에 대해 예상되는 반론을 제기한 부분은 찾을 수 없다.
③ '하와이어'라는 구체적인 예를 활용하여, 언어 사멸의 위기를 증명하였다.
④ 생명체인 인간과 마찬가지로 언어도 생로병사의 과정을 겪는다고 말하며 사멸 위기에 처할 수 있다고 주장하였다.   정답 ②

시간 절약 깨알 TIP
적절하지 않은 설명 방식을 찾는 문제는 선택지의 핵심어를 기준으로 역으로 찾아내는 방법이 편할 수 있습니다. '통계 수치'라는 말이 나오면 숫자(%)가 나오는지 확인하고 '구체적인 예'가 나오면 구체적인 지명이나 이름이 나오는지 확인합니다. '비유'는 '같은, 처럼' 등 빗대어 설명하는 단어가 쓰였는지 확인하면 됩니다. '예상되는 반론'은 '그러나, 하지만, 그런데' 등의 표지어가 쓰이므로 문장을 연결하는 접속 부사에 세모 기호를 표시하면서 찾아보는 것이 팁입니다.

유형 04 논리적 흐름 파악하기

병태 요정이 알려주는 유형 GUIDE

글의 구조를 파악하거나 단락을 배열하는 문제를 잘 풀기 위해서는 글의 흐름을 정확하게 파악해야 합니다. 그렇다면 글의 흐름을 정확하게 파악하는 방법은 무엇일까요? 그것은 문장과 문장을 연결해 주는 연결 고리를 찾는 것입니다. 그 연결 고리는 바로 '반복적으로 나오는 어휘'와 '접속 어휘'지요. '반복적으로 나오는 어휘'를 통해 글의 핵심어를 찾을 수 있습니다. '접속 어휘'는 논리적 관계를 표시하는 도구이다 보니, 글의 논리적 구조를 분석할 때도 매우 유용하게 쓰입니다.

풀이 비법 1 문두나 선택지를 먼저 확인합니다.

- 다음 글의 전개 순서로 가장 자연스러운 것은? [22 지방 9급]
- 다음 문장이 들어가기에 가장 적절한 곳을 ㉠~㉣에서 고르면? [22 국가 9급]
- ㉠~㉤의 전개 순서로 가장 자연스러운 것은? [21 국가 9급]
- 다음 글의 전개 순서로 가장 자연스러운 것은? [20 국가 7급]
- ㉠~㉣의 전개 순서로 가장 자연스러운 것은? [20 지방 7급]
- 다음 글에서 〈보기〉가 들어가기에 가장 적절한 곳은? [19 국가 9급]
- 다음 글의 전개 순서로 가장 자연스러운 것은? [18 지방 9급]
- 글의 완결성을 고려할 때 〈보기〉에 이어질 (가)~(다)의 순서로 가장 자연스러운 것은? [18 교행 7급]
- 다음 내용을 논리적 순서에 맞게 나열한 것은? [18 국회 9급]
- 다음 (가)~(마)의 글을 논리적 순서에 맞게 나열한 것은? [18 국회 9급]
- 다음 글의 논리적 전개 순서로 가장 적절한 것은? [18 기상 9급]
- 내용의 전개에 따라 바르게 배열한 것은? [17 국가 9급]
- 〈보기〉가 들어갈 가장 적절한 위치는? [17 국가 7급]
- 문맥에 따른 배열로 가장 적절한 것은? [17 지방 9급 추가]
- 다음 문장들을 두괄식 문단으로 구성하고자 할 때, 문맥상 가장 먼저 와야 할 문장은? [17 서울 9급]
- 윗글의 구조로 가장 적절한 것은? [17 교행 9급]
- 다음 글의 전개 순서로 가장 자연스러운 것은? [17 국회 9급]
- 다음 내용을 논리적 순서에 맞게 배열한 것은? [17 국회 8급]
- 다음 (가)~(마)를 문맥에 맞게 배열한 것은? [17 기상 7급]

화제어와 접속어 기호

기호	설명
→	원인과 결과, 근거와 판단의 흐름일 때 사용합니다. 예) 그래서, 따라서, ~므로, 때문에, 왜냐하면, ~을 통해
△	내용의 방향이 바뀔 때, 앞 내용과 상반된 내용이 나올 때 사용합니다. 예) 그러나, 하지만, 그런데, 한편, 반면에
○	핵심어나 화제어에 표시합니다.
◇, □	핵심어와 비교되는 화제어에 표시합니다.
+, =	병렬 또는 대등한 내용일 때 사용합니다. 예) 다시 말해, 즉
↓	결론 부분에 표시합니다.

풀이 비법 2 반복적으로 나오는 어휘를 통해 화제어와 지시어 또는 접속어를 찾습니다.

글의 화제를 파악하기 위해서는 먼저 반복적으로 나오는 어휘를 찾아 동그라미로 표시하고, 그와 관련된 핵심 내용을 파악해야 합니다.

1 제시문에서 반복적으로 나오는 어휘가 '화제어'입니다. 화제어를 중심으로 단락에서 어떻게 서술하고 있는지 주목해야 합니다. 화제어를 서술한 내용이 핵심어일 경우가 높습니다.

2 단락에서 그 핵심적 내용은 단락의 처음과 끝, 또는 접속어 뒤에 나옵니다. 단락의 처음과 끝에 주의하고 접속 표현 등을 통해 개념 간 관계를 파악해야 합니다.

병태 요정의 ADVICE

글의 흐름 파악하는 방법

1 각 문단의 중심 내용을 찾아 펜으로 밑줄을 그어요.

2 표지어와 접속 표현을 찾아 기호로 표시해요.

3 글의 흐름에 맞게 단락 순서를 배열해요.

3 글을 정확하게 읽으려면 눈으로 읽기보다는 중요 문장에는 밑줄이나 기호를 표시해야 합니다. 그래야 글을 볼 때 글의 구조를 명확하게 파악할 수 있습니다.

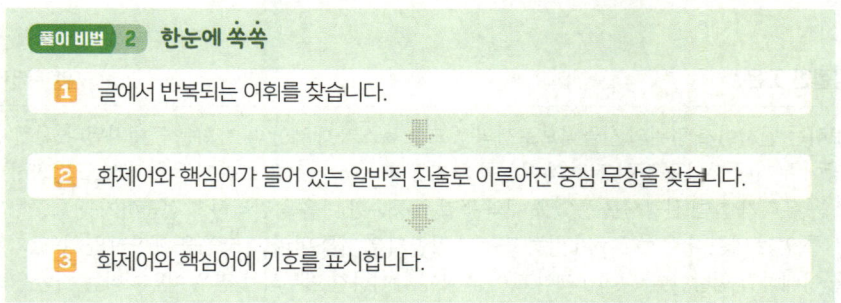

풀이 비법 2 한눈에 쏙쏙
1 글에서 반복되는 어휘를 찾습니다.
2 화제어와 핵심어가 들어 있는 일반적 진술로 이루어진 중심 문장을 찾습니다.
3 화제어와 핵심어에 기호를 표시합니다.

풀이 비법 3 　논리적 흐름에 맞게 단락을 나열합니다.

단락 전개는 일반적 추상적 문장을 먼저 제시한 뒤 구체적이고 상술적인 내용을 제시하는 경우가 많습니다. 그리고 각 단락이 모두 추상적 문장으로 이루어져 있다면 단락별로 도입 단락인지 심화 발전 문장인지 구별하는 연습을 해야 합니다.

1 단락별 중심 내용들을 바탕으로 도입, 전제, 주지, 상술, 부연, 예시, 심화, 발전 등 각 단락의 성격을 구분합니다.
2 단락의 성격을 파악한 후 단락 간의 관계를 살펴봅니다. 도입 단락이 첫 단락에 온 다음 전제나 주지 단락이 오고 부연, 심화, 발전, 결론 단락 순으로 나열됩니다.
3 논리적 흐름은 질문 – 답변, 문제 – 해결, 근거 – 판단, 문제 제기 – 해결 방안, 원인 – 결과, 전제 – 결론, 개념 정의 – 사례, 구성 요소 분석 – 속성 나열, 현상 – 변화 과정 순으로 구성됩니다.

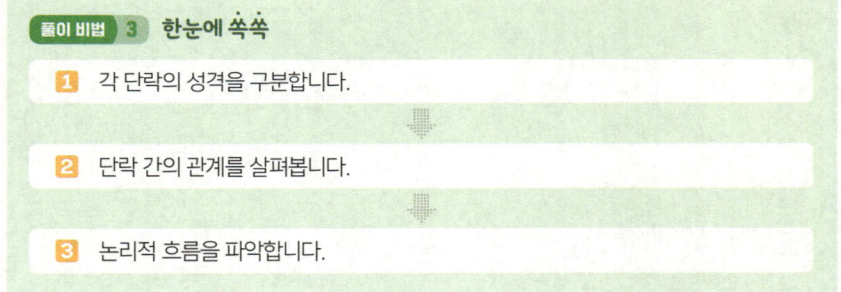

풀이 비법 3 한눈에 쏙쏙
1 각 단락의 성격을 구분합니다.
2 단락 간의 관계를 살펴봅니다.
3 논리적 흐름을 파악합니다.

단락의 성격

도입	호제를 유도하며 독자의 관심을 끄는 문단으로, 글 첫머리에 오는 문단입니다.
전제	중심 내용 전개에 선행되는 조건을 제시한 문단입니다.
주지	중심 내용을 제시한 문단으로 설명문에서는 주된 설명 내용이, 논설문에서는 글쓴이의 주장이 제시됩니다.
근거	주장에 대한 이유를 제시한 문단입니다.
상술	앞에서 나온 중심 내용을 상세하게 풀어 서술한 문단입니다.
부연	앞에서 서술한 내용을, 보충 내용을 덧붙여 다시 한번 설명한 문단입니다.
발전	앞문단의 내용을 심화시켜 주제의 형상화에 이바지하는 문단입니다.
예시	중심 내용에 대한 구체적인 예를 들어 보여 주는 문단입니다.

대표 기출 — 논리적 흐름 파악하기

다음 글에서 〈보기〉가 들어가기에 가장 적절한 곳은?

2019 국가직 9급

철학자 헤겔이 주장했듯이, 삶을 인도하는 원천이자 권위의 시금석으로서의 종교를 뉴스가 대체할 때 사회는 근대화된다. 선진 경제에서 뉴스는 이제 최소한 예전에 신앙이 누리던 것과 동등한 권력의 지위를 차지한다. 뉴스 타전은 소름이 돋을 정도로 정확하게 교회의 시간 규범을 따른다. (㉠) 뉴스는 우리가 한때 신앙심을 품었을 때와 똑같은 공손한 마음을 간직하고 접근하기를 요구하기도 한다. (㉡) 우리 역시 뉴스에서 계시를 얻기 바란다. (㉢) 누가 착하고 누가 악한지 알기를 바라고, 고통을 헤아려 볼 수 있기를 바라며, 존재의 이치가 펼쳐지는 광경을 이해하길 희망한다. (㉣) 그리고 이 의식에 참여하길 거부하는 경우 이단이라는 비난을 받기도 한다.

― 보기 ―
아침기도는 간략한 아침 뉴스로, 저녁기도는 저녁 종합 뉴스로 바뀌었다.

① ㉠　　　② ㉡　　　③ ㉢　　　④ ㉣

지문을 한눈에

(1)	(2), (3) 보기	(4)~(7)
뉴스가 삶의 시금석으로서 종교를 대체할 때 사회는 근대화 됨.	뉴스의 위상과 뉴스 보도 시간	종교의 지위를 누리는 뉴스

대표 기출 — 논리적 흐름 파악하기

다음 글에서 〈보기〉가 들어가기에 가장 적절한 곳은?

지문 제재 | 사회
2019 국가직 9급

■ ¹[철학자 헤겔이 주장했듯이](권위자의 견해를 인용하여 독자의 주의를 환기시킴), 삶을 인도하는 원천(源泉, 사물의 근원)이자 권위의 시금석(試金石, 가치, 능력, 역량 따위를 알아볼 수 있는 기준이 되는 기회나 사물을 비유적으로 이르는 말)으로서의 종교를 뉴스가 대체(代替, 다른 것으로 대신함)할 때 사회는 근대화된다. ²[선진 경제에서 뉴스는 이제 최소한 예전에 신앙이 누리던 것과 동등한 권력의 지위를 차지한다.](현대 사회에서 뉴스의 위상) ³뉴스 타전(打電, 전보나 무전을 침)은 소름이 돋을 정도로 정확하게 교회의 시간 규범(規範, 따르고 지켜야 할 가치 판단의 기준)을 따른다. (㉠) ⁴[뉴스는 우리가 한때 신앙심을 품었을 때와 똑같은 공손한 마음을 간직하고 접근하기를 요구하기도 한다.](신의 작동 원리가 보이지 않아 의문을 제기할 수 없는 것처럼, 사람들로 하여금 뉴스에 의문을 제기할 수 없게 함) (㉡) ⁵[우리 역시 뉴스에서 계시를 얻기 바란다.](뉴스에 대한 우리의 기대와 맹신) (㉢) ⁶누가 착하고 누가 악한지 알기를 바라고, 고통을 헤아려 볼 수 있기를 바라며, 존재의 이치가 펼쳐지는 광경을 이해하길 희망한다. (㉣) ⁷그리고 [이 의식에 참여하길 거부하는 경우 이단이라는 비난을 받기도 한다.](뉴스가 공동체를 유지하기 위한 작동 원리로 작용함)
▶ 뉴스를 읽는 방법

― 보기 ―
아침기도는 간략한 아침 뉴스로, 저녁기도는 저녁 종합 뉴스로 바뀌었다.

❶ ㉠   ② ㉡ ③ ㉢ ④ ㉣

단계별 풀이 비법

풀이 비법 1 발문과 선택지를 확인하라!

'아침기도는 간략한 아침 뉴스로, 저녁기도는 저녁 종합 뉴스로 바뀌었다.'라는 〈보기〉의 문장은 '뉴스 타전은 소름이 돋을 정도로 정확하게 교회의 시간 규범에 따른다.'란 지문의 문장을 상술하고 있다.

풀이 비법 2 반복적으로 나오는 어휘를 통해 화제어와 지시어 또는 접속어를 찾아라!

화제어 뉴스 읽는 법
중심 내용 뉴스를 읽는 바른 자세

보기	아침기도는 아침 뉴스로 저녁 기도는 저녁 종합 뉴스로 바뀜.
■-1	뉴스가 삶의 시금석으로서 종교를 대체할 때 사회는 근대화 된다고 함.
■-2	선진 경제에서 종교와 동등한 지위를 누리는 뉴스
■-3	교회의 시간 규범을 따르는 뉴스 타전 시간
■-4	언론은 경건한 신앙심을 지닌 것과 같은 마음가짐으로 뉴스에 접근하기를 요구함.
■-5-6	뉴스에서 계시를 얻기 바람.
■-7	뉴스를 이해하고 받아들이는 의식에 참여하길 바람.

풀이 비법 3 논리적 흐름에 맞게 단락을 나열하라!

'아침기도는 간략한 아침 뉴스로, 저녁기도는 저녁 종합뉴스로 바뀌었다.'라는 〈보기〉의 문장은 '뉴스 타전은 소름이 돋을 정도로 정확하게 교회의 시간 규범에 따른다.'라는 문장을 상술하고 있으므로 ㉠에 들어가는 것이 적절하다. 또한 〈보기〉에서 '아침기도'와 '저녁기도'는 '뉴스'로 바뀌었다는 내용이 나오므로, 〈보기〉 뒤에 '뉴스는 우리가 신앙심을 품었을 때와 똑같은 공손한 마음을'이 이어지는 것도 적절하다.
정답 ①

 개념 PLUS 지문 제재에 따른 전개 방식

인문 사회 언어	• 문제 → 원인 분석 → 해결 방안 → 전망 • 자문자답 → 해결 방안 제시 • 통념 → 비판·반박·의문 제기 • 주장 → 앞 주장과 반대되는 결론(주장) → 이유 제시
과학 기술 예술 언어	• 정의 → 문제점 → 한계나 비판 제시 → 보완 제시 • 소개(이론, 개념, 의견, 원리) → 비판 → 대안 제시 • 이론 소개 → 상반 이론 → 이론 선택 → 지지나 비판

 시간 절약 꿀팁 TIP

〈보기〉의 주제와 관련된 문장을 찾으면 바로 답을 찾을 수 있습니다. 제시된 문제를 예로 들면, 〈보기〉는 아침기도는 아침 뉴스로, 저녁기도는 저녁 뉴스로 바뀌었다는 내용입니다. 이 문장과 관련 있는 기도와 뉴스가 관련된 어휘가 있는 문장은 (3)과 (4)이므로 ㉠이 가장 적절합니다.

실전 기출 - 논리적 흐름 파악하기

학습일: 월   일   풀이 시간: 1분 이내

연습 1 병태 요정과 함께 풀기

(가)~(다)를 맥락에 따라 가장 자연스럽게 배열한 것은?
2023 지방직 9급

> 독서는 아이들의 전반적인 뇌 발달에 큰 영향을 미친다.
>
> (가) 그에 따르면 뇌의 전두엽은 상상력을 관장하는데, 책을 읽으면 상상력이 자극되어 전두엽을 많이 사용하게 된다.
> (나) A 교수는 책을 읽을 때와 읽지 않을 때의 뇌 변화를 연구해서 세계적인 명성을 얻었다.
> (다) 이처럼 책을 많이 읽으면 전두엽이 훈련되어 전반적인 뇌 발달의 가능성이 높아지는데, 그 결과는 교육 현장에서 실증된 바 있다.
>
> 독서를 많이 한 아이는 학교에서 더 좋은 성적을 낼 뿐 아니라 언어 능력도 발달한다는 사실이 밝혀진 것이다.

① (나) - (가) - (다) ② (나) - (다) - (가)
③ (다) - (가) - (나) ④ (다) - (나) - (가)

연습 2 혼자서 눈으로 계속 연습하기

(가)~(다)를 맥락에 따라 가장 자연스럽게 배열한 것은?
2023 지방직 9급

> 독서는 아이들의 전반적인 뇌 발달에 큰 영향을 미친다.
>
> (가) 그에 따르면 뇌의 전두엽은 상상력을 관장하는데, 책을 읽으면 상상력이 자극되어 전두엽을 많이 사용하게 된다.
> (나) A 교수는 책을 읽을 때와 읽지 않을 때의 뇌 변화를 연구해서 세계적인 명성을 얻었다.
> (다) 이처럼 책을 많이 읽으면 전두엽이 훈련되어 전반적인 뇌 발달의 가능성이 높아지는데, 그 결과는 교육 현장에서 실증된 바 있다.
>
> 독서를 많이 한 아이는 학교에서 더 좋은 성적을 낼 뿐 아니라 언어 능력도 발달한다는 사실이 밝혀진 것이다.

① (나) - (가) - (다) ② (나) - (다) - (가)
③ (다) - (가) - (나) ④ (다) - (나) - (가)

지문을 한눈에

- 독서를 통한 뇌 발달
  - 독서의 효과: 상상력 자극 → 전두엽 훈련 → 뇌 발달
  - 사례: 성적이 좋아지고 언어 능력이 발달함.

01

(가)~(다)를 맥락에 따라 가장 자연스럽게 배열한 것은? 2023 지방직 9급

지문 제재 | 인문

¹[독서는 아이들의 전반적인 뇌(腦, 근육의 운동을 조절하고 감각을 인식하며, 말하고 기억하며 생각하고 감정을 일으키는 중추가 있다.) 발달에 큰 영향(影響, 어떤 사물의 효과나 작용이 다른 것에 미치는 일)을 미친다.](중심 화제 제시)

(가) 그에 따르면 뇌의 전두엽(前頭葉, 대뇌 반구의 앞부분. 운동 중추와 운동 언어 중추가 있고 사고, 판단과 같은 고도의 정신 작용이 이루어지는 곳)은 상상력을 관장(管掌, 일을 맡아서 주관함)하는데, 책을 읽으면 상상력이 자극되어 전두엽을 많이 사용하게 된다.

(나) A 교수는 책을 읽을 때와 읽지 않을 때(독서 여부)의 뇌 변화(變化, 사물의 성질, 모양, 상태 따위가 바뀌어 달라짐)를 연구해서 세계적인 명성(名聲, 세상에 널리 퍼져 평판 높은 이름)을 얻었다.

(다) 이처럼 책을 많이 읽으면 전두엽이 훈련(訓鍊/訓練, 가르쳐서 익히게 함)되어 전반적인 뇌 발달의 가능성이 높아지는데, 그 결과는 교육 현장에서 실증(實證, 실제로 증명함)된 바 있다.

²[독서를 많이 한 아이는 학교에서 더 좋은 성적을 낼 뿐 아니라 언어 능력도 발달한다는 사실이 밝혀진 것이다.](실증 사례 제시)

❶ (나) - (가) - (다)　　② (나) - (다) - (가)
③ (다) - (가) - (나)　　④ (다) - (나) - (가)

단계별 풀이 비법

풀이 비법 1 발문과 선택지를 확인하라!
'글의 전개 순서'의 적절성을 묻고 있으므로 문장이나 문단의 논리적 배열에 대한 유형임을 알 수 있다.

풀이 비법 2 제시된 글에서 화제어와 지시어, 접속어내용을 연결하는 키워드를 찾아라!

중심 화제 독서를 통한 아이들의 뇌 발달
중심 내용 독서는 아이들의 뇌 발달에 영향을 미쳐 아이의 학교 성적도 좋게 하고 언어 능력도 발달하게 한다.

1	독서는 아이들의 뇌 발달에 큰 영향을 미친다.
(가)	독서는 전두엽을 많이 사용하게 한다.
(나)	A 교수는 독서 활동 여부에 따른 뇌 변화 연구함.
(다)	독서를 하면 뇌 발달의 가능성이 높아진다.
2	독서를 많이 한 아이는 학교 성적도 좋고 언어 능력도 발달한다.

풀이 비법 3 선택지를 보고 처음에 위치하는 것을 파악하라!
(가)의 '그에 따르면'에서 '그'는 (나)의 'A 교수'이므로 (나) 뒤에 (가)가 와야 한다. (다)의 '그 결과는 교육 현장에서 실증된 바 있다'는 내용은 끝 문장 2에 상술돼 있으므로 (다)는 (가) 뒤에 와야 한다.

풀이 비법 4 논리적 흐름에 맞게 단락을 나열하라!
(가)의 '그에 따르면'에서 (가) 앞에 '그'를 지시하는 내용을 담은 문장이 나와야 한다. (나)에서 'A교수'는 독서 활동 여부에 따른 뇌 변화 연구로 명성을 얻었다. 따라서 '그'는 (나)의 'A 교수'이므로 (나) 뒤에 (가)가 와야 한다. (다)의 '이처럼 책을 많이 읽으면 전두엽이 훈련'된다는 내용은 (가)의 끝 부분과 연결된다. 또한 (다)의 '그 결과는 교육 현장에서 실증된 바 있다'는 내용은 끝 문장에서 실증 사례를 상술하고 있으므로 (다)는 (가) 뒤에 와야 한다. 따라서 (나) - (가) - (다) 순이 맥락에 맞는다

정답 ①

실전 기출 — 논리적 흐름 파악하기

학습일: 월   일   풀이 시간: 1분 이내

연습 1 병태 요정과 함께 풀기

다음 글의 전개 순서로 가장 자연스러운 것은? 2022 지방직 7급

(가) 젊은이들 가운데 약삭빠르고 방탕하여 어딘가에 얽매이는 것을 싫어하는 자들이 이 말을 듣고 제 세상 만난 듯 기뻐하여 앉고 서고 움직이는 예절을 마음에 내키는 대로 한다.
(나) 성인께서도 사람을 가르치실 때 먼저 겉모습부터 단정히 해야만 바야흐로 자신의 마음을 안정시킬 수 있다고 하시었다. 세상에 비스듬히 눕고 기대서서 멋대로 말하고 멋대로 보면서 주경존심*(主敬存心) 할 수 있는 사람은 없다.
(다) 근래 어떤 자가 반관(反觀)*으로 이름을 떨쳐 겉모습을 단정하게 꾸미는 것을 가식이요, 허위라고 한다.
(라) 나도 예전에 이 병에 깊이 걸렸던 터라 늙어서까지 예절을 익히지 못했으니 비록 후회해도 고치기가 어렵다.
(마) 지난번 너를 보니 옷깃을 가지런히 하여 똑바로 앉는 것을 즐기지 않아 장중하고 엄숙한 기색을 조금도 볼 수 없었는데, 이는 내 병통이 한 바퀴 돌아 네가 된 것이다.

— 정약용, 〈두 아들에게 부침〉

* 주경존심(主敬存心): 공경하는 마음을 간직함.
* 반관(反觀): 남들이 하는 대로 보지 않고 거꾸로 보거나 반대로 생각하는 것

① 가-나-다-라-마
② 나-라-마-다-가
③ 다-가-라-마-나
④ 마-라-가-나-다

연습 2 혼자서 눈으로 계속 연습하기

다음 글의 전개 순서로 가장 자연스러운 것은? 2022 지방직 7급

(가) 젊은이들 가운데 약삭빠르고 방탕하여 어딘가에 얽매이는 것을 싫어하는 자들이 이 말을 듣고 제 세상 만난 듯 기뻐하여 앉고 서고 움직이는 예절을 마음에 내키는 대로 한다.
(나) 성인께서도 사람을 가르치실 때 먼저 겉모습부터 단정히 해야만 바야흐로 자신의 마음을 안정시킬 수 있다고 하시었다. 세상에 비스듬히 눕고 기대서서 멋대로 말하고 멋대로 보면서 주경존심*(主敬存心) 할 수 있는 사람은 없다.
(다) 근래 어떤 자가 반관(反觀)*으로 이름을 떨쳐 겉모습을 단정하게 꾸미는 것을 가식이요, 허위라고 한다.
(라) 나도 예전에 이 병에 깊이 걸렸던 터라 늙어서까지 예절을 익히지 못했으니 비록 후회해도 고치기가 어렵다.
(마) 지난번 너를 보니 옷깃을 가지런히 하여 똑바로 앉는 것을 즐기지 않아 장중하고 엄숙한 기색을 조금도 볼 수 없었는데, 이는 내 병통이 한 바퀴 돌아 네가 된 것이다.

— 정약용, 〈두 아들에게 부침〉

* 주경존심(主敬存心): 공경하는 마음을 간직함.
* 반관(反觀): 남들이 하는 대로 보지 않고 거꾸로 보거나 반대로 생각하는 것

① 가-나-다-라-마
② 나-라-마-다-가
③ 다-가-라-마-나
④ 마-라-가-나-다

지문을 한눈에

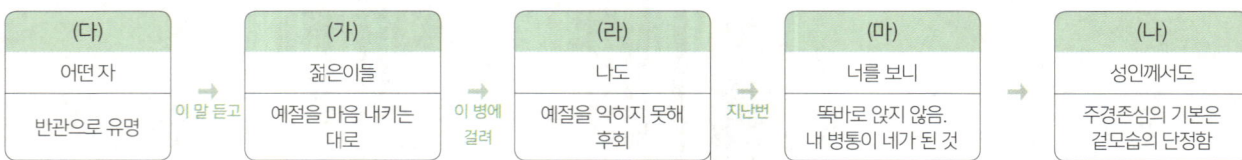

실전 기출 — 논리적 흐름 파악하기

02

다음 글의 전개 순서로 가장 자연스러운 것은?

지문 제재 | 수필
2022 지방직 7급

(가) ¹젊은이들 가운데 약삭빠르고 방탕(放蕩, 주색잡기에 빠져 행실이 좋지 못함. 마음이 들떠 갈피를 잡을 수 없음)하여 어딘가에 얽매이는 것을 싫어하는 자들이 이 말을 듣고 제 세상 만난 듯 기뻐하여 【앉고 서고 움직이는】(겉모습) 예절(禮節, 예의에 관한 모든 절차나 질서)을 마음 내키는 대로 한다.
▶ 젊은이들은 예절을 마음 내키는 대로 함

(나) ¹성인(聖人, 지혜와 덕이 매우 뛰어나 길이 우러러 본받을 만한 사람)께서도 사람을 가르치실 때 먼저 겉모습부터 단정히 해야만 바야흐로 자신의 마음을 안정시킬 수 있다고 하시었다. ²세상에 비스듬히 눕고 기대서서 멋대로 말하고 멋대로 보면서 주경존심(主敬存心)* 할 수 있는 사람은 없다.
▶ 겉모습을 단정히 해야 마음을 안정시킬 수 있음

(다) ¹근래 어떤 자가 【반관(反觀)*으로 이름을 떨쳐 겉모습을 단정하게 꾸미는 것】을 가식(假飾, 말이나 행동 따위를 거짓으로 꾸밈)이요, 허위(虛僞, 진실이 아닌 것을 진실인 것처럼 꾸민 것)라고 한다.】(반관인 자의 말)
▶ 근래 어떤 자가 겉모습을 단정히 하는 것을 가식과 허위라고 함

(라) ¹나도 예전에 이 병에 깊이 걸렸던 터라 늙어서까지 예절을 익히지 못했으니 비록 후회(後悔, 이전의 잘못을 깨치고 뉘우침)해도 고치기가 어렵다.
▶ 나도 예전에 '이 병'에 걸려 예절을 익히지 못함

(마) ¹【지난번 너를 보니 옷깃을 가지런히 하여 똑바로 앉는 것을 즐기지 않아 장중(莊重, 장엄하고 무게가 있음)하고 엄숙(嚴肅, 분위기나 의식 따위가 장엄하고 정숙함)한 기색(氣色, 마음의 작용으로 얼굴에 드러나는 빛)을 조금도 볼 수 없었는데,】(장중하고 엄숙하지 못함) 이는 내 병통(病痛, 깊이 뿌리박힌 잘못이나 결점)이 한 바퀴 돌아 네가 된 것이다.
▶ 장중하고 엄숙하지 못한 너의 기색은 내 병통이 네가 된 것임

— 정약용, 〈두 아들에게 부침〉

* 주경존심(主敬存心): 공경하는 마음을 간직함.
* 반관(反觀): 남들이 하는 대로 보지 않고 거꾸로 보거나 반대로 생각하는 것

① 가(×) - 나 - 다 - 라 - 마 (근거 '이 말을')
② 나 - 라 - 마 - 다 - 가(×)
③ 다 - 가 - 라 - 마 - 나
④ 마 - 라 - 가 - 나 - 다(×)

단계별 풀이 비법

풀이 비법 1 발문과 선택지를 확인하라!

'글의 전개 순서'의 적절성을 묻고 있으므로 문장이나 문단의 논리적 배열에 대한 유형임을 알 수 있다.

풀이 비법 2 제시된 글에서 화제어와 지시어, 접속어 내용을 연결하는 키워드를 찾아라!

중심 화제 겉모습의 단정함
중심 내용 이 글은 정약용이 두 아들에게 요새 젊은이들이 예절을 지키지 않는 것을 개탄하며 성인의 가르침을 전달하는 내용을 담고 있다.

풀이 비법 3 선택지를 보고 처음에 위치하는 것을 파악하라!

먼저 두괄식인지 미괄식인지 생각해 본다. (가)는 '이 말을'이라는 말 때문에 첫 문장이 될 수 없고 (나)는 주지 단락이고 (다)는 독자의 관심을 유발하는 문장으로 도입 문장의 성격이 있다. 글의 전개 과정을 보면, 젊은이를 현혹하는 반관으로 이름을 떨치는 자가 있음 → 그 말에 현혹되어 예절을 지키지 않는 젊은이들이 있음 → 본인도 그런 병에 걸린 적이 있음 → 지난 번 아들을 보니 그 병에 너희도 걸렸음 → 주경존심하려면 예절을 지키라는 성인의 가르침을 따라야 한다.

풀이 비법 4 논리적 흐름에 맞게 단락을 배열하라!

(가)에서는 '이 말을 듣고'와 '예절을 마음 내키는 대로 한다'라는 구절을 통해 예절을 지키지 않는 사람들에게 정당성을 부여해주는 내용이 (가)의 앞 단락에 있음을 알 수 있다. 따라서 (가)의 앞 단락은 (다)이다. (다)의 '겉모습을 단정하게 꾸미는 것을 가식이요, 허위'라는 구절이 (가)의 젊은이에게 정당성을 부여해주는 명분이 되고 있다. (라)에서는 '나도 예전에 이 병에 걸렸던 터'라는 구절과 '늙어서까지 예절을 익히지 못했으니'라는 내용을 통해 (라)의 앞 단락에 예절을 익히지 않으려는 사람에 관한 내용인 (가)가 와야 함을 알 수 있다. (마)에서는 '내 병통이 ~ 네가 된 것'을 통해 (마)의 앞 단락은 필지가 '이 병에 걸렸던' 내용을 언급한 (라)임을 알 수 있다. 그리고 마지막으로 (나)단락에서 성인의 가르침을 강조함으로써 글을 마무리하고 있다.

정답 ③

실전 기출 — 논리적 흐름 파악하기

학습일: 월   일   풀이 시간: 1분 이내

연습 1 | 병태 요정과 함께 풀기

다음 글에서 (가)~(다)의 순서를 자연스럽게 배열한 것은?

2023 국가직 9급

> 빅데이터가 부각된다는 것은 기업들이 빅데이터의 가치를 받아들이기 시작했다는 뜻이다. 여기에는 기업들이 데이터를 바라보는 시각이 변한 측면도 있다.
> (가) 기업들은 고객이 판촉 활동에 어떻게 반응하고 평소에 어떻게 행동하며 사물에 대해 어떤 태도를 보이는지 알기 위해 많은 돈을 투자해 마케팅 조사를 해 왔다.
> (나) 그런 상황에서 기업들은 SNS나 스마트폰 등 새로운 데이터 소스로부터 그러한 궁금증과 답답함을 해결할 수 있다는 것을 알게 되었다. 페이스북에 올리는 광고에 친구가 '좋아요'를 한 것에서 기업들은 궁금증과 답답함을 해결할 수 있다.
> (다) 그런데 기업들의 그런 노력이 효과가 있는 경우도 있었으나 아쉬운 점도 많았다. 쉬운 예로, 기업들은 많은 광고비를 쓰지만 그 돈이 구체적으로 어느 부분에서 효과를 내는지는 알지 못했다.
> 결국 데이터가 있는 곳에서 기업들은 점점 더 고객의 취향에 집중할 수 있게 되었으며, 이에 따라 기업들은 소셜 미디어의 빅데이터를 중요한 경영 수단으로 수용하기 시작한 것이다.

① (가) - (나) - (다)   ② (가) - (다) - (나)
③ (나) - (가) - (다)   ④ (다) - (나) - (가)

연습 2 | 혼자서 눈으로 계속 연습하기

다음 글에서 (가)~(다)의 순서를 자연스럽게 배열한 것은?

2023 국가직 9급

> 빅데이터가 부각된다는 것은 기업들이 빅데이터의 가치를 받아들이기 시작했다는 뜻이다. 여기에는 기업들이 데이터를 바라보는 시각이 변한 측면도 있다.
> (가) 기업들은 고객이 판촉 활동에 어떻게 반응하고 평소에 어떻게 행동하며 사물에 대해 어떤 태도를 보이는지 알기 위해 많은 돈을 투자해 마케팅 조사를 해 왔다.
> (나) 그런 상황에서 기업들은 SNS나 스마트폰 등 새로운 데이터 소스로부터 그러한 궁금증과 답답함을 해결할 수 있다는 것을 알게 되었다. 페이스북에 올리는 광고에 친구가 '좋아요'를 한 것에서 기업들은 궁금증과 답답함을 해결할 수 있다.
> (다) 그런데 기업들의 그런 노력이 효과가 있는 경우도 있었으나 아쉬운 점도 많았다. 쉬운 예로, 기업들은 많은 광고비를 쓰지만 그 돈이 구체적으로 어느 부분에서 효과를 내는지는 알지 못했다.
> 결국 데이터가 있는 곳에서 기업들은 점점 더 고객의 취향에 집중할 수 있게 되었으며, 이에 따라 기업들은 소셜 미디어의 빅데이터를 중요한 경영 수단으로 수용하기 시작한 것이다.

① (가) - (나) - (다)   ② (가) - (다) - (나)
③ (나) - (가) - (다)   ④ (다) - (나) - (가)

지문을 한눈에

기업이 빅데이터를 경영 수단으로 수용한 배경

- 기업이 알고 싶은 것: 고객이 판촉 활동에 대한 반응, 평소 행동, 사물에 대한 태도
  - 많은 광고비, 마케팅 조사 → 효과 불명확
  - SNS, 스마트폰, 페이스북 광고에 대한 친구의 '좋아요' → 기업의 궁금증과 답답함 해소
- 기업이 데이터를 바라보는 시각 변화
- 기업이 빅데이터를 중요 경영 수단으로 수용

실전 기출 — 논리적 흐름 파악하기

03

다음 글에서 (가)~(다)의 순서를 자연스럽게 배열한 것은? 2023 국가직 9급

지문 제재 | 사회

❶ 빅데이터가 부각(浮刻, 어떤 사물을 특징지어 두드러지게 함)된다는 것은 기업들이 빅데이터의 가치를 받아들이기 시작했다는 뜻이다. 여기에는 기업들이 데이터를 바라보는 시각이 변한 측면도 있다.
▶ 기업에서 빅데이터의 가치가 부각됨

(가) 기업들은 고객이 판촉(販促, 여러 가지 방법을 써서 수요를 불러일으키고 자극하여 판매가 늘도록 유도하는 일) 활동에 어떻게 반응(反應, 자극에 대응하여 어떤 현상이 일어남)하고 평소에 어떻게 행동하며 사물에 대해 어떤 태도를 보이는지 알기 위해 많은 돈을 투자해 마케팅 조사를 해 왔다.
▶ 기업이 알고 싶은 내용

(나) 그런 상황에서 기업들은 SNS나 스마트폰 등 새로운 데이터 소스로부터 그러한 궁금증과 답답함을 해결할 수 있다는 것을 알게 되었다. 페이스북에 올리는 광고에 친구가 '좋아요'를 한 것에서 기업들은 궁금증과 답답함을 해결(解決, 제기된 문제를 해명하거나 얽힌 일을 잘 처리함)할 수 있다.
▶ 빅데이터를 통해 기업의 궁금증 해소

(다) 그런데 기업들의 그런 노력이 [효과](궁금증과 답답함 해결)가 있는 경우도 있었으나 아쉬운 점도 많았다. 쉬운 예로, 기업들은 많은 광고비를 쓰지만 그 돈이 구체적으로 어느 부분에서 효과를 내는지는 알지 못했다.
▶ 많은 광고비를 지출했지만 효과가 불명확함

❷ 결국 데이터가 있는 곳에서 기업들은 점점 더 고객의 취향(趣向, 하고 싶은 마음이 생기는 방향)에 집중(集中, 한 가지 일에 모든 힘을 쏟아부음)할 수 있게 되었으며, 이에 따라 기업들은 소셜 미디어의 빅데이터를 중요한 경영 수단으로 수용(受容, 어떠한 것을 받아들임)하기 시작한 것이다.
▶ 기업이 빅데이터를 중요 경영 수단으로 수용함

① (가) - (나) - (다)
❷ (가) - (다) - (나)
③ (나) - (가) - (다)
④ (다) - (나) - (가)

단계별 풀이 비법

풀이 비법 1 발문과 선택지를 확인하라!
'글의 전개 순서'의 적절성을 묻고 있으므로 문장이나 문단의 논리적 배열에 대한 유형임을 알 수 있다.

풀이 비법 2 제시된 글에서 화제어와 지시어, 접속어내용을 연결하는 키워드를 찾아라!

중심 화제 빅데이터
중심 내용 기업이 빅데이터를 경영 수단으로 수용한 배경

❶	기업이 데이터를 바라보는 시각이 변화하며 빅데이터의 가치가 부각됨.
(가)	기업은 판촉 활동에 대한 고객의 반응과 행동, 사물에 대한 태도를 알고 싶어함.
(나)	빅데이터를 통해 기업의 궁금증을 해소함.
(다)	많은 광고비의 사용 효과가 불명확함.
❷	기업이 빅데이터를 중요 경영 수단으로 수용함.

풀이 비법 3 선택지를 보고 처음에 위치하는 것을 파악하라!
선택지를 보면 (나)의 '그런 상황'이란 (다)의 뒷부분의 '기업들은 많은 광고비를 쓰지만~ 효과를 알지 못했다'이므로 (다)-(나)의 순이고, (다)의 '기업들의 그런 노력'이란 (가)의 '많은 돈을 투자해 마케팅 조사를 해 왔다'이므로 (가)가 가장 앞에 오는 것이 적절하다.

풀이 비법 4 논리적 흐름에 맞게 단락을 나열하라!
첫 문단과 마지막 문단은 모두 기업이 빅데이터의 가치를 인정하고 경영 수단으로 수용하기 시작했다는 내용을 담고 있다. 따라서 제시된 (가), (나), (다) 글은 이러한 변화를 뒷받침하는 이유가 논리적으로 담겨야 한다. 따라서 글의 순서는 (가) 기업들이 많은 돈을 투자해 마케팅 조사를 해왔지만 (다)는 그런 노력에 비해 아쉬운 점이 많았다는 내용으로 이어진 후에 (나)는 새로운 데이터 소스인 SNS, 스마트폰에서 궁금증과 답답함을 해소했다는 내용으로 연결되는 것이 자연스럽다.

정답 ②

실전 기출 — 논리적 흐름 파악하기

STUDY 07

학습일: 월   일   풀이 시간: 1분 이내

연습 1   병태 요정과 함께 풀기

(가)와 (나)에 들어갈 말로 가장 적절한 것은?   2023 국가직 9급

> 특정한 작업을 수행하기 위해 신체 근육의 특정 움직임을 조작하는 능력을 운동 능력이라고 한다. 언어에 관한 운동 능력은 '발음 능력'과 '필기 능력' 두 가지인데 모두 표현을 위한 능력이다.
>
> 말로 표현하기 위해서는 발음 능력이 필요한데, 이는 음성 기관을 움직여 원하는 음성을 만들어 내는 능력이다. 이 능력은 영·유아기에 수많은 시행착오와 꾸준한 훈련을 통해 습득된다. 이렇게 발음 능력을 습득하면 음성 기관의 움직임은 자동화되어 음성 기관의 어느 부분을 언제 어떻게 움직일지를 화자가 거의 의식하지 않는다. 우리가 모어에 없는 외국어 음성을 발음하기 어려운 이유는 [(가)] 있기 때문이다.
>
> 글로 표현하기 위해서는 필기 능력이 필요하다. 필기에서는 글자의 모양을 서로 구별되게 쓰는 것은 기본이고 그 수준을 넘어서서 쉽게 알아볼 수 있는 모양으로 잘 쓰는 것도 필요하다. 글씨를 쓰기 위해 손을 놀리는 것은 발음을 하기 위해 음성 기관을 움직이는 것에 비해 상당히 의식적이라 할 수 있다. 그렇지만 개인의 의지와 관계없이 필체가 꽤 일정하다는 사실은 손을 놀리는 데에 [(나)] 의미한다.

① (가): 음성 기관의 움직임이 모어의 음성에 맞게 자동화되어
   (나): 무의식적이고 자동적인 면이 있음을
② (가): 낯선 음성은 무의식적으로 발음하도록 훈련되어
   (나): 유아기에 수행한 훈련이 효과적이지 않음을
③ (가): 음성 기관의 움직임이 모어의 음성에 맞게 자동화되어
   (나): 유아기에 수행한 훈련이 효과적이지 않음을
④ (가): 낯선 음성은 무의식적으로 발음하도록 훈련되어

연습 2   혼자서 눈으로 계속 연습하기

(가)와 (나)에 들어갈 말로 가장 적절한 것은?   2023 국가직 9급

> 특정한 작업을 수행하기 위해 신체 근육의 특정 움직임을 조작하는 능력을 운동 능력이라고 한다. 언어에 관한 운동 능력은 '발음 능력'과 '필기 능력' 두 가지인데 모두 표현을 위한 능력이다.
>
> 말로 표현하기 위해서는 발음 능력이 필요한데, 이는 음성 기관을 움직여 원하는 음성을 만들어 내는 능력이다. 이 능력은 영·유아기에 수많은 시행착오와 꾸준한 훈련을 통해 습득된다. 이렇게 발음 능력을 습득하면 음성 기관의 움직임은 자동화되어 음성 기관의 어느 부분을 언제 어떻게 움직일지를 화자가 거의 의식하지 않는다. 우리가 모어에 없는 외국어 음성을 발음하기 어려운 이유는 [(가)] 있기 때문이다.
>
> 글로 표현하기 위해서는 필기 능력이 필요하다. 필기에서는 글자의 모양을 서로 구별되게 쓰는 것은 기본이고 그 수준을 넘어서서 쉽게 알아볼 수 있는 모양으로 잘 쓰는 것도 필요하다. 글씨를 쓰기 위해 손을 놀리는 것은 발음을 하기 위해 음성 기관을 움직이는 것에 비해 상당히 의식적이라 할 수 있다. 그렇지만 개인의 의지와 관계없이 필체가 꽤 일정하다는 사실은 손을 놀리는 데에 [(나)] 의미한다.

① (가): 음성 기관의 움직임이 모어의 음성에 맞게 자동화되어
   (나): 무의식적이고 자동적인 면이 있음을
② (가): 낯선 음성은 무의식적으로 발음하도록 훈련되어
   (나): 유아기에 수행한 훈련이 효과적이지 않음을
③ (가): 음성 기관의 움직임이 모어의 음성에 맞게 자동화되어
   (나): 유아기에 수행한 훈련이 효과적이지 않음을
④ (가): 낯선 음성은 무의식적으로 발음하도록 훈련되어

지문을 한눈에

언어에 관한 '운동 능력'	발음 능력	필기 능력
	·음성 기관을 움직여 음성을 만드는 능력 ·영·유아기의 시행착오와 훈련으로 습득 ·자동화되어 무의식적으로 모어 발음	·글자의 모양을 구별하고, 쉽게 알아볼 수 있게 쓰는 능력 ·손 놀리는 것: 음성 기관에 비해서 의식적 ·자동화되어 무의식적으로 필체가 일정

실전 기출 — 논리적 흐름 파악하기

04
(가)와 (나)에 들어갈 말로 가장 적절한 것은?

지문 제재 | 인 문
2023 국가직 9급

---

1 ¹[특정한 작업을 수행하기 위해 신체 근육의 특정 움직임을 조작하는 능력을 운동 능력이라고 한다.](정의) ²언어에 관한 운동 능력은 '발음 능력'과 '필기 능력' 두 가지인데 모두 표현(表現, 생각이나 느낌 따위를 언어나 몸짓 따위의 형상으로 드러내어 나타냄)을 위한 능력이다.
▶ 언어에 관한 운동 능력 두 가지

2 ¹말로 표현하기 위해서는 발음 능력이 필요한데, 이는 [음성 기관을 움직여 원하는 음성을 만들어 내는 능력](발음 능력의 정의)이다. ²이 능력은 영·유아기에 수많은 시행착오(施行錯誤, 학습자가 어떤 목표에 도달할 때까지 여러 가지를 실행하고 실패를 되풀이하는 일)와 꾸준한 훈련을 통해 습득된다. ³어떻게 [발음 능력을 습득하면 음성 기관의 움직임은 자동화되어 음성 기관의 어느 부분을 언제 어떻게 움직일지를 화자가 거의 의식하지 않는다.](모어에 없는 외국어 음성을 발음하기 어려운 이유) ⁴우리가 모어(母語 자라나면서 배운, 바탕이 되는 말)에 없는 외국어 음성을 발음하기 어려운 이유는 ⌐(가)⌐ 있기 때문이다.
▶ 발음 능력의 특성

3 ¹글로 표현하기 위해서는 필기 능력이 필요하다. ²필기에서는 글자의 모양을 서로 구별되게 쓰는 것은 기본이고 그 수준을 넘어서서 쉽게 알아볼 수 있는 모양으로 잘 쓰는 것도 필요하다. ³글씨를 쓰기 위해 손을 놀리는 것은 [발음을 하기 위해 음성 기관을 움직이는 것](무의식적 발음 능력)에 비해 상당히 의식적이라 할 수 있다. ⁴그렇지만 [개인의 의지와 관계없이](무의식적이고 자동적임) 필체가 꽤 일정하다는 사실은 손을 놀리는 데에 ⌐(나)⌐ 의미한다.
▶ 필기 능력의 특성

---

❶ (가): 음성 기관의 움직임이 모어의 음성에 맞게 자동화되어 (근거 **2**-3)
　(나): 무의식적이고 자동적인 면이 있음을 (근거 **3**-4)

② (가): 낯선 음성은 무의식적으로 발음하도록 훈련되어 (×)
　(나): 유아기에 수행한 훈련이 효과적이지 않음을 (×)

③ (가): 음성 기관의 움직임이 모어의 음성에 맞게 자동화되어
　(나): 유아기에 수행한 훈련이 효과적이지 않음을 (×)

④ (가): 낯선 음성은 무의식적으로 발음하도록 훈련되어 (×)
　(나): 무의식적이고 자동적인 면이 있음을

단계별 풀이 비법

풀이 비법 1 발문으로 유형을 먼저 확인하라!
생략된 내용을 추론하는 문제는 인과 관계로 이루어진 문장인 경우가 많다. 따라서 원인이 쓰여 있는 앞 문장을 찾으면 쉽게 답을 구할 수 있다.

풀이 비법 2 무엇(화제)에 대해 말하고 있는지 파악하라!
중심 화제 언어에 관한 운동 능력
중심 내용 언어에 관한 운동 능력은 무의식적이라 자동화되어 무의식적으로 발음하고 필체 또한 일정하다.

1-1, 2	언어에 관한 운동 능력은 표현을 위한 능력임
2-~4	발음 능력을 습득하면 음성 기관의 움직임이 자동화되어 모어에 없는 외국어 음성은 발음하기 어렵다.
3-~4	필기 능력은 의식적이긴 하지만 개인의 의지와 관계없이 필체가 꽤 일정하므로 무의식적이고 자동적인 면이 있다.

풀이 비법 3 지문에서 선택지 내용과 관련된 정보를 찾아 정리하라!

선지	관련 정보
①	(가) **2**-3 음성 기관의 움직임은 자동화되어 ~ 화자가 거의 의식하지 않는다. (나) **2**-4 개인의 의지와 관계없이
②	(가) 낯선 음성은 모어에 없는 외국어 음성도 포괄하므로 원인에 해당하지 않는다. (나) 제시문에 나타나 있지 않다.
③	(가) **2**-3, (나) 제시문에 나타나 있지 않다.
④	(가) 무의식적으로 발음하도록 훈련된 것은 낯선 음성이 아니다. (나) **2**-4

풀이 비법 4 선택지의 일치 여부를 판단하라!
① (ㄱ): 우리는 영·유아기의 훈련으로 발음 기관의 움직임이 모어의 음성에 맞게 자동화되어서 모어에 없는 외국어 음성을 발음하기가 어렵다.
(ㄴ): 글씨를 쓰기 위해 손을 놀리는 것은 의식적이라 할 수 있지만, 개인의 의지와 관계없이 필체가 꽤 일정하다는 사실은 손을 놀리는 데에 '무의식적'이고 '자동적'인 면이 있다는 것을 알 수 있다.
정답 ①

실전 기출 — 논리적 흐름 파악하기

STUDY 07

학습일: 월 일 풀이 시간: 1분 이내

연습 1 병태 요정과 함께 풀기

다음 글의 전개 순서로 가장 자연스러운 것은? 2022 지방직 9급

(가) 과거에는 고통만을 안겨 주었던 지정학적 조건이 이제는 희망의 조건이 되고 있습니다. 이제 한반도는 사람과 물자가 모여드는 동북아 물류와 금융, 비즈니스의 중심지가 될 것입니다. 우리가 주도해서 평화와 번영의 동북아 시대를 열어 나가야 합니다.

(나) 100년 전 우리는 수난과 비극의 역사를 겪었습니다. 해양으로 나가려는 세력과 대륙으로 진출하려는 세력이 한반도를 가운데 놓고 싸움을 벌였습니다. 마침내 우리는 국권을 상실하는 아픔을 감수해야 했습니다.

(다) 지금은 무력이 아니라 경제력이 국력을 좌우하는 시대입니다. 우리나라는 전쟁의 폐허를 극복하고 세계적인 경제 강국을 건설하고 있습니다. 우수한 인력과 세계 선두권의 정보화 기반을 갖추고 있습니다. 바다와 하늘과 땅을 연결하는 물류 기반도 손색이 없습니다.

(라) 그 아픔은 분단으로 이어져서 오늘에 이르고 있습니다. 그 과정에서는 정의가 패배하고 기회주의가 득세하는 불행한 역사를 겪었습니다. 그러나 이제 우리에게도 새로운 희망의 시대가 열리고 있습니다. 세계의 변방으로 머물러 왔던 동북아시아가 북미·유럽 지역과 함께 세계 경제의 3대 축으로 떠오르고 있습니다.

① (가) - (나) - (다) - (라)
② (가) - (라) - (나) - (다)
③ (나) - (가) - (라) - (다)
④ (나) - (라) - (다) - (가)

연습 2 혼자서 눈으로 계속 연습하기

다음 글의 전개 순서로 가장 자연스러운 것은? 2022 지방직 9급

(가) 과거에는 고통만을 안겨 주었던 지정학적 조건이 이제는 희망의 조건이 되고 있습니다. 이제 한반도는 사람과 물자가 모여드는 동북아 물류와 금융, 비즈니스의 중심지가 될 것입니다. 우리가 주도해서 평화와 번영의 동북아 시대를 열어 나가야 합니다.

(나) 100년 전 우리는 수난과 비극의 역사를 겪었습니다. 해양으로 나가려는 세력과 대륙으로 진출하려는 세력이 한반도를 가운데 놓고 싸움을 벌였습니다. 마침내 우리는 국권을 상실하는 아픔을 감수해야 했습니다.

(다) 지금은 무력이 아니라 경제력이 국력을 좌우하는 시대입니다. 우리나라는 전쟁의 폐허를 극복하고 세계적인 경제 강국을 건설하고 있습니다. 우수한 인력과 세계 선두권의 정보화 기반을 갖추고 있습니다. 바다와 하늘과 땅을 연결하는 물류 기반도 손색이 없습니다.

(라) 그 아픔은 분단으로 이어져서 오늘에 이르고 있습니다. 그 과정에서는 정의가 패배하고 기회주의가 득세하는 불행한 역사를 겪었습니다. 그러나 이제 우리에게도 새로운 희망의 시대가 열리고 있습니다. 세계의 변방으로 머물러 왔던 동북아시아가 북미·유럽 지역과 함께 세계 경제의 3대 축으로 떠오르고 있습니다.

① (가) - (나) - (다) - (라)
② (가) - (라) - (나) - (다)
③ (나) - (가) - (라) - (다)
④ (나) - (라) - (다) - (가)

지문을 한눈에

한반도의 지정학적 위치

(나) 도입: 지정학적 위치로 인해 100년 전 우리나라는 국권이 상실됨.

(라) 전제: 동북아시아가 세계 경제의 3대 축으로 떠오르고 있음.

(다) 주지: 경제력이 국력을 좌우하는 시대에 우리나라는 세계적인 경제 강국을 건설하고 있음.

(가) 결론: 우리나라가 평화와 번영의 동북아 시대를 열어 나가야 함.

실전 기출 — 논리적 흐름 파악하기

05
다음 글의 전개 순서로 가장 자연스러운 것은?

지문 제재 | 사회
2022 지방직 9급

(가) ¹과거에는 고통만을 안겨 주었던 지정학적(地政學的, 지정학에 바탕을 두거나 관계된) 조건이 이제는 희망의 조건이 되고 있습니다. ²이제 [한반도는 사람과 물자가 모여드는 동북아 물류(物流, 물적 유통)와 금융, 비즈니스의 중심지가 될 것입니다.](한반도의 희망적 미래 전망) ³우리가 주도(主導, 주동적인 처지가 되어 이끎)해서 평화와 번영의 동북아 시대를 열어 나가야 합니다.
▶ 한반도의 희망적 미래 전망

(나) ¹100년 전 우리는 수난과 비극의 역사를 겪었습니다. ²[해양으로 나가려는 세력과 대륙으로 진출하려는 세력이 한반도를 가운데 놓고 싸움을 벌였습니다.](한반도의 지정학적 조건) ³마침내 우리는 국권을 상실하는 아픔을 감수(甘受, 책망이나 괴로움 따위를 달갑게 받아들임)해야 했습니다.
▶ 과거 지정학적 위치로 인해 국권이 피탈됨

(다) ¹지금은 무력이 아니라 경제력이 국력을 좌우하는 시대입니다. ²우리나라는 전쟁의 폐허(廢墟, 건물이나 성 따위가 파괴되어 황폐하게 된 터)를 극복하고 세계적인 경제 강국을 건설하고 있습니다. ³우수한 인력과 세계 선두권의 정보화(情報化, 지식과 자료 따위를 정보의 형태로 가공하여 가치를 높임) 기반(基盤, 기초가 되는 바탕)을 갖추고 있습니다. ⁴바다와 하늘과 땅을 연결하는 물류 기반도 손색(遜色, 다른 것과 견주어 보아 못한 점)이 없습니다.
▶ 지금 우리나라는 전쟁의 폐허를 극복하고 세계적 경제 강국을 건설 중임

(라) ¹그 아픔은 분단으로 이어져서 오늘에 이르고 있습니다. ²그 과정에서는 정의가 패배하고 기회주의가 득세하는 불행한 역사를 겪었습니다. ³그러나 이제 우리에게도 새로운 희망의 시대가 열리고 있습니다. ⁴세계의 변방으로 머물러 왔던 동북아시아가 북미·유럽 지역과 함께 세계 경제의 3대 축으로 떠오르고 있습니다.
▶ 한반도에 새로운 희망의 시대가 열리고 있음

① (가) - (나) - (다) - (라) ('(가) - (나)'와 '(나) - (다)'의 연결이 매우 어색)
② (가) - (라) - (나) - (다) ('(가) - (라)'와 '(라) - (나)'의 연결이 매우 어색)
③ (나) - (가) - (라) - (다) ('(나) - (가)'와 '(가) - (라)'의 연결이 매우 어색)
❹ (나) - (라) - (다) - (가)

단계별 풀이 비법

풀이 비법 1 발문과 선택지를 확인하라!
'글의 전개 순서'의 적절성을 묻고 있으므로 문장이나 문단의 논리적 배열에 대한 유형임을 알 수 있다.

풀이 비법 2 제시된 글에서 화제어와 지시어, 접속어의 내용을 연결하는 키워드를 찾아라!

중심 화제 한반도의 지정학적 조건
중심 내용 지정학적 조건으로 인한 한반도의 과거와 현재의 모습을 대조하여 한반도의 평화와 번영을 전망하고 있다.

(가)	과거와 달리 한반도의 지정학적 조건이 희망의 조건이 되고 있다.
(나)	지정학적 조건으로 인해 100년 전 한반도는 국권을 상실하는 아픔을 겪었다.
(다)	지금 우리나라는 전쟁의 폐허를 극복하고 세계적인 경제 강국을 건설하고 있다.
(라)	그 아픔은 분단으로 이어져서 오늘에 이르고 있다. 그러나 이제 우리에게도 새로운 희망의 시대가 열리고 있다.

풀이 비법 3 선택지를 보고 처음에 위치하는 것을 파악하라!
선택지를 보면 (가)와 (나)가 첫 문장이 될 수 있다. (가)는 과거와 달리 한반도의 지정학적 조건이 희망의 조건이 되고 있다는 내용이고 (나)는 과거의 수난과 비극의 역사를 서술하고 있으므로 (나)가 첫 문장으로 적절하다.

풀이 비법 4 선택지의 일치 여부를 판단하라!
(나) 100년 전 우리는 국권을 상실하는 아픔을 감수해야 했습니다. → (라) 그(국권 상실) 아픔은 분단으로 이어져서 오늘에 이르고 있습니다. 그러나 이제 동북아시아는 세계 경제의 3대 축으로 떠오르고 있습니다. → (다) '지금 우리나라는 전쟁의 폐허를 극복하고 세계적인 경제 강국을 건설하고 있습니다. → (가) 과거와 달리 한반도의 지정학적 조건이 희망의 조건이 되고 있습니다.

정답 ④

실전 기출 — 논리적 흐름 파악하기

STUDY 07

학습일: 월   일   풀이 시간: 1분 이내

연습 1 병태 요정과 함께 풀기

다음 문장이 들어가기에 가장 적절한 곳을 ㉠~㉣에서 고르면?
2022 국가직 9급

> 신분에 따라 문체를 고착화하는 것을 인정하지 않았던 것이다.

유럽이 교회로부터 정신적으로 해방된 것은 그리스와 로마의 고대 작가들에 대한 재발견을 통해서였다. 그 이후 ㉠ 고대 작가들의 문체는 귀족 중심의 유럽 문화에서 모범으로 여겨졌다. ㉡ 이러한 상황은 대략 1770년대에 시작되는 낭만주의에서부터 변화하기 시작했다. ㉢ 이 낭만주의 시기에 평등과 민주주의를 꿈꿨던 신흥 시민계급은 문학에서 운문과 영웅적 운명을 귀족에게만 전속시키고 하층민에게는 산문과 우스꽝스러운 상황을 배정하는 전통 시학을 거부했다. ㉣ 고전 문학은 더 이상 문학의 규범이 아니었으며, 문학을 현실의 모방으로 인식하는 태도도 포기되었다.

① ㉠   ② ㉡   ③ ㉢   ④ ㉣

연습 2 혼자서 눈으로 계속 연습하기

다음 문장이 들어가기에 가장 적절한 곳을 ㉠~㉣에서 고르면?
2022 국가직 9급

> 신분에 따라 문체를 고착화하는 것을 인정하지 않았던 것이다.

유럽이 교회로부터 정신적으로 해방된 것은 그리스와 로마의 고대 작가들에 대한 재발견을 통해서였다. 그 이후 ㉠ 고대 작가들의 문체는 귀족 중심의 유럽 문화에서 모범으로 여겨졌다. ㉡ 이러한 상황은 대략 1770년대에 시작되는 낭만주의에서부터 변화하기 시작했다. ㉢ 이 낭만주의 시기에 평등과 민주주의를 꿈꿨던 신흥 시민계급은 문학에서 운문과 영웅적 운명을 귀족에게만 전속시키고 하층민에게는 산문과 우스꽝스러운 상황을 배정하는 전통 시학을 거부했다. ㉣ 고전 문학은 더 이상 문학의 규범이 아니었으며, 문학을 현실의 모방으로 인식하는 태도도 포기되었다.

① ㉠   ② ㉡   ③ ㉢   ④ ㉣

지문을 한눈에

낭만주의의 영향

고전 문학(전통 시학)	신흥 시민계급 문학
· 그리스 · 로마 고대 작가 재발견 · 교회로부터 정신적 해방 · 유럽 귀족 사회의 모범적 문체 　- 귀족: 운문, 영웅적 운명 　- 하층민: 산문, 우스꽝스러운 상황	· 1770년대 · 평등, 민주주의 지향 · 신분에 따른 문체의 고착화 거부 · 고전 문학 ≠ 문학 규범 · 문학 ≠ 현실의 모방

실전 기출 논리적 흐름 파악하기

06
다음 문장이 들어가기에 가장 적절한 곳을 ㉠~㉣에서 고르면?

지문 제재 | 인문
2022 국가직 9급

② ¹[신분에 따라 문체를 고착화(固着化, 어떤 상황이나 현상이 굳어져 변하지 않는 상태가 됨)하는 것을 인정하지 않았던 것이다.](일반적 진술)

① ¹유럽이 교회로부터 정신적으로 해방(解放, 구속이나 억압, 부담 따위에서 벗어나게 함)된 것은 그리스와 로마의 고대 작가들에 대한 재발견을 통해서였다. ² 그 이후 ㉠ 고대 작가들의 문체(文體, 문장의 개성적 특색. 문장의 종류, 글쓴이에 따라 그 특성이 문장의 전체 또는 부분에 드러남)는 귀족 중심의 유럽 문화에서 모범으로 여겨졌다. ³ ㉡ 이러한 상황은 대략 1770년대에 시작되는 낭만주의에서부터 변화하기 시작했다. ⁴ ㉢ 이 낭만주의 시기에 평등과 민주주의를 꿈꿨던 신흥(新興, 어떤 사회적 사실이나 현상이 새로 일어남) 시민계급(市民階級, 도시의 상공업에 종사하던 계급으로 산업혁명 이후 자본주의의 시대를 주도함)은 [문학에서 운문과 영웅적 운명을 귀족에게만 전속(專屬, 오로지 어떤 한 기구나 조직에 소속되거나 관계를 맺음)시키고 하층민에게는 산문과 우스꽝스러운 상황을 배정하는 전통 시학](전통 시학의 전형성, 구체적 진술)을 거부했다. ⁵ ㉣ 고전 문학은 더 이상 문학의 규범(規範, 인간이 행동하거나 판단할 때에 마땅히 따르고 지켜야 할 가치 판단의 기준)이 아니었으며, 문학을 현실의 모방으로 인식하는 태도도 포기되었다.

① ㉠   ② ㉡   ③ ㉢   ❹ ㉣

단계별 풀이 비법

풀이 비법 1 발문과 선택지를 확인하라!
문장 삽입 문제는 우선 ②번 문장을 세심히 봐야 한다. 문장의 주요 단어를 확인하면 문장의 위치를 짐작할 수 있다. 그리고 나서 제시된 전체 글을 읽으면서 글의 내용과 글이 전개되는 논리를 이해하면 제시된 문장이 들어갈 위치를 파악할 수 있다.

풀이 비법 2 화제어와 중심 내용을 파악하라!
중심 화제 고대 작가의 문체와 신흥 시민계급의 문체
중심 내용

①-1	그리스·로마 작가의 영향으로 유럽이 교회로부터 해방됨.
①-2	고대 작가의 문체가 유럽 귀족 사회의 모범이 됨.
①-3	1770년대 낭만주의 시기의 도래로 이러한 흐름에 변화가 시작됨.
①-4	민주주의를 꿈꾸는 신흥 시민계급은 전통 시학(운문과 영웅의 운명은 귀족에게, 산문과 우스꽝스러움은 하층민에게 배정)의 문체를 거부함.
②	①-4의 부연 설명: 즉, (신흥 시민계급은) 신분에 따른 문체 고착화를 인정하지 않은 것임.
①-5	(낭만주의가 가져온 변화로 인해 더 이상) 고전 문학을 문학 규범으로 여기지 않게 됨. 문학을 현실 모방으로 인식하지 않게 됨.

풀이 비법 3 단어를 바탕으로 논리적 흐름에 맞게 나열하라!
문제 해결의 팁은 서술어 '~던 것이다.'에 있다. '~던 것이다.'로 끝난 것은 이 문장이 앞 문장을 부연 설명해 주고 있음을 의미한다. 삽입 문장과 동일한 의미의 앞 문장을 찾으면 그 뒤가 삽입 문장의 위치이다. 앞 문장은 주요 단어 '신분, 문체, 고착화, 인정하지 않음'과 관련이 있다. 따라서 '귀족 vs 하층민'이라는 신분에 따라 '운문 vs 산문', '영웅적 운명 vs 우스꽝스러운 상황'과 같이 신분에 따라 특정 문체를 배정(고착화)하는 것을 거부했다는 내용인 ①-4가 삽입 문장의 앞 문장이다.

정답 ④

실전 기출 — 논리적 흐름 파악하기

학습일: 월   일   풀이 시간: 1분 이내

연습 1 병태 요정과 함께 풀기

㉠~㉤의 전개 순서로 가장 자연스러운 것은?   2021 국가직 9급

> 폭설, 즉 대설이란 많은 눈이 시간적, 공간적으로 집중되어 내리는 현상을 말한다.
> ㉠ 그런데 눈은 한 시간 안에 5cm 이상 쌓일 수 있어 순식간에 도심 교통을 마비시키는 위력을 가지고 있다.
> ㉡ 또한, 경보는 24시간 신적설이 20cm 이상 예상될 때이다.
> ㉢ 다만, 산지는 24시간 신적설이 30cm 이상 예상될 때 발령된다.
> ㉣ 이때 대설의 기준으로 주의보는 24시간 새로 쌓인 눈이 5cm 이상이 예상될 때이다.
> ㉤ 이뿐만 아니라 운송, 유통, 관광, 보험을 비롯한 서비스업종과 사회 전반에 영향을 미친다.

① ㉠ - ㉤ - ㉡ - ㉢ - ㉣
② ㉠ - ㉣ - ㉡ - ㉢ - ㉤
③ ㉣ - ㉡ - ㉢ - ㉠ - ㉤
④ ㉣ - ㉠ - ㉤ - ㉢ - ㉡

연습 2 혼자서 눈으로 계속 연습하기

㉠~㉤의 전개 순서로 가장 자연스러운 것은?   2021 국가직 9급

> 폭설, 즉 대설이란 많은 눈이 시간적, 공간적으로 집중되어 내리는 현상을 말한다.
> ㉠ 그런데 눈은 한 시간 안에 5cm 이상 쌓일 수 있어 순식간에 도심 교통을 마비시키는 위력을 가지고 있다.
> ㉡ 또한, 경보는 24시간 신적설이 20cm 이상 예상될 때이다.
> ㉢ 다만, 산지는 24시간 신적설이 30cm 이상 예상될 때 발령된다.
> ㉣ 이때 대설의 기준으로 주의보는 24시간 새로 쌓인 눈이 5cm 이상이 예상될 때이다.
> ㉤ 이뿐만 아니라 운송, 유통, 관광, 보험을 비롯한 서비스업종과 사회 전반에 영향을 미친다.

① ㉠ - ㉤ - ㉡ - ㉢ - ㉣
② ㉠ - ㉣ - ㉡ - ㉢ - ㉤
③ ㉣ - ㉡ - ㉢ - ㉠ - ㉤
④ ㉣ - ㉠ - ㉤ - ㉢ - ㉡

지문을 한눈에

대설 경보의 발령 기준과 대설의 위험성

대설의 정의 - ㉣ 대설 주의보	㉡ 대설 경보 발령 기준	㉢ 산지 대설 경보 발령 기준	㉠ 눈의 위험성	㉤ 눈의 영향
대설은 많은 눈이 시간적, 공간적으로 집중되어 내리는 현상으로 24시간 쌓인 눈이 5 cm 이상이면 주의보가 발령됨.	대설 경보는 24시간 신적설이 20 cm 이상일 때 발령됨.	산지 대설 경보는 24시간 신적설이 30 cm 이상일 때 발령됨.	폭설은 도심 교통을 마비시킴.	폭설은 사회 전반에 영향을 미침.

실전 기출 — 논리적 흐름 파악하기

07

㉠~㉤의 전개 순서로 가장 자연스러운 것은?

지문 제재 | 과학
2021 국가직 9급

[폭설, 즉 대설이란 많은 눈이 시간적, 공간적으로 집중되어 내리는 현상을 말한다.](대설(폭설)의 정의)

㉠ 그런데(전환의 접속어) 눈은 한 시간 안에 5cm 이상 쌓일 수 있어 순식간에 도심 교통을 마비시키는 위력(威力, 상대를 압도할 만큼 강력함)을 가지고 있다. (눈의 위험성)

㉡ 또한(대등의 접속어), 경보(警報, 태풍이나 공습 따위의 위험이 닥쳐올 때 경계하도록 미리 알리는 일)는 24시간 신적설(新積雪, 하루 동안 온 눈의 양)이 20cm 이상 예상될 때이다.(대설 경보 발령 기준)

㉢ 다만('다만'은 앞의 말을 받아 예외적인 사항이나 조건을 덧붙일 때 그 말머리에 쓰는 말이므로 ㉢은 ㉡ 뒤에 위치해야 한다.), 산지는 24시간 신적설이 30cm 이상 예상될 때 발령된다.(산지의 대설 경보 발령 기준)

㉣ 이때(바로 앞에서 이야기한 시간상의 어떤 점이나 부분) 대설의 기준으로 주의보(注意報, 폭풍·해일·홍수 따위의 지표에 일어나는 현상으로 피해를 입을 염려가 있을 때 기상청에서 주의를 주는 예보)는 24시간 새로 쌓인 눈이 5cm 이상이 예상될 때이다.(대설 주의보 발령 기준)

㉤ 이뿐만 아니라 운송, 유통, 관광, 보험을 비롯한 서비스업종과 사회 전반에 영향을 미친다.(눈이 사회 전반에 미치는 영향)

① ㉠ - ㉤ - ㉡ - ㉢ - ㉣
② ㉠ - ㉣ - ㉤ - ㉢ - ㉡
③ ㉣ - ㉡ - ㉢ - ㉠ - ㉤
④ ㉣ - ㉠ - ㉤ - ㉢ - ㉡

단계별 풀이 비법

풀이 비법 1 발문과 선택지를 확인하라!

선택지를 보면 ㉠과 ㉣이 처음에 나온다. 대설의 정의를 서술한 문장 다음에는 눈의 위험성을 서술한 ㉠이 오는 것보다는 '이때'라는 지시어를 통해 바로 앞의 내용을 이어받아 대설의 기준을 서술한 ㉣이 오는 것이 적절하다. 그리고 '또한'이라는 대등의 접속어를 사용하여 '주의보'와 '경보'를 자연스럽게 연결할 수 있는 ㉡이 오는 것이 적절하다.

풀이 비법 2 반복적으로 나오는 어휘를 통해 화제어와 지시어 또는 접속어를 찾아라!

중심 화제 대설
중심 내용 대설 주의보와 경보의 발령 기준과 대설의 위험성

대설	많은 눈이 시간적, 공간적으로 집중되어 내리는 현상
㉠	폭설은 도심 교통을 마비시키는 위력이 있다.
㉡	대설 경보는 24시간 신적설이 20cm 이상일 때
㉢	산지 대설 경보는 24시간 신적설이 30cm 이상일 때
㉣	대설 주의보 발령 기준: 24시간 쌓인 눈 5cm 이상
㉤	눈이 사회 전반에 미치는 영향

풀이 비법 3 논리적 흐름에 맞게 단락을 나열하라!

㉣의 '이때'라는 지시어는 바로 앞에서 이야기한 내용을 이어받아 대설의 기준을 설명하고 있으므로 ㉣이 대설을 정의한 첫 문장 뒤에 이어지는 것이 자연스럽다. '대설의 기준'에 대해 진술한 문장은 ㉣ 다음에 대설 경보의 발령 기준을 설명한 ㉡ - ㉢이 오는 것이 적절하다. '㉠ - ㉤'은 눈이 많이 내렸을 때, 위험성과 영향을 진술하였다. 따라서 글의 전개 순서로 자연스러운 것은 '㉣ - ㉡ - ㉢ - ㉠ - ㉤'이 된다.

정답 ③

실전 기출 — 논리적 흐름 파악하기

학습일: 월   일   풀이 시간: 1분 이내

연습 1 병태 요정과 함께 풀기

㉠~㉣의 전개 순서로 가장 자연스러운 것은?   2020 지방직 7급

> 1900년대 이후로 다른 문자를 지양하고 한글로만 문자 생활을 영위하고자 하는 경향이 나타났다.
> ㉠ 이에 따라 각급 학교 교재에 한자는 괄호 안에 넣는 조치를 취했다.
> ㉡ 그 과정에서 그들이 가장 고심했던 일은 우리말 어휘의 반 이상을 차지하는 한자어를 어떻게 처리하느냐 하는 것이었다.
> ㉢ 한글학회의 《큰사전》에서는 모든 단어의 표제어는 한글로 적었고 괄호 속에 한자, 로마자 등 다른 문자를 병기하였다.
> ㉣ 이로 인해 1930년대 이후에 우리 어문 연구가들은 맞춤법과 외래어 표기법을 제정하고 표준어를 사정하였으며 이를 바탕으로 사전 편찬 사업을 추진했다.

① ㉡ - ㉠ - ㉢ - ㉣
② ㉡ - ㉢ - ㉠ - ㉣
③ ㉣ - ㉡ - ㉢ - ㉠
④ ㉣ - ㉢ - ㉠ - ㉡

연습 2 혼자서 눈으로 계속 연습하기

㉠~㉣의 전개 순서로 가장 자연스러운 것은?   2020 지방직 7급

> 1900년대 이후로 다른 문자를 지양하고 한글로만 문자 생활을 영위하고자 하는 경향이 나타났다.
> ㉠ 이에 따라 각급 학교 교재에 한자는 괄호 안에 넣는 조치를 취했다.
> ㉡ 그 과정에서 그들이 가장 고심했던 일은 우리말 어휘의 반 이상을 차지하는 한자어를 어떻게 처리하느냐 하는 것이었다.
> ㉢ 한글학회의 《큰사전》에서는 모든 단어의 표제어는 한글로 적었고 괄호 속에 한자, 로마자 등 다른 문자를 병기하였다.
> ㉣ 이로 인해 1930년대 이후에 우리 어문 연구가들은 맞춤법과 외래어 표기법을 제정하고 표준어를 사정하였으며 이를 바탕으로 사전 편찬 사업을 추진했다.

① ㉡ - ㉠ - ㉢ - ㉣
② ㉡ - ㉢ - ㉠ - ㉣
③ ㉣ - ㉡ - ㉢ - ㉠
④ ㉣ - ㉢ - ㉠ - ㉡

지문을 한눈에

한글 전용 문자 생활의 노력

전제	㉣ 발전	㉡ 문제점	㉢ 해결 방안	㉠ 결과
한글로만 문자 생활을 하려는 경향	한글 맞춤법과 표준어 사정 등을 통한 사전 편찬 사업 추진	사전 편찬 과정에서 한자어의 처리 문제	한글 표제어의 괄호 안에 다른 문자 병기	각급 학교 교재도 괄호 안에 한자를 넣음.

08

⊙~ⓔ의 전개 순서로 가장 자연스러운 것은?

지문 제재 | 인문
2020 지방직 7급

> 1900년대 이후로 다른 문자를 지양(止揚, 더 높은 단계로 오르기 위하여 어떠한 것을 하지 아니함)하고 한글로만 문자 생활을 영위(營爲, 일을 꾸려 나감)하고자 하는 경향이 나타났다.
> ⊙ 이에(《큰사전》의 표제어 표기 방식에) 따라 각급 학교 교재에 한자는 괄호 안에 넣는 조치를 취했다.
> ⓒ 그(사전 편찬 사업의 추진) 과정에서 그들(어문 연구가들)이 가장 고심했던 일은 우리말 어휘의 반 이상을 차지하는 한자어를 어떻게 처리하느냐 하는 것이었다.
> ⓒ 한글학회의 《큰사전》에서는 모든 단어의 표제어는 한글로 적었고 괄호 속에 한자, 로마자 등 다른 문자를 병기(倂記, 함께 나란히 적음)하였다.
> ⓔ 이로(한글로만 문자 생활을 영위하려는 것으로) 인해 1930년대 이후에 우리 어문 연구가들은 맞춤법과 외래어 표기법을 제정(制定, 제도나 법률 따위를 만들어서 정함)하고 표준어를 사정(查定, 조사하거나 심사하여 결정함)하였으며 이를 바탕으로 사전 편찬 사업을 추진했다.

① ⓒ - ⊙ - ⓒ - ⓔ ('ⓒ-ⓔ'의 연결이 매우 어색)
② ⓒ - ⓒ - ⊙ - ⓔ ('⊙-ⓔ'의 연결이 매우 어색)
③ ⓔ - ⓒ - ⓒ - ⊙
④ ⓔ - ⓒ - ⊙ - ⓒ ('⊙-ⓒ'의 연결이 매우 어색)

단계별 풀이 비법

풀이 비법 1 발문으로 유형을 확인하라!
'⊙~ⓔ의 전개 순서'로 자연스러운 것을 묻고 있으므로 문장이나 문단의 논리적 배열에 대한 유형임을 알 수 있다.

풀이 비법 2 제시된 글에서 화제어, 지시어, 접속어 등 내용을 연결하는 키워드를 찾아라!

⊙	학교 교재에서 한자를 괄호 안에 병기함.	이에 따라, 한자는 괄호 안에
ⓒ	한자어의 처리 방안을 고민함.	그 과정에서
ⓒ	《큰사전》에서는 한글 이외의 문자는 괄호 속에 병기함.	한글학회의 《큰사전》. 괄호 속에 병기
ⓔ	어문 연구가들이 사전 편찬 사업을 추진함.	이로 인해, 1930년대, 사전 편찬 사업

중심 화제 한글 전용 문자 생활
중심 내용 《큰사전》에서 한글을 표제어로 삼고 다른 문자는 괄호 안에 병기한 것을 따라 각급 학교 교재에서도 한자를 괄호 안에 넣는 조치를 취하여 한글 전용 문자 생활을 지향하였다.

풀이 비법 3 선택지를 보고 처음에 위치하는 것을 파악하라!
선택지를 보면 모두 ⓒ 또는 ⓔ로 시작하고 있다. 따라서 ⓒ과 ⓔ 중에서 어떤 것이 시작 내용으로 적절한지를 먼저 파악하는 것이 효율적이다.

풀이 비법 4 논리적 흐름에 맞게 배열하라!
1900년대 이후로 한글로만 문자 생활을 영위하고자 하는 경향이 나타났다는 첫 문장의 내용을 고려할 때, ⓒ보다는 ⓔ이 처음에 위치하는 것이 자연스럽다. ⓒ의 '그 과정'이 첫 문장의 내용과 무관한 반면, ⓔ의 '이로 인해'는 첫 문장의 내용을 지시하고 있기 때문이다. ⓒ은 ⓔ 뒤에 이어지는 것이 적절하다. ⓒ의 내용을 고려할 때, '그 과정'이 '사전 편찬 사업'을 가리키고 있기 때문이다. 그리고 ⓒ 뒤에는 ⓒ이 이어지는 것이 자연스럽다. 한글 표제어의 괄호 속에 한자를 병기하였다는 내용은 ⊙에서 언급한 한자어의 처리 방법에 해당하기 때문이다. 마지막으로 ⊙은 '이에 따라'라는 지시어와 '한자는 괄호 안에 넣는 조치'라는 구절을 고려할 때 ⓒ 뒤에 이어지는 것이 자연스럽다. 문맥상 '이에 따라'가 '《큰사전》의 한자어 표기 원칙을 따라'라는 의미로 쓰는 것이 적절하기 때문이다. 이를 종합하면 'ⓔ - ⓒ - ⓒ - ⊙'이 된다.

정답 ③

실전 기출 — 논리적 흐름 파악하기

연습 1 병태 요정과 함께 풀기

다음 글의 전개 순서로 가장 자연스러운 것은? 2020 국가직 7급

(가) 이처럼 면 대 면 소통에는 시간과 공간의 제약이 따른다.
(나) 인간의 소통 방식 중 가장 오래되고 직접적인 것은 면 대 면 소통이다.
(다) 그러나 점차 매체가 발달함에 따라 현대 사회에서는 인간이 시간과 공간의 제약을 벗어나 전신, 전파, 인터넷 등을 통해 의미를 주고받는 다양한 소통 방식이 가능해졌다.
(라) 면 대 면 소통은 소통에 참여하는 사람들이 같은 시간과 공간에 존재하면서 음성, 몸짓, 표정 등을 통해 의미를 주고받는 방식으로 이루어진다.

① (나) – (라) – (가) – (다)
② (나) – (라) – (다) – (가)
③ (라) – (가) – (나) – (다)
④ (라) – (나) – (다) – (가)

연습 2 혼자서 눈으로 계속 연습하기

다음 글의 전개 순서로 가장 자연스러운 것은? 2020 국가직 7급

(가) 이처럼 면 대 면 소통에는 시간과 공간의 제약이 따른다.
(나) 인간의 소통 방식 중 가장 오래되고 직접적인 것은 면 대 면 소통이다.
(다) 그러나 점차 매체가 발달함에 따라 현대 사회에서는 인간이 시간과 공간의 제약을 벗어나 전신, 전파, 인터넷 등을 통해 의미를 주고받는 다양한 소통 방식이 가능해졌다.
(라) 면 대 면 소통은 소통에 참여하는 사람들이 같은 시간과 공간에 존재하면서 음성, 몸짓, 표정 등을 통해 의미를 주고받는 방식으로 이루어진다.

① (나) – (라) – (가) – (다)
② (나) – (라) – (다) – (가)
③ (라) – (가) – (나) – (다)
④ (라) – (나) – (다) – (가)

지문을 한눈에

'면 대 면 소통'의 특징

- (나) 화제 제시: 가장 오래된 소통 방식인 '면 대 면 소통'
- (라) 상술: 같은 시간과 공간에서 가능한 '면 대 면 소통'
- (가) 상술: 시간과 공간의 제약을 지닌 '면 대 면 소통'
- (다) 부연: 시간과 공간의 제약을 벗어난 현대의 소통 방식

실전 기출 논리적 흐름 파악하기

09
다음 글의 전개 순서로 가장 자연스러운 것은?

지문 제재 | 사회
2020 국가직 7급

(가) 이처럼(같은 시공간에 존재하면서 음성, 몸짓, 표정 등을 통해 의미를 주고받아야 하는 것처럼) 면 대 면 소통에는 시간과 공간의 제약이 따른다.
▶ 시간과 공간의 제약이 따르는 면 대 면 소통

(나) 인간의 소통 방식 중 가장 오래되고 직접적인 것은 면 대 면 소통이다.
▶ 가장 오래되고 직접적인 면 대 면 소통

(다) 그러나 점차 매체(媒體, 어떤 작용을 한쪽에서 다른 쪽으로 전달하는 물체. 또는 그런 수단)가 발달함에 따라 현대 사회에서는 인간이 시간과 공간의 제약을 벗어나 전신, 전파, 인터넷 등을 통해 의미를 주고받는 다양한 소통 방식이 가능해졌다.
▶ 시공간을 벗어난 현대의 소통

(라) 면 대 면 소통은 소통에 참여하는 사람들이 같은 시간과 공간에 존재하면서 음성, 몸짓, 표정 등을 통해 의미를 주고받는 방식으로 이루어진다.
▶ 시공간을 공유하는 면 대 면 소통

❶ (나) - (라) - (가) - (다)
② (나) - (라) - (다) - (가) ('(다)-(가)'의 연결이 매우 어색)
③ (라) - (가) - (나) - (다) ('(가) - (나)'와 '(나) - (다)'의 연결이 매우 어색)
④ (라) - (나) - (다) - (가) ('(나)-(다)'와 '(다)-(가)'의 연결이 매우 어색, '(라)-(나)'도 어색)

단계별 풀이 비법

풀이 비법 1 발문으로 유형을 확인하라!
'글의 전개 순서'의 적절성을 묻고 있으므로 문장이나 문단의 논리적 배열에 대한 유형임을 알 수 있다.

풀이 비법 2 제시된 글에서 화제어, 지시어, 접속어 등 내용을 연결하는 키워드를 찾아라!

(가)	시간과 공간의 제약이 따르는 면 대 면 소통	이처럼, 시간과 공간의 제약
(나)	가장 오래된 소통 방식인 면 대 면 소통	면 대 면 소통
(다)	시간과 공간의 제약을 벗어난 현대의 소통 방식	그러나, 시간과 공간의 제약을 벗어나
(라)	같은 시간과 공간에 존재하며 소통하는 면 대 면 소통	면 대 면 소통, 같은 시간과 공간에 존재

중심 화제 인간의 소통 방식
중심 내용 면 대면 소통은 공간과 시간의 제약을 받았으나 현대는 그런 제약에서 벗어난 소통 방식이 가능하다.

풀이 비법 3 선택지를 보고 처음에 위치하는 것을 파악하라!
선택지를 보면 모두 (나) 또는 (라)로 시작하고 있다. 따라서 (나)와 (라) 중에서 어떤 것이 시작 내용으로 적절한지를 먼저 파악하는 것이 효율적이다.

풀이 비법 4 논리적 흐름에 맞게 배열하라!
(나)와 (라) 중에서 시작 문장으로 적절한 것은 (나)이다. (나)는 면 대 면 소통을 제시하는 것이고, (라)는 면 대 면 소통의 특징을 설명하는 것이기 때문이다. 따라서 (라)는 (나) 뒤에 위치하는 것이 적절하다. 그리고 '이처럼'과 '시간과 공간의 제약'이라는 내용을 고려할 때, (가)가 (라) 뒤에 이어지는 것이 논리적으로 자연스럽다. 마지막으로 '그러나'와 '시간과 공간의 제약을 벗어나'라는 내용을 고려할 때, (다)가 (가) 뒤에 이어지는 것이 자연스럽다. 이를 종합하면 '(나) - (라) - (가) - (다)'가 된다.

정답 ①

실전 기출 — 논리적 흐름 파악하기

학습일: 월   일   풀이 시간: 1분 이내

연습 1 병태 요정과 함께 풀기

다음 글의 전개 순서로 가장 자연스러운 것은? 2020 지방직 9급

> ㄱ. 1700년대 중반에 이미 미국 이주민들의 평균 소득은 영국인들의 평균 소득을 넘어섰다.
> ㄴ. 그러나 미국은 사실 그러한 분야에서는 다른 산업 국가들에 비해 특별한 우위를 갖고 있지 않았다.
> ㄷ. 미국 이주민들의 평균 소득이 높아지게 된 배경에는 좋은 환경으로부터 비롯된 낙관성과 자신감이 있었다. 이후로도 다소 불안정하기는 했지만 미국인들의 소득은 계속해서 크게 증가했다.
> ㄹ. 대부분의 미국인들은 남북 전쟁 이후 급속히 경제가 성장한 이유를 농업적 환경뿐만 아니라 19세기의 과학적, 기술적 대전환, 기업가 정신과 규제가 없는 시장 경제 때문이라고 단순하게 생각하는 경향이 있다.
> ㅁ. 미국인들이 이처럼 초기 정착기에 풍요로움을 누릴 수 있었던 것은 비옥한 토지, 풍부한 천연자원, 흑인 노동력에 힘입은 농산물 수출 덕분이었다.

① ㄱ - ㄷ - ㅁ - ㄹ - ㄴ
② ㄱ - ㄹ - ㄷ - ㄴ - ㅁ
③ ㄹ - ㄴ - ㅁ - ㄱ - ㄷ
④ ㄹ - ㅁ - ㄴ - ㄷ - ㄱ

연습 2 혼자서 눈으로 계속 연습하기

다음 글의 전개 순서로 가장 자연스러운 것은? 2020 지방직 9급

> ㄱ. 1700년대 중반에 이미 미국 이주민들의 평균 소득은 영국인들의 평균 소득을 넘어섰다.
> ㄴ. 그러나 미국은 사실 그러한 분야에서는 다른 산업 국가들에 비해 특별한 우위를 갖고 있지 않았다.
> ㄷ. 미국 이주민들의 평균 소득이 높아지게 된 배경에는 좋은 환경으로부터 비롯된 낙관성과 자신감이 있었다. 이후로도 다소 불안정하기는 했지만 미국인들의 소득은 계속해서 크게 증가했다.
> ㄹ. 대부분의 미국인들은 남북 전쟁 이후 급속히 경제가 성장한 이유를 농업적 환경뿐만 아니라 19세기의 과학적, 기술적 대전환, 기업가 정신과 규제가 없는 시장 경제 때문이라고 단순하게 생각하는 경향이 있다.
> ㅁ. 미국인들이 이처럼 초기 정착기에 풍요로움을 누릴 수 있었던 것은 비옥한 토지, 풍부한 천연자원, 흑인 노동력에 힘입은 농산물 수출 덕분이었다.

① ㄱ - ㄷ - ㅁ - ㄹ - ㄴ
② ㄱ - ㄹ - ㄷ - ㄴ - ㅁ
③ ㄹ - ㄴ - ㅁ - ㄱ - ㄷ
④ ㄹ - ㅁ - ㄴ - ㄷ - ㄱ

지문을 한눈에

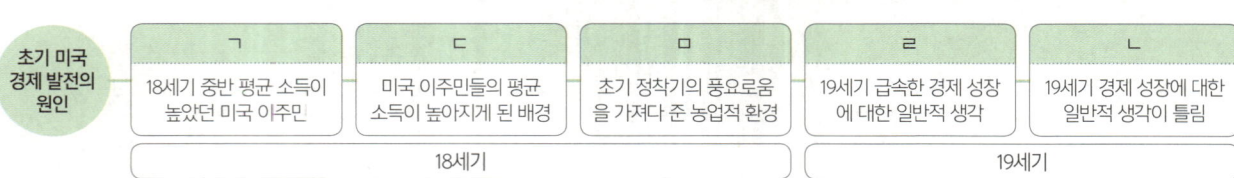

실전 기출 — 논리적 흐름 파악하기

10
다음 글의 전개 순서로 가장 자연스러운 것은?

지문 제재 | 사회
2020 지방직 9급

> ㄱ. 1700년대 중반에 이미 미국 이주민들의 평균 소득은 영국인들의 평균 소득을 넘어섰다.
> ▶ 1700년대 중반에 평균 소득이 높았던 미국 이주민
>
> ㄴ. 그러나 미국은 사실 그러한(과학적, 기술적 대전환, 기업가 정신과 규제가 없는 시장 경제) 분야에서는 다른 산업 국가들에 비해 특별한 우위를 갖고 있지 않았다.
> ▶ 다른 산업 국가들에 비해 비교 우위가 없었던 미국
>
> ㄷ. 미국 이주민들의 평균 소득이 높아지게 된 배경에는 좋은 환경으로부터 비롯된 낙관성과 자신감이 있었다. 이후로도 다소 불안정하기는 했지만 미국인들의 소득은 계속해서 크게 증가했다.
> ▶ 미국 이주민들의 평균 소득이 높아진 배경
>
> ㄹ. 대부분의 미국인들은 남북 전쟁 이후 급속히 경제가 성장한 이유를 농업적 환경뿐만 아니라 19세기의 과학적, 기술적 대전환, 기업가 정신과 규제가 없는 시장 경제 때문이라고 단순하게 생각하는 경향이 있다.
> ▶ 19세기 미국의 경제 성장에 대한 일반적 생각
>
> ㅁ. 미국인들이 이처럼(영국인들의 평균 소득을 넘어서고 계속해서 크게 증가한 것처럼) 초기 정착기에 풍요로움을 누릴 수 있었던 것은 비옥한 토지, 풍부한 천연자원, 흑인 노동력에 힘입은 농산물 수출 덕분이었다.
> ▶ 미국 이주민들이 초기 정착기에 풍요로움을 누릴 수 있었던 이유

① ㄱ-ㄷ-ㅁ-ㄹ-ㄴ ('ㄷ-ㄱ-ㅁ-ㄹ-ㄴ'도 가능)
② ㄱ-ㄹ-ㄷ-ㄴ-ㅁ ('ㄱ-ㄹ'과 'ㄴ-ㅁ'의 연결이 매우 어색)
③ ㄹ-ㄴ-ㅁ-ㄱ-ㄷ ('ㅁ-ㄱ'의 연결이 매우 어색, 'ㄹ-ㄴ'이 ㄱ 앞에 위치하는 것도 어색)
④ ㄹ-ㅁ-ㄴ-ㄷ-ㄱ ('ㄹ-ㅁ', 'ㅁ-ㄴ' 등의 연결이 매우 어색. 'ㄹ'의 위치도 어색)

단계별 풀이 비법

풀이 비법 1 발문으로 유형을 확인하라!
'글의 전개 순서'의 적절성을 묻고 있으므로 문장이나 문단의 논리적 배열에 대한 유형임을 알 수 있다.

풀이 비법 2 제시된 글에서 화제어, 지시어, 접속어 등 내용을 연결하는 키워드를 찾아라!

ㄱ	1700년대 중반에 평균 소득이 높았던 미국 이주민	1700년대 중반
ㄴ	다른 산업 국가들에 비해 비교 우위가 없었던 미국	그러나, 그러한 산업 분야
ㄷ	미국 이주민들의 평균 소득이 높아진 배경	배경, 계속 증가
ㄹ	19세기 미국의 경제 성장에 대한 일반적 생각	19세기, 과학적, 기술적 대전환 등
ㅁ	미국 이주민들이 초기 정착기에 풍요로움을 누릴 수 있었던 이유	이처럼, 초기 정착기

중심 화제 미국 이주민들의 평균 소득
중심 내용 미국 이주민들의 평균 소득이 높았던 이유

풀이 비법 3 선택지를 보고 처음에 위치하는 것을 파악하라!
선택지를 보면 모두 ㄱ 또는 ㄹ로 시작하고 있다. 따라서 ㄱ과 ㄹ 중에서 어떤 것이 시작 내용으로 적절한지를 먼저 파악하는 것이 효율적이다.

풀이 비법 4 논리적 흐름에 맞게 배열하라!
ㄱ과 ㄹ 중에서 18세기 미국 이주민들의 '평균 소득'을 제시하고 있는 ㄱ이 시작 문장으로 적절하다. ㄹ은 19세기의 상황을 언급하고 있기 때문이다. 만약 ㄹ을 첫 문장으로 할 경우에는 'ㄹ-ㄴ'이 되어야 하는데, 논리적으로 그 뒤에 이어질 내용이 마땅치 않다. ㄱ 뒤에는 그들의 '평균 소득'이 높아진 배경과 지속적으로 소득이 증가했음을 설명하는 ㄷ이 오는 것이 적절하고, 이어서 '이처럼'을 고려하고, 미국 이주민들이 초기 정착기에 풍요로움을 누릴 수 있었던 '농업적 환경'을 제시하고 있는 ㅁ이 위치하는 것이 적절하다. 'ㄱ-ㄷ-ㅁ'은 18세기 초기 정착기의 상황이다. 이와 달리 ㄹ은 남북 전쟁 이후의 19세기 상황이다. 그리고 ㅁ의 '농업적 환경뿐만 아니라'라는 말을 고려할 때, ㄹ은 'ㄱ-ㄷ-ㅁ'의 뒤에 위치하는 것이 적절함을 알 수 있다. 마지막으로 ㄴ의 내용과 '그러나'와 '그러한 분야'라는 표현을 통해 ㄴ이 ㄹ 뒤에 위치해야 함을 알 수 있다. 이를 종합하면, 'ㄱ-ㄷ-ㅁ-ㄹ-ㄴ'이 된다. 참고로, 다른 식으로 배열할 수도 있지만 선택지에서 제시된 것의 적절성만을 따져 보면 된다.

정답 ①

실전 기출 — 논리적 흐름 파악하기

연습 1 병태 요정과 함께 풀기

문맥에 따른 배열로 가장 적절한 것은? 2017 지방직 9급 추가

> (가) 그러나 사람들은 소유에서 오는 행복은 소중히 여기면서 정신적 창조와 인격적 성장에서 오는 행복은 모르고 사는 경우가 많다.
> (나) 소유에서 오는 행복은 낮은 차원의 것이지만 성장과 창조적 활동에서 얻는 행복은 비교할 수 없이 고상한 것이다.
> (다) 부자가 되어야 행복해진다고 생각하는 사람은 스스로 부자라고 만족할 때까지는 행복해지지 못한다.
> (라) 하지만 최소한의 경제적 여건에 자족하면서 정신적 창조와 인격적 성장을 꾀하는 사람은 얼마든지 차원 높은 행복을 누릴 수 있다.
> (마) 자기보다 더 큰 부자가 있다고 생각될 때는 여전히 불만과 불행에 사로잡히기 때문이다.

① (나) - (라) - (가) - (다) - (마)
② (나) - (가) - (마) - (라) - (다)
③ (다) - (마) - (라) - (나) - (가)
④ (다) - (라) - (마) - (가) - (나)

연습 2 혼자서 눈으로 계속 연습하기

문맥에 따른 배열로 가장 적절한 것은? 2017 지방직 9급 추가

> (가) 그러나 사람들은 소유에서 오는 행복은 소중히 여기면서 정신적 창조와 인격적 성장에서 오는 행복은 모르고 사는 경우가 많다.
> (나) 소유에서 오는 행복은 낮은 차원의 것이지만 성장과 창조적 활동에서 얻는 행복은 비교할 수 없이 고상한 것이다.
> (다) 부자가 되어야 행복해진다고 생각하는 사람은 스스로 부자라고 만족할 때까지는 행복해지지 못한다.
> (라) 하지만 최소한의 경제적 여건에 자족하면서 정신적 창조와 인격적 성장을 꾀하는 사람은 얼마든지 차원 높은 행복을 누릴 수 있다.
> (마) 자기보다 더 큰 부자가 있다고 생각될 때는 여전히 불만과 불행에 사로잡히기 때문이다.

① (나) - (라) - (가) - (다) - (마)
② (나) - (가) - (마) - (라) - (다)
③ (다) - (마) - (라) - (나) - (가)
④ (다) - (라) - (마) - (가) - (나)

지문을 한눈에

(다) 전제 주장	(마) 소견 논거	(라) 주장	(나) 논거 제시	(가) 부연
물질적 행복만 추구하는 사람은 행복해지지 못함.	타인과의 비교를 통해 만족하지 못하기 때문임.	정신적 창조와 인격적 성장을 추구하는 사람은 고차원적 행복을 누릴 수 있음.	소유에서 오는 행복보다 창조적 활동에서 얻는 행복이 더 고상함.	사람들은 정신적 창조와 인격적 성장에서 오는 행복은 모르는 경우가 많음.

실전 기출 — 논리적 흐름 파악하기

11
문맥에 따른 배열로 가장 적절한 것은?

지문 제재 | 인문
2017 지방직 9급 추가

> (가) 그러나 [사람들은 소유에서 오는 행복은 소중히 여기면서 정신적 창조와 인격적 성장에서 오는 행복은 모르고 사는 경우가 많다.] (사람들은 고차원적 행복은 모르고 저차원적 행복을 중시함)
>
> (나) [소유에서 오는 행복은 낮은 차원의 것이지만 성장과 창조적 활동에서 얻는 행복은 비교할 수 없이 고상한 것이다.] (저차원적 행복과 고차원적 행복 대조)
>
> (다) [부자가 되어야 행복해진다] (물질적 행복)고 생각하는 사람은 [스스로 부자라고 만족할 때까지는 행복해지지 못한다.] (행복은 소유가 아니라 자족에 있기 때문)
>
> (라) 하지만 [최소한의 경제적 여건에 자족하면서 정신적 창조와 인격적 성장을 꾀하는 사람은 얼마든지 차원 높은 행복을 누릴 수 있다.] (글 (마)와 상반된 상반된 견해)
>
> (마) [자기보다 더 큰 부자가 있다고 생각될 때는 여전히 불만과 불행에 사로잡히기 때문이다.] (소견 논거)

① (나) - (라) - (가) - (다) - (마)
② (나) - (가) - (마) - (라) - (다)
③ (다) - (마) - (라) - (나) - (가)
④ (다) - (라) - (마) - (가) - (나)

단계별 풀이 비법

풀이 비법 1 발문과 선택지를 확인하라!

선택지를 보면 첫 단락은 (나)와 (다)이다. (나)는 논거(주장의 타당성을 증명하는 문장)의 성격이 강하고 (다)는 전제 주장의 성격을 지니므로 (다)가 처음이 오는 것이 적절하다.

풀이 비법 2 반복적으로 나오는 어휘를 통해 화제어와 지시어 또는 접속어를 찾아라!

중심 화제 행복
중심 내용 행복의 조건

(가)	사람들은 정신적 행복보다 물질적 행복을 중요하게 생각한다.	그러나
(나)	소유에서 오는 행복보다 창조적 활동에서 얻는 행복이 더 고상하다.	
(다)	부자가 되어야 행복해진다고 생각하는 사람은 부자가 될 때까지는 행복해지지 못한다.	
(라)	정신적 창조와 인격적 성장을 추구하는 사람은 고차원적 행복을 누릴 수 있다.	하지만
(마)	타인과의 비교를 통해 만족하지 못하기 때문이다.	

풀이 비법 3 논리적 흐름에 맞게 단락을 나열하라!

(다)는 전제의 성격을 띤 주장이다. (다)의 주장에 대한 근거(이유)가 '때문이다'라는 서술어를 지닌 (마)에서 제시되었다. (다), (마)가 경제적 여건에 의해서만 행복감을 느끼는 사람들의 이야기라면, (라)는 정신적인 행복을 추구하는 것에 관한 문장으로 (다) - (마) - (라)의 순으로 이어지게 될 것임을 알 수 있다. 그리고 (나)에서는 (라)의 근거(이유)를 제시하였고, (가)에서는 (나)와 상반된 사회 현실을 부연하였으므로, (라) - (나) - (가)의 순서로 배열하는 것이 가장 적절하다.

정답 ③

개념 PLUS — 단락 배열 문제의 접근 방식

실제 시험에서 짧은 시간 안에 지문들을 다 이해하면서 풀이하기는 어렵습니다. 혼자서 공부할 때는 지문을 꼼꼼하게 읽어야 국어의 독해 능력이 향상됩니다. 독해력이 향상되면 어떤 지문이 나오더라도 빠르고 정확하게 풀 수 있습니다. 임시방편이라도 단락 배열 문제를 정확하게 풀고 싶다면 다음과 같은 순서를 따르면 됩니다.

1. 첫 단락(전제나 도입 단락)과 마지막 단락(결론)을 가려내는 안목을 평소에 길러야 합니다.
2. 문장에서 머리와 꼬리에 나오는 어휘 중에서 중복되거나 다른 말로 대체된 어휘를 찾아 연결 고리를 찾습니다.
3. 단락에서 그 핵심적 내용은 단락의 처음과 끝, 또는 접속어 뒤에 나옵니다. 단락의 처음과 끝에 주의하고 접속 표현 등을 통해 개념 간 관계를 파악하면 정답은 찾을 수 있습니다.

실전 기출 — 논리적 흐름 파악하기

STUDY 07

학습일: 월 일 풀이 시간: 1분 이내

연습 1 병태 요정과 함께 풀기

다음 글의 전개 순서로 가장 자연스러운 것은? 2018 지방직 7급

(가) 미술 작품에 등장하는 동물은 그 성격에 따라 나누어 보면 종교적·주술적인 동물, 신을 위한 동물, 인간을 위한 동물로 구분할 수 있다. 물론 이 구분은 엄격한 것이 아니므로 서로의 개념을 넘나들기도 하며, 여러 뜻을 동시에 갖기도 한다.

(나) 인류가 남긴 수많은 미술 작품을 살펴보다 보면 다양한 동물들이 등장하고 있음을 알 수 있다. 미술 작품 속에 등장하는 동물에는 일상에서 흔히 접할 수 있는 개나 고양이, 꾀꼬리 등도 있지만 해태나 봉황 등 인간의 상상에서 나온 동물도 적지 않음을 알 수 있다.

(다) 종교적·주술적인 성격의 동물은 가장 오랜 연원을 가진 것으로, 사냥 미술가들의 미술에 등장하거나 신앙을 목적으로 형성된 토템 등에서 확인할 수 있다. 여기에 등장하는 동물들은 대개 초자연적인 강대한 힘을 가지고 인간 세계를 지배하거나 수호하는 신적인 존재이다. 인간의 이지가 발달함에 따라 이들의 신적인 기능은 점차 감소되어, 결국 이들은 인간에게 봉사하는 존재로 전락하고 만다.

(라) 동물은 절대적인 힘을 가진 신의 위엄을 뒷받침하고 신을 도와 치세(治世)의 일부를 분담하기 위해 이용되기도 한다. 이 동물들 역시 현실 이상의 힘을 가지며 신성시되는 것이 보통이지만, 이는 어디까지나 신의 권위를 강조하기 위한 것에 지나지 않는다. 이들은 신에게 봉사하기 위해서 많은 동물 중에서 특별히 선택된 것들이다. 그리하여 그 신분에 알맞은 모습으로 조형화되었다.

① (가) - (나) - (라) - (다)
② (가) - (다) - (나) - (라)
③ (나) - (가) - (다) - (라)
④ (나) - (다) - (라) - (가)

연습 2 혼자서 눈으로 계속 연습하기

다음 글의 전개 순서로 가장 자연스러운 것은? 2018 지방직 7급

(가) 미술 작품에 등장하는 동물은 그 성격에 따라 나누어 보면 종교적·주술적인 동물, 신을 위한 동물, 인간을 위한 동물로 구분할 수 있다. 물론 이 구분은 엄격한 것이 아니므로 서로의 개념을 넘나들기도 하며, 여러 뜻을 동시에 갖기도 한다.

(나) 인류가 남긴 수많은 미술 작품을 살펴보다 보면 다양한 동물들이 등장하고 있음을 알 수 있다. 미술 작품 속에 등장하는 동물에는 일상에서 흔히 접할 수 있는 개나 고양이, 꾀꼬리 등도 있지만 해태나 봉황 등 인간의 상상에서 나온 동물도 적지 않음을 알 수 있다.

(다) 종교적·주술적인 성격의 동물은 가장 오랜 연원을 가진 것으로, 사냥 미술가들의 미술에 등장하거나 신앙을 목적으로 형성된 토템 등에서 확인할 수 있다. 여기에 등장하는 동물들은 대개 초자연적인 강대한 힘을 가지고 인간 세계를 지배하거나 수호하는 신적인 존재이다. 인간의 이지가 발달함에 따라 이들의 신적인 기능은 점차 감소되어, 결국 이들은 인간에게 봉사하는 존재로 전락하고 만다.

(라) 동물은 절대적인 힘을 가진 신의 위엄을 뒷받침하고 신을 도와 치세(治世)의 일부를 분담하기 위해 이용되기도 한다. 이 동물들 역시 현실 이상의 힘을 가지며 신성시되는 것이 보통이지만, 이는 어디까지나 신의 권위를 강조하기 위한 것에 지나지 않는다. 이들은 신에게 봉사하기 위해서 많은 동물 중에서 특별히 선택된 것들이다. 그리하여 그 신분에 알맞은 모습으로 조형화되었다.

① (가) - (나) - (라) - (다)
② (가) - (다) - (나) - (라)
③ (나) - (가) - (다) - (라)
④ (나) - (다) - (라) - (가)

지문을 한눈에

성격에 따른 동물의 구분	(나) 화제 제시	(가) 전개	(다)	(라)
	미술 작품에 등장하는 다양한 동물들	미술 작품에 등장하는 동물의 성격에 따른 구분	① 종교적·주술적인 성격의 동물	② 신을 위한 동물

실전 기출 — 논리적 흐름 파악하기

STUDY 07

12

지문 제재 | 예술
2018 지방직 7급

다음 글의 전개 순서로 가장 자연스러운 것은?

(가) ¹[미술 작품에 등장하는 동물은 그 성격에 따라 나누어 보면 종교적·주술적인 동물, 신을 위한 동물, 인간을 위한 동물로 구분(區分, 일정한 기준에 따라 전체를 몇 개로 갈라 나눔)할 수 있다.](설명 방식: 구분) ²물론 이 구분은 엄격한 것이 아니므로 서로의 개념을 넘나들기도 하며, 여러 뜻을 동시에 갖기도 한다.
▶ 미술 작품에 등장하는 동물의 성격에 따른 구분

(나) ¹[인류가 남긴 수많은 미술 작품을 살펴보다 보면 다양한 동물들이 등장하고 있음을 알 수 있다. ²미술 작품 속에 등장하는 동물에는 일상에서 흔히 접할 수 있는 개나 고양이, 꾀꼬리 등도 있지만 해태나 봉황 등 인간의 상상(想像, 실제로 경험하지 않은 현상이나 사물에 대하여 마음속으로 그려 봄)에서 나온 동물도 적지 않음을 알 수 있다.](도입 단락: 화제 제시, 설명 방식: 대조, 분류)
▶ 미술 작품에 등장하는 다양한 동물 소개

(다) ¹종교적·주술적인 성격의 동물은 가장 오랜 연원을 가진 것으로, 사냥 미술가들의 미술에 등장하거나 신앙을 목적으로 형성된 토템 등에서 확인할 수 있다. ²여기에 등장하는 동물들은 대개 초자연적인 강대한 힘을 가지고 인간 세계를 지배하거나 수호하는 신적인 존재이다. ³인간의 이지가 발달함에 따라 이들의 신적인 기능은 점차 감소되어, 결국 이들은 인간에게 봉사하는 존재로 전락하고 만다.](종교적·주술적인 성격의 동물)
▶ 종교적·주술적인 성격의 동물 – 신적인 존재에서 인간에게 봉사하는 존재로 전락함

(라) ¹[동물은 절대적인 힘을 가진 신의 위엄을 뒷받침하고 신을 도와 치세(治世)의 일부를 분담하기 위해 이용되기도 한다. ²이 동물들 역시 현실 이상의 힘을 가지며 신성시되는 것이 보통이지만, 이는 어디까지나 신의 권위를 강조하기 위한 것에 지나지 않는다. ³이들은 신에게 봉사하기 위해서 많은 동물 중에서 특별히 선택된 것이다. ⁴그리하여 그 신분에 알맞은 모습으로 조형화(造形化, 어떤 모습이나 사상 따위가 구체적인 형태를 지닌 예술 작품으로 표현됨)되었다.](신을 위한 동물)
▶ 신을 위한 동물 – 신의 권위를 강조하기 위한 존재

① (가) - (나) - (라) - (다)
② (가) - (다) - (나) - (라)
❸ (나) - (가) - (다) - (라)
④ (나) - (다) - (라) - (가)

단계별 풀이 비법

풀이 비법 1 발문과 선택지를 확인하라!

선택지를 보면 첫 단락은 (가)와 (나)이다. (가)는 미술 작품에 등장하는 동물을 성격에 따라 구분하고 있고 (나)는 미술 작품에 등장하는 다양한 동물들을 소개하고 있는 도입 단락이므로 (나)가 처음에 오는 것이 적절하다.

풀이 비법 2 반복적으로 나오는 어휘를 통해 화제어와 지시어 또는 접속어를 찾아라!

중심 화제 동물
중심 내용 미술 작품에 등장하는 동물의 성격에 따른 구분

(가)	미술 작품에 등장하는 동물의 성격에 따른 구분
(나)	미술 작품에 등장하는 다양한 동물들
(다)	성격에 따른 동물의 구분 ①: 종교적·주술적인 성격의 동물
(라)	성격에 따른 동물의 구분 ②: 신을 위한 동물

풀이 비법 3 논리적 흐름에 맞게 단락을 나열하라!

(가)는 미술 작품에 등장하는 동물을 성격에 따라 구분하고 있고 (나)는 인류가 남긴 미술 작품에 다양한 동물들이 등장하고 있음을 밝히며 글의 화제를 제시하고 있으므로 (나)가 첫 단락에 와야 한다. (나)가 앞에 오는 것은 ③, ④인데 ③은 (나) 뒤에 (가), ④는 (나) 뒤에 (다)가 놓여 있다. (다)는 종교적·주술적인 성격의 동물에 대한 내용으로 시작하므로, (가)의 여러 가지 종류의 동물들을 구분하는 내용 뒤에 구분된 종류 중 하나인 종교적·주술적인 성격의 동물에 대한 내용이 이어지는 것이 자연스럽다. 따라서 (나) - (가) - (다) - (라)가 논리적 흐름에 맞는 배열이다. **정답 ③**

PART 3

유형 05 추리·추론·비판하기

유형별 출제 경향

추리·추론·비판하기
7개 유형 중 25%의 비중을 차지하고 있는, 출제 비율이 가장 높은 유형입니다. 그만큼 가장 중요하게 학습해야 할 유형이기도 하며, 매년 8~9문제씩 전 직렬에서 골고루 출제됩니다. 비문학 독해에서 비교적 난도가 높으며 단순한 내용 확인이 아닌, 추론 등의 사고력을 요구하는 수능형 추론 유형으로 점차 발전하고 있어 체계적인 문제 풀이 연습을 통해 유형에 대한 적응력을 높여야 합니다.

5개년 출제율

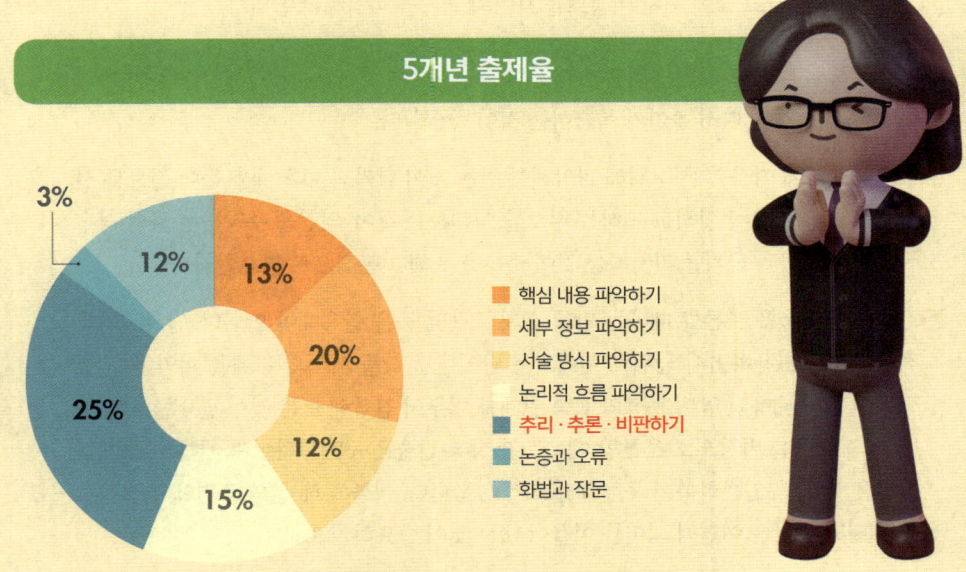

유형 05 추리 · 추론 · 비판하기

병태 요정이 알려주는 유형 GUIDE

빈칸에 들어갈 말 또는 접속어를 묻는 문제와 문맥적 의미를 묻는 문제가 내용 추론 유형에 속합니다. 이 유형을 풀기 위해서는 글의 중심 내용을 바탕으로 생략된 내용이나 문장이 연결되는 관계를 미루어 짐작할 수 있어야 합니다. 그리고 글 내부의 이면적 의미를 올바르게 추론해 내는 것이 중요합니다.

글쓴이의 견해를 묻는 문제, 또는 제시문 속 인물의 견해를 묻는 문제가 견해 추론 유형에 속합니다. 이 유형을 풀기 위해서는 발문에서 견해를 파악해야 하는 주체가 누군지 확인하고, 글의 중심 내용을 바탕으로 견해를 추론해야 합니다. 그리고 이에 대한 독자의 반응에 대해서도 추론해 보는 것이 중요합니다.

▶ 담화 표지

담화의 내용상 연결 관계를 표시해 주거나, 화자의 발화 의도 및 심리적 태도를 효과적으로 전달하고자 할 때 사용됩니다.

예고	~대해 알아보자, 다음과 같이~
강조	중요한 것은~, 핵심은~
정리	이와 같이~, 즉~, 다시 말해
예시	가령, 예를 들어
인과	그러므로, 왜냐하면~ 때문이다

풀이 비법 1 발문으로 유형을 먼저 확인합니다.

- 다음 글에서 추론한 내용으로 가장 적절한 것은? [22 지방 9급]
- 다음 글에서 추론할 수 있는 것만을 〈보기〉에서 모두 고르면? [22 지방 9급]
- ㉠에 들어갈 말로 가장 적절한 것은? [21 국가 9급]
- 다음 글에 대한 이해로 적절하지 않은 것은? [21 국가 9급]
- 다음 글에서 추론할 수 있는 내용으로 적절하지 않은 것은? [21 국가 9급]
- 다음 글의 사례로 적절하지 않은 것은? [21 국가 9급]
- 다음 글을 통해 추론할 수 있는 것만을 〈보기〉에서 모두 고르면? [20 국가 7급]
- 다음 글을 통해 추론한 생각으로 적절하지 않은 것은? [20 국가 7급]
- 다음 글쓴이의 입장에 부합하는 것은? [19 지방 9급]
- (가)를 바탕으로 (나)에 담긴 글쓴이의 생각을 적절히 추론한 것은? [19 국가 9급]
- 다음 글에서 추론한 바로 적절하지 않은 것은? [19 지방 9급]
- 다음 글에서 추론할 수 있는 내용으로 적절하지 않은 것은? [18 국가 9급]
- 〈보기〉에 이어질 내용으로 가장 적절한 것은? [18 서울 9급]

풀이 비법 2 글의 핵심어를 통해 중심 내용을 찾고 글의 흐름을 파악합니다.

글에서 가장 중요한 것은 글의 중심 내용입니다. 따라서 내용을 추론하기 위해서 먼저 글의 중심 내용을 찾고 글에 제시된 정보들 사이의 관계를 파악해야 합니다.

1. 글의 중심 내용을 찾는 방법은 유형 01에서 다룬 적이 있습니다. 자세한 내용이 기억이 나지 않는다면 다시 돌아가 복습하는 것이 좋습니다.

2. 글의 성격에 따라 추론을 위해 파악해야 하는 것이 달라집니다. 예를 들어 정보를 전달하는 글의 경우 전달하고자 하는 정보를 이해하는 것이, 의견을 주장하는 글의 경우 글쓴이의 주장과 근거를 파악하는 것이 추론을 위해 기본적으로 필요합니다.

3. 생략된 내용을 추론할 때에는 담화 표지, 문맥 등을 활용해야 합니다. 담화표지를 적극적으로 활용하면서 앞뒤로 이어지는 단어나 문장들 사이의 관계를 파악하고, 생략되어 있는 내용과 앞뒤 문장의 접속 관계를 미루어 짐작해 보는 것이 필요합니다. 또한 글의 내용을 바탕으로 추론할 때에는 추상적 진술은 구체화하여 독해하고, 구체적 진술은 추상화·일반화하여 독해할 필요가 있습니다. 이를 통해 글의 표면에 직접적으로 제시되지 않은 이면적 의미를 이끌어 내는 것이 중요하지요.

병태 요정의 ADVICE

이면적 의미를 쉽게 찾는 방법

1. 글 전체의 흐름에 따라야 해요. 모르는 어휘가 있더라도 흐름을 통해 알 수 있다는 자신감을 가지세요.
2. 꾸며 주는 말에 주의해 읽어야 해요. '무겁게 누르는 어두운 하늘'과 '가볍게 떠있는 푸른 하늘'에서 '하늘'은 꾸며 주는 말에 의해 전혀 다른 의미가 되지요. 물론 꾸며 주는 말이 일차적으로 중요하지만 낱말이 갖는 기본적인 이미지나 특성 등의 느낌을 간과해서는 안 된다는 것도 기억하세요.
3. 마지막으로 지시어(예 이, 그, 저, 여기, 이것 등)나 대용 표현(앞에 나온 말이나 문장을 대신 가리키는 말 예 이러한, 이것은, 전자는, 후자는 등)이 무엇을 가리키는지 화살표나 선 등으로 지문에 시각적으로 표시한다면 혼동 없이 어휘의 의미를 파악하는 데 도움이 되겠지요.

생략된 내용을 쉽게 찾는 방법

1. 글의 내용을 꼼꼼히 읽고 이해해야 해요.
2. 문장들 사이의 관계(원인 - 결과, 주장 - 근거)를 파악해야 되는데 이때 담화 표지를 활용하는 것이 중요하지요.
3. 생략된 내용은 중심 내용을 뒷받침하거나 주장에 대한 근거에 해당하는 내용일 경우가 많다는 것을 참고해야 해요.
4. 생략된 단어 추론의 경우 한자에 대한 이해가 필수적임을 기억하세요.

> **풀이 비법 2** 한눈에 쏙쏙
>
> 1. 글의 핵심어를 찾고 각 단락의 중심 내용을 종합합니다.
> 2. 글의 성격을 파악하고 그에 따른 추론 내용을 확인합니다.
> 3. 생략된 내용을 추론할 때에는 담화 표지, 문맥 등을 활용하고, 내용을 바탕으로 추론할 때에는 추상적 진술은 구체화, 구체적 진술은 추상화합니다.

풀이 비법 3 **글의 중심 내용을 바탕으로 생략된 내용 또는 글쓴이의 의도를 추론합니다.**

앞에서 찾은 중심 내용을 바탕으로 생략되어 있는 내용과 문장을 이어 주는 접속어 역할을 추론할 수 있습니다. 그리고 글쓴이가 궁극적으로 말하고자 하는 의도도 파악할 수 있습니다. 또한 글쓴이의 의도를 바탕으로 독자의 반응까지 추론해야 합니다.

1. 단락별 핵심 내용들을 아우르는 중심 내용을 파악한 후에는 글쓴이의 주장이나 의도, 관점 등에 따라 요약합니다. 이를 바탕으로 글에 흩어져 있는 여러 정보를 종합해서 숨어 있는 정보(문장, 단어, 접속어 등)를 추론해야 합니다. 특히 단어나 문장의 접속 관계, 지시 관계, 대용 표현, 상하 관계 등에 주목해서 제시된 내용을 바탕으로 추론해야 합니다.

2. 글의 중심 화제를 대하는 글쓴이의 관점이나 태도를 통해서 글쓴이의 의도를 추론해 내는 것도 중요합니다. 글쓴이는 자신의 가치관이나 세계관, 글을 쓰게 된 의도나 목적 등을 직접 드러내지 않고 글 속에 숨겨 놓을 수 있습니다. 따라서 문장이나 단어의 표현 방식이나 문체나 어조 등을 바탕으로 독자는 글쓴이가 글 속에 숨겨둔 목적이나 의도를 추론해야 합니다.

3. 글쓴이가 강조, 정리, 인과, 예시, 비교와 대조 등의 다양한 담화 표지를 활용하여 숨겨 놓은 자신의 가치관이나 세계관, 글을 쓰게 된 의도나 목적 등을 파악한 후에, 자신과 같은 독자의 반응까지 추론해야 합니다.

> **풀이 비법 3** 한눈에 쏙쏙
>
> 1. 전제가 되는 내용을 찾습니다.
> 2. 전체 내용을 바탕으로 숨어 있는 문장, 단어, 접속어를 추론합니다.
> 3. 글쓴이의 의도를 파악한 후에 독자의 반응을 추론합니다.

풀이 비법 4 **부합하는 선택지를 찾습니다.**

추론하기는 내용의 이해로부터 출발하기 때문에 단락별 중심 내용과 세부 내용을 바탕으로 이끌어 낼 수 있는 선택지를 고르는 것이 중요합니다. 내용을 추론하는 문제의 경우, 선택지 가운데 적절한 어휘나 문장, 접속어를 문맥의 흐름에 맞게 정답을 찾아야 합니다. 글쓴이의 의도 및 독자의 반응을 추론하는 문제의 경우, 선택지 가운데 글쓴이의 의도에 부합하는 내용에 유의하여 정답을 찾아야 합니다.

대용 표현과 상하 관계

대용 표현	한 편의 글에서 앞부분에서 언급한 단어나 문장을 다시 가리키는 표현으로 '이', '그', '저' 계통의 지시어를 사용하여 표현됩니다.
상하 관계	글 속에서 어휘들의 의미 관계를 볼 때 포괄적이고 일반적인 성격의 단어를 상위 개념으로 분류하고, 이에 포함되는 구체적이고 개별적인 성격의 단어를 하위 개념어로 분류할 수 있습니다.

글쓴이의 관점과 태도

관점	글에서 다루고 있는 중심 화제에 대해 글쓴이의 관점이 긍정적인 입장인지, 부정적인 입장인지를 생각해 보는 것을 말합니다.
태도	중심 화제나 대상에 대해 글쓴이가 비판적인 태도를 보이는지, 옹호하면서 글을 전개하고 있는지 여부를 말합니다.

문체와 어조

글 속에 드러난 글쓴이만의 독특한 표현상의 특징으로, 글에서 느껴지는, 글쓴이가 대상을 표현해 내는 방법을 말합니다.

강건체	강직하고 크고 거세며 남성적인 힘이 있는 문체입니다.
우유체	문장을 부드럽고 우아하고 순하게 표현하는 문체입니다.
화려체	문장이 매우 찬란하고 화려하며 음악적 가락을 띠고 있어 선명한 인상을 주는 문체입니다.
건조체	문장 서술에서, 비유나 수사가 없거나 적은 문체입니다.
대화체	대화하는 형식으로 서술하는 문체입니다.

대표 기출 추리·추론·비판하기 1

다음 글쓴이의 입장에 부합하는 것은?

2019 지방직 9급

효(孝)가 개인과 가족, 곧 일차적인 인간관계에서 일어나는 행위를 규정한 것이라면, 충(忠)은 가족이 아닌 사람들과의 관계, 곧 이차적인 인간관계에서 일어나는 사회적 행위를 규정한 것이었다. 그런데 언제부터인가 우리는 효를 순응적 가치관을 주입하는 봉건 가부장제 사회의 유습이라고 오해하는가 하면, 충과 효를 동일시하는 오류를 저지르는 경향이 많아졌다. 다음을 보자.

"부모에게 효도하고 형제를 사랑하는 사람은 윗사람의 명령을 거역하는 경우가 드물다. 또 윗사람의 명령을 어기지 않는 사람은 난동을 일으키는 경우도 드물다. 군자는 근본에 힘쓴다. 근본이 확립되면 도가 생기기 때문이다. 효도와 우애는 인(仁)의 근본이다."

위 구절에 담긴 입장을 기준으로 보면 효는 윗사람에 대한 절대 복종으로 연결된다. 곧 종족 윤리의 기본이 되는 연장자에 대한 예우는 물론이고 신분 사회의 엄격한 상하관계까지 포괄적으로 인정하는 것이다. 하지만 이 구절만을 근거로 효를 복종의 윤리라고 보는 것은 성급한 판단이다. 왜냐하면 원래부터 효란 가족 윤리 또는 종족 윤리로서 사회 윤리였던 충보다 우선시되었을 뿐만 아니라, 유교의 기본 입장은 설사 부모의 명령이라 하더라도 옳고 그름을 가리지 않는 맹목적인 복종은 그 자체가 불효라고 보았기 때문이다.

유교에서는 부모와 자식의 관계가 자연에 의해서 결정된다고 한다. 이 때문에 부모와 자식의 관계는 인위적으로 끊을 수 없다고 본다. 이에 비해 임금과 신하의 관계는 공동의 목표를 위한 관계로서 의리에 의해서 맺어진 관계로 본다. 의리가 맞지 않는다면 언제라도 끊을 수 있다고 생각하는 것이다.

① 효는 봉건 가부장제 사회에서 비롯한 일차적 인간관계이다.
② 효는 부모와 자식 간의 관계이므로 조건 없는 신뢰에 기초한 덕목이다.
③ 윗사람에 대한 복종을 절대시하지 않는 것이 유교적 윤리의 한 바탕이다.
④ 충의 도리를 다함으로써 효의 도리에 도달할 수 있다는 것이 인의 이치다.

지문을 한눈에

1 통념 제시	2 통념의 사례	3 반박	4 주장
효를 봉건 가부장제 사회의 유습으로 보고 충과 효를 동일시하는 오류를 저지르는 경향이 많아짐.	효도와 우애를 인의 근본으로 보는 오류	윗사람에 대한 복종을 절대시하지 않는 것이 유교적 윤리의 기본 입장임.	부모와 자식의 관계와 달리 임금과 신하의 관계는 인위적 관계이므로 의리가 맞지 않으면 끊을 수 있음.

대표 기출 추리·추론·비판하기1

지문 제재 | 인문
2019 지방직 9급

다음 글쓴이의 입장에 부합하는 것은?

1 ¹[효(孝)가 개인과 가족, 곧 일차적인 인간관계에서 일어나는 행위를 규정(규정: 규칙으로 정함)한 것이라면](가정, 전제), [충(忠)은 가족이 아닌 사람들과의 관계, 곧 이차적인 인간관계에서 일어나는 사회적 행위를 규정한 것이었다.](결론) ²그런데 언제부터인가 우리는 [효를 순응적 가치관을 주입하는 봉건 가부장제 사회의 유습이라고 오해하는가 하면, 충과 효를 동일시하는 오류를 저지르는 경향이 많아졌다.](문제 제기) ³다음을 보자.
▶ 효를 봉건 가부장제 사회의 유습으로 보고 충과 효를 동일시함

2 ¹["부모에게 효도하고 형제를 사랑하는 사람은 윗사람의 명령을 거역하는 경우가 드물다. ²또 윗사람의 명령을 어기지 않는 사람은 난동을 일으키는 경우도 드물다. ³군자는 근본에 힘쓴다. ⁴근본이 확립되면 도가 생기기 때문이다. ⁵효도와 우애는 인(仁)의 근본이다."](효도와 우애를 인의 근본으로 보는 입장)
▶ 충과 효를 동일시하는 오류의 사례

3 ¹위 구절에 담긴 입장을 기준으로 보면 효는 윗사람에 대한 절대 복종으로 연결된다. ²곧 종족 윤리의 기본이 되는 연장자에 대한 예우는 물론이고 신분 사회의 엄격한 상하관계까지 포괄적으로 인정하는 것이다. ³하지만 이 구절만을 근거로 [효를 복종의 윤리라고 보는 것은 성급한 판단](주장)이다. ⁴왜냐하면 [원래부터 효란 가족 윤리 또는 종족 윤리로서 사회 윤리였던 충보다 우선시되었을 뿐만 아니라, 유교의 기본 입장은 설사 부모의 명령이라 하더라도 옳고 그름을 가리지 않는 맹목적인 복종은 그 자체가 불효라고 보았기 때문이다.](앞 주장에 대한 근거)
▶ 윗사람에 대한 복종을 절대시하지 않는 것이 유교적 윤리의 기본 입장

4 ¹[유교에서는 부모와 자식의 관계가 자연에 의해서 결정된다고 한다. ²이 때문에 부모와 자식의 관계는 인위적으로 끊을 수 없다고 본다. ³이에 비해, 임금과 신하의 관계는 공동의 목표를 위한 관계로서 의리에 의해서 맺어진 관계로 본다. ⁴의리가 맞지 않는다면 언제라도 끊을 수 있다고 생각하는 것이다.](대조)
▶ 부모와 자식의 관계와 달리 임금과 신하의 관계는 인위적 관계이므로 의리가 맞지 않으면 끊을 수 있음

① 효는 봉건 가부장제 사회에서 비롯한(×) 일차적 인간관계(○)이다.(근거 1 -1, 2)
② 효는 부모와 자식 간의 관계(○)이므로 조건 없는 신뢰(×)에 기초한 덕목이다.(근거 3 -4)
❸ 윗사람에 대한 복종을 절대시하지 않는 것이 유교적 윤리의 한 바탕이다.(근거 3 -4)
④ 충의 도리를 다함으로써 효의 도리에 도달할 수 있다(×)는 것이 인의 이치다.

단계별 풀이 비법

풀이 비법 1 발문으로 유형을 먼저 확인하라!
글쓴이의 입장에 부합하는 내용을 찾는 문제이므로, 글의 중심 화제를 찾는 유형으로 볼 수 있다. 단락별 중심 내용을 중심으로 글 전체의 내용을 정리한 다음, 글쓴이의 입장에 부합하는 내용을 찾는다.

풀이 비법 2 글의 핵심어를 찾고 중심 내용을 파악하라!
핵심어 효와 충의 관계
중심 내용

1	효를 봉건 가부장제 사회의 유습으로 보고 충과 효를 동일시하는 오류를 저지르는 경향이 많아짐.
2	효를 봉건 가부장제 사회의 유습으로 보고 충과 효를 동일시하는 오류를 저지르는 경향에 대한 사례
3	윗사람에 대한 복종을 절대시하지 않는 것이 유교적 윤리의 기본 입장임.
4	부모와 자식의 관계와 달리 임금과 신하의 관계는 인위적 관계이므로 의리가 맞지 않으면 끊을 수 있음.

풀이 비법 3 단락별 중심 내용을 종합하여 주제를 파악하라!
효를 윗사람에 대한 절대 복종으로 연결하여 신분 사회의 엄격한 상하관계까지 포괄적으로 인정하는 것은 성급한 판단이라고 진술하고 있다. 또한 글쓴이는 윗사람에 대한 복종을 절대시하지 않는 것이 유교적 윤리의 기본 입장이라고 밝히면서 임금과 신하의 관계는 인위적 관계이므로 의리가 맞지 않으면 끊을 수 있다고 서술하고 있다.

풀이 비법 4 부합하는 선택지를 찾아라!
① 1단락에서 효를 일차적인 인간관계로 보았지만 봉건 가부장제 사회에서 비롯됐다는 진술은 1-2에서 '오해'라고 서술하고 있으므로 틀린 내용이다.
② 3-4에서 '부모의 명령이라 하더라도 옳고 그름을 가리지 않는 맹목적인 복종은 그 자체가 불효'라고 서술하고 있으므로 글쓴이의 입장에 부합하지 않는 진술이다.
③ 3-4에서 '부모의 명령이라 하더라도 옳고 그름을 가리지 않는 맹목적인 복종은 그 자체가 불효'라는 내용을 통해 글쓴이의 입장에 부합하는 진술임을 알 수 있다.
④ 글쓴이는 효는 충보다 우선시된다고 보았다. 그리고 ④의 진술은 이 글에서 언급되지 않았고 글쓴이의 입장과도 다르다.

정답 ③

시간 절약 꿰알 TIP

글쓴이의 입장이나 견해를 나타내는 글은 역접 지시어 '그러나, 하지만'의 뒷부분에 주의를 기울여 독해해야 합니다. 이 지문에서도 '하지만'의 앞부분까지는 말과 생각에 대한 일반적 견해만이 나타나 있습니다. 그러나 효애 대한 글쓴이의 입장은 '하지만'과 '왜냐하면'이라는 지시어 뒤에 있습니다.

실전 기출 — 추리·추론·비판하기 1

학습일: 월   일   풀이 시간: 1분 이내

연습 1 병태 요정과 함께 풀기

다음 글의 맥락을 고려할 때 빈칸에 들어갈 말로 가장 적절한 것은?
2023 지방직 9급

> 능숙한 필자와 미숙한 필자는 글쓰기 과정 중 '계획하기'에서 뚜렷한 차이를 보인다. 전자는 이 과정에 오랜 시간 공을 들이는 반면, 후자는 그렇지 않다. 글쓰기에서 계획하기는 글쓰기의 목적 수립, 주제 선정, 예상 독자 분석 등을 포함한다. 이 중 예상 독자 분석이 중요한 이유는 (   ) 때문이다. 글을 쓸 때 독자의 수준에 비해 너무 어려운 개념과 전문용어를 사용한다면 독자가 글을 이해하기 어렵게 된다. 글쓰기는 필자가 글을 통해 자신의 메시지를 독자에게 전달하는 행위라는 점을 고려하면 계획하기 단계에서 반드시 예상 독자를 분석해야 한다.

① 계획하기 과정이 글쓰기 전체 과정의 첫 단계이기
② 글에 어려운 개념이나 전문용어를 어느 정도 포함해야 하기
③ 필자의 메시지를 독자에게 효과적으로 전달하는 데 도움이 되기
④ 독자의 배경지식 수준을 고려해야 글의 목적과 주제가 결정되기

연습 2 혼자서 눈으로 계속 연습하기

다음 글의 맥락을 고려할 때 빈칸에 들어갈 말로 가장 적절한 것은?
2023 지방직 9급

> 능숙한 필자와 미숙한 필자는 글쓰기 과정 중 '계획하기'에서 뚜렷한 차이를 보인다. 전자는 이 과정에 오랜 시간 공을 들이는 반면, 후자는 그렇지 않다. 글쓰기에서 계획하기는 글쓰기의 목적 수립, 주제 선정, 예상 독자 분석 등을 포함한다. 이 중 예상 독자 분석이 중요한 이유는 (   ) 때문이다. 글을 쓸 때 독자의 수준에 비해 너무 어려운 개념과 전문용어를 사용한다면 독자가 글을 이해하기 어렵게 된다. 글쓰기는 필자가 글을 통해 자신의 메시지를 독자에게 전달하는 행위라는 점을 고려하면 계획하기 단계에서 반드시 예상 독자를 분석해야 한다.

① 계획하기 과정이 글쓰기 전체 과정의 첫 단계이기
② 글에 어려운 개념이나 전문용어를 어느 정도 포함해야 하기
③ 필자의 메시지를 독자에게 효과적으로 전달하는 데 도움이 되기
④ 독자의 배경지식 수준을 고려해야 글의 목적과 주제가 결정되기

지문을 한눈에

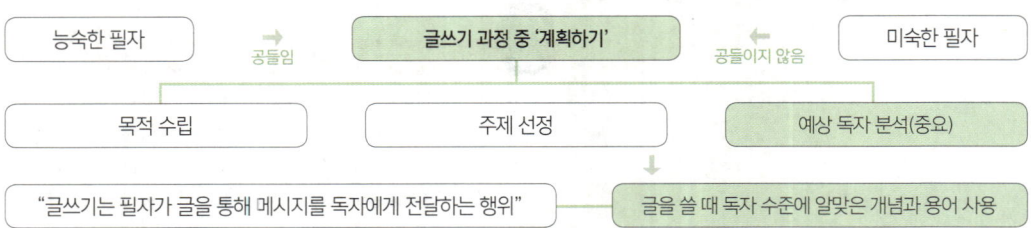

실전 기출 — 추리·추론·비판하기1

01
지문 제재 | 작문

다음 글의 맥락을 고려할 때 빈칸에 들어갈 말로 가장 적절한 것은?
2023 지방직 9급

1 ¹능숙(能熟, 능하고 익숙함)한 필자와 미숙(未熟, 일 따위에 익숙하지 못하여 서투름)한 필자는 글쓰기 과정 중 '계획하기'에서 뚜렷한 차이(差異, 서로 같지 아니하고 다름)를 보인다. [²전자는 이 과정에 오랜 시간 공을 들이는 반면, 후자는 그렇지 않다.](대조) ³글쓰기에서 계획하기는 글쓰기의 목적(目的, 실현하려고 하는 일이나 나아가는 방향) 수립(樹立, 국가나 정부, 제도, 계획 따위를 이룩하여 세움), 주제 선정(選定, 여럿 가운데서 어떤 것을 뽑아 정함), 예상(豫想, 어떤 일을 직접 당하기 전에 미리 생각하여 둠) 독자(讀者, 책, 신문, 잡지 따위의 글을 읽는 사람) 분석 등을 포함(包含, 어떤 사물이나 현상 가운데 함께 들어 있거나 함께 넣음)한다. ⁴이 예상 독자 분석이 중요한 이유는 (　　　　　　　) 때문이다. ⁵글을 쓸 때 독자의 수준(水準, 사물의 가치나 질 따위의 기준이 되는 일정한 표준이나 정도)에 비해 너무 어려운 개념(槪念, 어떤 사물이나 현상에 대한 일반적인 지식)과 전문용어(專門用語, 특정한 전문 분야에서 주로 사용하는 용어)를 사용한다면 독자가 글을 이해(理解, 사리를 분별하여 해석함)하기 어렵게 된다. ⁶[글쓰기는 필자가 글을 통해 자신의 메시지를 독자에게 전달하는 행위라는 점을 고려(考慮, 생각하고 헤아려 봄)하면](예상 독자를 분석해야 하는 이유) 계획하기 단계에서 반드시 예상 독자를 분석해야 한다.

① 계획하기 과정이 글쓰기 전체 과정의 첫(×) 단계이기 (근거 1-1)
② 글에 어려운 개념이나 전문용어를 어느 정도 포함해야(×) 하기 (근거 1-5)
❸ 필자의 메시지를 독자에게 효과적으로 전달하는 데 도움이 되기 (근거 1-6)
④ 독자의 배경지식 수준을 고려해야 글의 목적과 주제가 결정(×)되기 (근거 1-3, 5)

단계별 풀이 비법

풀이 비법 1 발문으로 유형을 먼저 확인하라!
생략된 정보를 추리하는 문제이다. 빈칸 뒤에 오는 문장에서 답을 추론할 수 있다.

풀이 비법 2 무엇(화제)에 대해 말하고 있는지 파악하라!
중심 화제 글쓰기에서 계획하기
중심 내용 필자가 글을 통해 메시지를 독자에게 효과적으로 전달하려면 계획하기 단계에서 반드시 예상 독자를 분석해야 한다.

풀이 비법 3 지문에서 선택지 내용과 관련된 내용을 찾아 정리하라!

선지	관련 정보
①	1-1: 글쓰기 과정 중 '계획하기'에서
②	1-5: 독자의 수준에 비해 너무 어려운 개념과 전문용어를 사용한다면 독자가 글을 이해하기 어렵다.
③	1-6: 글쓰기는 필자가 글을 통해 자신의 메시지를 독자에게 전달하는 행위라는 점을 고려하면 계획하기 단계에서 반드시 예상 독자를 분석해야 한다.
④	1-3, 5: 예상 독자 분석 등을 포함, 독자의 수준에 비해 너무 어려운 개념과 전문용어를 사용한다면 독자가 글을 이해하기 어렵게 된다.

풀이 비법 4 선택지의 적절성을 판단하라!
① 빈칸은 예상 독자 분석에 관한 것이므로 '계획하기 과정이 글쓰기 과정의 첫 단계'라는 내용은 맞지 않고 '첫 단계'라는 내용도 없다.
② 독자의 수준에 비해 너무 어려운 개념과 전문용어를 사용한다면 독자가 글을 이해하기 어렵다고 했기 때문에 '어려운 개념이나 전문용어를 어느 정도 포함해야' 한다는 내용은 적절하지 않다.
③ 빈칸 뒤에 예상 독자를 분석해야 하는 이유가 나와 있다. 글쓰기는 필자가 자신의 메시지를 독자에게 전달하는 행위라는 점을 고려하면 계획하기 단계에서 반드시 예상 독자를 분석해야 한다는 내용을 통해 '필자의 메시지를 독자에게 효과적으로 전달하는 데 도움이 되기'가 빈칸에 들어갈 말로 적절하다고 볼 수 있다.
④ 독자의 배경지식 수준을 고려해야 하는 것은 맞지만 독자의 배경지식을 고려해야 글의 목적과 주제가 결정되는 것은 아니다.

정답 ③

실전 기출 — 추리·추론·비판하기1

학습일: 월   일   풀이 시간: 1분 이내

연습 1 — 병태 요정과 함께 풀기

다음 글에서 추론한 내용으로 적절하지 않은 것은?   2023 지방직 9급

> 우리는 개별적으로 고립된 채 살아가는 존재일 수 없다. 사회 속에서 여럿이 모여 '복수(複數)'의 상태로 살아갈 수밖에 없는 존재라는 것이다. 복수의 상태로 살아가는 우리는 종(種)적인 차원에서 보면 보편적이고 동등한 존재이다. 그러나 우리는 각각 유일무이성을 지닌 '단수(單數)'이기도 하다. 즉 모든 인간은 개인으로서 고유한 인격체라는 특수성을 지닌다. 사회 속에서 우리는 보편적 복수성과 특수한 단수성을 겸비한 채 살아가고 있는 셈이다. 바로 이러한 이유로 우리는 다원적 존재이다. 이러한 존재들로 구성된 다원적 사회에서는 어떠한 획일화도 시도되어서는 안 된다. 우리가 이 같은 사회에서 살아가기 위해서는 타인을 포용하는 공존의 태도가 필요하다. 공동체 정화 등을 목적으로 개별적 유일무이성을 제거하는 것은 우리가 살아가는 사회의 다원성을 파괴하는 일이다.

① 우리는 고립된 상태에서 '단수'로 살아가는 존재가 아니다.
② 우리는 다원성을 지닌 존재로서 포용적으로 공존해야 한다.
③ 개인의 유일무이성을 보존하려는 제도는 개인의 보편적 복수성을 침해한다.
④ 개인의 특수한 단수성을 제거하려는 시도는 사회의 다원성을 파괴하는 결과로 이어질 수 있다.

연습 2 — 혼자서 눈으로 계속 연습하기

다음 글에서 추론한 내용으로 적절하지 않은 것은?   2023 지방직 9급

> 우리는 개별적으로 고립된 채 살아가는 존재일 수 없다. 사회 속에서 여럿이 모여 '복수(複數)'의 상태로 살아갈 수밖에 없는 존재라는 것이다. 복수의 상태로 살아가는 우리는 종(種)적인 차원에서 보면 보편적이고 동등한 존재이다. 그러나 우리는 각각 유일무이성을 지닌 '단수(單數)'이기도 하다. 즉 모든 인간은 개인으로서 고유한 인격체라는 특수성을 지닌다. 사회 속에서 우리는 보편적 복수성과 특수한 단수성을 겸비한 채 살아가고 있는 셈이다. 바로 이러한 이유로 우리는 다원적 존재이다. 이러한 존재들로 구성된 다원적 사회에서는 어떠한 획일화도 시도되어서는 안 된다. 우리가 이 같은 사회에서 살아가기 위해서는 타인을 포용하는 공존의 태도가 필요하다. 공동체 정화 등을 목적으로 개별적 유일무이성을 제거하는 것은 우리가 살아가는 사회의 다원성을 파괴하는 일이다.

① 우리는 고립된 상태에서 '단수'로 살아가는 존재가 아니다.
② 우리는 다원성을 지닌 존재로서 포용적으로 공존해야 한다.
③ 개인의 유일무이성을 보존하려는 제도는 개인의 보편적 복수성을 침해한다.
④ 개인의 특수한 단수성을 제거하려는 시도는 사회의 다원성을 파괴하는 결과로 이어질 수 있다.

지문을 한눈에

실전 기출 추리·추론·비판하기 1

02
다음 글에서 추론한 내용으로 적절하지 않은 것은?

지문 제재 | 사회
2023 지방직 9급

> ① ¹우리는 개별적으로 고립(孤立, 다른 사람과 어울리어 사귀지 아니하거나 다른 사람의 도움을 받지 못하여 외따로 떨어짐)된 채 살아가는 존재(存在, 현실에 실제로 있음)일 수 없다. ²사회 속에서 여럿이 모여 '복수(複數)'의 상태(狀態, 사물·현상이 놓여 있는 모양이나 형편)로 살아갈 수밖에 없는 존재라는 것이다. ³복수의 상태로 살아가는 우리는 종(種)적인 차원에서 보면 보편적(普遍的, 모든 것에 두루 미치거나 통하는 것)이고 동등한 존재이다. ⁴그러나 우리는 각각 유일무이(唯一無二, 오직 하나뿐이고 둘도 없음)성을 지닌 '단수(單數)'이기도 하다. ⁵즉 모든 인간은 개인으로서 고유(固有, 본래부터 가지고 있는 특유한 것)한 인격체라는 특수성(特殊性, 일반적이고 보편적인 것과 다른 성질)을 지닌다. ⁶사회 속에서 우리는 보편적 복수성과 특수한 단수성을 겸비(兼備, 두 가지 이상을 아울러 갖춤)한 채 살아가고 있는 셈이다. ⁷바로 이러한 이유로 우리는 다원적(多元的, 사물을 형성하는 근원이 많은) 존재이다. ⁸이러한 존재들로 구성(構成, 몇 가지 부분이나 요소들을 모아서 일정한 전체를 짜 이룸)된 다원적 사회에서는 어떠한 획일화(劃一化, 모두가 한결같아서 다름이 없게 됨. 또는 모두가 한결같아서 다름이 없게 함)도 시도(試圖, 어떤 것을 이루어 보려고 계획하거나 행동함)되어서는 안 된다. ⁹우리가 이 같은 사회에서 살아가기 위해서는 타인을 포용(包容, 남을 너그럽게 감싸 주거나 받아들임)하는 공존의 태도가 필요하다. ¹⁰공동체 정화(淨化, 불순하거나 더러운 것을 깨끗하게 함) 등을 목적으로 개별적 유일무이성을 제거(除去, 없애 버림)하는 것은 우리가 살아가는 사회의 다원성을 파괴(破壞, 조직, 질서, 관계 따위를 와해하거나 무너뜨림)하는 일이다.

① 우리는 고립된 상태에서 '단수'로 살아가는 존재가 아니다. (근거 ①-1, 2)
② 우리는 다원성을 지닌 존재로서 포용적으로 공존해야 한다. (근거 ①-7~9)
❸ 개인의 유일무이성을 보존하려는 제도는 개인의 보편적 복수성을 침해(×)한다. (근거 ①-6, 7)
④ 개인의 특수한 단수성을 제거하려는 시도는 사회의 다원성을 파괴하는 결과로 이어질 수 있다. (근거 ①-10)

단계별 풀이 비법

풀이 비법 1 발문으로 유형을 확인하라!

글의 내용을 바탕으로 추론한 내용의 적절성을 묻는 문제이다. 지문에서 설명하고 있는 대상에 대한 글쓴이의 관점과 대상에 대한 정확한 이해가 필요하다.

풀이 비법 2 무엇(화제)에 대해 말하고 있는지 파악하라!

중심 화제 인간
중심 내용

①-1~3	인간은 복수의 상태로 살아가므로 보편적 복수성을 지닌다.
①-4~8	인간은 유일무이성의 지닌 단수로 보편적 복수성과 특수한 단수성을 겸비한 다원적 존재이다.
①-9~10	타인을 포용하는 공존의 태도가 필요하다.

풀이 비법 3 지문에서 선택지 내용과 관련된 정보를 찾아 정리하라!

선지	관련 정보
①	①-1, 2: 개별적으로 고립된 채 살아가는 존재일 수 없고, 여럿이 모여 복수의 상태로 살아갈 수밖에 없는 존재
②	①-7~9: 다원성을 지닌 존재, 획일화도 시도해서는 안 되고, 타인을 포용하는 공존의 태도가 필요하다.
③	①-6: 우리는 보편적 복수성과 특수한 단수성(유일무이성)을 겸비한 채 살아가
④	①-10: 개별적 유일무이성을 제거하는 것은 우리가 살아가는 사회의 다원성을 파괴하는 일이다.

풀이 비법 4 선택지의 적절성을 판단하라!

① '우리는 개별적으로 고립된 채 살아가는 존재일 수 없'으며, '사회 속에서 여럿이 모여 복수의 상태로 살아갈 수밖에 없는 존재'라는 내용을 통해 추론할 수 있다.
② 우리는 다원성을 지닌 존재로서 어떠한 획일화도 시도해서는 안 되고 타인을 포용하는 공존의 태도가 필요하다는 것을 추론할 수 있다.
③ 우리는 다원적 존재라서 보편적 복수성과 특수한 단수성(유일무이성)을 겸비한 채 살아간다. 따라서 개인의 유일무이성을 보존한다고 해서 개인의 보편적 복수성을 침해한다고 볼 수 없다.
④ '개별적 유일무이성(단수성)을 제거하는 것은 우리가 살아가는 사회의 다원성을 파괴하는 일'이라는 내용을 통해 확인할 수 있다.

정답 ③

실전 기출 — 추리·추론·비판하기 1

학습일: 월 일 풀이 시간: 1분 이내

연습 1 병태 요정과 함께 풀기

다음 글에서 추론한 내용으로 적절하지 않은 것은? 2023 지방직 9급

> 프랑스에서 의무교육 제도를 실시하면서 정규학교에 입학하기 어려운 지적장애아, 학습부진아를 가려내고자 하였다. 이에 기초 학습 능력 평가를 목적으로, 1905년 최초의 IQ 검사가 이루어졌다. 이 검사를 통해 비로소 인간의 지능을 구체적으로 수치화하고 객관적으로 비교할 수 있게 되었다.
>
> 이후 오랫동안 IQ가 높으면 똑똑한 사람, 그렇지 않으면 머리가 좋지 않고 학습에도 부진한 사람으로 판단했다. 물론 IQ가 높은 아이는 그렇지 않은 아이에 비해 읽기나 계산 등 사고 기능과 관련된 과목에서 높은 성취도를 보이는 경우가 많다. 이는 IQ 검사가 기초 학습에 필요한 최소 능력인 언어 이해력, 어휘력, 수리력 등을 측정하기 때문이다. 학습의 기초 능력을 측정하는 IQ 검사에서 높은 점수를 받은 아이는 동일한 능력을 측정하는 학업 평가에서도 높은 점수를 받을 가능성이 크다. 하지만 문제는 IQ 검사가 인간의 지능 중 일부만을 측정한다는 점이다.

① 최초의 IQ 검사는 학습 능력이 우수한 아이를 고르기 위해 시행되었다.
② IQ 검사가 만들어지기 전에는 인간의 지능을 수치로 비교할 수 없었다.
③ IQ가 높은 아이라도 전체 지능은 높지 않을 수 있다.
④ IQ가 높은 아이가 읽기 능력이 좋을 확률이 높다.

연습 2 혼자서 눈으로 계속 연습하기

다음 글에서 추론한 내용으로 적절하지 않은 것은? 2023 지방직 9급

> 프랑스에서 의무교육 제도를 실시하면서 정규학교에 입학하기 어려운 지적장애아, 학습부진아를 가려내고자 하였다. 이에 기초 학습 능력 평가를 목적으로, 1905년 최초의 IQ 검사가 이루어졌다. 이 검사를 통해 비로소 인간의 지능을 구체적으로 수치화하고 객관적으로 비교할 수 있게 되었다.
>
> 이후 오랫동안 IQ가 높으면 똑똑한 사람, 그렇지 않으면 머리가 좋지 않고 학습에도 부진한 사람으로 판단했다. 물론 IQ가 높은 아이는 그렇지 않은 아이에 비해 읽기나 계산 등 사고 기능과 관련된 과목에서 높은 성취도를 보이는 경우가 많다. 이는 IQ 검사가 기초 학습에 필요한 최소 능력인 언어 이해력, 어휘력, 수리력 등을 측정하기 때문이다. 학습의 기초 능력을 측정하는 IQ 검사에서 높은 점수를 받은 아이는 동일한 능력을 측정하는 학업 평가에서도 높은 점수를 받을 가능성이 크다. 하지만 문제는 IQ 검사가 인간의 지능 중 일부만을 측정한다는 점이다.

① 최초의 IQ 검사는 학습 능력이 우수한 아이를 고르기 위해 시행되었다.
② IQ 검사가 만들어지기 전에는 인간의 지능을 수치로 비교할 수 없었다.
③ IQ가 높은 아이라도 전체 지능은 높지 않을 수 있다.
④ IQ가 높은 아이가 읽기 능력이 좋을 확률이 높다.

지문을 한눈에

IQ 검사	최초 검사 1905년	이후 오랫동안	한계
	기초 학습 능력 평가 지적 장애아, 학습 부진아 가려내기	· IQ 높으면 똑똑한 사람, 낮으면 학습 부진아로 평가됨. · 이유: 기초 학습 최소 능력(언어 이해력, 어휘력, 수리력) 측정	인간 지능 중 일부만 측정

실전 기출 추리·추론·비판하기1

03
다음 글에서 추론한 내용으로 적절하지 않은 것은?

지문 제재 | 교육
2023 지방직 9급

① 1프랑스에서 의무교육 제도를 실시(實施, 실제로 시행함)하면서 정규학교에 입학하기 어려운 지적장애아, 학습부진아를 가려내고자 하였다. 2이에 기초 학습 능력 평가(評價, 물건값을 헤아려 매김)를 목적(目的, 실현하려고 하는 일이나 나아가는 방향)으로, 1905년 최초의 IQ 검사(檢査, 사실이나 일의 상태 또는 물질의 구성 성분 따위를 조사하여 옳고 그름과 낫고 못함을 판단하는 일)가 이루어졌다. 3이 검사를 통해 비로소 인간의 지능을 구체적(具體的, 실제적이고 세밀한 부분까지 담고 있는 것)으로 수치화(數値化, 사물이나 현상을 수치로 나타냄)하고 객관적으로 비교(比較, 둘 이상의 사물을 견주어 서로 간의 유사점, 차이점, 일반 법칙 따위를 고찰하는 일)할 수 있게 되었다.
▶ IQ 검사를 통해 인간의 지능을 수치화하여 객관적 비교를 가능하게 함

② 1이후 오랫동안 IQ가 높으면 똑똑한 사람, 그렇지 않으면 머리가 좋지 않고 학습에도 부진(不振, 어떤 일이 이루어지는 기세나 힘 따위가 활발하지 아니함)한 사람으로 판단(判斷, 사물을 인식하여 논리나 기준 등에 따라 판정을 내림)했다. 2물론 IQ가 높은 아이는 그렇지 않은 아이에 비해 읽기나 계산(計算, 수를 헤아림) 등 사고 기능과 관련(關聯/關連, 둘 이상의 사람, 사물, 현상 따위가 서로 관계를 맺어 매여 있음)된 과목에서 높은 성취도(成就度, 목적한 바를 이룬 정도)를 보이는 경우가 많다. 3이는 IQ 검사가 기초 학습에 필요한 최소 능력인 언어 이해력(理解力, 사리를 분별하여 해석하는 힘), 어휘력(語彙力, 어휘를 마음대로 부리어 쓸 수 있는 능력), 수리력(數理力, 수학의 이론이나 이치를 이해하고 계산을 잘하는 능력) 등을 측정(測定, 헤아려 결정함)하기 때문이다. 4학습의 기초 능력을 측정하는 IQ 검사에서 높은 점수(點數, 성적을 나타내는 숫자)를 받은 아이는 동일한 능력을 측정하는 학업 평가에서도 높은 점수를 받을 가능성이 크다. 5하지만 문제는 IQ 검사가 인간의 지능 중 일부(一部, 한 부분)만을 측정한다는 점이다.
▶ IQ 검사가 인간의 지능 중 일부만 측정함

① 최초의 IQ 검사는 학습 능력이 우수한 아이를 고르기 위해(×) 시행되었다. (근거 ①-1, 2)
② IQ 검사가 만들어지기 전에는 인간의 지능을 수치로 비교할 수 없었다. (근거 ①-3)
③ IQ가 높은 아이라도 전체 지능은 높지 않을 수 있다. (근거 ②-5)
④ IQ가 높은 아이가 읽기 능력이 좋을 확률이 높다. (근거 ②-2~4)

단계별 풀이 비법

풀이비법 1 발문으로 유형을 확인하라!
글의 내용을 바탕으로 추론한 내용의 적절성을 묻는 문제이다. 지문에서 설명하고 있는 대상에 대한 글쓴이의 관점과 대상에 대한 정확한 이해가 필요하다.

풀이비법 2 무엇(화제)에 대해 말하고 있는지 파악하라!

중심 화제 IQ 검사
중심 내용

①	IQ 검사를 통해 인간의 지능을 수치화하여 객관적 비교를 가능하게 함.
②	IQ 검사가 인간의 지능 중 일부만 측정함.

풀이비법 3 지문에서 선택지 내용과 관련된 정보를 찾아 정리하라!

선지	관련 정보
①	①-1, 2: 정규학교에 입학하기 어려운 지적장애아, 학습부진아를 가려내고자 하였다. 이에 기초 학습 능력 평가를 목적
②	①-3: 이 검사를 통해 비로소 인간의 지능을 구체적으로 수치화하고 객관적으로 비교할 수 있게 되었다.
③	②-5: 문제는 IQ 검사가 인간의 지능 중 일부만을 측정한다는 점이다.
④	②-2~4: IQ가 높은 아이는 그렇지 않은 아이에 비해 읽기나 계산 등 사고 기능과 관련된 과목에서 높은 성취도를 보이는 경우가 많다.

풀이비법 4 선택지의 적절성을 판단하라!

① ①-1, 2 IQ 검사는 '프랑스에서 의무교육 제도를 실시하면서 정규학교에 입학하기 어려운 지적장애아, 학습부진아를 가려내'기 위한 목적으로 실시되었다.
② ①에서 최초의 IQ 검사가 시행된 이후에 인간의 지능을 구체적으로 수치화하고 객관적으로 비교할 수 있게 되었다.
③ ②에서 IQ 검사는 인간의 지능 중 일부만을 측정한다는 문제점을 가지고 있으므로 IQ가 높더라도 전체 지능이 높다고 할 수 없다.
④ ②에서 IQ 검사는 언어 이해력, 어휘력, 수리력 등을 측정하기 때문에 IQ가 높은 아이는 읽기 능력에서 높은 성취도를 보일 수 있다고 추론할 수 있다.

정답 ①

실전 기출 추리·추론·비판하기1

학습일: 월 일 풀이 시간: 1분 이내

연습 1 병태 요정과 함께 풀기

다음 글에서 추론한 내용으로 적절하지 않은 것은? 2023 지방직 9급

　한글은 소리를 나타내는 표음문자여서 한국어 문장을 읽는 데 학습해야 할 글자가 적지만, 한자는 음과 상관없이 일정한 뜻을 나타내는 표의문자여서 한문을 읽는 데 익혀야 할 글자 수가 훨씬 많다. 이러한 번거로움에도 한글과 달리 한자가 갖는 장점이 있다. 한글에서는 동음이의어, 즉 형태와 음이 같은데 뜻이 다른 단어가 많아 글자만으로 의미를 파악하지 못하는 경우가 많다. 하지만 한자는 그렇지 않다. 예컨대, 한글로 '사고'라고만 쓰면 '뜻밖에 발생한 사건'인지 '생각하고 궁리함' 인지 구별할 수 없다. 한자로 전자는 '事故', 후자는 '思考'로 표기한다. 그런데 한자는 문맥에 따라 같은 글자가 다른 뜻으로 쓰이지는 않지만 다른 문장성분으로 사용되기도 해 혼란을 야기한다. 가령 '愛人'은 문맥에 따라 '愛'가 '人'을 수식하는 관형어일 때도, '人'을 목적어로 삼는 서술어일 때도 있는 것이다.

① 한문은 한국어 문장보다 문장성분이 복잡하다.
② '淨水'가 문맥상 '깨끗하게 한 물'일 때 '淨'은 '水'를 수식한다.
③ '愛人'에서 '愛'의 문장성분이 바뀌더라도 '愛'는 동음이의어가 아니다.
④ '의사'만으로는 '병을 고치는 사람'인지 '의로운 지사'인지 구별할 수 없다.

연습 2 혼자서 눈으로 계속 연습하기

다음 글에서 추론한 내용으로 적절하지 않은 것은? 2023 지방직 9급

　한글은 소리를 나타내는 표음문자여서 한국어 문장을 읽는 데 학습해야 할 글자가 적지만, 한자는 음과 상관없이 일정한 뜻을 나타내는 표의문자여서 한문을 읽는 데 익혀야 할 글자 수가 훨씬 많다. 이러한 번거로움에도 한글과 달리 한자가 갖는 장점이 있다. 한글에서는 동음이의어, 즉 형태와 음이 같은데 뜻이 다른 단어가 많아 글자만으로 의미를 파악하지 못하는 경우가 많다. 하지만 한자는 그렇지 않다. 예컨대, 한글로 '사고'라고만 쓰면 '뜻밖에 발생한 사건'인지 '생각하고 궁리함' 인지 구별할 수 없다. 한자로 전자는 '事故', 후자는 '思考'로 표기한다. 그런데 한자는 문맥에 따라 같은 글자가 다른 뜻으로 쓰이지는 않지만 다른 문장성분으로 사용되기도 해 혼란을 야기한다. 가령 '愛人'은 문맥에 따라 '愛'가 '人'을 수식하는 관형어일 때도, '人'을 목적어로 삼는 서술어일 때도 있는 것이다.

① 한문은 한국어 문장보다 문장성분이 복잡하다.
② '淨水'가 문맥상 '깨끗하게 한 물'일 때 '淨'은 '水'를 수식한다.
③ '愛人'에서 '愛'의 문장성분이 바뀌더라도 '愛'는 동음이의어가 아니다.
④ '의사'만으로는 '병을 고치는 사람'인지 '의로운 지사'인지 구별할 수 없다.

지문을 한눈에

한글
표음 문자
학습할 글자 적음.

VS

한자
표의 문자
학습할 글자 훨씬 많음.

장점
동음이의어를 파악하기 어려운 한글과 달리 글자 의미 파악 용이
예) 사고 / 事故, 思考

한계
문맥에 따라 같은 글자가 다른 문장성분으로 사용되기도 해 혼란 야기
예) 愛人: 愛가 人을 수식하는 관형어 또는 人을 목적어로 삼는 서술어

실전 기출 추리·추론·비판하기1

04

다음 글에서 추론한 내용으로 적절하지 않은 것은?

지문 제재 | 언어
2023 지방직 9급

1 「¹한글은 【소리를 나타내는(정의) 표음문자】여서 한국어 문장을 읽는 데 학습해야 할 글자가 적지만, 한자는 【음과 상관없이 일정한 뜻을 나타내는(정의) 표의문자】여서 한문을 읽는 데 익혀야 할 글자 수가 훨씬 많다.」 대조 ²어려한(익혀야 할 글자 수가 많음) 번거로움에도 한글과 달리 한자가 갖는 장점이 있다. ³한글에서는 동음이의어, 즉 【형태와 음이 같은데 뜻이 다른 단어】(정의)가 많아 글자만으로 의미(意味, 말이나 글의 뜻)를 파악(把握, 어떤 대상의 내용이나 본질을 확실하게 이해하여 앎)하지 못하는 경우가 많다. ⁴하지만 한자는 그렇지 않다. ⁵예컨대, 한글로 '사고'라고만 쓰면 '뜻밖에 발생한 사건'인지 '생각하고 궁리함'인지 구별(區別, 성질이나 종류에 따라 갈라놓음)할 수 없다. ⁶한자로 전자는 '事故', 후자는 '思考'로 표기(表記, 적어서 나타냄)한다. ⁷그런데 한자는 문맥(文脈, 글월에 표현된 의미의 앞뒤 연결)에 따라 같은 글자가 다른 뜻으로 쓰이지는 않지만 다른 문장성분으로 사용되기도 해 혼란(混亂, 뒤죽박죽이 되어 어지럽고 질서가 없음)을 야기(惹起, 일이나 사건 따위를 끌어 일으킴)한다. ⁸가령 '愛人'은 문맥에 따라 '愛'가 '人'을 수식하는 관형어일 때도, '人'을 목적어로 삼는 서술어일 때도 있는 것이다.

① 한문은 한국어 문장보다 문장성분이 복잡하다.(×)
② '淨水'가 문맥상 '깨끗하게 한 물'일 때 '淨'은 '水'를 수식한다.(근거 1-8)
③ '愛人'에서 '愛'의 문장성분이 바뀌더라도 '愛'는 동음이의어가 아니다.(근거 1-7)
④ '의사'만으로는 '병을 고치는 사람'인지 '의로운 지사'인지 구별할 수 없다.(근거 1-4, 5)

단계별 풀이 비법

풀이 비법 1 발문으로 유형을 확인하라!

글의 내용을 바탕으로 추론한 내용의 적절성을 묻는 문제이다. 지문에서 설명하고 있는 대상에 대한 글쓴이의 관점과 대상에 대한 정확한 이해가 필요하다.

풀이 비법 2 무엇(화제)에 대해 말하고 있는지 파악하라!

중심 화제 한글과 한자의 장단점
중심 내용 한글은 표음문자로 학습할 글자가 적은 반면 한자는 표의 문자로 학습할 글자가 많다. 한자는 동음이의어를 파악하기 어려운 한글과 달리 글자의 의미 파악에 용이한 반면 문맥에 따라 같은 글자가 다른 문장성분으로 사용되기도 해 혼란을 야기한다.

풀이 비법 3 지문에서 선택지 내용과 관련된 정보를 찾아 정리하라!

선지	관련 정보
①	지문에 없는 내용임.
②	1-8: '愛人'은 문맥에 따라 '愛'가 '人'을 수식하는 관형어일 때도, '人'을 목적어로 삼는 서술어일 때도 있는 것이다.
③	1-7: 한자는 문맥에 따라 같은 글자가 다른 뜻으로 쓰이지는 않지만
④	1-4, 5 한글에서는 ~ 글자만으로 의미를 파악하지 못하는 경우가 많다.

풀이 비법 4 선택지의 적절성을 판단하라!

① 한자의 경우 문맥에 따라 같은 글자가 다른 문장성분으로 사용되는 경우가 있으나 한문이 한국어 문장보다 문장성분 자체가 복잡하다는 내용은 확인할 수 없다.
② '愛人'에서 '愛'는 관형어나 서술어로 쓰인다. '淨水'가 문맥상 '깨끗하게 한 물'로 쓰였다면 '淨'는 '水'를 수식하는 관형어로 쓰인 것이다.
③ 한자는 문맥에 따라 같은 글자가 다른 문장성분으로 사용되지만 다른 뜻으로 쓰이지는 않으므로 동음이의어가 되는 것은 아니다.
④ 예를 든 '사고'와 같이, 한글로만 표기할 경우에는 의미를 구별할 수 없다.

정답 ①

시간 절약 꿀알 TIP 지문과 일치하지 않는 선택지 만들기

없는 진술 내용	지문에 없는 내용을 제시한다.
서술 내용 바꿔치기	A는 B이다. → A는 B가 아니다. A는 C다.
어휘 바꿔치기	A는 B이다. → D는 B이다. 재진술하면서 의미가 다른 어휘 사용

실전 기출 — 추리·추론·비판하기1

연습 1 병태 요정과 함께 풀기

다음 글에서 추론한 내용으로 가장 적절한 것은? 2023 국가직 9급

> 공포의 상태와 불안의 상태를 구분하는 것은 쉽지 않다. 왜냐하면 두 감정을 함께 느끼거나 한 감정이 다른 감정을 유발할 때가 많기 때문이다. 가령, 무시무시한 전염병을 목도하고 공포에 빠진 사람은 자신도 언젠가 그 병에 걸릴지 모른다는 불안 상태에 빠지게 된다. 이처럼 두 감정은 서로 밀접하게 얽혀 있다는 점에서 혼동하기 쉽다. 하지만 두 감정을 야기한 원인을 따져 보면 두 감정을 명확하게 구분할 수 있다. 공포는 실재하는 객관적 위협에 의해 야기된 상태를 의미하고, 불안은 현재 발생하지 않았으며 미래에 일어날지 모르는 불명확한 위협에 의해 야기된 상태를 의미한다. 공포와 불안의 감정은 둘 다 자아와 관련되어 있지만 여기에서도 차이를 찾을 수 있다. 공포를 느끼는 것은 '나 자신'이 위험한 상황에 놓여 있다는 사실을 아는 것이고, 불안의 경험은 '나 자신'이 위해를 입을까 봐 걱정하는 것이다.

① 자신이 처한 위험한 상황을 정확히 인식하는 경우에는 공포감에 비해 불안감이 더 크다.
② 전기·가스 사고가 날까 두려워 외출하지 못하는 사람은 불안한 상태에 있는 것이다.
③ 시험에 불합격할 수 있다는 생각에 사로잡힌 사람은 공포감에 빠져 있는 것이다.
④ 과거에 큰 교통사고를 경험한 사람은 공포감은 크지만 불안감은 작다.

연습 2 혼자서 눈으로 계속 연습하기

다음 글에서 추론한 내용으로 가장 적절한 것은? 2023 국가직 9급

> 공포의 상태와 불안의 상태를 구분하는 것은 쉽지 않다. 왜냐하면 두 감정을 함께 느끼거나 한 감정이 다른 감정을 유발할 때가 많기 때문이다. 가령, 무시무시한 전염병을 목도하고 공포에 빠진 사람은 자신도 언젠가 그 병에 걸릴지 모른다는 불안 상태에 빠지게 된다. 이처럼 두 감정은 서로 밀접하게 얽혀 있다는 점에서 혼동하기 쉽다. 하지만 두 감정을 야기한 원인을 따져 보면 두 감정을 명확하게 구분할 수 있다. 공포는 실재하는 객관적 위협에 의해 야기된 상태를 의미하고, 불안은 현재 발생하지 않았으며 미래에 일어날지 모르는 불명확한 위협에 의해 야기된 상태를 의미한다. 공포와 불안의 감정은 둘 다 자아와 관련되어 있지만 여기에서도 차이를 찾을 수 있다. 공포를 느끼는 것은 '나 자신'이 위험한 상황에 놓여 있다는 사실을 아는 것이고, 불안의 경험은 '나 자신'이 위해를 입을까 봐 걱정하는 것이다.

① 자신이 처한 위험한 상황을 정확히 인식하는 경우에는 공포감에 비해 불안감이 더 크다.
② 전기·가스 사고가 날까 두려워 외출하지 못하는 사람은 불안한 상태에 있는 것이다.
③ 시험에 불합격할 수 있다는 생각에 사로잡힌 사람은 공포감에 빠져 있는 것이다.
④ 과거에 큰 교통사고를 경험한 사람은 공포감은 크지만 불안감은 작다.

지문을 한눈에

공포와 불안의 차이	감정	공포	불안
	공포와 불안 감정은 혼동하기 쉬움.	현재 실재하는 객관적 위협에 의해 야기된 상태	미래에 일어날지 모르는 불명확한 위협에 의해 야기된 상태

실전 기출 추리·추론·비판하기1

05
다음 글에서 추론한 내용으로 가장 적절한 것은?

지문 제재 | 인문
2023 국가직 9급

1 ¹[공포(恐怖, 두렵고 무서움)의 상태(狀態, 사물·현상이 놓여 있는 모양이나 형편)와 불안의 상태를 구분(區分, 일정한 기준에 따라 전체를 몇 개로 갈라 나눔)하는 것은 쉽지 않다.](주장) ²[왜냐하면 두 감정을 함께 느끼거나 한 감정이 다른 감정을 유발(誘發, 어떤 것이 다른 일을 일어나게 함)할 때가 많기 때문이다.] (공포와 불안을 구분하기 어려운 이유·근거) ³가령, [무시무시한 전염병을 목도(目睹, 눈으로 직접 봄)하고 공포에 빠진 사람은 자신도 언젠가 그 병에 걸릴지 모른다는 불안 상태에 빠지게 된다.](예시) ⁴어처럼 두 감정은 서로 밀접(密接, 아주 가깝게 맞닿아 있음)하게 얽혀 있다는 점에서 혼동(混同, 구별하지 못하고 뒤섞어서 생각함)하기 쉽다. ⁵하지만 두 감정을 야기(惹起, 일이나 사건 따위를 끌어 일으킴)한 원인을 따져 보면 두 감정을 명확(明確, 명백하고 확실함)하게 구분할 수 있다. [⁶공포는 실재(實在, 실제로 존재함)하는 객관적 위협(威脅, 힘으로 으르고 협박함)에 의해 야기된 상태를 의미하고, 불안은 현재 발생하지 않았으며 미래에 일어날지 모르는 불명확한 위협에 의해 야기된 상태를 의미한다.](중심 문장) ⁷공포와 불안의 감정은 둘 다 자아와 관련되어 있지만 여기에서도 차이를 찾을 수 있다. ⁸공포를 느끼는 것은 '나 자신'이 위험한 상황(狀況, 일이 되어 가는 과정이나 형편)에 놓여 있다는 사실을 아는 것이고, 불안의 경험은 '나 자신'이 위해(危害, 위험과 재해를 아울러 이르는 말)를 입을까 봐 걱정하는 것이다.

① 자신이 처한 위험한 상황을 정확히 인식하는 경우에는 공포감에 비해 불안감이 더 크다(×).(근거 **1**-8)
② 전기·가스 사고가 날까 두려워 외출하지 못하는 사람은 불안한 상태에 있는 것이다.(근거 **1**-6, 8)
③ 시험에 불합격할 수 있다는 생각에 사로잡힌 사람은 공포감(×)에 빠져 있는 것이다.(근거 **1**-6, 8)
④ 과거에 큰 교통사고를 경험한 사람은 공포감은 크지만 불안감은 작다(×).(근거 **1**-3, 6)

단계별 풀이 비법

풀이 비법 1 발문으로 유형을 확인하라!
글에서 추론할 수 있는 내용을 찾는 문제이므로 제시된 세부 정보를 바탕으로 새로운 내용을 이끌어 내는 유형이다.

풀이 비법 2 무엇(화제)에 대해 말하고 있는지 파악하라!
중심 화제 공포와 불안의 차이
중심 내용 공포는 실재하는 객관적 위협에 의해 야기된 상태를 의미하고, '불안'은 미래에 일어날지 모르는 불명확한 위협에 의해 야기된 상태를 의미한다.

풀이 비법 3 글에서 선택지의 내용과 관련된 정보를 찾아 정리하라!

선지	관련 정보
①	**1**-8: 공포를 느끼는 것은 '나 자신'이 위험한 상황에 놓여 있다는 사실을 아는 것
②, ③	**1**-6, 8: 불안은 현재 발생하지 않았으며 미래에 일어날지 모르는 불명확한 위협에 의해 야기 된 상태, 불안의 경험은 '나 자신'이 위해를 입을까 봐 걱정하는 것
④	**1**-3, 6: 무시무시한 전염병을 목도 ~ 그 병에 걸릴지 모른다는 불안 상태에 빠지게,

풀이 비법 4 선택지의 적절성을 판단하라!
① 'ㄴ-자신'이 위험한 상황에 놓여 있다는 사실을 아는 것은 공포이다.
② 불안은 미래에 일어날지 모르는 불명확한 위협에 의해 야기된 상태를 의미한다고 하였다. 따라서 전기·가스 사고가 날까 두려워하는 것은 미래에 일어날지 모르는 불명확한 위협에 의한 것이므로 불안한 상태라고 할 수 있다.
③ 시험에 불합격할 수 있다는 생각에 사로잡힌 사람은 불안에 빠져 있는 것이다.
④ 과거에 큰 교통사고를 경험한 사람은, 앞으로 일어날지 모르는 사고에 대한 불안감이 크다고 볼 수 있다.

정답 ②

실전 기출 추리·추론·비판하기1

연습 1 병태 요정과 함께 풀기

다음 글에서 추론한 내용으로 가장 적절한 것은? 2022 지방직 9급

논리실증주의자들에 따르면, 만약 어떤 것이 과학일 경우 거기에서 사용되는 문장은 유의미하다. 그들은 유의미한 문장의 기준으로 소위 '검증 원리'라고 불리는 것을 제안했다. 검증 원리란, 경험을 통해 참이나 거짓을 검증할 수 있는 문장은 유의미하고 그렇지 않은 문장은 유의미하지 않다는 것이다. 다음 두 문장을 예로 생각해 보자.

(가) 달의 다른 쪽 표면에 산이 있다.
(나) 절대자는 진화와 진보에 관계하지만, 그 자체는 진화하거나 진보하지 않는다.

위 두 문장 중 경험을 통해 검증할 수 있는 것은 무엇인가? 비록 현실적으로 큰 비용이 들기는 하지만 (가)는 분명히 경험을 통해 진위를 밝힐 수 있다. 즉 우리는 (가)의 진위를 확정하기 위해서 무엇을 경험해야 하는지 알고 있다는 것이다. 이런 점에 근거하여 논리실증주의자들은 (가)는 검증할 수 있고, 유의미한 문장이라고 판단한다. 그럼 (나)는 어떠한가? 우리는 무엇을 경험해야 (나)의 진위를 확정할 수 있는가? 논리실증주의자들은 그런 것은 없다고 주장하고, 이에 (나)는 검증할 수 없고 과학에서 사용될 수 없는 무의미한 문장이라고 말한다.

① 논리실증주의자들에 따르면 무의미한 문장을 사용하는 것은 과학이 아니다.
② 논리실증주의자들에 따르면 과학의 문장들만이 유의미하다.
③ 검증 원리에 따르면 아직까지 경험되지 않은 것을 언급한 문장은 무의미하다.
④ 검증 원리에 따르면 거짓인 문장은 무의미하다.

연습 2 혼자서 눈으로 계속 연습하기

다음 글에서 추론한 내용으로 가장 적절한 것은? 2022 지방직 9급

논리실증주의자들에 따르면, 만약 어떤 것이 과학일 경우 거기에서 사용되는 문장은 유의미하다. 그들은 유의미한 문장의 기준으로 소위 '검증 원리'라고 불리는 것을 제안했다. 검증 원리란, 경험을 통해 참이나 거짓을 검증할 수 있는 문장은 유의미하고 그렇지 않은 문장은 유의미하지 않다는 것이다. 다음 두 문장을 예로 생각해 보자.

(가) 달의 다른 쪽 표면에 산이 있다.
(나) 절대자는 진화와 진보에 관계하지만, 그 자체는 진화하거나 진보하지 않는다.

위 두 문장 중 경험을 통해 검증할 수 있는 것은 무엇인가? 비록 현실적으로 큰 비용이 들기는 하지만 (가)는 분명히 경험을 통해 진위를 밝힐 수 있다. 즉 우리는 (가)의 진위를 확정하기 위해서 무엇을 경험해야 하는지 알고 있다는 것이다. 이런 점에 근거하여 논리실증주의자들은 (가)는 검증할 수 있고, 유의미한 문장이라고 판단한다. 그럼 (나)는 어떠한가? 우리는 무엇을 경험해야 (나)의 진위를 확정할 수 있는가? 논리실증주의자들은 그런 것은 없다고 주장하고, 이에 (나)는 검증할 수 없고 과학에서 사용될 수 없는 무의미한 문장이라고 말한다.

① 논리실증주의자들에 따르면 무의미한 문장을 사용하는 것은 과학이 아니다.
② 논리실증주의자들에 따르면 과학의 문장들만이 유의미하다.
③ 검증 원리에 따르면 아직까지 경험되지 않은 것을 언급한 문장은 무의미하다.
④ 검증 원리에 따르면 거짓인 문장은 무의미하다.

지문을 한눈에

검증 원리

유의미한 문장	↔	무의미한 문장
경험을 통해 참이나 거짓을 검증할 수 있는 문장, 과학에서 사용되는 문장		경험을 통해 참이나 거짓을 검증할 수 없는 추상적이고 형이상학적 문장, 과학에서 사용될 수 없는 문장

실전 기출 추리·추론·비판하기1

06
다음 글에서 추론한 내용으로 가장 적절한 것은?

지문 제재 | 철학
2022 지방직 9급

1 ¹논리실증주의(論理實證主義, 철학 과학의 논리적 분석 방법을 철학에 적용하고자 하는 사상)자들에 따르면, 만약 어떤 것이 과학(경험적으로 검증할 수 있는 것)일 경우 거기에서 사용되는 문장은 유의미하다. ²그들은 유의미한 문장의 기준으로 소위 '검증 원리'라고 불리는 것을 제안(提案, 안이나 의견으로 내놓음)했다. ³검증 원리란, 경험을 통해 참이나 거짓을 검증할 수 있는 문장은 유의미하고 [그렇지 않은 문장](형이상학적 명제)은 유의미하지 않다는 것이다. ⁴다음 두 문장을 예로 생각해 보자.

(가) 달의 다른 쪽 표면에 산이 있다.
(나) 절대자는 진화와 진보에 관계하지만, 그 자체는 진화하거나 진보하지 않는다.
▶논리실증주의자들이 생각하는 유의미한 문장의 기준

2 ¹위 두 문장 중 경험을 통해 검증할 수 있는 것은 무엇인가? ²비록 현실적으로 큰 비용이 들기는 하지만 (가)는 분명히 경험을 통해 진위(眞僞, 참과 거짓)를 밝힐 수 있다. ³즉 우리는 (가)의 진위를 확정(確定, 일을 확실하게 정함)하기 위해서 무엇을 경험해야 하는지 알고 있다는 것이다. ⁴[이런 점](경험을 통해 진위 확정)에 근거하여 논리실증주의자들은 (가)는 검증할 수 있고, 유의미한 문장이라고 판단한다. ⁵그럼 (나)는 어떠한가? ⁶우리는 무엇을 경험해야 (나)의 진위를 확정할 수 있는가? ⁷논리실증주의자들은 [그런 것](추상적이고 형이상학적이라 경험할 수 없음)은 없다고 주장하고, 이에 (나)는 검증할 수 없고 과학에서 사용될 수 없는 무의미한 문장이라고 말한다.
▶경험을 통해 검증할 수 있으면 유의미한 문장임

① 논리실증주의자들에 따르면 무의미한 문장을 사용하는 것은 과학이 아니다.(근거 **1**-1)
② 논리실증주의자들에 따르면 과학의 문장들만이 유의미하다.(근거 **1**-1, 3)
③ 검증 원리에 따르면 아직까지 경험되지 않은 것을 언급한 문장은 무의미하다.(**2**-2~3)
④ 검증 원리에 따르면 거짓인 문장은 무의미하다.(근거 **1**-3)

단계별 풀이 비법

풀이 비법 1 발문으로 유형을 확인하라!
'글에서 추론한 내용'의 적절성을 묻는 것이므로 제시된 세부 정보를 바탕으로 새로운 내용을 이끌어 내는 유형이다. 이때 추론의 내용이 적절한 것을 골라야 한다.

풀이 비법 2 무엇(화제)에 대해 말하고 있는지 파악하라!
중심 화제 논리실증주의의 특징
중심 내용 논리실증주의자는 검증 원리를 통해 경험으로 검증할 수 있는 문장만 유의미한 문장으로 판단한다.

풀이 비법 3 지문에서 선택지 내용과 관련된 정보를 찾아 정리하라!

①	**1**-7: '과학에서 사용될 수 없는 무의미한 문장'
②	**1**-1, 3: '과학 … 유의미, 경험을 통해 참이나 거짓을 검증할 수 있는 문장은 유의미'
③	**1**-3, **2**-2, 3: '경험을 통해 참이나 거짓을 검증할 수 있는 문장은 유의미, 진위를 확정 … 무엇을 경험해야 하는지'
④	**1**-3: '경험을 통해 참이나 거짓을 검증할 수 있는 문장은 유의미하고 그렇지 않은 문장은 무의미하다.'

풀이 비법 4 선택지의 적절성을 판단하라!
① 명제(p → q)와 그 대우(~q → ~p)는 참·거짓이 일치하므로 **1**-1의 '과학 → 유의미한 문장'이므로 그 대우 '무의미한 문장 → ~과학'라는 명제 역시 적절한 추론이다.
② **1**-1, 3, 과학에서 사용되는 문장이 유의미하지만, 과학의 문장들만이 유의미하다고 추론할 수 없다. 과학의 문장이 아니더라도 경험을 통해 참이나 거짓을 검증할 수 있는 문장은 유의미 하다.
③ **2**-2~3, 경험되지 않았더라도 무엇을 경험해야 하는지 알고 있다면 유의미하다.
④ **1**-3, 경험을 통해 거짓을 확정할 수 있는 문장은 유의미하다.   정답 ①

실전 기출 추리·추론·비판하기1

연습 1 병태 요정과 함께 풀기

다음 글에서 추론할 수 있는 것만을 〈보기〉에서 모두 고르면?
2022 지방직 9급

컴퓨터에는 자유의지가 있을까? 나아가 컴퓨터에 도덕적 의무를 귀속시킬 수 있을까? 컴퓨터는 다양한 전기회로로 구성되어 있고, 물리법칙, 프로그래밍 방식, 하드웨어의 속성 등에 따라 필연적으로 특정한 초기 상태로부터 다음 상태로 넘어간다. 마찬가지로 두 번째 상태에서 세 번째 상태로 이동하고, 이러한 과정이 계속해서 이어진다. 즉 컴퓨터는 결정론적 법칙의 지배를 받는 시스템이라는 것이다. 그럼 이러한 시스템에는 자유의지가 있을까?

결정론적 법칙의 지배를 받는 시스템의 중요한 특징은 주어진 조건에 따라 결과가 하나로 고정된다는 점이다. 다시 말해, 이러한 시스템에는 항상 하나의 선택지만 있을 뿐이다. 그런 뜻에서 결정론적 지배를 받는다는 것과 자유의지를 가진다는 것은 양립할 수 없음이 분명하다. 어떤 선택을 할 때 그것과 다른 선택을 할 수도 있다는 것은 자유의지의 필요조건이기 때문이다. 결국 결정론적 법칙의 지배를 받는 시스템은 자유의지를 가지지 않는다. 또한 자유의지를 가지지 않는 시스템에 도덕적 의무를 귀속시킬 수 없음은 당연하다.

─ 보기 ─
ㄱ. 컴퓨터는 자유의지를 가지지 않으며 도덕적 의무의 귀속 대상일 수도 없다.
ㄴ. 도덕적 의무를 귀속시킬 수 있는 시스템은 결정론적 법칙의 지배를 받지 않는다.
ㄷ. 어떤 선택을 할 때 그것과 다른 선택을 할 수 없는 시스템은 자유의지를 가지지 않는다.

① ㄱ, ㄴ ② ㄱ, ㄷ
③ ㄴ, ㄷ ④ ㄱ, ㄴ, ㄷ

연습 2 혼자서 눈으로 계속 연습하기

다음 글에서 추론할 수 있는 것만을 〈보기〉에서 모두 고르면?
2022 지방직 9급

컴퓨터에는 자유의지가 있을까? 나아가 컴퓨터에 도덕적 의무를 귀속시킬 수 있을까? 컴퓨터는 다양한 전기회로로 구성되어 있고, 물리법칙, 프로그래밍 방식, 하드웨어의 속성 등에 따라 필연적으로 특정한 초기 상태로부터 다음 상태로 넘어간다. 마찬가지로 두 번째 상태에서 세 번째 상태로 이동하고, 이러한 과정이 계속해서 이어진다. 즉 컴퓨터는 결정론적 법칙의 지배를 받는 시스템이라는 것이다. 그럼 이러한 시스템에는 자유의지가 있을까?

결정론적 법칙의 지배를 받는 시스템의 중요한 특징은 주어진 조건에 따라 결과가 하나로 고정된다는 점이다. 다시 말해, 이러한 시스템에는 항상 하나의 선택지만 있을 뿐이다. 그런 뜻에서 결정론적 지배를 받는다는 것과 자유의지를 가진다는 것은 양립할 수 없음이 분명하다. 어떤 선택을 할 때 그것과 다른 선택을 할 수도 있다는 것은 자유의지의 필요조건이기 때문이다. 결국 결정론적 법칙의 지배를 받는 시스템은 자유의지를 가지지 않는다. 또한 자유의지를 가지지 않는 시스템에 도덕적 의무를 귀속시킬 수 없음은 당연하다.

─ 보기 ─
ㄱ. 컴퓨터는 자유의지를 가지지 않으며 도덕적 의무의 귀속 대상일 수도 없다.
ㄴ. 도덕적 의무를 귀속시킬 수 있는 시스템은 결정론적 법칙의 지배를 받지 않는다.
ㄷ. 어떤 선택을 할 때 그것과 다른 선택을 할 수 없는 시스템은 자유의지를 가지지 않는다.

① ㄱ, ㄴ ② ㄱ, ㄷ
③ ㄴ, ㄷ ④ ㄱ, ㄴ, ㄷ

지문을 한눈에

자유의지와 결정론적 법칙

1 질문(의문 제기)
결정론적 법칙의 지배를 받는 시스템에는 자유의지가 있을까?

2 답변(주장)
결정론의 지배를 받는 시스템은 자유의지가 없으므로 도덕적 의무도 없다.

실전 기출 — 추리·추론·비판하기1

07

다음 글에서 추론할 수 있는 것만을 〈보기〉에서 모두 고르면?

지문 제재 │ 인문
2022 지방직 9급

> **1** ¹컴퓨터에는 자유의지(自由意志, 제약이나 구속을 받지 아니하고 어떤 목적을 스스로 세우고 실행할 수 있는 의지)가 있을까? 나아가 컴퓨터에 도덕적 의무를 귀속(歸屬, 권리 따위가 특정 주체에 붙거나 딸림)시킬 수 있을까? ²컴퓨터는 다양한 전기회로로 구성되어 있고, 물리법칙, 프로그래밍 방식, 하드웨어의 속성 등에 따라 필연적으로 특정한 초기 상태로부터 다음 상태로 넘어간다. ³마찬가지로 두 번째 상태에서 세 번째 상태로 이동하고, 이러한 과정이 계속해서 이어진다. ⁴즉 컴퓨터는 결정론적 법칙의 지배를 받는 시스템이라는 것이다. ⁵그럼 이러한 시스템에는 자유의지가 있을까?
> ▶ 자유의지와 결정론적 법칙
>
> **2** ¹결정론적 법칙의 지배를 받는 시스템의 중요한 특징은 주어진 조건에 따라 결과가 하나로 고정된다는 점이다. ²다시 말해, 이러한 시스템에는 항상 하나의 선택지만 있을 뿐이다. ³[그런 뜻에서 결정론적 지배를 받는다는 것과 자유의지를 가진다는 것은 양립할 수 없음이 분명하다.] (배타적 관계이므로 함께 공존할 수 없음) ⁴어떤 선택을 할 때 그것과 다른 선택을 할 수도 있다는 것은 자유의지의 필요조건이기 때문이다. ⁵결국 결정론적 법칙의 지배를 받는 시스템은 자유의지를 가지지 않는다. ⁶또한 자유의지를 가지지 않는 시스템에 도덕적 의무를 귀속시킬 수 없음은 당연하다.
> ▶ 결정론의 지배를 받는 시스템은 자유의지도 도덕적 의무도 없음

〈보기〉
ㄱ. 컴퓨터는 자유의지를 가지지 않으며 도덕적 의무의 귀속 대상일 수도 없다. (근거 **1**-4, **2**-5~6)
ㄴ. 도덕적 의무를 귀속시킬 수 있는 시스템은 결정론적 법칙의 지배를 받지 않는다. (근거 **2**-5~6)
ㄷ. 어떤 선택을 할 때 그것과 다른 선택을 할 수 없는 시스템은 자유의지를 가지지 않는다. (근거 **2**-1~2, 5)

① ㄱ, ㄴ
② ㄱ, ㄷ
③ ㄴ, ㄷ
④ ㄱ, ㄴ, ㄷ

단계별 풀이 비법

풀이 비법 1 발문으로 유형을 확인하라!
'글에서 추론할 수 있는 것만'을 〈보기〉에서 고르는 문제로 세부 정보를 바탕으로 새로운 내용을 이끌어 내는 유형이다. 이때 추론의 내용에 부합하는 명제를 찾아야 한다.

풀이 비법 2 무엇(화제)에 대해 말하고 있는지 파악하라!

중심 화제 자유의지와 결정론적 법칙의 양립 불가능성
중심 내용

1	결정론적 법칙의 지배를 받는 시스템에는 자유의지가 있을까?
2	결정론의 지배를 받는 시스템은 자유의지가 없으므로 도덕적 의무도 없다.

풀이 비법 3 지문에서 선택지 내용과 관련된 정보를 찾아 정리하라!

보기	관련 정보
	1-4: '컴퓨터는 결정론의 지배를 받는 시스템'
ㄱ	**2**-5~6: '자유의지를 가지지 않으며 이로 인해 도덕적 의무를 귀속시킬 수 없음.'
ㄴ	**2**-5~6: '자유의지를 가지지 않는 … 도덕적 의무를 귀속시킬 수 없음.'
ㄷ	**2**-1~2, 5: '시스템에는 항상 하나의 선택지만 … 결정론의 지배를 받는 시스템은 자유의지를 가질 수 없음.'

풀이 비법 4 선택지의 적절성을 판단하라!
ㄱ. **1**-4, 컴퓨터는 결정론의 지배를 받는 시스템으로, **2**-5~6, 자유의지를 가지지 않으며 이로 인해 도덕적 의무의 귀속 대상일 수도 없다.
ㄴ. **2**-5~6의 명제를 대우로 바꿔서 매개념을 지우면, **2**-6, 도덕적 의무를 귀속시킬 수 있으면 자유의지가 있다. **2**-5, 자유의지가 있으면 결정론의 지배를 받지 않는다. 이를 통해 'ㄴ' 명제가 도출된다.
ㄷ. **2**-1~2, 5, 결정론의 지배를 받는 시스템은 하나의 선택지만 있으므로 자유의지를 가지지 않는다.

정답 ④

시간 절약 깨알 TIP

비문학 지문에서 질문은 독자의 호기심을 일으키기 위한 방법으로 중요한 힌트를 대놓고 제공하는 것입니다. 질문의 형식은 '앞으로 내가 여기에 대한 답을 보여 줄 테니 집중하라'는 신호입니다. 질문을 보고 어떤 내용이 나올지 예측하면서 읽는 습관을 들입시다.

실전 기출 — 추리·추론·비판하기 1

학습일: 월 일 풀이 시간: 1분 이내

연습 1 병태 요정과 함께 풀기

(가)에 들어갈 말로 가장 적절한 것은? 2022 지방직 7급

자기지향적 동기와 타인지향적 동기는 행위의 적극성과 어떤 관계가 있을까? A는 자율 방범대원들에게 이 일의 자원 동기에 대해 물어보았다. 자기지향적 동기만 말한 사람과 타인지향적 동기만 말한 사람, 그리고 둘 다 말한 사람이 고르게 분포되었다. 그 후 설문에 참여한 사람들이 2개월간 방범 순찰에 참여한 횟수를 살펴보았다. 그 결과 자기지향적 동기를 말한 사람들 모두가 자기지향적 동기를 말하지 않은 사람들보다 순찰 횟수가 더 많은 것으로 나타났다. 그리고 전자 중 타인지향적 동기를 말한 사람들의 순찰 횟수가 그렇지 않은 사람들보다 유의미하게 많은 것으로 나타났다. A는 이를 토대로 ((가))고 추정하였다.

① 자기지향적 동기만 가진 사람은 타인지향적 동기만 가진 사람보다 행위의 적극성이 높다.
② 타인지향적 동기를 가진 사람은 자기지향적 동기를 가진 사람보다 행위의 적극성이 높다.
③ 자기지향적 동기는 행위의 적극성에 긍정적 영향을 주기도 하고 부정적 영향을 주기도 한다
④ 자기지향적 동기가 행위의 적극성에 긍정적 영향을 주는 경우 타인지향적 동기는 부정적 영향을 준다.

연습 2 혼자서 눈으로 계속 연습하기

(가)에 들어갈 말로 가장 적절한 것은? 2022 지방직 7급

자기지향적 동기와 타인지향적 동기는 행위의 적극성과 어떤 관계가 있을까? A는 자율 방범대원들에게 이 일의 자원 동기에 대해 물어보았다. 자기지향적 동기만 말한 사람과 타인지향적 동기만 말한 사람, 그리고 둘 다 말한 사람이 고르게 분포되었다. 그 후 설문에 참여한 사람들이 2개월간 방범 순찰에 참여한 횟수를 살펴보았다. 그 결과 자기지향적 동기를 말한 사람들 모두가 자기지향적 동기를 말하지 않은 사람들보다 순찰 횟수가 더 많은 것으로 나타났다. 그리고 전자 중 타인지향적 동기를 말한 사람들의 순찰 횟수가 그렇지 않은 사람들보다 유의미하게 많은 것으로 나타났다. A는 이를 토대로 ((가))고 추정하였다.

① 자기지향적 동기만 가진 사람은 타인지향적 동기만 가진 사람보다 행위의 적극성이 높다.
② 타인지향적 동기를 가진 사람은 자기지향적 동기를 가진 사람보다 행위의 적극성이 높다.
③ 자기지향적 동기는 행위의 적극성에 긍정적 영향을 주기도 하고 부정적 영향을 주기도 한다.
④ 자기지향적 동기가 행위의 적극성에 긍정적 영향을 주는 경우 타인지향적 동기는 부정적 영향을 준다.

지문을 한눈에

지향 지향적 동기·타인 지향적 동기와 행위의 적극성의 관계

질문		답변 유형			결과(순찰 횟수)
자율 방범 대원을 지원한 동기는?	→ 답변	· 자기 지향적 동기 · 타인 지향적 동기 · 둘 다 말한 사람	→	2개월간 방범 순찰 횟수 조사 →	둘 다 말한 사람 > 자기 지향적 동기만 말한 사람 > 타인 지향적 동기만 말한 사람

· 행위의 적극성: 자기 지향적 동기만 가진 사람 > 타인 지향적 동기만 가진 사람

실전 기출 추리·추론·비판하기1

08

(가)에 들어갈 말로 가장 적절한 것은?

지문 제재 | 사회
2022 지방직 7급

> 1 ¹자기지향적 동기와 타인지향적 동기(動機, 어떤 일이나 행동을 일으키게 하는 계기)는 행위의 적극성과 어떤 관계(關係, 둘 이상의 사람, 사물, 현상 따위가 서로 관련을 맺거나 관련이 있음)가 있을까? ²A는 자율 방범대원들에게 이 일의 자원(自願, 어떤 일을 자기 스스로 하고자 하여 나섬) 동기에 대해 물어보았다. ³자기지향적 동기(自己志向的動機, 자기 이익을 추구하려는 목적에서 비롯한 동기)만 말한 사람과 타인지향적(他人志向的, 타인의 반응에 민감하고 주위의 기대에 맞추어 자기의 태도나 행동을 변화시킴) 동기만 말한 사람, 그리고 둘 다 말한 사람이 고르게 분포(分布, 일정한 범위에 흩어져 퍼져 있음)되었다. ⁴그 후 설문(設問, 조사를 하거나 통계 자료 따위를 얻기 위하여 어떤 주제에 대하여 문제를 내어 물음)에 참여(參與, 어떤 일에 끼어들어 관계함)한 사람들이 2개월간 방범 순찰(巡察, 여러 곳을 돌아다니며 사정을 살핌)에 참여한 횟수를 살펴보았다. ⁵그 결과 자기지향적 동기를 말한 사람들 모두가 자기지향적 동기를 말하지 않은 사람들보다 순찰 횟수가 더 많은 것으로 나타났다. ⁶그리고 전자 중 타인지향적 동기를 말한 사람들의 순찰 횟수가 그렇지 않은 사람들보다 유의미하게 많은 것으로 나타났다. ⁷A는 이를 토대로 ((가))고 추정(推定, 미루어 생각하여 판정함)하였다.

① 자기지향적 동기만 가진 사람은 타인지향적 동기만 가진 사람보다 행위의 적극성이 높다.(근거 1-5, 6)
② 타인지향적 동기를 가진 사람은 자기지향적 동기를 가진 사람보다 행위의 적극성이 높다.(×)(근거 1-5)
③ 자기지향적 동기는 행위의 적극성에 긍정적 영향을 주기도 하고 부정적 영향을 주기도 한다.(×)
④ 자기지향적 동기가 행위의 적극성에 긍정적 영향을 주는 경우 타인지향적 동기는 부정적 영향을 준다.(×)

단계별 풀이 비법

풀이 비법 1 발문으로 유형을 먼저 확인하라!
생략된 정보를 추리하는 문제이다. 빈칸 뒤에 오는 문장에서 답을 추론할 수 있다.

풀이 비법 2 무엇(화제)에 대해 말하고 있는지 파악하라!
중심 화제 지향 지향적 동기와 타인 지향적 동기
중심 내용 행위의 적극성을 나타내는 순찰 횟수는 자기 지향적 동기를 가진 사람기 타인 지향적 동기를 갖은 사람보다 많다.

풀이 비법 3 지문에서 선택지 내용과 관련된 내용을 찾아 정리하라!

선지	관련 정보
㉠	1-5, 6: 전자 중 타인지향적 동기를 말한 사람들의 순찰 횟수가 그렇지 않은 사람들보다 유의미하게 많은 것
㉡	1-5: 자기지향적 동기를 말한 사람들 모두가 자기지향적 동기를 말하지 않은 사람들보다 순찰 횟수가 더 많은
㉢	제시문에 없음.
㉣	제시문에 없음.

풀이 비법 4 선택지의 적절성을 판단하라!
① 자기지향적 동기를 말한 사람들 모두 타인지향적 동기만 말한 사람보다 순찰 횟수가 더 많다. 자기지향적 동기를 말한 사람들 중 타인지향적 동기를 말한 사람들의 순찰 횟수가 자기지향적 동기만 말한 사람들보다 유의미하게 많은 것으로 나타났으므로 순찰 횟수는 둘 다 말한 사람 > 자기지향적 동기만 말한 사람 > 타인 지향적 동기만 말한 사람 순으로 많다.
② 타인지향적 동기를 가진 사람은 자기지향적 등기를 가진 사람보다 행위의 적극성이 낮다.
③ 자기지향적 동기가 행위의 적극성에 긍정적 영향과 부정적 영향을 주는지는 제시문을 통해 추론할 수 없다.
④ 자기지향적 동기의 영향에 따라 타인지향적 동기의 영향이 달라지는지는 제시문을 통해 추론할 수 없다

정답 ①

실전 기출 — 추리·추론·비판하기1

학습일: 월   일   풀이 시간: 1분 이내

연습 1 병태 요정과 함께 풀기

갑~병에 대한 평가로 적절한 것만을 〈보기〉에서 모두 고르면?

2022 지방직 7급

갑: 일상적인 언어생활에서 가족이 아닌 이들과 대화할 때 '우리 엄마'라는 표현을 자주 쓰곤 하는데, 좀 이상하지 않아? '우리 동네'라는 표현과 비교하면 무엇이 문제인지 분명하게 알 수 있어. '우리 동네'는 화자의 동네이기도 하면서 청자의 동네이기도 한 특정한 하나의 동네를 지칭하잖아. 그런 식이라면 '우리 엄마'는 형제가 아닌 화자와 청자가 공유하는 엄마를 지칭하는 이상한 표현이 되는 셈이지. 그러니까 이 경우의 '우리 엄마'는 잘못된 어법이고 '내 엄마'라고 하는 것이 올바른 어법이라고 할 수 있어.

을: 청자가 사는 동네와 화자가 사는 동네가 다른 경우에도 '우리 동네'라는 표현을 쓸 수 있어. 물론 이 표현이 의미하는 것은 청자가 사는 동네와 다른, 화자가 사는 동네가 되겠지. 이 경우 '우리 동네'라는 표현은 '그 표현을 말하는 사람이 사는 동네' 정도를 의미할 거야. 갑이 문제를 제기한 '우리 엄마'의 경우도 마찬가지라고 볼 수 있어.

병: '우리 엄마'와 '내 엄마'가 같은 뜻을 갖는 것은 아니야. '내 동네'라고 하지 않고 '우리 동네'라고 하는 것은 동네를 공유하는 공동체가 존재하기 때문이겠지. 마찬가지로 '내 엄마'라고 하지 않고 '우리 엄마'라고 하는 것은 우리가 늘 가족 공동체 속에서의 엄마를 생각하기 때문일 거야. 즉, 가족 구성원 중의 한 명인 엄마를 공유하는 공동체가 존재한다는 것이지.

― 보기 ―
ㄱ. 갑은 '우리 엄마'라는 표현이 화자와 청자 모두의 엄마를 가리킨다고 보는 입장이다.
ㄴ. 형제가 서로 대화하면서 '우리 엄마'라는 표현을 쓸 때 이 표현이 형과 동생 모두의 엄마를 가리킨다는 것은 을의 입장을 약화한다.
ㄷ. 무인도에 혼자 살아온 사람이 그 섬을 '우리 마을'이라고 말하면 어색하게 느껴진다는 것은 병의 입장을 약화하지 않는다.

① ㄱ
② ㄱ, ㄷ
③ ㄴ, ㄷ
④ ㄱ, ㄴ, ㄷ

연습 2 혼자서 눈으로 계속 연습하기

갑~병에 대한 평가로 적절한 것만을 〈보기〉에서 모두 고르면?

2022 지방직 7급

갑: 일상적인 언어생활에서 가족이 아닌 이들과 대화할 때 '우리 엄마'라는 표현을 자주 쓰곤 하는데, 좀 이상하지 않아? '우리 동네'라는 표현과 비교하면 무엇이 문제인지 분명하게 알 수 있어. '우리 동네'는 화자의 동네이기도 하면서 청자의 동네이기도 한 특정한 하나의 동네를 지칭하잖아. 그런 식이라면 '우리 엄마'는 형제가 아닌 화자와 청자가 공유하는 엄마를 지칭하는 이상한 표현이 되는 셈이지. 그러니까 이 경우의 '우리 엄마'는 잘못된 어법이고 '내 엄마'라고 하는 것이 올바른 어법이라고 할 수 있어.

을: 청자가 사는 동네와 화자가 사는 동네가 다른 경우에도 '우리 동네'라는 표현을 쓸 수 있어. 물론 이 표현이 의미하는 것은 청자가 사는 동네와 다른, 화자가 사는 동네가 되겠지. 이 경우 '우리 동네'라는 표현은 '그 표현을 말하는 사람이 사는 동네' 정도를 의미할 거야. 갑이 문제를 제기한 '우리 엄마'의 경우도 마찬가지라고 볼 수 있어.

병: '우리 엄마'와 '내 엄마'가 같은 뜻을 갖는 것은 아니야. '내 동네'라고 하지 않고 '우리 동네'라고 하는 것은 동네를 공유하는 공동체가 존재하기 때문이겠지. 마찬가지로 '내 엄마'라고 하지 않고 '우리 엄마'라고 하는 것은 우리가 늘 가족 공동체 속에서의 엄마를 생각하기 때문일 거야. 즉, 가족 구성원 중의 한 명인 엄마를 공유하는 공동체가 존재한다는 것이지.

― 보기 ―
ㄱ. 갑은 '우리 엄마'라는 표현이 화자와 청자 모두의 엄마를 가리킨다고 보는 입장이다.
ㄴ. 형제가 서로 대화하면서 '우리 엄마'라는 표현을 쓸 때 이 표현이 형과 동생 모두의 엄마를 가리킨다는 것은 을의 입장을 약화한다.
ㄷ. 무인도에 혼자 살아온 사람이 그 섬을 '우리 마을'이라고 말하면 어색하게 느껴진다는 것은 병의 입장을 약화하지 않는다.

① ㄱ
② ㄱ, ㄷ
③ ㄴ, ㄷ
④ ㄱ, ㄴ, ㄷ

지문을 한눈에

(갑)	우리 동네 (O)	특정한 동네: 화자의 동네 & 청자의 동네
	우리 엄마 (×) → 내 엄마 (O)	우리 엄마: 형제가 아닌 화자와 청자가 공유하는 엄마 (이상한 표현)
(을)	우리 동네 (O)	· 청자의 동네와 화자의 동네가 다른 경우에도 사용 · 화자가 사는 동네의 의미
	우리 엄마 (O)	· 화자의 엄마라는 의미
(병)	우리 엄마(O) ≠ 내 엄마(×)	· 우리 동네: 동네를 공유하는 공동체가 존재한다는 의미
	우리 동네(O) ≠ 내 동네(×)	· 우리 엄마: 엄마를 공유하는 가족 공동체가 존재한다는 의미

실전 기출 추리·추론·비판하기1

09

지문 제재 | 언어

갑~병에 대한 평가로 적절한 것만을 〈보기〉에서 모두 고르면?

2022 지방직 7급

1 갑: ¹일상적인 언어생활에서 가족이 아닌 이들과 대화할 때 '우리 엄마'라는 표현(表現, 사상이나 감정 따위를 말이나 행동으로 드러내어 나타냄)을 자주 쓰곤 하는데, 좀 이상하지 않아? '우리 동네'라는 표현과 비교하면 무엇이 문제인지 분명하게 알 수 있어. ²우리 동네는 화자의 동네이기도 하면서 청자의 동네이기도 한 특정(特定, 특별히 지정함)한 하나의 동네를 지칭(指稱, 어떤 대상을 가리켜 이르는 일)하잖아. ³그런 식이라면 '우리 엄마'는 형제가 아닌 화자와 청자가 공유하는 엄마를 지칭하는 이상한 표현이 되는 셈이지. ⁴그러니까 이 경우의 '우리 엄마'는 잘못된 어법이고 '내 엄마'라고 하는 것이 올바른 어법이라고 할 수 있어.
▶ '우리 동네'라는 표현과 비교하면 '우리 엄마'는 잘못된 표현임

2 을: ¹청자가 사는 동네와 화자가 사는 동네가 다른 경우에도 '우리 동네'라는 표현을 쓸 수 있어. ²물론 이 표현이 의미(意味, 말이나 글의 뜻)하는 것은 청자가 사는 동네와 다른, 화자가 사는 동네가 되겠지. ³이 경우 '우리 동네'라는 표현은 '그 표현을 말하는 사람이 사는 동네' 정도를 의미할 거야. ⁴갑이 문제를 제기(提起, 문제를 내어놓음)한 '우리 엄마'의 경우도 마찬가지라고 볼 수 있어.
▶ '우리 동네'는 화자가 사는 동네, '우리 엄마'는 화자의 엄마를 지칭함

3 병: ¹'우리 엄마'와 '내 엄마'가 같은 뜻을 갖는 것은 아니야. ²'내 동네'라고 하지 않고 '우리 동네'라고 하는 것은 동네를 공유(共有, 두 사람 이상이 한 물건을 공동으로 소유함)하는 공동체(共同體, 생활이나 행동 또는 목적 따위를 같이하는 집단)가 존재(存在, 현실에 실제로 있음)하기 때문이겠지. ³마찬가지로 '내 엄마'라고 하지 않고 '우리 엄마'라고 하는 것은 우리가 늘 가족 공동체 속에서의 엄마를 생각하기 때문일 거야. ⁴즉, 가족 구성원(構成員, 어떤 조직이나 단체를 이루고 있는 사람) 중의 한 명인 엄마를 공유하는 공동체가 존재한다는 것이지.
▶ 대상을 공유하는 공동체가 존재하는 '우리'와 '내'는 같은 뜻을 갖지 않음

─── 보기 ───
ㄱ. 갑은 '우리 엄마'라는 표현이 화자와 청자 모두의 엄마를 가리킨다고 보는 입장이다. (근거 1-3, 4)
ㄴ. 형제가 서로 대화하면서 '우리 엄마'라는 표현을 쓸 때 이 표현이 형과 동생 모두의 엄마를 가리킨다는 것은 을의 입장을 약화(×)한다. (근거 2-4 갑이 문제를 제기한 '우리 엄마'의 경우도 마찬가지, 1-4 내 엄마)
ㄷ. 무인도에 혼자 살아온 사람이 그 섬을 '우리 마을'이라고 말하면 어색하게 느껴진다는 것은 병의 입장을 약화하지 않는다. (근거 3-2)

① ㄱ
② **ㄱ, ㄷ**
③ ㄴ, ㄷ
④ ㄱ, ㄴ, ㄷ

단계별 풀이 비법

풀이 비법 1 발문으로 유형을 확인하라!
갑~병의 의견에 대한 평가를 묻고 있다. 갑~병이 진술하는 내용의 차이점을 파악해야 한다.

풀이 비법 2 무엇(화제)에 대해 말하고 있는지 파악하라!
중심 화제: '우리 엄마'와 '우리 동네'에 대한 표현 의미
중심 내용

갑	'우리 동네'는 화자와 청자가 공유하는 특정한 동네
	'우리 엄마'는 형제가 아닌 화자와 청자가 공유하는 엄마를 지칭하는 잘못된 표현
을	'우리 동네'라는 표현은 '화자가 사는 동네'
	'우리 엄마'라는 표현은 '화자의 엄마'
병	'우리 동네'는 동네를 공유하는 공동체가 존재한다는 의미
	'우리 엄마'는 엄마를 공유하는 가족 공동체가 존재한다는 의미

풀이 비법 3 지문에서 보기와 관련된 내용을 찾아 정리하라!

선지	관련 정보
ㄱ	1-3, 4: '우리 엄마'는 형제가 아닌 화자와 청자가 공유하는 엄마를 지칭하는 이상한 표현, '우리 엄마'는 잘못된 어법이고 '내 엄마'라고 하는 것이 올바른 어법임
ㄴ	1-4, 2-4: '내 엄마'라고 하는 것이 올바른 어법, 갑이 문제를 제기한 '우리 엄마'의 경우도 마찬가지
ㄷ	3-2: '우리 동네'라고 하는 것은 동네를 공유하는 공동체가 존재~

풀이 비법 4 선택지의 적절성을 판단하라!
ㄱ. 갑은 '우리 엄마'라는 표현이 화자와 청자가 공유하는 엄마를 지칭한다고 여긴다.
ㄴ. 을은 '우리 동네', '우리 엄마' 화자가 사는 동네, 화자의 엄마를 지칭하는 표현이라고 여긴다. 형제가 서로 대화할 때 각각 화자의 엄마를 우리 엄마라고 표현하는 것은 을의 관점에서 적절한 표현이므로 을의 입장을 약화한다고 볼 수 없다.
ㄷ. 병에게 '우리 마을'은 공유하는 공동체가 존재할 때 쓰는 표현이다. 따라서 두인도에 혼자 살아온 사람이 '우리 마을'이라고 말하는 것은 병에게는 어색하게 느껴질 수 있으므로 병의 입장을 약화하지 않는다.

정답 ②

실전 기출 — 추리·추론·비판하기1

학습일: 월   일   풀이 시간: 1분 이내

연습 1 병태 요정과 함께 풀기

A와 B의 주장에 대한 평가로 적절한 것만을 〈보기〉에서 모두 고르면?

2022 지방직 7급

A는 아동의 사고와 언어의 발달이 개인적 차원에서 사회적 차원으로 진행된다고 주장한다. 그에 따르면 말을 배우기 시작하는 2~3세경에 '자기중심적 언어'가 나타났다가 8세경에 학령이 되면서 자기중심적 언어는 소멸하고 '사회적 언어'의 단계로 진입한다고 주장한다.

B는 A가 주장한 자기중심적 언어의 존재를 인정하면서도 그것의 성격에 있어서는 다른 견해를 지닌다. A와 달리 그는 자기중심적 언어가 문제에 대한 해결방법을 구안하는 데 중요한 사고의 도구가 된다고 주장한다. 그에 따르면 자기중심적 언어는 아동이 자기 자신과 대화할 때 나타나는데, 아동은 자신과 대화하는 방식으로 소리 내며 사고한다. 그는 자기중심적 언어가 자연적 존재를 문화적 존재로 변모시키는 기능을 하며, 학령이 되면서 소멸하는 게 아니라 내면화되어 소리 없는 '내적 언어'를 구성함으로써 정신기능을 발달시킬 수 있는 원동력이 된다고 본다.

이러한 두 사람의 입장 차이는 자기중심적 언어의 전(前) 단계에 대한 서로 다른 생각에서 기인한 것으로 보인다. A는 출생 이후 약 2세까지의 아이가 언어 이전의 '환상적 사고'의 단계에 머물러 있는 것으로 보는데, 여기서 환상적 사고는 자신과 대상 세계를 구분하지 못하는 것을 가리킨다. 자신과 대상 세계를 구분하지 못하면 의사소통 행위가 불가능하므로 A는 이 단계의 아이가 보여주는 타인과의 상호작용을 의사소통 행위가 아니라고 주장한다. 반면, B의 경우 출생 이후 약 2세까지의 상호작용을 의사소통 행위로 판단한다. 그에 따르면 이때의 의사소통 행위는 타자의 규제와 이에 따른 자기규제가 작동하는 대화적 상호작용의 일종으로, 사회적 언어를 통해 수행된다.

B 역시 A와 마찬가지로 아동의 언어와 사고의 발달이 3단계로 진행된다고 보지만, 그 방향에 있어서는 사회적 언어에서 출발하여 자기중심적 언어를 거쳐 내적 언어 순으로 진행된다고 본다.

〈보기〉
ㄱ. '자기중심적 언어'의 단계 전에 A는 의사소통 행위가 이루어지지 않는 것으로, B는 이루어지는 것으로 본다.
ㄴ. A는 '자기중심적 언어'가 학령이 되면 없어지는 것으로 보는 반면, B는 없어지지 않는 것으로 본다.
ㄷ. A와 B는 '사회적 언어'의 단계로 진입하는 시기에 대해 견해를 달리한다.

① ㄱ
② ㄱ, ㄴ
③ ㄴ, ㄷ
④ ㄱ, ㄴ, ㄷ

연습 2 혼자서 눈으로 계속 연습하기

A와 B의 주장에 대한 평가로 적절한 것만을 〈보기〉에서 모두 고르면?

2022 지방직 7급

A는 아동의 사고와 언어의 발달이 개인적 차원에서 사회적 차원으로 진행된다고 주장한다. 그에 따르면 말을 배우기 시작하는 2~3세경에 '자기중심적 언어'가 나타났다가 8세경에 학령이 되면서 자기중심적 언어는 소멸하고 '사회적 언어'의 단계로 진입한다고 주장한다.

B는 A가 주장한 자기중심적 언어의 존재를 인정하면서도 그것의 성격에 있어서는 다른 견해를 지닌다. A와 달리 그는 자기중심적 언어가 문제에 대한 해결방법을 구안하는 데 중요한 사고의 도구가 된다고 주장한다. 그에 따르면 자기중심적 언어는 아동이 자기 자신과 대화할 때 나타나는데, 아동은 자신과 대화하는 방식으로 소리 내며 사고한다. 그는 자기중심적 언어가 자연적 존재를 문화적 존재로 변모시키는 기능을 하며, 학령이 되면서 소멸하는 게 아니라 내면화되어 소리 없는 '내적 언어'를 구성함으로써 정신기능을 발달시킬 수 있는 원동력이 된다고 본다.

이러한 두 사람의 입장 차이는 자기중심적 언어의 전(前) 단계에 대한 서로 다른 생각에서 기인한 것으로 보인다. A는 출생 이후 약 2세까지의 아이가 언어 이전의 '환상적 사고'의 단계에 머물러 있는 것으로 보는데, 여기서 환상적 사고는 자신과 대상 세계를 구분하지 못하는 것을 가리킨다. 자신과 대상 세계를 구분하지 못하면 의사소통 행위가 불가능하므로 A는 이 단계의 아이가 보여주는 타인과의 상호작용을 의사소통 행위가 아니라고 주장한다. 반면, B의 경우 출생 이후 약 2세까지의 상호작용을 의사소통 행위로 판단한다. 그에 따르면 이때의 의사소통 행위는 타자의 규제와 이에 따른 자기규제가 작동하는 대화적 상호작용의 일종으로, 사회적 언어를 통해 수행된다.

B 역시 A와 마찬가지로 아동의 언어와 사고의 발달이 3단계로 진행된다고 보지만, 그 방향에 있어서는 사회적 언어에서 출발하여 자기중심적 언어를 거쳐 내적 언어 순으로 진행된다고 본다.

〈보기〉
ㄱ. '자기중심적 언어'의 단계 전에 A는 의사소통 행위가 이루어지지 않는 것으로, B는 이루어지는 것으로 본다.
ㄴ. A는 '자기중심적 언어'가 학령이 되면 없어지는 것으로 보는 반면, B는 없어지지 않는 것으로 본다.
ㄷ. A와 B는 '사회적 언어'의 단계로 진입하는 시기에 대해 견해를 달리한다.

① ㄱ
② ㄱ, ㄴ
③ ㄴ, ㄷ
④ ㄱ, ㄴ, ㄷ

지문을 한눈에

아동의 사고와 언어의 발달 (3단계)

	출생~2세	2~3세	8세(학령)
A의 주장	환상적 사고 자신과 대상 세계 구분 × → 의사소통 불가능	자기중심적 언어	사회적 언어 (소멸)

	출생~2세	2~3세	8세(학령)
B의 주장	사회적 언어로 의사소통 · 타자의 규제 & 자기 규제 작동 · 대화적 상호 작용의 일종	자기중심적 언어 · 자신과 대화할 때 나타남. · 자연적 존재를 문화적 존재로 변모시킴.	내적 언어 (내면화)

실전 기출 — 추리·추론·비판하기1

10
A와 B의 주장에 대한 평가로 적절한 것만을 〈보기〉에서 모두 고르면?
지문 제재 | 인문
2022 지방직 7급

1 ¹A는 아동의 사고와 언어의 발달이 개인적 차원에서 사회적 차원으로 진행된다고 주장한다. ²그에 따르면 말을 배우기 시작하는 2~3세경에 '자기중심적 언어'가 나타났다가 8세경에 학령이 되면서 자기중심적 언어는 소멸하고 '사회적 언어'의 단계로 진입한다고 주장한다.
▶ A의 주장: 아동의 사고와 언어는 개인에서 사회적 차원으로 진행됨

2 ¹B는 A가 주장한 자기중심적 언어의 존재를 인정하면서도 그것의 성격에 있어서는 다른 견해를 지닌다. ²A와 달리 그는 자기중심적 언어가 문제에 대한 해결방법을 구안(具案, 일정한 수단이나 방법을 갖춤)하는 데 중요한 사고의 도구가 된다고 주장한다. ³그에 따르면 자기중심적 언어는 아동이 자기 자신과 대화할 때 나타나는데, 아동은 자신과 대화하는 방식으로 소리 내며 사고한다. ⁴그는 자기중심적 언어가 자연적 존재를 문화적 존재로 변모(變貌, 모양이나 모습이 달라지거나 바뀜)시키는 기능을 하며, 학령이 되면서 소멸하는 게 아니라 내면화되어 소리 없는 '내적 언어'를 구성함으로써 정신기능을 발달시킬 수 있는 원동력이 된다고 본다.
▶ B의 주장: 아동의 자기중심적 언어는 자연적 존재를 문화적 존재로 변모시키며 내적 언어를 구성함

3 ¹이러한 두 사람의 입장 차이는 자기중심적 언어의 전(前) 단계에 대한 서로 다른 생각에서 기인(起因, 어떠한 것에 원인을 둠)한 것으로 보인다. ²A는 출생 이후 약 2세까지의 아이가 언어 이전의 '환상적 사고'의 단계에 머물러 있는 것으로 보는데, 여기서 환상적 사고는 자신과 대상 세계를 구분하지 못하는 것을 가리킨다. ³자신과 대상 세계를 구분하지 못하면 의사소통 행위가 불가능하므로 A는 이 단계의 아이가 보여주는 타인과의 상호작용을 의사소통 행위가 아니라고 주장한다. ⁴반면, B의 경우 출생 이후 약 2세까지의 상호작용을 의사소통 행위로 판단한다. ⁵그에 따르면 이때의 의사소통 행위는 타자의 규제와 이에 따른 자기규제가 작동하는 대화적 상호작용의 일종으로, 사회적 언어를 통해 수행(遂行, 생각하거나 계획한 대로 일을 해냄)된다.
▶ A와 달리 B는 약 2세까지의 타인과의 상호작용을 의사소통 행위로 판단함

4 ¹B 역시 A와 마찬가지로 아동의 언어와 사고의 발달이 3단계로 진행된다고 보지만, 그 방향에 있어서는 사회적 언어에서 출발하여 자기중심적 언어를 거쳐 내적 언어 순으로 진행된다고 본다.
▶ A와 달리 B는 아동의 언어의 발달을 사회적 언어에서 내적 언어 순으로 진행된다고 봄

〈보기〉
ㄱ. '자기중심적 언어'의 단계 전에 A는 의사소통 행위가 이루어지지 않는 것으로, B는 이루어지는 것으로 본다. (근거 1-2, 3-2~4)
ㄴ. A는 '자기중심적 언어'가 학령이 되면 없어지는 것으로 보는 반면, B는 없어지지 않는 것으로 본다. (근거 1-2, 2-4)
ㄷ. A와 B는 '사회적 언어'의 단계로 진입하는 시기에 대해 견해를 달리한다. (근거 1-2, 3, 4)

① ㄱ, ㄴ
② ㄱ, ㄷ
③ ㄴ, ㄷ
❹ ㄱ, ㄴ, ㄷ

단계별 풀이 비법

풀이비법 1 발문으로 유형을 확인하라!
'A와 B의 주장에 대한 평가' 중 적절한 것을 찾는 문제는 관점의 차이를 비교·대조하면서 추론하는 유형이다.

풀이비법 2 무엇(화제)에 대해 말하고 있는지 파악하라!
중심 화제 아동의 사고와 언어의 발달
중심 내용

1	A는 아동의 사고와 언어는 개인적 차원에서 사회적 차원으로 진행된다고 주장함.
2	B는 A의 자기중심적 언어의 존재를 인정하면서도 그것의 성격에 있어서는 다른 견해를 주장함.
3	A는 약 2세까지의 아이가 언어 이전의 '환상적 사고'의 단계로 타인과의 상호작용을 의사소통 행위가 아니라고 주장함.
4	B는 사회적 언어에서 출발하여 자기중심적 언어를 거쳐 내적 언어 순으로 진행됨.

풀이비법 3 지문에서 보기와 관련된 정보를 찾아 정리하라!

선지	관련 정보
ㄱ	1-2, 3-2~4: A는 환상적 사고 타인과의 상호작용을 의사소통 행위가 아니라고 주장, B의 경우 출생 이후 약 2세까지의 상호작용을 의사소통 행위로 판단
ㄴ	1-2, 2-4: A는 자기중심적 언어가 나타났다가 8세경에 학령이 되면서 자기중심적 언어는 소멸하고 '사회적 언어'의 단계로 진입, B는 소멸하는 게 아니라 내면화되어
ㄷ	1-2, 3, 4: A는 8세경 '사회적 언어'의 단계로 진입, B는 약 2세까지 사회적 언어, 이후 자기중심적 언어를 거쳐 내적 언어 순으로 진행

풀이비법 4 선택지의 적절성을 판단하라!
ㄱ. '자기중심적 언어'의 단계 전은 출생~2세까지이다. 3에서 A는 이 시기의 아동은 환상적 사고의 단계에 머물러 의사소통 행위가 불가능하다고 본다. 반면 B는 이 시기의 아동은 대화적 상호 작용의 일종인 사회적 언어를 통해 의사소통 행위를 한다고 본다.
ㄴ. 1에 의하면 A는 '자기중심적 언어'가 8세경 학령이 되면서 소멸한다고 주장한다. 반면 2-4에 의하면 B는 '자기중심적 언어'가 학령이 되면서 소멸하는 게 아니라 내면화되어 내적 언어를 구성한다고 본다.
ㄷ. 아동이 '사회적 언어'로 진입하는 단계에 대해 1에 의하면 A는 8세경 학령이 되면서 '사회적 언어'의 단계로 진입한다고 주장했고, 3과 4에 의하면 B는 아동의 0~2세까지의 시기에 사회적 언어를 통해 언어 발달이 진행된다고 주장했다.

정답 ④

실전 기출 — 추리·추론·비판하기 1

학습일: 월   일   풀이 시간: 1분 이내

연습 1 병태 요정과 함께 풀기

㉠, ㉡의 주장에 대한 비판으로 적절하지 않은 것은? 2021 지방직 7급

> 투표 제도에는 투표권 행사를 투표자의 자유의사에 맡기는 자유 투표제와 투표권 행사를 정당한 사유 없이 기권하면 법적 제재를 가하는 의무 투표제가 있다. 우리나라는 자유 투표제를 채택하고 있는데, ㉠의무 투표제를 도입하자는 측은 낮은 투표율로 투표 결과의 정당성이 확보되지 못하는 문제를 지적한다. 법적 제재는 분명 높은 투표율로 이어질 것이므로 의무 투표제가 낮은 투표율을 해결할 최선의 방안이라고 그들은 말한다. 나아가 더 많은 국민이 투표에 참여할수록 정치인들은 정책 경쟁력을 높이려 할 것이므로 정치 소외 계층에 대한 관심이 높아질 것이라고 기대한다.
>
> 반면 ㉡의무 투표제에 반대하는 측은 현재 우리나라의 투표율이 정치 지도자들의 대표성을 훼손할 만큼 심각하지는 않다고 본다. 또 시민 교육 등 다른 방식으로도 투표율 상승을 기대할 수 있다며 의무 투표제가 투표율을 높일 가장 효과적인 방안은 아니라고 말한다. 그리고 의무 투표제를 도입하면, 선출된 정치인들이 높은 투표율을 핑계로 안하무인의 태도를 취하는 부작용이 생겨 국민의 뜻이 오히려 왜곡될 수 있다는 우려의 목소리를 내고 있다.

① ㉠은 투표율의 증가가 후보들의 정책 경쟁으로 이어진다는 것에 대한 근거를 제시해야 한다.
② ㉠은 정당한 사유 없는 기권에 대한 법적 제재가 투표율 상승으로 이어진다는 것을 뒷받침할 자료를 제시해야 한다.
③ ㉡은 선출된 정치인들이 높은 투표율을 핑계로 안하무인의 태도를 취하는 부작용에 대한 대책을 제시해야 한다.
④ ㉡은 현재 우리나라의 투표율이 정치 지도자들의 대표성을 훼손할 만큼 심각하지 않다는 것에 대한 근거를 제시해야 한다.

연습 2 혼자서 눈으로 계속 연습하기

㉠, ㉡의 주장에 대한 비판으로 적절하지 않은 것은? 2021 지방직 7급

> 투표 제도에는 투표권 행사를 투표자의 자유의사에 맡기는 자유 투표제와 투표권 행사를 정당한 사유 없이 기권하면 법적 제재를 가하는 의무 투표제가 있다. 우리나라는 자유 투표제를 채택하고 있는데, ㉠의무 투표제를 도입하자는 측은 낮은 투표율로 투표 결과의 정당성이 확보되지 못하는 문제를 지적한다. 법적 제재는 분명 높은 투표율로 이어질 것이므로 의무 투표제가 낮은 투표율을 해결할 최선의 방안이라고 그들은 말한다. 나아가 더 많은 국민이 투표에 참여할수록 정치인들은 정책 경쟁력을 높이려 할 것이므로 정치 소외 계층에 대한 관심이 높아질 것이라고 기대한다.
>
> 반면 ㉡의무 투표제에 반대하는 측은 현재 우리나라의 투표율이 정치 지도자들의 대표성을 훼손할 만큼 심각하지는 않다고 본다. 또 시민 교육 등 다른 방식으로도 투표율 상승을 기대할 수 있다며 의무 투표제가 투표율을 높일 가장 효과적인 방안은 아니라고 말한다. 그리고 의무 투표제를 도입하면, 선출된 정치인들이 높은 투표율을 핑계로 안하무인의 태도를 취하는 부작용이 생겨 국민의 뜻이 오히려 왜곡될 수 있다는 우려의 목소리를 내고 있다.

① ㉠은 투표율의 증가가 후보들의 정책 경쟁으로 이어진다는 것에 대한 근거를 제시해야 한다.
② ㉠은 정당한 사유 없는 기권에 대한 법적 제재가 투표율 상승으로 이어진다는 것을 뒷받침할 자료를 제시해야 한다.
③ ㉡은 선출된 정치인들이 높은 투표율을 핑계로 안하무인의 태도를 취하는 부작용에 대한 대책을 제시해야 한다.
④ ㉡은 현재 우리나라의 투표율이 정치 지도자들의 대표성을 훼손할 만큼 심각하지 않다는 것에 대한 근거를 제시해야 한다.

지문을 한눈에

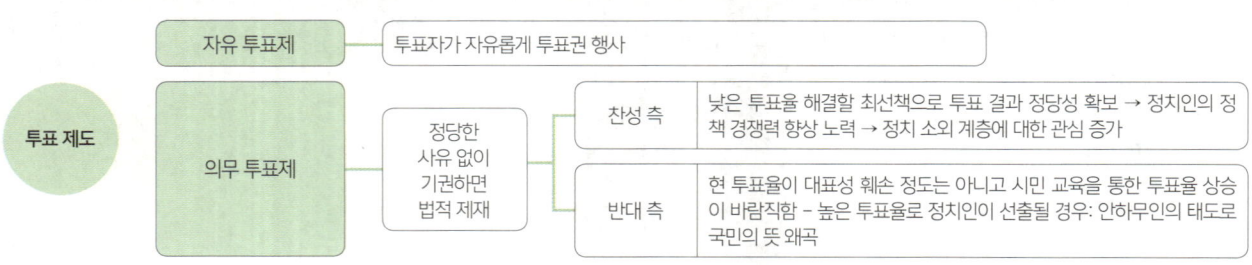

실전 기출 — 추리·추론·비판하기1

11

⊙, ⓒ의 주장에 대한 비판으로 적절하지 않은 것은?

지문 제재 | 사회 2021 지방직 7급

1 ¹투표(投票, 선거를 하거나 가부를 결정할 때에 투표용지에 의사를 표시하여 일정한 곳에 내는 일) 제도에는 투표권 행사를 투표자의 자유의사(自由意思, 남에게 속박이나 간섭을 받지 아니하고 자유로이 가지는 생각)에 맡기는 자유 투표제와 투표권 행사를 정당한 사유(思惟, 대상을 두루 생각하는 일) 없이 기권(棄權, 투표, 의결, 경기 따위에 참가할 수 있는 권리를 스스로 포기하고 행사하지 아니함)하면 법적 제재(制裁, 일정한 규칙이나 관습의 위반에 대하여 제한하거나 금지함)를 가하는 의무 투표제가 있다. ²우리나라는 자유 투표제를 채택(採擇, 작품, 의견, 제도 따위를 골라서 다루거나 뽑아 씀)하고 있는데, ⊙ 의무 투표제를 도입하자는 측은 [낮은 투표율로 투표 결과의 정당성이 확보(確保, 확실히 보증하거나 가지고 있음)되지 못하는 문제](자유 투표제의 문제점)를 지적(指摘, 꼭 집어서 가리킴)한다. ³법적 제재는 분명 높은 투표율로 이어질 것이므로 의무 투표제가 낮은 투표율을 해결할 최선의 방안(方案, 일을 처리하거나 해결하여 나갈 방법)이라고 그들은 말한다. ⁴나아가 더 많은 국민이 투표에 참여할수록 정치인들은 정책 경쟁력을 높이려 할 것이므로 정치 소외(疏外, 어떤 무리에서 기피하여 따돌리거나 멀리함) 계층에 대한 관심이 높아질 것이라고 기대한다.
▶ 의무 투표제를 찬성하는 측의 주장

2 ¹반면 ⓒ 의무 투표제에 반대하는 측은 현재 우리나라의 투표율이 정치 지도자들의 대표성을 훼손(毁損 체면이나 명예를 손상함)할 만큼 심각하지는 않다고 본다. ²또 시민 교육 등 다른 방식으로도 투표율 상승(上昇/上升, 낮은 데서 위로 올라감)을 기대할 수 있다며 의무 투표제가 투표율을 높일 가장 효과적인 방안은 아니라고 말한다. ³그리고 의무 투표제를 도입하면, 선출된 정치인들이 높은 투표율을 핑계로 안하무인의 태도를 취하는 부작용이 생겨 국민의 뜻이 오히려 왜곡(歪曲 사실과 다르게 해석하거나 그릇되게 함)될 수 있다는 우려의 목소리를 내고 있다.
▶ 의무 투표제에 반대하는 측의 반박

① ⊙은 투표율의 증가가 후보들의 정책 경쟁으로 이어진다는 것에 대한 근거를 제시해야 한다. (근거 1-3, 4)

② ⊙은 정당한 사유 없는 기권에 대한 법적 제재가 투표율 상승으로 이어진다는 것을 뒷받침할 자료를 제시해야 한다. (근거 1-1, 3)

❸ ⓒ은 선출된 정치인들이 높은 투표율을 핑계로 안하무인의 태도를 취하는 부작용에 대한 대책을 제시해야 한다. (근거 2-3)

④ ⓒ은 현재 우리나라의 투표율이 정치 지도자들의 대표성을 훼손할 만큼 심각하지 않다는 것에 대한 근거를 제시해야 한다. (근거 2-1)

단계별 풀이 비법

풀이 비법 1 발문으로 유형을 확인하라!
'주장에 대한 비판'으로 적절하지 않은 것을 고르는 추론 문제이다.

풀이 비법 2 무엇(화제)에 대해 말하고 있는지 파악하라!
중심 화제 의무 투표제에 대한 찬반 측 주장
중심 내용

1	의무 투표제 찬성 측은 낮은 투표율을 해결할 수 있으며, 정치인이 정책 경쟁력을 향상시키기 위해 노력할 것이므로 정치 소외 계층에 대한 관심이 높아질 것이다.
2	의무 투표제 반대 측은 현 투표율이 대표성을 훼손하지 않으며 시민 교육을 통해 투표율을 상승시키는 것이 바람직하다. 그리고 높은 투표율로 정치인이 선출될 경우 안하무인의 태도로 국민의 뜻을 왜곡할 수 있다.

풀이 비법 3 지문에서 선택지 내용과 관련된 정보를 찾아 정리하라!

선지	관련 정보
①	1-3, 4: 많은 국민이 투표에 참여할수록 정치인들은 정책 경쟁력을 높이려 할 것
②	1-1, 3: 의무 투표제가 높은 투표율로 이어질 것
③	2-3: 의무 투표제를 도입하면, 선출된 정치인들이 높은 투표율을 핑계로 안하무인의 태도를 취하는 부작용이 생겨
④	2-1: 우리나라의 투표율이 정치 지도자들의 대표성을 훼손할 만큼 심각하지는 않다고 본다.

풀이 비법 4 선택지의 적절성을 판단하라!
① ⊙은 투표율이 높을수록 정치인들이 정책 경쟁력을 높이려 할 것이므로 투표율의 증가가 후보들의 정책 경쟁으로 이어진다는 것에 대한 근거를 제시하라는 비판은 적절하다.
② ⊙은 투표권 행사를 정당한 사유 없이 기권하면 법적 제재를 가하는 의무 투표제가 높은 투표율로 이어질 것이라는 주장을 뒷받침할 자료를 제시하라는 비판은 적절하다.
③ 선출된 정치인들이 높은 투표율을 핑계로 안하무인의 태도를 취하는 것은 의무 투표제를 도입했을 때 나타날 수 있는 부작용이므로 의무 투표제를 도입하자는 ⊙이 제시해야 적절하다.
④ ⓒ은 현재 우리나라의 투표율이 정치 지도자들의 대표성을 훼손할 만큼 심각하지는 않다고 보므로 이에 대해 근거를 제시하라는 비판은 적절하다.

정답 ③

실전 기출 — 추리·추론·비판하기1

학습일: 월   일   풀이 시간: 1분 이내

연습 1 병태 요정과 함께 풀기

다음 글에서 추론한 내용으로 적절하지 않은 것은? 2021 지방직 7급

고대 로마에서 사람들의 평균 수명은 불과 21세였다. 아동기를 넘긴 성인은 보통 70~80세 정도 살았지만 출생아의 1/3이 1세 전에, 그 이후 살아남은 아이의 절반이 10세 전에 사망했다. 이렇게 아동 사망률이 높았던 것은 미생물로 인한 질병 때문이었는데, 이를 밝혀 치료의 길을 연 사람은 파스퇴르였다.

파스퇴르는 1861년 미생물이 활동한 결과로 발효가 일어난다는 것을 밝히고, 이후 음식물의 발효나 부패가 공기 중의 미생물 때문에 일어남을 증명했다. 이는 음식물에서 저절로 새로운 생명체가 생겨나 음식물을 발효·부패시킨다는 자연 발생설을 반박하고 미생물의 존재를 명확히 한 것이었다. 1863년에는 음식물의 맛과 질감을 변화시키지 않으면서 살균하는 방법인 '파스퇴리제이션(pasteurization)'을 발견했다. 이것은 끓는점보다 낮은 온도에서 장시간 가열하는 방식으로, 우유의 경우 밀폐한 채로 63~65 °C에서 30분 정도 가열하는 살균법이다.

이러한 연구에 이어 파스퇴르는 사람과 가축에게 생기는 질병의 원인이 미생물임을 밝혔다. 나아가 이를 예방할 수 있는 백신을 처음으로 만들어 사용하고 치료법도 제시하였다. 광견병, 탄저병 등에 대한 연구는 그의 큰 업적으로 남아 있다.

① 고대 로마인의 평균 수명이 낮았던 것은 아이들이 질병으로 많이 죽었던 것이 한 원인이었다.
② 파스퇴르는 음식물의 발효와 부패에 대해 자연발생설을 부인하였다.
③ 끓는점 이하로 가열하는 파스퇴리제이션 살균법은 음식물의 맛과 질감을 높인다.
④ 파스퇴르의 미생물 연구는 질병으로 인한 아이들의 사망률을 줄이는 데에 기여했다.

연습 2 혼자서 눈으로 계속 연습하기

다음 글에서 추론한 내용으로 적절하지 않은 것은? 2021 지방직 7급

고대 로마에서 사람들의 평균 수명은 불과 21세였다. 아동기를 넘긴 성인은 보통 70~80세 정도 살았지만 출생아의 1/3이 1세 전에, 그 이후 살아남은 아이의 절반이 10세 전에 사망했다. 이렇게 아동 사망률이 높았던 것은 미생물로 인한 질병 때문이었는데, 이를 밝혀 치료의 길을 연 사람은 파스퇴르였다.

파스퇴르는 1861년 미생물이 활동한 결과로 발효가 일어난다는 것을 밝히고, 이후 음식물의 발효나 부패가 공기 중의 미생물 때문에 일어남을 증명했다. 이는 음식물에서 저절로 새로운 생명체가 생겨나 음식물을 발효·부패시킨다는 자연 발생설을 반박하고 미생물의 존재를 명확히 한 것이었다. 1863년에는 음식물의 맛과 질감을 변화시키지 않으면서 살균하는 방법인 '파스퇴리제이션(pasteurization)'을 발견했다. 이것은 끓는점보다 낮은 온도에서 장시간 가열하는 방식으로, 우유의 경우 밀폐한 채로 63~65 °C에서 30분 정도 가열하는 살균법이다.

이러한 연구에 이어 파스퇴르는 사람과 가축에게 생기는 질병의 원인이 미생물임을 밝혔다. 나아가 이를 예방할 수 있는 백신을 처음으로 만들어 사용하고 치료법도 제시하였다. 광견병, 탄저병 등에 대한 연구는 그의 큰 업적으로 남아 있다.

① 고대 로마인의 평균 수명이 낮았던 것은 아이들이 질병으로 많이 죽었던 것이 한 원인이었다.
② 파스퇴르는 음식물의 발효와 부패에 대해 자연발생설을 부인하였다.
③ 끓는점 이하로 가열하는 파스퇴리제이션 살균법은 음식물의 맛과 질감을 높인다.
④ 파스퇴르의 미생물 연구는 질병으로 인한 아이들의 사망률을 줄이는 데에 기여했다.

지문을 한눈에

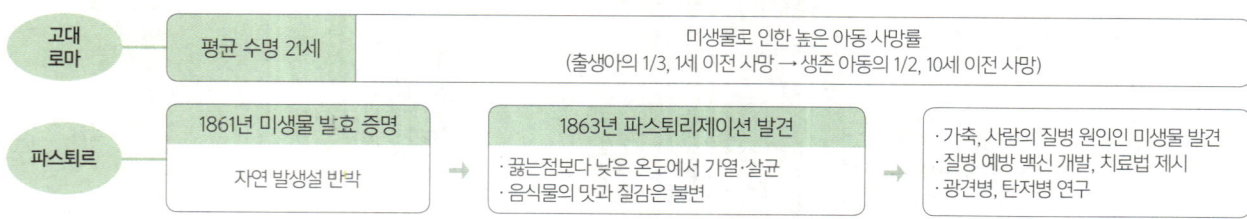

실전 기출 추리·추론·비판하기1

12
다음 글에서 추론한 내용으로 적절하지 않은 것은?

지문 제재 | 과학
2021 지방직 7급

> 1 ¹고대 로마에서 사람들의 평균(平均, 여러 사물의 질이나 양 따위를 통일적으로 고르게 한 것) 수명(壽命, 생물이 살아 있는 연한)은 불과(不過, 그 수량에 지나지 아니한 상태임) 21세였다. ²아동기를 넘긴 성인은 보통 70~80세 정도 살았지만 출생아의 1/3이 1세 전에, 그 이후 살아남은 아이의 절반이 10세 전에 사망(死亡, 사람이 죽음)했다. ³이렇게 아동 사망률이 높았던 것은 미생물(微生物, 눈으로는 볼 수 없는 아주 작은 생물. 보통 세균, 효모, 원생동물 따위를 이르는데, 바이러스를 포함하는 경우도 있음)로 인한 질병(疾病, 몸의 온갖 병) 때문이었는데, 이를 밝혀 치료(治療, 병이나 상처 따위를 잘 다스려 낫게 함)의 길을 연 사람은 파스퇴르였다.
> ▶ 고대 로마인의 평균 수명은 21세이며, 미생물로 인한 높은 아동 사망률을 보임
>
> 2 ¹파스퇴르는 1861년 미생물이 활동한 결과로 발효(醱酵, 산소가 없는 상태에서 미생물이 탄수화물을 분해하여 에너지를 얻는 작용을 이름)가 일어난다는 것을 밝히고, 이후 음식물의 발효나 부패(腐敗, 단백질이나 지방 따위의 유기물이 미생물의 작용에 의하여 분해되는 과정)가 공기 중의 미생물 때문에 일어남을 증명(證明, 어떤 사항이나 판단 따위에 대하여 그것이 진실인지 아닌지 증거를 들어서 밝힘)했다. ²이는 음식물에서 저절로 새로운 생명체가 생겨나 음식물을 발효·부패시킨다는 자연 발생설을 반박(反駁, 어떤 의견, 주장, 논설 따위에 반대하여 말함)하고 미생물의 존재를 명확히 한 것이었다. ³1863년에는 음식물의 맛과 질감(質感, 재질(材質)의 차이에서 받는 느낌)을 변화시키지 않으면서 살균(殺菌, 세균 따위의 미생물을 죽임)하는 방법인 '파스퇴리제이션(pasteurization)'을 발견했다. ⁴이것은 끓는점보다 낮은 온도에서 장시간 가열하는 방식으로, 우유의 경우 밀폐(密閉, 샐 틈이 없이 꼭 막거나 닫음)한 채로 63~65 °C에서 30분 정도 가열하는 살균법이다.
> ▶ 파스퇴르는 미생물의 발효를 증명, 파스퇴리제이션을 발견함
>
> 3 ¹이러한 연구에 이어 파스퇴르는 [사람과 가축에게 생기는 질병의 원인이 미생물임을 밝혔다. ²나아가 이를 예방(豫防, 질병이나 재해 따위가 일어나기 전에 미리 대처하여 막는 일)할 수 있는 백신을 처음으로 만들어 사용하고 치료법도 제시(提示, 어떠한 의사를 말이나 글로 나타내어 보임)하였다. ³광견병, 탄저병 등에 대한 연구는 그의 큰 업적으로 남아 있다.](파스퇴르의 미생물 연구 업적)
> ▶ 질병의 원인인 미생물을 발견했고 예방 백신 개발해 치료법도 제시함

① 고대 로마인의 평균 수명이 낮았던 것은 아이들이 질병으로 많이 죽었던 것이 한 원인이었다.(근거 1)
② 파스퇴르는 음식물의 발효와 부패에 대해 자연발생설을 부인하였다.(근거 2-1, 2)
❸ 끓는점 이하로 가열하는 파스퇴리제이션 살균법은 음식물의 맛과 질감을 높인다(×).(근거 2-3, 4)
④ 파스퇴르의 미생물 연구는 질병으로 인한 아이들의 사망률을 줄이는 데에 기여했다.(근거 1)

단계별 풀이 비법

풀이 비법 1 발문으로 유형을 확인하라!
글에서 추론할 수 있는 내용을 찾는 문제이므로 제시된 세부 정보를 바탕으로 새로운 내용을 이끌어 내는 유형이다.

풀이 비법 2 무엇(화제)에 대해 말하고 있는지 파악하라!
중심 화제 파스퇴르의 미생물 연구
중심 내용

1	고대 로마인의 평균 수명은 21세이며 미생물로 인한 높은 아동 사망률을 보였다.
2	파스퇴르는 미생물의 발효를 증명했고, 끓는점보다 낮은 온도에서 장시간 가열하여 살균하는 파스퇴리제이션을 발견했다.
3	질병의 원인인 미생물을 발견했고 예방 백신을 개발해 치료법도 제시했다.

풀이 비법 3 지문에서 선택지 내용과 관련된 정보를 찾아 정리하라!

선지	관련 정보
①	1-3: 아동 사망률이 높았던 것은 미생물로 인한 질병 때문
②	2-1, 2: 음식물의 발효나 부패가 공기 중의 미생물 때문에 일어남을 증명, 이는 ~ 자연 발생설을 반박
③	2-3, 4: 음식물의 맛과 질감을 변화시키지 않으면서 살균하는 방법인 파스퇴리제이션
④	1-3: 미생물로 인한 질병 때문이었는데, 이를 밝혀 치료의 길을 연 사람은 파스퇴르

풀이 비법 4 부합하는 선택지를 찾아라!
① 고대 로마인의 평균 수명은 21세를 넘지 못했는데, 미생물로 인한 질병으로 인해 아동 사망률이 높았기 때문이다.
② 파스퇴르는 음식물의 발효나 부패가 공기 중의 미생물 때문에 일어남을 증명하여 자연발생설을 반박했다.
③ '음식물의 맛과 질감을 변화시키지 않으면서 살균하는 방법인 파스퇴리제이션'이라는 서술을 통해 파스퇴리제이션 살균법은 음식물의 맛과 질감을 높인다는 추론은 적절하지 않다.
④ 아동 사망률이 높았던 것은 미생물로 인한 질병 때문이었는데, 이를 밝혀 치료의 길을 연 사람은 파스퇴르였다. 이를 근거로 파스퇴르의 미생물 연구는 질병으로 인한 아이들의 사망률을 줄이는 데에 기여했다고 추론할 수 있다.

정답 ③

실전 기출 추리·추론·비판하기1

연습 1 병태 요정과 함께 풀기

다음 대화에 대한 이해로 적절하지 않은 것은? 2021 지방직 7급

> 갑: 페가수스는 정말로 실존하는 것이겠지?
> 을: '페가수스'라는 단어는 실존하지 않는 대상을 지칭한다고 생각해.
> 갑: '페가수스'라는 단어가 의미를 지닌다는 것은 분명하지? 단어의 의미는 그 단어가 지칭하는 실존하는 대상이 무엇인가에 따라 결정돼. 모든 단어는 무언가의 이름인 것이지. 그러니 페가수스가 실존하지 않는다면 '페가수스'라는 이름이 어떻게 의미를 지니겠어? 이처럼 모든 이름은 실존하는 대상을 반드시 지칭해.
> 을: 단어 '로물루스'를 생각해 봐. 이 단어는 실제로는 이름이 아니라 일종의 축약된 기술어(記述語)야. '자기 동생을 죽이고 로마를 건국하는 등 여러 가지 일을 한 어떤 전설상의 인물'이라는 기술의 축약어일 뿐이란 거지. 만약 이 단어가 정말로 이름이라면, 그 이름이 지칭하는 대상이 실존하는지는 문제도 되지 않았을 거야. 어떤 단어가 이름이라면 그것은 실존하는 어떤 대상을 반드시 지칭하거든. 실존하지도 않는 대상에게 이름이 있을 수 없는 것은 너무 당연하니 말이야. 실존하지 않는 대상을 지칭하는 단어는 실제로는 이름이 아니라 일종의 축약된 기술어인 거야.

① 갑은 축약된 기술어가 실존하는 대상을 지칭할 수 없다고 보는군.
② 을은 실존하지 않는 대상을 지칭하는 단어가 있다고 보는군.
③ 갑은 '페가수스'를 이름으로, 을은 '페가수스'를 축약된 기술어로 보는군.
④ 갑과 을은 어떤 단어가 이름이려면 그 단어는 실존하는 대상을 반드시 지칭해야 한다고 보는군.

연습 2 혼자서 눈으로 계속 연습하기

다음 대화에 대한 이해로 적절하지 않은 것은? 2021 지방직 7급

> 갑: 페가수스는 정말로 실존하는 것이겠지?
> 을: '페가수스'라는 단어는 실존하지 않는 대상을 지칭한다고 생각해.
> 갑: '페가수스'라는 단어가 의미를 지닌다는 것은 분명하지? 단어의 의미는 그 단어가 지칭하는 실존하는 대상이 무엇인가에 따라 결정돼. 모든 단어는 무언가의 이름인 것이지. 그러니 페가수스가 실존하지 않는다면 '페가수스'라는 이름이 어떻게 의미를 지니겠어? 이처럼 모든 이름은 실존하는 대상을 반드시 지칭해.
> 을: 단어 '로물루스'를 생각해 봐. 이 단어는 실제로는 이름이 아니라 일종의 축약된 기술어(記述語)야. '자기 동생을 죽이고 로마를 건국하는 등 여러 가지 일을 한 어떤 전설상의 인물'이라는 기술의 축약어일 뿐이란 거지. 만약 이 단어가 정말로 이름이라면, 그 이름이 지칭하는 대상이 실존하는지는 문제도 되지 않았을 거야. 어떤 단어가 이름이라면 그것은 실존하는 어떤 대상을 반드시 지칭하거든. 실존하지도 않는 대상에게 이름이 있을 수 없는 것은 너무 당연하니 말이야. 실존하지 않는 대상을 지칭하는 단어는 실제로는 이름이 아니라 일종의 축약된 기술어인 거야.

① 갑은 축약된 기술어가 실존하는 대상을 지칭할 수 없다고 보는군.
② 을은 실존하지 않는 대상을 지칭하는 단어가 있다고 보는군.
③ 갑은 '페가수스'를 이름으로, 을은 '페가수스'를 축약된 기술어로 보는군.
④ 갑과 을은 어떤 단어가 이름이려면 그 단어는 실존하는 대상을 반드시 지칭해야 한다고 보는군.

지문을 한눈에

갑	→	을	→	갑	→	을
질문		답변		을 답변 반박		갑 주장에 대한 반박
페가수스는 실존?		단어 '페가수스'=실존하지 않는 대상 지칭		모든 단어는 이름이고, 모든 이름은 실존 대상을 지칭함. → 페가수스는 실존하는 대상 지칭		이름이라면 실존 대상 지칭, 실존하지 않는 대상을 지칭하는 단어는 이름이 아니라 '축약된 기술어' 예 로물루스

실전 기출 — 추리·추론·비판하기1

13
다음 글에 대한 이해로 적절하지 않은 것은?

지문 제재 | 언어
2021 지방직 7급

1 갑: '페가수스'(그리스 신화에 나오는 날개 돋친 천마)는 정말로 실존(實存, 실제로 존재함)하는 것이겠지?

2 을: '페가수스'라는 단어는 실존하지 않는 대상(對象, 어떤 일의 상대 또는 목표나 목적이 되는 것)을 지칭(指稱, 어떤 대상을 가리켜 이르는 일)한다고 생각해.

3 갑: '페가수스'라는 단어가 의미(意味, 말이나 글의 뜻)를 지닌다는 것은 분명(分明, 틀림없이 확실하게)하지? 단어의 의미는 그 단어가 지칭하는 실존하는 대상이 무엇인가에 따라 결정(決定, 행동이나 태도를 분명하게 정함)돼. 모든 단어는 무언가의 이름인 것이지. 그러니 페가수스가 실존하지 않는다면 '페가수스'라는 이름이 어떻게 의미를 지니겠어? 어처럼 모든 이름은 실존하는 대상을 반드시 지칭해.

4 을: 단어 '로물루스'를 생각해 봐. 이 단어는 실제로는 이름이 아니라 일종의 축약(縮約, 줄여서 간략하게 함)된 기술어(記述語)야. '자기 동생을 죽이고 로마를 건국하는 등 여러 가지 일을 한 어떤 전설상의 인물'이라는 기술의 축약어일 뿐이란 거지. 만약 이 단어가 정말로 이름이라면, 그 이름이 지칭하는 대상이 실존하는지는 문제도 되지 않았을 거야. 어떤 단어가 이름이라면 그것은 실존하는 어떤 대상을 반드시 지칭하거든. 실존하지도 않는 대상에게 이름이 있을 수 없는 것은 너무 당연(當然, 일의 앞뒤 사정을 놓고 볼 때 마땅히 그러함)하니 말이야. 실존하지 않는 대상을 지칭하는 단어는 실제로는 이름이 아니라 일종의 축약된 기술어인 거야.

① 갑(×)은 축약된 기술어가 실존하는 대상을 지칭할 수 없다고 보는군. (근거 4-1, 2, 7)

② 을은 실존하지 않는 대상을 지칭하는 단어가 있다고 보는군. (근거 2, 4)

③ 갑은 '페가수스'를 이름으로, 을은 '페가수스'를 축약된 기술어로 보는군. (근거 3-4, 5, 2, 4-7)

④ 갑과 을은 어떤 단어가 이름이려면 그 단어는 실존하는 대상을 반드시 지칭해야 한다고 보는군. (근거 3-5, 4-5)

단계별 풀이 비법

풀이 비법 1 발문으로 유형을 먼저 확인하라!

'글에 대한 이해'를 묻고 있지만 추론하는 문제이다. 지문에 제시된 정보와 내용을 이해했는가를 묻고 있으므로 갑과 을의 주장이 무엇인지 표시해 놓고 선지와 관련 내용을 확인하며 풀어야 한다.

풀이 비법 2 무엇(화제)에 대해 말하고 있는지 파악하라!

중심 화제 페가수스라는 단어의 성격
중심 내용

1 갑	'페가수스'는 실존하는 것이겠지?
2 을	'페가수스'는 실존하지 않는 대상을 지칭함.
3 갑	모든 단어는 이름이고, 모든 이름은 실존 대상을 지칭함 → 페가수스는 실존하는 대상 지칭함.
4 을	이름이라면 실존 대상 지칭하고 실존하지 않는 대상을 지칭하는 단어는 이름이 아니라 '축약된 기술어'임.

풀이 비법 3 지문에서 선택지 내용과 관련된 내용을 찾아 정리하라!

선지	관련 정보
①	4-1, 2, 7: 로물루스, 실제로는 이름이 아니라 일종의 축약된 기술어, 실존하지 않는 대상을 지칭하는 단어는 실제로는 이름이 아니라 일종의 축약된 기술어
②	2, 4: '페가수스'라는 단어는 실존하지 않는 대상을 지칭한다, 실존하지 않는 대상을 지칭하는 단어는 실제로는 이름이 아니라 일종의 축약된 기술어
③	3-4, 5, 2, 4-7: 모든 이름은 실존하는 대상을 반드시 지칭해, 실존하지 않는 대상을 지칭하는 단어는 일종의 축약된 기술어
④	3-5, 4-5: 모든 이름은 실존하는 대상을 반드시 지칭해, 어떤 단어가 이름이라면 그것은 실존하는 어떤 대상을 반드시 지칭

풀이 비법 4 선택지의 적절성을 판단하라!

① 을은 '로물루스'를 이름이 아니라 일종의 '축약된 기술어'라고 했다. 갑은 축약된 기술어에 대해 말하지 않았으므로 적절한 이해로 볼 수 없다.

② 을은 실존하지 않는 대상을 지칭하는 단어가 있다고 보며, 그 예로 단어 '페가수스'와 '로물루스'를 제시했다.

③ 갑은 모든 단어는 무언가의 이름이고, 모든 이름은 실존하는 대상을 반드시 지칭한다고 했으므로 '페가수스'를 이름으로 보지만, 을은 실존하지 않는 대상을 지칭하는 단어는 일종의 '축약된 기술어'라고 생각하기 때문에 '페가수스'를 축약된 기술어로 본다.

④ 갑은 '모든 이름은 실존하는 대상을 반드시 지칭'한다고 진술했고, 을도 '어떤 단어가 이름이라면 그것은 실존하는 어떤 대상을 반드시 지칭'한다고 진술했다.

정답 ①

실전 기출 - 추리·추론·비판하기1

학습일: 월   일   풀이 시간: 1분 이내

연습 1 병태 요정과 함께 풀기

다음 글의 '이론 X'에 근거한 판단으로 적절한 것만을 〈보기〉에서 모두 고르면?
2021 지방직 7급

이론 X에 따르면, 'A가 B의 원인이다.'는 '만약 A가 일어나지 않았더라면 B도 일어나지 않았을 것이다.'와 같다. 예를 들어 '기온이 낮아진 것이 온도계 눈금이 내려간 원인이다.'는 '만약 기온이 낮아지지 않았더라면 온도계 눈금은 내려가지 않았을 것이다.'와 같다.

이론 X에서 '만약 A가 일어나지 않았더라면 B도 일어나지 않았을 것이다.'의 의미는 무엇인가? 그것은, A가 일어나지 않고 B가 일어난 상황보다, A가 일어나지 않고 B도 일어나지 않은 상황이 A가 일어나고 B도 일어난 사실과 더 유사하다는 것이다. 가령 '만약 기온이 낮아지지 않았더라면 온도계 눈금은 내려가지 않았을 것이다.'라는 것은, 기온이 낮아지지 않고 온도계 눈금이 내려간 상황보다, 기온이 낮아지지 않고 온도계 눈금이 내려가지 않은 상황이 기온이 낮아졌고 온도계 눈금이 내려간 사실과 더 유사하다는 것이다.

─ 보기 ─
ㄱ. 갑의 흡연이 갑의 폐암의 원인이라면, 갑이 흡연하지 않았더라면 갑은 폐암에 걸리지 않았을 것이다.
ㄴ. 갑이 홈런을 치지 않고 갑의 팀이 승리한 상황보다, 갑이 홈런을 치지 않고 갑의 팀이 승리하지 않은 상황이 갑이 홈런을 치고 갑의 팀이 승리한 사실과 더 유사하다는 것은, 갑의 홈런이 그 팀의 승리의 원인이라는 것이다.
ㄷ. 까마귀가 날자 배가 떨어졌음에도 까마귀가 난 것이 배가 떨어진 원인이 아니라는 것은, 까마귀가 날지 않고 배가 떨어지지 않은 상황보다, 까마귀가 날지 않고 배가 떨어진 상황이 까마귀가 날고 배가 떨어진 사실과 더 유사하다는 것이다.

① ㄱ, ㄴ ② ㄱ, ㄷ
③ ㄴ, ㄷ ④ ㄱ, ㄴ, ㄷ

연습 2 혼자서 눈으로 계속 연습하기

다음 글의 '이론 X'에 근거한 판단으로 적절한 것만을 〈보기〉에서 모두 고르면?
2021 지방직 7급

이론 X에 따르면, 'A가 B의 원인이다.'는 '만약 A가 일어나지 않았더라면 B도 일어나지 않았을 것이다.'와 같다. 예를 들어 '기온이 낮아진 것이 온도계 눈금이 내려간 원인이다.'는 '만약 기온이 낮아지지 않았더라면 온도계 눈금은 내려가지 않았을 것이다.'와 같다.

이론 X에서 '만약 A가 일어나지 않았더라면 B도 일어나지 않았을 것이다.'의 의미는 무엇인가? 그것은, A가 일어나지 않고 B가 일어난 상황보다, A가 일어나지 않고 B도 일어나지 않은 상황이 A가 일어나고 B도 일어난 사실과 더 유사하다는 것이다. 가령 '만약 기온이 낮아지지 않았더라면 온도계 눈금은 내려가지 않았을 것이다.'라는 것은, 기온이 낮아지지 않고 온도계 눈금이 내려간 상황보다, 기온이 낮아지지 않고 온도계 눈금이 내려가지 않은 상황이 기온이 낮아졌고 온도계 눈금이 내려간 사실과 더 유사하다는 것이다.

─ 보기 ─
ㄱ. 갑의 흡연이 갑의 폐암의 원인이라면, 갑이 흡연하지 않았더라면 갑은 폐암에 걸리지 않았을 것이다.
ㄴ. 갑이 홈런을 치지 않고 갑의 팀이 승리한 상황보다, 갑이 홈런을 치지 않고 갑의 팀이 승리하지 않은 상황이 갑이 홈런을 치고 갑의 팀이 승리한 사실과 더 유사하다는 것은, 갑의 홈런이 그 팀의 승리의 원인이라는 것이다.
ㄷ. 까마귀가 날자 배가 떨어졌음에도 까마귀가 난 것이 배가 떨어진 원인이 아니라는 것은, 까마귀가 날지 않고 배가 떨어지지 않은 상황보다, 까마귀가 날지 않고 배가 떨어진 상황이 까마귀가 날고 배가 떨어진 사실과 더 유사하다는 것이다.

① ㄱ, ㄴ ② ㄱ, ㄷ
③ ㄴ, ㄷ ④ ㄱ, ㄴ, ㄷ

지문을 한눈에

이론 X	A가 B의 원인이다.	=	만약 A가 일어나지 않았더라면 B도 일어나지 않았을 것이다.
	A× B		A가 일어나지 않고 B가 일어난 상황보다
	유사 ┌ A× B×		A가 일어나지 않고 B도 일어나지 않은 상황이
	└ A B		A가 일어나고 B도 일어난 사실과 유사하다는 것이다.

사례	기온이 낮아진 것이 온도계 눈금이 내려간 원인이다.	=	만약 기온이 낮아지지 않았더라면 온도계 눈금은 내려가지 않았을 것이다.
	A× B		기온이 낮아지지 않고 온도계 눈금이 내려간 상황보다
	유사 ┌ A× B×		기온이 낮아지지 않고 온도계 눈금이 내려가지 않은 상황이
	└ A B		기온이 낮아졌고 온도계 눈금이 내려간 사실과 더 유사하다는 것이다.

실전 기출 — 추리·추론·비판하기1

14
다음 글의 '이론 X'에 근거한 판단으로 적절한 것만을 〈보기〉에서 모두 고르면?

지문 제재 | 인문
2021 지방직 7급

① 이론(理論, 사물의 이치나 지식 따위를 해명하기 위하여 논리적으로 정연하게 일반화한 명제의 체계) X에 따르면, 'A가 B의 원인(原因, 어떤 사물이나 상태를 변화시키거나 일으키게 하는 근본이 된 일이나 사건)이다.'는 '만약 A가 일어나지 않았더라면 B도 일어나지 않았을 것이다.'와 같다. ② 예를 들어 '기온이 낮아진 것이 온도계(溫度計, 물체의 온도를 재는 계기) 눈금이 내려간 원인이다.'는 '만약 기온이 낮아지지 않았더라면 온도계 눈금은 내려가지 않았을 것이다.'와 같다.

② ① 이론 X에서 '만약 A가 일어나지 않았더라면 B도 일어나지 않았을 것이다.'의 의미는 무엇인가? ② 그것은, A가 일어나지 않고 B가 일어난 상황(狀況, 일이 되어 가는 과정이나 형편)보다, A가 일어나지 않고 B도 일어나지 않은 상황이 A가 일어나고 B도 일어난 사실과 더 유사(類似, 서로 비슷함)하다는 것이다. ③ 가령 '만약 기온(氣溫, 대기의 온도)이 낮아지지 않았더라면 온도계 눈금은 내려가지 않았을 것이다.'라는 것은, 기온이 낮아지지 않고 온도계 눈금이 내려간 상황보다, 기온이 낮아지지 않고 온도계 눈금이 내려가지 않은 상황이 기온이 낮아졌고 온도계 눈금이 내려간 사실과 더 유사하다는 것이다.

─ 보기 ─
ㄱ. 갑의 흡연(吸煙, 담배를 피움)이 갑의 폐암(肺癌, 폐에 생기는 암)의 원인이라면, 갑이 흡연하지 않았더라면 갑은 폐암에 걸리지 않았을 것이다.
ㄴ. 갑이 홈런을 치지 않고 갑의 팀이 승리한 상황보다, 갑이 홈런을 치지 않고 갑의 팀이 승리하지 않은 상황이 갑이 홈런을 치고 갑의 팀이 승리한 사실과 더 유사하다는 것은, 갑의 홈런이 그 팀의 승리의 원인이라는 것이다.
ㄷ. 까마귀가 날자 배가 떨어졌음에도 까마귀가 난 것이 배가 떨어진 원인이 아니라는 것은, 까마귀가 날지 않고 배가 떨어지지 않은 상황보다, 까마귀가 날지 않고 배가 떨어진 상황이 까마귀가 날고 배가 떨어진 사실과 더 유사하다는 것이다.

① ㄱ, ㄴ
② ㄱ, ㄷ
③ ㄴ, ㄷ
④ ㄱ, ㄴ, ㄷ

단계별 풀이 비법

풀이 비법 1 발문으로 유형을 확인하라!
'이론 X'에 근거해서 〈보기〉를 논리적으로 판단하는 추론 문제이다. 글보다는 기호나 문자로 표시해서 풀면 쉽게 답을 찾을 수 있다.

풀이 비법 2 화제어와 중심 내용을 파악하라!
중심 화제: '이론 X'에 근거한 판단
중심 내용

1 주지	이론 X, 'A가 B의 원인이다.'는 '만약 A가 일어나지 않았더라면 B도 일어나지 않았을 것이다.
2 상술	A가 일어나지 않고 B가 일어난 상황보다 A가 일어나지 않고 B도 일어나지 않은 상황이 A가 일어나고 B도 일어난 사실과 유사하다는 것이다.

풀이 비법 3 지문에서 선택지 내용과 관련된 정보를 찾아 정리하라!

선지	관련 정보
ㄱ	1-1: A가 B의 원인, A× B×
ㄴ	2-2: A× B× = A B
ㄷ	까마귀가 난 것이 배가 떨어진 원인이 아니라

풀이 비법 4 부합하는 선택지를 찾아라!
ㄱ. 1에 제시된 이론 X에 의하면 '갑의 흡연이 갑의 폐암의 원인'이라는 말은 만약 갑이 흡연을 하지 않았다면 갑은 폐암에 걸리지 않았을 것이다.와 같다.
ㄴ. '갑의 홈런이 그 팀의 승리의 원인'이라는 것의 의미는 2에서 이론 X에 대해 설명한 내용에 의하면, '홈런을 치지 않고 갑의 팀이 승리한 상황보다, 갑이 홈런을 치지 않고 갑의 팀이 승리하지 않은 상황이 갑이 홈런을 치고 갑의 팀이 승리한 사실과 더 유사하다.'는 것이다. '만약 A가 일어나지 않았더라면 B도 일어나지 않았을 것이다.'는 'A가 B의 원인이다.'와 같다.
ㄷ. '까마귀가 날자 배가 떨어졌음에도 까마귀가 난 것이 배가 떨어진 원인이 아니라'라면 즉 까마귀 난 것과 배가 떨어진 것 사이에 인과 관계가 없다면 이론 X의 논리를 적용하기 어렵다. 또한 보기의 '까마귀가 날지 않고 배가 떨어지지 않은 상황보다, 까마귀가 날지 않고 배가 떨어진 상황이 까마귀가 날고 배가 떨어진 사실과 더 유사하다'는 문장은 X이론에 대한 설명과 부합하지 않는다. 마지막 구절이 '까마귀가 날고 배가 떨어지지 않은 사실과 더 유사하다는 것이다.'라고 진술되어야 한다. 그런데 X이론에 부합하게 진술할 경우 '까마귀 나는 것이 배가 떨어지지 않은 원인이다.'와 유사해지므로 처음에 전제한 내용과 다시 어긋나는 모순이 발생한다.

정답 ①

실전 기출 추리·추론·비판하기 2

학습일: 월 일 풀이 시간: 1분 이내

연습 1 병태 요정과 함께 풀기

다음 글에서 추론한 것으로 가장 적절한 것은? 2020 지방직 7급

현재 약 7,000개의 언어가 있지만, 그 본질은 다르지 않다. 인간이 언어를 가지게 된 것이 대략 6만 년 전인데, 그동안 많은 언어가 분기하고 사멸하였다. 오늘날의 모든 언어는 나름대로 특별한 역사를 갖는다. 언어는 살아 있는 생명체와 같아서 지금 이 시간에도 변화는 계속되고 있다. 개별 언어들은 발음과 규칙, 그리고 의미의 세밀한 변화를 현재 진행형으로 겪고 있다. 또한 '피진(pidgin)'과 같이 의사소통의 편의를 위해 급조된 언어도 있는데, 이 언어를 사용하는 집단의 후대는 자연스럽게 '크리올(creole)'과 같은 새로운 언어를 탄생시키기도 한다. 피진과 크리올은 비교적 근래에 형성된 것이므로 그 변화의 역사적 과정을 살필 수 있다. 이를 통해 고대의 언어들이 명멸하는 과정도 이와 유사했을 것이라고 짐작할 수 있다.

언어 중에는 영어와 같이 국제적으로 세력을 얻어 글로벌 시대에 의사소통의 가교 역할을 하는 언어도 있다. 이러한 언어들을 '링구아 프랑카(lingua franca)'라고 부른다. 과거에 서양에서는 그리스어나 라틴어가, 동양에서는 한자가 그 역할을 수행하기도 했다. 그러나 지금과 같은 글로벌 사회에서는 미디어나 교통수단의 발달에 힘입어 현재의 국제 통용어로 사용되는 영어가 과거의 국제 통용어들보다 훨씬 많은 힘을 발휘하고 있다.

① 교류와 소통이 증가하면 언어의 분기와 사멸의 속도가 빨라질 것이다.
② 그리스어나 라틴어는 서양의 다른 언어보다 발음, 규칙, 의미가 쉽게 변하지 않는다.
③ 국제사회에서 영향력이 강한 나라가 등장하면 그 나라의 언어가 링구아 프랑카가 될 수 있다.
④ '어리다'의 의미가 '어리석다'에서 '나이가 적다'로 변화한 것은 피진에서 크리올로 변화한 사례이다.

연습 2 혼자서 눈으로 계속 연습하기

다음 글에서 추론한 것으로 가장 적절한 것은? 2020 지방직 7급

현재 약 7,000개의 언어가 있지만, 그 본질은 다르지 않다. 인간이 언어를 가지게 된 것이 대략 6만 년 전인데, 그동안 많은 언어가 분기하고 사멸하였다. 오늘날의 모든 언어는 나름대로 특별한 역사를 갖는다. 언어는 살아 있는 생명체와 같아서 지금 이 시간에도 변화는 계속되고 있다. 개별 언어들은 발음과 규칙, 그리고 의미의 세밀한 변화를 현재 진행형으로 겪고 있다. 또한 '피진(pidgin)'과 같이 의사소통의 편의를 위해 급조된 언어도 있는데, 이 언어를 사용하는 집단의 후대는 자연스럽게 '크리올(creole)'과 같은 새로운 언어를 탄생시키기도 한다. 피진과 크리올은 비교적 근래에 형성된 것이므로 그 변화의 역사적 과정을 살필 수 있다. 이를 통해 고대의 언어들이 명멸하는 과정도 이와 유사했을 것이라고 짐작할 수 있다.

언어 중에는 영어와 같이 국제적으로 세력을 얻어 글로벌 시대에 의사소통의 가교 역할을 하는 언어도 있다. 이러한 언어들을 '링구아 프랑카(lingua franca)'라고 부른다. 과거에 서양에서는 그리스어나 라틴어가, 동양에서는 한자가 그 역할을 수행하기도 했다. 그러나 지금과 같은 글로벌 사회에서는 미디어나 교통수단의 발달에 힘입어 현재의 국제 통용어로 사용되는 영어가 과거의 국제 통용어들보다 훨씬 많은 힘을 발휘하고 있다.

① 교류와 소통이 증가하면 언어의 분기와 사멸의 속도가 빨라질 것이다.
② 그리스어나 라틴어는 서양의 다른 언어보다 발음, 규칙, 의미가 쉽게 변하지 않는다.
③ 국제사회에서 영향력이 강한 나라가 등장하면 그 나라의 언어가 링구아 프랑카가 될 수 있다.
④ '어리다'의 의미가 '어리석다'에서 '나이가 적다'로 변화한 것은 피진에서 크리올로 변화한 사례이다.

지문을 한눈에

언어의 특징
- **1 주지**: 끊임없이 변화하고 생성되기도 하는 언어
- **2 주지**: 글로벌 시대에 의사소통의 가교 역할을 하는 링구아 프랑카

실전 기출 추리·추론·비판하기 2

01

다음 글에서 추론한 것으로 가장 적절한 것은?

지문 제재 | 언어
2020 지방직 7급

> **1** ¹현재 약 7,000개의 언어가 있지만, 그 본질(의사소통의 편의)은 다르지 않다. ²인간이 언어를 가지게 된 것이 대략 6만 년 전인데, 그동안 많은 언어가 분기(奮起, 분발하여 일어남)하고 사멸하였다. ³오늘날의 모든 언어는 나름대로 특별한 역사를 갖는다. ⁴언어는 살아 있는 생명체와 같아서 지금 이 시간에도 변화는 계속되고 있다.(언어의 역사성) ⁵개별 언어들은 발음과 규칙, 그리고 의미의 세밀한 변화를 현재 진행형으로 겪고 있다. ⁶또한 '피진(pidgin, 두 개의 언어가 섞여서 된 보조적 언어. 피진 잉글리시 따위)'과 같이 의사소통의 편의를 위해 급조된 언어도 있는데, 이(피진) 언어를 사용하는 집단의 후대는 자연스럽게 '크리올(creole, 피진이 그 사용자들의 자손들을 통하여 모어(母語)화된 언어)'과 같은 새로운 언어를 탄생시키기도 한다. ⁷피진과 크리올은 비교적 근래에 형성된 것(이질적인 언어를 지닌 두 집단이 지속적으로 만나야 탄생될 수 있기 때문에 근대 이후에 주로 나타남)이므로 그 변화의 역사적 과정을 살필 수 있다. ⁸이를(피진과 크리올이 변화한 역사적 과정을) 통해 고대의 언어들이 명멸(明滅, 나타났다 사라졌다 함)하는 과정도 이와 유사했을 것이라고 짐작할 수 있다. ▶ 지속적으로 변화하는 언어
>
> **2** ¹언어 중에는 영어와 같이 국제적으로 세력을 얻어 글로벌 시대에 의사소통의 가교(架橋, 서로 떨어져 있는 것을 이어 주는 사물이나 사실) 역할을 하는 언어도 있다. ²이러한 언어들을 '링구아 프랑카(lingua franca)'라고 부른다. ³과거에 서양에서는 그리스어나 라틴어, 동양에서는 한자가 그 역할을 수행(遂行, 생각하거나 계획한 대로 일을 해냄)하기도 했다. ⁴그러나 지금과 같은 글로벌 사회에서는 미디어나 교통수단의 발달에 힘입어 현재의 국제 통용어로 사용되는 영어가 과거의 국제 통용어들보다 훨씬 많은 힘을 발휘하고 있다. ▶ 국제적으로 통용되는 링구아 프랑카

① 교류와 소통이 증가하면 언어의 분기와 사멸의 속도가 빨라질 것이다.(언어의 변화 속도는 언급되지 않음.)

② 그리스어나 라틴어는 서양의 다른 언어보다 발음, 규칙, 의미가 쉽게 변하지 않는다.(그리스어나 라틴어의 변화 속도에 대한 내용은 찾아볼 수 없음.)

❸ 국제사회에서 영향력이 강한 나라가 등장하면 그 나라의 언어가 링구아 프랑카가 될 수 있다.(근거 **2**-1, 2)

④ '어리다'의 의미가 '어리석다'에서 '나이가 적다'로 변화(의미 변동)한 것은 피진(급조된 언어)에서 크리올(새로운 언어)로 변화한 사례이다.(어휘의 의미 변동 ≠ 언어의 생성(근거 **1**-6))

단계별 풀이 비법

풀이 비법 1 발문으로 유형을 확인하라!

'글에서 추론'한 내용의 적절성을 묻는 것이므로 제시된 세부 정보를 바탕으로 새로운 내용을 이끌어 내는 유형임을 알 수 있다. 이때 추론의 내용이 적절한 것을 골라야 한다.

풀이 비법 2 무엇(화제)에 대해 말하고 있는지 파악하라!

중심 화제 지구상의 언어들
중심 내용 언어는 생명체 같아서 끊임없이 변화하는데, 사멸하기도 하고 피진과 크리올 같은 언어가 만들어지기도 한다. 이중에서 의사소통의 가교 역할을 하는 언어를 링구아 프랑카라고 한다.

풀이 비법 3 지문에서 선택지 내용과 관련된 정보를 찾아 정리하라!

선지	관련 정보
①	지문에서 관련 내용을 찾을 수 없음.
②	지문에서 관련 내용을 찾을 수 없음.
③	**2**-1, 2: '국제적으로 세력을 얻어 글로벌 시대에 의사소통의 가교 역할을 하는 언어', '이러한 언어들을 '링구아 프랑카'라고 부른다.'
④	**1**-6: "'피진'과 같이 의사소통의 편의를 위해 급조된 언어도 있는데, 이 언어를 사용하는 집단의 후대는 자연스럽게 '크리올'과 같은 새로운 언어를 탄생시키기도 한다.'

풀이 비법 4 선택지의 적절성을 판단하라!

① **1**단락에서 많은 언어가 분기하고 사멸하였다고 설명하였으나 그 속도에 대한 언급은 이루어지지 않았으며 지문을 통해 추론할 수도 없다.

② **2**단락에서 과거 서양에서는 그리스어나 라틴어가 링구아 프랑카의 역할을 수행하였다고 설명하였지만, 그리스어나 라틴어의 변화 정도에 대한 언급은 이루어지지 않았으며 지문을 통해 추론할 수도 없다.

③ **2**-1과 2에 따르면, 국제적으로 세력을 얻어 글로벌 시대에 의사소통의 가교 역할을 하는 언어들을 '링구아 프랑카'라고 한다. 따라서 국제사회에서 영향력이 강한 나라가 등장하면 그 나라의 언어가 링구아 프랑카가 될 수 있다.

④ **1**-6에 따르면 피진은 의사소통의 편의를 위해 급조된 언어이고, 크리올은 피진이 모어가 된 새로운 언어이다. 즉 피진과 크리올은 새로운 언어의 탄생에 해당한다. 그런데 '어리다'의 의미가 '어리석다'에서 '나이가 적다'로 변화한 것은 기존 언어의 어휘에 의미 변동이 일어난 사례이므로 언어의 탄생과는 무관하다.

정답 ③

실전 기출 — 추리·추론·비판하기 2

연습 1 병태 요정과 함께 풀기

다음 글을 통해 추론한 생각으로 적절하지 않은 것은?
2020 국가직 7급

> 21세기에 우리가 맞닥뜨린 도전은 나 자신을 위해 가장 좋은 것을 하고 싶은 욕망과 윤리적·도덕적 기준에 맞춰 살아가는 태도 사이에서 균형을 잡는 일이다. 나를 위해 물건을 사고 싶은 충동이 부수적으로 어떤 피해의 원인을 제공하지는 않는지 확실히 따져 보는 것, 나 자신에게 가장 좋은 일을 하는 행동이 생태계와 다른 사람들에게 어떤 피해도 입히지 않도록 노력하는 것, 나에게 이익이 되는 선택을 하고자 하는 욕망과 다른 사람을 돕고자 하는 욕구를 결합하는 것. 이것들이 바로 이기적 이타주의의 자세이다.
> 우리는 자긍심을 충족하려는 과시적 소비가 이끌었던 소비의 시대에서 더 신중하게 소비하는 이기적 이타주의 시대로의 점진적 전환을 맞고 있다. 이미 몇 세대에 걸쳐 과시적인 소비를 경험했기에 사람들은 쇼핑 중독에서 완전히 벗어나거나 흥미로운 물건을 사는 기쁨을 포기하지는 않을 것이다. 쇼핑이라는 탐험이 사회와 생활 방식에 제공하는 혜택은 많은 사람에게 큰 즐거움을 준다. 자긍심을 높이고자 하는 욕망 또한 언제나 존재할 것이다. 그러므로 사람들이 지금보다 쇼핑을 줄일 것 같지는 않다. 그러나 앞으로 소비 패턴과 품목은 가치관과 태도 변화와 함께 바뀔 것이다.
> 과시적인 소비는 자긍심을 향한 인간의 욕구로 주도되었지만 사람들은 이런 소비가 가진 함의나 그 영향에 대해서는 별로 신경을 쓰지 않았다. 이기적 이타주의는 개인적 욕구와 사회적 고려 사이에서 균형을 추구한다. 모든 사람들이 갑자기 지나치게 동정심이 많아지거나 비정한 자본주의자에서 사회복지사로 바뀌고 있는 것은 아니다. 또한 어떤 구매 시스템에서 다른 시스템으로 갑자기 옮겨 가지도 않는다. 이기적 이타주의 소비는 단지 우리가 무엇을 구입하고 어떻게 구입할지를 결정하는 과정에서 새로운 균형을 이루는 법을 배우는 것이다.

① 이기적 이타주의 시대에도 소비의 시대와 비교하여 적지 않은 쇼핑 행위가 이루어질 것 같군.
② 가격 대비 성능 비율을 뜻하는 가성비에 집착한 구입이 이기적 이타주의 소비는 아닐 것 같군.
③ 동물 보호를 위해 가죽제품보다 면제품을 사는 경우도 이기적 이타주의 소비의 예에 해당될 것 같군.
④ 이기적 이타주의 소비에 있어서는 소비자의 필요보다 사회적 영향을 더 고려해서 물건을 구매할 것 같군.

연습 2 혼자서 눈으로 계속 연습하기

다음 글을 통해 추론한 생각으로 적절하지 않은 것은?
2020 국가직 7급

> 21세기에 우리가 맞닥뜨린 도전은 나 자신을 위해 가장 좋은 것을 하고 싶은 욕망과 윤리적·도덕적 기준에 맞춰 살아가는 태도 사이에서 균형을 잡는 일이다. 나를 위해 물건을 사고 싶은 충동이 부수적으로 어떤 피해의 원인을 제공하지는 않는지 확실히 따져 보는 것, 나 자신에게 가장 좋은 일을 하는 행동이 생태계와 다른 사람들에게 어떤 피해도 입히지 않도록 노력하는 것, 나에게 이익이 되는 선택을 하고자 하는 욕망과 다른 사람을 돕고자 하는 욕구를 결합하는 것. 이것들이 바로 이기적 이타주의의 자세이다.
> 우리는 자긍심을 충족하려는 과시적 소비가 이끌었던 소비의 시대에서 더 신중하게 소비하는 이기적 이타주의 시대로의 점진적 전환을 맞고 있다. 이미 몇 세대에 걸쳐 과시적인 소비를 경험했기에 사람들은 쇼핑 중독에서 완전히 벗어나거나 흥미로운 물건을 사는 기쁨을 포기하지는 않을 것이다. 쇼핑이라는 탐험이 사회와 생활 방식에 제공하는 혜택은 많은 사람에게 큰 즐거움을 준다. 자긍심을 높이고자 하는 욕망 또한 언제나 존재할 것이다. 그러므로 사람들이 지금보다 쇼핑을 줄일 것 같지는 않다. 그러나 앞으로 소비 패턴과 품목은 가치관과 태도 변화와 함께 바뀔 것이다.
> 과시적인 소비는 자긍심을 향한 인간의 욕구로 주도되었지만 사람들은 이런 소비가 가진 함의나 그 영향에 대해서는 별로 신경을 쓰지 않았다. 이기적 이타주의는 개인적 욕구와 사회적 고려 사이에서 균형을 추구한다. 모든 사람들이 갑자기 지나치게 동정심이 많아지거나 비정한 자본주의자에서 사회복지사로 바뀌고 있는 것은 아니다. 또한 어떤 구매 시스템에서 다른 시스템으로 갑자기 옮겨 가지도 않는다. 이기적 이타주의 소비는 단지 우리가 무엇을 구입하고 어떻게 구입할지를 결정하는 과정에서 새로운 균형을 이루는 법을 배우는 것이다.

① 이기적 이타주의 시대에도 소비의 시대와 비교하여 적지 않은 쇼핑 행위가 이루어질 것 같군.
② 가격 대비 성능 비율을 뜻하는 가성비에 집착한 구입이 이기적 이타주의 소비는 아닐 것 같군.
③ 동물 보호를 위해 가죽제품보다 면제품을 사는 경우도 이기적 이타주의 소비의 예에 해당될 것 같군.
④ 이기적 이타주의 소비에 있어서는 소비자의 필요보다 사회적 영향을 더 고려해서 물건을 구매할 것 같군.

지문을 한눈에

이기적 이타주의	1 도입	2 전개	3 주지
	이기적 이타주의의 개념	소비 패턴과 품목의 변화 전망	이기적 이타주의 소비의 필요성

실전 기출 추리·추론·비판하기 2

02
다음 글을 통해 추론한 생각으로 적절하지 않은 것은?

지문 제재 | 인문
2020 국가직 7급

1 ¹21세기에 우리가 맞닥뜨린 도전은 [나 자신을 위해 가장 좋은 것을 하고 싶은 욕망과 윤리적·도덕적 기준에 맞춰 살아가는 태도 사이에서 균형(均衡, 어느 한쪽으로 기울거나 치우치지 아니하고 고른 상태)을 잡는 일](이기적 이타주의)이다. ²[나를 위해 물건을 사고 싶은 충동이 부수적(附隨的, 주된 것이나 기본적인 것에 붙어서 따르는 것)으로 어떤 피해의 원인을 제공하지는 않는지 확실히 따져 보는 것, 나 자신에게 가장 좋은 일을 하는 행동이 생태계와 다른 사람들에게 어떤 피해도 입히지 않도록 노력하는 것, 나에게 이익이 되는 선택을 하고자 하는 욕망과 다른 사람을 돕고자 하는 욕구를 결합하는 것.](이기적 이타주의의 구체적인 모습) ³이것들이 바로 이기적 이타주의의 자세이다.
▶ '이기적 이타주의'의 개념

2 ¹우리는 자긍심(自矜心, 스스로에게 긍지를 가지는 마음)을 충족하려는 과시적(誇示的, 자랑하여 보이는. 또는 그런 것) 소비가 이끌었던 소비의 시대에서 더 신중(愼重, 매우 조심스러움)하게 소비하는 이기적 이타주의 시대로의 점진적 전환(轉換, 다른 방향이나 상태로 바뀌거나 바꿈)을 맞고 있다. ²이미 [몇 세대에 걸쳐 과시적인 소비](현대인이 쇼핑을 줄이기 어려운 근거 ①)를 경험했기에 사람들은 쇼핑 중독에서 완전히 벗어나거나 흥미로운 물건을 사는 기쁨을 포기하지는 않을 것이다. ³[쇼핑이라는 탐험이 사회와 생활 방식에 제공(提供, 무엇을 내주거나 갖다 바침)하는 혜택은 많은 사람에게 큰 즐거움을 준다.](현대인이 쇼핑을 줄이기 어려운 근거 ②) ⁴[자긍심을 높이고자 하는 욕망](현대인이 쇼핑을 줄이기 어려운 근거 ④) 또한 언제나 존재할 것이다. ⁵그러므로 사람들이 지금보다 쇼핑을 줄일 것 같지는 않다. ⁶그러나 앞으로 소비 패턴과 품목은 가치관과 태도 변화와 함께 바뀔 것이다.
▶ 시대 변화에 따라 달라질 소비 패턴과 품목

3 ¹과시적인 소비는 자긍심을 향한 인간의 욕구로 주도(主導, 주동적인 처지가 되어 이끎)되었지만 사람들은 이런 (자긍심을 향한 인간의 욕구에서 비롯된 과시적인) 소비가 가진 함의(含意, 말이나 글 속에 어떠한 뜻이 들어 있음. 또는 그 뜻)나 그 영향에 대해서는 별로 신경을 쓰지 않았다. ²이기적 이타주의는 [개인적 욕구와 사회적 고려 사이에서 균형](이기적 이타주의의 목적)을 추구한다. ³모든 사람들이 갑자기 지나치게 동정심이 많아지거나 비정한 자본주의자에서 사회복지사로 바뀌고 있는 것은 아니다. ⁴또한 어떤 구매 시스템에서 다른 시스템으로 갑자기 옮겨 가지도 않는다. ⁵이기적 이타주의 소비는 단지 우리가 무엇을 구입하고 어떻게 구입할지를 결정하는 과정에서 [새로운 균형](개인적 욕구 + 사회적 고려)을 이루는 법을 배우는 것이다.
▶ 개인적 욕구와 사회적 고려 간의 균형을 추구하는 이기적 이타주의

① 이기적 이타주의 시대에도 소비의 시대와 비교하여 적지 않은 쇼핑 행위가 이루어질 것 같군. (근거 **2**-5)

② 가격 대비 성능 비율을 뜻하는 가성비에 집착한 구입이 이기적 이타주의 소비는 아닐 것 같군. (근거 **3**-2)

③ 동물 보호를 위해 가죽제품보다 면제품을 사는 경우도 이기적 이타주의 소비의 예에 해당될 것 같군. (근거 **1**-2)

④ 이기적 이타주의 소비에 있어서는 소비자의 필요보다 사회적 영향을 더 고려해서 물건을 구매할 것 같군. (근거 **3**-2)

단계별 풀이 비법

풀이 비법 1 발문으로 유형을 확인하라!

'글을 통해 추론한 생각'의 적절성을 묻는 것이므로 제시된 세부 정보를 바탕으로 새로운 내용을 이끌어 내는 유형임을 알 수 있다. 이때 추론의 내용이 적절하지 않은 것을 골라야 한다.

풀이 비법 2 무엇(화제)에 대해 말하고 있는지 파악하라!

중심 화제 이기적 이타주의
중심 내용 이기적 이타주의 소비는 소비를 통해 자긍심을 높이고자 하는 개인적 욕구와 소비로 인해 발생할 수 있는 사회적 문제 사이에서 균형을 추구하는 것을 의미한다.

풀이 비법 3 지문에서 선택지 내용과 관련된 정보를 찾아 정리하라!

선지	관련 정보
①	**2**-1, 5: '이기적 이타주의 시대로의 점진적 전환', '사람들이 지금보다 쇼핑을 줄일 것 같지는 않다.'
②	**3**-2: '이기적 이타주의는 개인적 욕구와 사회적 고려 사이에서 균형을 추구'
③	**1**-2: '나 자신에게 가장 좋은 일을 하는 행동이 생태계와 다른 사람들에게 어떤 피해도 입히지 않도록 노력하는 것'
④	**3**-2: '이기적 이타주의는 개인적 욕구와 사회적 고려 사이에서 균형을 추구'

풀이 비법 4 선택지의 적절성을 판단하라!

① **2**단락에서, 이기적 이타주의 시대로의 점진적인 전환을 맞고 있지만 오랫동안 이루어진 과시적 소비 패턴과 소비를 통해 자긍심을 높이고자 하는 욕망 등으로 인해 사람들이 지금보다 쇼핑을 줄일 것 같지는 않다고 하였다.

② **3**-2에 따르면, 이기적 이타주의 소비는 개인적 욕구와 사회적 배려가 균형을 이루는 소비이다. 그런데 가성비에 집착한 소비는 개인적 욕구에만 치중하는 것이므로 이기적 이타주의 소비로 볼 수 없다.

③ **1**-2에 따르면, 이기적 이타주의는 나 자신에게 가장 좋은 일을 하는 행동이 생태계와 다른 사람들에게 어떤 피해도 입히지 않도록 노력하는 것이다. 따라서 동물 보호를 위해 가죽제품보다 면제품을 사는 경우도 이기적 이타주의 소비에 해당한다.

④ **3**-2에 따르면, 이기적 이타주의 소비는 개인적 욕구와 사회적 배려가 균형을 이루는 소비이다. 그런데 소비자의 필요보다 사회적 영향을 더 고려해서 물건을 구매하는 것은 사회적 배려에 더 치중하는 것이므로 이기적 이타주의 소비에 해당하지 않는다.

정답 ④

실전 기출 — 추리·추론·비판하기 2

학습일: 월   일   풀이 시간: 1분 이내

연습 1 병태 요정과 함께 풀기

다음 글을 통해 추론한 것으로 적절하지 않은 것은? 2020 국가직 7급

로컬푸드(local food)는 일차적으로 일정한 지역을 기준으로 해당 지역에서 생산되는 농식품을 의미한다. 로컬푸드를 물리적 거리로써 구체적으로 규정하는 경우 좁게는 반경 50km, 넓게는 반경 100km의 농촌 지역 내에서 생산되는 농식품을 지칭하곤 한다. 그렇다고 해서 로컬푸드가 이 정도의 물리적 거리나 농촌을 중심으로 한 지역사회의 농식품에 국한되는 것은 아니다. 일본은 행정구역을 중심으로 로컬푸드를 규정하는 경향이 있고, 미국의 경우 넓게는 반경 160km 정도 내에서 생산되는 농식품으로까지 확대하기도 한다. 이는 생산·유통·소비에 있어서 건강성, 신뢰성, 친환경성 등이 유지될 수 있는 거리를 고려한 것이다.

로컬푸드가 일정한 거리 이내에서 생산된 농식품을 의미하는 것이라면, 로컬푸드 운동은 친환경적이고 자립적이며 지속 가능한 먹거리를 생산·유통·소비하고자 하는 공동체적 노력을 일컫는다. 농업의 해체와 식품 안전성의 위기가 만나는 접점은 로컬푸드 운동이 발아하는 배경이 된다. 전통적인 농업은 관련 인구 감소, 농촌 경제 영세화, '종자에서 식탁까지' 지배하는 거대자본의 위협을 받고 있다. 농약의 과다 사용으로 인해 식품은 물론 자연환경이 위기에 처하게 되었다. 이러한 문제점에 대응하기 위해 친환경 먹거리 생산과 건강한 소비를 연결하고, 나아가 지역 정체성을 강화하는 등 대안적 공동체 운동으로 선순환시키려는 노력이 로컬푸드 운동으로 나타났다.

① 로컬푸드의 범위는 경제적 요소를 고려해서 규정될 수 있다.
② 식품 안전성에 주목하는 로컬푸드 운동은 환경보호 운동과도 밀접한 관련을 지닌다고 볼 수 있다.
③ 지역적 정체성을 드러내는 하나의 전략으로 해당 지역에서 산출되는 로컬푸드를 활용할 수 있다.
④ 지역 농가가 거대자본에 의존하여 생산과 소비를 연결하려는 시도는 로컬푸드 운동의 일환일 수 있다.

연습 2 혼자서 눈으로 계속 연습하기

다음 글을 통해 추론한 것으로 적절하지 않은 것은? 2020 국가직 7급

로컬푸드(local food)는 일차적으로 일정한 지역을 기준으로 해당 지역에서 생산되는 농식품을 의미한다. 로컬푸드를 물리적 거리로써 구체적으로 규정하는 경우 좁게는 반경 50km, 넓게는 반경 100km의 농촌 지역 내에서 생산되는 농식품을 지칭하곤 한다. 그렇다고 해서 로컬푸드가 이 정도의 물리적 거리나 농촌을 중심으로 한 지역사회의 농식품에 국한되는 것은 아니다. 일본은 행정구역을 중심으로 로컬푸드를 규정하는 경향이 있고, 미국의 경우 넓게는 반경 160km 정도 내에서 생산되는 농식품으로까지 확대하기도 한다. 이는 생산·유통·소비에 있어서 건강성, 신뢰성, 친환경성 등이 유지될 수 있는 거리를 고려한 것이다.

로컬푸드가 일정한 거리 이내에서 생산된 농식품을 의미하는 것이라면, 로컬푸드 운동은 친환경적이고 자립적이며 지속 가능한 먹거리를 생산·유통·소비하고자 하는 공동체적 노력을 일컫는다. 농업의 해체와 식품 안전성의 위기가 만나는 접점은 로컬푸드 운동이 발아하는 배경이 된다. 전통적인 농업은 관련 인구 감소, 농촌 경제 영세화, '종자에서 식탁까지' 지배하는 거대자본의 위협을 받고 있다. 농약의 과다 사용으로 인해 식품은 물론 자연환경이 위기에 처하게 되었다. 이러한 문제점에 대응하기 위해 친환경 먹거리 생산과 건강한 소비를 연결하고, 나아가 지역 정체성을 강화하는 등 대안적 공동체 운동으로 선순환시키려는 노력이 로컬푸드 운동으로 나타났다.

① 로컬푸드의 범위는 경제적 요소를 고려해서 규정될 수 있다.
② 식품 안전성에 주목하는 로컬푸드 운동은 환경보호 운동과도 밀접한 관련을 지닌다고 볼 수 있다.
③ 지역적 정체성을 드러내는 하나의 전략으로 해당 지역에서 산출되는 로컬푸드를 활용할 수 있다.
④ 지역 농가가 거대자본에 의존하여 생산과 소비를 연결하려는 시도는 로컬푸드 운동의 일환일 수 있다.

지문을 한눈에

로컬푸드와 로컬푸드 운동
- **1 화제 제시**: 로컬푸드의 개념 및 거리 기준
- **2 발전(주지)**: 로컬푸드 운동의 의의

실전 기출 추리·추론·비판하기2

03

다음 글을 통해 추론한 것으로 적절하지 않은 것은?

지문 제재 | 사회
2020 국가직 7급

1 ¹로컬푸드(local food)는 일차적으로 [일정한 지역을 기준으로 해당(該當, 무엇에 관계되는 바로 그것) 지역에서 생산되는 농식품](로컬푸드의 일반적인 개념)을 의미한다. ²로컬푸드를 물리적 거리로써 구체적으로 규정하는 경우 좁게는 반경(半徑, 반지름) 50km, 넓게는 반경 100km의 농촌 지역 내에서 생산되는 농식품을 지칭하곤 한다. ³그렇다고 해서 로컬푸드가 이 (반경 50km에서 100km) 정도의 물리적 거리나 농촌을 중심으로 한 지역사회의 농식품에 국한(局限, 범위를 일정한 부분에 한정함)되는 것은 아니다. ⁴일본은 [행정구역을 중심으로 로컬푸드를 규정(規定, 규칙으로 정함. 또는 그 정하여 놓은 것)](예외 ① - 물리적 거리로 규정하지 않음)하는 경향(傾向, 현상이나 사상, 행동 따위가 어떤 방향으로 기울어짐)이 있고, 미국의 경우 [넓게는 반경 160km 정도 내에서 생산되는 농식품](예외 ② - 일반적인 물리적 거리를 초과함)으로까지 확대하기도 한다. ⁵이는 (행정 구역을 중심으로 규정하는 일본이나 반경 160km 정도 내의 지역으로 규정하는 미국의 로컬푸드 규정은) 생산·유통·소비에 있어서 건강성, 신뢰성, 친환경성 등이 유지(維持, 어떤 상태나 상황을 그대로 보존하거나 변함없이 계속하여 지탱함)될 수 있는 거리를 고려한 것이다.
▶ 로컬푸드의 다양한 개념

2 ¹로컬푸드가 일정한 거리 이내에서 생산된 농식품을 의미하는 것이라면, 로컬푸드 운동은 [친환경적이고 자립적이며 지속 가능한 먹거리를 생산·유통·소비하고자 하는 공동체적 노력](로컬푸드 운동의 개념)을 일컫는다. ²농업의 해체와 식품 안전성의 위기가 만나는 접점은 로컬푸드 운동이 발아(發芽, 어떤 사물이나 사태가 비롯함을 비유적으로 이르는 말)하는 배경이 된다. ³전통적인 농업은 [관련 인구 감소](농업의 문제점 ①), [농촌 경제 영세화(零細化, 규모가 작고 보잘것없게 됨)](농업의 문제점 ②), '종자에서 식탁까지' 지배하는 [거대자본의 위협](농업의 문제점 ③)을 받고 있다. ⁴[농약의 과다 사용](농업의 문제점 ④)으로 인해 식품은 물론 자연환경이 위기에 처하게 되었다. ⁵이러한 (농업 인구의 감소, 농촌 경제의 영세화, 거대자본의 위협, 농약의 과다 사용 같은) 문제점에 대응하기 위해 [친환경 먹거리 생산과 건강한 소비를 연결하고, 나아가 지역 정체성(正體性, 변하지 아니하는 존재의 본질을 깨닫는 성질)을 강화](로컬푸드 운동의 목적)하는 등 대안적 공동체 운동으로 선순환시키려는 노력이 로컬푸드 운동으로 나타나고 있다.
▶ 로컬푸드 운동의 사회적 의의

① 로컬푸드의 범위는 경제적 요소를 고려해서 규정될 수 있다. (근거 **1**-4, 5)
② 식품 안전성에 주목하는 로컬푸드 운동은 환경보호 운동과도 밀접한 관련을 지닌다고 볼 수 있다. (근거 **2**-4, 5)
③ 지역적 정체성을 드러내는 하나의 전략으로 해당 지역에서 산출되는 로컬푸드를 활용할 수 있다. (근거 **1**-1, **2**-5)
❹ 지역 농가가 거대자본에 의존하여 생산과 소비를 연결하려는 시도는 로컬푸드 운동의 일환일 수 있다. (근거 **2**-3, 5)

단계별 풀이 비법

풀이 비법 1 발문으로 유형을 확인하라!
'글을 통해 추론'한 내용의 적절성을 묻는 것이므로 제시된 세부 정보를 바탕으로 새로운 내용을 이끌어 내는 유형임을 알 수 있다. 이때 추론의 내용이 적절하지 않은 것을 골라야 한다.

풀이 비법 2 무엇(화제)에 대해 말하고 있는지 파악하라!
중심 화제 로컬푸드 및 로컬푸드 운동
중심 내용 로컬푸드는 일정한 거리 이내에서 생산된 농식품을, 로컬푸드 운동은 친환경적이고 자립적이며 지속 가능한 먹거리를 생산·유통·소비하고자 하는 공동체적 노력을 의미한다.

풀이 비법 3 지문에서 선택지 내용과 관련된 정보를 찾아 정리하라!

로컬푸드	일정한 지역을 기준으로 해당 지역에서 생산되는 농식품
선지	관련 정보
①	**1**-4, 5: '(농식품의) 생산·유통·소비에 있어서 건강성, 신뢰성, 친환경성 등이 유지될 수 있는 거리를 고려한 것'
②	**2**-4, 5: '농약의 과다 사용으로 인해 식품은 물론 자연환경이 위기', '친환경 먹거리 생산과 건강한 소비를 연결'
③	**1**-1, **2**-5: '나아가 지역 정체성을 강화하는 등'
④	**2**-3, 5: ''종자에서 식탁까지' 지배하는 거대자본의 위협', '친환경 먹거리 생산과 건강한 소비를 연결'

풀이 비법 4 선택지의 적절성을 판단하라!
① **1**-5에 따르면, 로컬푸드의 범위는 단순한 물리적 거리 외에 농식품의 생산·유통·소비에 있어서 건강성, 신뢰성, 친환경성 등이 유지될 수 있는 거리를 고려하여 규정된다. 이 중에서 생산·유통·소비는 경제적 요소에 해당한다.
② **2**-4와 5에 따르면, 로컬푸드 운동은 농약의 과다 사용으로 인해 식품 안정성과 자연환경이 위협받는 문제점에 대응하기 위한 노력의 일환이다. 따라서 로컬푸드 운동은 일차적으로 식품 안전성에 주목하지만 환경보호 운동과도 밀접한 관련을 지닌다고 볼 수 있다.
③ **2**-5에 따르면, 로컬푸드 운동은 먹거리의 안정성 확보 외에 지역 정체성을 강화하는 공동체 운동의 성격도 지니고 있다. 따라서 지역적 정체성을 드러내는 하나의 전략으로 해당 지역에서 산출되는 로컬푸드를 활용할 수 있다.
④ **2**-3과 5에 따르면, 로컬푸드 운동은 '종자에서 식탁까지' 지배하는 거대자본의 위협에, 친환경 먹거리의 생산과 소비를 연결하는 방식으로 대응하는 공동체 운동의 성격을 지니고 있다. 따라서 거대자본에 의존하여 이루어지는 것이 아니라 거대자본의 위협에 대응하기 위한 운동의 일환이다.

정답 ④

실전 기출 — 추리·추론·비판하기 2

학습일: 월 일 풀이 시간: 1분 이내

연습 1 병태 요정과 함께 풀기

다음 글에 대한 이해로 가장 적절한 것은?   2020 국가직 7급

> 자유지상주의자에게 있어서 사회는 개인의 자유가 극대화될 때 정의롭다. 그런데 자유에 대한 자유지상주의자의 입장을 명확하게 이해하기 위해서는 '제약으로부터의 자유'인 '프리덤(freedom)'과 '강제로부터의 자유'인 '리버티(liberty)'가 동의어가 아니라는 것을 알아야 한다. 프리덤이 강제를 비롯한 모든 제약의 전적인 부재라면, 리버티는 특정한 종류의 구속인 강제의 부재로 이해될 수 있다. 일반적으로 강제는 물리적 힘을 직접적으로 행사하거나 피해를 주겠다고 위협하는 형태로 나타난다.
>
> 프리덤과 리버티가 동의어일 수 없는 이유는 다음 사례에서 잘 드러난다. 일부 국가의 어떤 시민은 특정 도시에서 생활하고 일하기 위해서 정부의 허가를 받아야 한다. 이때 정부는 법률에 복종하지 않을 경우 피해를 주겠다고 위협하거나 직접적인 물리력을 행사해 해당 시민의 자유를 제한할 수 있다. 이와 달리 A국 시민은 거주지 이전의 허가가 필요 없어서 국가로부터의 어떠한 물리적 저지나 위협도 받지 않는다고 하자. 그렇다고 해서 모든 A국 시민이 원하는 곳에 실제로 이사 갈 수 있는 것은 아니다. 일부 시민은 이사 갈 수 있을 만큼의 돈이 없거나, 이사 가려는 곳에서 원하는 직업을 찾지 못할 수도 있다. 결과적으로 이런 경우는 그들이 원하는 바를 충분히 실현할 자유가 제한되는 것이다. 따라서 어떤 개인이 누릴 수 있는 자유는 국가로부터의 강제와 무관하게 다른 많은 방식으로 제한될 수 있다.
>
> 자유지상주의자들이 자유를 극대화해야 한다고 말할 때, 이들이 두 가지 자유를 모두 극대화해야 한다고 주장하는 것은 아니다. 자유지상주의자들은 강제를 극소화하는 것, 특히 정부의 강제적인 간섭을 최소화하는 것을 통해 얻는 자유에 초점을 맞추고 있다.

① 자유지상주의자들은 '제약으로부터의 자유'를 최대한 확보할 때 정의로운 사회가 된다고 주장한다.
② A국 시민들은 다양한 법률이나 제도를 통해 국가로부터 거주지 이전에 관한 '프리덤'을 보장받고 있다.
③ '리버티'에 대한 제한은 직접적인 물리적 힘보다 피해를 주겠다는 위협을 통해 이루어지는 경우가 더 많다.
④ 개인의 행동에 대해 정부 허가가 필요하다면, 그 개인의 '강제로부터의 자유'가 제한되는 것이라고 볼 수 있다.

연습 2 혼자서 눈으로 계속 연습하기

다음 글에 대한 이해로 가장 적절한 것은?   2020 국가직 7급

> 자유지상주의자에게 있어서 사회는 개인의 자유가 극대화될 때 정의롭다. 그런데 자유에 대한 자유지상주의자의 입장을 명확하게 이해하기 위해서는 '제약으로부터의 자유'인 '프리덤(freedom)'과 '강제로부터의 자유'인 '리버티(liberty)'가 동의어가 아니라는 것을 알아야 한다. 프리덤이 강제를 비롯한 모든 제약의 전적인 부재라면, 리버티는 특정한 종류의 구속인 강제의 부재로 이해될 수 있다. 일반적으로 강제는 물리적 힘을 직접적으로 행사하거나 피해를 주겠다고 위협하는 형태로 나타난다.
>
> 프리덤과 리버티가 동의어일 수 없는 이유는 다음 사례에서 잘 드러난다. 일부 국가의 어떤 시민은 특정 도시에서 생활하고 일하기 위해서 정부의 허가를 받아야 한다. 이때 정부는 법률에 복종하지 않을 경우 피해를 주겠다고 위협하거나 직접적인 물리력을 행사해 해당 시민의 자유를 제한할 수 있다. 이와 달리 A국 시민은 거주지 이전의 허가가 필요 없어서 국가로부터의 어떠한 물리적 저지나 위협도 받지 않는다고 하자. 그렇다고 해서 모든 A국 시민이 원하는 곳에 실제로 이사 갈 수 있는 것은 아니다. 일부 시민은 이사 갈 수 있을 만큼의 돈이 없거나, 이사 가려는 곳에서 원하는 직업을 찾지 못할 수도 있다. 결과적으로 이런 경우는 그들이 원하는 바를 충분히 실현할 자유가 제한되는 것이다. 따라서 어떤 개인이 누릴 수 있는 자유는 국가로부터의 강제와 무관하게 다른 많은 방식으로 제한될 수 있다.
>
> 자유지상주의자들이 자유를 극대화해야 한다고 말할 때, 이들이 두 가지 자유를 모두 극대화해야 한다고 주장하는 것은 아니다. 자유지상주의자들은 강제를 극소화하는 것, 특히 정부의 강제적인 간섭을 최소화하는 것을 통해 얻는 자유에 초점을 맞추고 있다.

① 자유지상주의자들은 '제약으로부터의 자유'를 최대한 확보할 때 정의로운 사회가 된다고 주장한다.
② A국 시민들은 다양한 법률이나 제도를 통해 국가로부터 거주지 이전에 관한 '프리덤'을 보장받고 있다.
③ '리버티'에 대한 제한은 직접적인 물리적 힘보다 피해를 주겠다는 위협을 통해 이루어지는 경우가 더 많다.
④ 개인의 행동에 대해 정부 허가가 필요하다면, 그 개인의 '강제로부터의 자유'가 제한되는 것이라고 볼 수 있다.

지문을 한눈에

자유에 대한 자유지상주의자들의 입장	① 화제 제시	② 예시	③ 결론
	'프리덤'과 '리버티'의 차이	'프리덤'과 '리버티'의 사례	자유지상주의자들은 '리버티'를 추구

실전 기출 추리·추론·비판하기 2

04
다음 글에 대한 이해로 가장 적절한 것은?

지문 제재 | 인문
2020 국가직 7급

1 ¹자유지상주의자에게 있어서 사회는 개인의 자유가 극대화(極大化, 아주 커짐. 또는 아주 크게 함)될 때 정의(正義, 진리에 맞는 올바른 도리)롭다. ²그런데 자유에 대한 자유지상주의자의 입장을 명확(明確, 명백하고 확실함)하게 이해하기 위해서는 '제약으로부터의 자유'인 프리덤(freedom)과 '강제로부터의 자유'인 리버티(liberty)가 동의어가 아니라는 것을 알아야 한다. ³프리덤이 강제를 비롯한 모든 제약의 전적인 부재(不在, 그곳에 있지 아니함)라면, 리버티는 특정한 종류의 구속인 강제의 부재로 이해될 수 있다. ⁴일반적으로 강제는 물리적 힘을 직접적으로 행사하거나 피해를 주겠다고 위협하는 형태로 나타난다. ▶ 동의어가 아닌 '프리덤'과 '리버티'

2 ¹프리덤과 리버티가 동의어일 수 없는 이유는 다음 사례(事例, 어떤 일이 전에 실제로 일어난 예)에서 잘 드러난다. ²일부 국가의 어떤 시민은 특정 도시에서 생활하고 일하기 위해서 정부의 허가를 받아야 한다. ³이때 정부는 [법률에 복종(服從, 남의 명령이나 의사를 그대로 따라서 좇음)하지 않을 경우 피해를 주겠다고 위협하거나 직접적인 물리력(物理力, 무기나 군사력 따위로 행사하는 강제적인 힘)을 행사해 해당 시민의 자유를 제한](강제 → 리버티)할 수 있다. ⁴이와(법률이나 물리력으로 자유를 제한하는 것과) 달리 A국 시민은 거주지 이전의 허가가 필요 없어서 국가로부터의 어떠한 물리적 저지(沮止, 막아서 못하게 함)나 위협도 받지 않는다고 하자. ⁵그렇다고 해서 모든 A국 시민이 원하는 곳에 실제로 이사 갈 수 있는 것은 아니다. ⁶일부 시민은 [이사 갈 수 있을 만큼의 돈이 없거나, 이사 가려는 곳에서 원하는 직업을 찾지 못할 수도 있다.](제약 → 프리덤) ⁷결과적으로 이런(돈이 없거나 원하는 직업을 찾지 못해 이사를 가지 못하는) 경우는 그들이 원하는 바를 충분히 실현할 자유가 제한되는 것이다. ⁸따라서 어떤 개인이 누릴 수 있는 자유는 국가로부터의 강제와 무관하게 다른 많은 방식으로 제한될 수 있다. ▶ '프리덤'과 '리버티'의 차이를 보여 주는 사례

3 ¹자유지상주의자들이 자유를 극대화해야 한다고 말할 때, 이들이(자유지상주의자들이) 두 가지(프리덤과 리버티) 자유를 모두 극대화해야 한다고 주장하는 것은 아니다. ²자유지상주의자들은 [강제를 극소화(極小化, 아주 작아짐. 또는 아주 작게 함)하는 것, 특히 정부의 강제적인 간섭(干涉, 직접 관계가 없는 남의 일에 부당하게 참견함)을 최소화하는 것을 통해 얻는 자유에 초점(焦點, 사람들의 관심이나 주의가 집중되는 사물의 중심 부분)을 맞추고 있다.](자유지상주의자들이 추구하는 자유는 '프리덤'이 아니라 '리버티'임) ▶ 자유지상주의자들이 주장하는 자유인 리버티

① 자유지상주의자들은 '제약으로부터의 자유'(× 강제로부터의 자유)를 최대한 확보할 때 정의로운 사회가 된다고 주장한다. (근거 **1**-1, **3**-2)

② A국 시민들은 다양한 법률이나 제도를 통해 국가로부터 거주지 이전에 관한 '프리덤(×. 리버티)'을 보장받고 있다. (근거 **1**-2, 4, **2**-4)

③ '리버티'에 대한 제한은 직접적인 물리적 힘보다 피해를 주겠다는 위협을 통해 이루어지는 경우가 더 많다. (근거 **1**-3, 4)

❹ 개인의 행동에 대해 정부 허가가 필요하다면, 그 개인의 '강제로부터의 자유'가 제한되는 것이라고 볼 수 있다. (근거 **1**-2, 4, **2**-2, 3)

단계별 풀이 비법

풀이 비법 1 발문과 선택지로 유형을 확인하라!

'글에 대한 이해'의 적절성을 따지는 것이므로 얼핏 내용 일치불일치 유형으로 볼 수 있다. 그러나 선택지를 고려할 때, 지문을 바탕으로 지문에서 직접 언급되지 않은 세부 정보를 추론하는 유형임을 확인할 수 있다.

풀이 비법 2 무엇(화제)에 대해 말하고 있는지 파악하라!

중심 화제 자유에 대한 자유지상주의자들의 입장
중심 내용 자유지상주의자들이 주장하는 자유는 '제약으로부터의 자유'인 프리덤이 아니라 '강제로부터의 자유'인 리버티를 의미한다.

풀이 비법 3 지문에서 선택지 내용과 관련된 정보를 찾아 정리하라!

프리덤	제약으로부터의 자유
리버티	강제로부터의 자유

선지	관련 정보
①	**1**-1, **3**-2: '자유지상주의자들은 강제를 극소화하는 것, 특히 정부의 강제적인 간섭을 최소화하는 것을 통해 얻는 자유에 초점'
②	**1**-2, 4, **2**-4: '강제는 물리적 힘을 직접적으로 행사하거나 피해를 주겠다고 위협하는 형태', 'A국 시민은 거주지 이전의 허가가 필요 없어서 국가로부터의 어떠한 물리적 저지나 위협도 받지 않는다.'
③	**1**-3, 4: '강제는 물리적 힘을 직접적으로 행사하거나 피해를 주겠다고 위협하는 형태'
④	**1**-2, 4, **2**-2, 3: '강제는 물리적 힘을 직접적으로 행사하거나 피해를 주겠다고 위협하는 형태', '정부는 법률에 복종하지 않을 경우 피해를 주겠다고 위협하거나 직접적인 물리력을 행사해 해당 시민의 자유를 제한'

풀이 비법 4 선택지의 적절성을 판단하라!

① **3**-2에 따르면, 자유지상주의자들은 정부의 강제적인 간섭을 최소화하는 것, 즉 '강제로부터의 자유'를 추구한다. 그리고 이것이 실현될 때 정의롭다고 본다.

② **2**-4에 따르면, A국 시민들은 거주지 이전의 허가가 필요 없다. 즉 정부가 특정 지역에서 생활하고 일하는 것을 강제로 제약하는 법률을 제정하지도 않고 물리력을 동원하지도 않는 것이다. **1**-2에 따르면, 이런 자유는 '프리덤'이 아니라 강제로부터의 자유인 '리버티'에 해당한다.

③ **1**-4에 따르면, 강제는 물리적 힘을 직접적으로 행사하거나 피해를 주겠다고 위협하는 형태로 나타난다. 강제로부터의 자유는 '리버티'에 해당한다. 따라서 '리버티'에 대한 제한은 직접적인 물리적 힘이나 피해를 주겠다는 위협 모두를 통해 이루어진다. 그러나 둘 중 어느 것이 더 많은지는 언급되지 않았으며 추론할 수도 없다.

④ **2**단락에 따르면, 개인의 행동에 대해 정부 허가가 필요하다면, 그것은 국가의 강제에 해당한다. 그리고 강제로부터의 자유가 '리버티'라는 **1**-2의 설명을 고려할 때, 개인의 행동을 국가가 강제하는 것은 강제로부터의 자유인 '리버티'가 제한되는 것이다. **정답 ④**

실전 기출 — 추리·추론·비판하기 2

학습일: 월   일   풀이 시간: 1분 이내

연습 1 병태 요정과 함께 풀기

다음 글의 시사점으로 적절하지 않은 것은?   2020 국가직 9급

　기존의 의학적 연구는 건장한 성인 남성의 몸을 표준으로 삼아 이루어지는 경우가 많았다. 예를 들어 농약과 같은 화학 물질이 몸에 들어와 어떠한 변화를 일으키는지 검토한 연구에서 생리 주기에 따라 변화하는 여성 호르몬이 그 물질과 어떤 상호 작용을 일으킬 수 있는지는 고려되지 않았다. 자동차 충돌 사고를 인체 공학적으로 시뮬레이션할 때도 특정 연령대 남성의 몸이 연구 대상으로 사용되었고, 여성의 신체 특성이나 다양한 연령대 남성의 신체적 특성은 고려되지 않았다. 특정 연령대 성인 남성의 몸을 표준화된 인체로 여겼던 사고방식은 여러 문제점을 낳고 있다. 예를 들어 대사율, 피부와 조직 두께 등을 감안한, 사람이 가장 효과적으로 일할 수 있는 사무실 온도는 21°C로 알려져 있다. 그런데 한 연구에서 남성과 여성 직장인에게 각각 선호하는 사무실 온도를 조사한 결과는 남성은 평균 22°C, 여성은 평균 25°C였다. 남성은 기존의 적정 실내 온도에 가까운 답을 했고, 여성은 더 따뜻한 사무실에서 일하기를 원했다. 이러한 차이의 이유는 무엇일까? 현재 적정 사무실 온도로 알려진 21°C는 1960년대 측정된 자료를 바탕으로 하는데, 당시 몸무게 70kg인 40세 성인 남성을 기준으로 측정된 것이다. 이러한 '표준화된 신체'를 가진 남성의 대사율은 여성이나 다른 연령대 남성들의 대사율과 다르고, 당연히 체내 열 생산의 양도 차이가 있다.

① 표준으로 삼은 대상이 나머지 대상의 특성까지 대표하지 못하므로 앞으로 의학적 연구를 하려면 하나의 표준을 정하기보다 가능한 한 다양한 대상을 선정해서 하는 것이 바람직하다.

② 현재 우리가 알고 있는 의학 지식 중에는 특정 표준대상만을 연구한 결과인 것이 있으므로 앞으로 이런 의학지식을 활용하려면 연구한 대상을 살펴봐서 그대로 활용할지를 결정하는 것이 바람직하다.

③ 성별이나 연령대 등에 따라 신체 조건이 같지 않으므로 근무 환경을 조성할 때 근무자들의 성별이나 연령대를 고려하는 것이 바람직하다.

④ 기존의 사무실 적정 실내 온도가 조사된 것보다 낮게 설정되어 있으므로 향후에 모든 공공 기관의 사무실 온도를 조정할 때 현재보다 설정 온도를 일률적으로 높이는 것이 바람직하다.

연습 2 혼자서 눈으로 계속 연습하기

다음 글의 시사점으로 적절하지 않은 것은?   2020 국가직 9급

　기존의 의학적 연구는 건장한 성인 남성의 몸을 표준으로 삼아 이루어지는 경우가 많았다. 예를 들어 농약과 같은 화학 물질이 몸에 들어와 어떠한 변화를 일으키는지 검토한 연구에서 생리 주기에 따라 변화하는 여성 호르몬이 그 물질과 어떤 상호 작용을 일으킬 수 있는지는 고려되지 않았다. 자동차 충돌 사고를 인체 공학적으로 시뮬레이션할 때도 특정 연령대 남성의 몸이 연구 대상으로 사용되었고, 여성의 신체 특성이나 다양한 연령대 남성의 신체적 특성은 고려되지 않았다. 특정 연령대 성인 남성의 몸을 표준화된 인체로 여겼던 사고방식은 여러 문제점을 낳고 있다. 예를 들어 대사율, 피부와 조직 두께 등을 감안한, 사람이 가장 효과적으로 일할 수 있는 사무실 온도는 21°C로 알려져 있다. 그런데 한 연구에서 남성과 여성 직장인에게 각각 선호하는 사무실 온도를 조사한 결과는 남성은 평균 22°C, 여성은 평균 25°C였다. 남성은 기존의 적정 실내 온도에 가까운 답을 했고, 여성은 더 따뜻한 사무실에서 일하기를 원했다. 이러한 차이의 이유는 무엇일까? 현재 적정 사무실 온도로 알려진 21°C는 1960년대 측정된 자료를 바탕으로 하는데, 당시 몸무게 70kg인 40세 성인 남성을 기준으로 측정된 것이다. 이러한 '표준화된 신체'를 가진 남성의 대사율은 여성이나 다른 연령대 남성들의 대사율과 다르고, 당연히 체내 열 생산의 양도 차이가 있다.

① 표준으로 삼은 대상이 나머지 대상의 특성까지 대표하지 못하므로 앞으로 의학적 연구를 하려면 하나의 표준을 정하기보다 가능한 한 다양한 대상을 선정해서 하는 것이 바람직하다.

② 현재 우리가 알고 있는 의학 지식 중에는 특정 표준대상만을 연구한 결과인 것이 있으므로 앞으로 이런 의학지식을 활용하려면 연구한 대상을 살펴봐서 그대로 활용할지를 결정하는 것이 바람직하다.

③ 성별이나 연령대 등에 따라 신체 조건이 같지 않으므로 근무 환경을 조성할 때 근무자들의 성별이나 연령대를 고려하는 것이 바람직하다.

④ 기존의 사무실 적정 실내 온도가 조사된 것보다 낮게 설정되어 있으므로 향후에 모든 공공 기관의 사무실 온도를 조정할 때 현재보다 설정 온도를 일률적으로 높이는 것이 바람직하다.

지문을 한눈에

기존 의학적 연구의 문제점

1 도입	2 주지	3 상술
건장한 성인 남성을 대상으로 진행된 기존의 의학적 연구	여러 문제점을 낳고 있는 기존의 의학적 연구 방법	기존의 의학적 지식이 현실 상황과 다른 이유

실전 기출 추리·추론·비판하기 2

05
다음 글의 시사점으로 적절하지 않은 것은?

지문 제재 | 과학
2020 국가직 9급

① ¹⟨기존의 의학적 연구⟩는 [건장(健壯, 몸이 튼튼하고 기운이 셈)한 성인 남성의 몸을 표준으로 삼아 이루어지는 경우가 많았다.] (기존의 의학적 연구로 인한 지식이 현실과 괴리가 생기는 근본적인 원인) ²예를 들어 농약과 같은 화학 물질이 몸에 들어와 어떠한 변화를 일으키는지 검토(檢討, 어떤 사실이나 내용을 분석하여 따짐)한 연구에서 생리 주기에 따라 변화하는 여성 호르몬이 그 물질과 어떤 상호 작용을 일으킬 수 있는지는 고려(考慮, 생각하고 헤아려 봄)되지 않았다. ³자동차 충돌(衝突, 서로 맞부딪치거나 맞섬) 사고를 인체 공학적으로 시뮬레이션할 때도 특정 연령대 남성의 몸이 연구 대상으로 사용되었고, 여성의 신체 특성이나 다양한 연령대 남성의 신체적 특성은 고려되지 않았다.
▶ 건장한 성인 남성의 몸을 표준으로 삼았던 기존의 의학적 연구

② ¹특정 연령대 성인 남성의 몸을 표준화된 인체로 여겼던 사고방식은 여러 문제점을 낳고 있다. ²예를 들어 대사율, 피부와 조직 두께 등을 감안한, [사람이 가장 효과적으로 일할 수 있는 사무실 온도는 21℃]('표준화된 신체'를 대상으로 한 연구의 결과 → 현실과 맞지 않음)로 알려져 있다. ³그런데, 한 연구에서 남성과 여성 직장인에게 각각 선호(選好, 여럿 가운데서 특별히 가려서 좋아함)하는 사무실 온도를 조사한 결과는 남성은 평균 22℃, 여성은 평균 25℃였다. ⁴남성은 기존의 적정(適正, 알맞고 바른 정도) 실내 온도에 가까운 답을 했고, 여성은 더 따뜻한 사무실에서 일하기를 원했다.
▶ 표준화된 인체를 대상으로 이루어진 연구 결과와 다른 실태

③ ¹이러한 (기존에 알려져 있는 의학적 지식과 현실이 다른) 차이의 이유는 무엇일까? ²현재 적정 사무실 온도로 알려진 21℃는 1960년대 측정된 자료를 바탕으로 하는데, 당시 [몸무게 70kg인 40세 성인 남성](연구 당시의 '표준화된 신체')을 기준으로 측정(測定, 일정한 양을 기준으로 하여 같은 종류의 다른 양의 크기를 잼)된 것이다. ³이러한 (몸무게 70kg의 40세 성인인) '표준화된 신체'를 가진 남성의 대사율은 여성이나 다른 연령대 남성들의 대사율과 다르고, 당연히 체내 열 생산의 양도 차이가 있다.
▶ 기존의 의학적 지식이 현실 상황과 다른 이유

① 표준으로 삼은 대상이 나머지 대상의 특성까지 대표하지 못하므로 앞으로 의학적 연구를 하려면 하나의 표준을 정하기보다 가능한 한 다양한 대상을 선정해서 하는 것이 바람직하다.(근거 ③-3)

② 현재 우리가 알고 있는 의학 지식 중에는 특정 표준대상만을 연구한 결과인 것이 있으므로 앞으로 이런 의학지식을 활용하려면 연구한 대상을 살펴봐서 그대로 활용할지를 결정하는 것이 바람직하다.(근거 ①-1, ②-3, ③-3)

③ 성별이나 연령대 등에 따라 신체 조건이 같지 않으므로 근무 환경을 조성할 때 근무자들의 성별이나 연령대를 고려하는 것이 바람직하다.(근거 ②-3, ③-3)

❹ 기존의 사무실 적정 실내 온도가 조사된 것보다 낮게 설정되어 있으므로 향후에 모든 공공 기관의 사무실 온도를 조정할 때 현재보다 설정 온도를 일률적으로 높이는 것이 바람직하다. (직원들의 성별과 연령을 고려하여 정해야 함.)
(근거 ②-2, 3, ③-3)

단계별 풀이 비법

풀이 비법 1 발문으로 유형을 확인하라!

글을 통해 이끌어 낼 수 있는 시사점의 적절성을 묻는 문제이므로 지문의 세부 정보를 바탕으로 새로운 정보를 이끌어 내는 세부 정보 추론 유형임을 알 수 있다. 이때 지문 내용으로 추론할 수 없는 것을 골라야 한다.

풀이 비법 2 무엇(화제)에 대해 말하고 있는지 파악하라!

중심 화제 기존의 의학적 연구
중심 내용 기존의 의학적 연구는 건강한 남성의 몸을 표준으로 삼아 이루어진 경우가 많아 현실 상황과 맞지 않다.

풀이 비법 3 지문에서 선택지 내용과 관련된 정보를 찾아 정리하라!

선지	관련 정보
①	③-3: "'표준화된 신체'를 가진 남성의 대사율은 여성이나 다른 연령대 남성들의 대사율과 다르고, 당연히 체내 열 생산의 양도 차이가 있다.'
②	①-1, ②-3, ③-3: '기존의 의학적 연구는 건장한 성인 남성의 몸을 표준으로 삼아 이루어지는 경우가 많았다.', '표준화된 신체'를 가진 남성의 대사율은 여성이나 다른 연령대 남성들의 대사율과 다르고'
③	②-3, ③-3: '한 연구에서 남성과 여성 직장인에게 각각 선호하는 사무실 온도를 조사한 결과는 남성은 평균 22℃, 여성은 평균 25℃였다.'
④	②-2, 3, ③-3: '사람이 가장 효과적으로 일할 수 있는 사무실 온도는 21℃', '남성과 여성 직장인에게 각각 선호하는 사무실 온도를 조사한 결과는 남성은 평균 22℃, 여성은 평균 25℃였다.'

풀이 비법 4 선택지의 적절성을 판단하라!

① 기존의 의학적 연구는 건장한 성인 남성의 몸을 표준으로 삼아 이루어지는 경우가 많았는데, 2단락과 3단락에 따르면, 이런 연구는 다양한 연령대와 여성의 신체적 특성을 대표하지 못하여 여러 문제점을 낳고 있다. 따라서 앞으로 의학적 연구를 하려면 가능한 한 다양한 대상을 선정해서 하는 것이 바람직하다는 내용을 이끌어 낼 수 있다.

② 기존의 의학적 연구에 따르면, 가장 효율적으로 일할 수 있는 사무실 온도는 21℃이다. 하지만 이는 몸무게 70kg인 40세 성인 남성을 기준으로 측정된 것이므로 여성이나 다른 연령대 남성들의 신체적 특성에는 맞지 않다. 따라서 기존의 의학 지식을 활용하려면 연구한 대상을 살펴봐서 그대로 활용할지를 결정하는 것이 바람직하다는 내용을 이끌어 낼 수 있다.

③ 적정 사무실 온도로 알려져 있는 21℃는 특정 연령대의 건장한 성인 남성을 대상으로 한 연구 결과라서, 여성이나 다른 연령대 남성에게는 맞지 않다. 따라서 성별이나 연령대 등에 따라 신체 조건이 같지 않으므로 근무 환경을 조성할 때 근무자들의 성별이나 다양한 연령대를 고려하는 것이 바람직하다는 내용을 이끌어 낼 수 있다.

④ 사무실 온도를 일률적으로 높여야 한다는 내용은 이 글에서 주장하려는 내용과 부합하지 않는다. ③-3을 고려할 때 사무실 온도를 조정할 때는 사무실에서 근무하는 사람들이 성별이나 다양한 연령대를 모두 고려해야 한다는 것을 알 수 있다.

정답 ④

실전 기출 추리·추론·비판하기 2

학습일: 월   일   풀이 시간: 1분 이내

연습 1 병태 요정과 함께 풀기

다음 글에서 추론한 내용으로 적절하지 않은 것은? 2020 지방직 7급

> 금융 회사와 은행 상당수가 파랑을 상징색으로 쓰고 있다. 파랑의 긍정적 속성에는 정직과 신뢰가 있다. 파랑을 사용한 브랜드는 친근성과 전문성이 높아 보인다. 또한 파랑은 테크놀로지 업계에서 선호하는 색이다. 파랑은 소통의 색으로서 소셜 미디어와 잘 어울린다. 페이스북, 트위터, 링크드인의 색을 생각해 보라. 파랑을 상징색으로 사용한 브랜드가 파랑의 긍정적인 가치로 드러날 경우도 있지만, 그렇지 못할 경우에 차갑고 불친절하고 무심한 느낌의 부정적인 가치로 나타나기도 한다.
> 　파랑은 기업의 단체복에 자주 사용한다. 약간 어두운 톤의 파란색은 친근하고 진지하며 품위 있는 분위기를 전달한다. 어두운 파란색 단체복은 약간의 보수성과 전통을, 밝은 파란색 단체복은 친근한 소통과 창의적인 사고를 표현한다. 이 색은 교복에도 적합하다. 톤을 잘 선택하면 파랑은 집중에 도움을 주고 차분하게 해 주며 활발한 토론과 의견 교환에 도움을 준다.

① 브랜드의 로고를 만들 때 색이 주는 효과를 고려해야 한다.
② 테크놀로지 업계에서 브랜드에 파란색을 써서 성공한 것은 우연한 선택의 결과로 봐야 한다.
③ 색을 효과적으로 사용하려면 색이 주는 긍정적 속성을 잘 파악해야 한다.
④ 색의 톤에 따라 전달하는 분위기가 다르니, 인테리어에 쓸 때 파랑이 지닌 다양한 톤을 알아봐야 한다.

연습 2 혼자서 눈으로 계속 연습하기

다음 글에서 추론한 내용으로 적절하지 않은 것은? 2020 지방직 7급

> 금융 회사와 은행 상당수가 파랑을 상징색으로 쓰고 있다. 파랑의 긍정적 속성에는 정직과 신뢰가 있다. 파랑을 사용한 브랜드는 친근성과 전문성이 높아 보인다. 또한 파랑은 테크놀로지 업계에서 선호하는 색이다. 파랑은 소통의 색으로서 소셜 미디어와 잘 어울린다. 페이스북, 트위터, 링크드인의 색을 생각해 보라. 파랑을 상징색으로 사용한 브랜드가 파랑의 긍정적인 가치로 드러날 경우도 있지만, 그렇지 못할 경우에 차갑고 불친절하고 무심한 느낌의 부정적인 가치로 나타나기도 한다.
> 　파랑은 기업의 단체복에 자주 사용한다. 약간 어두운 톤의 파란색은 친근하고 진지하며 품위 있는 분위기를 전달한다. 어두운 파란색 단체복은 약간의 보수성과 전통을, 밝은 파란색 단체복은 친근한 소통과 창의적인 사고를 표현한다. 이 색은 교복에도 적합하다. 톤을 잘 선택하면 파랑은 집중에 도움을 주고 차분하게 해 주며 활발한 토론과 의견 교환에 도움을 준다.

① 브랜드의 로고를 만들 때 색이 주는 효과를 고려해야 한다.
② 테크놀로지 업계에서 브랜드에 파란색을 써서 성공한 것은 우연한 선택의 결과로 봐야 한다.
③ 색을 효과적으로 사용하려면 색이 주는 긍정적 속성을 잘 파악해야 한다.
④ 색의 톤에 따라 전달하는 분위기가 다르니, 인테리어에 쓸 때 파랑이 지닌 다양한 톤을 알아봐야 한다.

지문을 한눈에

실전 기출 — 추리·추론·비판하기 2

06
다음 글에서 추론한 내용으로 적절하지 않은 것은?

지문 제재 | 인문
2020 지방직 7급

① ¹금융 회사와 은행 상당수가 파랑을 상징색으로 쓰고 있다. ²파랑의 긍정적 속성에는 정직과 신뢰(信賴, 굳게 믿고 의지함)가 있다. ³파랑을 사용한 브랜드는 친근성과 전문성이 높아 보인다. ⁴또한 파랑은 테크놀로지 업계에서 선호하는 색이다. ⁵파랑은 소통(疏通, 뜻이 서로 통하여 오해가 없음)의 색으로서 소셜 미디어와 잘 어울린다. ⁶페이스북, 트위터, 링크드인의 색을 생각해 보라. ⁷파랑을 상징색으로 사용한 브랜드가 파랑의 긍정적인 가치로 드러날 경우도 있지만, 그렇지 못할 경우에 차갑고 불친절하고 무심한 느낌의 부정적인 가치로 나타나기도 한다.
▶ 금융 회사와 은행, 테크놀로지 업체에서 선호하는 파랑색

② ¹파랑은 기업의 단체복에 자주 사용한다. ²약간 어두운 톤의 파란색은 친근하고 진지(眞摯, 마음 쓰는 태도나 행동 따위가 참되고 착실함)하며 품위 있는 분위기를 전달한다. ³어두운 파란색 단체복은 약간의 보수성과 전통을, 밝은 파란색 단체복은 친근한 소통과 창의적인 사고를 표현한다. ⁴이(파랑) 색은 교복에도 적합하다. ⁵톤을 잘 선택하면 파랑은 집중에 도움을 주고 차분하게 해 주며 활발한 토론과 의견 교환에 도움을 준다.
▶ 기업의 단체복과 교복에 적합한 파랑색

① 브랜드의 로고를 만들 때 색이 주는 효과를 고려해야 한다. (근거 ①-2, 3)
❷ 테크놀로지 업계에서 브랜드에 파란색을 써서 성공한 것은 우연한 선택의 결과(파랑의 이미지를 고려한 선택)로 봐야 한다. (근거 ①-4, 5)
③ 색을 효과적으로 사용하려면 색이 주는 긍정적 속성을 잘 파악해야 한다. (근거 ①-2, 7)
④ 색의 톤에 따라 전달하는 분위기가 다르니, 인테리어에 쓸 때 파랑이 지닌 다양한 톤을 알아봐야 한다. (근거 ②-2, 3, 5)

단계별 풀이 비법

풀이 비법 1 발문으로 유형을 확인하라!
'글에서 추론한 내용'의 적절성을 묻는 것이므로 제시된 세부 정보를 바탕으로 새로운 내용을 이끌어 내는 유형임을 알 수 있다. 이때 추론의 내용이 적절하지 않은 것을 골라야 한다.

풀이 비법 2 무엇(화제)에 대해 말하고 있는지 파악하라!
중심 화제 파랑
중심 내용 파랑은 그 속성 때문에 금융 회사와 은행, 테크놀로지 업체의 상징색으로 선호되며, 기업의 단체복이나 교복에도 적합하다.

풀이 비법 3 지문에서 선택지 내용과 관련된 정보를 찾아 정리하라!

선지	관련 정보
①	①-2, 3: '파랑의 긍정적 속성에는 정직과 신뢰가 있다.', '친근성과 전문성이 높아 보인다.'
②	①-4, 5: '파랑은 테크놀로지 업계에서 선호하는 색', '소통의 색으로서 소셜 미디어와 잘 어울린다.'
③	①-2, 7: '파랑의 긍정적 속성에는 정직과 신뢰가 있다.', '파랑을 상징색으로 사용한 브랜드가 파랑의 긍정적인 가치로 드러날 경우도 있지만, 그렇지 못할 경우에 차갑고 불친절하고 무심한 느낌의 부정적인 가치로 나타나기도 한다.'
④	②-2, 3, 5: '약간 어두운 톤의 파란색은 친근하고 진지하며 품위 있는 분위기를 전달', '어두운 파란색 단체복은 약간의 보수성과 전통을, 밝은 파란색 단체복은 친근한 소통과 창의적인 사고를 표현'

풀이 비법 4 선택지의 적절성을 판단하라!
① ①-2와 3의 내용을 일반화하면, 브랜드의 로고를 만들 때 색이 주는 효과를 고려해야 한다는 내용을 이끌어 낼 수 있다.
② ①-4와 5에 따르면, 파란색은 테크놀로지 업계에서 선호하는 색이며, 소통의 색으로서 페이스북, 트위터, 링크드인 같은 소셜 미디어와 잘 어울린다. 따라서 테크놀로지 업계에서 파란색 브랜드를 선택한 것은 우연한 것이 아니라 파란색의 이미지나 속성을 고려하여 의도적으로 선택한 것으로 이해하는 것이 적절하다.
③ ①-2와 7의 내용을 일반화하면, 색을 효과적으로 사용하려면 색이 주는 긍정적 속성을 잘 파악해야 한다는 내용을 이끌어 낼 수 있다.
④ ② 단락에 따르면, 파란색은 톤에 따라 다양한 분위기를 전달한다. 이를 통해 파란색을 인테리어에 쓸 때는 파란색이 지닌 다양한 톤을 알아봐야 한다는 내용을 이끌어 낼 수 있다.

정답 ②

실전 기출 — 추리·추론·비판하기 2

연습 1 병태 요정과 함께 풀기

다음 글을 통해 추론할 수 있는 것만을 〈보기〉에서 모두 고르면?
2020 국가직 7급

'공정하다'는 말은 여러 가지 맥락에서 사용된다. 우리는 종종 어떤 법적 판단에 대해 공정성을 묻기도 하고, 스포츠 경기에서 심판의 판단에 대해서도 공정성을 묻는다. 공정성이 성립하기 위해서는 적어도 두 가지 조건을 충족해야 한다. 첫 번째는 판단의 결과가 가능한 결과들 중 일부분으로 특별히 치우쳐서는 안 된다는 것이다. 이런 조건은 '공평성'이라고 불린다. 두 번째 조건은 '독립성'으로, 이는 관련된 판단들이 외적인 것에 의해서 영향을 받지 않아야 한다는 것을 의미한다. 공정성의 두 조건은 동전 던지기 게임을 사례로 설명할 수 있다. 게임의 규칙은 동전을 던져 뒷면이 나온 사람이 승리하는 것이라고 해 보자. 이 게임이 공평하다는 것은 동전 던지기를 충분히 여러 번 진행했을 때의 가능한 결과, 즉 앞면과 뒷면이 나오는 횟수가 거의 같다는 것을 말한다. 공평성이 성립하지 않는다면 이 게임의 공정성이 성립하지 않는다는 것은 당연하다.

그러면 독립성이 공정성의 조건이 되는 이유는 무엇일까. 동전 던지기 게임이 독립적이라는 것은 동전 던지기의 결과가 동전 자체가 가진 특성 이외의 특별한 장치에 의해서 조작되지 않는다는 것을 말한다. 만일 게임에 사용된 동전이 특별한 외부 장치에 의해 조작되어서 앞면이 두 번 나온 뒤에는 항상 뒷면이 나온다고 가정해 보자. 이때 두 번 연속으로 앞면이 나온 뒤에 게임에 참여하고, 그렇지 않은 경우에는 게임에 참여하지 않는 전략을 채택한 사람은 언제나 패배하지 않을 수 있다. 이와 같이 동전이 외부 장치에 의해 조작될 경우에는 항상 게임에서 패배하지 않을 수 있는 전략을 만들어 낼 수 있다. 언제나 패배하지 않을 수 있는 전략을 만들어 낼 수 있는 게임은 공정하지 않은 게임이다. 이런 점을 생각할 때, 독립적이지 않은 것은 공정하지 않다고 할 수 있다.

― 보기 ―
ㄱ. 패배하지 않을 수 있는 전략을 만들어 낼 수 없는 동전 던지기 게임은 독립적이다.
ㄴ. 앞면이 나온 바로 다음에는 반드시 뒷면이 나오고, 뒷면이 나온 바로 다음에는 반드시 앞면이 나오도록 장치가 된 동전 던지기 게임은 공평하지 않다.
ㄷ. 동전 자체의 무게중심이 한쪽으로 쏠려 있어 앞면이 나올 확률과 뒷면이 나올 확률의 차이가 클 때, 그 동전을 이용한 동전 던지기 게임은 공정하지 않다.

① ㄱ, ㄴ   ② ㄱ, ㄷ   ③ ㄴ, ㄷ   ④ ㄱ, ㄴ, ㄷ

연습 2 혼자서 눈으로 계속 연습하기

다음 글을 통해 추론할 수 있는 것만을 〈보기〉에서 모두 고르면?
2020 국가직 7급

'공정하다'는 말은 여러 가지 맥락에서 사용된다. 우리는 종종 어떤 법적 판단에 대해 공정성을 묻기도 하고, 스포츠 경기에서 심판의 판단에 대해서도 공정성을 묻는다. 공정성이 성립하기 위해서는 적어도 두 가지 조건을 충족해야 한다. 첫 번째는 판단의 결과가 가능한 결과들 중 일부분으로 특별히 치우쳐서는 안 된다는 것이다. 이런 조건은 '공평성'이라고 불린다. 두 번째 조건은 '독립성'으로, 이는 관련된 판단들이 외적인 것에 의해서 영향을 받지 않아야 한다는 것을 의미한다. 공정성의 두 조건은 동전 던지기 게임을 사례로 설명할 수 있다. 게임의 규칙은 동전을 던져 뒷면이 나온 사람이 승리하는 것이라고 해 보자. 이 게임이 공평하다는 것은 동전 던지기를 충분히 여러 번 진행했을 때의 가능한 결과, 즉 앞면과 뒷면이 나오는 횟수가 거의 같다는 것을 말한다. 공평성이 성립하지 않는다면 이 게임의 공정성이 성립하지 않는다는 것은 당연하다.

그러면 독립성이 공정성의 조건이 되는 이유는 무엇일까. 동전 던지기 게임이 독립적이라는 것은 동전 던지기의 결과가 동전 자체가 가진 특성 이외의 특별한 장치에 의해서 조작되지 않는다는 것을 말한다. 만일 게임에 사용된 동전이 특별한 외부 장치에 의해 조작되어서 앞면이 두 번 나온 뒤에는 항상 뒷면이 나온다고 가정해 보자. 이때 두 번 연속으로 앞면이 나온 뒤에 게임에 참여하고, 그렇지 않은 경우에는 게임에 참여하지 않는 전략을 채택한 사람은 언제나 패배하지 않을 수 있다. 이와 같이 동전이 외부 장치에 의해 조작될 경우에는 항상 게임에서 패배하지 않을 수 있는 전략을 만들어 낼 수 있다. 언제나 패배하지 않을 수 있는 전략을 만들어 낼 수 있는 게임은 공정하지 않은 게임이다. 이런 점을 생각할 때, 독립적이지 않은 것은 공정하지 않다고 할 수 있다.

― 보기 ―
ㄱ. 패배하지 않을 수 있는 전략을 만들어 낼 수 없는 동전 던지기 게임은 독립적이다.
ㄴ. 앞면이 나온 바로 다음에는 반드시 뒷면이 나오고, 뒷면이 나온 바로 다음에는 반드시 앞면이 나오도록 장치가 된 동전 던지기 게임은 공평하지 않다.
ㄷ. 동전 자체의 무게중심이 한쪽으로 쏠려 있어 앞면이 나올 확률과 뒷면이 나올 확률의 차이가 클 때, 그 동전을 이용한 동전 던지기 게임은 공정하지 않다.

① ㄱ, ㄴ   ② ㄱ, ㄷ   ③ ㄴ, ㄷ   ④ ㄱ, ㄴ, ㄷ

지문을 한눈에

공정성의 두 조건
- **1 주지**: 독립성과 공평성을 조건으로 하는 공정성
- **2 사례**: 동전 던지기를 통해 본 독립성의 필요성

실전 기출 — 추리·추론·비판하기 2

07

다음 글을 통해 추론할 수 있는 것만을 〈보기〉에서 모두 고르면?

지문 제재 | 인문
2020 국가직 7급

1 ¹'공정하다'는 말은 여러 가지 맥락(脈絡, 사물 따위가 서로 이어져 있는 관계나 연관)에서 사용된다. ²우리는 종종 어떤 법적 판단에 대해 공정성을 묻기도 하고, 스포츠 경기에서 심판의 판단에 대해서도 공정성을 묻는다. ³공정성이 성립하기 위해서는 적어도 두 가지 조건을 충족(充足, 넉넉하여 모자람이 없음)해야 한다. ⁴첫 번째는 판단의 결과가 가능한 결과들 중 일부분으로 특별히 치우쳐서는 안 된다는 것이다. ⁵이런 (판단의 결과가 가능한 결과들 중 일부분으로 특별히 치우쳐서는 안 된다는) 조건은 공평성이라고 불린다. ⁶두 번째 조건은 독립성으로, 이(독립성)는 관련된 판단들이 외적인 것에 의해서 영향을 받지 않아야 한다는 것을 의미한다. ⁷공정성의 두 조건은 동전 던지기 게임을 사례로 설명할 수 있다. 게임의 규칙은 동전을 던져 뒷면이 나온 사람이 승리하는 것이라고 해 보자. ⁸이 (동전을 던져 뒷면이 나온 사람이 승리하는) 게임이 공평하다는 것은 동전 던지기를 충분히 여러 번 진행했을 때의 가능한 결과, 즉 앞면과 뒷면이 나오는 횟수가 거의 같다는 것을 말한다. ⁹공평성이 성립하지 않는다면 이 (동전을 던져 뒷면이 나온 사람이 승리하는) 게임의 공정성이 성립하지 않는다는 것은 당연하다.
▶ 공정성의 조건이 되는 공평성과 독립성

2 ¹그러면 독립성이 공정성의 조건이 되는 이유는 무엇일까. ²동전 던지기 게임이 독립적이라는 것은 동전 던지기의 결과가 동전 자체가 가진 특성 이외의 특별한 장치에 의해서 조작되지 않는다는 것을 말한다. ³만일 게임에 사용된 동전이 특별한 외부 장치에 의해 조작되어서 앞면이 두 번 나온 뒤에는 항상 뒷면이 나온다고 가정해 보자. ⁴이때 두 번 연속으로 앞면이 나온 뒤에 게임에 참여하고, 그렇지 않은 경우에는 게임에 참여하지 않는 전략(戰略, 정치, 경제 따위의 사회적 활동을 하는 데 필요한 책략)을 채택한 사람은 언제나 패배하지 않을 수 있다. ⁵이와 (조작된 동전을 사용하면 언제나 패배하지 않을 수 있는 것과) 같이 동전이 외부 장치에 의해 조작될 경우에는 항상 게임에서 패배하지 않을 수 있는 전략을 만들어 낼 수 있다. ⁶[언제나 패배하지 않을 수 있는 전략을 만들어 낼 수 있는 게임은 공정하지 않은 게임이다.](독립성이 공정성의 조건이 되는 이유) ⁷이런 (언제나 패배하지 않을 수 있는 전략을 만들어 낼 수 있는 게임은 공정하지 않은 게임이라는) 점을 생각할 때, 독립적이지 않은 것은 공정하지 않다고 할 수 있다.
▶ 독립성이 공정성의 조건이 되는 이유

── 보기 ──
ㄱ. 패배하지 않을 수 있는 전략을 만들어 낼 수 없는 동전 던지기 게임은 독립적이다. (근거 **2**-2, 6)
ㄴ. 앞면이 나온 바로 다음에는 반드시 뒷면이 나오고, 뒷면이 나온 바로 다음에는 반드시 앞면이 나오도록 장치가 된 동전 던지기 게임은 공평하지(× 독립적이지) 않다. (근거 **1**-8, **2**-2)
ㄷ. 동전 자체의 무게중심이 한쪽으로 쏠려 앞면이 나올 확률과 뒷면이 나올 확률의 차이가 클 때, 그 동전을 이용한 동전 던지기 게임은 공정하지 않다. (근거 **1**-8, 9)

① ㄱ, ㄴ ❷ ㄱ, ㄷ ③ ㄴ, ㄷ ④ ㄱ, ㄴ, ㄷ

단계별 풀이 비법

풀이 비법 1 발문으로 유형을 확인하라!
'글을 통해 추론할 수 있는 것'을 모두 고르는 것이므로 제시된 세부 정보를 바탕으로 새로운 내용을 이끌어 내는 유형임을 알 수 있다. 이때 〈보기〉의 내용 중에서 추론 내용이 적절한 것을 모두 골라야 한다.

풀이 비법 2 무엇(화제)에 대해 말하고 있는지 파악하라!
중심 화제 공정성의 조건
중심 내용 공정성은 공평성과 독립성이라는 모두 충족할 때 성립된다.

풀이 비법 3 지문에서 선택지 내용과 관련된 정보를 찾아 정리하라!

공평성	판단의 결과가 가능한 결과들 중 일부분으로 특별히 치우쳐서는 안 된다는 것
독립성	관련된 판단들이 외적인 것에 의해서 영향을 받지 않아야 한다는 것

선지	관련 정보
ㄱ	**2**-2, 6: '동전 던지기 게임이 독립적이라는 것은 동전 던지기의 결과가 동전 자체가 가진 특성 이외의 특별한 장치에 의해서 조작되지 않는다는 것', '언제나 패배하지 않을 수 있는 전략을 만들어 낼 수 있는 게임은 공정하지 않은 게임이다.'
ㄴ	**1**-8, **2**-2: '이 게임이 공평하다는 것은 동전 던지기를 충분히 여러 번 진행했을 때의 가능한 결과, 즉 앞면과 뒷면이 나오는 횟수가 거의 같다는 것', '동전 던지기 게임이 독립적이라는 것은 동전 던지기의 결과가 동전 자체가 가진 특성 이외의 특별한 장치에 의해서 조작되지 않는다는 것'
ㄷ	**1**-8, 9: '이 게임이 공평하다는 것은 동전 던지기를 충분히 여러 번 진행했을 때의 가능한 결과, 즉 앞면과 뒷면이 나오는 횟수가 거의 같다는 것', '공평성이 성립하지 않는다면 이 게임의 공정성이 성립하지 않는다'

풀이 비법 4 선택지의 적절성을 판단하라!

ㄱ. **2** 단락에 따르면, 동전 던지기 게임이 독립적이라는 것은 동전 던지기의 결과가 동전 자체가 가진 특성 이외의 특별한 장치에 의해서 조작되지 않는 것을 말한다. 이에 따라 동전에 어떤 장치를 하여 언제나 패배하지 않을 수 있는 전략을 만들어 낼 수 있는 게임은 공정하지 않다. 패배하지 않을 수 있는 전략을 만들어 낼 수 없는 동전 던지기 게임은 그 결과가 특별한 장치에 의해 조작되지 않는 게임이므로 독립적이라고 할 수 있다.

ㄴ. **1**-8에 따르면, 동전 던지기 게임의 공평성은 동전 던지기를 충분히 여러 번 진행했을 때의 가능한 결과, 즉 앞면과 뒷면이 나오는 횟수가 거의 같다는 것을 말한다. 그런데 앞면이 나온 바로 다음에는 반드시 뒷면이 나오고, 뒷면이 나온 바로 다음에는 반드시 앞면이 나오도록 장치가 된 동전 던지기 게임은 공평하지 않은 것이 아니라 독립적이지 않은 것이다.

ㄷ. 동전 자체의 무게중심이 한쪽으로 쏠려 있어 앞면이 나올 확률과 뒷면이 나올 확률의 차이가 큰 동전으로 동전 던지기를 하는 것은 공평성에 위배되는 것이므로 공정하지 않다.

정답 ②

실전 기출 추리·추론·비판하기 2

학습일: 월   일   풀이 시간: 1분 이내

연습 1 병태 요정과 함께 풀기

다음 글을 통해 추론한 생각으로 적절하지 않은 것은?
2020 국가직 7급

> 영문자와 달리 한글은 여러 가지 자모를 조합하여 글자를 만들기 때문에 다양한 인코딩(encoding)을 생각할 수 있으며 그만큼 그동안 많은 논의가 있었다. 한글의 코딩 방식, 다시 말해 컴퓨터에서의 한글 구현 방식은 크게 '조합형'과 '완성형'으로 구분할 수 있다. 조합형은 한글의 모든 자모(ㄱ, ㄴ, ㅏ, ㅓ …)에다 일련의 코드를 할당하고, 이를 불러와 조합하여 글자를 구현하는 방식임에 반해, 완성형은 이미 만들어진 글자(가, 각, 간, 갈…) 자체에다 각각의 코드를 할당하여 그 글자를 불러오는 방식이다.
>
> 조합형으로는 한글의 구성 원리에 따라 19개의 초성, 21개의 중성, 그리고 28개의 종성을 조합하여 나올 수 있는 11,172자를 표현할 수 있다. 초기 완성형에서는 실제로 우리가 주로 사용하는 2,350개의 글자만을 코드에 반영하여 사용하였기 때문에 자주 사용하지 않는 '똠', '헿', '뷁'과 같은 글자는 쓸 수 없었다. 이를 보완하기 위해 '확장 완성형'이 나왔고 이어서 '유니코드 2.0'이 개발되었다. 유니코드 2.0은 조합형에서 구현할 수 있는 11,172자 모두를 포함하고 있으며, 각각의 자모 또한 포함하여 조합까지 할 수 있다.

① '똠', '헿', '뷁'과 같은 글자를 쓰려면 조합형 방식을 사용할 수밖에 없겠군.
② 유니코드 2.0을 사용하면 조합형 방식을 사용해 만들 수 있는 글자를 모두 표현할 수 있겠군.
③ 한글과 달리 영문자를 인코딩할 때에는 완성형 방식의 한계에 대해 고민할 필요가 없겠군.
④ 컴퓨터로 글자를 입력하기 전에 이미 컴퓨터에는 한글 자모나 글자 각각에 코드가 할당되어 있겠군.

연습 2 혼자서 눈으로 계속 연습하기

다음 글을 통해 추론한 생각으로 적절하지 않은 것은?
2020 국가직 7급

> 영문자와 달리 한글은 여러 가지 자모를 조합하여 글자를 만들기 때문에 다양한 인코딩(encoding)을 생각할 수 있으며 그만큼 그동안 많은 논의가 있었다. 한글의 코딩 방식, 다시 말해 컴퓨터에서의 한글 구현 방식은 크게 '조합형'과 '완성형'으로 구분할 수 있다. 조합형은 한글의 모든 자모(ㄱ, ㄴ, ㅏ, ㅓ …)에다 일련의 코드를 할당하고, 이를 불러와 조합하여 글자를 구현하는 방식임에 반해, 완성형은 이미 만들어진 글자(가, 각, 간, 갈…) 자체에다 각각의 코드를 할당하여 그 글자를 불러오는 방식이다.
>
> 조합형으로는 한글의 구성 원리에 따라 19개의 초성, 21개의 중성, 그리고 28개의 종성을 조합하여 나올 수 있는 11,172자를 표현할 수 있다. 초기 완성형에서는 실제로 우리가 주로 사용하는 2,350개의 글자만을 코드에 반영하여 사용하였기 때문에 자주 사용하지 않는 '똠', '헿', '뷁'과 같은 글자는 쓸 수 없었다. 이를 보완하기 위해 '확장 완성형'이 나왔고 이어서 '유니코드 2.0'이 개발되었다. 유니코드 2.0은 조합형에서 구현할 수 있는 11,172자 모두를 포함하고 있으며, 각각의 자모 또한 포함하여 조합까지 할 수 있다.

① '똠', '헿', '뷁'과 같은 글자를 쓰려면 조합형 방식을 사용할 수밖에 없겠군.
② 유니코드 2.0을 사용하면 조합형 방식을 사용해 만들 수 있는 글자를 모두 표현할 수 있겠군.
③ 한글과 달리 영문자를 인코딩할 때에는 완성형 방식의 한계에 대해 고민할 필요가 없겠군.
④ 컴퓨터로 글자를 입력하기 전에 이미 컴퓨터에는 한글 자모나 글자 각각에 코드가 할당되어 있겠군.

지문을 한눈에

한글의 코딩 방식
- **1 화제 제시**: 한글의 두 가지 코딩 방식
- **2 상술**: 조합형과 완성형에서 각각 구현할 수 있는 글자 수와 완성형 코딩 방식의 변화 과정

실전 기출 — 추리·추론·비판하기 2

08
다음 글을 통해 추론한 생각으로 적절하지 않은 것은?

지문 제재 | 기술
2020 국가직 7급

<u>1</u> ¹영문자(풀어쓰기 문자)와 달리 [한글은 여러 가지 자모(字母, 음소 문자 체계에 쓰이는 낱낱의 글자)를 조합하여 글자를 만들기](모아쓰기) 때문에 다양한 인코딩(encoding)을 생각할 수 있으며 그만큼 그동안 많은 논의(論議, 어떤 문제에 대하여 서로 의견을 내어 토의함. 또는 그런 토의)가 있었다. ²한글의 코딩 방식, 다시 말해 컴퓨터에서의 한글 구현(具現/具顯, 어떤 내용이 구체적인 사실로 나타나게 함) 방식은 크게 '조합형'과 '완성형'으로 구분할 수 있다. ³조합형은 한글의 모든 자모(ㄱ, ㄴ, ㅏ, ㅓ…)에다 일련의 코드를 할당(割當, 몫을 갈라 나눔)하고, 이를(한글의 모든 자모에 할당된 코드를) 불러와 조합하여 글자를 구현하는 방식임에 반해, 완성형은 이미 만들어진 글자(가, 각, 간, 갈…) 자체에다 각각의 코드를 할당하여 그(코드가 할당된) 글자를 불러오는 방식이다.
▶ 컴퓨터에서 한글을 구현하는 두 가지 방식

<u>2</u> ¹조합형으로는 한글의 구성 원리(原理, 사물의 근본이 되는 이치)에 따라 19개의 초성, 21개의 중성, 그리고 28개의 종성을 조합하여 나올 수 있는 11,172자를 표현할 수 있다. ²초기 완성형에서는 실제로 우리가 주로 사용하는 2,350개의 글자만을 코드에 반영(反映, 다른 것에 영향을 받아 어떤 현상이 나타남. 또는 어떤 현상을 나타냄)하여 사용하였기 때문에 자주 사용하지 않는 '똠', '햏', '뷁'과 같은 글자는 쓸 수 없었다. ³이를(2,350개에 속하지 않는 글자를 쓸 수 없는 문제점을) 보완(補完, 모자라거나 부족한 것을 보충하여 완전하게 함)하기 위해 '확장 완성형'이 나왔고 이어서 '유니코드 2.0'이 개발되었다. ⁴유니코드 2.0(완성형의 일종)은 조합형에서 구현할 수 있는 11,172자 모두를 포함하고 있으며, 각각의 자모 또한 포함하여 조합까지 할 수 있다.
▶ 완성형 코딩 방식의 변화 과정

① '똠', '햏', '뷁'과 같은 글자를 쓰려면 조합형 방식을 사용할 수밖에 없겠군.(근거 2-4)

② 유니코드 2.0을 사용하면 조합형 방식을 사용해 만들 수 있는 글자를 모두 표현할 수 있겠군.(근거 2-1, 4)

③ 한글과 달리 영문자를 인코딩할 때에는 완성형 방식의 한계에 대해 고민할 필요가 없겠군.(근거 1-1)

④ 컴퓨터로 글자를 입력하기 전에 이미 컴퓨터에는 한글 자모나 글자 각각에 코드가 할당되어 있겠군.(근거 1-3)

단계별 풀이 비법

풀이 비법 1 발문으로 유형을 확인하라!
'글을 통해 추론한 생각'의 적절성을 묻는 것이므로 제시된 세부 정보를 바탕으로 새로운 내용을 이끌어 내는 유형임을 알 수 있다. 이때 추론의 내용이 적절하지 않은 것을 골라야 한다.

풀이 비법 2 무엇(화제)에 대해 말하고 있는지 파악하라!
중심 화제 한글의 코딩 방식
중심 내용 한글의 코딩 방식에는 자모에 코드를 할당하는 조합형과 완성된 글자 코드를 할당하는 완성형이 있다.

풀이 비법 3 지문에서 선택지 내용과 관련된 정보를 찾아 정리하라!

선지	관련 정보
①	2-4: '유니코드 2.0은 조합형에서 구현할 수 있는 11,172자 모두를 포함하고 있으며, 각각의 자모 또한 포함하여 조합까지 할 수 있다.'
②	2-1, 4: '유니코드 2.0은 조합형에서 구현할 수 있는 11,172자 모두를 포함하고 있으며, 각각의 자모 또한 포함하여 조합까지 할 수 있다.'
③	1-1: '영문자와 달리 한글은 여러 가지 자모를 조합하여 글자를 만들기 때문에 다양한 인코딩(encoding)을 생각할 수 있으며'
④	1-3: '조합형은 한글의 모든 자모(ㄱ, ㄴ, ㅏ, ㅓ…)에다 일련의 코드를 할당하고, … 완성형은 이미 만들어진 글자(가, 각, 간, 갈…) 자체에다 각각의 코드를 할당하여'

풀이 비법 4 선택지의 적절성을 판단하라!

① 2단락에 따르면, '똠', '햏', '뷁'과 같은 글자는 초기 완성형으로는 구현할 수 없었으며, 조합형으로만 구현할 수 있었다. 그러나 완성형의 일종인 유니코드 2.0은 조합형으로 구현할 수 있는 모든 글자를 포함하고 있다. 따라서 '똠', '햏', '뷁'과 같은 글자를 쓰려면 조합형이나 유니코드 2.0 중 하나를 사용하면 된다.

② 2-4에 따르면, 유니코드 2.0은 조합형에서 구현할 수 있는 11,172자 모두를 포함하고 있으며, 각각의 자모 또한 포함하여 조합까지 할 수 있다. 따라서 유니코드 2.0을 사용하면 조합형 방식을 사용해 만들 수 있는 글자를 모두 표현할 수 있다.

③ 1-1에 따르면, 한글은 영문자와 달리 여러 가지 자모를 조합하여 글자를 만들기 때문에 다양한 인코딩이 가능해 많은 논의가 있었으며, 초기 완성형은 2,350개의 글자만 구현할 수 있는 한계가 있었다. 그러나 영문자는 다양한 인코딩이 불가능하므로 이런 고민을 할 필요가 없다.

④ 1-3에 따르면, 조합형은 한글의 모든 자모에 일련의 코드를 할당하고, 완성형은 이미 만들어진 글자 자체에 각각의 코드를 할당한다. 따라서 컴퓨터로 글자를 입력하기 전에 이미 컴퓨터에 한글 자모나 글자 각각에 코드가 할당되어 있음을 알 수 있다.

정답 ①

실전 기출 추리·추론·비판하기 2

학습일: 월   일   풀이 시간: 1분 이내

연습 1 병태 요정과 함께 풀기

다음 글을 통해 추론할 수 없는 것은?   2020 지방직 9급

> 자신의 신념과 일치하는 정보는 받아들이고 그렇지 않은 정보는 무시하는 경향을 확증 편향(confirmation bias)이라 한다. 자신의 믿음이나 견해와 일치하는 정보는 수용하고 그에 반대되는 정보는 무시하거나 부정하는 심리 경향이다. 사회 심리학자인 로버트 치알디니는 자신이 가진 기존의 견해와 일치하는 정보는 두 가지 이점을 가지고 있다고 한다. 첫째, 그러한 정보는 어떤 문제에 대해 더 이상 고민하지 않고 마음의 휴식을 취할 수 있게 해 준다. 둘째, 그러한 정보는 우리를 추론의 결과에서 자유롭게 해 준다. 즉 추론의 결과 때문에 행동을 바꿔야 할 필요가 없다. 첫째는 생각하지 않게 하고, 둘째는 행동하지 않게 함을 말한다.
>
> 일례로 특정 정치 성향을 가진 사람들을 대상으로 조사했을 때, 사람들은 반대당 후보의 주장에서는 모순을 거의 완벽하게 찾은 반면, 지지하는 당 후보의 주장에서는 모순을 절반 정도만 찾아냈다. 이 판단의 과정을 자기 공명 영상 장치로도 촬영했다. 그 결과, 자신이 동의하지 않는 정보를 접했을 때는 뇌 회로가 활성화되지 않았고, 자신이 동의하는 주장을 접했을 때는 긍정적인 반응을 보이면서 뇌 회로가 활성화되는 것을 확인할 수 있었다.

① 사람에게는 자신의 신념이나 행동을 바꾸려 하지 않는 경향이 있다.
② 사람에게는 정보를 객관적으로 판단하지 못하는 심리적 특성이 있다.
③ 사람에게는 지지자들의 말만을 듣고 자기 신념을 강화하는 경향이 있다.
④ 사람에게는 새로운 정보를 접했을 때 심리적 불안을 느끼는 특성이 있다.

연습 2 혼자서 눈으로 계속 연습하기

다음 글을 통해 추론할 수 없는 것은?   2020 지방직 9급

> 자신의 신념과 일치하는 정보는 받아들이고 그렇지 않은 정보는 무시하는 경향을 확증 편향(confirmation bias)이라 한다. 자신의 믿음이나 견해와 일치하는 정보는 수용하고 그에 반대되는 정보는 무시하거나 부정하는 심리 경향이다. 사회 심리학자인 로버트 치알디니는 자신이 가진 기존의 견해와 일치하는 정보는 두 가지 이점을 가지고 있다고 한다. 첫째, 그러한 정보는 어떤 문제에 대해 더 이상 고민하지 않고 마음의 휴식을 취할 수 있게 해 준다. 둘째, 그러한 정보는 우리를 추론의 결과에서 자유롭게 해 준다. 즉 추론의 결과 때문에 행동을 바꿔야 할 필요가 없다. 첫째는 생각하지 않게 하고, 둘째는 행동하지 않게 함을 말한다.
>
> 일례로 특정 정치 성향을 가진 사람들을 대상으로 조사했을 때, 사람들은 반대당 후보의 주장에서는 모순을 거의 완벽하게 찾은 반면, 지지하는 당 후보의 주장에서는 모순을 절반 정도만 찾아냈다. 이 판단의 과정을 자기 공명 영상 장치로도 촬영했다. 그 결과, 자신이 동의하지 않는 정보를 접했을 때는 뇌 회로가 활성화되지 않았고, 자신이 동의하는 주장을 접했을 때는 긍정적인 반응을 보이면서 뇌 회로가 활성화되는 것을 확인할 수 있었다.

① 사람에게는 자신의 신념이나 행동을 바꾸려 하지 않는 경향이 있다.
② 사람에게는 정보를 객관적으로 판단하지 못하는 심리적 특성이 있다.
③ 사람에게는 지지자들의 말만을 듣고 자기 신념을 강화하는 경향이 있다.
④ 사람에게는 새로운 정보를 접했을 때 심리적 불안을 느끼는 특성이 있다.

지문을 한눈에

확증 편향의 개념 및 원인

- **1 화제 제시**: 확증 편향의 개념 및 그 까닭
- **2 상술**: 확증 편향에 대한 과학적 검증

실전 기출 추리·추론·비판하기2

09
다음 글을 통해 추론할 수 없는 것은?

지문 제재 | 인문
2020 지방직 9급

① ¹[자신의 신념과 일치하는 정보는 받아들이고 그렇지 않은 정보는 무시하는 경향](확증 편향의 개념)을 확증 편향(偏向, 한쪽으로 치우침)(confirmation bias)이라 한다. ²자신의 믿음이나 견해와 일치하는 정보는 수용하고 그에 반대되는 정보는 무시하거나 부정하는 심리 경향이다. ³사회 심리학자인 로버트 치알디니는 자신이 가진 기존의 견해와 일치하는 정보는 두 가지 이점을 가지고 있다고 한다. ⁴첫째, 그러한 정보는 어떤 문제에 대해 더 이상 고민하지 않고 마음의 휴식을 취할 수 있게 해 준다. ⁵둘째, 그러한 정보는 우리를 추론의 결과에서 자유롭게 해 준다. ⁶즉 추론의 결과 때문에 행동을 바꿔야 할 필요가 없다. ⁷[첫째는 생각하지 않게 하고, 둘째는 행동하지 않게 함](확증 편향의 이점)을 말한다.
▶ 확증 편향의 개념 및 이점

② ¹일례로 특정 정치 성향을 가진 사람들을 대상으로 조사했을 때, [사람들은 반대당 후보의 주장에서는 모순(矛盾, 어떤 사실의 앞뒤, 또는 두 사실이 이치상 어긋나서 서로 맞지 않음을 이르는 말)을 거의 완벽하게 찾은](생각하게 함) 반면, [지지하는 당 후보의 주장에서는 모순을 절반 정도만 찾아냈다.](반대하는 주장보다 적게 생각하게 함) ²이 판단의 과정을 자기 공명(共鳴, 진동하는 계의 진폭이 급격하게 늘어남. 또는 그런 현상) 영상 장치로도 촬영했다. ³그 결과, [자신이 동의하지 않는 정보를 접했을 때는 뇌 회로가 활성화되지 않았고](수용하지 않음), [자신이 동의하는 주장을 접했을 때는 긍정적인 반응을 보이면서 뇌 회로가 활성화](수용함)되는 것을 확인할 수 있었다.
▶ 확증 편향의 이점에 대한 과학적 근거

① 사람에게는 자신의 신념이나 행동을 바꾸려 하지 않는 경향이 있다.(근거 **①**-2, 7, **②**-3)

② 사람에게는 정보를 객관적으로 판단하지 못하는 심리적 특성이 있다.(근거 **②**-1)

③ 사람에게는 지지자들의 말만을 듣고 자기 신념을 강화하는 경향이 있다.(근거 **①**-4, **②**-3)

④ 사람에게는 새로운 정보를 접했을 때 심리적 불안을 느끼는 특성이 있다.
(지문에서 근거를 찾을 수 없음.)

단계별 풀이 비법

풀이 비법 1 발문으로 유형을 확인하라!

'글을 통해 추론'한 내용의 적절성을 묻는 것이므로 제시된 세부 정보를 바탕으로 새로운 내용을 이끌어 내는 유형임을 알 수 있다. 이때 추론의 내용이 적절하지 않은 것을 골라야 한다.

풀이 비법 2 무엇(화제)에 대해 말하고 있는지 파악하라!

중심 확증 편향
중심 내용 자신이 가진 견해와 일치하는 정보는 생각과 행동을 하지 않게 하는 이 점이 있기에 확증 편향이 나타나는데, 이는 과학적으로 검증되었다.

풀이 비법 3 지문에서 선택지 내용과 관련된 정보를 찾아 정리하라!

선지	관련 정보
①	**①**-2, 7, **②**-3: '자신의 믿음이나 견해와 일치하는 정보는 수용하고 그에 반대되는 정보는 무시하거나 부정하는 심리 경향', '첫째는 생각하지 않게 하고, 둘째는 행동하지 않게 함.
②	**②**-1: '사람들은 반대당 후보의 주장에서는 모순을 거의 완벽하게 찾은 반면, 지지하는 당 후보의 주장에서는 모순을 절반 정도만 찾아냈다.'
③	**①**-4, **②**-3: '그러한 정보는 어떤 문제에 대해 더 이상 고민하지 않고 마음의 휴식을 취할 수 있게 해 준다.', '자신이 동의하는 주장을 접했을 때는 긍정적인 반응을 보이면서 뇌 회로가 활성화'
④	지문에서 관련 정보를 찾을 수 없음.

풀이 비법 4 선택지의 적절성을 판단하라!

① **①**단락에 따르면, 사람에게는 자신의 믿음이나 견해와 일치하는 정보는 수용하고 그에 반대되는 정보는 무시하거나 부정하는 심리 경향이 있다. 이는 결국 자신이 지니고 있는 신념이나 행동을 바꾸려 하지 않는 것으로 볼 수 있다.

② **②**-1에 따르면, 사람들은 자신이 반대하는 주장에서는 모순을 거의 완벽하게 찾은 반면, 지지하는 주장에서는 모순을 절반 정도만 찾아냈다. 이는 사람에게는 정보를 객관적으로 판단하지 못하는 심리적 특성이 있음을 의미한다.

③ **①**-4에 따르면, 자신의 견해와 일치하는 정보는 수용하고 그에 반대되는 정보는 무시하거나 부정하는 이유는 그것이 어떤 문제에 대해 더 이상 고민하지 않고 마음의 휴식을 취할 수 있게 해주기 때문이다. 이런 경향은 **②**-3의 과학적 실험에서도 나타난다. 자신의 신념과 일치하는 말만 수용한다는 것은 다시 말해 지지자의 말'을 듣고 자기 신념을 강화하는 경향이 있다는 것이다.

④ 사람이 새로운 정보를 접했을 때 심리적 불안을 느낀다는 것을 이끌어 낼 만한 내용은 나타나지 않는다. **①**단락에 따르면, 사람은 새로운 정보를 접했을 때 불안감을 느끼는 것이 아니라 자신의 믿음이나 견해와 일치하는 정보는 수용하지만 그에 반대되는 정보는 무시하거나 부정하는 심리 경향을 나타낸다.

정답 ④

실전 기출 — 추리·추론·비판하기2

학습일: 월 일 풀이 시간: 1분 이내

연습 1 병태 요정과 함께 풀기

다음 밑줄 친 부분의 의미를 풀어 쓴 것으로 적절한 것은?
2020 지방직 9급

> 2004년 1월 태국에서는 한 소년이 극심한 폐렴 증세로 사망했다. 소년의 폐는 완전히 망가져 흐물흐물해져 있었다. 분석 결과, 이전까지 인간이 감염된 적이 없는 인플루엔자 바이러스가 원인으로 밝혀졌다. 소년은 공식적으로 고병원성 조류 인플루엔자 바이러스, H5N1의 첫 사망자가 되었다. 계절 독감으로 익숙한 인플루엔자 바이러스가 이렇게 치명적일 수 있었던 것은 인간의 면역 반응 때문이다. 인류 역사상 단 한 번도 만나본 적이 없는 새로운 바이러스가 침입하자 면역계가 과민 반응을 일으켜 도리어 인체에 해를 끼친 것이다. 이런 현상을 '사이토카인 폭풍'이라 부른다. 사이토카인 폭풍은 면역 능력이 강한 젊은 층일수록 더 세게 일어난다.
> 만약 집에 ㉠좀도둑이 들었다면 작은 손해를 각오하고 인기척을 내 도둑 스스로 도망가게 하는 것이 상책이다. 그런데 만약 ㉡몽둥이를 들고 도둑과 싸우려 든다면 도둑은 ㉢강도로 돌변한다. 인체가 H5N1에 감염되면 똑같은 일이 벌어진다. 처음으로 새가 아닌 다른 숙주 몸속에 들어온 바이러스는 과민 반응한 면역계와 죽기 살기로 싸운다. 그 결과 50%가 넘는 승률로 바이러스가 승리한다. 그러나 ㉣승리의 대가는 비싸다. 숙주가 죽어 버렸기 때문에 바이러스 역시 함께 죽어야만 한다. 이것이 바로 악명을 떨치면서도 조류 독감의 사망 환자 수가 전 세계에서 400명을 넘기지 않는 이유다. 이 질병이 아직 사람 사이에서 감염되는 사례가 나타나지 않은 이유도 바이러스가 인체라는 새로운 숙주에 적응하지 못했기 때문으로 추정할 수 있다.

① ㉠: 면역계의 과민 반응
② ㉡: 계절 독감
③ ㉢: 치명적 바이러스
④ ㉣: 극심한 폐렴 증세

연습 2 혼자서 눈으로 계속 연습하기

다음 밑줄 친 부분의 의미를 풀어 쓴 것으로 적절한 것은?
2020 지방직 9급

> 2004년 1월 태국에서는 한 소년이 극심한 폐렴 증세로 사망했다. 소년의 폐는 완전히 망가져 흐물흐물해져 있었다. 분석 결과, 이전까지 인간이 감염된 적이 없는 인플루엔자 바이러스가 원인으로 밝혀졌다. 소년은 공식적으로 고병원성 조류 인플루엔자 바이러스, H5N1의 첫 사망자가 되었다. 계절 독감으로 익숙한 인플루엔자 바이러스가 이렇게 치명적일 수 있었던 것은 인간의 면역 반응 때문이다. 인류 역사상 단 한 번도 만나본 적이 없는 새로운 바이러스가 침입하자 면역계가 과민 반응을 일으켜 도리어 인체에 해를 끼친 것이다. 이런 현상을 '사이토카인 폭풍'이라 부른다. 사이토카인 폭풍은 면역 능력이 강한 젊은 층일수록 더 세게 일어난다.
> 만약 집에 ㉠좀도둑이 들었다면 작은 손해를 각오하고 인기척을 내 도둑 스스로 도망가게 하는 것이 상책이다. 그런데 만약 ㉡몽둥이를 들고 도둑과 싸우려 든다면 도둑은 ㉢강도로 돌변한다. 인체가 H5N1에 감염되면 똑같은 일이 벌어진다. 처음으로 새가 아닌 다른 숙주 몸속에 들어온 바이러스는 과민 반응한 면역계와 죽기 살기로 싸운다. 그 결과 50%가 넘는 승률로 바이러스가 승리한다. 그러나 ㉣승리의 대가는 비싸다. 숙주가 죽어 버렸기 때문에 바이러스 역시 함께 죽어야만 한다. 이것이 바로 악명을 떨치면서도 조류 독감의 사망 환자 수가 전 세계에서 400명을 넘기지 않는 이유다. 이 질병이 아직 사람 사이에서 감염되는 사례가 나타나지 않은 이유도 바이러스가 인체라는 새로운 숙주에 적응하지 못했기 때문으로 추정할 수 있다.

① ㉠: 면역계의 과민 반응
② ㉡: 계절 독감
③ ㉢: 치명적 바이러스
④ ㉣: 극심한 폐렴 증세

지문을 한눈에

고병원성 조류 인플루엔자 바이러스	**1** 화제 제시	**2** 상술
	고병원성 조류 인플루엔자 바이러스가 인체에 사이토카인 폭풍을 일으킴.	고병원성 조류 인플루엔자 바이러스가 사이토카인 폭풍을 일으키는 과정과 그 결과

실전 기출 추리·추론·비판하기 2

10
다음 밑줄 친 부분의 의미를 풀어 쓴 것으로 적절한 것은? 2020 지방직 9급

지문 제재 | 과학

1 ¹2004년 1월 태국에서는 한 소년이 극심한 폐렴 증세(症勢, 병을 앓을 때 나타나는 여러 가지 상태나 모양)로 사망했다. ²소년의 폐는 완전히 망가져 흐물흐물해져 있었다. ³분석 결과, 이전까지 인간이 감염된 적이 없는 인플루엔자 바이러스가 원인으로 밝혀졌다. ⁴소년은 공식적으로 고병원성 조류 인플루엔자 바이러스, H5N1의 첫 사망자가 되었다. ⁵계절 독감으로 익숙한 인플루엔자 바이러스가 이렇게 치명적(致命的, 생명을 위협하는 것)일 수 있었던 것은 인간의 면역 반응 때문이다. ⁶인류 역사상 단 한 번도 만나본 적이 없는 새로운 바이러스가 침입하자 면역계가 과민(過敏, 감각이나 감정이 지나치게 예민함) 반응을 일으켜 도리어 인체에 해를 끼친 것이다. ⁷이런 현상을 '사이토카인 폭풍'이라 부른다. ⁸사이토카인 폭풍은 면역 능력이 강한 젊은 층일수록 더 세게 일어난다.](사이토카인 폭풍의 특징)
▶ 사이토카인 폭풍을 초래하는 고병원성 조류 인플루엔자 바이러스

2 ¹만약 집(신체)에 ㉠좀도둑(고병원성 조류 인플루엔자 바이러스, H5N1)이 들었다면 작은 손해(독감으로 인한 증상)를 각오하고 인기척(최소한의 치료)을 내 도둑 스스로 도망가게 하는 것이 상책(上策, 가장 좋은 대책이나 방책)이다. ²그런데 만약 ㉡몽둥이(과민한 면역 반응)를 들고 도둑과 싸우려 든다면 도둑은 ㉢강도(면역 반응과 죽기 살기로 싸우는 H5N1)로 돌변한다. ³[인체가 H5N1에 감염되면 똑같은 일이 벌어진다.](유추의 설명 방법) ⁴처음으로 새(조류 인플루엔자 바이러스의 본래 숙주)가 아닌 다른 숙주(인간) 몸속에 들어온 바이러스는 과민 반응한 면역계와 죽기 살기로 싸운다. ⁵그 결과 50%가 넘는 승률로 [바이러스가 승리한다.](H5N1에 감염된 인간의 죽음) ⁶그러나 ㉣승리의 대가(H5N1의 죽음)는 비싸다. ⁷숙주가 죽어 버렸기 때문에 바이러스 역시 함께 죽어야만 한다. ⁸이것이 바로 악명을 떨치면서도 조류 독감의 사망 환자 수가 전 세계에서 400명을 넘기지 않는 이유다. ⁹이 질병이 아직 사람 사이에서 감염되는 사례가 나타나지 않은 이유도 바이러스가 인체라는 새로운 숙주에 적응하지 못했기 때문으로 추정(推定, 미루어 생각하여 판정함)할 수 있다.
▶ 고병원성 조류 인플루엔자 바이러스가 사람에게 확산되지 않은 이유

① ㉠: 면역계의 과민 반응(고병원성 조류 인플루엔자 바이러스(H5N1))
② ㉡: 계절 독감(면역계의 과민 반응)
③ ㉢: 치명적 바이러스(사이토카인 폭풍을 초래하도록 면역 반응과 치열하게 싸우는 H5N1)
④ ㉣: 극심한 폐렴 증세(바이러스(H5N1)의 죽음)

단계별 풀이 비법

풀이 비법 1 발문으로 유형을 확인하라!
'밑줄 친 부분의 의미'가 무엇인지 묻는 문제이므로 세부 정보의 인과 관계나 상관관계를 바탕으로 문맥적 의미를 추론하는 유형임을 알 수 있다. 구체적으로는 비유적 표현의 의미를 찾아내는 것이다.

풀이 비법 2 무엇(화제)에 대해 말하고 있는지 파악하라!
중심 화제 고병원성 조류 인플루엔자 바이러스 'H5N1'
중심 내용 고병원성 조류 인플루엔자 바이러스가 면역력이 강한 사람에게 침투할 경우 사이토카인 폭풍을 초래하여 숙주인 사람과 바이러스 자신이 모두 죽는 결과를 초래한다.

풀이 비법 3 지문에서 선택지 내용과 관련된 정보를 찾아 정리하라!
글 전체의 내용을 바탕으로 ㉠~㉣의 원관념을 파악한다.

선지	관련 정보
㉠	좀도둑: 신체에 침투한 고병원성 조류 인플루엔자 바이러스(H5N1)
㉡	몽둥이: H5N1에 대한 신체의 과민한 면역 반응
㉢	강도: 신체의 면역 반응과 죽기 살기로 싸우는 H5N1
㉣	승리의 대가: 숙주인 사람의 죽음으로 인한 H5N1의 죽음

풀이 비법 4 선택지의 적절성을 판단하라!
① '좀도둑'은 인체에 침투한 고병원성 조류 인플루엔자 바이러스를 의미한다.
② '몽둥이'는 낯선 고병원성 조류 인플루엔자 바이러스에 과민하게 반응하는 인체의 면역 체계를 의미한다.
③ '좀도둑'이 '강도'로 변했다는 것은, 우리 몸의 면역 체계가 낯선 바이러스에 과민 반응을 보이자 이 바이러스가 '사이토카인 폭풍'을 초래할 만큼 면역 반응과 죽기 살기로 싸우는 바이러스로 변했다는 의미이다. 따라서 '강도'는 조류 인플루엔자 바이러스가 인체에 치명적인 바이러스로 변한 것을 뜻한다고 할 수 있다.
④ '승리의 대가'는 숙주인 사람이 죽어 버리면서 고병원성 조류 인플루엔자 바이러스 또한 생존할 수 없게 되어 버린 상황을 의미한다. 정답 ③

실전 기출 — 추리·추론·비판하기2

학습일: 월   일   풀이 시간: 1분 이내

연습 1 병태 요정과 함께 풀기

다음 글을 바탕으로 ㉠을 이해할 때 가장 적절한 것은?

2020 국가직 9급

나는 ㉠'연극에서의 관객의 공감'에 대해 강연한 일이 있다. 나는 관객이 공감하는 것을 직접 보여 주려고 시도했다. 먼저 나는 자원자가 있으면 나와서 배우처럼 읽어 주기를 청했다. 그리고 청중에게는 연극의 관객이 되어 들어 달라고 했다. 한 사람이 앞으로 나왔다. 나는 그에게 아우슈비츠를 소재로 한 드라마의 한 장면이 적힌 종이를 건네주었다. 자원자가 종이를 받아들고 그것을 훑어볼 때 청중들은 어수선했다. 그런데 자원자의 입에서 떨어진 첫 대사는 끔찍한 내용이었다. 아우슈비츠에 관한 적나라한 증언은 너무나 충격적이어서 청중들은 완전히 압도되었다. 자원자는 청중들의 얼어붙은 듯한 침묵 속에서 낭독을 계속했다. 자원자의 낭독은 세련되지도 능숙하지도 않았다. 그러나 관객들의 열렬한 공감을 이끌어 냈다. 과거 역사가 현재의 관객들에게 생생하게 공감되었다.

이것이 끝나고 이번에는 강연장에 함께 갔던 전문 배우에게 셰익스피어의 희곡 〈헨리 5세〉에서 발췌한 대사를 낭독해 달라고 부탁했다. 그 대본은 400년 전 아젱쿠르 전투(백년 전쟁 당시 벌어졌던 영국과 프랑스의 치열한 전투)에서 처참하게 사망한 자들의 명단과 그 숫자를 나열한 것이었다. 그는 셰익스피어의 위대한 희곡임을 알아보자 품위 있고 고풍스럽게 큰 목소리로 낭독했다. 그는 유려한 어조로 전쟁에서 희생된 이들의 이름을 읽어 내려갔다. 그러나 청중들은 듣는 둥 마는 둥 했다. 갈수록 청중들은 낭독자 따위는 안중에도 없다는 듯이 행동했다. 그들에게 아젱쿠르 전투는 공감할 수 없는 것으로 분리된 것 같아 보였다. 앞서의 경우와는 전혀 다른 반응이었다.

① 배우의 연기력이 관객의 공감을 좌우한다.
② 비참한 죽음을 다룬 비극적인 소재는 관객의 공감을 일으킨다.
③ 훌륭한 고전이라고 해서 항상 청중의 공감을 불러일으킬 수 있는 것은 아니다.
④ 현재와 가까운 역사적 사실을 극화했다고 해서 관객의 공감 가능성이 커지지는 않는다.

연습 2 혼자서 눈으로 계속 연습하기

다음 글을 바탕으로 ㉠을 이해할 때 가장 적절한 것은?

2020 국가직 9급

나는 ㉠'연극에서의 관객의 공감'에 대해 강연한 일이 있다. 나는 관객이 공감하는 것을 직접 보여 주려고 시도했다. 먼저 나는 자원자가 있으면 나와서 배우처럼 읽어 주기를 청했다. 그리고 청중에게는 연극의 관객이 되어 들어 달라고 했다. 한 사람이 앞으로 나왔다. 나는 그에게 아우슈비츠를 소재로 한 드라마의 한 장면이 적힌 종이를 건네주었다. 자원자가 종이를 받아들고 그것을 훑어볼 때 청중들은 어수선했다. 그런데 자원자의 입에서 떨어진 첫 대사는 끔찍한 내용이었다. 아우슈비츠에 관한 적나라한 증언은 너무나 충격적이어서 청중들은 완전히 압도되었다. 자원자는 청중들의 얼어붙은 듯한 침묵 속에서 낭독을 계속했다. 자원자의 낭독은 세련되지도 능숙하지도 않았다. 그러나 관객들의 열렬한 공감을 이끌어 냈다. 과거 역사가 현재의 관객들에게 생생하게 공감되었다.

이것이 끝나고 이번에는 강연장에 함께 갔던 전문 배우에게 셰익스피어의 희곡 〈헨리 5세〉에서 발췌한 대사를 낭독해 달라고 부탁했다. 그 대본은 400년 전 아젱쿠르 전투(백년 전쟁 당시 벌어졌던 영국과 프랑스의 치열한 전투)에서 처참하게 사망한 자들의 명단과 그 숫자를 나열한 것이었다. 그는 셰익스피어의 위대한 희곡임을 알아보자 품위 있고 고풍스럽게 큰 목소리로 낭독했다. 그는 유려한 어조로 전쟁에서 희생된 이들의 이름을 읽어 내려갔다. 그러나 청중들은 듣는 둥 마는 둥 했다. 갈수록 청중들은 낭독자 따위는 안중에도 없다는 듯이 행동했다. 그들에게 아젱쿠르 전투는 공감할 수 없는 것으로 분리된 것 같아 보였다. 앞서의 경우와는 전혀 다른 반응이었다.

① 배우의 연기력이 관객의 공감을 좌우한다.
② 비참한 죽음을 다룬 비극적인 소재는 관객의 공감을 일으킨다.
③ 훌륭한 고전이라고 해서 항상 청중의 공감을 불러일으킬 수 있는 것은 아니다.
④ 현재와 가까운 역사적 사실을 극화했다고 해서 관객의 공감 가능성이 커지지는 않는다.

지문을 한눈에

희곡에서의 관객 공감	① 사례	② 사례
	일반인이 아우슈비츠의 비극을 소재로 한 드라마를 낭독하자 관객들이 공감함.	전문 배우가 400년 전 전투를 소재로 한 셰익스피어의 희곡을 낭독했으나 관객들이 공감하지 않음.

실전 기출 — 추리·추론·비판하기 2

11

다음 글을 바탕으로 ㉠을 이해할 때 가장 적절한 것은?

지문 제재 | 예술
2020 국가직 9급

> **1** ¹나는 ㉠'연극에서의 관객의 공감'에 대해 강연한 일이 있다. ²나는 관객이 공감(共感, 남의 감정, 의견, 주장 따위에 대하여 자기도 그렇다고 느낌. 또는 그렇게 느끼는 기분)하는 것을 직접 보여 주려고 시도(試圖, 어떤 것을 이루어 보려고 계획하거나 행동함)했다. ³먼저 나는 자원자가 있으면 나와서 배우처럼 읽어 주기를 청했다. ⁴그리고 청중에게는 연극의 관객이 되어 들어 달라고 했다. ⁵한 사람이 앞으로 나왔다. ⁶나는 그(자원자)에게 아우슈비츠를 소재로 한 드라마의 한 장면이 적힌 종이를 건네주었다. ⁷자원자가 종이를 받아들고 그것을 훑어볼 때 청중들은 어수선했다. ⁸그런데, 자원자의 입에서 떨어진 첫 대사(臺詞/臺辭, 영상 연극이나 영화 따위에서 배우가 하는 말)는 끔찍한 내용이었다. ⁹아우슈비츠에 관한 적나라(赤裸裸, 있는 그대로 다 드러내어 숨김이 없음)한 증언은 너무나 충격적이어서 청중들은 완전히 압도(壓倒, 보다 뛰어난 힘이나 재주로 남을 눌러 꼼짝 못하게 함)되었다. ¹⁰자원자는 청중들의 얼어붙은 듯한 침묵 속에서 낭독(朗讀, 글을 소리 내어 읽음)을 계속했다. ¹¹자원자의 낭독은 세련되지도 능숙하지도 않았다. ¹²그러나 관객들의 열렬한 공감을 이끌어 냈다. ¹³과거 역사가 현재의 관객들에게 생생하게 공감되었다.(현재와 가까운 시기의 역사적 사실이 관객들의 공감을 초래함)
> ▶ 관객들의 공감을 얻은, 아우슈비츠를 소재로 한 드라마
>
> **2** ¹이것이 끝나고 이번에는 강연장에 함께 갔던 전문 배우에게 셰익스피어의 희곡 〈헨리 5세〉에서 발췌(拔萃, 책, 글 따위에서 필요하거나 중요한 부분을 가려 뽑아냄. 또는 그런 내용)한 대사를 낭독해 달라고 부탁했다. ²그(전문 배우에게 낭독해 달라고 부탁한) 대본은 400년 전 아쟁쿠르 전투(백년 전쟁 당시 벌어졌던 영국과 프랑스의 치열한 전투)에서 처참(悽慘, 몸서리칠 정도로 슬프고 끔찍함)하게 사망한 자들의 명단과 그 숫자를 나열한 것이었다. ³그(전문 배우)는 셰익스피어의 위대(偉大, 도량이나 능력, 업적 따위가 뛰어나고 훌륭함)한 희곡임을 알아보자 품위 있고 고풍스럽게 큰 목소리로 낭독했다. ⁴그는 유려(流麗, 글이나 말, 곡선 따위가 거침없이 미끈하고 아름다움)한 어조로 전쟁에서 희생된 이들의 이름을 읽어 내려갔다. ⁵그러나 청중들은 듣는 둥 마는 둥 했다. ⁶갈수록 청중은 낭독자(전문 배우) 따위는 안중에도 없다는 듯이 행동했다. ⁷[그들(청중)에게 아쟁쿠르 전투는 공감할 수 없는 것으로 분리된 것 같아 보였다.](현재와 시기가 너무 떨어진 역사적 사실은 관객들의 공감을 유발하기 어려움) ⁸앞서의 경우와는 전혀 다른 반응이었다.
> ▶ 관객들의 공감을 얻지 못한, 아쟁쿠르 전투를 소재로 한 드라마

① 배우의 연기력이 관객의 공감을 좌우한다. (근거 **2**-1, 4, 5)
② 비참한 죽음을 다룬 비극적인 소재는 관객의 공감을 일으킨다. (근거 **2**-2, 7)
❸ 훌륭한 고전이라고 해서 항상 청중의 공감을 불러일으킬 수 있는 것은 아니다. (근거 **2**-3, 5)
④ 현재와 가까운 역사적 사실을 극화했다고 해서 관객의 공감 가능성이 커지지는 않는다. (근거 **1**-6, 12, **2**-2, 7)

단계별 풀이 비법

풀이 비법 1 발문과 선택지로 유형을 확인하라!

중심 화제에 대한 이해의 적절성을 묻는 것만 볼 때는 세부 정보를 파악하는 내용 일치불일치 유형으로 볼 수 있다. 그러나 선택지를 고려할 때, 지문을 바탕으로 지문에서 직접 언급되지 않은 세부 정보를 추론하는 유형임을 확인할 수 있다.

풀이 비법 2 무엇(화제)에 대해 말하고 있는지 파악하라!

중심 화제 연극에서의 관객의 공감
중심 내용 비전문가가 낭독한 최근의 비극에 대한 이야기에는 관객들이 공감하였으나, 전문가가 낭독한 오래전 비극에 대한 이야기에는 관객들이 공감하지 않았다.

풀이 비법 3 지문에서 선택지 내용과 관련된 정보를 찾아 정리하라!

선지	관련 정보
①	**2**-1, 4, 5: '전문 배우에게 … 대사를 낭독해 달라고 부탁', '청중들은 듣는 둥 마는 둥 했다.'
②	**2**-2, 7: '400년 전 아쟁쿠르 전투에서 처참하게 사망한 자들의 명단과 그 숫자를 나열한 것', '그들에게 아쟁쿠르 전투는 공감할 수 없는 것으로 분리된 것 같아 보였다.'
③	**2**-3, 5: '셰익스피어의 위대한 희곡', '청중들은 듣는 둥 마는 둥 했다.'
④	**1**-6, 12, **2**-2, 7: '아우슈비츠를 소재로 한 드라마의 한 장면', '관객들의 열렬한 공감을 이끌어 냈다.'

풀이 비법 4 선택지의 적절성을 판단하라!

① 전문 배우가 유려한 어조로 셰익스피어의 희곡을 낭독했음에도 불구하고 청중의 공감을 이끌어 내지 못했다는 2단락의 내용을 고려할 때, 배우의 연기력이 관객의 공감을 좌우한다는 이해는 적절하지 않다.
② 전문 배우가 낭독한 내용은 400년 전 전투에서 처참하게 사망한 자들의 명단과 그 숫자를 나열한 것이다. 이는 비참한 죽음을 다룬 소재로 볼 수 있다. 그럼에도 불구하고 청중의 공감을 불러오지는 못하였다. 이를 볼 때, 비참한 죽음을 다룬 비극적인 소재는 관객의 공감을 일으킨다는 이해는 적절하지 않다.
③ 전문 배우가 '셰익스피어의 위대한 희곡'을 낭독했음에도 청중들은 별다른 관심을 불러일으키지 못했다. 이와 달리 전문 배우가 아닌 자원자가 아우슈비츠의 비극을 소재로 한 드라마의 한 장면을 낭독하자 청중들의 열렬한 공감을 이끌어 냈다. 이 두 사례를 통해 훌륭한 고전이라고 해서 항상 청중의 공감을 불러일으킬 수 있는 것은 아니라는 내용을 이끌어 낼 수 있다.
④ 상대적으로 최근의 일인 아우슈비츠를 소재로 한 내용은 청중의 공감을 불러온 반면, 400년 전의 전투를 다룬 내용은 청중의 공감을 불러오지 못하였다. 따라서 현재와 가까운 역사적 사실을 극화할 경우에 청중의 공감 가능성이 커진다고 할 수 있다.

정답 ③

실전 기출 — 추리·추론·비판하기 2

학습일: 월   일   풀이 시간: 1분 이내

연습 1 병태 요정과 함께 풀기

다음 글에 나타난 필자의 견해로 볼 수 없는 것은?
2017 국가직 9급 추가

> 서양에서 주인공을 '히어로(hero)', 즉 '영웅'이라고 부른 것은 고대 서사시나 희곡의 소재가 되던 주인공들이 초인간적인 능력을 가진 인물들이었기 때문이다. 신화적 세계관 속에서 영웅들은 신과 밀접한 관계를 맺거나 신의 후손이기도 하였다.
>
> 신화와 달리 문학 작품은 인물의 행위를 단일한 것으로 통일시킨다. 영웅들의 초인간적이고 신적인 행위는 차차 문학 작품의 구조에 제한되어 훨씬 인간화되었다. 문학 작품의 통일된 구조에 적합하지 않은 것은 대폭 수정되거나 제거되는 수밖에 없었다.
>
> 아리스토텔레스는 비극이 '보통보다 우수한 인물'을 모방한다고 하였는데, 이는 문학의 인물이 신화의 영웅이 아닌 보통의 인간임을 지적한 것이다. 극의 주인공은 작품의 통일성을 기하는 데 기여하는 중심적인 인물이면 된다고 한 것으로 볼 수 있다.
>
> 낭만주의 및 역사주의 비평가들은 작중 인물을 실제 인물인 양 따로 떼어 내어, 그의 개인적인 역사를 재구성해 보려고도 하였다. 그들은 영웅이라는 표현 대신 '성격(인물, character)'이라는 개념을 즐겨 썼는데, 이 용어는 지금도 비평계에서 애용되고 있다.

① 영웅이라는 말은 고대의 예술적 조건과 자연스럽게 관련된다.
② 신화의 영웅은 문학 작품에 와서 점차 인간화되었다.
③ 아리스토텔레스가 말한 '보통보다 우수한 인물'은 신화적 영웅과 다르다.
④ 역사주의 비평가들은 작중 인물을 역사적 영웅으로 재평가하려고 했다.

연습 2 혼자서 눈으로 계속 연습하기

다음 글에 나타난 필자의 견해로 볼 수 없는 것은?
2017 국가직 9급 추가

> 서양에서 주인공을 '히어로(hero)', 즉 '영웅'이라고 부른 것은 고대 서사시나 희곡의 소재가 되던 주인공들이 초인간적인 능력을 가진 인물들이었기 때문이다. 신화적 세계관 속에서 영웅들은 신과 밀접한 관계를 맺거나 신의 후손이기도 하였다.
>
> 신화와 달리 문학 작품은 인물의 행위를 단일한 것으로 통일시킨다. 영웅들의 초인간적이고 신적인 행위는 차차 문학 작품의 구조에 제한되어 훨씬 인간화되었다. 문학 작품의 통일된 구조에 적합하지 않은 것은 대폭 수정되거나 제거되는 수밖에 없었다.
>
> 아리스토텔레스는 비극이 '보통보다 우수한 인물'을 모방한다고 하였는데, 이는 문학의 인물이 신화의 영웅이 아닌 보통의 인간임을 지적한 것이다. 극의 주인공은 작품의 통일성을 기하는 데 기여하는 중심적인 인물이면 된다고 한 것으로 볼 수 있다.
>
> 낭만주의 및 역사주의 비평가들은 작중 인물을 실제 인물인 양 따로 떼어 내어, 그의 개인적인 역사를 재구성해 보려고도 하였다. 그들은 영웅이라는 표현 대신 '성격(인물, character)'이라는 개념을 즐겨 썼는데, 이 용어는 지금도 비평계에서 애용되고 있다.

① 영웅이라는 말은 고대의 예술적 조건과 자연스럽게 관련된다.
② 신화의 영웅은 문학 작품에 와서 점차 인간화되었다.
③ 아리스토텔레스가 말한 '보통보다 우수한 인물'은 신화적 영웅과 다르다.
④ 역사주의 비평가들은 작중 인물을 역사적 영웅으로 재평가하려고 했다.

지문을 한눈에

1 도입	2 전개 1	3 전개 2	4 전개 3
고대 서사시나 희곡의 주인공은 초인간적인 능력을 지닌 영웅이었음.	신화적 영웅들은 문학 작품 속에서 인간화됨.	아리스토텔레스가 말하는 문학 속 영웅은 작품의 통일성에 기여하는 보통의 인간임.	낭만주의 및 역사주의 비평가들은 '영웅'이라는 표현 대신에 '성격'이라는 말을 애용하였음.

실전 기출 추리·추론·비판하기 2

12
다음 글에 나타난 필자의 견해로 볼 수 없는 것은?

지문 제재 | 예술
2017 국가직 9급 추가

1 ¹서양에서 주인공을 '히어로(hero)', 즉 '영웅'이라고 부른 것은 고대 서사시나 희곡의 소재가 되던 주인공들이 초인간적(超人間的, 인간 세계를 초월하여 그 위에 있는 것)인 능력을 가진 인물들이었기 때문이다. ²신화적 세계관 속에서 영웅들은 신과 밀접(密接, 아주 가깝게 맞닿아 있음. 또는 그런 관계에 있음)한 관계를 맺거나 신의 후손이기도 하였다.
▶ 고대 서사시의 주인공은 초인간적인 능력을 가진 영웅임

2 ¹신화와 달리 문학 작품은 인물의 행위를 단일한 것으로 통일시킨다. ²영웅들의 초인간적이고 신적인 행위는 차차 문학 작품의 구조에 제한되어 훨씬 인간화되었다. ³문학 작품의 통일된 구조에 적합(適合, 일이나 조건 따위에 꼭 알맞음)하지 않은 것은 대폭 수정되거나 제거되는 수밖에 없었다.
▶ 신화적 영웅들은 문학 작품 속에서 인간화됨

3 ¹아리스토텔레스는 비극이 '보통보다 우수한 인물'을 모방(模倣)한다고 하였는데, 이는 문학의 인물이 신화의 영웅이 아닌 보통의 인간임을 지적한 것이다. ²극의 주인공은 작품의 통일성을 기하는 데 기여하는 중심적인 인물이면 된다고 한 것으로 볼 수 있다.
▶ 아리스토텔레스가 말한 문학의 영웅은 보통의 인간을 의미함

4 ¹낭만주의 및 역사주의 비평가들은 작중 인물을 실제 인물인 양 따로 떼어 내어, 그의 개인적인 역사를 재구성(再構成, 한 번 구성하였던 것을 다시 새롭게 구성함)해 보려고도 하였다. ²그들은 영웅이라는 표현 대신 '성격(인물, character)'(시간의 흐름에 따른 주인공의 의미 변화)이라는 개념을 즐겨 썼는데, 이 용어는 지금도 비평계(批評界, 비평을 전문으로 하는 사람들의 활동 분야)에서 애용되고 있다.
▶ 낭만주의와 역사주의 비평가들은 '인물'을 '성격'이라고 부름

① 영웅이라는 말은 고대의 예술적 조건과 자연스럽게 관련된다. (근거 **1**-1)
② 신화의 영웅은 문학 작품에 와서 점차 인간화되었다. (근거 **2**-2, 3)
③ 아리스토텔레스가 말한 '보통보다 우수한 인물'은 신화적 영웅과 다르다. (근거 **3**-1)
❹ 역사주의 비평가들은 작중 인물을 역사적 영웅으로 재평가(×)하려고 했다. (근거 **4**-1)

단계별 풀이 비법

풀이 비법 1 발문으로 유형을 먼저 확인하라!
글쓴이의 견해를 파악하는 문제이므로 핵심어를 찾고 글의 중심 화제를 찾아야 한다. 그리고 중심 화제를 바탕으로 글쓴이의 견해가 아닌 것을 찾아야 한다.

풀이 비법 2 글의 핵심어를 찾고 중심 내용을 파악하라!
중심 화제 영웅(히어로)의 인간화
중심 내용

1	고대 서사시의 주인공은 초인간적인 능력을 가진 영웅이다.
2	신화적 영웅들은 문학 작품 속에서 인간화되었다.
3	아리스토텔레스가 말한 문학의 영웅은 보통의 인간을 의미한다.
4	낭만주의 및 역사주의 비평가들은 '영웅'이라는 표현 대신에 내면적 특성을 나타내는 '성격'이라는 말을 썼다.

풀이 비법 3 중심 내용을 바탕으로 글쓴이의 견해를 파악하라!
신화 속의 주인공인 '영웅'은 문학 작품 속에서 차차 인간화되었다. 아리스토텔레스가 말한 문학의 영웅은 보통의 인간을 의미하고, 낭만주의 및 역사주의 비평가들은 성격(인물, character)이라는 거념을 즐겨 썼다.

풀이 비법 4 부합하는 선택지를 찾아라!
① **1**-1에서 고대 서사시나 희곡의 소재가 되던 주인공들이 초인간적인 능력을 가진 영웅이라는 내용에서 확인할 수 있다.
② **2**-2, 3에서 영웅은 문학 작품의 통일된 구조에 적합하게 인간화되었음을 확인할 수 있다.
③ **3**-1에서 '신화의 영웅이 아닌 보통의 인간'이라는 글을 통해 확인할 수 있다.
④ **4**단락에 의하면, 역사주의 비평가들은 '영웅'이라는 표현 대신 '성격'이라는 개념을 즐겨 쓰며, 작중 인물을 실제 인물인 양 따로 떼어 내어 그의 개인적인 역사를 재구성해 보려고도 하였으므로 ④의 진술은 적절하지 않다.

정답 ④

시간 절약 깨알 TIP
화제의 변화·발달 과정이 시대의 흐름에 따라 서술되는 글을 통시적 관점의 방식이라고 합니다. 통시적 전개 방식이 활용되면 그 변화 과정과 구분되는 시기 간의 차이점을 중심으로 읽으면 빠르게 답을 찾을 수 있습니다.

실전 기출 — 추리·추론·비판하기2

학습일: 월   일   풀이 시간: 1분 이내

연습 1 병태 요정과 함께 풀기

필자의 견해로 볼 수 없는 것은? 2017 국가직 9급

우리는 우리가 생각한 것을 말로 나타낸다. 또 다른 사람의 말을 듣고, 그 사람이 무슨 생각을 가지고 있는가를 짐작한다. 그러므로 생각과 말은 서로 떨어질 수 없는 깊은 관계를 가지고 있다.

그러면 말과 생각이 얼마만큼 깊은 관계를 가지고 있을까? 이 문제를 놓고 사람들은 오랫동안 여러 가지 생각을 하였다. 그 가운데 가장 두드러진 것이 두 가지 있다. 그 하나는 말과 생각이 서로 꼭 달라붙은 쌍둥이인데 한 놈은 생각이 되어 속에 감추어져 있고 다른 한 놈은 말이 되어 사람 귀에 들리는 것이라는 생각이다. 다른 하나는 생각이 큰 그릇이고 말은 생각 속에 들어가는 작은 그릇이어서 생각에는 말 이외에도 다른 것이 더 있다는 생각이다.

이 두 가지 생각 가운데서 앞의 것은 조금만 깊이 생각해 보면 틀렸다는 것을 즉시 깨달을 수 있다. 우리가 생각한 것은 거의 대부분 말로 나타낼 수 있지만, 누구든지 가슴 속에 응어리진 어떤 생각이 분명히 있기는 한데 그것을 어떻게 말로 표현해야 할지 애태운 경험을 가지고 있을 것이다. 이것 한 가지만 보더라도 말과 생각이 서로 안팎을 이루는 쌍둥이가 아님은 쉽게 판명된다.

인간의 생각이라는 것은 매우 넓고 큰 것이며 말이란 결국 생각의 일부분을 주워 담는 작은 그릇에 지나지 않는다. 그러나 아무리 인간의 생각이 말보다 범위가 넓고 큰 것이라고 하여도 그것을 가능한 한 말로 바꾸어 놓지 않으면 그 생각의 위대함이나 오묘함이 다른 사람에게 전달되지 않기 때문에 생각이 형님이요, 말이 동생이라고 할지라도 생각은 동생의 신세를 지지 않을 수가 없게 되어 있다. 그러니 말을 통하지 않고는 생각을 전달할 수가 없는 것이다.

① 말은 생각보다 범위가 좁다.
② 말은 생각을 나타내는 매개체이다.
③ 말과 생각은 불가분의 관계에 놓여 있다.
④ 말을 통하지 않고도 얼마든지 생각을 전달할 수 있다.

연습 2 혼자서 눈으로 계속 연습하기

필자의 견해로 볼 수 없는 것은? 2017 국가직 9급

우리는 우리가 생각한 것을 말로 나타낸다. 또 다른 사람의 말을 듣고, 그 사람이 무슨 생각을 가지고 있는가를 짐작한다. 그러므로 생각과 말은 서로 떨어질 수 없는 깊은 관계를 가지고 있다.

그러면 말과 생각이 얼마만큼 깊은 관계를 가지고 있을까? 이 문제를 놓고 사람들은 오랫동안 여러 가지 생각을 하였다. 그 가운데 가장 두드러진 것이 두 가지 있다. 그 하나는 말과 생각이 서로 꼭 달라붙은 쌍둥이인데 한 놈은 생각이 되어 속에 감추어져 있고 다른 한 놈은 말이 되어 사람 귀에 들리는 것이라는 생각이다. 다른 하나는 생각이 큰 그릇이고 말은 생각 속에 들어가는 작은 그릇이어서 생각에는 말 이외에도 다른 것이 더 있다는 생각이다.

이 두 가지 생각 가운데서 앞의 것은 조금만 깊이 생각해 보면 틀렸다는 것을 즉시 깨달을 수 있다. 우리가 생각한 것은 거의 대부분 말로 나타낼 수 있지만, 누구든지 가슴 속에 응어리진 어떤 생각이 분명히 있기는 한데 그것을 어떻게 말로 표현해야 할지 애태운 경험을 가지고 있을 것이다. 이것 한 가지만 보더라도 말과 생각이 서로 안팎을 이루는 쌍둥이가 아님은 쉽게 판명된다.

인간의 생각이라는 것은 매우 넓고 큰 것이며 말이란 결국 생각의 일부분을 주워 담는 작은 그릇에 지나지 않는다. 그러나 아무리 인간의 생각이 말보다 범위가 넓고 큰 것이라고 하여도 그것을 가능한 한 말로 바꾸어 놓지 않으면 그 생각의 위대함이나 오묘함이 다른 사람에게 전달되지 않기 때문에 생각이 형님이요, 말이 동생이라고 할지라도 생각은 동생의 신세를 지지 않을 수가 없게 되어 있다. 그러니 말을 통하지 않고는 생각을 전달할 수가 없는 것이다.

① 말은 생각보다 범위가 좁다.
② 말은 생각을 나타내는 매개체이다.
③ 말과 생각은 불가분의 관계에 놓여 있다.
④ 말을 통하지 않고도 얼마든지 생각을 전달할 수 있다.

지문을 한눈에

1 전제	2 화제 제시	3 관점 1	4 관점 2
말과 생각은 불가분의 관계임.	말과 생각의 관계에 대한 두 가지 견해 제시	말과 생각의 범위가 같다는 견해는 틀림.	말은 생각의 일부이지만 말은 생각을 나타내는 매개체임.

실전 기출 추리·추론·비판하기 2

13
필자의 견해로 볼 수 없는 것은?

지문 제재 | 인문
2017 국가직 9급

① ¹우리는 우리가 생각한 것을 말로 나타낸다. ²또 다른 사람의 말을 듣고, 그 사람이 무슨 생각을 가지고 있는가를 짐작한다. ³그러므로 생각과 말은 [서로 떨어질 수 없는 깊은 관계](불가분의 관계)를 가지고 있다.
▶ 생각과 말은 불가분의 관계임

② ¹[그러면 말과 생각이 얼마만큼 깊은 관계를 가지고 있을까?](독자의 관심을 환기하기 위해 질문 제기) ²[이 문제를 놓고 사람들은 오랫동안 여러 가지 생각을 하였다. ³그 가운데 가장 두드러진 것이 두 가지 있다. ⁴그 하나는 말과 생각이 서로 꼭 달라붙은 쌍둥이인데 한 놈은 생각이 되어 속에 감추어져 있고 다른 한 놈은 말이 되어 사람 귀에 들리는 것이라는 생각이다. ⁵다른 하나는 생각이 큰 그릇이고 말은 생각 속에 들어가는 작은 그릇이어서 생각에는 말 이외에도 다른 것이 더 있다는 생각이다.](독자의 관심을 환기하기 위해 묻고 답하는 방식으로 자신의 생각을 제시하고 있음)
▶ 생각과 말의 관계에 대한 두 가지 견해 제시

③ ¹이 두 가지 생각 가운데서 앞의 것은 조금만 깊이 생각해 보면 틀렸다는 것을 즉시 깨달을 수 있다. ²우리가 생각한 것은 거의 대부분 말로 나타낼 수 있지만, 누구든지 가슴 속에 응어리진 어떤 생각이 분명히 있기는 한데 그것을 어떻게 말로 표현해야 할지 애태운 경험을 가지고 있을 것이다. ³이것 한 가지만 보더라도 말과 생각이 서로 안팎을 이루는 쌍둥이가 아님은 쉽게 판명된다.
▶ 생각과 말의 범위가 같다는 견해는 틀림

④ ¹[인간의 생각이라는 것은 매우 넓고 큰 것이며 말이란 결국 생각의 일부분을 주워 담는 작은 그릇에 지나지 않는다.](말은 생각보다 범위가 좁음) ²그러나 아무리 인간의 생각이 말보다 범위가 넓고 큰 것이라고 하여도 그것을 가능한 한 말로 바꾸어 놓지 않으면 그 생각의 위대함이나 오묘함이 다른 사람에게 전달되지 않기 때문에 생각이 형님이요, 말이 동생이라고 할지라도 생각은 동생의 신세를 지지 않을 수가 없게 되어 있다. ³그러니 [말을 통하지 않고는 생각을 전달할 수가 없는 것](말은 생각을 전달하는 매개체)이다.
▶ 말은 생각보다 범위가 좁지만 말은 생각을 나타내는 매개체

① 말은 생각보다 범위가 좁다. (근거 ④-1)
② 말은 생각을 나타내는 매개체이다. (근거 ④-3)
③ 말과 생각은 불가분의 관계에 놓여 있다. (근거 ①-3)
❹ 말을 통하지 않고도 얼마든지 생각을 전달할 수 있다. (근거 ④-4)

단계별 풀이 비법

풀이 비법 1 발문으로 유형을 먼저 확인하라!
필자의 견해가 아닌 것을 찾는 문제이므로, 글의 중심 화제를 찾는 유형으로 볼 수 있다. 단락별 중심 화제를 중심으로 글 전체의 내용을 정리한 다음, 글쓴이의 입장에 부합하는 내용을 찾는다.

풀이 비법 2 글의 핵심어를 찾고 중심 내용을 파악하라!
중심 화제 말과 생각의 관계
중심 내용

①	말과 생각은 불가분의 관계임.
②	말과 생각의 관계에 대한 두 가지 견해 제시
③	말과 생각의 범위가 같다는 견해는 틀림.
④	말은 생각의 일부이지만 말은 생각을 나타내는 매개체임.

풀이 비법 3 단락별 중심 내용을 종합하여 주제를 파악하라!
말과 생각은 불가분의 관계이다. 말은 생각을 나타내는 매개체이므로 말을 통하지 않고는 생각을 전달할 수가 없다.

풀이 비법 4 부합하는 선택지를 찾아라!
① ④-1에서 '인간의 생각이라는 것은 매우 넓고 큰 것이며 말이란 결국 생각의 일부분을 주워 담는 작은 그릇에 지나지 않'다고 하였으므로 필자의 견해로 볼 수 있다.
② ④-3 '말을 통하지 않고는 생각을 전달할 수가 없다'는 내용을 통해 '말은 생각을 나타내는 매개체'라는 명제는 필자의 견해로 볼 수 있다.
③ ①-3의 문장을 통해 확인할 수 있다.
④ ④-4에서 '말을 통하지 않고는 생각을 전달할 수가 없다'는 서술을 통해 필자의 견해로 볼 수 없다.
정답 ④

실전 기출 — 추리·추론·비판하기 2

STUDY 09

학습일:　월　일　풀이 시간: 1분 이내

연습 1　병태 요정과 함께 풀기

다음 발화에 대한 청자의 반응으로 적절하지 않은 것은?

2017 국가직 7급 추가

> "말을 없앤다는 건 멋있는 일이야. 없애는 건 동의어뿐 아니지. 반의어도 있어. 예를 들어 '좋다(good)'라는 낱말을 생각해 보게. '좋다'라는 말이 있으면 구태여 '나쁘다(bad)'라는 말이 필요하겠나? '안 좋다(ungood)'로 충분하지. '좋다'는 것을 더욱 강조하고 싶을 때 '훌륭하다(excellent)'느니 '멋있다(splendid)'느니 하는 따위의 말들이 필요할까? '더 좋다(plusgood)'라는 말이면 충분하고 그걸 더욱 강조하고 싶으면 '더욱 더 좋다(doubleplusgood)'로 하면 되지. 결국《신어사전(新語辭典)》최종판에는 '좋다(good)' 하나만 남을 걸세. 멋있지 않나, 윈스턴? 물론 이건 애초에 빅브라더의 아이디어야."

① 빅브라더는 인간의 언어 사용에 개입하고 싶어 했군.
② 동의어와 반의어의 숫자가 줄어들 것으로 예상되는군.
③ '좋다(good)'의 반의어는 '안 나쁘다(unbad)'로 표현되겠군.
④《신어사전》에 등재된 단어를 활용한 표현들이 나타나겠군.

연습 2　혼자서 눈으로 계속 연습하기

다음 발화에 대한 청자의 반응으로 적절하지 않은 것은?

2017 국가직 7급 추가

> "말을 없앤다는 건 멋있는 일이야. 없애는 건 동의어뿐 아니지. 반의어도 있어. 예를 들어 '좋다(good)'라는 낱말을 생각해 보게. '좋다'라는 말이 있으면 구태여 '나쁘다(bad)'라는 말이 필요하겠나? '안 좋다(ungood)'로 충분하지. '좋다'는 것을 더욱 강조하고 싶을 때 '훌륭하다(excellent)'느니 '멋있다(splendid)'느니 하는 따위의 말들이 필요할까? '더 좋다(plusgood)'라는 말이면 충분하고 그걸 더욱 강조하고 싶으면 '더욱 더 좋다(doubleplusgood)'로 하면 되지. 결국《신어사전(新語辭典)》최종판에는 '좋다(good)' 하나만 남을 걸세. 멋있지 않나, 윈스턴? 물론 이건 애초에 빅브라더의 아이디어야."

① 빅브라더는 인간의 언어 사용에 개입하고 싶어 했군.
② 동의어와 반의어의 숫자가 줄어들 것으로 예상되는군.
③ '좋다(good)'의 반의어는 '안 나쁘다(unbad)'로 표현되겠군.
④《신어사전》에 등재된 단어를 활용한 표현들이 나타나겠군.

지문을 한눈에

단어를 없애는 우민화 정책	주지(1)	상술(2, 3)	예시(4~9)	부연(10, 11)
	단어를 없애는 일	동의어와 반의어를 모두 없앰.	'좋다(good)'의 반의어는 '안 좋다(ungood)'로, 강조는 '더 좋다(plusgood)', '더욱 더 좋다(doubleplusgood)'로 사용하면 됨.	《신어사전》에는 '좋다(good)'만 남음.

실전 기출 — 추리·추론·비판하기 2

14

지문 제재 : 언어(문학)

다음 발화에 대한 청자의 반응으로 적절하지 않은 것은? 2017 국가직 7급 추가

> ❶ ¹"말을 없앤다는 건 멋있는 일이야. ²없애는 건 동의어(同義語/同意語, 뜻이 같은 말)(문맥상 '유의어'로 보아야 함)뿐 아니지. ³반의어(反義語/反意語, 그 뜻이 서로 정반대되는 관계에 있는 말)도 있어. ⁴예를 들어 '좋다(good)'라는 낱말을 생각해 보게. ⁵'좋다'라는 말이 있으면 구태여 '[나쁘다(bad)]('좋다'의 반의어 사례)'라는 말이 필요하겠나? ⁶'안 좋다(ungood)'로 충분하지. ⁷'좋다'는 것을 더욱 강조하고 싶을 때 '[훌륭하다(excellent)]'느니 '멋있다(splendid)'느니 하는 따위의 말('좋다'의 동의어 사례)들이 필요할까? ⁸'더 좋다(plusgood)'라는 말이면 충분하고 그걸 더욱 강조하고 싶으면 '더욱 더 좋다(doubleplusgood)'로 하면 되지. ⁹결국 《신어사전(新語辭典)》 최종판에는 '좋다(good)' 하나만 남을 걸세. ¹⁰멋있지 않나, 윈스턴? ¹¹물론 이건 애초에 빅브라더의 아이디어야."
>
> ▶ 어휘를 최소화하여 사고를 제한하려는 우민화 정책

① 빅브라더는 인간의 언어 사용에 개입하고 싶어 했군. (근거 ❶-11)
② 동의어와 반의어의 숫자가 줄어들 것으로 예상되는군. (근거 ❶-2, 3)
❸ '좋다(good)'의 반의어는 '안 나쁘다(unbad)'로 표현되겠군. ('좋다(good)'의 반의어 개념은 '안 좋다(ungood)'으로 표현됨. 근거 ❶-3, 6)
④ 《신어사전》에 등재된 단어를 활용한 표현들이 나타나겠군. (근거 ❶-6, 8)

단계별 풀이 비법

풀이 비법 1 발문으로 유형을 확인하라!
'발화이 대한 청자의 반응'의 적절성을 따지는 것이므로 내용 일치 여부나 지문에 직접 드러나지 않는 세부 정보를 추론하는 유형임을 알 수 있다. 선지를 볼 때, 세부 정보 추론에 해당한다.

풀이 비법 2 무엇(화제)에 대해 말하고 있는지 파악하라!
중심 화제 말을 없애는 것
중심 내용 말의 기본적인 어휘만 남겨 두고 동의어나 반의어 등을 모두 없애는 작업을 하고 있음을 말하고 있다.

풀이 비법 3 지문에서 선택지 내용과 관련된 정보를 찾아 정리하라!

선지	관련 정보
①	❶-11: '빅브라더의 아이디어'
②	❶-2, 3: '없애는 건 동의어뿐 아니지. 반의어도 있어.'
③	❶-5, 6: "'좋다'라는 말이 있으면", "'안 좋다(ungood)'로 충분"
④	❶-9, 6, 8: 《신어사전(新語辭典)》 최종판에는 '좋다(good)' 하나만 남을 걸세.', "'안 좋다(ungood)'로 충분", "'더 좋다(plusgood)'라는 말이면 충분"

풀이 비법 4 선택지의 적절성을 판단하라!
① ❶-11의 '물론 이건 애초에 빅브라더의 아이디어야.'에서, 언어에 사용되는 어휘를 없애는 작업은 빅브라더의 생각임을 알 수 있다.
② ❶-5와 6에 따르면, 어떤 단어의 동의어와 반의어는 모두 없애야 하는 대상이다. 따라서 동의어와 반의어의 숫자가 줄어들 것으로 예상할 수 있다.
③ ❶-5와 6에 따르면, '좋다(good)'의 반의어 개념은 '안 좋다(ungood)'로 표현하게 된다. 또한 '나쁘다(bad)'라는 말은 사라지게 된다. 따라서 '좋다(good)'의 반의어가 '안 나쁘다(unbad)'로 표현될 것으로 이해하는 것은 적절하지 않다.
④ ❶-9에서 《신어사전》 최종판에는 '좋다(good)' 하나만 남게 된다. 그리고 ❶-6과 8에서 '좋다(good)'와 관련된 표현은 이 어휘를 이용해서만 이루어지게 될 것임을 알 수 있다. 따라서 《신어사전》에 등재된 단어를 활용한 표현들이 나타날 것으로 보는 것은 적절하다. **정답 ③**

병태 요정의 지문 분석

조지 오웰의 소설 《1984년》의 일부를 활용하여 언어를 조종하여 은밀하게 진행되는 우민화 정책을 보여 주는 글입니다. 일반적으로 문학 작품은 그 자체에 대한 이해를 묻는 문제가 출제되지만 이처럼 특정 장면만을 뽑아서 비문학 지문처럼 그것에 대한 정확한 이해를 묻는 형식으로 출제되기도 하는 데요. 예를 들어 이청준의 〈당신들의 천국〉이나 이문열의 〈금시조〉 등은 소설 내용과 무관하게 특정 견해에 대한 찬반이나 정확한 이해를 묻는 지문으로 활용하기에 적절합니다. 고전 수필에 해당하는 '설(說)' 양식도 마찬가지로 이 경우 문학 작품으로 대하는 것이 아니라 비문학 인문 지문으로 생각하고 접근할 필요가 있으니 참고 바랍니다. 한편, 이 지문은 언어와 사고의 관계를 묻는 문제로도 변형 출제될 수 있으니 참고 바랍니다.

시간 절약 꿀알 TIP

철학이나 경제 지문은 낯선 용어 때문에 독해 시간을 허비하는 경우가 많습니다. 그러나 시험에 나오는 개념어는 실제로 그리 많지 않습니다. 따라서 동서양의 주요 철학 개념어와 경제 용어는 평소에 꾸준히 학습해 두면 시간 절약에 도움이 됩니다. 또한 모르는 말이 나오더라도 굳이 이해하려 하지 말고 일단 읽어 나가는 것이 좋습니다.

실전 기출 — 추리·추론·비판하기 3

연습 1 병태 요정과 함께 풀기

다음 글을 읽은 후의 반응으로 가장 적절한 것은? 2018 지방직 7급

> 역사드라마는 역사적 인물이나 사건 혹은 역사적 시간이나 공간에 대한 작가의 단일한 재해석 또는 상상이 아니라 현재를 살아가는 시청자에 의해 능동적으로 해석되고 상상됨으로써 다중적으로 수용된다는 점에서 과거와 현재의 대화라는 역사의 속성을 견지한다. 이는 곧 과거의 시공간을 배경으로 한 텔레비전 역사드라마가 현재를 지향하고 있음을 의미한다. 그래서 역사적 시간과 공간적 배경 속에 놓여 있는 등장인물과 지금 현재를 살아가는 시청자들이 대화를 나누기도 하고, 시청자들이 역사드라마를 주제로 삼아 사회적 담론의 장을 열기도 한다.

① 현재와 밀접하게 관련되는 소재로만 역사드라마를 만들어야겠군.
② 역사드라마를 통해 시청자들이 사회적 화젯거리를 만들 수 있겠군.
③ 작가가 강조하는 역사적 교훈을 배우기 위해 역사드라마를 시청해야겠군.
④ 부정적인 평가를 받는 인물은 역사드라마에서 항상 악인으로만 그려지겠군.

연습 2 혼자서 눈으로 계속 연습하기

다음 글을 읽은 후의 반응으로 가장 적절한 것은? 2018 지방직 7급

> 역사드라마는 역사적 인물이나 사건 혹은 역사적 시간이나 공간에 대한 작가의 단일한 재해석 또는 상상이 아니라 현재를 살아가는 시청자에 의해 능동적으로 해석되고 상상됨으로써 다중적으로 수용된다는 점에서 과거와 현재의 대화라는 역사의 속성을 견지한다. 이는 곧 과거의 시공간을 배경으로 한 텔레비전 역사드라마가 현재를 지향하고 있음을 의미한다. 그래서 역사적 시간과 공간적 배경 속에 놓여 있는 등장인물과 지금 현재를 살아가는 시청자들이 대화를 나누기도 하고, 시청자들이 역사드라마를 주제로 삼아 사회적 담론의 장을 열기도 한다.

① 현재와 밀접하게 관련되는 소재로만 역사드라마를 만들어야겠군.
② 역사드라마를 통해 시청자들이 사회적 화젯거리를 만들 수 있겠군.
③ 작가가 강조하는 역사적 교훈을 배우기 위해 역사드라마를 시청해야겠군.
④ 부정적인 평가를 받는 인물은 역사드라마에서 항상 악인으로만 그려지겠군.

지문을 한눈에

역사드라마의 사회적 의의	주지(1)	상술(2)	부연(3)
	역사드라마는 시청자에 의해 능동적으로 해석되고 상상됨.	역사드라마는 현재를 지향함.	역사적 등장인물과 현재의 시청자가 대화를 나누고, 시청자들이 사회적 담론의 장을 열기도 함.

실전 기출 추리·추론·비판하기 3

01
다음 글을 읽은 후의 반응으로 가장 적절한 것은?

지문 제재 | 인문
2018 지방직 7급

> **1** ¹역사드라마는 역사적 인물이나 사건 혹은 역사적 시간이나 공간에 대한 작가의 단일한 재해석 또는 상상이 아니라 현재를 살아가는 시청자에 의해 능동적(能動的, 다른 것에 이끌리지 아니하고 스스로 일으키거나 움직이는 것)으로 해석되고 상상됨으로써 다중적으로 수용된다는 점에서 【과거와 현재의 대화라는 역사의 속성】(과거의 역사적 사실은 시대의 변화에 따라 재해석됨)을 견지(堅持, 어떤 견해나 입장 따위를 굳게 지니거나 지킴)한다. ²이는 곧 과거의 시공간을 배경으로 한 텔레비전 역사드라마가 현재를 지향(指向, 작정하거나 지정한 방향으로 나아감)하고 있음을 의미한다. ³그래서 역사적 시간과 공간적 배경 속에 놓여 있는 등장인물과 지금 현재를 살아가는 시청자들이 대화를 나누기도 하고, 시청자들이 역사드라마를 주제로 삼아 사회적 담론(談論, 이야기를 주고받으며 논의함)의 장을 열기도 한다.
> ▶ 역사드라마의 사회적 의의

① 현재와 밀접하게 관련되는 소재로만 역사드라마를 만들어야겠군. (역사드라마 자체는 과거의 사건을 소재로 함. 근거 **1**-2)
❷ 역사드라마를 통해 시청자들이 사회적 화젯거리를 만들 수 있겠군. (근거 **1**-3)
③ 작가가 강조하는 역사적 교훈을 배우기 위해 역사드라마를 시청해야겠군. (작가가 아니라 시청자에 의해 능동적으로 해석됨. 근거 **1**-1)
④ 부정적인 평가를 받는 인물은 역사드라마에서 항상 악인으로만 그려지겠군. (역사적 인물은 상상에 따라 다중적으로 해석되고 수용됨. 근거 **1**-1)

단계별 풀이 비법

풀이 비법 1 발문으로 유형을 확인하라!
'글을 읽은 후의 반응'의 적절성을 따지는 것이므로 내용 일치 여부나 지문에 직접 드러나지 않는 세부 정보를 추론하는 유형임을 알 수 있다. 선지를 볼 때, 세부 정보 추론에 해당한다.

풀이 비법 2 무엇(화제)에 대해 말하고 있는지 파악하라!
중심 화제 역사드라마
중심 내용 역사드라마는 시청자에 의해 능동적으로 재해석되어 수용되고, 역사드라마를 통해 사회적 담론의 장이 형성되기도 한다.

풀이 비법 3 지문에서 선택지 내용과 관련된 정보를 찾아 정리하라!

선지	관련 정보
①	**1**-1, 2: '현재를 살아가는 시청자에 의해 능동적으로 해석되고 상상됨', '과거의 시공간을 배경으로 한 텔레비전 역사드라마가 현재를 지향'
②	**1**-3: '시청자들이 역사드라마를 주제로 삼아 사회적 담론의 장을 열기도 한다.'
③	**1**-1: '작가의 단일한 재해석 또는 상상이 아니라 현재를 살아가는 시청자에 의해 능동적으로 해석되고 상상됨'
④	**1**-1: '시청자에 의해 능동적으로 해석되고 상상됨으로써 다중적으로 수용'

풀이 비법 4 선택지의 적절성을 판단하라!
① **1**-1과 2에 따르면 역사드라마의 인물이나 사건 등은 현재를 살아가는 시청자들에 의해 능동적으로 해석되므로 현재와 밀접한 관련이 있다. 하지만 그렇다고 해서 현재와 밀접하게 관련되는 소재로만 역사드라마를 만들어야 한다는 내용은 언급되지 않았다.
② **1**-3에 따르면, 시청자들은 역사드라마를 주제로 삼아 사회적 담론의 장을 형성하기도 한다. 따라서 역사드라마를 통해 시청자들이 사회적 화젯거리를 만들 수 있다는 반응은 적절하다.
③ **1**-1에 따르면, 역사드라마의 인물이나 사건 혹은 역사적 시공간은 작가의 의도와 무관하게 현재의 시청자들에 의해 능동적으로 재해석된다. 따라서 작가가 강조하는 역사적 교훈을 배우기 위해 역사드라마를 시청해야 한다는 반응은 적절하지 않다.
④ **1**-1과 3에 따르면, 역사드라마의 인물은 현재의 시청자들이 능동적으로 재해석한다. 이는 부정적인 평가를 받았던 인물도 새롭게 재해석될 수 있음을 의미한다. 따라서 부정적인 평가를 받는 인물은 역사드라마에서 항상 악인으로만 그려질 것이라는 반응은 적절하지 않다. **정답 ②**

실전 기출 — 추리·추론·비판하기 3

연습 1 병태 요정과 함께 풀기

다음 글에서 추론할 수 있는 정약용의 생각으로 가장 적절한 것은?
2018 국가직 7급

> 다산 정약용은 《목민심서》에서 공직자들의 절용(節用), 즉 아껴 쓰기를 강조했다. 다산이 말한 절용은 듣기에는 매우 간단한 것 같지만 실제로는 실천하기 어려운 것이었다. 자기 돈은 절용하기 쉽지만 정부 돈은 함부로 쓰기 십상이다. 또한 정책 과정에서 온갖 비리가 발생하기도 한다. 그렇기에 절용은 공직자가 지켜야 할 가장 중요한 덕목이다. 다산은 유배지에서 아들에게 "내가 오랫동안 귀양 살면서 너희에게 유산으로 남겨 줄 재산이 없다. 다만 너희에게 글자 두 자를 유산으로 남겨 준다. 하나는 근(勤)이요, 하나는 검(儉)이다. 너희가 근검 두 글자를 제대로 실천하려고 하면 논 100마지기 200마지기보다 좋다."는 내용의 편지를 보냈다. 청렴해야 자애로울 수 있고 자애로운 것이야말로 백성을 사랑하는 것이니, 다산은 백성을 통치하려면 먼저 절용에 힘쓰라고 말한 것이다. 다산이 말한 청심(淸心)은 맑은 마음, 깨끗한 마음을 의미하는데 이는 공직자의 기본이다. 공직자는 대가성이 없고 법적 처벌을 면할 수 있다 해서 적은 돈이라도 받아서는 안 된다. 다산은 청렴이 천하의 큰 장사라 말했다. 청렴이야말로 가장 큰 이익이 남는 일임을 역설적으로 표현한 것이다. 그래서 다산은 청렴한 사람이 진짜 욕심쟁이라고 했다. 최고의 지위까지 오르려는 공직자는 청렴해야만 그 목표를 이룰 수 있다. 다산은 사람들이 청렴하지 못한 이유를 지혜가 모자란 데서 찾았다. 다산의 청렴 사상은 '청렴한 사람은 청렴함을 편안하게 여기고, 지혜로운 사람은 청렴함을 이롭게 여긴다.(廉者安廉 知者利廉)'는 말로 요약된다. 공자는 목표가 인(仁)인 반면 다산은 목표가 청렴이었다. 인은 너무 높은 성현의 이야기이므로 일반인이 인의 경지에 이르기 힘드니 한 단계 낮추어 청렴을 이야기한 것이다.

① 공직자들은 금품과 선물을 법으로 정한 한도 내에서 주고받아야 한다.
② 관리들이 청렴하고 자애로우면 백성들이 인을 이룰 수 있게 된다.
③ 자손에게 물질적 재산을 남겨 주는 공직자는 청렴하다고 할 수 없다.
④ 지혜로운 관리는 청렴함을 통해 자신에게 이익이 되는 결과를 얻을 수 있다.

연습 2 혼자서 눈으로 계속 연습하기

다음 글에서 추론할 수 있는 정약용의 생각으로 가장 적절한 것은?
2018 국가직 7급

> 다산 정약용은 《목민심서》에서 공직자들의 절용(節用), 즉 아껴 쓰기를 강조했다. 다산이 말한 절용은 듣기에는 매우 간단한 것 같지만 실제로는 실천하기 어려운 것이었다. 자기 돈은 절용하기 쉽지만 정부 돈은 함부로 쓰기 십상이다. 또한 정책 과정에서 온갖 비리가 발생하기도 한다. 그렇기에 절용은 공직자가 지켜야 할 가장 중요한 덕목이다. 다산은 유배지에서 아들에게 "내가 오랫동안 귀양 살면서 너희에게 유산으로 남겨 줄 재산이 없다. 다만 너희에게 글자 두 자를 유산으로 남겨 준다. 하나는 근(勤)이요, 하나는 검(儉)이다. 너희가 근검 두 글자를 제대로 실천하려고 하면 논 100마지기 200마지기보다 좋다."는 내용의 편지를 보냈다. 청렴해야 자애로울 수 있고 자애로운 것이야말로 백성을 사랑하는 것이니, 다산은 백성을 통치하려면 먼저 절용에 힘쓰라고 말한 것이다. 다산이 말한 청심(淸心)은 맑은 마음, 깨끗한 마음을 의미하는데 이는 공직자의 기본이다. 공직자는 대가성이 없고 법적 처벌을 면할 수 있다 해서 적은 돈이라도 받아서는 안 된다. 다산은 청렴이 천하의 큰 장사라 말했다. 청렴이야말로 가장 큰 이익이 남는 일임을 역설적으로 표현한 것이다. 그래서 다산은 청렴한 사람이 진짜 욕심쟁이라고 했다. 최고의 지위까지 오르려는 공직자는 청렴해야만 그 목표를 이룰 수 있다. 다산은 사람들이 청렴하지 못한 이유를 지혜가 모자란 데서 찾았다. 다산의 청렴 사상은 '청렴한 사람은 청렴함을 편안하게 여기고, 지혜로운 사람은 청렴함을 이롭게 여긴다.(廉者安廉 知者利廉)'는 말로 요약된다. 공자는 목표가 인(仁)인 반면 다산은 목표가 청렴이었다. 인은 너무 높은 성현의 이야기이므로 일반인이 인의 경지에 이르기 힘드니 한 단계 낮추어 청렴을 이야기한 것이다.

① 공직자들은 금품과 선물을 법으로 정한 한도 내에서 주고받아야 한다.
② 관리들이 청렴하고 자애로우면 백성들이 인을 이룰 수 있게 된다.
③ 자손에게 물질적 재산을 남겨 주는 공직자는 청렴하다고 할 수 없다.
④ 지혜로운 관리는 청렴함을 통해 자신에게 이익이 되는 결과를 얻을 수 있다.

지문을 한눈에

1-1~5	1-6	1-7~9	1-10~16
공직자가 지켜야 할 덕목: '절용'	다산이 자식에게 물려준 유산: '근'과 '검'	공직자의 기본: '절용'과 '청렴'	공직자는 청렴해야 한다.

실전 기출 추리·추론·비판하기 3

02
지문 제재 | 인문

다음 글에서 추론할 수 있는 정약용의 생각으로 가장 적절한 것은?
2018 국가직 7급

1 ¹다산 정약용은 《목민심서》(공직자들의 마음가짐과 행동거지를 지침한 책)에서 공직자들의 절용(節用), 즉(卽, 다시 말하여) 아껴 쓰기를 강조했다. ²다산이 말한 절용은 듣기에는 매우 간단한 것 같지만 실제로는 실천하기 어려운 것이었다. ³[자기 돈은 절용하기 쉽지만 정부 돈은 함부로 쓰기 십상(十常, 열에 여덟이나 아홉 정도로 거의 예외가 없음 =십상팔구)이다.](대조) ⁴또한 정책(政策, 정치적 목적을 실현하기 위한 방책) 과정에서 온갖 비리가 발생하기도 한다. ⁵그렇기에 절용은 [공직자가 지켜야 할 가장 중요한 덕목](공직자의 직업 윤리)이다. ⁶다산은 유배지에서 아들에게 ["내가 오랫동안 귀양 살면서 [너희에게 유산으로 남겨 줄 재산](물질적 유산)이 없다. 다만 너희에게 [글자 두 자를 유산](정신적 유산)으로 남겨 준다. 하나는 근(勤, 부지런하여 일을 미루지 말고, 놀고먹는 사람이 없이 집안의 모든 사람이 열심히 일하는 것)이요, 하나는 검(儉, 의복은 몸을 가리기만 하면 되고, 음식은 목숨만 이어갈 수 있으면 되는 것)이다. 너희가 근검 두 글자를 제대로 실천하려고 하면 논 100마지기 200마지기보다 좋다."](정약용의 강직한 성품과 자식을 사랑하는 마음이 나타난 부분)는 내용의 편지를 보냈다. ⁷[청렴해야 자애로울 수 있고 자애로운 것이야](연쇄법)말로 백성을 사랑하는 것이니, 다산은 백성을 통치하려면 먼저 절용(節用, 아껴 씀)에 힘쓰라고 말한 것이다. ⁸다산이 말한 청심(淸心)은 맑은 마음, 깨끗한 마음을 의미하는데 이는 공직자의 기본이다. ⁹공직자는 대가성이 없고 법적 처벌을 면할 수 있다 해서 적은 돈이라도 받아서는 안 된다. ¹⁰다산은 청렴이 천하의 큰 장사(이익을 얻으려고 물건을 사서 파는 일)라 말했다. ¹¹청렴(淸廉, 성품과 행실이 높고 맑으며, 탐욕이 없음)이야말로 가장 큰 이익이 남는 일임[大貪必廉, 큰 욕심은 반드시 청렴하다]을 역설(逆說, 일반적으로는 모순을 야기하지 아니하나 특정한 경우에 논리적 모순을 일으키는 논증. 모순을 일으키기는 하지만 그 속에 중요한 진리가 함축되어 있는 것으로 간주함)적으로 표현한 것이다. ¹²그래서 다산은 [청렴한 사람이 진짜 욕심쟁이](역설법, 주장)라고 했다. ¹³[최고의 지위까지 오르려는 공직자는 청렴해야만 그 목표를 이룰 수 있다. ¹⁴다산은 사람들이 청렴하지 못한 이유를 지혜가 모자란 데서 찾았다. ¹⁵다산의 청렴 사상은 '청렴한 사람은 청렴함을 편안하게 여기고, 지혜로운 사람은 청렴함을 이롭게 여긴다.(廉者安廉知者利廉)'는 말](근거)된다. ¹⁶[공자는 목표가 인(仁)인 반면 다산은 목표가 청렴이었다. ¹⁷인은 너무 높은 성현의 이야기이므로 일반인이 인의 경지에 이르기 힘드니 한 단계 낮추어 청렴을 이야기한 것이다.](대비)

① 공직자들은 금품과 선물을 법으로 정한 한도 내에서 주고받아야 한다(×). (근거 **1**-9)

② 관리들이 청렴하고 자애로우면 백성(×)들이 인(×)을 이룰 수 있게 된다.(근거 **1**-7, 17)

③ 자손에게 물질적 재산을 남겨 주는 공직자(×)는 청렴하다고 할 수 없다.(논점 일탈)

❹ 지혜로운 관리는 청렴함을 통해 자신에게 이익이 되는 결과를 얻을 수 있다.(근거 **1**-13~15)

단계별 풀이 비법

풀이 비법 1 발문으로 유형을 먼저 확인하라!

인물의 생각을 추론하는 문제이므로, 글의 중심 화제를 찾는 유형으로 볼 수 있다. 단락별 중심 화제를 중심으로 글 전체의 내용을 정리한 다음, 인물의 생각에 부합하는 내용을 찾는다.

풀이 비법 2 글의 핵심어를 찾고 중심 내용을 파악하라!

중심 화제 공직자가 지녀야 할 가장 중요한 덕목
중심 내용

1-1~5	공직자가 지켜야 할 덕목은 '절용'이다.
1-6	다산이 자식에게 물려준 유산은 '근'과 '검'이다.
1-7~9	공직자의 기본은 절용과 청렴이다.
1-10~16	공직자는 청렴해야 한다.

풀이 비법 3 단락별 중심 내용을 종합하여 주제를 파악하라!

공직자가 지켜야 할 덕목은 절용과 청렴이다. 그 위 공직자일수록 청렴해야 한다.

풀이 비법 4 부합하는 선택지를 찾아라!

① "공직자는 대가성이 없고 법적 처벌을 면할 수 있다 해서 적은 돈이라도 받아서는 안 된다."에서 다산은 공직자는 조금의 금품이나 선물도 받아서는 안 된다고 생각했음을 알 수 있다.

② '청렴해야 자애로울 수 있고 자애로운 것이야말로 백성을 사랑하는 것이니'와 '인은 너무 높은 성현의 이야기이므로 일반인이 인의 경지에 이르기 힘드니'를 통해 인을 이루는 것을 목표로 삼지 않았음을 알 수 있다.

③ 자손에게 물질적 재산을 남겨 주는 공직자는 청렴하지 않다고 말한 부분은 찾아볼 수 없다.

④ 청렴해야만 최고의 지위까지 오를 수 있으므로, 지혜로운 관리는 청렴함을 이롭게 여긴다는 내용을 통해 ④의 추론은 적절하다. **정답 ④**

실전 기출 — 추리·추론·비판하기 3

연습 1 병태 요정과 함께 풀기

'시'에 대한 견해 중에서 밑줄 친 칸트의 입장과 부합하는 것은?
2017 지방직 9급

> 미적인 것이란 내재적이고 선험적인 예술 작품의 특성을 밝히는 데서 더 나아가 삶의 풍부하고 생동적인 양상과 가치, 목표를 예술 형식으로 변환한 것이다. 미(美)는 어떤 맥락으로부터도 자율적이기도 하지만 타율적이다. 미에 대한 자율적 견해를 지닌 칸트도 일견 타당하지만, 미를 도덕이나 목적론과 연관시킨 톨스토이나 마르크스도 타당하다. 우리가 길을 지나다 이름 모를 곡을 듣고서 아름답다고 느끼는 것처럼 순수미의 영역이 없는 것은 아니다. 하지만 그 곡이 독재자를 열렬히 지지하기 위한 선전곡이었음을 안 다음부터 그 곡을 혐오하듯 미(美) 또한 사회 경제적, 문화적 맥락의 영향을 받기도 한다.

① 시는 정제된 시어와 운율을 통하여 감상해야 한다.
② 시는 사회의 모순을 고발할 수 있고, 개혁의 전망도 제시할 수 있다.
③ 시를 읽으면 시인과의 대화를 통해 정서적 성장을 도모할 수 있다.
④ 시를 감상하기 위해서는 당시의 사회 상황을 알아야 한다.

연습 2 혼자서 눈으로 계속 연습하기

'시'에 대한 견해 중에서 밑줄 친 칸트의 입장과 부합하는 것은?
2017 지방직 9급

> 미적인 것이란 내재적이고 선험적인 예술 작품의 특성을 밝히는 데서 더 나아가 삶의 풍부하고 생동적인 양상과 가치, 목표를 예술 형식으로 변환한 것이다. 미(美)는 어떤 맥락으로부터도 자율적이기도 하지만 타율적이다. 미에 대한 자율적 견해를 지닌 칸트도 일견 타당하지만, 미를 도덕이나 목적론과 연관시킨 톨스토이나 마르크스도 타당하다. 우리가 길을 지나다 이름 모를 곡을 듣고서 아름답다고 느끼는 것처럼 순수미의 영역이 없는 것은 아니다. 하지만 그 곡이 독재자를 열렬히 지지하기 위한 선전곡이었음을 안 다음부터 그 곡을 혐오하듯 미(美) 또한 사회 경제적, 문화적 맥락의 영향을 받기도 한다.

① 시는 정제된 시어와 운율을 통하여 감상해야 한다.
② 시는 사회의 모순을 고발할 수 있고, 개혁의 전망도 제시할 수 있다.
③ 시를 읽으면 시인과의 대화를 통해 정서적 성장을 도모할 수 있다.
④ 시를 감상하기 위해서는 당시의 사회 상황을 알아야 한다.

지문을 한눈에

자율적·내재적 관점		타율적 관점
• 내재적이고 선험적 • 자율적 • 칸트 • 순수미		• 삶의 생동적인 양상과 가치, 목표 • 타율적 • 톨스토이, 마르크스 • 사회 경제적, 문화적 맥락과 관련

실전 기출 추리·추론·비판하기3

03

지문 제재 | 예술

'시'에 대한 견해 중에서 밑줄 친 칸트의 입장과 부합하는 것은?

2017 지방직 9급

1 ¹[미적인 것]이란 내재적(內在的, 어떤 현상이 안에 존재하는 것)이고 선험적(先驗的, 경험에 앞서서 인식의 주관적 형식이 인간에게 있다고 주장하는 것)인 예술 작품의 특성(特性, 일정한 사물에만 있는 특수한 성질)을 밝히는 데서 더 나아가 삶의 풍부하고 생동적인 양상(樣相, 사물이나 현상의 모양이나 상태)과 가치(價値, 사물이 지니고 있는 쓸모), 목표를 예술 형식으로 변환(變換, 달라져서 바뀜)한 것이다. ²미(美)는 어떤 맥락(脈絡, 혈관이 서로 연락되어 있는 계통)으로부터도 [자율적(自律的, 자기 스스로의 원칙에 따라 어떤 일을 하거나 자기 스스로를 통제하여 절제하는 것)이기](내재적 관점)도 하지만 [타율적(他律的, 자신의 의지와 관계없이 정해진 원칙이나 규율에 따라 움직이는 것)이다.](외재적 관점). ³[미에 대한 자율적 견해(見解, 어떤 사물이나 현상에 대한 자기의 의견이나 생각)](내재적 관점)를 지닌 칸트도 일견 타당(妥當, 일의 이치로 보아 옳음)하지만, [미를 도덕이나 목적론(目的論, 모든 사물은 목적에 의하여 규정되고 목적을 실현하기 위하여 존재한다는 이론)](외재적 관점)과 연관(聯關, 사물이나 현상이 일정한 관계를 맺는 일)시킨 톨스토이나 마르크스도 타당하다. ⁴우리가 길을 지나다 이름 모를 곡을 듣고서 아름답다고 느끼는 것처럼 순수미(純粹美)의 영역이 없는 것은 아니다. ⁵하지만 그 곡이 독재자를 열렬히 지지(支持, 어떤 사람이나 단체 따위의 주의·정책·의견 따위에 찬동하여 이를 위하여 힘을 씀)하기 위한 선전(宣傳, 주의나 주장, 사물의 존재, 효능 따위를 많은 사람이 알고 이해하도록 잘 설명하여 널리 알리는 일)곡이었음을 안 다음부터 그 곡을 혐오(嫌惡, 싫어하고 미워함)하듯 [미(美) 또한 사회 경제적, 문화적 맥락(脈絡, 사물 따위가 서로 이어져 있는 관계나 연관)의 영향](외재적 관점)을 받기도 한다. ▶ 미는 어떤 맥락으로부터도 자율적이기도 하지만 타율적이기도 함

① 시는 정제된 시어와 운율을 통하여 감상해야 한다.(근거 3)
② 시는 사회의 모순을 고발할 수 있고, 개혁의 전망도 제시할 수 있다.(근거 3)
③ 시를 읽으면 시인과의 대화를 통해 정서적 성장을 도모할 수 있다.(근거 3, 4)
④ 시를 감상하기 위해서는 당시의 사회 상황을 알아야 한다.(근거 5)

단계별 풀이 비법

풀이 비법 1 발문과 선택지를 확인하라!

밑줄 친 입장과 부합하는 견해를 찾는 문제이므로 우선 글의 중심 화제를 파악해야 한다. 중심 화제를 바탕으로 칸트의 입장을 파악하자.

풀이 비법 2 화제어와 중심 내용을 파악하라!

중심 화제 미는 어떤 맥락으로부터도 자율적이기도 하지만 타율적이다.
중심 내용

1-1	미적인 것에는 내재적인 예술 작품의 특성과 생동적인 삶의 가치와 목표를 예술 형식으로 변환한 것이 있다.
1-2~3	미는 자율적이기도 하지만 타율적이다.
1-4	미에는 순수미의 영역이 있다.
1-5	미는 사회 경제적, 문화적 맥락이 영향을 받기도 한다.

풀이 비법 3 글의 구조를 바탕으로 글쓴이의 견해나 입장을 파악하라!

미는 어떤 맥락으로부터도 자율적이기도 하지만 타율적이기도 하다. '미에 대한 자율적 견해를 지닌 칸트도 일견 타당하지만'을 통해서 칸트는 자율적 견해를 가졌다는 것을 알 수 있다.

풀이 비법 4 지문과 선택지를 비교하여 일치 여부를 판단하라!

① '미에 대한 자율적 견해를 지닌 칸트도 일견 타당'하다는 서술을 통해서 내재적 관점, 즉 작품 그 자체로만 감상해야 한다는 것이므로 '시는 정제된 시어와 운율을 통하여 감상해야 한다.'라는 명제는 칸트의 입장과 부합한다고 할 수 있다.
② 사회의 모순을 고발할 수 있고, 개혁의 전망도 제시할 수 있다는 것은 예술의 타율적 측면을 드러낸 것으로 이는 톨스토이와 마르크스의 입장과 부합한다.
③ '시인과의 대화를 통해 정서적 성장을 도모할 수 있'다는 서술로 보아 외재적 관점에 해당한다.
④ '당시의 사회 상황'으로 보아 외재적 관점 중 반-영론에 해당한다.

정답 ①

시간 절약 꿰알 TIP

입장이나 견해를 묻는 문제에는 대립적인 핵심 어휘가 나옵니다. 제시문이 아무리 어렵더라도 포기하지 말고 선택지를 대립되는 입장으로 나누어 접근하면 빠르게 풀 수 있습니다.

실전 기출 — 추리·추론·비판하기 3

학습일: 월 일 풀이 시간: 1분 이내

연습 1 병태 요정과 함께 풀기

밑줄 친 부분의 이유에 대한 필자의 견해로 볼 수 없는 것은?
2018 지방직 9급

> 관리가 본디부터 간악한 것이 아니다. 그들을 간악하게 만드는 것은 법이다. 간악함이 생기는 이유는 이루 다 열거할 수 없다. 대체로 직책은 하찮은데도 재주가 넘치면 간악하게 되며, 지위는 낮은데도 아는 것이 많으면 간악하게 되며, 노력을 조금 들였는데도 효과가 신속하면 간악하게 되며, 자신은 그 자리에 오랫동안 있는데 자신을 감독하는 사람이 자주 교체되면 간악하게 되며, 자신을 감독하는 사람의 행동이 또한 정도에서 나오지 않으면 간악하게 되며, 아래에 자신의 무리는 많은데 윗사람이 외롭고 어리석으면 간악하게 되며, 자신을 미워하는 사람이 자신보다 약하여 두려워하면서 잘못을 밝히지 않으면 간악하게 되며, 자신이 꺼리는 사람이 같이 죄를 범하였는데도 서로 버티면서 죄를 밝히지 않으면 간악하게 되며, 형벌에 원칙이 없고 염치가 확립되지 않으면 간악하게 된다. …… <u>간악함이 일어나기 쉬운 것이 대체로 이러하다.</u>

① 노력은 적게 들이고 성과를 빨리 얻는다.
② 자신이 범한 과오를 감추고 남의 잘못을 드러낸다.
③ 자신은 같은 자리에 있으나 감독자가 자주 교체된다.
④ 자신의 세력이 밑에서 강한 반면 상부는 외롭고 우매하다.

연습 2 혼자서 눈으로 계속 연습하기

밑줄 친 부분의 이유에 대한 필자의 견해로 볼 수 없는 것은?
2018 지방직 9급

> 관리가 본디부터 간악한 것이 아니다. 그들을 간악하게 만드는 것은 법이다. 간악함이 생기는 이유는 이루 다 열거할 수 없다. 대체로 직책은 하찮은데도 재주가 넘치면 간악하게 되며, 지위는 낮은데도 아는 것이 많으면 간악하게 되며, 노력을 조금 들였는데도 효과가 신속하면 간악하게 되며, 자신은 그 자리에 오랫동안 있는데 자신을 감독하는 사람이 자주 교체되면 간악하게 되며, 자신을 감독하는 사람의 행동이 또한 정도에서 나오지 않으면 간악하게 되며, 아래에 자신의 무리는 많은데 윗사람이 외롭고 어리석으면 간악하게 되며, 자신을 미워하는 사람이 자신보다 약하여 두려워하면서 잘못을 밝히지 않으면 간악하게 되며, 자신이 꺼리는 사람이 같이 죄를 범하였는데도 서로 버티면서 죄를 밝히지 않으면 간악하게 되며, 형벌에 원칙이 없고 염치가 확립되지 않으면 간악하게 된다. …… <u>간악함이 일어나기 쉬운 것이 대체로 이러하다.</u>

① 노력은 적게 들이고 성과를 빨리 얻는다.
② 자신이 범한 과오를 감추고 남의 잘못을 드러낸다.
③ 자신은 같은 자리에 있으나 감독자가 자주 교체된다.
④ 자신의 세력이 밑에서 강한 반면 상부는 외롭고 우매하다.

지문을 한눈에

1-1~2
잘못된 법이 관리를 간악하게 만듦.

1-3~5 관리의 간악함이 일어나기 쉬운 상황
지위나 직책에 맞지 않는 '지와 재주', 적은 노력에 비해 높은 성과를 올리는 것, 상위 감독자의 잦은 교체와 부도덕, 무능한 상급 관리자, 잘못을 감추고 원칙이 없는 형벌임.

실전 기출 추리·추론·비판하기 3

04
밑줄 친 부분의 이유에 대한 필자의 견해로 볼 수 없는 것은?

지문 제재 | 사회
2018 지방직 9급

> **1** ¹관리가 본디부터 간악(奸惡, 간사하고 악독함)한 것이 아니다. ²그들을 간악하게 만드는 것은 법이다. ³<u>간악함이 생기는 이유</u>는 이루 다 열거(列擧, 여러 가지 예나 사실을 낱낱이 죽 늘어놓음)할 수 없다. ⁴【대체로 직책(職責, 직무상의 책임)은 하찮은데도 재주가 넘치면 간악하게 되며, 지위는 낮은데도 아는 것이 많으면 간악하게 되며, 노력을 조금 들였는데도 효과(效果, 좋은 결과)가 신속하면 간악하게 되며, 자신은 그 자리에 오랫동안 있는데 자신을 감독하는 사람이 자주 교체(交替, 사람이나 사물을 다른 사람이나 사물로 대신함)되면 간악하게 되며, 자신을 감독(監督, 일이나 사람을 보살펴 감독함)하는 사람의 행동이 또한 정도(正道, 자연적으로 정하여진 도리)에서 나오지 않으면 간악하게 되며, 아래에 자신의 무리는 많은데 윗사람이 외롭고 어리석으면 간악하게 되며, 자신을 미워하는 사람이 자신보다 약하여 두려워하면서 <u>잘못을 밝히지 않으면</u>(자백) 간악하게 되며, 자신이 꺼리는 사람이 같이 죄를 범하였는데도 서로 버티면서 <u>죄를 밝히지 않으면</u> 간악하게 되며, 형벌(刑罰, 범죄에 대한 법률의 효과로서 국가 따위가 범죄자에게 제재를 가함)에 원칙(原則, 어떤 행동이나 이론 따위에서 일관되게 지켜야 하는 기본적인 규칙이나 법칙)이 없고 염치(廉恥, 체면을 차릴 줄 알며 부끄러움을 아는 마음)가 확립(確立, 체계나 견해, 조직 따위가 굳게 섬)되지 않으면 간악하게 된다.】(관리들이 간악하게 되는 상황을 열거함) …… ⁵간악함이 일어나기 쉬운 것이 대체로 이러하다.
> ▶ 관리들이 간악하게 되는 상황을 열거함

① 노력은 적게 들이고 성과를 빨리 얻는다. (근거 4)
❷ 자신이 범한 과오를 감추고 남의 잘못(×)을 드러낸다. (근거 4)
③ 자신은 같은 자리에 있으나 감독자가 자주 교체된다. (근거 4)
④ 자신의 세력이 밑에서 강한 반면 상부는 외롭고 우매하다. (근거 4)

단계별 풀이 비법

풀이 비법 1 발문과 선택지를 확인하라!
밑줄 친 이유에 대한 필자의 견해로 볼 수 없는 것을 찾는 문제이므로 우선 글의 중심 화제와 밑줄 친 부분의 내용을 파악해야 한다. 중심 화제를 바탕으로 필자의 견해를 파악하면 된다.

풀이 비법 2 화제어와 중심 내용을 파악하라!
중심 화제 관리들이 간악하게 되는 이유
중심 내용

1 -1~2	관리가 간악하게 되는 것은 법 때문이다.
1 -3~5	간악함이 생기는 이유와 간악함이 일어나게 되는 환경 열거

풀이 비법 3 글의 내용을 바탕으로 글쓴이의 견해나 입장을 파악하라!
관리가 간악하게 되는 이유는 지위나 직책에 맞지 않는 '지와 재주', 적은 노력에 비해 높은 성과를 올리는 것, 상위 감독자의 잦은 교체와 부도덕, 무능한 상급 관리자, 잘못을 감추고 원칙이 없는 형벌 등 때문이다.

풀이 비법 4 지문과 선택지를 비교하여 일치 여부를 판단하라!
① '노력을 조금 들였는데도 효과가 신속하면 간악하게' 된다고 했으므로 필자의 견해로 볼 수 있다.
② '자신'이 범한 과오를 감추고 남의 잘못을 드러낸'다는 내용은 찾아볼 수 없다. '자신을 미워하는 사람이 자신보다 약하여 두려워하면서 잘못을 밝히지 않으면 간악하게 되며, 자신이 꺼리는 사람이 같이 죄를 범하였는데도 서로 버티면서 죄를 밝히지 않으면 간악하게' 된다는 것은 '자신의 잘못을 밝히지 않는 경우와 같은 죄를 범한 관리들끼리는 자신의 죄도 상대방의 죄도 밝히지 않은 상태로 버티는 상황'을 의미한다.
③ '자신은 그 자리에 오랫동안 있는데 자신을 감독하는 사람이 자주 교체되면 간악하게' 된다고 했으므로 필자의 견해로 볼 수 있다.
④ '아래에 자신의 무리는 많은데 윗사람이 외롭고 어리석으면 간악하게' 된다고 했으므로 필자의 견해로 볼 수 있다.

정답 ②

시간 절약 깨알 TIP
선택지 ②는 앞절의 내용은 맞게 서술하고 뒷절의 진술은 틀리게 하는 전형적인 선지 구성 방법입니다. 이런 함정에 빠지지 않기 위해서는 뒷절부터 맞는 진술인지 확인하는 습관이 필요합니다.

실전 기출 — 추리·추론·비판하기 3

STUDY 10

학습일: 월   일   풀이 시간: 1분 이내

연습 1 병태 요정과 함께 풀기

(가)를 바탕으로 (나)에 담긴 글쓴이의 생각을 적절히 추론한 것은?
2019 국가직 9급

(가) 철학사에서 합리론의 전통은 감각에 대해 매우 비판적이었다. 예컨대 플라톤은 감각이 보여 주는 세계를 끊임없이 변화하는, 전적으로 불안정한 세계로 간주하고 이에 근거하여 지식을 얻는 것은 불가능하다고 생각했다. 반대로 경험론자들은 우리의 모든 관념과 판단은 감각 경험에서 출발한다고 주장하면서 어떤 지식도 절대적으로 확실할 수는 없다고 결론짓는다.

(나) 모든 사람은 착시 현상 등을 경험해 본 적이 있기에 감각이 우리를 속일 수 있다는 것을 분명히 알고 있고 감각에 대한 어느 정도의 경계심을 지니고 있다. 하지만 그렇다고 해서 일상생활에서 자신의 감각을 신뢰하고 이에 따라 행동하는 것은 잘못이 아니다. 모든 감각적 정보를 검증 절차를 거친 후 받아들이다가는 정상적 생활을 영위하는 것 자체가 불가능해질 것이기 때문이다. 반대로, 실용적 기술 개발이나 평범한 일상적 행동과는 달리 과학적 연구는 상당한 정도의 정확성을 요구하므로 경험적 자료에 대해 어느 정도의 경계심을 유지하는 것도 당연하다.

① 실용적 기술을 개발하는 것은 일차적으로 경험론적 사고에 토대를 둔다.
② 세계는 끊임없이 변화하므로 일상생활에서는 합리론적 사고를 우선하여야 한다.
③ 과학 연구는 합리론을 버리고 철저히 경험론을 바탕으로 이루어져야 한다.
④ 감각에 대한 신뢰는 어느 분야에나 전적으로 차별 없이 요구된다.

연습 2 혼자서 눈으로 계속 연습하기

(가)를 바탕으로 (나)에 담긴 글쓴이의 생각을 적절히 추론한 것은?
2019 국가직 9급

(가) 철학사에서 합리론의 전통은 감각에 대해 매우 비판적이었다. 예컨대 플라톤은 감각이 보여 주는 세계를 끊임없이 변화하는, 전적으로 불안정한 세계로 간주하고 이에 근거하여 지식을 얻는 것은 불가능하다고 생각했다. 반대로 경험론자들은 우리의 모든 관념과 판단은 감각 경험에서 출발한다고 주장하면서 어떤 지식도 절대적으로 확실할 수는 없다고 결론짓는다.

(나) 모든 사람은 착시 현상 등을 경험해 본 적이 있기에 감각이 우리를 속일 수 있다는 것을 분명히 알고 있고 감각에 대한 어느 정도의 경계심을 지니고 있다. 하지만 그렇다고 해서 일상생활에서 자신의 감각을 신뢰하고 이에 따라 행동하는 것은 잘못이 아니다. 모든 감각적 정보를 검증 절차를 거친 후 받아들이다가는 정상적 생활을 영위하는 것 자체가 불가능해질 것이기 때문이다. 반대로, 실용적 기술 개발이나 평범한 일상적 행동과는 달리 과학적 연구는 상당한 정도의 정확성을 요구하므로 경험적 자료에 대해 어느 정도의 경계심을 유지하는 것도 당연하다.

① 실용적 기술을 개발하는 것은 일차적으로 경험론적 사고에 토대를 둔다.
② 세계는 끊임없이 변화하므로 일상생활에서는 합리론적 사고를 우선하여야 한다.
③ 과학 연구는 합리론을 버리고 철저히 경험론을 바탕으로 이루어져야 한다.
④ 감각에 대한 신뢰는 어느 분야에나 전적으로 차별 없이 요구된다.

지문을 한눈에

합리론과 경험론

- (가) 합리론: 감각이 보여 주는 세계는 끊임없이 변화하는 불안정한 세계이므로, 감각에 근거하여 지식을 얻는 것은 불가능함.
- (나) 합리론: 과학적 연구는 정확성이 요구되므로 검증과 절차가 필요함.
- (가) 경험론: 모든 관념과 판단은 감각 경험에서 출발하고 절대적으로 확실한 지식은 없음.
- (나) 경험론: 실용적 기술 개발이나 일상적 행동은 경험적 자료(감각에 의존하여 얻은 지식)를 신뢰해도 됨.

실전 기출 추리·추론·비판하기 3

05
지문 제재 | 인문

(가)를 바탕으로 (나)에 담긴 글쓴이의 생각을 적절히 추론한 것은?
2019 국가직 9급

(가) ¹철학사에서 [합리론(合理論, 진정한 인식은 경험이 아닌 생득적인 이성에 의하여 얻어진다고 하는 태도)의 전통(傳統, 어떤 집단이나 공동체에서, 지난 시대에 이미 이루어져 계통을 이루며 전하여 내려오는 사상·관습·행동 따위의 양식)은 감각(感覺, 사물에서 받는 인상이나 느낌)에 대해 매우 비판(批判, 현상이나 사물의 옳고 그름을 판단하여 밝히거나 잘못된 점을 지적함)적이었다.](합리론의 특성) ²예컨대 플라톤은 감각이 보여 주는 세계를 끊임없이 변화하는, 전적으로 불안정한 세계로 간주(看做, 상태, 모양, 성질 따위가 그와 같다고 봄. 또는 그렇다고 여김)하고 이에 근거(根據, 어떤 일이나 의논, 의견에 그 근본이 됨)하여 지식을 얻는 것은 불가능하다고 생각했다. ³반대로, [경험론자들은 우리의 모든 관념(觀念, 어떤 일에 대한 견해나 생각)과 판단(判斷, 사물을 인식하여 논리나 기준 등에 따라 판정을 내림)은 감각 경험(經驗, 객관적 대상에 대한 감각이나 지각 작용에 의하여 깨닫게 되는 내용)에서 출발한다고 주장하면서 어떤 지식도 절대(絶對, 비교되거나 맞설 만한 것이 없음)적으로 확실(確實, 틀림없이 그러함)할 수는 없다고 결론짓는다.](경험론의 특성)
▶ 합리론과 경험론의 특성

(나) ¹모든 사람은 착시(錯視, 시각적인 착각 현상) 현상 등을 경험해 본 적이 있기에 감각이 우리를 속일 수 있다는 것을 분명히 알고 있고 감각에 대한 어느 정도(程度, 사물의 성질이나 가치를 양부(良否), 우열 따위에서 본 분량이나 수준)의 경계심(警戒心, 경계하여 조심하는 마음)을 지니고 있다. ²하지만 그렇다고 해서 [일상생활(日常生活, 평상시의 생활)에서 자신의 감각을 신뢰(信賴, 굳게 믿고 의지함)하고 이에 따라 행동하는 것은 잘못이 아니다. ³모든 감각적 정보(情報, 관찰이나 측정을 통하여 수집한 자료를 실제 문제에 도움이 될 수 있도록 정리한 지식)를 검증(檢證, 검사하여 증명함) 절차(節次, 일을 치르는 데 거쳐야 하는 순서나 방법)를 거친 후 받아들이다가는 정상적 생활을 영위(營爲, 일을 꾸려 나감)하는 것 자체가 불가능해질 것이기 때문이다.](일상생활에서 경험론이 필요한 이유) ⁴반대로, 실용적 기술 개발(開發, 지식이나 재능 따위를 발달하게 함)이나 평범한 일상적 행동과는 달리 과학적 연구(研究, 어떤 일이나 사물에 대하여서 깊이 있게 조사하고 생각하여 진리를 따져 보는 일)는 상당한 정도의 정확성(正確性, 바르고 확실한 성질)을 요구하므로 경험적 자료에 대해 어느 정도의 경계심을 유지하는 것도 당연하다.
▶ 실용적 기술 개발이나 일상적 행동은 경험론적 사고에, 과학적 연구는 합리론적 사고에 토대를 둠

① 실용적 기술을 개발하는 것은 일차적으로 경험론적 사고에 토대를 둔다.(근거 (가)-3, (나)-2~4)
② 세계는 끊임없이 변화하므로 일상생활에서는 합리론적(×) 사고를 우선하여야 한다.(근거 (가)-2, 3 (나)-2, 3)
③ 과학 연구는 합리론을 버리고(×) 철저히 경험론(×)을 바탕으로 이루어져야 한다.(근거 (가)-2, (나)-4)
④ 감각에 대한 신뢰는 어느 분야에나 전적으로 차별 없이 요구된다(×).(근거 (가)-1, (나)-4)

단계별 풀이 비법

풀이 비법 1 발문과 선택지를 확인하라!
(가)를 바탕으로 (나)에 담긴 글쓴이의 생각을 추론하는 유형의 문제이다. (가)의 중심 화제를 바탕으로 (나)에 담긴 글쓴이의 생각을 이끌어낼 수 있어야 한다.

풀이 비법 2 화제어와 중심 내용을 파악하라!
중심 화제 합리론적 사고와 경험론적 사고
중심 내용

(가)	합리론과 경험론의 특성
(나)	실용 기술 개발이나 일상적 행동은 경험론적 사고에, 과학적 연구는 합리론적 사고에 토대를 둠.

풀이 비법 3 글의 내용을 바탕으로 글쓴이의 견해나 입장을 추론하라!
실용적 기술 개발이나 일상적 행동은 감각과 경험을 중시하는 경험론적 사고에, 과학적 연구는 검증과 절차를 중시하는 합리론적 사고에 토대를 둔다.

풀이 비법 4 지문과 선택지를 비교하여 일치 여부를 판단하라!
① (가)-3에 따르면, 경험론자들은 모든 관념과 판단은 감각 경험에서 출발한다고 주장했고 (나)-2~4에 따르면, 일상생활에서는 감각을 신뢰하고 이에 따라 행동하는 것이 잘못이 아니라고 했으므로, 일상생활에서 사용하는 실용적 기술 개발은 경험론적 사고에 토대를 둔다고 추론할 수 있다.
② (가)에 따르면, 합리론은 감각이 보여 주는 세계를 불안정한 세계로 간주하고, 감각에 근거하여 얻는 지식을 부정했다. (나)에서는 일상생활에서는 감각을 신뢰하고 이에 따라 행동하는 것은 잘못이 아니라고 했으므로 일상생활에서는 합리론적 사고를 우선해야 한다는 추론은 적절하지 않다.
③ (가)에 따르면, 합리론에서는 감각에 근거하여 얻는 지식을 부정했고, (나)에 따르면, 과학적 연구는 상당한 정도의 정확성을 요구하므로 경험적 자료에 대해 어느 정도의 경계심을 유지해야 한다고 했다. 따라서 과학 연구는 합리론을 버리고 철저히 경험론을 바탕으로 이루어져야 한다는 추론은 적절하지 않다.
④ (가)에 따르면, 합리론은 감각에 대해 비판적이었고 (나)에서는 과학적 연구를 할 때는 경험적 자료(감각)에 대해 경계심을 유지하는 것이 당연하다고 했다. 따라서 감각에 대한 신뢰는 어느 분야에나 전적으로 차별 없이 요구된다는 생각은 잘못된 추론이다.

정답 ①

실전 기출 추리·추론·비판하기 3

학습일: 월   일   풀이 시간: 1분 이내

연습 1 병태 요정과 함께 풀기

다음 글에서 '칸트'의 견해로 볼 수 없는 것은? 2017 지방직 9급 추가

칸트는 계몽이란 인간이 자신의 과오로 인한 미성년 상태로부터 벗어나는 것이라고 했다. 이때 '미성년 상태'는 타인의 지도 없이는 스스로의 이성을 사용할 수 없는 상태를 뜻하며, 이를 벗어나는 데 필요한 것은 용기를 내어 스스로의 이성을 사용하려고 하는 것이다.

칸트에 의하면 계몽은 두 가지 양상으로 이루어진다. 하나는 개인적 계몽으로 각자 스스로 미성년 상태를 벗어나서 이성 능력을 발휘하는 것이다. 하지만 모든 사람이 개인적 계몽을 이룰 수 있는 것은 아니다. 미성년 상태는 편하다. 이 상태의 개인은 스스로 생각하고 판단함으로써 저지를지 모르는 실수의 위험을 과장해서 생각한다. 한 개인이 실수의 두려움으로 인해 미성년 상태에 머무르기를 선택하면 편안함에 대한 유혹과 실수에 대한 공포심을 극복하며 스스로를 계몽하기는 힘들다.

대중 일반의 계몽은 이보다는 쉽게 이루어질 수 있다. 어느 시대에나 개인적 계몽에 성공한 독립적인 정신의 사상가들이 있기 마련이고, 이들은 편안함에 안주하며 두려움의 방패 뒤에 도피하려는 사람들의 의식을 일깨워 자각의 계기를 제공해 줄 수 있다. 개인적 계몽에 성공한 이들에게 자신의 생각을 표현하고 발표하는 자유가 주어진다면 계몽 정신은 자연스레 널리 전파될 것이고 사람들은 독립에의 공포심에서 벗어나 스스로 생각하는 성년 단계로 진입하게 될 것이다.

칸트는 대중 일반의 계몽을 위해 필요한 이성의 사용을 이성의 공적 사용이라 일컫는다. 이성의 사용은 사적 사용과 공적 사용으로 구분된다. 이성의 사적 사용은 각자가 개인이나 소규모 공동체의 이익을 위해 이성을 사용하는 것을 말한다. 그러나 한 개인이 몸담고 있는 공동체의 범위를 벗어나 세계 시민의 한 사람으로서 그리고 학자로서 글을 통해 자신의 생각을 대중에게 전달하게 되면 그는 이성을 공적으로 사용하는 것이 된다.

① 개인적 계몽을 모든 사람이 이룰 수 있는 것은 아니다.
② 대중 일반의 계몽을 위한 이성의 사용을 이성의 공적 사용이라 불렀다.
③ 미성년 상태에서 벗어나기 위해서는 스스로의 이성을 사용하려고 해야 한다.
④ 개인적 계몽을 이룬 이들에게 자유가 주어진다면 독립에 대한 공포심에 빠지게 된다.

연습 2 혼자서 눈으로 계속 연습하기

다음 글에서 '칸트'의 견해로 볼 수 없는 것은? 2017 지방직 9급 추가

칸트는 계몽이란 인간이 자신의 과오로 인한 미성년 상태로부터 벗어나는 것이라고 했다. 이때 '미성년 상태'는 타인의 지도 없이는 스스로의 이성을 사용할 수 없는 상태를 뜻하며, 이를 벗어나는 데 필요한 것은 용기를 내어 스스로의 이성을 사용하려고 하는 것이다.

칸트에 의하면 계몽은 두 가지 양상으로 이루어진다. 하나는 개인적 계몽으로 각자 스스로 미성년 상태를 벗어나서 이성 능력을 발휘하는 것이다. 하지만 모든 사람이 개인적 계몽을 이룰 수 있는 것은 아니다. 미성년 상태는 편하다. 이 상태의 개인은 스스로 생각하고 판단함으로써 저지를지 모르는 실수의 위험을 과장해서 생각한다. 한 개인이 실수의 두려움으로 인해 미성년 상태에 머무르기를 선택하면 편안함에 대한 유혹과 실수에 대한 공포심을 극복하며 스스로를 계몽하기는 힘들다.

대중 일반의 계몽은 이보다는 쉽게 이루어질 수 있다. 어느 시대에나 개인적 계몽에 성공한 독립적인 정신의 사상가들이 있기 마련이고, 이들은 편안함에 안주하며 두려움의 방패 뒤에 도피하려는 사람들의 의식을 일깨워 자각의 계기를 제공해 줄 수 있다. 개인적 계몽에 성공한 이들에게 자신의 생각을 표현하고 발표하는 자유가 주어진다면 계몽 정신은 자연스레 널리 전파될 것이고 사람들은 독립에의 공포심에서 벗어나 스스로 생각하는 성년 단계로 진입하게 될 것이다.

칸트는 대중 일반의 계몽을 위해 필요한 이성의 사용을 이성의 공적 사용이라 일컫는다. 이성의 사용은 사적 사용과 공적 사용으로 구분된다. 이성의 사적 사용은 각자가 개인이나 소규모 공동체의 이익을 위해 이성을 사용하는 것을 말한다. 그러나 한 개인이 몸담고 있는 공동체의 범위를 벗어나 세계 시민의 한 사람으로서 그리고 학자로서 글을 통해 자신의 생각을 대중에게 전달하게 되면 그는 이성을 공적으로 사용하는 것이 된다.

① 개인적 계몽을 모든 사람이 이룰 수 있는 것은 아니다.
② 대중 일반의 계몽을 위한 이성의 사용을 이성의 공적 사용이라 불렀다.
③ 미성년 상태에서 벗어나기 위해서는 스스로의 이성을 사용하려고 해야 한다.
④ 개인적 계몽을 이룬 이들에게 자유가 주어진다면 독립에 대한 공포심에 빠지게 된다.

지문을 한눈에

1 화제 제시	2 전개 1	3 전개 2	4 심화
칸트가 내린 '계몽'의 정의	개인적 계몽	대중 일반의 계몽	대중 일반의 계몽을 위해 필요한 이성의 공적 사용

실전 기출 추리·추론·비판하기 3

06
다음 글에서 '칸트'의 견해로 볼 수 없는 것은?

지문 제재 | 인문
2017 지방직 9급 추가

① 칸트는 계몽(啓蒙, 지식수준이 낮거나 인습에 젖은 사람을 가르쳐서 깨우침)이란 인간이 자신의 과오(過誤, 잘못이나 허물)로 인한 미성년 상태로부터 벗어나는 것이라고 했다. ② 이때 '미성년 상태'는 타인의 지도 없이는 스스로의 이성을 사용할 수 없는 상태를 뜻하며, 이를 벗어나는 데 필요한 것은 [용기를 내어 스스로의 이성을 사용하려고 하는 것](미성년 상태를 벗어나는 방법)이다.
▶ 칸트가 내린 '계몽'의 정의와 미성년 상태를 벗어나는 방법

② ① 칸트에 의하면 계몽은 두 가지 양상(樣相, 사물이나 현상의 모양이나 상태)으로 이루어진다. ② 하나는 개인적 계몽으로 각자 스스로 미성년 상태(狀態, 사물·현상이 놓여 있는 모양이나 형편)를 벗어나서 이성 능력을 발휘(發揮, 재능, 능력 따위를 떨치어 나타냄)하는 것이다. ③ 하지만 모든 사람이 개인적 계몽을 이룰 수 있는 것은 아니다. ④ [미성년 상태는 편하다.](실수로 인한 두려움을 피할 수 있어서) ⑤ 이 상태의 개인은 스스로 생각하고 판단함으로써 저지를지 모르는 실수의 위험을 과장(誇張, 사실보다 지나치게 불려서 나타냄)해서 생각한다. ⑥ 한 개인이 실수의 두려움으로 인해 미성년 상태에 머무르기를 선택(選擇)하면 편안함에 대한 유혹과 실수에 대한 공포심을 극복(克服, 악조건이나 고생 따위를 이겨 냄)하며 스스로를 계몽하기는 힘들다.
▶ 계몽의 두 가지 양상 중 개인적 계몽

③ ① 대중 일반의 계몽은 【이】(개인적 계몽)보다는 쉽게 이루어질 수 있다. ② 어느 시대에나 개인적 계몽에 성공한 독립(獨立, 다른 것에 예속하거나 의존하지 아니하는 상태로 됨)적인 정신의 사상가들이 있기 마련이고, 【이들】(개인적 계몽에 성공한 사상가들)은 편안함에 안주(安住, 한곳에 자리를 잡고 편안히 삶)하며 두려움의 방패(防牌/旁牌) 뒤에 도피(逃避, 도망하여 몸을 피함)하려는 사람들의 의식(意識, 깨어 있는 상태에서 자기 자신이나 사물에 대하여 인식하는 작용)을 일깨워 자각의 계기(契機, 결정적인 원인이나 기회)를 제공해 줄 수 있다. ③ 【개인적 계몽에 성공한 이들에게 자신의 생각을 표현하고 발표하는 자유가 주어진다면】(대중을 계몽하는 방법) 계몽 정신은 자연스레 널리 전파(傳播, 전하여 널리 퍼뜨림)될 것이고 【사람들은 독립에의 공포심에서 벗어나 스스로 생각하는 성년 단계로 진입】(대중 일반의 계몽)하게 될 것이다.
▶ 계몽의 두 가지 양상 중 대중 일반의 계몽

④ ① 칸트는 대중 일반의 계몽을 위해 필요한 이성의 사용을 이성의 공적 사용이라 일컫는다. ② 【이성의 사용은 사적 사용과 공적 사용으로 구분된다.】 ③ 이성의 사적 사용은 각자가 개인이나 소규모 공동체의 이익(利益, 물질적으로나 정신적으로 보탬이 되는 것)을 위해 이성을 사용하는 것을 말한다. ④ 그러나 한 개인이 몸담고 있는 공동체의 범위를 벗어나 세계 시민의 한 사람으로서 그리고 학자로서 글을 통해 자신의 생각을 대중에게 전달하게 되면 그는 이성을 공적으로 사용하는 것(이성의 사적과 사용과 공적 사용을 설명 방식 대조와 분류를 사용하여 제시함)이 된다.
▶ 대중 일반의 계몽을 위해 필요한 이성의 공적 사용

① 개인적 계몽을 모든 사람이 이룰 수 있는 것은 아니다.(근거 ②-3)
② 대중 일반의 계몽을 위한 이성의 사용을 이성의 공적 사용이라 불렀다.(근거 ④-1)
③ 미성년 상태에서 벗어나기 위해서는 스스로의 이성을 사용하려고 해야 한다.(근거 ②-2)
❹ 개인적 계몽을 이룬 이들에게 자유가 주어진다면 독립에 대한 공포심에 빠지게 된다(×).(근거 ③-3)

단계별 풀이 비법

풀이 비법 1 발문과 선택지를 확인하라!
필자의 견해로 볼 수 없는 것을 찾는 문제이므로 우선 글의 중심 화제를 파악해야 한다. 중심 화제를 바탕으로 필자의 견해를 파악하면 된다.

풀이 비법 2 화제어와 중심 내용을 파악하라!
중심 화제 계몽
중심 내용

①	칸트가 내린 '계몽'의 정의와 미성년 상태를 벗어나는 방법
②	계몽의 두 양상 중 개인적 계몽과 그 어려움
③	계몽의 두 양상 중 대중 일반의 계몽
④	대중 일반의 계몽을 위해 필요한 이성의 공적 사용

풀이 비법 3 글의 내용을 바탕으로 글쓴이의 견해나 입장을 추론하라!
칸트는 계몽이란 미성년 상태에서 벗어나는 것이라 하고 계몽을 개인적 계몽과 대중 일반의 계몽으로 구분하였다. 대중 일반의 계몽을 위한 이성의 사용을 이성의 공적 사용이라 하는데, 세계 시민의 한 사람으로서 그리고 학자로서 글을 통해 자신의 생각을 대중에게 전달하면 이성을 공적으로 사용하는 것이라 했다.

풀이 비법 4 지문과 선택지를 비교하여 일치 여부를 판단하라!
① ②-3에서 모든 사람이 개인적 계몽을 이룰 수 있는 것은 아니라고 하였으므로 칸트의 견해로 볼 수 있다.
② ④-1에서 대중 일반의 계몽을 위해 필요한 이성의 사용을 이성의 공적 사용이라 일컫는다고 하였으므로 칸트의 견해로 볼 수 있다.
③ ②-2에서 개인적 계몽은 각자 스스로 미성년 상태를 벗어나서 이성 능력을 발휘하는 것이라 했으므로 칸트의 견해로 볼 수 있다.
④ ③-3에서 개인적 계몽에 성공한 이들에게 자유가 주어진다면, 사람들은 독립에의 공포심에서 벗어나 스스로 생각하는 성년 단계로 진입하게 된다고 하였으므로 칸트의 견해로 볼 수 없다.

정답 ④

실전 기출 — 추리·추론·비판하기 3

학습일: 월   일   풀이 시간: 1분 이내

연습 1 병태 요정과 함께 풀기

밑줄 친 곳에 들어갈 말로 가장 적절한 것은? 2019 국가직 7급

> 기자: _____
> 작가: 내가 작품을 쓰면서 취재에 상당한 시간을 할애했던 것은 작품이 가지고 있는 리얼리티를 살려 놓아야 독자들의 공감대를 넓힐 수 있다고 생각했기 때문이에요. 소설이 아무리 허구적 장르라 해도 사실성에 근거해야 비로소 생동감과 개연성을 확보하기에 습작 시절부터 취재를 우선시했지요. 전집에 실린 ○○기행, ○○를 찾아서 같은 단편들도 거의 취재를 통해서 얻어 낸 자료를 가지고 쓴 작품들이에요. 그렇게 하고 나니 리얼리티가 살아나는 것을 느낄 수 있었고 작품이 힘을 얻을 수 있었지요. 그것은 분명 작가 수업에도 보탬이 됐고 공감을 얻는 데도 기여를 했다고 봐요.

① 선생님은 작품을 쓰면서 언제부터 취재를 하시는지요?
② 선생님의 이번 신작에서 리얼리티가 강조된 이유는 무엇인지요?
③ 선생님의 작품 중 독자들의 공감을 얻은 작품은 어떤 것들인지요?
④ 선생님이 작품 활동에서 취재에 주력하시는 이유가 무엇인지요?

연습 2 혼자서 눈으로 계속 연습하기

밑줄 친 곳에 들어갈 말로 가장 적절한 것은? 2019 국가직 7급

> 기자: _____
> 작가: 내가 작품을 쓰면서 취재에 상당한 시간을 할애했던 것은 작품이 가지고 있는 리얼리티를 살려 놓아야 독자들의 공감대를 넓힐 수 있다고 생각했기 때문이에요. 소설이 아무리 허구적 장르라 해도 사실성에 근거해야 비로소 생동감과 개연성을 확보하기에 습작 시절부터 취재를 우선시했지요. 전집에 실린 ○○기행, ○○를 찾아서 같은 단편들도 거의 취재를 통해서 얻어 낸 자료를 가지고 쓴 작품들이에요. 그렇게 하고 나니 리얼리티가 살아나는 것을 느낄 수 있었고 작품이 힘을 얻을 수 있었지요. 그것은 분명 작가 수업에도 보탬이 됐고 공감을 얻는 데도 기여를 했다고 봐요.

① 선생님은 작품을 쓰면서 언제부터 취재를 하시는지요?
② 선생님의 이번 신작에서 리얼리티가 강조된 이유는 무엇인지요?
③ 선생님의 작품 중 독자들의 공감을 얻은 작품은 어떤 것들인지요?
④ 선생님이 작품 활동에서 취재에 주력하시는 이유가 무엇인지요?

지문을 한눈에

질문	문장(2~3)	문장(4~5)
작품 활동에서 취재에 주력하는 이유	생동감과 개연성을 살리기 위해 취재를 우선시하여 작품을 씀.	취재한 자료를 가지고 쓴 작품은 리얼리티가 있고 독자의 공감을 얻는 데도 기여함.

실전 기출 — 추리·추론·비판하기 3

07

밑줄 친 곳에 들어갈 말로 가장 적절한 것은?

지문 제재 | 화법
2019 국가직 7급

> 기자: _____
> 작가: ¹내가 작품을 쓰면서 취재(取材, 작품이나 기사에 필요한 재료나 제재(題材)를 조사하여 얻음)에 상당한 시간을 할애(割愛, 소중한 시간, 돈, 공간 따위를 아깝게 여기지 아니하고 선뜻 내어 줌)했던 것은 작품이 가지고 있는 리얼리티를 살려 놓아야 독자들의 공감대(共感帶, 서로 공감하는 부분)를 넓힐 수 있다고 생각했기 때문이에요. ²소설이 아무리 허구(虛構, 사실에 없는 일을 사실처럼 꾸며 만듦)적 장르라 해도 사실성에 근거(根據, 어떤 일이나 의논, 의견에 그 근본이 됨. 또는 그런 까닭)해야 비로소 생동감(生動感, 생기 있게 살아 움직이는 듯한 느낌)과 개연성(蓋然性, 실제로 일어날 법한 일을 다루는, 문학의 보편성을 가리키는 개념)을 확보(確保, 확실히 보증하거나 가지고 있음)하기에 습작 시절부터 취재(取材, 작품이나 기사에 필요한 재료나 제재(題材)를 조사하여 얻음)를 우선시했지요. ³전집에 실린 ○○기행, ○○를 찾아서 같은 단편들도 거의 취재를 통해서 얻어 낸 자료를 가지고 쓴 작품들이에요. ⁴그렇게 하고 나니 리얼리티가 살아나는 것을 느낄 수 있었고 작품이 힘을 얻을 수 있었지요. ⁵그것은 분명 작가 수업에도 보탬이 됐고 공감을 얻는 데도 기여(寄與, 도움이 되도록 이바지함)를 했다고 봐요.
> ▶ 생동감과 개연성을 살리기 위해 취재에 주력하여 작품을 쓴 결과 독자의 공감을 얻는 데도 기여했다는 작가의 답변

① 선생님은 작품을 쓰면서 언제부터 취재를 하시는지요?
② 선생님의 이번 신작에서 리얼리티가 강조된 이유는 무엇인지요?
③ 선생님의 작품 중 독자들의 공감을 얻은 작품은 어떤 것들인지요?
④ 선생님이 작품 활동에서 취재에 주력하시는 이유가 무엇인지요? (근거 1, 2)

단계별 풀이 비법

풀이 비법 1 발문과 선택지를 확인하라!
전형적인 내용 추론 유형으로 빈칸에 들어갈 내용으로 적절한 것을 찾는 문제이다. 앞뒤의 내용을 바탕으로 빈칸의 내용을 이끌어 내는 것이 중요하다.

풀이 비법 2 화제어와 중심 내용을 파악하라!
중심 화제 작품 활동에서 취재에 주력하는 이유
중심 내용

1	리얼리티가 뛰어난 작품은 독자들의 공감대를 살 수 있으므로 작품을 쓰면서 취재에 주력함.
2~3	생동감과 개연성을 살리기 위해 취재를 우선시하여 작품을 씀.
4~5	취재한 자료를 가지고 쓴 작품은 리얼리티가 있고 독자의 공감을 얻는 데도 기여함.

풀이 비법 3 이어진 내용을 바탕으로 생략된 내용을 추론하라!
작가는 작품 활동에서 취재에 주력하는 이유를 답하고 있다.

풀이 비법 4 부합하는 선택지를 찾아라!
① 작가의 대답에 언제부터 취재를 하는 지는 나와 있지 않으므로 적절한 질문이 아니다.
② 작가의 대답에 신작에 대한 내용은 나와 있지 않으므로 적절한 질문이 아니다.
③ 작가의 대답에 독자들의 공감을 얻은 작품에 대한 내용은 나와 있지 않으므로 적절한 질문이 아니다.
④ 작품 활동에서 취재에 주력하는 이유에 대해 작가는 리얼리티를 살려 독자들의 공감대를 넓히기 위해 취재에 주력한다고 답하고 있으므로 적절한 질문이다.

정답 ④

시간 절약 꿀팁 TIP

출제자가 틀린 선지를 만드는 방법에는 선지의 내용을 구성할 때 제시문과 다르게 주어나 목적어, 서술어를 교묘하게 바꿔치기하거나 인과 관계를 왜곡하는 방법이 있습니다. 따라서 수험생들이 출제자가 파 놓은 함정에 빠지지 않으려면 주어나 목적어, 서술어가 바꿔치기가 됐는지 확인하면서 문제 풀이에 접근하면 됩니다.

실전 기출 추리·추론·비판하기 3

학습일: 월 일 풀이 시간: 1분 이내

연습 1 병태 요정과 함께 풀기

밑줄 친 부분에 들어갈 말로 가장 적절한 것은? 2017 국가직 7급

'한글 문학' 또는 '한글 소설'이란 뭘까? 손쉽게, '한글을 표기 수단으로 삼은 문학', '한글로 쓴 소설'이라 말할 수 있을 테다. 한국 고전 소설을 '한문 소설/한글 소설'로 나누는 관점에도, 사용하는 '문자'에 대한 의식이 개입해 있을 게다. 그런데 이것이 타당한 분류일까? 적어도, 자연스러운 분류일까? 그 관행 바깥에서 잠시만 생각해 보면, '한문 소설'과 '한글 소설'은 맞세울 수 없는 개념이라는 점이 또렷해진다. 그것은 한문과 한글이 맞세울 수 없는 개념이기 때문이다. 한문과 한글은 왜 맞세울 수 없는가? 한문은 고전중국어라는 자연 언어나 그 자연 언어로 짜인 텍스트를 가리키는 데 비해, 한글은 1446년에 반포된 표음 문자를 가리키기 때문이다. 그 둘은 층위가 크게 다르다. 한글과 맞세울 수 있는 개념은 한문이 아니라 한자다.

그러니까 한문 소설은 성립될 수 있는 개념이지만, '한글 소설'은 아예 성립될 수 없거나 성립될 수 있더라도 거의 쓸모없는 개념이다. '한글 소설'이 성립될 수 없거나 거의 쓸모없는 개념인 것은, '로마 문자 소설'이나 '키릴 문자 소설'이 성립될 수 없거나 거의 쓸모없는 개념인 것과 마찬가지이다.

이것은 '한글로 창작한다'거나 '한글로 번역한다'는 표현이 어불성설이라는 것을 뜻한다. 우리는 어떤 문자로 '표기'하거나 '전사'할 수는 있지만, '창작'하거나 '번역'할 수는 없다. 적어도 표준적 언어 사용에 따르면 그렇다. 텍스트를 짜는 것은 문자가 아니라 언어이기 때문이다. 그러니 앞의 표현은 '한국어로 창작한다'거나 '한국어로 번역한다'로 고쳐져야 할 테다. 〈홍길동전〉은 한글로 창작된 소설이 아니라 한국어로 창작된 소설이고, 본디 한문으로 창작된 〈설공찬전〉은 한자에서 한글로 번역된 것이 아니라 고전 중국어에서 한국어로 번역된 것이다. 그러니까 효시든 아니든 〈홍길동전〉은 _____

① '한글 소설'이 아니라 '한국어 소설'이고, 따라서 '한글 문학'에 속하는 것이 아니라 '한국어 문학'에 속한다.
② '한국어 소설'이 아니라 '한글 소설'이고, 따라서 '한국어 문학'에 속하는 것이 아니라 '한글 문학'에 속한다.
③ '한글 소설'이 아니라 '한국어 소설'이되 '한국어 문학'에 속하는 것이 아니라 '한글 문학'에 속한다.
④ '한국어 소설'이 아니라 '한글 소설'이되 '한글 문학'에 속하는 것이 아니라 '한국어 문학'에 속한다.

연습 2 혼자서 눈으로 계속 연습하기

밑줄 친 부분에 들어갈 말로 가장 적절한 것은? 2017 국가직 7급

'한글 문학' 또는 '한글 소설'이란 뭘까? 손쉽게, '한글을 표기 수단으로 삼은 문학', '한글로 쓴 소설'이라 말할 수 있을 테다. 한국 고전 소설을 '한문 소설/한글 소설'로 나누는 관점에도, 사용하는 '문자'에 대한 의식이 개입해 있을 게다. 그런데 이것이 타당한 분류일까? 적어도, 자연스러운 분류일까? 그 관행 바깥에서 잠시만 생각해 보면, '한문 소설'과 '한글 소설'은 맞세울 수 없는 개념이라는 점이 또렷해진다. 그것은 한문과 한글이 맞세울 수 없는 개념이기 때문이다. 한문과 한글은 왜 맞세울 수 없는가? 한문은 고전중국어라는 자연 언어나 그 자연 언어로 짜인 텍스트를 가리키는 데 비해, 한글은 1446년에 반포된 표음 문자를 가리키기 때문이다. 그 둘은 층위가 크게 다르다. 한글과 맞세울 수 있는 개념은 한문이 아니라 한자다.

그러니까 한문 소설은 성립될 수 있는 개념이지만, '한글 소설'은 아예 성립될 수 없거나 성립될 수 있더라도 거의 쓸모없는 개념이다. '한글 소설'이 성립될 수 없거나 거의 쓸모없는 개념인 것은, '로마 문자 소설'이나 '키릴 문자 소설'이 성립될 수 없거나 거의 쓸모없는 개념인 것과 마찬가지이다.

이것은 '한글로 창작한다'거나 '한글로 번역한다'는 표현이 어불성설이라는 것을 뜻한다. 우리는 어떤 문자로 '표기'하거나 '전사'할 수는 있지만, '창작'하거나 '번역'할 수는 없다. 적어도 표준적 언어 사용에 따르면 그렇다. 텍스트를 짜는 것은 문자가 아니라 언어이기 때문이다. 그러니 앞의 표현은 '한국어로 창작한다'거나 '한국어로 번역한다'로 고쳐져야 할 테다. 〈홍길동전〉은 한글로 창작된 소설이 아니라 한국어로 창작된 소설이고, 본디 한문으로 창작된 〈설공찬전〉은 한자에서 한글로 번역된 것이 아니라 고전 중국어에서 한국어로 번역된 것이다. 그러니까 효시든 아니든 〈홍길동전〉은 _____

① '한글 소설'이 아니라 '한국어 소설'이고, 따라서 '한글 문학'에 속하는 것이 아니라 '한국어 문학'에 속한다.
② '한국어 소설'이 아니라 '한글 소설'이고, 따라서 '한국어 문학'에 속하는 것이 아니라 '한글 문학'에 속한다.
③ '한글 소설'이 아니라 '한국어 소설'이되 '한국어 문학'에 속하는 것이 아니라 '한글 문학'에 속한다.
④ '한국어 소설'이 아니라 '한글 소설'이되 '한글 문학'에 속하는 것이 아니라 '한국어 문학'에 속한다.

지문을 한눈에

1 도입	2 전개	3 결론
한문은 자연 언어나 그 텍스트를, 한글은 문자를 가리키므로 한문과 한글은 층위가 다름.	글을 짜는 것은 한글이 아니라 언어이므로 '한글 소설'은 성립될 수 없는 개념임.	한국어로 창작된 〈홍길동전〉은 한국어 소설임.

실전 기출 추리·추론·비판하기 3

08
밑줄 친 부분에 들어갈 말로 가장 적절한 것은?

지문 제재 | 문학 이론
2017 국가직 7급

1 ¹['한글 문학' 또는 '한글 소설'이란 뭘까? ²손쉽게, '한글을 표기(表記, 적어서 나타냄) 수단으로 삼은 문학', '한글로 쓴 소설'이라 말할 수 있을 테다.] (자문자답의 방식을 이용하여 독자의 호기심 유발) ³한국 고전 소설을 '한문 소설/한글 소설'로 나누는 관점(觀點, 사물이나 현상을 관찰할 때, 그 사람이 보고 생각하는 태도나 방향 또는 처지)에도, 사용하는 '문자'에 대한 의식이 개입(介入, 자신과 직접적인 관계가 없는 일에 끼어듦)해 있을 게다. ⁴[그런데 이것이 (한문 소설과 한글 소설로 나누는 관점) 타당(妥當, 마땅함)한 분류일까? ⁵적어도, 자연스러운 분류일까?](문제 제기) ⁶그 관행(慣行, 오래전부터 해 오는 대로 함. 또는 관례에 따라서 함) 바깥에서 잠시만 생각해 보면, ['한문 소설'과 '한글 소설'은 맞세울(→ 맞댈, 대비할) 수 없는 개념(概念, 어떤 사물이나 현상에 대한 일반적인 지식)이라는 점이 또렷해진다. ⁷그것은 한문과 한글이 맞세울 수 없는 개념이기 때문이다.](자격이나 층위가 다르기 때문임) ⁸[한문과 한글은 왜 맞세울 수 없는가? ⁹한문은 고전 중국어라는 자연 언어나 그 자연 언어로 짜인 텍스트를 가리키는 데 비해, 한글은 1446년에 반포된 표음 문자를 가리키기 때문이다. ¹⁰그 둘은 층위가 크게 다르다. ¹¹한글과 맞세울 수 있는 개념은 한문이 아니라 한자다.](자문자답의 방법으로 논지를 전개하심)
▶ 한문은 자연 언어나 그 텍스트를, 한글은 문자를 가리킴. 따라서 한문과 한글은 층위가 다르기 때문에 맞댈 수 있는 개념이 아님

2 ¹그러니까 [한문 소설은 성립될 수 있는 개념이지만](한문은 글자가 아니라 글이므로), ['한글 소설'은 아예 성립될 수 없거나 성립될 수 있더라도 거의 쓸모없는 개념이다.](한글은 글이 아니라 문자이므로) ²한글 소설'이 성립될 수 없거나 거의 쓸모없는 개념인 것은, '로마문자 소설'이나 '키릴문자 소설'이 성립될 수 없거나 거의 쓸모없는 개념인 것과 마찬가지이다.
▶ '한글 소설'이라는 개념이 성립되지 않거나 성립되더라도 쓸모없는 개념임

3 ¹어긋은, ['한글로 창작(創作, 예술 작품을 독창적으로 지어냄)한다'거나 '한글로 번역(飜譯, 어떤 언어로 된 글을 다른 언어의 글로 옮김)한다'는 표현이 어불성설(語不成說, 말이 조금도 사리에 맞지 아니함)이라는 것을 뜻한다.](주장) ²[우리는 어떤 문자로 '표기'하거나 '전사(轉寫, 글이나 그림 따위를 옮기어 베낌)'할 수는 있지만, '창작'하거나 '번역'할 수는 없다. ³적어도 표준적 언어 사용에 따르면 그렇다. ⁴텍스트를 짜는 것은 문자가 아니라 언어(言語, 생각, 느낌 따위를 나타내거나 전달하는 데에 쓰는 음성, 문자 따위의 수단)이기 때문이다.](근거) ⁵그러니 앞의 표현은 '한국어로 창작한다'거나 '한국어로 번역한다'로 고쳐져야 할 테다. ⁶〈홍길동전〉은 한글로 창작된 소설이 아니라 한국어로 창작된 소설이고, 본디 한문으로 창작된 〈설공찬전〉은 한자에서 한글로 번역된 것이 아니라 고전 중국어에서 한국어로 번역된 것이다. ⁷그러니까 효시든 아니든 〈홍길동전〉은 _____
▶ 한글로 창작된 홍길동전은 한국어 소설임

① '한글 소설'이 아니라 '한국어 소설'이고(○), 따라서 '한글 문학'에 속하는 것이 아니라 '한국어 문학'에 속한다(○). (근거 **3**-6)
② '한국어 소설'이 아니라 '한글 소설'이고(×), 따라서 '한국어 문학'에 속하는 것이 아니라 '한글 문학'에 속한다(×). (근거 **2**-1, **3**-6)
③ '한글 소설'이 아니라 '한국어 소설'이되(○) '한국어 문학'에 속하는 것이 아니라 '한글 문학'에 속한다(×). (근거 **3**-1, 6)
④ '한국어 소설'이 아니라 '한글 소설'이되(×) '한글 문학'에 속하는 것이 아니라 '한국어 문학'에 속한다. (근거 **2**-1, **3**-1, 6)

단계별 풀이 비법

풀이 비법 1 발문과 선택지를 확인하라!
이어질 내용을 추론하는 유형의 문제이므로, 글의 중심 화제를 먼저 파악해야 한다. 그리고 이를 바탕으로 뒤에 이어질 내용을 파악하는 것이 중요하다.

풀이 비법 2 화제어와 중심 내용을 파악하라!
중심 화제 한국어 소설과 한국어 문학
중심 내용

1	텍스트인 한문과 문자인 한글은 층위가 다르기 때문에 맞댈 수 있는 개념이 아니다.
2	'한글 소설'이라는 개념이 성립되지 않거나 성립되더라도 쓸모없는 개념이다.
3	한글로 창작된 〈홍길동전〉은 한국어 소설이다.

풀이 비법 3 중심 내용과 배경지식을 바탕으로 이어질 내용을 추론하라!
텍스트를 짜는 것은 문자가 아니라 언어이므로 〈홍길동전〉의 경우 한글로 창작된 소설이 아니라 한국어로 창작된 소설이라는 것이 제시문의 주장이다.

풀이 비법 4 부합하는 선택지를 찾아라!
① 텍스트를 짜는 것은 문자가 아니라 언어이므로 〈홍길동전〉의 경우 한글로 창작된 소설이 아니라 한국어로 창작된 소설이라는 것이 제시문의 주장이다. 따라서 한글 소설이란 용어 자체가 성립할 수 없다는 것이므로, 따라서 한글로 창작된 〈홍길동전〉은 한국어 소설이고, 한국어 소설은 한국어 문학에 속한다고 보아야 한다.
② **2**-1에서 한글 소설은 성립될 수 없거나 쓸모없는 개념이라고 서술하고 있으므로 적절하지 않은 진술이다.
③ **3**-1에서 한글로 창작한다는 것은 어불성설이라고 서술하고 있으므로 '한글 문학'에 속한다는 진술도 적절하지 않다.
④ **2**-1, **3**-1을 통해 적절하지 않은 진술임을 알 수 있다.   정답 ①

단락을 요약하는 TIP
1. 단락의 중심어를 찾습니다.
2. 단락의 화제와 속성을 포괄하는 중심 화제를 찾습니다.
3. 구체적인 진술로만 이루어진 단락은 추상적인 용어로 요약합니다.
4. 중심 화제를 담고 있는 주제문이 있을 경우에는 그 문장을 활용하여 요약합니다.

실전 기출 추리·추론·비판하기 3

학습일: 월   일   풀이 시간: 1분 이내

연습 1 병태 요정과 함께 풀기

다음 글을 바탕으로 추론한 생각 중 적절하지 않은 것은?

2018 국가직 7급

> 소쉬르는 언어를, 기호의 형식에 상응하는 기표(記標)와 기호의 의미에 상응하는 기의(記意)의 기호적 조합이라고 전제한다. 예를 들어 '흑연과 점토의 혼합물을 구워 만든 가느다란 심을 속에 넣고, 겉을 나무로 둘러싸서 만든 필기도구'라는 의미를 표시하는 기표는 한국어에서 '연필'이다. 그런데 '연필'의 기의에 대응되는 영어 기표는 'pencil'이다. 각기 다른 기표가 동일한 기의를 표현한 것이다. 소쉬르는 이처럼 하나의 기의가 서로 다른 기표에 대응되는 것을 두고 기호적 관계가 자의적이라고 주장하는 한편, 이러한 자의성은 사회적 약속과 문화적 약호(code)에 따라 조율된다고 보았다.

① 표준어로 '부추'에 상응하는 표현이 지역에 따라 달리 나타나는 현상에서 기호의 자의성을 엿볼 수 있겠군.
② 어떤 개념을 새롭게 표현한 단어가 널리 쓰이려면 그 개념을 쓰는 사회 성원들의 공통된 합의가 필요하겠군.
③ 같은 종교를 믿으면서 문화적 약호가 유사한 지역에서는 같은 기표에 대응되는 개념이 비슷할 가능성이 높겠군.
④ 사랑이나 진리와 같이 사회 문화적으로 보편적인 개념을 지시하는 각각의 기표들에서 유사한 형식을 도출할 수 있겠군.

연습 2 혼자서 눈으로 계속 연습하기

다음 글을 바탕으로 추론한 생각 중 적절하지 않은 것은?

2018 국가직 7급

> 소쉬르는 언어를, 기호의 형식에 상응하는 기표(記標)와 기호의 의미에 상응하는 기의(記意)의 기호적 조합이라고 전제한다. 예를 들어 '흑연과 점토의 혼합물을 구워 만든 가느다란 심을 속에 넣고, 겉을 나무로 둘러싸서 만든 필기도구'라는 의미를 표시하는 기표는 한국어에서 '연필'이다. 그런데 '연필'의 기의에 대응되는 영어 기표는 'pencil'이다. 각기 다른 기표가 동일한 기의를 표현한 것이다. 소쉬르는 이처럼 하나의 기의가 서로 다른 기표에 대응되는 것을 두고 기호적 관계가 자의적이라고 주장하는 한편, 이러한 자의성은 사회적 약속과 문화적 약호(code)에 따라 조율된다고 보았다.

① 표준어로 '부추'에 상응하는 표현이 지역에 따라 달리 나타나는 현상에서 기호의 자의성을 엿볼 수 있겠군.
② 어떤 개념을 새롭게 표현한 단어가 널리 쓰이려면 그 개념을 쓰는 사회 성원들의 공통된 합의가 필요하겠군.
③ 같은 종교를 믿으면서 문화적 약호가 유사한 지역에서는 같은 기표에 대응되는 개념이 비슷할 가능성이 높겠군.
④ 사랑이나 진리와 같이 사회 문화적으로 보편적인 개념을 지시하는 각각의 기표들에서 유사한 형식을 도출할 수 있겠군.

지문을 한눈에

전제(1)	사례(2)	사례(3~4)	주제(5)
언어의 기표과 기의가 서로 상응한다는 전제	한국어에서 연필의 기의와 기표의 사례	동일한 연필을 지칭하는 기표가 다른 사례	언어의 자의성과 사회성의 관련성

실전 기출 추리·추론·비판하기 3

09
다음 글을 바탕으로 추론한 생각 중 적절하지 않은 것은?

지문 제재 | 인문
2018 국가직 7급

1 ¹소쉬르는 [언어를, 기호의 형식에 상응하는 기표(記標)(언어의 기호 또는 형식)와 기호의 의미에 상응하는 기의(記意)(언어의 의미 또는 내용)의 기호적 조합이라고 전제한다.](언어에 대한 소쉬르의 전제) ²예를 들어 '흑연과 점토의 혼합물을 구워 만든 가느다란 심 속에 넣고, 겉은 나무로 둘러싸서 만든 필기도구'라는 의미를 표시하는 기표는 한국어에서 '연필'이다. ³그런데 '연필'의 기의에 대응되는 영어 기표는 'pencil'이다. ⁴각기 다른 기표가 동일한 기의를 표현한 것(언어의 자의적 특성)이다. ⁵소쉬르는 이처럼 하나의 기의가 서로 다른 기표에 대응되는 것을 두고 기호적 관계가 자의적이라고 주장하는 한편, 이러한 자의성은 사회적 약속과 문화적 약호(code)에 따라 조율된다(언어의 사회성을 바탕으로 함)고 보았다.

▶ 언어의 자의적 특성과 사례

① 표준어로 '부추'에 상응하는 표현이 지역에 따라 달리 나타나는 현상에서 기호의 자의성(○)을 엿볼 수 있겠군.(○) → (하나의 기의인 부추를 표현하는 다양한 기표가 존재한다는 자의적 특성에 해당함.)

② 어떤 개념을 새롭게 표현한 단어가 널리 쓰이려면 그 개념을 쓰는 사회 성원들의 공통된 합의가 필요(○)하겠군.(○) → (1-5 자의성은 사회적 약속에 따라 조율됨.)

③ 같은 종교를 믿으면서 문화적 약호가 유사한 지역에서는 같은 기표에 대응되는 개념이 비슷(○)할 가능성이 높겠군.(○) → (문화적 약호가 유사한 지역에서는 서로 그 약호를 공유할 가능성이 높으므로, 같은 기표에 대응되는 개념 역시 유사할 것임.)

❹ 사랑이나 진리와 같이 사회 문화적으로 보편적인 개념을 지시하는 각각의 기표들에서 유사한 형식을 도출(×)할 수 있겠군.(×) → (언어의 자의적 특성은 같은 대상에 대한 기표가 달라지는 것을 의미하므로 보편적 개념을 지시하는 기표가 유사할 것이라는 추론은 적절하지 않음.)

단계별 풀이 비법

풀이비법 1 발문으로 유형을 먼저 확인하라!
전형적인 추론의 적절성을 묻는 문제이다. 지문에서 설명하고 있는 개념과 사례에 대해 정확하게 이해하는 것이 제일 중요하다.

풀이비법 2 글에서 제시하고 있는 대상의 개념을 파악하라!
중심 화제 언어의 자의성에 대한 소쉬르의 주장
중심 내용

1-1	언어의 기표와 기의가 서로 상응한다는 전제
1-2	한국어에서 연필의 기의와 기표의 사례
1-3~4	동일한 연필을 지칭하는 기표가 다른 사례
1-5	언어의 자의성과 사회성의 관련성

풀이비법 3 핵심 개념을 통해 자의성의 특성과 사례를 파악하라!
글쓴이의 주장이 드러난 네 번째 문장을 중심으로 앞 문장에서 제시하고 있는 구체적 사례를 바탕으로 자의성의 개념과 특성을 파악할 수 있다. 이를 통해서 언어가 자의적인 특성을 지니고 있다는 소쉬르의 주장을 파악할 수 있다.

풀이비법 4 부합하는 선택지를 찾아라!
① '부추'를 뜻하는 식물 자체가 기의이고 이에 대한 표현이 지역마다 달라지는 것은 기표가 달라지는 것으로 언어의 자의적 특성에 해당하므로 타당하다.
② 하나의 기의가 서로 다른 기표에 대응되는 것을 자의적이라고 하는데 이 자의성은 사회적 약속에 따라 조율된다. 이를 바탕으로 어떤 개념이 사회에서 널리 쓰이려면 같은 언어를 쓰는 언중들의 사회적 합의 즉 사회적 약속이 필요하다는 추론은 타당하다.
③ 같은 종교를 믿으면서 문화적 약호가 유사한 지역이라면 대상을 나타내는 사회적 약속과 문화적 약호를 서로 공유하고 있을 가능성이 높은 것으로 추론할 수 있다. 그러므로 같은 기표에 대응되는 개념이 서로 유사할 가능성이 높으므로 타당한 추론이다.
④ 인류가 느끼는 보편적인 사랑이나 진리와 같은 대상은 특정 종교나 문화가 유사한 것과는 다른 특성을 지니고 있는 대상이다. 이는 지문에서 연필에 대응하는 기표가 다양한 것과 같은 원리에 해당하므로 사랑이나 진리 등을 표현하는 기표가 유사할 것이라는 추론은 적절하지 않다.

정답 ④

시간 절약 깨알 TIP
1개 단락으로 이루어진 지문이 출제된다면 핵심어에 대한 세부 정보를 기호화하는 방법을 통해 밑줄을 긋거나 연관된 사례를 시각적으로 연결해 보는 방법을 활용하는 것이 좋습니다.

실전 기출 — 추리·추론·비판하기 3

학습일: 월   일   풀이 시간: 1분 이내

연습 1   병태 요정과 함께 풀기

다음 글에서 추론한 바로 적절하지 않은 것은?   2019 지방직 9급

> 우리는 도시화, 산업화, 고도성장 과정에서 우리 경제의 뒷방살이 신세로 전락한 한국 농업의 새로운 가치에 주목해야 한다. 농업은 경제적 효율성이 뒤처져서 사라져야 할 사양 산업이 아니다. 전 지구적인 기후 변화와 식량 및 에너지 등 자원 위기에 대응하여 나라와 생명을 살릴 미래 산업으로서 농업의 전략적 가치가 크게 부각되고 있다. 농본주의의 기치를 앞세우고 농업 르네상스 시대의 재연을 통해 우리 경제가 당면한 불확실성의 터널을 벗어나야 한다.
>
> 우리는 왜 이런 주장을 하는가? 농업은 자원 순환적이고 환경 친화적인 산업이기 때문이다. 땅의 생산력에 기초해서 한계적 노동력을 고용하는 지연(地緣) 산업인 동시에 식량과 에너지를 생산하는 원천적인 생명 산업이기 때문이다. 물질적인 부의 극대화를 위해서 한 지역의 자원을 개발하여 이용한 뒤에 효용 가치가 떨어지면 다른 곳으로 이동하는 유목민적 태도가 오늘날 위기를 낳고 키워 왔는지 모른다. 급변하는 시대의 흐름에 부응하지 못하는 구시대의 경제 패러다임으로는 오늘날의 역사에 동승하기 어렵다. 이런 맥락에서, 지키고 가꾸어 후손에게 넘겨주는 정주민의 문화적 지속성을 존중하는 농업의 가치가 새롭게 조명 받는 이유에 주목할 만하다. 과학 기술의 눈부신 발전 성과를 수용하여 새로운 상품과 시장을 창출할 수 있는 녹색 성장 산업으로서 농업의 잠재적 가치가 중시되고 있는 것이다.

① 고도성장을 도모하는 경제 정책을 추진하는 과정에서 농업 중심의 경제 패러다임을 지양하였다.
② 효율성을 중요한 가치로 내세우는 경제 시스템은 미래 사회를 대비하는 데 한계가 있다.
③ 유목 생활을 하는 민족에 비해 정주 생활을 하는 민족이 농업의 가치 증진에 더 기여할 수 있다.
④ 녹색 성장 산업으로서 농업의 효용성을 드높이기 위해서 과학 기술의 부작용을 성찰할 필요가 있다.

연습 2   혼자서 눈으로 계속 연습하기

다음 글에서 추론한 바로 적절하지 않은 것은?   2019 지방직 9급

> 우리는 도시화, 산업화, 고도성장 과정에서 우리 경제의 뒷방살이 신세로 전락한 한국 농업의 새로운 가치에 주목해야 한다. 농업은 경제적 효율성이 뒤처져서 사라져야 할 사양 산업이 아니다. 전 지구적인 기후 변화와 식량 및 에너지 등 자원 위기에 대응하여 나라와 생명을 살릴 미래 산업으로서 농업의 전략적 가치가 크게 부각되고 있다. 농본주의의 기치를 앞세우고 농업 르네상스 시대의 재연을 통해 우리 경제가 당면한 불확실성의 터널을 벗어나야 한다.
>
> 우리는 왜 이런 주장을 하는가? 농업은 자원 순환적이고 환경 친화적인 산업이기 때문이다. 땅의 생산력에 기초해서 한계적 노동력을 고용하는 지연(地緣) 산업인 동시에 식량과 에너지를 생산하는 원천적인 생명 산업이기 때문이다. 물질적인 부의 극대화를 위해서 한 지역의 자원을 개발하여 이용한 뒤에 효용 가치가 떨어지면 다른 곳으로 이동하는 유목민적 태도가 오늘날 위기를 낳고 키워 왔는지 모른다. 급변하는 시대의 흐름에 부응하지 못하는 구시대의 경제 패러다임으로는 오늘날의 역사에 동승하기 어렵다. 이런 맥락에서, 지키고 가꾸어 후손에게 넘겨주는 정주민의 문화적 지속성을 존중하는 농업의 가치가 새롭게 조명 받는 이유에 주목할 만하다. 과학 기술의 눈부신 발전 성과를 수용하여 새로운 상품과 시장을 창출할 수 있는 녹색 성장 산업으로서 농업의 잠재적 가치가 중시되고 있는 것이다.

① 고도성장을 도모하는 경제 정책을 추진하는 과정에서 농업 중심의 경제 패러다임을 지양하였다.
② 효율성을 중요한 가치로 내세우는 경제 시스템은 미래 사회를 대비하는 데 한계가 있다.
③ 유목 생활을 하는 민족에 비해 정주 생활을 하는 민족이 농업의 가치 증진에 더 기여할 수 있다.
④ 녹색 성장 산업으로서 농업의 효용성을 드높이기 위해서 과학 기술의 부작용을 성찰할 필요가 있다.

지문을 한눈에

1 화제 제시
도시화, 산업화, 고도 성장 시대에 새로운 한국 농업의 가치에 주목해야 함.

2 근거와 주장 제시
농업은 환경친화적이고 원천적인 생명 산업이기 때문에 녹색 성장 산업으로서 농업의 가치가 중요시됨.

실전 기출 추리·추론·비판하기3

10
다음 글에서 추론한 바로 적절하지 않은 것은?

지문 제재 | 사회
2019 지방직 9급

1 ¹우리는 도시화, 산업화, 고도성장 과정에서 우리 경제의 뒷방살이 신세로 전락한(한국 농업의 현실 비유) 한국 농업의 새로운 가치에 주목해야 한다. ²농업은 경제적 효율성이 뒤처져서 사라져야 할 사양 산업이 아니다. ³전 지구적인 기후 변화와 식량 및 에너지 등 자원 위기에 대응하여 나라와 생명을 살릴 미래 산업으로서 농업의 전략적 가치가 크게 부각(새로 부각되는 미래 산업으로서 농업)되고 있다. ⁴농본주의의 기치를 앞세우고 농업 르네상스 시대의 재연을 통해 우리 경제가 당면한 불확실성의 터널을 벗어나야 한다.
▶ 미래 산업으로서 농업의 가치 부각

2 ¹우리는 왜 이런 주장을 하는가? ²농업은 자원 순환적이고 환경 친화적인 산업이기 때문이다. ³땅의 생산력에 기초해서 한계적 노동력을 고용하는 지연(地緣) 산업인 동시에 식량과 에너지를 생산하는 원천적인 생명 산업이기 때문이다.(농업이 미래 산업으로서 전략적 가치 가진다는 근거) ⁴물질적인 부의 극대화를 위해서 한 지역의 자원을 개발하여 이용한 뒤에 효용 가치가 떨어지면 다른 곳으로 이동하는 유목민적 태도가 오늘날 위기를 낳고 키워 왔는지 모른다. ⁵급변하는 시대의 흐름에 부응하지 못하는 구시대의 경제 패러다임으로는 오늘날의 역사에 동승하기 어렵다. ⁶이런 맥락에서, 지키고 가꾸어 후손에게 넘겨주는 정주민의 문화적 지속성을 존중하는 농업의 가치가 새롭게 조명 받는 이유에 주목할 만하다. ⁷과학 기술의 눈부신 발전 성과를 수용하여 새로운 상품과 시장을 창출할 수 있는 녹색 성장 산업으로서 농업의 잠재적 가치가 중시되고 있는 것이다.
▶ 과학 기술의 시대에 농업의 잠재적 가치에 주목해야 함

① 고도성장을 도모하는 경제 정책을 추진하는 과정에서 농업 중심의 경제 패러다임을 지양하였다.(근거 1-1)
② 효율성을 중요한 가치로 내세우는 경제 시스템은 미래 사회를 대비하는 데 한계가 있다.(근거 2-4, 5)
③ 유목 생활을 하는 민족에 비해 정주 생활을 하는 민족이 농업의 가치 증진에 더 기여할 수 있다.(근거 2-4, 6)
④ 녹색 성장 산업으로서 농업의 효율성을 드높이기 위해서 과학 기술의 부작용을 성찰할 필요가 있다.(녹색 성장 산업으로서 농업의 효율성을 높여야 한다는 서술은 있지만 이를 위해 과학 기술의 부작용을 성찰할 필요가 있다는 서술은 찾을 수 없음.)

단계별 풀이 비법

풀이 비법 1 발문으로 유형을 먼저 확인하라!
글의 내용을 바탕으로 추론한 내용의 적절성을 묻는 전형적인 문제이다. 지문에서 설명하고 있는 대상의 특성에 대한 정확한 이해가 제일 중요하다.

풀이 비법 2 핵심어를 통해 단락별 중심 내용을 찾아라!
중심 화제 한국 농업의 새로운 가치
중심 내용

1	한국 농업의 미래 산업으로서 새로운 가치
2	환경 친화적이고 원천적인 생명 산업이기 때문에 녹색 성장 산업으로서 농업의 가치가 중요시됨.

풀이 비법 3 단락별 중심 내용을 종합하여 주제를 파악하라!
글쓴이의 주장이 드러난 2단락을 중심으로 단락별 중심 화제를 종합해 보면, 녹색 성장 산업으로서 농업의 잠재적 가치가 중시되고 있는 상황에서 나라와 생명을 살릴 미래 산업으로서 한국 농업의 새로운 가치가 부각되고 있음을 강조하는 글임을 알 수 있다.

풀이 비법 4 부합하는 선택지를 찾아라!
① 1에서 한국 농업에 대해 도시화, 산업화, 고도성장 과정에서 뒷방살이 신세로 전락했다는 표현을 통해 고도성장의 경제 정책을 추진하는 과정에서 농업 중심의 경제 패러다임이 지양되었음을 확인할 수 있으므로 적절하다.
② 2에서 효용 가치가 떨어지면 다른 곳으로 이동하는 '유목민적 태도'는 급변하는 시대의 흐름에 부응하지 못하는 구시대적 경제 패러다임이므로 효율성을 중요한 가치로 내세우는 경제 시스템은 미래 사회를 대비하는데 한계가 있음을 이끌어낼 수 있으므로 적절하다.
③ 2에서 '유목민적 태도'가 오늘날 위기를 낳고 키워 왔는지 모른다는 서술과 대조적으로, '정주민의 문화 지속성을 존중하는 농업의 가치'를 존중하는 농업의 가치가 녹색 성장 산업으로서 잠재적 가치가 중시되고 있다는 서술을 통해 추론할 수 있은 적절한 진술이다.
④ 2에서 녹색 성장 산업으로서 농업의 잠재적 가치가 중시되고 있다는 주장을 확인할 수 있지만 이를 위해 과학 기술의 부작용의 성찰이 필요하다는 언급은 확인할 수 없으므로 적절하지 않다.
정답 ④

실전 기출 — 추리·추론·비판하기 3

연습 1 병태 요정과 함께 풀기

다음 글에서 추론할 수 있는 내용으로 적절하지 않은 것은?
2018 국가직 9급

'포스트휴먼'은 그 기본적인 능력이 근본적으로 현재의 인간을 넘어서기 때문에 현재의 기준으로는 더 이상 인간이라 부를 수 없는 존재를 가리키는 표현이다. 스웨덴 출신의 철학자 보스트롬은 건강 수명, 인지, 감정이라는, 인간의 세 가지 주요 능력 중 최소한 하나 이상의 능력에서 현재의 인간이 도달할 수 있는 최대한의 한계를 엄청나게 넘어설 경우 이를 '포스트휴먼'으로 부르자고 제안하였다.

현재 가장 뛰어난 인간이 가질 수 있는 지능보다 훨씬 더 뛰어난 지능을 가지며, 더 이상 질병에 시달리지 않고, 노화가 완전히 제거되어서 젊음과 활력을 계속 유지하는 어떤 존재를 생각해 볼 수 있다. 이 존재는 스스로의 심리 상태에 대한 조절도 자유롭게 할 수 있어서 피곤함이나 지루함을 거의 느끼지 않으며, 미움과 같은 감정을 피하고, 즐거움, 사랑, 미적 감수성, 평정 등의 태도를 유지한다. 이러한 존재가 어떤 존재일지 지금은 정확하게 상상하기 어렵지만 현재 인간의 상태로 접근할 수 없는 새로운 신체나 의식 상태에 놓여 있을 것임은 분명하다.

이러한 포스트휴먼은 완전히 인위적으로 만들어진 인공 지능일 수도 있고, 신체를 버리고 슈퍼컴퓨터 안의 정보 패턴으로 살기를 선택한 업로드의 형태일 수도 있으며, 또는 생물학적 인간에 대한 개선들이 축적된 결과일 수도 있다. 만약 생물학적 인간이 포스트휴먼이 되고자 한다면 유전 공학, 신경약리학, 항노화술, 컴퓨터-신경 인터페이스, 기억 향상 약물, 웨어러블 컴퓨터, 인지 기술과 같은 다양한 과학 기술을 이용해 우리의 두뇌나 신체에 근본적인 기술적 변형을 가해야만 할 것이다. '포스트휴먼'은 '내가 이런 능력을 가지고 있었으면 얼마나 좋을까' 하고 누구나 한 번쯤 상상해 보았을 법한 슈퍼 인간의 모습을 기술한 용어이다.

① 포스트휴먼 개념에 따라 제시되는 미래의 존재는 과학 기술의 발전 양상에 따른 영향을 현재의 인간에 비해 더 크게 받을 것이다.
② 포스트휴먼 개념은 인간의 신체적 결함을 다양한 과학 기술을 이용해 보완하여 기술적 한계를 극복한 새로운 인간형의 탄생에 귀결될 것이다.
③ 포스트휴먼은 인간의 현재 상태를 뛰어넘는 능력을 가진 새로운 존재일 것으로 예측되지만 그 형태가 어떠할지 여하는 다양한 가능성에 열려 있다.
④ 포스트휴먼은 건강 수명, 인지 능력, 감정 등의 측면에서 현재의 인간보다 뛰어나기 때문에 포스트휴먼 사회에서는 인간에 대한 개념이 새로 구성될 것이다.

연습 2 혼자서 눈으로 계속 연습하기

다음 글에서 추론할 수 있는 내용으로 적절하지 않은 것은?
2018 국가직 9급

'포스트휴먼'은 그 기본적인 능력이 근본적으로 현재의 인간을 넘어서기 때문에 현재의 기준으로는 더 이상 인간이라 부를 수 없는 존재를 가리키는 표현이다. 스웨덴 출신의 철학자 보스트롬은 건강 수명, 인지, 감정이라는, 인간의 세 가지 주요 능력 중 최소한 하나 이상의 능력에서 현재의 인간이 도달할 수 있는 최대한의 한계를 엄청나게 넘어설 경우 이를 '포스트휴먼'으로 부르자고 제안하였다.

현재 가장 뛰어난 인간이 가질 수 있는 지능보다 훨씬 더 뛰어난 지능을 가지며, 더 이상 질병에 시달리지 않고, 노화가 완전히 제거되어서 젊음과 활력을 계속 유지하는 어떤 존재를 생각해 볼 수 있다. 이 존재는 스스로의 심리 상태에 대한 조절도 자유롭게 할 수 있어서 피곤함이나 지루함을 거의 느끼지 않으며, 미움과 같은 감정을 피하고, 즐거움, 사랑, 미적 감수성, 평정 등의 태도를 유지한다. 이러한 존재가 어떤 존재일지 지금은 정확하게 상상하기 어렵지만 현재 인간의 상태로 접근할 수 없는 새로운 신체나 의식 상태에 놓여 있을 것임은 분명하다.

이러한 포스트휴먼은 완전히 인위적으로 만들어진 인공 지능일 수도 있고, 신체를 버리고 슈퍼컴퓨터 안의 정보 패턴으로 살기를 선택한 업로드의 형태일 수도 있으며, 또는 생물학적 인간에 대한 개선들이 축적된 결과일 수도 있다. 만약 생물학적 인간이 포스트휴먼이 되고자 한다면 유전 공학, 신경약리학, 항노화술, 컴퓨터-신경 인터페이스, 기억 향상 약물, 웨어러블 컴퓨터, 인지 기술과 같은 다양한 과학 기술을 이용해 우리의 두뇌나 신체에 근본적인 기술적 변형을 가해야만 할 것이다. '포스트휴먼'은 '내가 이런 능력을 가지고 있었으면 얼마나 좋을까' 하고 누구나 한 번쯤 상상해 보았을 법한 슈퍼 인간의 모습을 기술한 용어이다.

① 포스트휴먼 개념에 따라 제시되는 미래의 존재는 과학 기술의 발전 양상에 따른 영향을 현재의 인간에 비해 더 크게 받을 것이다.
② 포스트휴먼 개념은 인간의 신체적 결함을 다양한 과학 기술을 이용해 보완하여 기술적 한계를 극복한 새로운 인간형의 탄생에 귀결될 것이다.
③ 포스트휴먼은 인간의 현재 상태를 뛰어넘는 능력을 가진 새로운 존재일 것으로 예측되지만 그 형태가 어떠할지 여하는 다양한 가능성에 열려 있다.
④ 포스트휴먼은 건강 수명, 인지 능력, 감정 등의 측면에서 현재의 인간보다 뛰어나기 때문에 포스트휴먼 사회에서는 인간에 대한 개념이 새로 구성될 것이다.

지문을 한눈에

1 화제 제시	2 화제의 특성	3 화제의 특성에 대한 상술
포스트휴먼의 개념과 이에 대한 보스트롬의 제안	현재의 인간이 접근할 수 없는 새로운 신체나 의식 상태를 지녔을 포스트휴먼	인간이 상상하는 슈퍼 인간의 모습으로 기술되는 포스트휴먼의 다양한 모습

실전 기출 추리·추론·비판하기 3

11

다음 글에서 추론할 수 있는 내용으로 적절하지 않은 것은? 지문 제재 | 인문_기술   2018 국가직 9급

[1] ¹'포스트휴먼'은 그 기본적인 능력이 근본적으로 현재의 인간을 넘어서기 때문에 현재의 기준으로는 더 이상 인간이라 부를 수 없는 존재(포스트 휴먼의 개념)를 가리키는 표현이다. ²스웨덴 출신의 철학자 보스트롬은 건강 수명, 인지, 감정이라는, 인간의 세 가지 주요 능력 중 최소한 하나 이상의 능력에서 현재의 인간이 도달할 수 있는 최대한의 한계를 엄청나게 넘어설 경우('포스트 휴먼' 개념에 대한 보스트롬의 제안) 이를 '포스트휴먼'으로 부르자고 제안하였다.
▶ 포스트휴먼의 기준과 포스트휴먼에 대한 보스트롬의 제안

[2] ¹현재 가장 뛰어난 인간이 가질 수 있는 지능보다 훨씬 더 뛰어난 지능을 가지며, 더 이상 질병에 시달리지 않고, 노화가 완전히 제거되어서 젊음과 활력을 계속 유지하는 어떤 존재를 생각해 볼 수 있다.(포스트휴먼의 지능과 육체적 능력) ²이 존재는 스스로의 심리 상태에 대한 조절도 자유롭게 할 수 있어서 피곤함이나 지루함을 거의 느끼지 않으며, 미움과 같은 감정을 피하고, 즐거움, 사랑, 미적 감수성, 평정 등의 태도를 유지한다.(포스트휴먼의 정서적 심리적 능력) ³이러한 존재가 어떤 존재일지 지금은 정확하게 상상하기 어렵지만 현재 인간의 상태로 접근할 수 없는 새로운 신체나 의식 상태에 놓여 있을 것임(포스트휴먼과 현재 인간의 차이)은 분명하다.
▶ 육체적, 심리적으로 현재의 인간을 초월하는 포스트휴먼

[3] ¹[이러한 포스트휴먼은 완전히 인위적으로 만들어진 인공 지능일 수도 있고, 신체를 버리고 슈퍼컴퓨터 안의 정보 패턴으로 살기를 선택한 업로드의 형태일 수도 있으며, 또는 생물학적 인간에 대한 개선들이 축적된 결과일 수도 있다.](포스트 휴먼의 모습에 대한 추측) ²만약 생물학적 인간이 포스트휴먼이 되고자 한다면 유전 공학, 신경약리학, 항노화학, 컴퓨터-신경 인터페이스, 기억 향상 약물, 웨어러블 컴퓨터, 인지 기술과 같은 다양한 과학 기술을 이용해 우리의 두뇌나 신체에 근본적인 기술적 변형을 가해야(생물학적 인간이 포스트휴먼이 되기 위해 필요한 과정)만 할 것이다. ³'포스트휴먼'은 '내가 이런 능력을 가지고 있었으면 얼마나 좋을까' 하고 누구나 한 번쯤 상상해 보았을 법한 슈퍼 인간의 모습을 기술한 용어이다.
▶ 인간이 상상하는 슈퍼인간의 모습으로 기술되는 포스트휴먼

① 포스트휴먼 개념에 따라 제시되는 미래의 존재는 과학 기술의 발전 양상에 따른 영향을 현재의 인간에 비해 더 크게 받을 것(○)이다. (근거 3-2)

❷ 포스트휴먼 개념은 인간의 신체적 결함을 다양한 과학 기술을 이용해 보완하여(×) 기술적 한계를 극복한 새로운 인간형의 탄생에 귀결될 것이다.

③ 포스트휴먼은 인간의 현재 상태를 뛰어넘는 능력을 가진 새로운 존재일 것으로 예측되지만 그 형태가 어떠할지 여하는 다양한 가능성에 열려 있다(○). (근거 3-1)

④ 포스트휴먼은 건강 수명, 인지 능력, 감정 등의 측면에서 현재의 인간보다 뛰어나기 때문에 포스트휴먼 사회에서는 인간에 대한 개념이 새로 구성(○)될 것이다. (근거 2-2, 3)

단계별 풀이 비법

풀이 비법 1 발문으로 유형을 먼저 확인하라!
글의 내용을 바탕으로 추론한 내용의 적절성을 묻는 전형적인 문제이다. 지문에서 설명하고 있는 대상에 대한 개념과 그 특성에 대한 정확한 이해가 제일 중요하다.

풀이 비법 2 핵심어를 통해 단락별 중심 내용을 찾아라!

중심 화제 포스트휴먼의 개념과 특성
중심 내용

1	포스트휴먼의 기준과 이에 대한 보스트롬의 제안
2	현재의 인간이 접근할 수 없는 새로운 신체나 의식 상태를 지녔을 포스트휴먼
3	인간이 상상하는 슈퍼 인간의 모습으로 기술되는 포스트휴먼의 다양한 모습

풀이 비법 3 단락별 내용을 바탕으로 전체 중심 내용을 파악하라!
글쓴이는 포스트휴먼의 기준을 제시하고 이에 대한 보스트롬의 제안을 덧붙여 포스트휴먼의 개념을 설정하였다. 그리고 지능이나 육체적 상태 그리고 심리 상태 등에서 현재 인간의 상태로 접근할 수 없는 새로운 존재일 것임이 분명하며 이러한 포스트휴먼은 다양한 형태로 나타날 수 있음을 말하고 있다.

풀이 비법 4 부합하는 선택지를 찾아라!
① 3에서 포스트휴먼이 '인공 지능 형태'일 수도 있고, '업 로드 형태'일 수도 있고 생물학적 인간의 개선된 형태'일 수도 있음을 언급하며 과학 기술의 발전 양상의 영향을 받을 수 있음을 언급하고 있으므로 적절하다.
② 포스트휴먼의 개념은 인간의 신체적 결함을 과학 기술을 이용하여 보완한 상태가 아닌 현재의 기준으로 인간으로 부를 수 없을 정도로 인간의 한계를 뛰어넘는 개념으로 다양한 형태로 나타날 수 있음을 서술하고 있으므로 적절하지 못하다.
③ 3에서 포스트휴먼이 '인공 지능 형태'일 수도 있고, '업 로드 형태'일 수도 있고 생물학적 인간의 개선된 형태'일 수도 있어 그 형태가 어떠할지에 대해서는 다양한 가능성이 열려 있음을 추론할 수 있으므로 적절하다.
④ 포스트휴먼은 기존 인간이 지니고 있는 수명, 지능, 심리적 상태 등이 현재의 인간보다 뛰어나기 때문에 인간에 대한 새로운 개념으로 구성될 것임을 추론할 수 있으므로 적절하다.

정답 ②

시간 절약 깨알 TIP

추론을 위해서는 글의 중심 화제를 먼저 파악해야 합니다. 이를 위해서는 먼저 글을 통해서 글쓴이가 말하고자 하는 핵심 내용과 세부 내용을 이해한 후 이를 통해 미루어 알 수 있는 내용을 생각해야 합니다. 특히, 지문과 연관된 배경 지식을 바탕으로 추론하면서 적절하지 않은 선택지를 찾아낼 수 있어야 합니다.

실전 기출 추리·추론·비판하기 3

학습일: 월 일 풀이 시간: 1분 이내

연습 1 병태 요정과 함께 풀기

(가)와 (나)를 통해서 추정하기 어려운 내용은? 2019 국가직 9급

> (가) 찬성공 형제께서 정경부인의 상(喪)을 당하였다. 부윤공의 부인 이 씨가 우연히 언문 소설을 읽다가 그 소리가 밖으로 들렸다. 찬성공이 기뻐하지 않으며 제수를 계단 아래 서게 하고, "부녀자의 무식을 심하게 책망할 필요는 없지만, 어찌 상중(喪中)에 있으면서 예의에 어긋난 책을 소리 내어 읽어서 스스로 평민과 같아지려 할 수 있는가?" 하고 꾸짖었다.
>
> (나) 전기수: 늙은이가 동문 밖에 살면서 입으로 언문 소설을 읽었는데, 〈숙향전〉, 〈소대성전〉, 〈심청전〉, 〈설인귀전〉과 같은 전기소설이었다. …… 잘 읽었기 때문에 옆에서 구경하는 사람들이 빙 둘러섰다. 가장 재미있고 긴요하여 매우 들을 만한 구절에 이르면 갑자기 침묵하고 소리를 내지 않았다. 사람들이 다음 이야기를 듣고 싶어서 다투어 돈을 던졌다. 이를 바로 '요전법(돈을 요구하는 법)'이라고 한다.

① 상층 남성들은 상중의 예법에 대해 매우 엄격하였다.
② 혼자 소설을 보면서 소리 내어 읽기도 하였다.
③ 하층에서도 소설을 창작하는 사람이 많았다.
④ 상층이 아닌 하층에서도 소설을 즐겼다.

연습 2 혼자서 눈으로 계속 연습하기

(가)와 (나)를 통해서 추정하기 어려운 내용은? 2019 국가직 9급

> (가) 찬성공 형제께서 정경부인의 상(喪)을 당하였다. 부윤공의 부인 이 씨가 우연히 언문 소설을 읽다가 그 소리가 밖으로 들렸다. 찬성공이 기뻐하지 않으며 제수를 계단 아래 서게 하고, "부녀자의 무식을 심하게 책망할 필요는 없지만, 어찌 상중(喪中)에 있으면서 예의에 어긋난 책을 소리 내어 읽어서 스스로 평민과 같아지려 할 수 있는가?" 하고 꾸짖었다.
>
> (나) 전기수: 늙은이가 동문 밖에 살면서 입으로 언문 소설을 읽었는데, 〈숙향전〉, 〈소대성전〉, 〈심청전〉, 〈설인귀전〉과 같은 전기소설이었다. …… 잘 읽었기 때문에 옆에서 구경하는 사람들이 빙 둘러섰다. 가장 재미있고 긴요하여 매우 들을 만한 구절에 이르면 갑자기 침묵하고 소리를 내지 않았다. 사람들이 다음 이야기를 듣고 싶어서 다투어 돈을 던졌다. 이를 바로 '요전법(돈을 요구하는 법)'이라고 한다.

① 상층 남성들은 상중의 예법에 대해 매우 엄격하였다.
② 혼자 소설을 보면서 소리 내어 읽기도 하였다.
③ 하층에서도 소설을 창작하는 사람이 많았다.
④ 상층이 아닌 하층에서도 소설을 즐겼다.

지문을 한눈에

(가) 부녀자의 책 읽기에 대한 관점	(나) 전기수의 요전법
부녀자가 상중에 소리 내어 책을 읽은 것을 꾸짖는 찬성공	책을 읽어주며 가장 긴요하고 들을 만한 구절에서 이야기를 멈추며 요전법을 사용했던 전기수

실전 기출 추리·추론·비판하기3

12

지문 제재 | 인문

(가)와 (나)를 통해서 추정하기 어려운 내용은?

2019 국가직 9급

(가) ¹찬성공 형제께서 정경부인의 상(喪)을 당하였다. ²부윤공의 부인 이 씨가 우연히 언문 소설을 읽다가 그 소리(부녀자가 읽었던 책의 종류와 당시 독서의 방법을 확인할 수 있음)가 밖으로 들렸다. ³찬성공이 기뻐하지 않으며 제수를 계단 아래 세게 하고, "부녀자의 무식을 심하게 책망할 필요는 없지만, 어찌 상중(喪中)에 있으면서 예의에 어긋난 책을 소리 내어 읽어서(상중에 부녀자가 책 읽는 소리가 들려온 것을 꾸짖음) 스스로 평민과 같아지려 할 수 있는가?"(평민들도 책을 소리내어 읽던 문화가 있었음) 하고 꾸짖었다.
▶ 부녀자가 상중에 소리 내어 책을 읽은 것을 꾸짖은 찬성공

(나) 전기수(조선 후기 사람들에게 직업적으로 책을 읽어주던 사람): ¹늙은이가 동문 밖에 살면서 입으로 언문 소설을 읽었는데, 〈숙향전〉, 〈소대성전〉, 〈심청전〉, 〈설인귀전〉과 같은 전기소설(전기수들이 읽어주던 구체적인 소설 제목을 통해 당시 사람들에게 인기가 있었던 작품을 알 수 있음)이었다. ²…… 잘 읽었기 때문에 옆에서 구경하는 사람들이 빙 둘러섰다. ³가장 재미있고 긴요하여 매우 들을 만한 구절에 이르면 갑자기 침묵하고 소리를 내지 않았다.(요전법을 사용하는 구체적인 방법) ⁴사람들이 다음 이야기를 듣고 싶어서 다투어 돈을 던졌다. 이를 바로 '요전법(돈을 요구하는 법)'이라고 한다.
▶ 책을 읽어주며 요전법을 쓰는 전기수

① 상층 남성들은 상중의 예법에 대해 매우 엄격하였다.(근거 (가)-3)
② 혼자 소설을 보면서 소리 내어 읽기도 하였다.(근거 (가)-2)
❸ 하층에서도 소설을 창작(×)하는 사람이 많았다.(소설 창작에 대한 서술은 확인할 수 없음.)
④ 상층이 아닌 하층에서도 소설을 즐겼다.(근거 (가)-3, (나)-2)

단계별 풀이 비법

풀이 비법 1 발문으로 유형을 먼저 확인하라!
글의 내용을 바탕으로 추론한 내용이 적절하지 않은 것을 찾는 문제이다. (가)와 (나)에 연관된 두 지문의 핵심 내용뿐만 아니라 세부 내용까지 빠르고 정확하게 이해하는 것이 제일 중요하다.

풀이 비법 2 핵심어를 통해 (가)와 (나) 각각의 중심 내용을 찾아라!
중심 화제 소리 내어 책읽기, 전기수의 요전법
중심 내용

(가)	부녀자가 상중에 소리 내어 책을 읽은 것을 꾸짖는 찬성공
(나)	책을 읽어주며 요전법을 사용했던 전기수

풀이 비법 3 (가)와 (나)에서 말하고자 하는 바를 정확하게 파악하라!
(가)에서는 찬성공이 상을 당했을 때 제수인 부윤공 이 씨가 읽은 언문 소설이 밖으로 들리자 상중에 예의에 어긋나게 책을 읽었음을 꾸짖고 있다. (나)에서는 '전기수'가 책을 읽어줄 때 구경하는 사람들이 많았으며 요전법을 사용하여 돈을 요구하는 방법을 사용했음을 확인할 수 있다.

풀이 비법 4 부합하는 선택지를 찾아라!
① (가)에서 찬성공이 상중에 있으면서 예의에 어긋난 책을 읽느냐고 꾸짖는 것을 통해 상층 남성들이 상중 예법에 엄격했음을 추론할 수 있으므로 적절하다.
② (가)-2에서 부윤공의 부인 이 씨가 우연히 언문 소설을 읽다가 그 소리가 밖으로 들렸다는 내용을 통해 혼자 소설을 소리 내어 읽기도 하였다는 것을 알 수 있으므로 적절하다.
③ 하층민에서 소설을 창작했다는 내용은 확인할 수 없으므로 적절하지 않다.
④ (가)-3에서 찬성공이 제수를 꾸짖으며 '평민과 같아지려 할 수 있는가'라는 서술과 (나)-2에서 구경하는 사람들이 빙 둘러섰다는 서술을 통해 하층에서도 소설을 즐겼었다는 사실을 이끌어낼 수 있으므로 적절하다.

정답 ③

시간 절약 깨알 TIP

추론을 위해서는 글의 중심 화제를 먼저 파악해야 합니다. 이를 위해서는 (가)와 (나)처럼 서로 연관된 두 글에서 각각 말하고자 하는 핵심 내용을 이해한 후 이를 통해 추정할 수 있는 내용을 생각해 보고, 제시된 글로부터 추정하기 어려운, 즉 적절하지 않은 선택지를 찾아낼 수 있어야 합니다.

실전 기출 — 추리·추론·비판하기 3

학습일: 월   일   풀이 시간: 1분 이내

연습 1 병태 요정과 함께 풀기

다음 글에 대한 추론으로 적절하지 않은 것은? 2019 지방직 7급

인류 역사는 끊임없이 변화를 거듭해 왔다. 그 변화의 굽이들 속에서 사람들의 세계관이나 가치관 또한 다양하게 바뀌었다. 어느 세기에는 종교적 믿음이 모든 것을 지배하기도 했고, 어느 때는 이성이 가장 중요한 위치를 차지했으며, 또 어느 시점에서는 전 인류가 기계 문명을 근간으로 한 산업화를 지향하기도 했다. 그리고 21세기가 되었다. 이 세기는 첨단 과학과 정보 통신 기술의 비약적인 발달로 과거 그 어느 때보다 변화의 진폭이 클 것으로 예상되었으며 변화된 모습이 실로 드러나고 있다. 이러한 지속적인 변화의 배경에는 늘 인간의 열망과 상상력이 가로놓여 있었다.

과학 기술의 진보와 이에 발맞춘 눈부신 문명의 진전 과정에서 인간의 열망과 상상력이 우선하였다. 과연 인간이 욕망하지 않고 상상하지 않았다면 이 문명 세계의 많은 것들을 창조하고 혁신할 수 있었을까? 하늘을 날고 싶어 하는 욕망이 없었다면 비행기는 발명되지 못했을 것이며, 좀 더 빠른 이동 수단을 원하지 않았다면 자동차는 나오지 않았을 것이다. 이제껏 상상력은 인류 문명을 가동시켜 온 원동력이었으며 현재 또한 그러하다.

그런 가운데 21세기 디지털 테크놀로지와 신과학들은 이러한 상상력의 위상을 다시 생각하게 한다. 사람들이 실현이 불가능하다고 여겨 공상 수준에 그쳤던 일들이 실로 구현되는 상황이 펼쳐지곤 한다. 3D, 아바타, 사이보그, 가상현실, 인공 생명, 유전 공학, 나노 공학 등 21세기 최첨단 과학 기술에 힘입어 상상력의 지평이 넓어졌다. 과거 시대들이 무엇인가를 상상하고 그것을 만들어 가는 기술을 개발하는 시간들이었다면, 21세기는 상상하는 것을 곧 이루어 낼 수 있는 시대가 될 것이다.

① 현재의 인간이 추구하는 가치를 불변의 절대적 가치로 인정할 수는 없다.
② 인류 역사의 변화 과정에서 인간의 열망과 상상력이 끼친 영향이 크다.
③ 인류 역사의 변화 중에도 인간의 상상력을 바탕으로 실현된 세계의 모습은 변함이 없었다.
④ 21세기에 접어들어 과학 기술과 상상력의 위상 관계에 변화가 일고 있다.

연습 2 혼자서 눈으로 계속 연습하기

다음 글에 대한 추론으로 적절하지 않은 것은? 2019 지방직 7급

인류 역사는 끊임없이 변화를 거듭해 왔다. 그 변화의 굽이들 속에서 사람들의 세계관이나 가치관 또한 다양하게 바뀌었다. 어느 세기에는 종교적 믿음이 모든 것을 지배하기도 했고, 어느 때는 이성이 가장 중요한 위치를 차지했으며, 또 어느 시점에서는 전 인류가 기계 문명을 근간으로 한 산업화를 지향하기도 했다. 그리고 21세기가 되었다. 이 세기는 첨단 과학과 정보 통신 기술의 비약적인 발달로 과거 그 어느 때보다 변화의 진폭이 클 것으로 예상되었으며 변화된 모습이 실로 드러나고 있다. 이러한 지속적인 변화의 배경에는 늘 인간의 열망과 상상력이 가로놓여 있었다.

과학 기술의 진보와 이에 발맞춘 눈부신 문명의 진전 과정에서 인간의 열망과 상상력이 우선하였다. 과연 인간이 욕망하지 않고 상상하지 않았다면 이 문명 세계의 많은 것들을 창조하고 혁신할 수 있었을까? 하늘을 날고 싶어 하는 욕망이 없었다면 비행기는 발명되지 못했을 것이며, 좀 더 빠른 이동 수단을 원하지 않았다면 자동차는 나오지 않았을 것이다. 이제껏 상상력은 인류 문명을 가동시켜 온 원동력이었으며 현재 또한 그러하다.

그런 가운데 21세기 디지털 테크놀로지와 신과학들은 이러한 상상력의 위상을 다시 생각하게 한다. 사람들이 실현이 불가능하다고 여겨 공상 수준에 그쳤던 일들이 실로 구현되는 상황이 펼쳐지곤 한다. 3D, 아바타, 사이보그, 가상현실, 인공 생명, 유전 공학, 나노 공학 등 21세기 최첨단 과학 기술에 힘입어 상상력의 지평이 넓어졌다. 과거 시대들이 무엇인가를 상상하고 그것을 만들어 가는 기술을 개발하는 시간들이었다면, 21세기는 상상하는 것을 곧 이루어 낼 수 있는 시대가 될 것이다.

① 현재의 인간이 추구하는 가치를 불변의 절대적 가치로 인정할 수는 없다.
② 인류 역사의 변화 과정에서 인간의 열망과 상상력이 끼친 영향이 크다.
③ 인류 역사의 변화 중에도 인간의 상상력을 바탕으로 실현된 세계의 모습은 변함이 없었다.
④ 21세기에 접어들어 과학 기술과 상상력의 위상 관계에 변화가 일고 있다.

지문을 한눈에

1 화제 제시	**2 구체적 사례**	**3 부연**
인류 역사의 변화를 이끌어 온 인간의 열망과 상상력	인간의 열망과 상상력이 인류 문명의 진전을 이룸.	상상하는 것을 이루어 내는 21세기 최첨단 과학 기술

실전 기출 추리·추론·비판하기 3

13
다음 글에 대한 추론으로 적절하지 않은 것은?

지문 제재 | 사회
2019 지방직 7급

① ¹인류 역사는 끊임없이 변화를 거듭해 왔다. ²그 변화의 굽이들 속에서 사람들의 세계관이나 가치관 또한 다양하게 바뀌었다.(인류가 추구하는 가치는 절대불변의 성격이 아님) ³어느 세기에는 종교적 믿음이 모든 것을 지배하기도 했고, 어느 때는 이성이 가장 중요한 위치를 차지했으며, ⁴또 어느 시점에서는 전 인류가 기계 문명을 근간으로 한 산업화를 지향하기도 했다. ⁵그리고 21세기가 되었다. ⁶이 세기는 첨단 과학과 정보 통신 기술의 비약적인 발달로 과거 그 어느 때보다 변화의 진폭이 클 것으로 예상되었으며 변화된 모습이 실로 드러나고 있다. ⁷이러한 지속적인 변화의 배경에는 늘 인간의 열망과 상상력(인류의 역사가 변화해 온 원동력)이 가로놓여 있었다.
▶ 인류 역사의 변화를 이끌어 온 인간의 열망과 상상력

② ¹과학 기술의 진보와 이에 발맞춘 눈부신 문명의 진전 과정에서 인간의 열망과 상상력이 우선하였다.(문명의 진전 과정 또한 인간의 열망과 상상력이 바탕이 됨) ²과연 인간이 욕망하지 않고 상상하지 않았다면 이 문명 세계의 많은 것들을 창조하고 혁신할 수 있었을까? ³하늘을 날고 싶어 하는 욕망이 없었다면 비행기는 발명되지 못했을 것이며, 좀 더 빠른 이동 수단을 원하지 않았다면 자동차는 나오지 않았을 것이다. ⁴이제껏 상상력은 인류 문명을 가동시켜 온 원동력이었으며 현재 또한 그러하다.
▶ 인간의 열망과 상상력이 인류 문명의 진전을 이룸

③ ¹그런 가운데 21세기 디지털 테크놀로지와 신과학들은 이러한 상상력의 위상(21세기 신과학과 상상력은 더욱 밀접한 관계임)을 다시 생각하게 한다. ²사람들이 실현이 불가능하다고 여겨 공상 수준에 그쳤던 일들이 실로 구현되는 상황이 펼쳐지곤(인간의 열망과 상상력의 결과) 한다. ³3D, 아바타, 사이보그, 가상현실, 인공 생명, 유전 공학, 나노 공학 등 21세기 최첨단 과학 기술에 힘입어 상상력의 지평이 넓어졌다. ⁴과거 시대들이 무엇인가를 상상하고 그것을 만들어 가는 기술을 개발하는 시간들이었다면, 21세기는 상상하는 것을 곧 이루어 낼 수 있는 시대(21세기는 인간의 열망과 상상력의 위상이 더욱 커짐)가 된 것이다.
▶ 상상하는 것을 이루어 내는 21세기 최첨단 과학 기술

① 현재의 인간이 추구하는 가치를 불변의 절대적 가치로 인정할 수는 없다.(근거 ①-2, 3, 4)
② 인류 역사의 변화 과정에서 인간의 열망과 상상력이 끼친 영향이 크다.(근거 ①-1, 7)
❸ 인류 역사의 변화 중에도 인간의 상상력을 바탕으로 실현된 세계의 모습은 변함이 없었다.(근거 ②-3, ③-2, 3)
④ 21세기에 접어들어 과학 기술과 상상력의 위상 관계에 변화가 일고 있다.(③-1, 4)

단계별 풀이 비법

풀이 비법 1 발문으로 유형을 먼저 확인하라!
글의 내용을 바탕으로 추론한 내용의 적절성을 묻는 전형적인 문제이다. 지문에서 설명하고 있는 대상에 대한 글쓴이의 관점과 세부적인 내용까지 정확한 이해가 제일 중요하다.

풀이 비법 2 단락의 중심 내용을 파악하라!
중심 화제 인류 역사와 문명 변화의 원동력
중심 내용

①	인류 역사의 변화를 이끌어온 인간의 열망과 상상력
②	인간의 열망과 상상력이 인류 문명의 진전을 이룸.
③	상상하는 것을 이루어 내는 21세기 최첨단 과학 기술

풀이 비법 3 단락의 중심 내용을 뒷받침하는 세부 내용을 파악하라!
글쓴이는 인류 역사가 끊임없이 변화를 거듭해 왔음을 전제하면서 그 변화의 동인(動因)으로 인간의 열망과 상상력을 제시하고 있다. 이와 함께 인류 문명의 눈부신 진전 과정의 원동력 또한 인간의 욕망과 상상력이었음을 밝히면서 21세기 디지털 테크놀로지와 신과학 시대에는 상상하는 것을 이루어 낼 수 있는 시대가 되었음을 서술하고 있다.

풀이 비법 4 지문과 선택지를 비교하여 일치 여부를 판단하라!
① ①-2, 3, 4에서 사람들의 세계관이나 가치관 또한 다양하게 바뀌었음을 '종교적 믿음', '이성', '산업화' 등을 통해서 서술하고 있으므로 추론할 수 있는 적절한 진술이다.
② ①-1에서 인류의 역사는 끊임없는 변화의 과정을 거듭해 왔음을 서술하며 그 원동력을 ①-7을 통해 인간의 열망과 상상력이 배경이 되었음을 밝히고 있으므로 적절한 진술이다.
③ ②-3에서 인간의 욕망과 상상력이 바탕이 되어 비행기, 자동차 등이 발명되었으며, ③-2, 3에서 21세기에는 실현이 불가능하다고 여겨졌던 공상 수준의 일들이 실현되는 상황임을 서술하고 있으므로 세계의 모습이 변함이 없다는 것은 적절하지 않다.
④ 21세기 디지털 테크놀로지와 신과학들은 인류의 상상력의 위상을 다시 생각하게 하고 있으며 이는 곧 21세기에는 상상하는 것을 이루어 낼 수 있는 시대가 도래했음을 서술하고 있으므로 적절한 추론이다. **정답 ❸**

실전 기출 — 추리·추론·비판하기 3

학습일: 월   일   풀이 시간: 1분 이내

연습 1 병태 요정과 함께 풀기

다음 글에서 추론한 내용으로 가장 적절한 것은? 2019 국가직 7급

> 애리조나주 북부의 나바호 인디언과 유럽계 미국인은 오랜 세월에 걸쳐 서로의 시간 개념을 적응시키고자 노력해 왔다. 나바호인에게 시간은 공간과 같다. 즉 지금 여기만이 실재하며 미래라는 것은 현실감을 거의 주지 못한다. 나바호 마을에서 성장한 나의 옛 친구는 그 점을 다음과 같이 표현했다.
> "자네도 알다시피 나바호인은 말[馬]을 사랑하고 경마로 내기하기를 즐기지. 그런데 만약 나바호인에게 '자네 지난 독립기념일에 플래그스태프에서 경주를 온통 휩쓸었던 내 말을 기억하지?' 하고 물었을 때, '그럼, 기억하고말고.' 하면서 그 말을 아주 잘 알고 있다는 듯이 끄덕인다 해도 그에게 다시, '그 말을 다음 가을에 자네에게 주겠네.' 하고 말하면 그는 낙담한 표정으로 돌아서 가 버릴 것이네. 그러나 만약 '내가 방금 타고 온 저 비루먹은 말 알지? 영양실조에다 안짱다리인 저 늙은 말을 해진 안장과 함께 자네에게 줄게. 저놈을 타고 가게나.' 하고 말하면, 그 나바호인은 희색이 만면하여 악수를 청한 다음 자신의 새 말에 올라타서 사라질 것이네. 나바호인은 눈앞에 보이는 선물만을 실감할 뿐, 장래의 이익에 대한 약속은 고려할 가치조차 느끼지 못하는 것이지."

① 나바호인은 기억력이 좋아서 기념일에 선물을 잘 챙긴다.
② 나바호인은 지금 여기만이 실재한다는 인식으로 약속을 잘 지키지 않는다.
③ 나바호인은 앞으로 투자 가치가 있는 마을 구획 정리 사업에는 긍정적이지 않다.
④ 나바호인은 기마민족으로 말에 대한 애착이 강하고 말을 최상의 선물로 간주한다.

연습 2 혼자서 눈으로 계속 연습하기

다음 글에서 추론한 내용으로 가장 적절한 것은? 2019 국가직 7급

> 애리조나주 북부의 나바호 인디언과 유럽계 미국인은 오랜 세월에 걸쳐 서로의 시간 개념을 적응시키고자 노력해 왔다. 나바호인에게 시간은 공간과 같다. 즉 지금 여기만이 실재하며 미래라는 것은 현실감을 거의 주지 못한다. 나바호 마을에서 성장한 나의 옛 친구는 그 점을 다음과 같이 표현했다.
> "자네도 알다시피 나바호인은 말[馬]을 사랑하고 경마로 내기하기를 즐기지. 그런데 만약 나바호인에게 '자네 지난 독립기념일에 플래그스태프에서 경주를 온통 휩쓸었던 내 말을 기억하지?' 하고 물었을 때, '그럼, 기억하고말고.' 하면서 그 말을 아주 잘 알고 있다는 듯이 끄덕인다 해도 그에게 다시, '그 말을 다음 가을에 자네에게 주겠네.' 하고 말하면 그는 낙담한 표정으로 돌아서 가 버릴 것이네. 그러나 만약 '내가 방금 타고 온 저 비루먹은 말 알지? 영양실조에다 안짱다리인 저 늙은 말을 해진 안장과 함께 자네에게 줄게. 저놈을 타고 가게나.' 하고 말하면, 그 나바호인은 희색이 만면하여 악수를 청한 다음 자신의 새 말에 올라타서 사라질 것이네. 나바호인은 눈앞에 보이는 선물만을 실감할 뿐, 장래의 이익에 대한 약속은 고려할 가치조차 느끼지 못하는 것이지."

① 나바호인은 기억력이 좋아서 기념일에 선물을 잘 챙긴다.
② 나바호인은 지금 여기만이 실재한다는 인식으로 약속을 잘 지키지 않는다.
③ 나바호인은 앞으로 투자 가치가 있는 마을 구획 정리 사업에는 긍정적이지 않다.
④ 나바호인은 기마민족으로 말에 대한 애착이 강하고 말을 최상의 선물로 간주한다.

지문을 한눈에

1 화제 제시
시간과 공간을 같은 개념으로 인식하는 나바호인

2 구체적 사례
선율에 대한 나바호인의 반응을 통해 시간과 공간을 같은 개념으로 인식하고 있는 사례 제시

실전 기출 추리·추론·비판하기 3

14
다음 글에서 추론한 내용으로 가장 적절한 것은?

지문 제재 | 인문
2019 국가직 7급

> 1 ¹애리조나주 북부의 나바호 인디언과 유럽계 미국인은 오랜 세월에 걸쳐 서로의 시간 개념을 적응시키고자 노력해 왔다. ²나바호인에게 시간은 공간과 같다. ³즉 지금 여기만이 실재하며 미래라는 것은 현실감을 거의 주지 못한다.(시간의 개념이 공간의 개념과 같다는 의미) ⁴나바호 마을에서 성장한 나의 옛 친구는 그 점을 다음과 같이 표현했다.
> ▶ 나바호인에게 시간은 공간과 같은 개념임
>
> 2 ¹"자네도 알다시피 나바호인은 말[馬]을 사랑하고 경마로 내기하기를 즐기지. ²그런데 만약 나바호인에게 '자네 지난 독립기념일에 플래그스태프에서 경주를 온통 휩쓸었던 내 말을 기억하지?' 하고 물었을 때, '그럼, 기억하고말고.' 하면서 그 말을 아주 잘 알고 있다는 듯이 끄덕인다(과거에 대한 단순 기억) 해도 그에게 다시, '그 말을 다음 가을에 자네에게 주겠네.'(미래의 일) 하고 말하면 그는 낙담한 표정으로 돌아서서 가 버릴 것이네.(지금 이 공간에 실재하지 않은 대상에 실망한 결과) ³그러나 만약 '내가 방금 타고 온 저 비루먹은 말 알지? 영양실조에다 안짱다리인 저 늙은 말을 해진 안장과 함께 자네에게 줄게. 저놈을 타고 가게나.' 하고 말하면, 그 나바호인은 희색이 만면하여(현재의 시간과 공간이 일치하는 대상이므로 지금 보이는 것만을 실감하기 때문에) 악수를 청한 다음 자신의 새 말에 올라타서 사라질 것이네. ⁴나바호인은 눈앞에 보이는 선물만을 실감할 뿐, 장래의 이익에 대한 약속은 고려할 가치조차 느끼지 못하는 것이지."
> ▶ 나바호인의 시간과 공간 개념에 대한 사례

① 나바호인은 기억력이 좋아서 기념일에 선물을 잘 챙긴다.(×)(근거 2-2)

② 나바호인은 지금 여기만이 실재한다는 인식으로 약속을 잘 지키지 않는다.(×)(약속을 잘 지키지 않는다는 내용은 확인할 수 없는 정보임.)

❸ 나바호인은 앞으로 투자 가치가 있는 마을 구획정리 사업에는 긍정적이지 않다.(근거 1-3, 2-4)

④ 나바호인은 기마민족으로 말에 대한 애착이 강하고 말을 최상의 선물로 간주한다.(×)(말에 대한 애착이 강하다는 것과 말을 최상의 선물로 여긴다는 것은 확인할 수 없음.)

단계별 풀이 비법

풀이 비법 1 발문으로 유형을 먼저 확인하라!
글의 내용을 바탕으로 추론한 내용의 적절성을 묻는 전형적인 문제이다. 지문에서 설명하고 있는 대상에 대한 정확한 이해가 제일 중요하다.

풀이 비법 2 문맥의 흐름을 파악하라!
중심 화제 나바호인의 시간과 공간 개념
중심 내용
| 1 | 나바호인에게 시간은 공간과 같은 개념임 |
| 2 | 나바호인의 시간과 공간 개념에 대한 사례 |

풀이 비법 3 단락별 핵심 내용과 구체적 사례를 통해 중심 내용을 파악하라!
나바호인의 시간과 공간 개념을 서술한 첫째 단락과 이에 대한 구체적인 사례를 제시한 둘째 단락을 통해 글쓴이는 나바호인의 시간은 공간과 같다는 정보를 전달하고 있는 글임을 알 수 있다.

풀이 비법 4 지문과 선택지를 비교하여 일치 여부를 판단하라!
① 나바호인이 독립기념일을 기억하고 있다는 것 자체로 기억력이 좋음을 추론할 수 없고 이로 인해서 기념일을 잘 챙긴다는 것 또한 이끌어낼 수 없으므로 적절하지 않다.
② 나바호인의 생각이 지금 여기만이 실재한다는 인식을 가지고 있어 약속을 잘 지키지 않는다는 것은 미루어 알 수 없는 것으로 이 글에서 이끌어 낼 수 있는 것이 아니므로 적절하지 않다.
③ 나바호인에게 미래는 현실성이 없는 것으로 간주되기 때문에 앞으로 투자 가치가 있는 미래의 마을 구획정리 사업에는 긍정적이지 않음을 이끌어 낼 수 있으므로 적절하다.
④ 말을 선물하는 상황에 대한 사례를 들어서 이야기하고 있는데 이러한 사례를 통해 나바호인이 말에 대한 애착이 강하다는 것과 말을 최상의 선물로 여긴다는 것은 추론할 수 없는 내용이다.

정답 ③

유형 05 추리·추론·비판하기 263

실전 기출 — 추리·추론·비판하기 4

학습일:　월　일　풀이 시간: 1분 이내

연습 1 　병태 요정과 함께 풀기

(가)와 (나)에 들어갈 말로 가장 적절한 것은?　2022 지방직 7급

A는 다음과 같은 실험을 진행했다. 먼저, 검은색 옷과 흰색 옷을 입은 6명이 두 개의 농구공을 가지고 패스를 주고받는 동안 고릴라 복장의 사람을 지나가게 하고 그 장면을 동영상으로 촬영했다. 그리고 실험 참가자들에게 이 동영상을 보여 주면서 흰색 옷을 입은 사람들이 몇 번 패스를 주고받았는지 세어 달라고 요청했다. 이에 대해 참가자들은 패스 횟수에 대해서는 각자의 답을 말했는데, 동영상 중간 중간에 출현한 고릴라 복장의 사람에 대해서는 하나같이 보지 못했다고 답했다. 참가자들이 패스 횟수를 세는 데 집중하느라 1분이 채 안 되는 동영상 가운데 9초에 걸쳐 등장하는 고릴라 복장의 사람을 인지하지 못한 것이다. A는 이 실험을 통해 다음의 결론을 도출했다. (　(가)　).

이 실험 결과를 우리의 일상에서도 확인해 볼 수 있다. 오토바이 운전자의 안전을 위해 눈에 잘 띄는 밝은색 옷을 입도록 권하는데, 밝은색 옷의 오토바이 운전자는 시각적으로 더 잘 보이고, 덕분에 더 쉽게 알아볼 수 있기 때문이다. 그렇다고 해도 모든 자동차 운전자가 밝은색 옷을 입은 오토바이 운전자를 다 알아보는 것은 아니다. 바라보는 행위는 인지의 (　(나)　) 없기 때문이다.

① (가): 인간의 인지는 시각과 밀접하게 관련되어 있다
　(나): 충분조건일 수는 있어도 필요조건일 수는
② (가): 인간의 인지는 시각과 밀접하게 관련되어 있다
　(나): 필요조건일 수는 있어도 충분조건일 수는
③ (가): 인간은 중요하다고 생각하는 것 위주로 주의를 기울인다
　(나): 충분조건일 수는 있어도 필요조건일 수는
④ (가): 인간은 중요하다고 생각하는 것 위주로 주의를 기울인다
　(나): 필요조건일 수는 있어도 충분조건일 수는

연습 2 　혼자서 눈으로 계속 연습하기

(가)와 (나)에 들어갈 말로 가장 적절한 것은?　2022 지방직 7급

A는 다음과 같은 실험을 진행했다. 먼저, 검은색 옷과 흰색 옷을 입은 6명이 두 개의 농구공을 가지고 패스를 주고받는 동안 고릴라 복장의 사람을 지나가게 하고 그 장면을 동영상으로 촬영했다. 그리고 실험 참가자들에게 이 동영상을 보여 주면서 흰색 옷을 입은 사람들이 몇 번 패스를 주고받았는지 세어 달라고 요청했다. 이에 대해 참가자들은 패스 횟수에 대해서는 각자의 답을 말했는데, 동영상 중간 중간에 출현한 고릴라 복장의 사람에 대해서는 하나같이 보지 못했다고 답했다. 참가자들이 패스 횟수를 세는 데 집중하느라 1분이 채 안 되는 동영상 가운데 9초에 걸쳐 등장하는 고릴라 복장의 사람을 인지하지 못한 것이다. A는 이 실험을 통해 다음의 결론을 도출했다. (　(가)　).

이 실험 결과를 우리의 일상에서도 확인해 볼 수 있다. 오토바이 운전자의 안전을 위해 눈에 잘 띄는 밝은색 옷을 입도록 권하는데, 밝은색 옷의 오토바이 운전자는 시각적으로 더 잘 보이고, 덕분에 더 쉽게 알아볼 수 있기 때문이다. 그렇다고 해도 모든 자동차 운전자가 밝은색 옷을 입은 오토바이 운전자를 다 알아보는 것은 아니다. 바라보는 행위는 인지의 (　(나)　) 없기 때문이다.

① (가): 인간의 인지는 시각과 밀접하게 관련되어 있다
　(나): 충분조건일 수는 있어도 필요조건일 수는
② (가): 인간의 인지는 시각과 밀접하게 관련되어 있다
　(나): 필요조건일 수는 있어도 충분조건일 수는
③ (가): 인간은 중요하다고 생각하는 것 위주로 주의를 기울인다
　(나): 충분조건일 수는 있어도 필요조건일 수는
④ (가): 인간은 중요하다고 생각하는 것 위주로 주의를 기울인다
　(나): 필요조건일 수는 있어도 충분조건일 수는

지문을 한눈에

주의력 착각

- **<인지 실험>**: 패스 횟수에 집중하느라 고릴라 복장의 사람 인지 못함.
- → **결론**: 인간은 중요하다고 생각하는 것 위주로 주의를 기울임.
- → **적용** **<일상 사례>**: 밝은 색 옷을 입은 오토바이 운전자를 다 알아보는 것은 아님.

실전 기출 추리·추론·비판하기 4

01

(가)와 (나)에 들어갈 말로 가장 적절한 것은?

지문 제재 | 과학
2022 지방직 7급

①¹A는 다음과 같은 실험을 진행(進行, 일 따위를 처리하여 나감)했다. ²먼저, 검은색 옷과 흰색 옷을 입은 6명이 두 개의 농구공을 가지고 패스를 주고받는 동안 고릴라 복장(服裝, 옷을 차려입은 모양)의 사람을 지나가게 하고 그 장면을 동영상으로 촬영(撮影, 사람, 사물, 풍경 따위를 사진이나 영화로 찍음)했다. ³그리고 실험 참가자들에게 이 동영상을 보여 주면서 흰색 옷을 입은 사람들이 몇 번 패스를 주고받았는지 세어 달라고 요청(要請, 필요한 어떤 일이나 행동을 청함)했다. ⁴이에 대해 참가자들은 패스 횟수에 대해서는 각자의 답을 말했는데, 동영상 중간 중간에 출현(出現, 나타나거나 또는 나타나서 보임)한 고릴라 복장의 사람에 대해서는 하나같이 보지 못했다고 답했다. ⁵참가자들이 패스 횟수를 세는 데 집중(集中, 한 가지 일에 모든 힘을 쏟아부음)하느라 1분이 채 안 되는 동영상 가운데 9초에 걸쳐 등장하는 고릴라 복장의 사람을 인지하지 못한 것이다. ⁶A는 이 실험을 통해 다음의 결론을 도출(導出, 판단이나 결론 따위를 이끌어 냄)했다. ((가)).
▶ 인간은 중요하게 생각하는 것 위주로 주의를 기울임

②¹이 실험 결과를 우리의 일상에서도 확인(確認, 틀림없이 그러한가를 알아보거나 인정함)해 볼 수 있다. ²오토바이 운전자의 안전을 위해 눈에 잘 띄는 밝은색 옷을 입도록 권하는데, 밝은색 옷의 오토바이 운전자는 시각적(視覺的, 눈으로 보는 것)으로 더 잘 보이고, 덕분에 더 쉽게 알아볼 수 있기 때문이다. ³그렇다고 해도 모든 자동차 운전자가 밝은색 옷을 입은 오토바이 운전자를 다 알아보는 것은 아니다. ⁴바라보는 행위(行爲, 사람이 의지를 가지고 하는 짓)는 인지(認知, 어떤 사실을 인정하여 앎)의 ((나)) 없기 때문이다.
▶ 주의력 착각의 일상 사례

① (가): 인간의 인지는 시각(×)과 밀접하게 관련되어 있다
　(나): 충분조건일 수는 있어도 필요조건일 수는(×)
② (가): 인간의 인지는 시각(×)과 밀접하게 관련되어 있다
　(나): 필요조건일 수는 있어도 충분조건일 수는
③ (가): 인간은 중요하다고 생각하는 것 위주로 주의를 기울인다
　(나): 충분조건일 수는 있어도 필요조건일 수는(×)
❹ (가): 인간은 중요하다고 생각하는 것 위주로 주의를 기울인다 (근거 ①-3, 5)
　(나): 필요조건일 수는 있어도 충분조건일 수는 (근거 ②-3)

단계별 풀이 비법

풀이 비법 1 발문으로 유형을 먼저 확인하라!
생략된 정보를 추리하는 문제이다. 빈칸 뒤에 오는 문장에서 답을 추론할 수 있다.

풀이 비법 2 무엇(화제)에 대해 말하고 있는지 파악하라!
중심 화제 주의력 착각
중심 내용

| ① | 실험 참가자들은 중요하다고 생각하는 패스 횟수를 세는 데 집중했기 때문에 고릴라 복장의 사람을 인지하지 못했다. |
| ② | 밝은색 옷은 운전자를 인지하는 데 도움이 되지만, 확실하게 운전자를 인지할 수 있게 하는 것은 아니다. |

풀이 비법 3 지문에서 선택지 내용과 관련된 내용을 찾아 정리하라!

선지	관련 정보
①	충분조건은 어떤 명제가 성립하는 데 충분한 조건. '갑이면 을이다.'에서 '갑'은 '을'이 성립하는 데에 충분조건이다.
②	①-5: 참가자들이 패스 횟수를 세는 데 집중하느라 고릴라 복장의 사람을 보지 못함.
③	필요조건은 어떤 진술이 참이 되기 위해서 반드시 충족되어야 하는 조건이다. 운전자가 바라보는 행위는 필요조건이다. 하지만 바라본다고 해서 다 알아보는 것은 아니다.
④	①-3, 5: 참가자들이 패스 횟수를 세는 데 집중 ~ 고릴라 복장의 사람을 인지하지 못한 것이다. ②-3, 4: 운전자가 바라본다고 해서 다 알아보는 것은 아니다.

풀이 비법 4 선택지의 적절성을 판단하라!
①~③ (가) 실험 참가자들이 중요하다고 생각하는 패스 횟수 위주로 주의를 기울였기 때문에 상대적으로 중요하다고 생각되지 않는 '고릴라 복장의 사람'을 놓친 것이다. 따라서 '시각'의 문제가 아니다. (나) 바라보는 행위가 인지의 충분조건이라면, 바라보는 행위만으로 확실하게 인지할 수 있어야 한다. 하지만 실제로는 그렇지 않기 때문에, 바라보는 행위는 인지의 충분조건이 될 수 없다.
④ 실험 참가자들은 중요하다고 생각하는 패스 횟수를 세는 데 집중했기 때문에 고릴라 복장의 사람을 인지하지 못했으므로 (가)에는 '인간은 중요하다고 생각하는 것 위주로 주의를 기울인다'는 문장이 적절하다. (나) 밝은색 옷 운전자는 바라보지 않고서는 볼 수 없으므로 바라보는 행위는 필요조건이지만, 바라본다고 모두 운전자를 알아보는 것은 아니므로 바라보는 것이 충분조건은 아니다.
정답 ④

실전 기출 — 추리·추론·비판하기 4

학습일: 월   일   풀이 시간: 1분 이내

연습 1 병태 요정과 함께 풀기

㉠~㉢에 들어갈 말을 바르게 연결한 것은? 2017 지방직 9급 추가

> 많은 사람들에게 유일한 현실은 '타이타닉호'라는 배뿐입니다. 타이타닉호 속에는 판에 박은 일상사가 있습니다. (㉠) 선원은 엔진에 연료를 넣지 않으면 안 되고, 배가 전진하기 위해서는 온갖 기계를 확실히 관리하지 않으면 안 됩니다. 모두 각자 일상사를 가지고 있고 그것을 계속하는 사람이 현실주의자입니다.
> 누군가가 "엔진을 멈추어야 한다."라고 말하면, 그것은 비현실주의적입니다. 왜냐하면 타이타닉호라는 배는 전진하도록 되어 있어서 전진하지 않으면 저마다의 일거리가 없어지기 때문입니다. 오늘날 세계 경제에 퍼져 있는 현실주의는 바로 그러한 현실주의라고 생각됩니다. 현실주의적인 경제학자가 타이타닉호에 "전속력으로!"라는 명령을 하려고 합니다. 이것이 타이타닉호의 논리입니다.
> 이 논리는 타이타닉호가 전 세계라는 점을 전제로 성립합니다. 마찬가지로 경제학자의 논리도 세계 경제 시스템 이외에 아무런 현실이 없다고 한다면 합리적인 논리라고 할 수 있습니다. (㉡) 타이타닉호의 바깥에는 바다가 있고 빙산이 있습니다. 세계 경제의 바깥에는 재난이 있습니다. 바로 이것이 문제입니다. 여기서 타이타닉호의 비유가 갖는 한계를 알 수 있는데, 타이타닉호의 경우는 하나의 빙산이 있고, 장래에 배가 거기에 부딪힌다는 것입니다. 그러나 우리들의 세계 경제 시스템은 장래에 빙산이 기다리고 있는 게 아닙니다. 재난은 이미 시작되었습니다. (㉢) 차례차례 빙산에 부딪히고 있는 중입니다.

	㉠	㉡	㉢
①	그리고	그러면	만약
②	그리고	그렇지만	만약
③	예를 들면	그러면	말하자면
④	예를 들면	그렇지만	말하자면

연습 2 혼자서 눈으로 계속 연습하기

㉠~㉢에 들어갈 말을 바르게 연결한 것은? 2017 지방직 9급 추가

> 많은 사람들에게 유일한 현실은 '타이타닉호'라는 배뿐입니다. 타이타닉호 속에는 판에 박은 일상사가 있습니다. (㉠) 선원은 엔진에 연료를 넣지 않으면 안 되고, 배가 전진하기 위해서는 온갖 기계를 확실히 관리하지 않으면 안 됩니다. 모두 각자 일상사를 가지고 있고 그것을 계속하는 사람이 현실주의자입니다.
> 누군가가 "엔진을 멈추어야 한다."라고 말하면, 그것은 비현실주의적입니다. 왜냐하면 타이타닉호라는 배는 전진하도록 되어 있어서 전진하지 않으면 저마다의 일거리가 없어지기 때문입니다. 오늘날 세계 경제에 퍼져 있는 현실주의는 바로 그러한 현실주의라고 생각됩니다. 현실주의적인 경제학자가 타이타닉호에 "전속력으로!"라는 명령을 하려고 합니다. 이것이 타이타닉호의 논리입니다.
> 이 논리는 타이타닉호가 전 세계라는 점을 전제로 성립합니다. 마찬가지로 경제학자의 논리도 세계 경제 시스템 이외에 아무런 현실이 없다고 한다면 합리적인 논리라고 할 수 있습니다. (㉡) 타이타닉호의 바깥에는 바다가 있고 빙산이 있습니다. 세계 경제의 바깥에는 재난이 있습니다. 바로 이것이 문제입니다. 여기서 타이타닉호의 비유가 갖는 한계를 알 수 있는데, 타이타닉호의 경우는 하나의 빙산이 있고, 장래에 배가 거기에 부딪힌다는 것입니다. 그러나 우리들의 세계 경제 시스템은 장래에 빙산이 기다리고 있는 게 아닙니다. 재난은 이미 시작되었습니다. (㉢) 차례차례 빙산에 부딪히고 있는 중입니다.

	㉠	㉡	㉢
①	그리고	그러면	만약
②	그리고	그렇지만	만약
③	예를 들면	그러면	말하자면
④	예를 들면	그렇지만	말하자면

지문을 한눈에

1 비유를 통한 화제 제시
타이타닉호에 비유된 현실주의자의 삶

2 비유를 통한 화제 제시
현실주의 경제는 멈추지 않고 전진해야 하는 성격을 지니고 있음.

3 대상에 대한 이론의 한계
현실주의 경제학을 타이타닉호에 비유하는 것의 한계

실전 기출 추리·추론·비판하기 4

02

㉠~㉢에 들어갈 말을 바르게 연결한 것은?

지문 제재 | 사회
2017 지방직 9급 추가

> ① 많은 사람들에게 유일한 현실은 '타이타닉호'라는 배뿐입니다. ² 타이타닉호 속에는 판에 박은 일상사가 있습니다. (㉠) ³[선원은 엔진에 연료를 넣지 않으면 안 되고, 배가 전진하기 위해서는 온갖 기계를 확실히 관리하지 않으면 안 됩니다.] ⁴모두 각자 일상사를 가지고 있고 그것을 계속하는 사람이 현실주의자입니다.
> ▶ 타이타닉호에 비유된 현실주의자의 삶
>
> ② ¹누군가가 "엔진을 멈추어야 한다."라고 말하면, 그것은 비현실주의적입니다. ²왜냐하면 타이타닉호라는 배는 전진하도록 되어 있어서 전진하지 않으면 저마다의 일거리가 없어지기 때문입니다. ³오늘날 세계 경제에 퍼져 있는 현실주의는 바로 그러한 현실주의라고 생각됩니다. ⁴현실주의적인 경제학자가 타이타닉호에 "전속력으로!"라는 명령을 하려고 합니다. ⁵이것이 타이타닉호의 논리입니다. ▶ 현실주의 경제는 멈추지 않고 전진해야 하는 성격을 지님
>
> ③ ¹이 논리는 타이타닉호가 전 세계라는 점을 전제로 성립합니다. ²마찬가지로 경제학자의 논리도 세계 경제 시스템 이외에 아무런 현실이 없다고 한다면 합리적인 논리라고 할 수 있습니다. (㉡) ³타이타닉호의 바깥에는 바다가 있고 빙산이 있습니다. ⁴세계 경제의 바깥에는 재난이 있습니다. ⁵바로 이것이 문제입니다. 여기서 타이타닉호의 비유가 갖는 한계를 알 수 있는데, 타이타닉호의 경우는 하나의 빙산이 있고, 장래에 배가 거기에 부딪힌다는 것입니다. ⁶그러나 우리들의 세계 경제 시스템은 장래에 빙산이 기다리고 있는 게 아닙니다. ⁷재난은 이미 시작되었습니다. (㉢) ⁸차례차례 빙산에 부딪히고 있는 중입니다.
> ▶ 현실주의 경제학을 타이타닉호에 비유하는 것의 한계

	㉠	㉡	㉢
①	그리고	그러면	만약
②	그리고	그렇지만	만약
③	예를 들면	그러면	말하자면
❹	예를 들면	그렇지만	말하자면

단계별 풀이 비법

풀이 비법 1 발문으로 유형을 먼저 확인하라!

빈칸에 들어갈 적절한 접속어를 추론하는 유형으로 문맥에 맞는 접속어를 찾는 문제이다. 앞뒤의 문맥의 흐름을 바탕으로 앞 문장과 뒤에 이어지는 문장의 관계를 파악하여 빈칸에 들어갈 가장 적절한 접속어를 찾는 것이 중요하다.

풀이 비법 2 핵심어를 통해 단락별 중심 내용을 찾아라!

중심 화제 타이타닉호에 비유된 현실 경제학과 그 한계
중심 내용

1	타이타닉호에 비유된 현실주의자의 삶
2	현실주의 경제는 멈추지 않고 전진해야 하는 성격을 지니고 있음.
3	현실주의 경제학을 타이타닉호에 비유하는 것의 한계

풀이 비법 3 글의 세부 내용을 바탕으로 문맥의 흐름을 파악하라!

글쓴이의 주장이 드러난 ③단락을 중심으로 현실주의 경제학과 이를 비유한 타이타닉호의 연관성을 먼저 서술하고 타이타닉호와 현실주의 경제학의 공통적인 속성을 밝힌 뒤에 이러한 논리가 가지는 한계를 밝히고 있는 글임을 알 수 있다.

풀이 비법 4 부합하는 선택지를 찾아라!

㉠ 먼저 ㉠의 앞 부분은 타이타닉호에 일상사가 존재했음을 서술하고 ㉠의 뒷부분에서는 배 안에서 선원들이 각자 수행하는 일을 구체적 예시를 통해 부연 설명을 하고 있으므로 '예를 들면'이 문맥의 흐름상 자연스럽다.
㉡ 둘째 단락에서 타이타닉호와 현실주의 경제는 무조건 전진해야 하는 속성이 있음을 서술하고 있으며 셋째 단락의 ㉡의 앞부분에서는 이와 같은 논리가 성립하려면 외부의 요인이 없음을 전제로 해야 한다는 것을 말하고 있다. 또한 ㉡의 뒷부분에서는 타이타닉호나 현실 경제 모두 바깥의 환경이 존재하고 있음을 서술하고 있어 ㉡의 앞뒤는 서로 대비되는 내용이므로 역접 관계 접속어인 '그렇지만'이 문맥의 흐름상 자연스럽다.
㉢ ㉢의 앞부분에서 타이타닉호의 경우 앞에는 빙산이 하나 놓여 있고 장래에 그 빙산에 부딪힐 가능성이 있는 것이지만 세계 경제 시스템은 하나의 빙산이 아닌 외부에 존재하는 수많은 재난이 이미 시작했음을 서술하고 있다. 그리고 ㉢의 뒷부분에서 '차례차례 빙산에 부딪히고 있는 중이다'는 서술이 이어지고 있으므로 ㉢에는 앞부분에 대한 비유적인 설명으로 '말하자면'이 문맥의 흐름상 자연스럽다. **정답 ④**

개념 PLUS 타이태닉호(Titanic)

1911년에 건조한 영국의 호화 여객선인 타이태닉호는, 1912년 4월 14일 첫 항해 도중 북대서양에서 빙산과 충돌·침몰하여 1,500여 명의 희생자를 냄으로써 세계 최대의 해난(海難) 사고를 일으켰다.

※ '타이타닉호'의 바른 표기는 '타이태닉호'임을 참고하기 바란다. 지문의 표기는 실제 기출 표기를 그대로 사용했다.

실전 기출 — 추리·추론·비판하기 4

학습일: 월 일 풀이 시간: 1분 이내

연습 1 병태 요정과 함께 풀기

㉠~㉢에 들어갈 적절한 접속어를 순서대로 나열한 것은?
2017 국가직 9급 추가

역사의 연구는 개별성을 추구하는 것이라고 할 수가 있다. (㉠) 구체적인 과거의 사실 자체에 대해 구명(究明)을 꾀하는 것이 역사학인 것이다. (㉡) 고구려가 한족과 투쟁한 일을 고구려라든가 한족이라든가 하는 구체적인 요소들을 빼 버리고, 단지 "자주적 대제국이 침략자와 투쟁하였다."라고만 진술해 버리는 것은 한국사일 수가 없다. (㉢) 일정한 시대에 활약하던 특정한 인간 집단의 구체적인 활동을 서술하지 않는다면 그것을 역사라고 말할 수 없는 것이다.

	㉠	㉡	㉢
①	즉	가령	요컨대
②	가령	한편	역시
③	이를테면	역시	결국
④	다시 말해	만약	그런데

연습 2 혼자서 눈으로 계속 연습하기

㉠~㉢에 들어갈 적절한 접속어를 순서대로 나열한 것은?
2017 국가직 9급 추가

역사의 연구는 개별성을 추구하는 것이라고 할 수가 있다. (㉠) 구체적인 과거의 사실 자체에 대해 구명(究明)을 꾀하는 것이 역사학인 것이다. (㉡) 고구려가 한족과 투쟁한 일을 고구려라든가 한족이라든가 하는 구체적인 요소들을 빼 버리고, 단지 "자주적 대제국이 침략자와 투쟁하였다."라고만 진술해 버리는 것은 한국사일 수가 없다. (㉢) 일정한 시대에 활약하던 특정한 인간 집단의 구체적인 활동을 서술하지 않는다면 그것을 역사라고 말할 수 없는 것이다.

	㉠	㉡	㉢
①	즉	가령	요컨대
②	가령	한편	역시
③	이를테면	역시	결국
④	다시 말해	만약	그런데

지문을 한눈에

화제 제시(1)	부연 설명(2)	사례(3)	주제(4)
역사의 연구는 개별성을 추구하는 것임.	역사는 구체적인 과거 사실을 규명하는 것임.	고구려가 한족과 투쟁했던 사례 제시	역사는 일정 시대에 활약했던 특정 인간 집단의 구체적 활동의 서술이어야 함.

실전 기출 — 추리·추론·비판하기 4

03
지문 제재 | 사회

⊙~ⓒ에 들어갈 적절한 접속어를 순서대로 나열한 것은?

2017 국가직 9급 추가

> **1** ¹<u>역사의 연구</u>는 개별성을 추구하는 것(역사 연구에 대한 일반적인 의미)이라고 할 수가 있다. (⊙) ²구체적인 과거의 사실 자체에 대해 구명(究明)을 꾀하는 것(앞 문장의 일반적인 진술에 대한 부연 설명)이 <u>역사학</u>인 것이다. (ⓒ) [³고구려가 한족과 투쟁한 일을 고구려라든가 한족이라든가 하는 구체적인 요소들을 빼 버리고, 단지 "자주적 대제국이 침략자와 투쟁하였다."라고만 진술해 버리는 것은 한국사일 수가 없다.](사례 제시 - 고구려가 한족과 투쟁했던 사례를 가정적으로 제시함) (ⓒ) ⁴<u>일정한 시대에 활약하던 특정한 인간 집단의 구체적인 활동을 서술</u>(글쓴이의 주장)하지 않는다면 그것을 역사라고 말할 수 없는 것이다. ▶ 역사의 연구는 개별성을 추구하는 것임

	⊙	ⓒ	ⓒ
①	즉	가령	요컨대
②	가령	한편	역시
③	이를테면	역시	결국
④	다시 말해	만약	그런데

단계별 풀이 비법

풀이 비법 1 발문으로 유형을 먼저 확인하라!
빈칸에 들어갈 적절한 접속어를 추론하는 유형으로 문맥에 맞는 접속어를 찾는 문제이다. 앞뒤의 문맥의 흐름을 바탕으로 앞 문장과 뒤에 이어지는 문장의 관계를 파악하여 빈칸에 들어갈 가장 적절한 접속어를 찾는 것이 중요하다.

풀이 비법 2 핵심어를 통해 단락별 중심 내용을 찾아라!
중심 화제 역사의 연구 방법
중심 내용

1-1	역사의 연구는 개별성을 추구하는 것임.
1-2	역사는 구체적인 과거의 사실을 규명하는 것임.
1-3	고구려가 한족과 투쟁했던 사례 제시
1-4	역사는 일정 시대에 활약했던 특정 인간 집단의 구체적 활동의 서술이어야 함.

풀이 비법 3 단락별 중심 내용을 종합하여 주제 파악하라!
역사 연구의 방법에 대한 일반적 의미를 제시한 첫 문장과 주제를 서술한 네 번째 문장을 중심으로 첫 문장과 두 번째 문장의 관계, 두 번째 문장과 세 번째 문장의 관계, 세 번째 문장과 네 번째 문장의 관계 등 앞뒤로 이어진 각 문장들의 관계를 이해하면 글쓴이의 주장을 파악할 수 있다.

풀이 비법 4 부합하는 선택지를 찾아라!
⊙ ⊙의 앞 부분은 역사 연구에 대한 일반적 의미를 제시하고 있으며, ⊙의 뒷부분에서는 이에 대한 의미를 구체적으로 부연 설명(재진술)하고 있어서 '즉, 이를테면' 등의 접속어가 들어가는 것이 자연스럽다.
ⓒ 세 번째 문장은 앞의 두 문장에서 언급한 내용에 대한 고구려가 한족과 투쟁한 역사를 구체적이며 가정적인 사례를 제시하고 있어서 ⓒ에는 '가령, 예를 들어' 등의 접속어가 들어가는 것이 자연스럽다.
ⓒ ⓒ의 뒤에 이어진 문장은 앞에서 제시한 역시를 통해 일반적인 진술을 담고 있는 문장으로 글의 주제를 담고 있으며 앞에서 서술한 모든 내용을 정리하고 있어서 ⓒ에는 '요컨대'가 들어가는 것이 가장 자연스럽다.

정답 ①

개념 PLUS — 다양한 정보 간의 관계와 접속어

1. **역접 관계**: 상반된 의미를 지닌 개념이나 대조적인 내용이 전개되는 경우로 '그러나, 하지만, 그렇지만' 등의 접속어를 사용하여 표현된다.
2. **인과 관계**: 원인(이유)과 결과(현상) 등의 관계를 나타내는 내용이 이어지는 경우로 '그러므로, 그래서, 왜냐하면, 따라서' 등의 접속어를 사용하여 표현된다.
3. **전환 관계**: 앞의 내용에서 화제를 전환하며 내용이 전개되는 경우로 '그런데'가 주로 사용된다.
4. **요약 관계**: 앞에서 서술하고 있는 내용을 요약 정리하며 내용이 전개되는 경우로 '요컨대'가 주로 사용된다.
5. **부연 또는 상술의 관계**: 추상적 어구나 서술에 대해 구체적인 설명이나 정보를 추가하는 내용이 전개되는 경우로 '즉, 이를테면' 등의 접속어가 사용된다.
6. **예시 관계**: 설명하고자 하는 대상에 대해 구체적인 사례를 들어 설명하는 내용이 전개되는 경우로 '예를 들어, 예컨대' 등의 접속어를 사용하여 표현된다.

시간 절약 꿰알 TIP

빈칸에 들어갈 접속어를 찾기 위해서는 먼저 글의 세부 내용을 이해해야 합니다. 그리고 괄호를 중심으로 앞뒤에 제시된 문장들이 '역접, 인과, 전환, 요약, 부연 설명' 등의 다양한 관계 가운데 어디에 해당하는지를 빠르게 판단하고 이와 어울리는 적절한 접속어를 찾아낼 수 있어야 합니다.

실전 기출 — 추리·추론·비판하기 4

연습 1 병태 요정과 함께 풀기

하버마스의 주장에 부합하는 사례로 가장 적절한 것은?
2021 국가직 9급

하버마스는 18세기부터 현대까지 미디어의 등장 배경과 발전 과정을 분석하면서, 공공 영역의 부상과 쇠퇴를 추적했다. 하버마스에게 공공 영역은 일반적 쟁점에 대한 토론과 의견을 형성하는 공공 토론의 민주적 장으로서 역할을 한다.

하버마스는 17세기와 18세기 유럽 도시의 살롱에서 당시의 공공 영역을 찾았다. 비록 소수의 사람들만이 살롱 토론 문화에 참여했으나, 공공 토론을 통해 정치적 문제를 해결하는 논리를 도입할 수 있었기 때문에 살롱이 초기 민주주의 발전에 중요한 역할을 했다고 그는 주장한다. 적어도 살롱 문화의 원칙에서 공개적 토론을 위한 공공 영역은 각각의 참석자들에게 동등한 자격을 부여했다.

그러나 하버마스에 따르면, 현대 사회에서 민주적 토론은 문화 산업의 발달과 함께 퇴보했다. 대중매체와 대중오락의 보급은 공공 영역이 공허해지는 원인으로 작용했다. 상업적 이해관계는 공공의 이해관계에 우선하게 되었다. 공공 여론은 개방적이고 합리적 토론을 통해서가 아니라 광고에서처럼 조작과 통제를 통해 형성되고 있다.

미디어가 점차 상업화되면서 하버마스가 주장한 대로 공공 영역이 침식당하고 있다. 상업화된 미디어는 광고 수입에 기대어 높은 시청률과 수익을 보장하는 콘텐츠 제작만을 선호하게 되었다. 그 결과 공적 주제에 대한 시민들의 논의와 소통의 장이 줄어들어 결과적으로 공공 영역이 축소되었다. 많은 것을 약속한 미디어는 이제 민주주의 문제의 일부로 변해 버린 것이다.

① 살롱 문화에서 특정 사회 계층에 대한 비판적인 토론은 허용되지 않았다.
② 인터넷의 발달과 보급은 상업적 광고뿐만 아니라 공익 광고도 증가시켰다.
③ 글로벌 미디어가 발달하더라도 국제 사회의 공공 영역은 공허해지지 않는다.
④ 수익성 위주의 미디어 플랫폼과 콘텐츠가 더 많아지면서 민주적 토론이 감소되었다.

연습 2 혼자서 눈으로 계속 연습하기

하버마스의 주장에 부합하는 사례로 가장 적절한 것은?
2021 국가직 9급

하버마스는 18세기부터 현대까지 미디어의 등장 배경과 발전 과정을 분석하면서, 공공 영역의 부상과 쇠퇴를 추적했다. 하버마스에게 공공 영역은 일반적 쟁점에 대한 토론과 의견을 형성하는 공공 토론의 민주적 장으로서 역할을 한다.

하버마스는 17세기와 18세기 유럽 도시의 살롱에서 당시의 공공 영역을 찾았다. 비록 소수의 사람들만이 살롱 토론 문화에 참여했으나, 공공 토론을 통해 정치적 문제를 해결하는 논리를 도입할 수 있었기 때문에 살롱이 초기 민주주의 발전에 중요한 역할을 했다고 그는 주장한다. 적어도 살롱 문화의 원칙에서 공개적 토론을 위한 공공 영역은 각각의 참석자들에게 동등한 자격을 부여했다.

그러나 하버마스에 따르면, 현대 사회에서 민주적 토론은 문화 산업의 발달과 함께 퇴보했다. 대중매체와 대중오락의 보급은 공공 영역이 공허해지는 원인으로 작용했다. 상업적 이해관계는 공공의 이해관계에 우선하게 되었다. 공공 여론은 개방적이고 합리적 토론을 통해서가 아니라 광고에서처럼 조작과 통제를 통해 형성되고 있다.

미디어가 점차 상업화되면서 하버마스가 주장한 대로 공공 영역이 침식당하고 있다. 상업화된 미디어는 광고 수입에 기대어 높은 시청률과 수익을 보장하는 콘텐츠 제작만을 선호하게 되었다. 그 결과 공적 주제에 대한 시민들의 논의와 소통의 장이 줄어들어 결과적으로 공공 영역이 축소되었다. 많은 것을 약속한 미디어는 이제 민주주의 문제의 일부로 변해 버린 것이다.

① 살롱 문화에서 특정 사회 계층에 대한 비판적인 토론은 허용되지 않았다.
② 인터넷의 발달과 보급은 상업적 광고뿐만 아니라 공익 광고도 증가시켰다.
③ 글로벌 미디어가 발달하더라도 국제 사회의 공공 영역은 공허해지지 않는다.
④ 수익성 위주의 미디어 플랫폼과 콘텐츠가 더 많아지면서 민주적 토론이 감소되었다.

지문을 한눈에

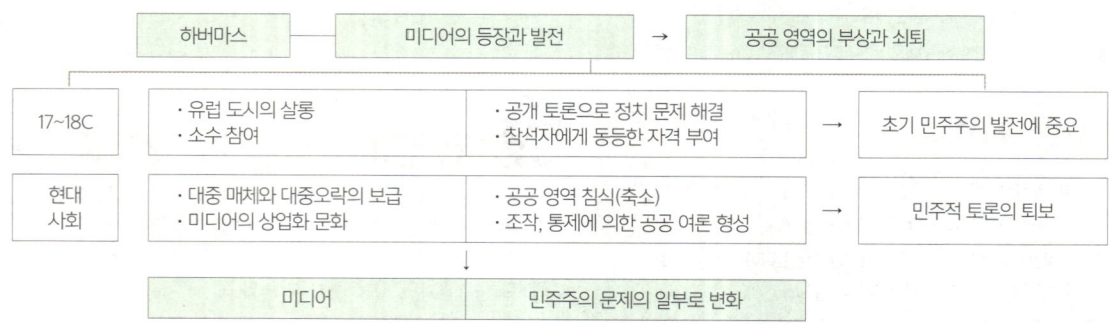

실전 기출 추리·추론·비판하기 4

04
하버마스의 주장에 부합하는 사례로 가장 적절한 것은?
지문 제재 | 인문
2021 국가직 9급

① 하버마스는 18세기부터 현대까지 미디어의 등장 배경과 발전 과정을 분석(分析, 복잡한 것을 풀어서 개별적인 요소나 성질로 나눔)하면서, 공공 영역(公共領域, 일반인의 관심을 끄는 이슈가 토의되고 형성되는 공적 논쟁의 장)의 부상과 쇠퇴를 추적했다. ²하버마스에게 공공 영역은 일반적 쟁점(爭點, 서로 다투는 중심이 되는 점)에 대한 토론과 의견을 형성하는 공공 토론의 민주적 장으로서 역할을 한다.
▶ 미디어의 등장과 하버마스의 공공 영역 의미

② ¹하버마스는 [17세기와 18세기 유럽 도시의 살롱에서 당시의 공공 영역을 찾았다.](공공 영역으로서의 유럽 도시의 살롱) ²비록 [소수의 사람들(상위 계급)만이 살롱 토론 문화에 참여했으나,](소수 참여: 살롱 토론 문화의 한계) [공공 토론을 통해 정치적 문제를 해결하는 논리를 도입할 수 있었기 때문에 살롱이 초기 민주주의 발전에 중요한 역할을 했다고 그는 주장한다.](공공 토론 → 정치 문제 해결 논리 도입: 초기 민주주의 발전에 기여함) ³적어도 살롱 문화의 원칙에서 공개적 토론을 위한 공공 영역은 각각의 참석자들에게 동등한 자격을 부여했다.
▶ 17·8세기 유럽의 공공 영역이었던 살롱의 토론 문화

③ ¹그러나 하버마스에 따르면, 현대 사회에서 민주적 토론은 문화 산업의 발달과 함께 퇴보(退步, 정도나 수준이 이제까지의 상태보다 뒤떨어지거나 못하게 됨)했다. ²[대중매체와 대중오락의 보급](원인)은 [공공 영역이 공허해지는 원인으로 작용했다.] ³상업적 이해관계는 공공의 이해관계에 우선하게 되었다.](결과) ⁴공공 여론은 개방적이고 합리적 토론을 통해서가 아니라 광고에서처럼 조작과 통제를 통해 형성되고 있다.
▶ 민주적 토론의 퇴보와 공공 여론의 조작과 통제

④ ¹미디어가 점차 상업화되면서 하버마스가 주장한 대로 공공 영역이 침식당하고 있다. ²[상업화된 미디어는 광고 수입에 기대어 높은 시청률과 수익을 보장하는 콘텐츠 제작만을 선호하게 되었다.](원인) ³그 결과 [공적 주제에 대한 시민들의 논의와 소통의 장이 줄어들어 결과적으로 공공 영역이 축소되었다.](결과) ⁴많은 것을 약속한 미디어는 이제 민주주의 문제의 일부로 변해 버린 것이다.
▶ 미디어의 상업화로 인한 공공 영역의 축소

① 살롱 문화에서 **특정 사회 계층에 대한 비판적인 토론은 허용되지 않았다**(×).(근거 ②-3)
② 인터넷의 발달과 보급은 상업적 광고뿐만 아니라 **공익 광고도 증가시켰다**(×).(근거 ④-1, 2)
③ 글로벌 미디어가 발달하더라도 국제 사회의 **공공 영역은 공허해지지 않는다**(×).(근거 ③-2)
❹ 수익성 위주의 미디어 플랫폼과 콘텐츠가 더 많아지면서 민주적 토론이 감소되었다.(근거 ④-1, 2, 3)

단계별 풀이 비법

풀이 비법 1 발문으로 유형을 확인하라!
주장에 부합하는 사례를 묻고 있으므로 하버마스의 주장을 파악하는 유형임을 알 수 있다. 따라서 지문을 먼저 정리한 뒤 선택지에서 그것을 적절하게 파악할 수 있는 내용을 골라야 한다.

풀이 비법 2 무엇(화제)에 대해 말하고 있는지 파악하라!
화제 하버마스의 공공 영역
전체 내용 미디어가 상업화되면서 공공 영역이 축소되었다.

③	민주적 토론은 문화 산업의 발달과 함께 퇴보했고, 공공 여론의 조작과 통제를 형성됨.
④	미디어가 상업화되면서 공공 영역이 축소됨.

풀이 비법 3 지문에서 선택지 내용과 관련된 정보를 찾아 정리하라!

선지	관련 정보
①	②-3: '공개적 토론을 위한 공공 영역은 각각의 참석자들에게 동등한 자격을 부여했다.'
②	④-1, 2: '시청률과 수익을 보장하는 콘텐츠 제작만 선호'
③	③-2: '공공 영역이 공허해지는'
④	④-1~3: '수익을 보장하는 콘텐츠 제작만을 선호', '공공 영역이 축소'

풀이 비법 4 선택지의 적절성을 판단하라!
① 근거- ②-3, 특정 사회 계층에 대한 비판적인 토론은 제시문에 언급되어 있지는 않지만, '공개적 토론을 위한 공공 영역은 각각의 참석자들에게 동등한 자격을 부여했다'는 내용을 통해 하버마스의 주장에 부합하지 않는 사례임을 알 수 있다.
② ④의 '미디어가 점차 상업화되면서… 공공 영역 침식'과 '시청률과 수익을 보장하는 콘텐츠 제작만 선호'한다는 내용을 통해 공익 광고는 줄어든다고 볼 수 있다.
③ ③-2의 내용을 통해, 글로벌 미디어가 발달하면 국제 사회의 공공 영역은 공허해진다고 볼 수 있다.
④ ④의 '미디어가 점차 상업화되면서… 공공 영역 침식'과 '시청률과 수익을 보장하는 콘텐츠 제작만 선호… 그 결과 공적 주제에 대한 시민들의 논의와 소통의 장이 줄어'에 하버마스의 주장이 담겨있다. 그는 상업화된 미디어로 인해 공공 영역이 축소되어 민주적 토론이 퇴보한다고 여겼다. 수익성 위주의 플랫폼과 콘텐츠는 상업화된 미디어의 사례에 해당한다.

정답 ④

실전 기출 추리·추론·비판하기 4

학습일: 월   일   풀이 시간: 1분 이내

연습 1 병태 요정과 함께 풀기

다음 글의 사례로 적절하지 않은 것은?   2021 국가직 9급

> 인간은 언어를 사용하며 언어는 인간의 사고, 사회, 문화를 반영한다. 인간의 지적 능력이 발달하게 된 것은 바로 언어를 사용하기 때문이다.
> 언어와 사고는 기본적으로 상호작용을 한다. 둘 중 어느 것이 먼저 발달하고 어떻게 영향을 주는지는 알 수 없다. 그러나 언어와 사고가 서로 깊은 관계를 맺고 있다는 사실은 여러 가지 근거를 통해서 뒷받침된다.

① 영어의 '쌀(rice)'에 해당하는 우리말에는 '모', '벼', '쌀', '밥' 등이 있다.
② 어떤 사람은 산도 파랗다고 하고, 물도 파랗다고 하고, 보행 신호의 녹색등도 파랗다고 한다.
③ 일상생활에서 어떠한 사물의 개념은 머릿속에서 맴도는데도 그 명칭을 떠올리지 못할 때가 있다.
④ 우리나라는 수박(watermelon)은 '박'의 일종으로 보지만 어떤 나라는 '멜론(melon)'에 가까운 것으로 파악한다.

연습 2 혼자서 눈으로 계속 연습하기

다음 글의 사례로 적절하지 않은 것은?   2021 국가직 9급

> 인간은 언어를 사용하며 언어는 인간의 사고, 사회, 문화를 반영한다. 인간의 지적 능력이 발달하게 된 것은 바로 언어를 사용하기 때문이다.
> 언어와 사고는 기본적으로 상호작용을 한다. 둘 중 어느 것이 먼저 발달하고 어떻게 영향을 주는지는 알 수 없다. 그러나 언어와 사고가 서로 깊은 관계를 맺고 있다는 사실은 여러 가지 근거를 통해서 뒷받침된다.

① 영어의 '쌀(rice)'에 해당하는 우리말에는 '모', '벼', '쌀', '밥' 등이 있다.
② 어떤 사람은 산도 파랗다고 하고, 물도 파랗다고 하고, 보행 신호의 녹색등도 파랗다고 한다.
③ 일상생활에서 어떠한 사물의 개념은 머릿속에서 맴도는데도 그 명칭을 떠올리지 못할 때가 있다.
④ 우리나라는 수박(watermelon)은 '박'의 일종으로 보지만 어떤 나라는 '멜론(melon)'에 가까운 것으로 파악한다.

지문을 한눈에

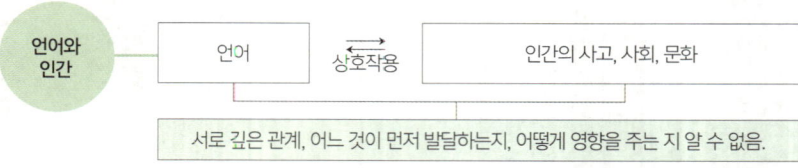

실전 기출 추리·추론·비판하기 4

05
다음 글의 사례로 적절하지 않은 것은?

지문 제재 | 언어
2021 국가직 9급

> **1** ¹인간은 언어를 사용하며 언어는 인간의 사고(思考, 생각하고 궁리함), 사회, 문화를 반영(反映, 다른 것에 영향을 받아 어떤 현상이 나타남)한다. ²인간의 지적 능력이 발달하게 된 것은 바로 언어를 사용하기 때문이다. ▶ 언어와 인간
> **2** ¹[언어와 사고는 기본적으로 상호작용](언어와 사고는 서로 영향을 주고받음)을 한다. ²[둘 중 어느 것이 먼저 발달하고 어떻게 영향을 주는지는 알 수 없다](언어는 사고의 영향을 받기도 하고, 사고를 결정하기도 함. 하지만 언어와 사고 중 무엇이 먼저인지는 확실하게 말하기 어려움). ³그러나 언어와 사고가 서로 깊은 관계를 맺고 있다는 사실은 여러 가지 근거(根據, 존재의 기초가 되거나 어떤 사상이 진리라고 할 수 있는 조건)를 통해서 뒷받침된다. ▶ 언어와 사고의 상호 관계

① 영어의 '쌀(rice)'에 해당하는 우리말에는 '모', '벼', '쌀', '밥' 등이 있다. (근거 **1**-1, **2**-3)

② 어떤 사람은 산도 파랗다고 하고, 물도 파랗다고 하고, 보행 신호의 녹색등도 파랗다고 한다. (근거 **2**-1, 3)

❸ 일상생활에서 어떠한 사물의 개념은 머릿속에서 맴도는데도 그 명칭을 떠올리지 못할 때가 있다. (근거 **2**-3 반증 사례임.)

④ 우리나라는 수박(watermelon)은 '박'의 일종으로 보지만 어떤 나라는 '멜론(melon)'에 가까운 것으로 파악한다. (근거 **1**-1)

단계별 풀이 비법

풀이 비법 1 발문으로 유형을 먼저 확인하라!

'글의 사례'에 대한 적절성을 따지는 문제이므로 글의 주제와 관련이 없는 사례를 찾으면 된다.

풀이 비법 2 무엇(화제)에 대해 말하고 있는지 파악하라!

화제 언어와 사고
전체 내용 언어가 인간의 사고를 반영하며, 언어와 사고가 상호작용을 하면서 서로 깊은 관계를 맺고 있다.

1	언어가 인간의 사고를 반영한다.
2	언어와 사고가 상호작용을 하면서 서로 깊은 관계를 맺고 있다.

풀이 비법 3 지문에서 선택지 내용과 관련된 정보를 찾아 정리하라!

선지	관련 정보
①	**1**-1, **2**-3: '언어는 … 문화를 반영', '언어와 사고는 깊은 관계'
②	**2**-1: '언어와 사고가 상호작용'
③	언어와 사고가 상호작용을 한다는 명제의 반례
④	**1**-1: '언어는 인간의 사고, 사회, 문화를 반영'

풀이 비법 4 선택지의 일치 여부를 판단하라!

① 벼농사로 인해 '쌀'과 관련된 사고가 발달하여 '모', '벼', '쌀', '밥' 등의 어휘로 분화되었다. 따라서 사고가 언어에 영향을 미친 사례로, 언어에는 그 언어를 사용하는 사회의 고유한 문화가 나타난다.

② 사람들이 '파랑', '초록'을 구별하지 못하는 것은 아니다. 사용하는 언어에 따라 사고가 범주화된다는 것을 보여 준다. 이는 언어가 인간의 사고에 미치는 영향을 보여 주는 사례이다.

③ 언어와 사고의 관계에 대한 사례가 아니라 언어와 사고의 관계가 필연적이지 않다는 것을 보여주는 사례이다.

④ 같은 사물임에도 우리나라에서는 수박을 '박'의 일종으로 보아 '수박'이라고 부르지만, 'watermelon'이라는 단어를 사용하는 나라에서는 'melon'에 가까운 것으로 파악한다. 이는 언어가 사고에 반영된다는 것을 보여 주는 사례이다.

정답 ③

실전 기출 — 추리·추론·비판하기 4

학습일: 월   일   풀이 시간: 1분 이내

연습 1 병태 요정과 함께 풀기

다음 글에 대한 이해로 적절하지 않은 것은?   2021 국가직 9급

언어마다 고유의 표기 체계가 있는데, 이는 읽기 과정에 영향을 미친다. 알파벳 언어는 표기 체계에 따라 철자 읽기의 명료성 수준이 달라진다. 철자 읽기가 명료하다는 것은 한 글자에 대응되는 소리가 규칙적이어서 글자와 소리의 대응이 거의 일대일이라는 것을 의미한다. 그 예로 이탈리아어와 스페인어가 있다. 이 두 언어의 사용자는 의미를 전혀 모르는 새로운 단어를 발견하더라도 보자마자 정확한 발음을 할 수 있다. 이에 비해 영어는 철자 읽기의 명료성이 낮은 언어이다. 영어는 발음이 아예 나지 않는 묵음과 같은 예외도 많은 편이고 글자에 대응하는 소리도 매우 다양하다.

한편 알파벳 언어를 읽을 때 사용하는 뇌의 부위는 유사하지만 뇌의 부위에 의존하는 방식에는 차이가 있다. 영어와 이탈리아어를 읽는 사람은 동일하게 좌반구의 읽기 네트워크를 사용한다. 하지만 무의미한 단어를 읽을 때 영어를 읽는 사람은 암기된 단어의 인출과 연관된 뇌 부위에 더 의존하는 반면 이탈리아어를 읽는 사람은 음운 처리에 연관된 뇌 부위에 더 의존한다. 왜냐하면 무의미한 단어를 읽을 때 이탈리아어를 읽는 사람은 규칙적인 음운 처리 규칙을 적용하는 반면에, 영어를 읽는 사람은 암기해 둔 수많은 예외들을 떠올리기 때문이다.

① 알파벳 언어의 철자 읽기는 소리와 표기의 대응과 관련되는데, 각 소리가 지닌 특성은 철자 읽기의 명료성을 판단하는 기준이 된다.
② 영어 사용자는 무의미한 단어를 읽을 때 좌반구의 읽기 네트워크를 활용하면서 암기된 단어의 인출과 연관된 뇌 부위에 더욱 의존한다.
③ 이탈리아어는 소리와 글자의 대응이 규칙적이어서 낯선 단어를 발음할 때 영어에 비해 철자 읽기의 명료성이 높다.
④ 영어는 음운 처리 규칙에 적용되지 않는 예외들이 많아서 스페인어에 비해 소리와 글자의 대응이 덜 규칙적이다.

연습 2 혼자서 눈으로 계속 연습하기

다음 글에 대한 이해로 적절하지 않은 것은?   2021 국가직 9급

언어마다 고유의 표기 체계가 있는데, 이는 읽기 과정에 영향을 미친다. 알파벳 언어는 표기 체계에 따라 철자 읽기의 명료성 수준이 달라진다. 철자 읽기가 명료하다는 것은 한 글자에 대응되는 소리가 규칙적이어서 글자와 소리의 대응이 거의 일대일이라는 것을 의미한다. 그 예로 이탈리아어와 스페인어가 있다. 이 두 언어의 사용자는 의미를 전혀 모르는 새로운 단어를 발견하더라도 보자마자 정확한 발음을 할 수 있다. 이에 비해 영어는 철자 읽기의 명료성이 낮은 언어이다. 영어는 발음이 아예 나지 않는 묵음과 같은 예외도 많은 편이고 글자에 대응하는 소리도 매우 다양하다.

한편 알파벳 언어를 읽을 때 사용하는 뇌의 부위는 유사하지만 뇌의 부위에 의존하는 방식에는 차이가 있다. 영어와 이탈리아어를 읽는 사람은 동일하게 좌반구의 읽기 네트워크를 사용한다. 하지만 무의미한 단어를 읽을 때 영어를 읽는 사람은 암기된 단어의 인출과 연관된 뇌 부위에 더 의존하는 반면 이탈리아어를 읽는 사람은 음운 처리에 연관된 뇌 부위에 더 의존한다. 왜냐하면 무의미한 단어를 읽을 때 이탈리아어를 읽는 사람은 규칙적인 음운 처리 규칙을 적용하는 반면에, 영어를 읽는 사람은 암기해 둔 수많은 예외들을 떠올리기 때문이다.

① 알파벳 언어의 철자 읽기는 소리와 표기의 대응과 관련되는데, 각 소리가 지닌 특성은 철자 읽기의 명료성을 판단하는 기준이 된다.
② 영어 사용자는 무의미한 단어를 읽을 때 좌반구의 읽기 네트워크를 활용하면서 암기된 단어의 인출과 연관된 뇌 부위에 더욱 의존한다.
③ 이탈리아어는 소리와 글자의 대응이 규칙적이어서 낯선 단어를 발음할 때 영어에 비해 철자 읽기의 명료성이 높다.
④ 영어는 음운 처리 규칙에 적용되지 않는 예외들이 많아서 스페인어에 비해 소리와 글자의 대응이 덜 규칙적이다.

지문을 한눈에

알파벳 표기 체계와 읽기 과정의 연관성

1 표기 체계별 철자 읽기 명료성

명료성 높음: 이탈리아어	↔	명료성 낮음: 영어
글자 : 소리 (1:1)		글자 : 소리 (1:多)

2-1, 2 읽을 때 사용되는 뇌 부위

모두 좌반구 읽기 네트워크 사용

2-3 무의미한 단어 읽을 때 뇌 부위

이탈리아어	영어
음운 처리 관련 뇌부위 의존·음운 처리 규칙 적용	암기해둔 (예외적) 단어 인출과 관련된 뇌 부위 의존

실전 기출 추리·추론·비판하기 4

06
다음 글에 대한 이해로 적절하지 않은 것은?

지문 제재 | 인문
2021 국가직 9급

❶ ¹언어마다 고유의 표기 체계(體系, 일정한 원리에 따라서 낱낱의 부분이 짜임새 있게 조직되어 통일된 전체)가 있는데, 이는 읽기 과정에 영향을 미친다. ²알파벳 언어는 표기 체계에 따라 철자 읽기의 명료성(明瞭性, 뚜렷하고 분명한 성질)수준이 달라진다. ³철자 읽기가 명료하다는 것은 한 글자에 대응(對應, 어떤 두 대상이 주어진 어떤 관계에 의하여 서로 짝이 되는 일)되는 소리가 규칙적이어서 글자와 소리의 대응이 거의 일대일이라는 것을 의미한다. ⁴[그 예로 이탈리아어와 스페인어가 있다. ⁵이 두 언어의 사용자는 의미를 전혀 모르는 새로운 단어를 발견하더라도 보자마자 정확한 발음을 할 수 있다.](예시) ⁶이에 비해 영어는 철자 읽기의 명료성이 낮은 언어이다. ⁷영어는 발음이 아예 나지 않는 묵음과 같은 예외도 많은 편이고 글자에 대응하는 소리도 매우 다양하다.
▶ 표기 체계별 철자 읽기 명료성

❷ ¹한편 알파벳 언어를 읽을 때 사용하는 뇌의 부위(部位, 전체에 대하여 어떤 특정한 부분이 차지하는 위치)는 유사하지만 뇌의 부위에 의존하는 방식에는 차이가 있다. ²영어와 이탈리아어를 읽는 사람은 동일하게 좌반구의 읽기 네트워크를 사용한다. ³하지만 무의미한 단어를 읽을 때 영어를 읽는 사람은 암기된 단어의 인출(引出, 끌어서 빼냄)과 연관된 뇌 부위에 더 의존하는 반면 이탈리아어를 읽는 사람은 음운 처리에 연관된 뇌 부위에 더 의존한다. ⁴왜냐하면 무의미한 단어를 읽을 때 이탈리아어를 읽는 사람은 규칙적인 음운 처리 규칙을 적용(適用, 알맞게 이용하거나 맞추어 씀)하는 반면에, 영어를 읽는 사람은 암기해 둔 수많은 예외들을 떠올리기 때문이다.
▶ 뇌 부위에 의존하는 방식의 차이

① 알파벳 언어의 철자 읽기는 소리와 표기의 대응과 관련되는데, 각 소리가 지닌 특성(×)은 철자 읽기의 명료성을 판단하는 기준이 된다.(근거 ❶-2 알파벳 언어의 표기 체계가 철자 읽기의 명료성 판단 기준)

② 영어 사용자는 무의미한 단어를 읽을 때 좌반구의 읽기 네트워크를 활용하면서 암기된 단어의 인출과 연관된 뇌 부위에 더욱 의존한다.(근거 ❷-1, 2, 3)

③ 이탈리아어는 소리와 글자의 대응이 규칙적이어서 낯선 단어를 발음할 때 영어에 비해 철자 읽기의 명료성이 높다.(근거 ❶-3, 4, 5)

④ 영어는 음운 처리 규칙에 적용되지 않는 예외들이 많아서 스페인어에 비해 소리와 글자의 대응이 덜 규칙적이다.(근거 ❶-3, 4, 7)

단계별 풀이 비법

풀이 비법 1 발문과 선택지로 유형을 확인하라!
글에 대한 이해의 적절성을 묻는 것만 볼 때는 세부 정보를 파악하는 내용 일치불일치 유형으로 볼 수 있다. 그러나 선택지를 고려할 때, 지문을 바탕으로 지문에서 직접 언급되지 않은 세부 정보를 추론하는 유형임을 확인할 수 있다

풀이 비법 2 무엇(화제)에 대해 말하고 있는지 파악하라!
중심 화제 알파벳 표기 체계와 읽기 과정의 연관성
중심 내용 이탈리아어와 스페인어는 철자 읽기의 명료성이 높지만 영어는 명료성이 낮다. 영어와 이탈리아어를 읽는 사람은 모두 좌반구의 읽기 네트워크를 사용한다. 하지만 무의미한 단어를 읽을 때, 영어를 읽는 사람은 암기된 단어의 인출과 연관된 뇌 부위에 의존하고 이탈리아어를 읽는 사람은 음운 처리에 연관된 뇌 부위에 더 의존한다.

풀이 비법 3 지문에서 선택지 내용과 관련된 정보를 찾아 정리하라!

선지	관련 정보
①	❶-2: '알파벳 언어는 표기 체계에 따라 철자 읽기의 명료성 수준이 달라진다.'
②	❷-1, 2, 3: '알파벳 언어를 읽을 때 사용하는 뇌의 부위는 유사하지만 뇌의 부위에 의존하는 방식에는 차이가 있다.', '영어와 이탈리아어를 읽는 사람은 동일하게 좌반구의 읽기 네트워크를 사용', '무의미한 단어를 읽을 때는 영어를 읽는 사람은 암기된 단어의 인출과 연관된 뇌 부위에 더 의존한다.'
③	❶-3, 4, 5: '글자와 소리의 대응이 일대일', '이탈리아어와 스페인어', '의미를 전혀 모르는 새로운 단어를 발견하더라도 보자마자 정확한 발음을 할 수 있다.'
④	❶-3, 4, 7: '소리가 규칙적', '그 예로 이탈리아어와 스페인어', '영어는 발음이 아예 나지 않는 묵음과 같은 예외도 많은 편이고 글자에 대응하는 소리도 매우 다양'

풀이 비법 4 선택지의 적절성을 판단하라!
① '알파벳 언어는 표기 체계에 따라 철자 읽기의 명료성 수준이 달라진다'고 하였다. 따라서 철자 읽기의 명료성을 판단하는 기준이 '각 소리가 지닌 특성'이 아니라 알파벳 언어의 '표기 체계'임을 알 수 있다.
② 영어 사용자는 무의미한 단어를 읽을 때 좌반구의 읽기 네트워크를 사용하면서도 암기된 단어의 인출과 연관된 뇌 부위에 더 의존한다.
③ 이탈리아어와 스페인어는 글자와 소리의 대응이 규칙적이어서 의미를 전혀 모르는 새로운 단어를 발견하더라도 정확한 발음을 할 수 있으므로 철자 읽기의 명료성이 높다고 볼 수 있다
④ 영어는 묵음과 같은 예외가 많고 글자에 대응하는 소리도 다양하므로 스페인어에 비해 소리와 글자의 대응이 덜 규칙적이라고 볼 수 있다.

정답 ①

실전 기출 추리·추론·비판하기 4

학습일: 월 일 풀이 시간: 1분 이내

연습 1 병태 요정과 함께 풀기

㉠에 들어갈 말로 가장 적절한 것은? 2021 국가직 9급

> 한 민족이 지닌 문화재는 그 민족 역사의 누적일 뿐 아니라 그 누적된 민족사의 정수로서 이루어진 혼의 상징이니, 진실로 살아 있는 민족적 신상(神像)은 이를 두고 달리 없을 것이다. 더구나 국보로 선정된 문화재는 우리 민족의 성력(誠力)과 정혼(精魂)의 결정으로 그 우수한 질과 희귀한 양에서 무비(無比)의 보(寶)가 된 자이다. 그러므로 국보 문화재는 곧 민족 전체의 것이요, 민족을 결속하는 정신적 유대로서 민족의 힘의 원천이라 할 것이다.
> 로마는 하루아침에 만들어지지 않는다는 말도 그 과거 문화의 존귀함을 말하는 것이요, (㉠)는 말도 국보 문화재가 얼마나 힘 있는가를 밝힌 예증이 된다.

① 구르는 돌에는 이끼가 끼지 않는다
② 지식은 나눌 수 있지만 지혜는 나눌 수 없다
③ 사람은 겪어 보아야 알고 물은 건너 보아야 안다
④ 그 무엇을 내놓는다고 해도 셰익스피어와는 바꾸지 않는다

연습 2 혼자서 눈으로 계속 연습하기

㉠에 들어갈 말로 가장 적절한 것은? 2021 국가직 9급

> 한 민족이 지닌 문화재는 그 민족 역사의 누적일 뿐 아니라 그 누적된 민족사의 정수로서 이루어진 혼의 상징이니, 진실로 살아 있는 민족적 신상(神像)은 이를 두고 달리 없을 것이다. 더구나 국보로 선정된 문화재는 우리 민족의 성력(誠力)과 정혼(精魂)의 결정으로 그 우수한 질과 희귀한 양에서 무비(無比)의 보(寶)가 된 자이다. 그러므로 국보 문화재는 곧 민족 전체의 것이요, 민족을 결속하는 정신적 유대로서 민족의 힘의 원천이라 할 것이다.
> 로마는 하루아침에 만들어지지 않는다는 말도 그 과거 문화의 존귀함을 말하는 것이요, (㉠)는 말도 국보 문화재가 얼마나 힘 있는가를 밝힌 예증이 된다.

① 구르는 돌에는 이끼가 끼지 않는다
② 지식은 나눌 수 있지만 지혜는 나눌 수 없다
③ 사람은 겪어 보아야 알고 물은 건너 보아야 안다
④ 그 무엇을 내놓는다고 해도 셰익스피어와는 바꾸지 않는다

지문을 한눈에

국보 문화재의 의의	**1** 전제 - 결론	**2** 부연
	국보 문화재는 살아 있는 민족적 신상으로 민족의 성력과 정혼의 결정-정신적 유대이며 민족 힘의 원천	국보 문화재의 존귀함과 영향력

실전 기출 추리·추론·비판하기 4

07

⊙에 들어갈 말로 가장 적절한 것은?

지문 제재 | 인문
2021 국가직 9급

1 ¹[한 민족이 지닌 문화재는 그 민족 역사의 누적(累積, 포개어 여러 번 쌓음)일 뿐 아니라 그 누적된 민족사의 정수(精髓, 사물의 중심이 되는 골자 또는 요점)로서 이루어진 혼의 상징(象徵, 추상적인 개념이나 사물을 구체적인 사물로 나타냄)이니, 진실로 살아 있는 민족적 신상(神像, 숭경의 대상이 되는 신의 화상)은 이를 두고 달리 없을 것이다. ²더구나 국보로 선정(選定, 여럿 가운데서 어떤 것을 뽑아 정함)된 문화재는 우리 민족의 성력(誠力, 정성과 힘)과 정혼(精魂, 죽은 사람의 영혼)의 결정(結晶, 애써 노력하여 보람 있는 결과를 이루는 것이나 그 결과)으로 그 우수한 질과 희귀한 양에서 무비(無比, 아주 뛰어나서 비길 데가 없음)의 보(寶, 보배)가 된 자이다.](전제) ³[그러므로 ['국보 문화재는 곧 민족 전체의 것이요, 민족을 결속하는 정신적 유대(紐帶, 끈과 띠라는 뜻으로, 둘 이상을 서로 연결하거나 결합하게 하는 것)로서의 민족의 힘의 원천(源泉, 사물의 근원)'이라 할 것이다.](결론)
▶ 국보 문화재의 의의

2 ¹[로마는 하루아침에 만들어지지 않는다는 말도 그 과거 문화의 존귀함을 말하는 것이요, (⊙)는 말도 국보 문화재가 얼마나 힘 있는가를 밝힌 예증(例證, 어떤 사실에 대하여 실례를 들어 증명함)이 된다.](부연)
▶ 국보 문화재의 존귀함과 영향력

① 구르는 돌에는 이끼가 끼지 않는다(×)(노력의 중요성을 뜻하는 속담)
② 지식은 나눌 수 있지만 지혜는 나눌 수 없다(×)(스스로 깨달아야 얻는 지혜)
③ 사람은 겪어 보아야 알고 물은 건너 보아야 안다(×)(사람은 지내봐야 안다)
❹ 그 무엇을 내놓는다고 해도 셰익스피어와는 바꾸지 않는다(근거 **2**-1)

단계별 풀이 비법

풀이 비법 1 발문으로 유형을 확인하라!

글에서 생략된 내용을 찾는 문제이므로 지문에 직접 드러나지 않는 세부 정보를 추론하는 유형이다. 생략된 부분의 앞 뒤 문장을 고려하여 주제와 관련된 내용을 찾으면 된다.

풀이 비법 2 무엇(화제)에 대해 말하고 있는지 파악하라!

중심 화제 국보 문화재의 의의
중심 내용 국보 문화재는 살아 있는 민족적 신상으로 민족의 성력과 정혼의 결정이므로 민족 전체의 것이고 민족을 결속하는 정신적 유대이며 민족 힘의 원천이다.

풀이 비법 3 화제에 대한 글쓴이의 생각이 드러나는 부분을 찾아라!

초점 **1**-3과 **2**-1에서 '국보 문화재'에 대한 글쓴이의 생각이 드러난다.
화제와 초점

화제	초점(글쓴이의 생각)
국보 문화재	민족의 힘의 원천

국보 문화재는 민족을 결속하는 정신적 유대로서 민족 힘의 원천이다.

풀이 비법 4 선택지의 적절성을 판단하라!

① '구르는 돌에는 이끼가 끼지 않는다'라는 속담은 부지런히 노력하는 사람은 뒤처지지 않고 계속 발전한다는 말이다.
② '지식은 나눌 수 있지만 지혜는 나눌 수 없다'라는 말은 지식은 배움을 통해서 얻을 수 있으나 지혜는 스스로 깨달아야 얻을 수 있다는 말이다.
③ '사람은 겪어 보아야 알고 물은 건너 보아야 안다'라는 속담은 사람의 마음이란 겉으로 언뜻 보아서는 알 수 없으며 함께 오랫동안 지내보아야 알 수 있음을 이르는 말이다.
④ '국보 문화재가 얼마나 힘 있는가' 즉, 국보 문화재의 존재와 가치를 드러내는 말은 '그 무엇을 내놓는다고 해도 셰익스피어와는 바꾸지 않는다'는 문장이 가장 적절하다.
정답 ④

실전 기출 — 추리·추론·비판하기 4

연습 1 병태 요정과 함께 풀기

다음 글에서 추론한 내용으로 적절하지 않은 것은? 2021 국가직 9급

　과학의 개념은 분류 개념, 비교 개념, 정량 개념으로 구분할 수 있다. 식물학과 동물학의 종, 속, 목처럼 분명한 경계를 가지고 대상들을 분류하는 개념들이 분류 개념이다. 어린이들이 맨 처음에 배우는 단어인 '사과', '개', '나무' 같은 것 역시 분류 개념인데, 하위 개념으로 분류할수록 그 대상에 대한 정보가 더 많이 전달된다. 또한, 현실 세계에 적용 대상이 하나도 없는 분류 개념도 있을 수 있다. 예를 들어 '유니콘'이라는 개념은 '이마에 뿔이 달린 말의 일종임' 같은 분명한 정의가 있기에 '유니콘'은 분류 개념으로 인정되는 것이다.

　'더 무거움', '더 짧음' 등과 같은 비교 개념은 분류 개념보다 설명에 있어서 정보 전달에 더 효과적이다. 이것은 분류 개념처럼 자연의 사실에 적용되어야 하지만, 분류 개념과 달리 논리적 관계도 반드시 성립해야 한다. 예를 들면, 대상 A의 무게가 대상 B의 무게보다 더 무겁다면, 대상 B의 무게가 대상 A의 무게보다 더 무겁다고 말할 수 없는 것처럼 '더 무거움' 같은 비교 개념은 논리적 관계를 반드시 따라야 한다.

　마지막으로 정량 개념은 비교 개념으로부터 발전된 것인데, 이것은 자연의 사실로부터 파악할 수 있는 물리량을 측정함으로써 만들어진다. 물리량을 측정하기 위해서는 몇 가지 규칙이 필요한데, 그 규칙에는 두 물리량의 크기를 비교하는 경험적 규칙과 물리량의 측정 단위를 정하는 규칙 등이 포함된다. 이러한 정량 개념은 자연에 의해서 주어지는 것이 아니라 우리가 자연현상에 수를 적용하는 과정에서 생겨나는 것이다. 정량 개념은 과학의 언어를 수많은 비교 개념 대신 수를 사용할 수 있게 하여 과학 발전의 기초가 되었다.

① '호랑나비'는 '나비'와 동일한 종에 속하지만, 나비에 비해 정보량이 적다.
② '용(龍)'은 현실 세계에 적용할 수 있는 지시물이 없더라도 분류 개념으로 인정된다.
③ '꽃'이나 '고양이'와 같은 개념은 논리적 관계를 따라야 하는 것은 아니기 때문에 비교 개념에 포함되지 않는다.
④ 물리량을 측정할 수 있는 'cm'나 'kg'과 같은 측정 단위는 자연현상에 수를 적용할 수 있게 해 주었다.

연습 2 혼자서 눈으로 계속 연습하기

다음 글에서 추론한 내용으로 적절하지 않은 것은? 2021 국가직 9급

　과학의 개념은 분류 개념, 비교 개념, 정량 개념으로 구분할 수 있다. 식물학과 동물학의 종, 속, 목처럼 분명한 경계를 가지고 대상들을 분류하는 개념들이 분류 개념이다. 어린이들이 맨 처음에 배우는 단어인 '사과', '개', '나무' 같은 것 역시 분류 개념인데, 하위 개념으로 분류할수록 그 대상에 대한 정보가 더 많이 전달된다. 또한, 현실 세계에 적용 대상이 하나도 없는 분류 개념도 있을 수 있다. 예를 들어 '유니콘'이라는 개념은 '이마에 뿔이 달린 말의 일종임' 같은 분명한 정의가 있기에 '유니콘'은 분류 개념으로 인정되는 것이다.

　'더 무거움', '더 짧음' 등과 같은 비교 개념은 분류 개념보다 설명에 있어서 정보 전달에 더 효과적이다. 이것은 분류 개념처럼 자연의 사실에 적용되어야 하지만, 분류 개념과 달리 논리적 관계도 반드시 성립해야 한다. 예를 들면, 대상 A의 무게가 대상 B의 무게보다 더 무겁다면, 대상 B의 무게가 대상 A의 무게보다 더 무겁다고 말할 수 없는 것처럼 '더 무거움' 같은 비교 개념은 논리적 관계를 반드시 따라야 한다.

　마지막으로 정량 개념은 비교 개념으로부터 발전된 것인데, 이것은 자연의 사실로부터 파악할 수 있는 물리량을 측정함으로써 만들어진다. 물리량을 측정하기 위해서는 몇 가지 규칙이 필요한데, 그 규칙에는 두 물리량의 크기를 비교하는 경험적 규칙과 물리량의 측정 단위를 정하는 규칙 등이 포함된다. 이러한 정량 개념은 자연에 의해서 주어지는 것이 아니라 우리가 자연현상에 수를 적용하는 과정에서 생겨나는 것이다. 정량 개념은 과학의 언어를 수많은 비교 개념 대신 수를 사용할 수 있게 하여 과학 발전의 기초가 되었다.

① '호랑나비'는 '나비'와 동일한 종에 속하지만, 나비에 비해 정보량이 적다.
② '용(龍)'은 현실 세계에 적용할 수 있는 지시물이 없더라도 분류 개념으로 인정된다.
③ '꽃'이나 '고양이'와 같은 개념은 논리적 관계를 따라야 하는 것은 아니기 때문에 비교 개념에 포함되지 않는다.
④ 물리량을 측정할 수 있는 'cm'나 'kg'과 같은 측정 단위는 자연현상에 수를 적용할 수 있게 해 주었다.

지문을 한눈에

과학의 개념	1 분류 개념	2 비교 개념	3 정량 개념
	식물학과 동물학의 종, 속, 목 등 분명한 경계로 대상을 분류하는 개념	'더 무거움', '더 짧음' 등 정보 전달에 더 효과적	비교 개념 대신 수 사용, 자연의 사실로부터 파악할 수 있는 물리량을 측정해서 만들어짐.
	하위 개념일수록 정보량 많고, 유니콘처럼 현실에 없어도 정의가 분명하면 인정	분류 개념처럼 자연의 사실에 적용, 분류 개념과 달리 논리적 관계 필요	물리량 측정 위한 규칙 필요, 물리량의 크기를 비교하는 경험적 규칙과 물리량의 측정 단위를 정하는 규칙

실전 기출 추리·추론·비판하기 4

08
다음 글에서 추론할 수 있는 내용으로 적절하지 않은 것은? 2021 국가직 9급

지문 제재 과학

<blockquote>

1 ¹과학의 개념(概念, 어떤 사물이나 현상에 대한 일반적인 지식)은 분류 개념, 비교 개념, 정량 개념으로 구분(區分, 일정한 기준에 따라 전체를 몇 개로 갈라 나눔)할 수 있다. ²식물학과 동물학의 종, 속, 목처럼 분명한 경계를 가지고 대상들을 분류하는 개념들이 분류 개념이다. ³어린이들이 맨 처음에 배우는 단어인 '사과', '개', '나무' 같은 것 역시 분류 개념인데, 하위 개념으로 분류할수록 그 대상에 대한 정보가 더 많이 전달된다. ⁴또한, 현실 세계에 적용 대상이 하나도 없는 분류 개념도 있을 수 있다. ⁵예를 들어 '유니콘'이라는 개념은 '이마에 뿔이 달린 말의 일종임' 같은 분명한 정의가 있기에 '유니콘'은 분류 개념으로 인정되는 것이다.
▶ 분류 개념의 정의와 예시

2 ¹'더 무거움', '더 짧음' 등과 같은 비교 개념은 분류 개념보다 설명에 있어서 정보 전달에 더 효과적이다. ²이것은 분류 개념처럼 자연의 사실에 적용되어야 하지만, 분류 개념과 달리 논리적 관계도 반드시 성립해야 한다. ³예를 들면, 대상 A의 무게가 대상 B의 무게보다 더 무겁다면, 대상 B의 무게가 대상 A의 무게보다 더 무겁다고 말할 수 없는 것처럼 '더 무거움' 같은 비교 개념은 논리적 관계를 반드시 따라야 한다.
▶ 비교 개념의 뜻과 예시

3 ¹마지막으로 정량 개념은 비교 개념으로부터 발전된 것인데, 이것은 자연의 사실로부터 파악할 수 있는 물리량을 측정(測定, 일정한 양을 기준으로 하여 같은 종류의 다른 양의 크기를 잼)함으로써 만들어진다. ²물리량을 측정하기 위해서는 몇 가지 규칙(規則, 여러 사람이 다 같이 지키기로 작정한 법칙)이 필요한데, 그 규칙에는 두 물리량의 크기를 비교하는 경험적 규칙과 물리량의 측정 단위를 정하는 규칙 등이 포함된다. ³이러한 정량 개념은 자연에 의해서 주어지는 것이 아니라 우리가 자연현상에 수를 적용하는 과정에서 생겨나는 것이다. ⁴정량 개념은 과학의 언어를 수많은 비교 개념 대신 수를 사용할 수 있게 하여 과학 발전의 기초가 되었다.
▶ 정량 개념의 뜻과 의의

</blockquote>

① '호랑나비'는 '나비'와 동일한 종에 속하지만, 나비에 비해 정보량이 **적다**. (×), (근거 **1**-3 많다)

② '용(龍)'은 현실 세계에 적용할 수 있는 지시물이 없더라도 분류 개념으로 인정된다. (근거 **1**-4, 5)

③ '꽃'이나 '고양이'와 같은 개념은 논리적 관계를 따라야 하는 것은 아니기 때문에 비교 개념에 포함되지 않는다. (근거 **2**-2)

④ 물리량을 측정할 수 있는 'cm'나 'kg'과 같은 측정 단위는 자연현상에 수를 적용할 수 있게 해 주었다. (근거 **3**-1, 2, 3)

단계별 풀이 비법

풀이 비법 1 발문으로 유형을 확인하라!
'글에서 추론한 내용'의 적절성을 묻는 것이므로 제시된 세부 정보를 바탕으로 새로운 내용을 이끌어 내는 유형이다. 이때 추론의 내용이 적절하지 않은 것을 골라야 한다.

풀이 비법 2 무엇(화제)에 대해 말하고 있는지 파악하라!
중심 화제 분류 개념, 비교 개념, 정량 개념
전체 내용 과학의 개념인 '분류 개념, 비교 개념, 정량 개념'을 설명하고 있다. 분류 개념은 종, 속, 목 등 분명한 경계로 대상을 분류하는 개념이고, 비교 개념은 논리적 관계가 성립해야 한다. 정량 개념은 경험적 규칙과 물리량의 측정 단위를 정하는 규칙 등을 포함한 개념이다.

풀이 비법 3 지문에서 선택지 내용과 관련된 정보를 찾아 정리하라!

선지	관련 정보
①	**1**-3: '하위 개념으로 분류할수록 그 대상에 대한 정보가 더 많이 전달'
②	**1**-4, 5: '현실 세계에 적용 대상이 하나도 없는 분류 개념', '유니콘'
③	**2**-1, 2: '더 무거움', '더 짧음'과 같은 비교 개념, '논리적 관계도 반드시 성립'
④	**3**-1, 2, 3: '자연의 사실로부터 파악할 수 있는 물리량을 측정함', '물리량의 측정 단위를 정하는 규칙', '자연현상에 수를 적용'

풀이 비법 4 선택지의 적절성을 판단하라!

① **1**-3에 따르면 하위 개념으로 분류할수록 그 대상에 대한 정보가 더 많이 전달된다. 따라서 하위 개념인 '호랑나비'는 상위 개념인 '나비'에 비해 정보량이 더 많다.

② **1**-4, 5에 따르면 '유니콘'은 현실 세계에 적용 대상이 하나도 없더라도 분류 개념으로 인정된다. '용' 역시 현실 세계에 적용할 수 있는 지시물이 없더라도 '분류 개념'으로 인정된다는 것을 추론할 수 있다.

③ **2**-1, 2에 따르면, '꽃'이나 '고양이'와 같은 분류 개념은 '더 무거움', '더 짧음'과 같은 비교 개념처럼 논리적 관계를 따라야 하는 것이 아니므로 '비교 개념'에 포함되지 않는다.

④ **3**-1, 2, 3에 따르면 '자연의 사실로부터 파악할 수 있는 물리량을 측정함으로써 만들어진' '정량 개념'은 '우리가 자연현상에 수를 적용하는 과정에서 생겨'나고 물리량을 측정하기 위해서는 물리량의 측정 단위를 정하는 규칙이 포함된다. 따라서 물리량을 측정하는 'cm'나 'kg'과 같은 측정 단위가 자연현상에 수를 적용할 수 있게 해 주었다고 추론할 수 있다.

정답 ①

실전 기출 — 추리·추론·비판하기 4

학습일:　월　일　풀이 시간: 1분 이내

연습 1 병태 요정과 함께 풀기

글쓴이의 견해에 부합하는 대응으로 가장 적절한 것은?
2021 지방직 9급

> 정중하고 단호한 태도를 보이는 것과, 수동적이거나 공격적인 반응을 하는 것은 엄청난 차이가 있다. 수동적인 사람들은 마음속에 있는 자신의 생각을 표현하면 분란이 일어날까 봐 두려워한다. 그러나 자신의 의견을 말하지 않는 한 자신이 원하는 것을 얻을 수는 없다. 이와 반대로 공격적인 태도는 자신의 권리를 앞세워 생각해서 남을 희생시켜서라도 자신이 원하는 것을 얻으려는 것이다. 공격적인 사람은 사람들이 싫어하는 행동을 하곤 한다. 그러나 단호한 반응은 공격적인 반응과 다르다. 단호한 반응은 다른 사람의 권리를 침해하지 않으면서 자신의 권리를 존중하고 지키겠다는 것이다. 이것은 상대방을 배려하는 태도를 보여준다. 상대방을 존중하면서도 얼마든지 자신의 의견을 내세울 수 있다. 단호한 주장은 명쾌하고 직접적이며 요점을 찌른다.
>
> 그럼 실제로 연습해 보자. 어느 흡연자가 당신의 차 안에서 담배를 피워도 되는지 묻는다. 당신은 담배 연기를 싫어하고 건강에 해롭다는 것도 잘 알고 있어 달갑지 않다. 어떻게 대응하는 것이 좋을까?

① 좀 그러긴 하지만, 괜찮아요. 창문 열고 피우세요.
② 안 되죠. 흡연이 얼마나 해로운데요. 좀 참아 보시겠어요.
③ 안 피우시면 좋겠어요. 연기가 해롭잖아요. 피우고 싶으시면 차를 세워 드릴게요.
④ 물어봐 줘서 고마워요. 피워도 그렇고 안 피워도 좀 그러네요. 생각해 보시고서 좋은 대로 결정하세요.

연습 2 혼자서 눈으로 계속 연습하기

글쓴이의 견해에 부합하는 대응으로 가장 적절한 것은?
2021 지방직 9급

> 정중하고 단호한 태도를 보이는 것과, 수동적이거나 공격적인 반응을 하는 것은 엄청난 차이가 있다. 수동적인 사람들은 마음속에 있는 자신의 생각을 표현하면 분란이 일어날까 봐 두려워한다. 그러나 자신의 의견을 말하지 않는 한 자신이 원하는 것을 얻을 수는 없다. 이와 반대로 공격적인 태도는 자신의 권리를 앞세워 생각해서 남을 희생시켜서라도 자신이 원하는 것을 얻으려는 것이다. 공격적인 사람은 사람들이 싫어하는 행동을 하곤 한다. 그러나 단호한 반응은 공격적인 반응과 다르다. 단호한 반응은 다른 사람의 권리를 침해하지 않으면서 자신의 권리를 존중하고 지키겠다는 것이다. 이것은 상대방을 배려하는 태도를 보여준다. 상대방을 존중하면서도 얼마든지 자신의 의견을 내세울 수 있다. 단호한 주장은 명쾌하고 직접적이며 요점을 찌른다.
>
> 그럼 실제로 연습해 보자. 어느 흡연자가 당신의 차 안에서 담배를 피워도 되는지 묻는다. 당신은 담배 연기를 싫어하고 건강에 해롭다는 것도 잘 알고 있어 달갑지 않다. 어떻게 대응하는 것이 좋을까?

① 좀 그러긴 하지만, 괜찮아요. 창문 열고 피우세요.
② 안 되죠. 흡연이 얼마나 해로운데요. 좀 참아 보시겠어요.
③ 안 피우시면 좋겠어요. 연기가 해롭잖아요. 피우고 싶으시면 차를 세워 드릴게요.
④ 물어봐 줘서 고마워요. 피워도 그렇고 안 피워도 좀 그러네요. 생각해 보시고서 좋은 대로 결정하세요.

지문을 한눈에

단호한 반응

1 전제: 상대방의 권리를 침해하지 않으면서 자신의 권리를 존중하며 지키고 상대방을 배려하는 태도가 단호한 반응이다.

2 문제 제기: 담배를 피워도 물을 때, 단호한 대응의 사례

실전 기출 추리·추론·비판하기 4

09
글쓴이의 견해에 부합하는 대응으로 가장 적절한 것은?

지문 제재 | 화법
2021 지방직 9급

① ¹정중(鄭重, 태도나 분위기가 점잖고 엄숙함)하고 단호(斷乎, 과단성 있고 엄격함)한 태도를 보이는 것과, 수동적이거나 공격적인 반응(反應, 자극에 대응하여 어떤 현상이 일어남)을 하는 것은 엄청난 차이가 있다. ²수동적인 사람들은 마음 속에 있는 자신의 생각을 표현하면 분란(紛亂, 어수선하고 소란스러움)이 일어날까 봐 두려워한다. ³그러나 자신의 의견을 말하지 않는 한 자신이 원하는 것을 얻을 수는 없다. ⁴이와 반대로 공격적인 태도는 자신의 권리를 앞세워 생각해서 남을 희생(犧牲, 다른 사람이나 어떤 목적을 위하여 자신의 목숨, 재산, 명예, 이익 따위를 바치거나 버림)시켜서라도 자신이 원하는 것을 얻으려는 것이다. ⁵공격적인 사람은 사람들이 싫어하는 행동을 하곤 한다. ⁶그러나 단호한 반응은 공격적인 반응과 다르다. ⁷단호한 반응은 다른 사람의 권리를 침해(侵害, 침범하여 해를 끼침)하지 않으면서 자신의 권리를 존중(尊重, 높이어 귀중하게 대함)하고 지키겠다는 것이다. ⁸이것은 상대방을 배려(配慮, 도와주거나 보살펴 주려고 마음을 씀)하는 태도를 보여준다. ⁹상대방을 존중하면서도 얼마든지 자신의 의견을 내세울 수 있다. ¹⁰단호한 주장은 명쾌(明快, 명랑하고 쾌활함)하고 직접적이며 요점(要點, 중요하고 중심이 되는 관점)을 찌른다. ▶ 정중하고 단호한 태도와 수동적이고 공격적이 반응의 차이점

② ¹그럼 실제로 연습해 보자. ²어느 흡연자가 당신의 차 안에서 담배를 피워도 되는지 묻는다. ³당신은 담배 연기를 싫어하고 건강에 해롭다는 것도 잘 알고 있어 달갑지 않다. ⁴어떻게 대응(對應, 어떤 일이나 사태에 맞추어 태도나 행동을 취함)하는 것이 좋을까? ▶ 흡연에 대한 단호한 대응 반응 모색

① 좀 그러긴 하지만, 괜찮아요.(×) 창문 열고 피우세요.(×)(근거 ①-2, 7)
② 안 되죠. 흡연이 얼마나 해로운데요. 좀 참아 보시겠어요.(×)(근거 ①-7)
③ 안 피우시면 좋겠어요. 연기가 해롭잖아요. 피우고 싶으시면 차를 세워 드릴게요.(근거 ①-7, 8, 9)
④ 물어봐 줘서 고마워요. 피워도 그렇고 안 피워도 좀 그러네요.(×) 생각해 보시고서 좋은 대로 결정하세요.(근거 ①-7, 9, 10)

단계별 풀이 비법

풀이 비법 1 발문으로 유형을 확인하라!
'글쓴이의 견해에 부합하는 대응'을 찾는 추론 문제이다. 글쓴이의 견해인 단호한 주장에 부합하는 사례를 찾아야 한다.

풀이 비법 2 무엇(화제)에 대해 말하고 있는지 파악하라!
중심 화제 단호한 반응

| ① | 정중하고 단호한 반응과 수동적이고 공격적이 반응의 차이점 |
| ② | 흡연에 대한 정중하고 단호한 대응 반응 모색 |

중심 내용

풀이 비법 3 지문에서 선택지 내용과 관련된 정보를 찾아 정리하라!

선지	관련 정보
①	근거 ①-2, 7: '수동적인 … 자신의 생각을 표현하면 분란이 일어날까 봐 두려워한다', '자신의 권리를 존중하고 지키겠다' 조건 만족 못함.
②	근거 ①-7: '다른 사람의 권리를 침해하지 않으면서' 조건 만족 못함.
③	근거 ①-7~9: '자신의 권리를 존중', '상대방을 배려', '상대방을 존중하면서도 얼마든지 자신의 의견을 내세울'
④	근거 ①-7, 9, 10: '자신의 권리를 존중', '자신의 의견을 내세울', '명쾌하고 직접적이며 요점'

풀이 비법 4 선택지의 적절성을 판단하라!
① '좀 그러긴 하지만, 괜찮아요.'라며 자신의 권리를 존중하지 않고 있으므로 단호하지 못한 반응이다.
② '즘 참아 보시겠어요'라는 표현은 다른 사람의 권리를 침해하는 것이므로 단호한 반응이 아니다.
③ 존중하고 단호한 태도는 다른 사람의 권리를 침해하지 않으면서 자신의 권리를 존중하고 지키겠다는 것으로 이에 부합하는 대응은 ③이다. '안 피우시면 좋겠어요.'라며 단호하게 주장하면서, 연기가 해롭다며 자신의 권리를 존중하고 있다. 또한 '피우고 싶으시면 차를 세워 드린'다고 하여 상대방을 배려하는 태도를 보이고 있다.
④ '피워도 그렇고 안 피워도 좀 그러네요.'라는 표현은 명쾌하지도 직접적이 지도 요점을 찌르지도 못하므로 단호한 반응이 아니다. **정답 ③**

실전 기출 — 추리·추론·비판하기 4

학습일: 월   일   풀이 시간: 1분 이내

연습 1 병태 요정과 함께 풀기

다음 글의 결론으로 가장 적절한 것은? 2021 지방직 9급

　인공지능(AI)은 비즈니스 패러다임을 획기적으로 바꾸고 있다. 인공지능은 생물학 분야에도 광범위하게 영향을 미칠 것이며, 애완동물이 인공지능(AI)으로 대체될 수도 있을 것이다. 인공지능(AI)은 스스로 수학도 풀고 글도 쓰고 바둑을 두며 사람을 이길 수도 있다. 인공지능(AI)은 배우면서 성장할 수도 있다. 인공지능(AI)이 사람보다 똑똑해질 수 있을지도 모른다.
　인공지능(AI)이 사람보다 똑똑해질 수 있는지는 차치하고, 인공지능(AI)이 사람을 게으르게 만들 수도 있지 않을까? 이 게으름은 우리의 건강과 행복, 그리고 일상생활의 패턴을 바꿔 놓을 수도 있다.
　인공지능(AI)이 앱을 통해 좀 더 편리한 삶을 제공하여 사람의 뇌를 어떻게 바꾸는지를 일상에서 보여 주는 대표적 사례가 바로 GPS다. 불과 몇 년 전만 해도 지도를 보고 스스로 거리를 가늠하고 도착 시간을 계산했던 운전자들은 이 내비게이션의 등장으로 어디에서 어떻게 가라는 기계 속 음성에 전적으로 의존하기 시작했다. 예전의 방식으로도 충분히 잘 찾아가던 길에서조차 습관적으로 내비게이션을 켠다. 이것이 없으면 자주 다니던 길도 제대로 찾지 못하고 멀쩡한 어른도 길을 잃는다.
　이와 같이 기계에 의존해서 인간이 살아가는 사례는 오늘날 우리의 두뇌가 게을러진 것을 보여 주는 여러 사례 가운데 하나일 뿐이다. 삶을 더 편하게 해 준다며 지름길을 제시하는 도구들이 도리어 우리의 기억력과 창조력을 퇴보시키고 있다. 인간을 태만하고 나태하게 만들어 뇌의 가장 뛰어난 영역인 상상력을 활용하지 않도록 만드는 것이다.

① 인간의 인공지능(AI)에 대한 독립성은 지속적으로 증가하게 될 것이다.
② 인공지능(AI)으로 인해 인간의 두뇌가 게을러지는 부작용이 발생하게 될 것이다.
③ 인공지능(AI)은 인간을 능가하는 사고력을 가질 것이다.
④ 인공지능(AI)은 궁극적으로 상상력을 가지게 될 것이다.

연습 2 혼자서 눈으로 계속 연습하기

다음 글의 결론으로 가장 적절한 것은? 2021 지방직 9급

　인공지능(AI)은 비즈니스 패러다임을 획기적으로 바꾸고 있다. 인공지능은 생물학 분야에도 광범위하게 영향을 미칠 것이며, 애완동물이 인공지능(AI)으로 대체될 수도 있을 것이다. 인공지능(AI)은 스스로 수학도 풀고 글도 쓰고 바둑을 두며 사람을 이길 수도 있다. 인공지능(AI)은 배우면서 성장할 수도 있다. 인공지능(AI)이 사람보다 똑똑해질 수 있을지도 모른다.
　인공지능(AI)이 사람보다 똑똑해질 수 있는지는 차치하고, 인공지능(AI)이 사람을 게으르게 만들 수도 있지 않을까? 이 게으름은 우리의 건강과 행복, 그리고 일상생활의 패턴을 바꿔 놓을 수도 있다.
　인공지능(AI)이 앱을 통해 좀 더 편리한 삶을 제공하여 사람의 뇌를 어떻게 바꾸는지를 일상에서 보여 주는 대표적 사례가 바로 GPS다. 불과 몇 년 전만 해도 지도를 보고 스스로 거리를 가늠하고 도착 시간을 계산했던 운전자들은 이 내비게이션의 등장으로 어디에서 어떻게 가라는 기계 속 음성에 전적으로 의존하기 시작했다. 예전의 방식으로도 충분히 잘 찾아가던 길에서조차 습관적으로 내비게이션을 켠다. 이것이 없으면 자주 다니던 길도 제대로 찾지 못하고 멀쩡한 어른도 길을 잃는다.
　이와 같이 기계에 의존해서 인간이 살아가는 사례는 오늘날 우리의 두뇌가 게을러진 것을 보여 주는 여러 사례 가운데 하나일 뿐이다. 삶을 더 편하게 해 준다며 지름길을 제시하는 도구들이 도리어 우리의 기억력과 창조력을 퇴보시키고 있다. 인간을 태만하고 나태하게 만들어 뇌의 가장 뛰어난 영역인 상상력을 활용하지 않도록 만드는 것이다.

① 인간의 인공지능(AI)에 대한 독립성은 지속적으로 증가하게 될 것이다.
② 인공지능(AI)으로 인해 인간의 두뇌가 게을러지는 부작용이 발생하게 될 것이다.
③ 인공지능(AI)은 인간을 능가하는 사고력을 가질 것이다.
④ 인공지능(AI)은 궁극적으로 상상력을 가지게 될 것이다.

지문을 한눈에

인공지능

1 화제 제시	2 문제 제기	3 예시	4 전제
인공지능이 가져올 미래 변화	인공지능으로 인한 인간의 게으름과 변화	인공지능에 의존하여 두뇌가 게을러진 사례	인공지능에 의존하는 삶이 인간에게 미치는 부정적 영향

실전 기출 추리·추론·비판하기 4

10
다음 글의 결론으로 가장 적절한 것은?

지문 제재 | 과학
2021 지방직 9급

1 ¹인공지능(AI)은 비즈니스 패러다임을 획기적(劃期的, 어떤 과정이나 분야에서 전혀 새로운 시기를 열어 놓을 만큼 뚜렷이 구분되는 것)으로 바꾸고 있다. ²인공지능은 생물학 분야에도 광범위하게 영향(影響, 어떤 사물의 효과나 작용이 다른 것에 미치는 일)을 미칠 것이며, 애완동물이 인공지능(AI)으로 대체(代替, 다른 것으로 대신함)될 수도 있을 것이다. ³인공지능(AI)은 스스로 수학도 풀고 글도 쓰고 바둑을 두며 사람을 이길 수도 있다. ⁴인공지능(AI)은 배우면서 성장(成長, 사물의 규모나 세력 따위가 점점 커짐)할 수도 있다. ⁵인공지능(AI)이 사람보다 똑똑해질 수 있을지도 모른다.
▶ 인공지능이 가져올 미래 변화

2 ¹[인공지능(AI)이 사람보다 똑똑해질 수 있는지는 차치(且置, 내버려 두고 문제 삼지 아니함)하고, 인공지능(AI)이 사람을 게으르게 만들 수도 있지 않을까? ²이 게으름은 우리의 건강과 행복, 그리고 일상생활의 패턴을 바꿔 놓을 수도 있다.](자문자답) ▶ 인공지능으로 인한 게으름

3 ¹인공지능(AI)이 앱을 통해 좀 더 편리한 삶을 제공(提供, 무엇을 내주거나 갖다 바침)하여 (인공지능의 장점) 사람의 뇌를 어떻게 바꾸는지를 일상(日常, 날마다 반복되는 생활)에서 보여 주는 대표적 사례(事例, 어떤 일이 전에 실제로 일어난 예)가 바로 GPS다. ²불과 몇 년 전만 해도 지도를 보고 스스로 거리를 가늠하고 도착 시간을 계산했던 운전자들은 이 내비게이션의 등장으로 어디에서 어떻게 가라는 기계 속 음성에 전적으로 의존(依存, 다른 것에 의지하여 존재함)하기 시작했다. ³예전의 방식으로도 충분히 잘 찾아가던 길에서조차 습관적으로 내비게이션을 켠다. ⁴이것이 없으면 [자주 다니던 길도 제대로 찾지 못하고 멀쩡한 어른도 길을 잃는다.](인지 능력의 저하)
▶ 인공지능으로 두뇌가 게을러진 사례

4 ¹위와 같이 기계에 의존해서 인간이 살아가는 사례는 오늘날 우리의 두뇌가 게을러진 것을 보여 주는 여러 사례 가운데 하나일 뿐이다. ²삶을 더 편하게 해 준다며 지름길을 제시(提示, 어떠한 의사를 말이나 글로 나타내어 보임)하는 도구들이 도리어 우리의 기억력과 창조력을 퇴보(退步, 정도나 수준이 이제까지의 상태보다 뒤떨어지거나 못하게 됨)시키고 있다. ³인간을 태만(怠慢, 열심히 하려는 마음이 없고 게으름)하고 나태(懶怠, 행동, 성격 따위가 느리고 게으름)하게 만들어 뇌의 가장 뛰어난 영역인 상상력(想像力, 실제로 경험하지 않은 현상이나 사물에 대하여 마음속으로 그려 보는 힘)을 활용하지 않도록 만드는 것이다.
▶ 인공지능에 의존하는 삶이 인간에게 미치는 부정적 영향

① 인간의 인공지능(AI)에 대한 독립성(×)은 지속적으로 증가하게(×) 될 것이다.(근거 3-2)
❷ 인공지능(AI)으로 인해 인간의 두뇌가 게을러지는 부작용이 발생하게 될 것이다.(근거 2-1, 4-1, 3)
③ 인공지능(AI)은 인간을 능가하는 사고력을 가질 것이다.(근거 1-5)
④ 인공지능(AI)은 궁극적으로 상상력을 가지게 될 것이다.(근거 1-4)

단계별 풀이 비법

풀이 비법 1 발문으로 유형을 확인하라!
'글의 결론'을 묻는 것이므로 주제를 바탕으로 결론을 이끌어 내는 유형임을 알 수 있다. 이때 중심 화제와 중심 내용을 통해 주제를 파악하여, 주제에 부합하는 선택지를 찾으면 된다.

풀이 비법 2 무엇(화제)에 대해 말하고 있는지 파악하라!

중심 화제 인공지능

1	인공지능이 가져올 미래 변화
2	인공지능으로 인한 인간의 게으름
3	인공지능으로 두뇌가 게을러진 사례
4	인공지능에 의존하는 삶이 인간에게 미치는 영향

중심 내용

풀이 비법 3 지문에서 선택지 내용과 관련된 정보를 찾아 정리하라!

선지	관련 정보
①	3-2: '기계 속 음성에 전적으로 의존하기 시작'
②	2-1, 4-1, 3: '인공지능(AI)이 사람을 게으르게 만들 수도 있지 않을까?', '오늘날 우리의 두뇌가 게을러진 것', '태만하고 나태하게 만들어'
③	1-5: '인공지능(AI)이 사람보다 똑똑해질 수 있을지도 모른다.'
④	1-4: '인공지능(AI)은 배우면서 성장할 수도 있다.'

풀이 비법 4 선택지의 적절성을 판단하라!
① 3-2, 운전자들이 내비게이션에 전적으로 의존하기 시작했다는 내용과도 배치되듯, 인공지능에 대한 독립성이 증가하게 될 것이라는 진술은 적절하지 않다.
② 2-1, 4-1, 3에 따르면, '인공지능(AI)이 사람을 게으르게 만들 수도 있지 않을까?'라는 질문과, 인공지능(AI)으로 인해 인간의 두뇌가 게을러진 사례를 제시하며 인간을 태만하고 나태하게 만든다는 내용을 통해 인공지능(AI)으로 인해 인간의 두뇌가 게을러지는 부작용이 발생하게 될 것이라는 결론을 추론할 수 있다.
③ 1-5, 인공지능(AI)이 사람보다 똑똑해질 수 있을지도 모른다는 내용이 있지만, 지엽적인 내용이라 결론으로 적절하지 않다.
④ 1-4 '인공지능(AI)은 배우면서 성장할 수도 있'지만 인공지능(AI)이 궁극적으로 상상력을 가지게 될 것이라는 내용은 추론할 수도 없고 글의 결론으로도 적절하지 않다.

정답 ②

실전 기출 — 추리·추론·비판하기 4

연습 1 병태 요정과 함께 풀기

(가)~(라)에 들어갈 말로 가장 적절한 것은? 2021 지방직 9급

정철, 윤선도, 황진이, 이황, 이조년 그리고 무명씨. 우리말로 시조나 가사를 썼던 이들이다. 황진이는 말할 것도 없고 무명씨도 대부분 양반이 아니었겠지만 정철, 윤선도, 이황은 양반 중에 양반이었다. (가) 그들이 우리말로 작품을 썼던 걸 보면 양반들도 한글 쓰는 것을 즐겨 했다는 것을 부정할 수는 없다. (나) 허균이나 김만중은 한글로 소설까지 쓰지 않았던가. (다) 이들이 특별한 취향을 가진 소수의 양반이었다면 이야기는 달라진다. 우리말로 된 문학 작품을 만들겠다는 생각을 가진 특별한 양반들을 제외하고 대다수 양반들은 한문을 썼기 때문에 한글을 모를 수도 있었기 때문이다. 실학자 박지원이 당시 양반 사회를 풍자한 작품〈호질〉은 한문으로 쓰여 있다. (라) 한 가지 분명한 것은 양반 대부분이 한글을 이해하지 못하는 상황이었다면 정철도 이황도 윤선도도 한글로 작품을 쓰지는 않았을 것이란 사실이다.

	(가)	(나)	(다)	(라)
①	그런데	게다가	그렇지만	그러나
②	그런데	그리고	그래서	또는
③	그리고	그러나	하지만	즉
④	그래서	더구나	따라서	하지만

연습 2 혼자서 눈으로 계속 연습하기

(가)~(라)에 들어갈 말로 가장 적절한 것은? 2021 지방직 9급

정철, 윤선도, 황진이, 이황, 이조년 그리고 무명씨. 우리말로 시조나 가사를 썼던 이들이다. 황진이는 말할 것도 없고 무명씨도 대부분 양반이 아니었겠지만 정철, 윤선도, 이황은 양반 중에 양반이었다. (가) 그들이 우리말로 작품을 썼던 걸 보면 양반들도 한글 쓰는 것을 즐겨 했다는 것을 부정할 수는 없다. (나) 허균이나 김만중은 한글로 소설까지 쓰지 않았던가. (다) 이들이 특별한 취향을 가진 소수의 양반이었다면 이야기는 달라진다. 우리말로 된 문학 작품을 만들겠다는 생각을 가진 특별한 양반들을 제외하고 대다수 양반들은 한문을 썼기 때문에 한글을 모를 수도 있었기 때문이다. 실학자 박지원이 당시 양반 사회를 풍자한 작품〈호질〉은 한문으로 쓰여 있다. (라) 한 가지 분명한 것은 양반 대부분이 한글을 이해하지 못하는 상황이었다면 정철도 이황도 윤선도도 한글로 작품을 쓰지는 않았을 것이란 사실이다.

	(가)	(나)	(다)	(라)
①	그런데	게다가	그렇지만	그러나
②	그런데	그리고	그래서	또는
③	그리고	그러나	하지만	즉
④	그래서	더구나	따라서	하지만

지문을 한눈에

작품을 쓰는 것을 즐긴 양반들

- **1~4**: 정철, 윤선도, 이황은 양반 중에 양반으로 한글로 작품 쓰는 것을 즐김.
- **5~7**: 대다수 양반들은 한문을 썼고 박지원도 한문으로 작품을 씀.
- **8**: 양반 대부분이 한글을 이해하였고 한글로도 문학 작품을 씀.

실전 기출 추리·추론·비판하기 4

11

(가)~(라)에 들어갈 말로 가장 적절한 것은?

지문 제재 | 인문
2021 지방직 9급

> ¹정철, 윤선도, 황진이, 이황, 이조년 그리고 무명씨. 우리말로 시조나 가사를 썼던 이들이다. ²황진이는 말할 것도 없고 무명씨도 대부분 양반(兩班, 지배층을 이루던 신분)이 아니었겠지만 정철, 윤선도, 이황은 양반 중에 양반이었다. ³(가) 그들이 우리말로 작품을 썼던 걸 보면 양반들도 한글 쓰는 것을 즐겨 했다는 것을 부정(否定, 그렇지 아니하다고 단정하거나 옳지 아니하다고 반대함)할 수는 없다. ⁴(나)【허균이나 김만중은 한글로 소설까지 쓰지 않았던가.】(첨가) ⁵(다) 이들이 특별(特別, 보통과 구별되게 다름)한 취향(趣向, 하고 싶은 마음이 생기는 방향)을 가진 소수의 양반이었다면 이야기는 달라진다. ⁶우리말로 된 문학 작품을 만들겠다는 생각을 가진 특별한 양반들을 제외(除外, 따로 떼어 내어 한데 헤아리지 않음)하고 대다수 양반들은 한문을 썼기 때문에 한글을 모를 수도 있었기 때문이다. ⁷실학자 박지원이 당시 양반 사회를 풍자(諷刺, 남의 결점을 다른 것에 빗대어 비웃으면서 폭로하고 공격함)한 작품 〈호질〉은 한문으로 쓰여 있다. ⁸(라) 한 가지 분명(分明, 틀림없이 확실하게)한 것은 양반 대부분이 한글을 이해하지 못하는 상황(狀況, 일이 되어 가는 과정이나 형편)이었다면 정철도 이황도 윤선도도 한글로 작품을 쓰지는 않았을 것이란 사실이다.
>
> ▶ 양반들이 한글을 이해하고 한글로 작품을 쓰는 것을 즐김

	(가)	(나)	(다)	(라)
❶	그런데	게다가	그렇지만	그러나
②	그런데	그리고	그래서	또는
③	그리고	그러나	하지만	즉
④	그래서	더구나	따라서	하지만

단계별 풀이 비법

풀이 비법 1 발문과 선택지로 유형을 확인하라!

빈칸에 들어갈 적절한 접속어를 추론하는 유형이다. 앞뒤의 내용을 바탕으로 빈칸에 들어갈 가장 적절한 접속어를 찾는 것이 중요하다.

풀이 비법 2 무엇(화제)에 대해 말하고 있는지 파악하라!

중심 화제 한글로 작품을 쓰는 것을 즐긴 양반들
중심 내용

1-1~2	우리말로 시조나 가사를 쓴 정철, 윤선도, 이황은 양반 중에 양반이었다.
1-3~4	양반들도 한글을 쓰는 것을 즐겨함
1-5	특별한 취향을 가진 소수의 양반이었다면 이야기는 달라짐.
1-6~7	대다수 양반들은 한문을 썼기 때문에 한글을 모를 수도 있다. 박지원이 지은 〈호질〉도 한문으로 쓰여졌다.
1-8	양반 대부분이 한글을 이해하여 한글로 문학 작품을 썼다.

풀이 비법 3 글의 내용 관계를 바탕으로 생략된 접속어를 추론하라!

(가) 앞에는 우리말로 시조나 가사를 쓴 정철, 윤선도, 이황은 양반이었다는 내용이 있으며, 뒤에는 그들이 우리말로 작품을 썼던 걸 보면 양반들도 한글 쓰는 걸 즐겨 했다는 것을 부정할 수 없다는 내용이 있다. 이를 연결하는 접속어는 앞의 내용과 상반되는 내용을 이끌 때 쓰는 접속 부사 '그런데'가 와야 하므로 답은 ①, ②로 좁혀진다.

(나) 앞에는 양반들도 한글로 작품을 썼다는 내용이, 뒤에는 허균이나 김만중은 한글로 소설까지 썼다는 내용이 있다. 뒤 문장이 앞 문장의 내용을 더하고 있으므로, 접속어인 '게다가', '더구나'가 들어가야 한다. 답은 ①로 좁혀진다.

(다) 앞에는 양반들이 한글로 작품을 쓰는 것을 즐겼다는 내용이, 뒤에는 이들이 특별한 취향을 가진 소수의 양반이었다면 이야기는 달라진다는 내용이 있다. 앞뒤가 대립되는 내용이므로, 역접의 접속어인 '그렇지만'이나 '하지만'이 들어가는 것이 적절하다.

(라) 앞에는 대다수 양반들이 한문을 썼으며 「호질」도 한문으로 쓰였다는 내용이, 뒤에는 양반 대부분이 한글을 이해하지 못하는 상황이었다면 정철, 이황, 윤선도가 한글로 작품을 쓰지 않았을 것이라는 내용이 있다. 두 내용이 반대되므로 역접의 접속어인 '그러나' 또는 '하지만'이 들어가는 것이 적절하다.

풀이 비법 4 부합하는 선택지를 찾아라!

① (가)에는 뒤 내용이 앞 내용과 대립될 때 쓰는 '그런데', (나)에는 뒤 내용에서 앞 내용보다 한층 더한 사실을 덧붙일 때 쓰는 '게다가', (다)에는 앞 내용과 다른 내용을 말할 때 쓰는 '그렇지만', (라)에는 앞 내용과 뒤 내용이 서로 상반될 때 쓰는 '그러나'를 쓴다.

② '그래서'는 앞의 내용이 뒤의 내용의 원인이나 근거, 조건 따위가 될 때 쓰고, '또는'은 앞뒤 내용을 이어 주는 말이므로 (다), (라)에 들어갈 말로 적절하지 않다.

③ '그리고'는 앞뒤 문장을 나란히 이어 주는 말, '그러나'는 앞과 뒤가 서로 상반될 때 쓰는 말, '즉'은 '자세히 말하자면'의 뜻으로 (가), (나), (라)에 들어갈 말로 적절하지 않다.

④ (가), (다)에 들어갈 접속어가 적절하지 않다.

정답 ①

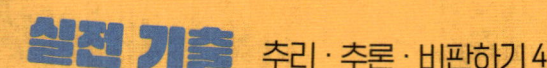 

실전 기출 — 추리·추론·비판하기 4

연습 1 병태 요정과 함께 풀기

다음 글에서 추론할 수 있는 것은? 2021 지방직 9급

포도주는 유럽 문명을 대표하는 술이자 동시에 음료수다. 우리는 대개 포도주를 취하기 위해 마시는 술로만 생각하기 쉬우나 유럽에서는 물 대신 마시는 '음료수'로서의 역할이 크다. 유럽의 많은 지역에서는 물이 워낙 안 좋아서 맨 물을 그냥 마시면 위험하기 때문에 제조 과정에서 안전성이 보장된 포도주나 맥주를 마시는 것이다. 이런 용도로 일상적으로 마시는 식사용 포도주로는 당연히 고급 포도주와는 다른 저렴한 포도주가 쓰이며, 술이 약한 사람들은 여기에 물을 섞어서 마시기도 한다.

소비의 확대와 함께, 포도주의 생산을 다른 지역으로 확산시키려는 노력도 계속되어 왔다. 포도주 생산의 확산에서 가장 큰 문제는 포도 재배가 추운 북쪽 지역으로 확대되기 힘들다는 점이다. 자연 상태에서는 포도가 자라는 북방 한계가 이탈리아 정도에서 멈춰야 했지만, 중세 유럽에서 수도원마다 온갖 노력을 기울인 결과 포도 재배가 상당히 북쪽까지 올라갔다. 대체로 대서양의 루아르강 하구로부터 크림반도와 조지아를 잇는 선이 상업적으로 포도를 재배할 수 있는 북방한계선이다.

적정한 기온은 포도주 생산 가능 여부뿐 아니라 생산된 포도주의 질을 결정하는 중요한 요인이다. 너무 추운 지역이나 너무 더운 지역에서는 포도주의 품질이 떨어질 수밖에 없다. 추운 지역에서는 포도에 당분이 너무 적어서 그것으로 포도주를 담그면 신맛이 강하게 된다. 반면 너무 더운 지역에서는 섬세한 맛이 부족해서 '흐물거리는' 포도주가 생산된다(그 대신 이를 잘 활용하면 포르토나 셰리처럼 도수를 높인 고급 포도주를 만들 수 있다). 그러므로 고급 포도주 주요 생산지는 보르도나 부르고뉴처럼 너무 덥지도 않고 너무 춥지도 않은 곳이다. 다만 달콤한 백포도주의 경우는 샤토 디켐(Château d'Yquem)처럼 뜨거운 여름 날씨가 지속하는 곳에서 명품이 만들어진다.

포도주의 수요는 전 유럽적인 데 비해 생산은 이처럼 지리적으로 제한됐기 때문에 포도주는 일찍부터 원거리 무역 품목이 됐고, 언제나 고가품 취급을 받았다. 그런데 한 가지 기억해야 할 점은 이렇게 수출되는 고급 포도주는 오래된 포도주가 아니라 바로 그해에 만든 술이라는 점이다. 우리는 포도주는 오래될수록 좋아진다고 믿는 경향이 있지만, 대부분의 백포도주 혹은 중급 이하 적포도주는 시간이 지날수록 오히려 품질이 떨어진다. 시간이 흐를수록 품질이 개선되는 것은 일부 고급 적포도주에만 한정된 이야기이며, 그나마 포도주를 병에 담아 코르크 마개를 끼워 보관한 이후의 일이다.

① 고급 포도주는 모두 너무 덥지도 춥지도 않은 곳에서 재배된 포도로 만들어졌다.
② 루아르강하구로부터 크림반도와 조지아를 잇는 선은 이탈리아보다 남쪽에 있을 것이다.
③ 유럽에서 일상적으로 마시는 식사용 포도주는 저렴한 포도주거나 고급 포도주에 물을 섞은 것이다.
④ 병에 담겨 코르크 마개를 끼운 고급 백포도주는 보관 기간에 비례하여 품질이 개선되지는 않을 것이다.

연습 2 혼자서 눈으로 계속 연습하기

다음 글에서 추론할 수 있는 것은? 2021 지방직 9급

포도주는 유럽 문명을 대표하는 술이자 동시에 음료수다. 우리는 대개 포도주를 취하기 위해 마시는 술로만 생각하기 쉬우나 유럽에서는 물 대신 마시는 '음료수'로서의 역할이 크다. 유럽의 많은 지역에서는 물이 워낙 안 좋아서 맨 물을 그냥 마시면 위험하기 때문에 제조 과정에서 안전성이 보장된 포도주나 맥주를 마시는 것이다. 이런 용도로 일상적으로 마시는 식사용 포도주로는 당연히 고급 포도주와는 다른 저렴한 포도주가 쓰이며, 술이 약한 사람들은 여기에 물을 섞어서 마시기도 한다.

소비의 확대와 함께, 포도주의 생산을 다른 지역으로 확산시키려는 노력도 계속되어 왔다. 포도주 생산의 확산에서 가장 큰 문제는 포도 재배가 추운 북쪽 지역으로 확대되기 힘들다는 점이다. 자연 상태에서는 포도가 자라는 북방 한계가 이탈리아 정도에서 멈춰야 했지만, 중세 유럽에서 수도원마다 온갖 노력을 기울인 결과 포도 재배가 상당히 북쪽까지 올라갔다. 대체로 대서양의 루아르강 하구로부터 크림반도와 조지아를 잇는 선이 상업적으로 포도를 재배할 수 있는 북방한계선이다.

적정한 기온은 포도주 생산 가능 여부뿐 아니라 생산된 포도주의 질을 결정하는 중요한 요인이다. 너무 추운 지역이나 너무 더운 지역에서는 포도주의 품질이 떨어질 수밖에 없다. 추운 지역에서는 포도에 당분이 너무 적어서 그것으로 포도주를 담그면 신맛이 강하게 된다. 반면 너무 더운 지역에서는 섬세한 맛이 부족해서 '흐물거리는' 포도주가 생산된다(그 대신 이를 잘 활용하면 포르토나 셰리처럼 도수를 높인 고급 포도주를 만들 수 있다). 그러므로 고급 포도주 주요 생산지는 보르도나 부르고뉴처럼 너무 덥지도 않고 너무 춥지도 않은 곳이다. 다만 달콤한 백포도주의 경우는 샤토 디켐(Château d'Yquem)처럼 뜨거운 여름 날씨가 지속하는 곳에서 명품이 만들어진다.

포도주의 수요는 전 유럽적인 데 비해 생산은 이처럼 지리적으로 제한됐기 때문에 포도주는 일찍부터 원거리 무역 품목이 됐고, 언제나 고가품 취급을 받았다. 그런데 한 가지 기억해야 할 점은 이렇게 수출되는 고급 포도주는 오래된 포도주가 아니라 바로 그해에 만든 술이라는 점이다. 우리는 포도주는 오래될수록 좋아진다고 믿는 경향이 있지만, 대부분의 백포도주 혹은 중급 이하 적포도주는 시간이 지날수록 오히려 품질이 떨어진다. 시간이 흐를수록 품질이 개선되는 것은 일부 고급 적포도주에만 한정된 이야기이며, 그나마 포도주를 병에 담아 코르크 마개를 끼워 보관한 이후의 일이다.

① 고급 포도주는 모두 너무 덥지도 춥지도 않은 곳에서 재배된 포도로 만들어졌다.
② 루아르강하구로부터 크림반도와 조지아를 잇는 선은 이탈리아보다 남쪽에 있을 것이다.
③ 유럽에서 일상적으로 마시는 식사용 포도주는 저렴한 포도주거나 고급 포도주에 물을 섞은 것이다.
④ 병에 담겨 코르크 마개를 끼운 고급 백포도주는 보관 기간에 비례하여 품질이 개선되지는 않을 것이다.

실전 기출 추리·추론·비판하기 4

12
다음 글에서 추론할 수 있는 것은?

지문 제재 | 문화
2021 지방직 9급

> ① ¹포도주는 유럽 문명을 대표하는 술이자 동시에 음료수다. ²우리는 대개 포도주를 취하기 위해 마시는 술로만 생각하기 쉬우나 유럽에서는 물 대신 마시는 '음료수'로서의 역할(役割, 마땅히 하여야 할 맡은 바 소임)이 크다. ³유럽의 많은 지역에서는 물이 워낙 안 좋아서 맨 물을 그냥 마시면 위험하기 때문에 제조 과정에서 안전성이 보장된 포도주나 맥주를 마시는 것이다. ⁴이런 용도로 일상적으로 마시는 식사용 포도주로는 당연히 고급 포도주와는 다른 저렴한 포도주가 쓰이며, 술이 약한 사람들은 여기에 물을 섞어서 마시기도 한다. ▶ 유럽 문명을 대표하는 술이자 음료인 포도주
>
> ② ¹소비의 확대(擴大, 모양이나 규모 따위를 더 크게 함)와 함께, 포도주의 생산을 다른 지역으로 확산(擴散, 흩어져 널리 퍼짐)시키려는 노력도 계속되어 왔다. ²포도주 생산의 확산에서 가장 큰 문제는 포도 재배가 추운 북쪽 지역으로 확대되기 힘들다는 점이다. ³자연 상태에서는 포도가 자라는 북방 한계가 이탈리아 정도에서 멈춰야 했지만, 중세 유럽에서 수도원마다 온갖 노력을 기울인 결과 포도 재배가 상당히 북쪽까지 올라갔다. ⁴대체로 대서양의 루아르강 하구로부터 크림반도와 조지아를 잇는 선이 상업적으로 포도를 재배할 수 있는 북방한계선(限界線, 정해진 범위를 나타내는 선)이다. ▶ 포도주의 소비와 생산 지역 확대
>
> ③ ¹적정한 기온은 포도주 생산 가능 여부뿐 아니라 생산된 포도주의 질을 결정하는 중요한 요인이다. ²너무 추운 지역이나 너무 더운 지역에서는 포도주의 품질이 떨어질 수밖에 없다. ³추운 지역에서는 포도에 당분이 너무 적어서 그것으로 포도주를 담그면 신맛이 강하게 된다. ⁴반면 너무 더운 지역에서는 섬세한 맛이 부족해서 '흐물거리는' 포도주가 생산된다(그 대신 이를 잘 활용하면 포르토나 셰리처럼 도수를 높인 고급 포도주를 만들 수 있다). ⁵그러므로 고급 포도주 주요 생산지는 보르도나 부르고뉴처럼 너무 덥지도 않고 너무 춥지도 않은 곳이다. ⁶다만, 달콤한 백포도주의 경우는 샤토 디켐(Château d'Yquem)처럼 뜨거운 여름 날씨가 지속(持續, 어떤 상태가 오래 계속됨)하는 곳에서 명품이 만들어진다. ▶ 기온에 의해 영향을 받는 고급 포도주 생산지는 제한적임.
>
> ④ ¹포도주의 수요는 전 유럽적인 데 비해 생산은 이처럼 지리적으로 제한됐기 때문에 포도주는 일찍부터 원거리 무역 품목이 됐으며, 언제나 고가품 취급을 받았다. ²[그런데, 한 가지 기억해야 할 점은 이렇게 수출되는 고급 포도주는 오래된 포도주가 아니라 바로 그해에 만든 술이라는 점이다. ³우리는 포도주는 오래될수록 좋아진다고 믿는 경향이 있지만(통념 제시), 대부분의 백포도주 혹은 중급 이하 적포도주는 시간이 지날수록 오히려 품질이 떨어진다(통념 반박). ⁴시간이 흐를수록 품질이 개선되는 것은 일부 고급 적포도주에만 한정(限定, 수량이나 범위 따위를 제한하여 정함)된 이야기이며, 그나마 포도주를 병에 담아 코르크 마개를 끼워 보관한 이후의 일이다.](부연) ▶ 공급 제한으로 고가품이 된 포도주와 고급 포도주에 대한 통념 반박

① 고급 포도주는 모두(×) 너무 덥지도 춥지도 않은 곳에서 재배된 포도로 만들어졌다. (근거 ③-4~6)

② 루아르강 하구로부터 크림반도와 조지아를 잇는 선은 이탈리아보다 남쪽(×)에 있을 것이다. (근거 ②-3, 4)

③ 유럽에서 일상적으로 마시는 식사용 포도주는 저렴한 포도주거나 고급(×) 포도주에 물을 섞은 것이다. (근거 ①-4)

❹ 병에 담겨 코르크 마개를 끼운 고급 백포도주는 보관 기간에 비례하여 품질이 개선되지는 않을 것이다. (근거 ④-3, 4)

단계별 풀이 비법

풀이 비법 1 발문과 선택지로 유형을 확인하라!

'글에서 추론'한 내용의 적절성을 묻는 것이므로 제시된 세부 정보를 바탕으로 새로운 내용을 이끌어 내는 유형임을 알 수 있다. 이때 추론의 내용이 적절한 것을 골라야 한다.

풀이 비법 2 무엇(화제)에 대해 말하고 있는지 파악하라!

중심 화제 포도주
전체 내용 포도주는 소비의 확대와 함께 생산 지역을 확대했다. 그런데 포도주의 질을 결정하는 적정 기온으로 인해 고급 포도주의 생산지는 제한적이라, 공급 부족으로 포도주는 고가품이 되었다.

풀이 비법 3 지문에서 선택지 내용과 관련된 정보를 찾아 정리하라!

선지	관련 정보
①	③-4~6: '포르토나 셰리처럼 도수를 높인 고급 포도주', '달콤한 백포도주의 경우는'
②	②-3, 4: '북쪽까지 올라갔다. … 북방한계선이다.'
③	①-4: '고급 포도주와는 다른 저렴한 포도주'
④	④-3, 4: '시간이 흐를수록 품질이 개선되는 것은 일부 고급 적포도주에만 한정'

풀이 비법 4 선택지의 적절성을 판단하라!

① ③-4~6 더운 지역의 포도주는 포르토나 셰리처럼 도수 높은 고급 포도주를 만들 수도 있고, 달콤한 샤토 디켐처럼 더운 곳에서도 명품이 만들어진다고 하였으므로 모든 고급 포도주가 너무 덥지도 춥지도 않은 곳에서 생산되는 것은 아니다.

② ②-3, 4 수도원마다 온갖 노력을 기울인 결과 포도 재배가 가능한 북방한계선이 상당히 북쪽까지 올라가 루아르강 하구로부터 크림반도와 조지아를 잇는 선이 되었다고 하므로 루아르강 하구로부터 크림반도와 조지아를 잇는 북방한계선은 이탈리아보다 북쪽에 있을 것이다.

③ ①-4 유럽에서 일상적으로 마시는 식사용 포도주로는 저렴한 포도주가 쓰이며, 술이 약한 사람들은 여기에 물을 섞어서 마시기도 하므로 적절한 추론이 아니다.

❹ ④-3, 4 대부분의 백포도주는 시간이 지날수록 품질이 떨어진다. 시간이 흐를수록 품질이 개선되는 것은 일부 고급 적포도주를 병에 담아 코르크 마개를 끼워 보관한 경우에만 한정된다고 하였으므로 적절한 추론이다.

정답 ④

지문을 한눈에

포도주의 적정 생산 지역과 기온
- **① 도입·② 전개 1**: 술이자 음료인 포도주의 소비와 생산 지역 확대
- **③·④ 전개 2**: 포도주를 고가품으로 만든 지리적 요인

실전 기출 - 추리·추론·비판하기 4

학습일: 월   일   풀이 시간: 1분 이내

연습 1 병태 요정과 함께 풀기

글의 통일성을 고려할 때 (가)에 들어갈 말로 가장 적절한 것은?
2021 지방직 9급

혼정신성(昏定晨省)이란 저녁에는 부모님의 잠자리를 봐드리고 아침에는 문안을 드린다는 뜻으로 자식이 아침저녁으로 부모의 안부를 물어 살핌을 뜻하는 말로 《예기(禮記)》의 〈곡례편(曲禮篇)〉에 나오는 말이다. 아랫목 요에 손을 넣어 방 안 온도를 살피면서 부모님께 문안을 드리던 우리의 옛 전통은 온돌을 통한 난방 방식과 관련 깊다. 온돌을 통한 난방 방식은 방바닥에 깔려 있는 돌이 열기로 인해 뜨거워지고, 뜨거워진 돌의 열기로 방바닥이 뜨거워지면 방 전체에 복사열이 전달되는 방법이다. 방바닥 쪽의 차가운 공기는 온돌에 의해 따뜻하게 데워지므로 위로 올라가고, 위로 올라간 공기가 다시 식으면 아래로 내려와 다시 데워져 위로 올라가는 대류 현상으로 인해 결국 방 전체가 따뜻해진다. 벽난로를 통한 서양식의 난방 방식은 복사열을 이용하여 상체와 위쪽 공기를 데우는 방식인데, 대류 현상으로 바닥 바로 위 공기까지는 따뜻해지지 않는다. 그 이유는 _____(가)_____.

① 벽난로에 의한 난방은 방바닥의 따뜻한 공기가 위로 올라가 식으면 복사열로 위쪽의 공기만을 따뜻하게 하기 때문이다.
② 벽난로에 의한 난방이 복사열에 의한 난방에서 대류 현상으로 인한 난방이라는 순서로 이루어졌기 때문이다.
③ 대류 현상을 통한 난방 방식은 상체와 위쪽의 공기만 따뜻하게 하기 때문이다.
④ 상체와 위쪽의 따뜻한 공기는 차가운 바닥으로 내려오지 않기 때문이다.

연습 2 혼자서 눈으로 계속 연습하기

글의 통일성을 고려할 때 (가)에 들어갈 말로 가장 적절한 것은?
2021 지방직 9급

혼정신성(昏定晨省)이란 저녁에는 부모님의 잠자리를 봐드리고 아침에는 문안을 드린다는 뜻으로 자식이 아침저녁으로 부모의 안부를 물어 살핌을 뜻하는 말로 《예기(禮記)》의 〈곡례편(曲禮篇)〉에 나오는 말이다. 아랫목 요에 손을 넣어 방 안 온도를 살피면서 부모님께 문안을 드리던 우리의 옛 전통은 온돌을 통한 난방 방식과 관련 깊다. 온돌을 통한 난방 방식은 방바닥에 깔려 있는 돌이 열기로 인해 뜨거워지고, 뜨거워진 돌의 열기로 방바닥이 뜨거워지면 방 전체에 복사열이 전달되는 방법이다. 방바닥 쪽의 차가운 공기는 온돌에 의해 따뜻하게 데워지므로 위로 올라가고, 위로 올라간 공기가 다시 식으면 아래로 내려와 다시 데워져 위로 올라가는 대류 현상으로 인해 결국 방 전체가 따뜻해진다. 벽난로를 통한 서양식의 난방 방식은 복사열을 이용하여 상체와 위쪽 공기를 데우는 방식인데, 대류 현상으로 바닥 바로 위 공기까지는 따뜻해지지 않는다. 그 이유는 _____(가)_____.

① 벽난로에 의한 난방은 방바닥의 따뜻한 공기가 위로 올라가 식으면 복사열로 위쪽의 공기만을 따뜻하게 하기 때문이다.
② 벽난로에 의한 난방이 복사열에 의한 난방에서 대류 현상으로 인한 난방이라는 순서로 이루어졌기 때문이다.
③ 대류 현상을 통한 난방 방식은 상체와 위쪽의 공기만 따뜻하게 하기 때문이다.
④ 상체와 위쪽의 따뜻한 공기는 차가운 바닥으로 내려오지 않기 때문이다.

지문을 한눈에

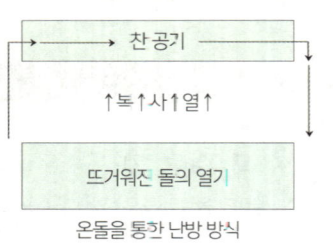
온돌을 통한 난방 방식

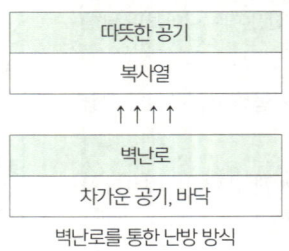
벽난로를 통한 난방 방식

실전 기출 추리·추론·비판하기 4

13
글의 통일성을 고려할 때 (가)에 들어갈 말로 가장 적절한 것은?

지문 제재 | 기술
2021 지방직 9급

> **1** ¹[혼정신성(昏定晨省)이란 저녁에는 부모님의 잠자리를 봐드리고 아침에는 문안을 드린다는 뜻으로 자식이 아침저녁으로 부모의 안부(安否, 어떤 사람이 편안하게 잘 지내고 있는지 그렇지 아니한지에 대한 소식. 또는 인사로 그것을 전하거나 묻는 일)를 물어 살핌을 뜻하는 말로 《예기(禮記)》의 〈곡례편(曲禮篇)〉에 나오는 말이다.](도입) ²[아랫목 요에 손을 넣어 방 안 온도를 살피면서 부모님께 문안(問安, 웃어른께 안부를 여쭘)을 드리던 우리의 옛 전통은 온돌을 통한 난방 방식과 관련 깊다.](화제 제시) ³[온돌을 통한 난방 방식은 방바닥에 깔려 있는 돌이 열기로 인해 뜨거워지고, 뜨거워진 돌의 열기로 방바닥이 뜨거워지면 방 전체에 복사열(輻射熱, 열사로 방출된 전자기파가 물체에 흡수되어 그 물체를 뜨겁게 하는 에너지)이 전달되는 방법이다. ⁴방바닥 쪽의 차가운 공기는 온돌에 의해 따뜻하게 데워지므로 위로 올라가고, 위로 올라간 공기가 다시 식으면 아래로 내려와 다시 데워져 위로 올라가는 대류 현상(對流現象, 물질이 이동함으로써 열이 전달되는 현상으로 차가운 것은 아래로 내려오고, 따뜻한 것은 위로 올라감)으로 인해 결국 방 전체가 따뜻해진다. ⁵벽난로를 통한 서양식의 난방(暖房/煖房, 실내의 온도를 높여 따뜻하게 하는 일) 방식은 복사열을 이용하여 상체와 위쪽 공기를 데우는 방식인데, 대류 현상으로 바닥 바로 위 공기까지는 따뜻해지지 않는다.](전개, 과정) ⁶그 이유는 _____(가)_____. (온돌과 벽난로 난방 방식 대조)

① 벽난로에 의한 난방은 방바닥(×)의 따뜻한 공기가 위로 올라가 식으면(×) 복사열로 위쪽의 공기만을 따뜻하게 하기 때문이다.(근거 4, 5)

② 벽난로에 의한 난방이 복사열에 의한 난방에서 대류 현상으로 인한 난방(×)이라는 순서로 이루어졌기 때문이다.(근거 3, 4)

③ 대류 현상(×)을 통한 난방 방식은 상체와 위쪽의 공기만 따뜻하게 하기 때문이다.(근거 4)

❹ 상체와 위쪽의 따뜻한 공기는 차가운 바닥으로 내려오지 않기 때문이다.(근거 4, 5, 대류 현상의 의미만 파악해도 바로 풀 수 있음.)

단계별 풀이 비법

풀이 비법 1 발문으로 유형을 확인하라!
전형적인 내용 추론 유형으로 빈칸에 들어갈 내용으로 적절한 것을 찾는 문제이다. 앞의 내용을 바탕으로 빈칸의 내용을 추론하는 것이 중요하다.

풀이 비법 2 무엇(화제)에 대해 말하고 있는지 파악하라!
중심 화제 온돌의 난방 방식
전체 내용 온돌을 통한 난방 방식은 불의 열기로 방바닥이 뜨거워지면, 방 전체에 복사열이 전달되고, 대류 현상으로 인해 방 전체가 따뜻해진다. 벽난로를 통한 난방 방식은 복사열을 이용하여 상체와 위쪽 공기만 데운다.

풀이 비법 3 지문에서 선택지 내용과 관련된 정보를 찾아 정리하라!

선지	관련 정보
①	**1**-4, 5: '대류 현상', '대류 현상으로 바닥 바로 위 공기까지는 따뜻해지지 않는다.'
②	**1**-3, 4: '온돌을 통한 난방 … 복사열이 전달', '대류 현상으로 인해'
③	**1**-4: 위로 올라간 공기가 다시 식으면 아래로 내려와 다시 데워져 위로 올라가는 대류 현상
④	**1**-4, 5: '위로 올라간 공기가 다시 식으면 아래로 내려와 다시 데워져 위로 올라가는 대류 현상', '벽난로를 통한 서양식의 난방 방식은 복사열을 이용하여 상체와 위쪽 공기를 데우는 방식인데, 대류 현상으로 바닥 바로 위 공기까지는 따뜻해지지 않는다.'

풀이 비법 4 선택지의 적절성을 판단하라!

① 벽난로에 의한 난방은 복사열을 이용하여 상체와 위쪽 공기를 데우는 방식이므로 방바닥의 따뜻한 공기가 올라가 식는다는 것은 적절하지 않다.

② 벽난로에 의한 난방은 복사열을 이용하여 위쪽 공기를 데우지만, 바닥 바로 위 공기까지 따뜻해지는 대류 현상은 일어나지 않는다.

③ 대류 현상을 통한 난방 방식은 방 전체가 따뜻해진다. 따라서 대류 현상을 통한 난방 방식이 상체와 위쪽의 공기만 따뜻하게 하는 것은 아니다.

④ 벽난로를 통한 난방 방식은 복사열을 이용하여 상체와 위쪽 공기를 데우는 방식으로 대류[대류(對流), 열전달의 한 형식. 열 때문에 기체 또는 액체가 상하로 뒤바뀌면서 움직이는 현상. 유체가 부분적으로 가열되면 그 부분이 팽창하면서 밀도가 작아져 위로 올라가고, 위에 있던 밀도가 큰 부분은 내려오게 되는데, 이러한 과정을 통해 유체 전체가 고루 가열됨.] 현상이 발생한다. 따라서 따뜻한 공기는 차가운 바닥으로 내려오지 않는다.

정답 ④

실전 기출 — 추리·추론·비판하기 4

학습일: 월 일 풀이 시간: 1분 이내

연습 1 병태 요정과 함께 풀기

다음 글에서 추론한 내용으로 적절하지 않은 것은? 2018 국가직 7급

> 범죄 용의자의 용모를 파악하기 위해 눈, 코, 입 등 얼굴 각 부분의 인상을 조립하면 하나의 얼굴 사진이 만들어진다. 이렇게 만들어진 사진을 몽타주 사진이라고 부른다. 몽타주는 '조립'을 의미하는 프랑스어이므로 몽타주 사진을 '조립된 사진'이라고 바꿔 부를 수 있다. 이처럼 몽타주에서는 각각의 이미지들이 결합되어 새로운 인상을 창조한다. 예술가들은 이러한 몽타주 효과를 다양한 예술적 시도를 위해 사용해 왔다. 몽타주 효과는 특히 영화에서 자주 응용되며, 몽타주에 관한 이론은 영화 이론의 하나로 받아들여지곤 한다. 그 이유는 영화 자체가 몽타주에 의해 성립되는 예술이기 때문이다. 대부분의 영화에서는 따로따로 찍은 장면을 이어 붙이는 조립의 과정이 필수적이다. 예를 들어 영화에서 슬픈 장면 뒤에 등장하는 무표정한 얼굴은 슬픔을 억누르고 있는 얼굴처럼 느껴진다. 그런데 같은 무표정한 얼굴이라 해도 앞에 어떤 장면을 배치하는가에 따라 그 얼굴이 드러내는 감정은 얼마든지 다르게 받아들여질 수 있다. 이러한 몽타주를 통해 영화 특유의 시간 감각이 발생한다. 이를테면 우리가 영화를 볼 때 영화 속 침묵이 유난히 더 길게 느껴진다면, 이는 영화의 장면 조립을 통해 창조된 새로운 시간 감각 때문이다. 영화 이론가들은 이러한 영화 특유의 세계를 다루는 이론, 즉 조립에 의해 탄생하는 영화의 세계에 관한 이론을 몽타주 이론이라고 부른다.

① 몽타주 효과는 이미지들의 결합으로 생겨나는 인상의 새로움을 의미한다.
② 동일한 장면이라 해도 그 배치에 따라 의미가 다르게 받아들여질 수 있다.
③ 몽타주 이론은 이어 붙인 장면들을 통해 창조되는 영화의 시간 감각을 다룬다.
④ 표정 연기의 실감을 극대화하여 영상미를 창출함으로써 몽타주의 효과가 생겨난다.

연습 2 혼자서 눈으로 계속 연습하기

다음 글에서 추론한 내용으로 적절하지 않은 것은? 2018 국가직 7급

> 범죄 용의자의 용모를 파악하기 위해 눈, 코, 입 등 얼굴 각 부분의 인상을 조립하면 하나의 얼굴 사진이 만들어진다. 이렇게 만들어진 사진을 몽타주 사진이라고 부른다. 몽타주는 '조립'을 의미하는 프랑스어이므로 몽타주 사진을 '조립된 사진'이라고 바꿔 부를 수 있다. 이처럼 몽타주에서는 각각의 이미지들이 결합되어 새로운 인상을 창조한다. 예술가들은 이러한 몽타주 효과를 다양한 예술적 시도를 위해 사용해 왔다. 몽타주 효과는 특히 영화에서 자주 응용되며, 몽타주에 관한 이론은 영화 이론의 하나로 받아들여지곤 한다. 그 이유는 영화 자체가 몽타주에 의해 성립되는 예술이기 때문이다. 대부분의 영화에서는 따로따로 찍은 장면을 이어 붙이는 조립의 과정이 필수적이다. 예를 들어 영화에서 슬픈 장면 뒤에 등장하는 무표정한 얼굴은 슬픔을 억누르고 있는 얼굴처럼 느껴진다. 그런데 같은 무표정한 얼굴이라 해도 앞에 어떤 장면을 배치하는가에 따라 그 얼굴이 드러내는 감정은 얼마든지 다르게 받아들여질 수 있다. 이러한 몽타주를 통해 영화 특유의 시간 감각이 발생한다. 이를테면 우리가 영화를 볼 때 영화 속 침묵이 유난히 더 길게 느껴진다면, 이는 영화의 장면 조립을 통해 창조된 새로운 시간 감각 때문이다. 영화 이론가들은 이러한 영화 특유의 세계를 다루는 이론, 즉 조립에 의해 탄생하는 영화의 세계에 관한 이론을 몽타주 이론이라고 부른다.

① 몽타주 효과는 이미지들의 결합으로 생겨나는 인상의 새로움을 의미한다.
② 동일한 장면이라 해도 그 배치에 따라 의미가 다르게 받아들여질 수 있다.
③ 몽타주 이론은 이어 붙인 장면들을 통해 창조되는 영화의 시간 감각을 다룬다.
④ 표정 연기의 실감을 극대화하여 영상미를 창출함으로써 몽타주의 효과가 생겨난다.

지문을 한눈에

몽타주
- **몽타주의 의미 (1~4)**: 몽타주 사진의 기법을 통해 몽타주의 어원과 인상을 소개함.
- **몽타주의 예술적 시도 (5~8)**: 몽타주를 예술가들이 예술적 시도로 사용함.
- **영화에서 몽타주 사용 효과 (9~10)**: 영화에서 몽타주 기법을 사용하여 같은 장면도 다르게 받아들이게 하는 효과를 만들어냄.
- **영화의 몽타주 이론 (11~13)**: 몽타주를 통해 영화 특유의 시간 감각이 발생하는데 이는 장면의 조립에 의해 탄생함.

실전 기출 — 추리·추론·비판하기 4

14
다음 글에서 추론한 내용으로 적절하지 않은 것은?

지문 제재 | 예술
2018 국가직 7급

> [1] ¹범죄 용의자의 용모를 파악하기 위해 눈, 코, 입 등 얼굴 각 부분의 인상을 조립하면 하나의 얼굴 사진이 만들어진다.(몽타주 사진을 만드는 방법) ²이렇게 만들어진 사진을 몽타주 사진이라고 부른다. ³몽타주는 '조립'을 의미하는 프랑스어(몽타주의 어원)이므로 몽타주 사진을 '조립된 사진'이라고 바꿔 부를 수 있다. ⁴이처럼 몽타주에서는 각각의 이미지들이 결합되어 새로운 인상을 창조한다.(몽타주의 효과) ⁵예술가들은 이러한 몽타주의 효과를 다양한 예술적 시도를 위해 사용해 왔다. ⁶몽타주 효과는 특히 영화에서 자주 응용되며, 몽타주에 관한 이론은 영화 이론의 하나로 받아들여지곤 한다. ⁷그 이유는 영화 자체가 몽타주에 의해 성립되는 예술(따로 촬영한 장면들을 조립하는 형식의 영화 자체가 몽타주의 성격을 가지고 있음)이기 때문이다. ⁸대부분의 영화에서는 따로따로 찍은 장면을 이어 붙이는 조립의 과정이 필수적이다.(영화의 기본적인 속성이 몽타주 기법을 바탕으로 함) ⁹예를 들어 영화에서 슬픈 장면 뒤에 등장하는 무표정한 얼굴은 슬픔을 억누르고 있는 얼굴처럼 느껴진다. ¹⁰그런데 같은 무표정한 얼굴이라 해도 앞에 어떤 장면을 배치하는가에 따라(몽타주 기법의 활용에 따라) 그 얼굴이 드러내는 감정은 얼마든지 다르게 받아들여질 수 있다. ¹¹이러한 몽타주를 통해 영화 특유의 시간 감각이 발생한다. ¹²이를테면 우리가 영화를 볼 때 영화 속 침묵이 유난히 더 길게 느껴진다(영화에서 몽타주 이론의 효과)면, 이는 영화의 장면 조립을 통해 창조된 새로운 시간 감각 때문이다. ¹³영화 이론가들은 이러한 영화 특유의 세계를 다루는 이론, 즉 조립에 의해 탄생하는 영화의 세계에 관한 이론을 몽타주 이론이라고 부른다.(영화에서 몽타주 이론의 개념)
>
> ▶ 장면 조립을 통해 창조된 세계를 다루는 영화의 몽타주 이론

① 몽타주 효과는 이미지들의 결합으로 생겨나는 인상의 새로움을 의미한다.(근거-4)

② 동일한 장면이라 해도 그 배치에 따라 의미가 다르게 받아들여질 수 있다.(근거-10)

③ 몽타주 이론은 이어 붙인 장면들을 통해 창조되는 영화의 시간 감각을 다룬다.(근거-11, 12)

❹ 표정 연기의 실감을 극대화하여(×) 영상미를 창출함으로써 몽타주의 효과가 생겨난다.(×)(몽타주 효과는 조립을 통해 생기는 것이므로 표정 연기와 거리가 멂.)

단계별 풀이 비법

풀이 비법 1 발문으로 유형을 먼저 확인하라!

글의 내용을 바탕으로 추론한 내용의 적절성을 묻는 전형적인 문제이다. 지문에서 설명하고 있는 대상에 대한 개념과 그 특성에 대한 정확한 이해가 제일 중요하다.

풀이 비법 2 핵심어를 통해 단락별 중심 내용을 찾아라!

중심 화제 영화의 몽타주 이론
중심 내용

1-1~4	몽타주의 의미와 이를 이용한 몽타주 사진은 새로운 인상을 창조함.
1-5~8	예술가들이 몽타주를 예술적 시도로 사용하며 특히 영화에서는 하나의 이론으로 받아들여짐.
1-9~10	영화에서 몽타주를 사용한 구체적인 사례
1-11~13	몽타주 효과는 영화 특유의 시간 감각을 발생하게 하며 이를 몽타주 이론이라 부름.

풀이 비법 3 세부 내용과 제시된 사례를 바탕으로 글의 중심 내용을 파악하라!

몽타주 사진을 만드는 방법을 화제로 제시하며 몽타주의 의미를 설명하면서 몽타주에서는 각각의 이미지들이 결합하여 새로운 인상을 창조한다는 것을 설명하고 있다. 이와 같은 몽타주 효과는 예술에서 사용되는데 특히 영화 자체가 몽타주에 의해 성립되는 예술이라 할 수 있다. 또한 영화에서는 몽타주 효과를 활용하여 영화 특유의 시간 감각이 발생하는데 이러한 영화 세계에 관한 이론을 '몽타주 이론'이라 부른다.

풀이 비법 4 부합하는 선택지를 찾아라!

① 몽타주 사진은 조립을 통해 만들어지는 '조립된 사진'이라 바꿔 부를 수 있는데 이처럼 몽타주는 각각의 이미지들이 결합되어 새로운 인상을 창조한다는 서술을 통해 확인할 수 있으므로 적절하다.

② 영화에서 같은 무표정한 얼굴도 앞에 어떤 장면을 배치하는가에 따라 그 얼굴에서 드러나는 감정을 다르게 받아들일 수 있다는 서술을 통해 확인할 수 있으므로 적절하다.

③ 영화의 몽타주 이론은 영화 특유의 조립된 세계를 다루는데 이를 통해 영화 특유의 시간 감각이 발생한다. 그리고 이와 같은 장면 조립을 통해 창조된 새로운 시간 감각을 다룬다는 서술을 통해 확인할 수 있으므로 적절하다.

④ 몽타주 효과는 장면의 조립을 통해 발생하는 것이지 배우의 표정 연기의 실감을 극대화하는 영상미 창출과 연관이 없으므로 적절하지 않다.

정답 ④

PART 4

유형 06 논증과 오류
유형 07 화법과 작문

유형별 출제 경향

논증과 오류

7개 유형 중 3%의 비중을 차지하고 있어 상대적으로 출제 빈도가 낮은 편입니다. 출제 빈도는 낮은 편이지만 출제 가능성이 있으므로 평소 논리적 글 읽기나 말하기를 통해 논리적 사고력을 키우고, 자주 출제되는 오류에 대해 파악하여 대비해 두어야 합니다.

화법과 작문

7개 유형 중 12%의 비중을 차지하고 있으며, 개년 4~5문항씩 꾸준히 출제되고 있습니다. 이 경향으로 볼 때 앞으로도 화법, 작문은 고정적으로 출제될 가능성이 높습니다. 특히 최근 대입 수능 문제 형식과 유사한 문항들이 등장하고 있어, 국어의 말하기와 듣기, 그리고 쓰기 영역에 대한 기본 학습이 필요합니다. 또한 화법 및 작문 영역의 개념 및 원리를 실제 담화 상황이나 다양한 글쓰기 상황에 적용할 수 있어야 합니다.

5개년 출제율

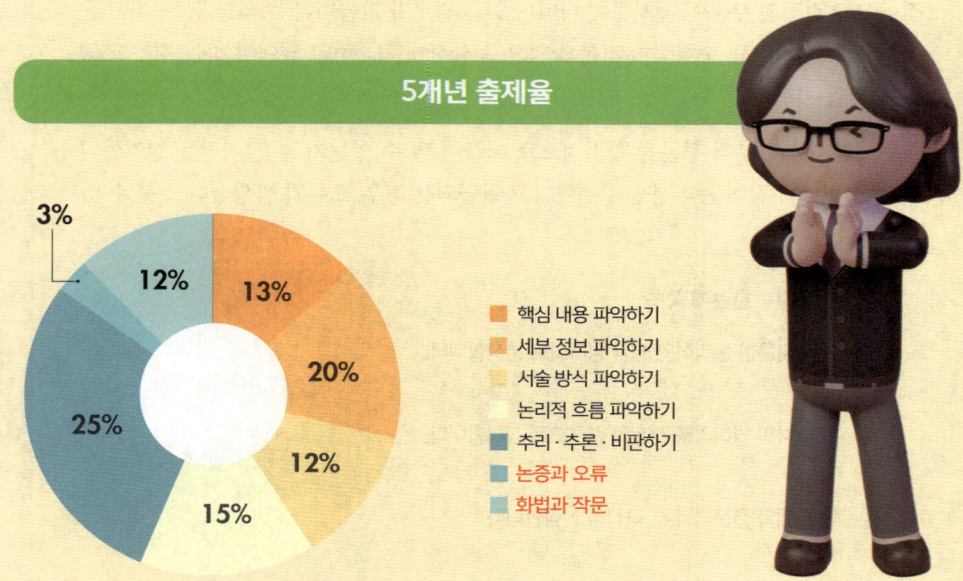

- 핵심 내용 파악하기 13%
- 세부 정보 파악하기 20%
- 서술 방식 파악하기 12%
- 논리적 흐름 파악하기 15%
- 추리·추론·비판하기 25%
- 논증과 오류 3%
- 화법과 작문 12%

유형 06 논증과 오류

병태 요정이 알려주는 유형 GUIDE

어떤 상황이나 문제에 대해 자신의 주장을 내세워 타인의 생각과 행동에 영향을 주려면 상대방을 설득해야 합니다. 다양하고 복잡한 현대 사회에서 타인과의 갈등을 효과적으로 해결하려면 자신의 생각에 대해 타당한 근거를 들어 논리적으로 설득해야겠지요. 그러기 위해서는 논증의 원리와 방법을 이해하고 이를 바탕으로 자신의 주장을 입증해야 합니다.

풀이 비법 1 발문으로 출제 유형을 먼저 확인합니다.

- 〈보기〉와 같은 유형의 논리적 오류에 해당하는 것은? [18 서울 9급]
- ㉠~㉢의 예를 추가할 때 가장 적절한 것은? [18 국가 8급]
- 다음 글과 논증 방식이 가장 가까운 것은? [17 국가 7급 추가]
- 다음 글의 논증 구조를 옳게 파악한 것은? [17 지방 9급]
- 다음 글의 논증 구조를 옳게 파악한 것은? [17 지방 9급]
- 다음 예문과 같은 유형의 논리적 오류가 나타난 것은? [17 서울 9급]

풀이 비법 2 전제와 결론을 추출하고 추론 과정을 정리합니다.

논증은 '미리 알려진 하나 또는 둘 이상의 판단', 즉 '전제'에서 출발하여 '새로운 판단을 추출'하여 '결론'을 내리는 것이 목적입니다.

 제시문을 요약하면서, 제시문의 내용을 논리적인 생각 덩어리로 나누어, 하나씩의 문장으로 정리합니다. 일상어로 표현된 논증을 주어진 제시문의 형태로 반복하여 읽는 것은 전제와 결론으로 이루어진 논증을 판단하는 데 도움이 되지 않기 때문입니다.

② 둘 이상의 문장으로 정리된 논증을 살펴보며, 이 중 '미리 알려진 하나 또는 둘 이상의 판단', 즉 전제에 해당하는 정보는 무엇인지 파악합니다. 이때 필요한 정보의 핵심적이고 결정적인 부분이 제시문에 나타나 있는 경우가 많습니다. 주의할 점은, 어떤 종류의 필요한 정보는 수험생이 기본 소양으로 사전에 획득하고 있어야 하는 경우도 있다는 것입니다.

③ 주어진 전제로부터 결론을 합리적으로 이끌어 낼 수 있는지 추론 과정을 점검합니다. 논증이나 주장이 논리성을 결여했다고 판단되는 경우, 오류가 발생했다고 볼 수 있습니다.

풀이 비법 2 한눈에 쏙쏙

① 제시문을 논리적인 생각 덩어리로 분석합니다.
 ↓
② 생각의 덩어리를 전제와 결론으로 정리합니다.
 ↓
③ 전제와 결론의 추론 과정을 점검합니다.

🔲 논증의 구성 요소

'논증(論證)'이란 어떤 주장의 옳고 그름을 근거를 들어 밝히는 것으로, 이때 주장은 결론이 되고 그 주장의 근거는 전제가 됩니다.

명제	어떤 대상이나 문제에 대한 논리적 판단을 표현한 것으로서, 참과 거짓을 판단할 수 있는 문장입니다.
논거	명제가 올바르다는 것을 뒷받침하는 논리적인 근거입니다.
추론	제시한 논거를 판단의 근거로 삼아 명제와 같은 결론을 이끌어 내는 사고의 과정입니다.

➕ 논증의 유형과 방법

연역 논증	일반적인 사실이나 법칙을 전제로 하여 특수한 사실을 결론으로 이끌어 내는 논증 방법입니다.
귀납 논증	구체적인 사례나 사실을 전제로 하여 보편적인 법칙이나 원칙을 결론으로 이끌어 내는 논증 방법입니다.
유비 추리	두 개의 사물이 여러 면에서 유사하다는 것을 근거로 하여 다른 속성도 유사할 것이라는 결론을 이끌어 내는 논증 방법으로 '유추'라고도 합니다.

294 국왕국어 독학(獨學) 필수 기출 독해 200선

풀이 비법 3 전제와 결론의 논리성을 평가합니다.

논증의 논리성 및 오류는 다음 두 가지 기준으로 평가할 수 있습니다.

1 전제가 결론을 논증자의 의도대로 정당화하고 있는지 점검해 봅니다. 즉 전제와 결론의 지지 관계를 살펴봅니다.

대전제	비가 내리면 땅이 젖는다.
소전제	땅이 젖지 않았다.
결론	그러므로 비가 내리지 않았다.

→ 올바른 논증

대전제	비가 내리면 땅이 젖는다.
소전제	땅이 젖었다.
결론	그러므로 비가 내렸다.

→ 비 외에 다른 이유로도 땅이 젖을 수 있다.

→ 오류

2 논증자가 결론이 '참'임을 지지하기 위해 제시한 전제가 과연 '참'인지를 확인합니다.

대전제	모든 포유류는 동물이다.
소전제	모든 개는 포유류이다.
결론	그러므로 모든 개는 동물이다.

→ 올바른 논증

대전제	모든 사람의 머리는 초록색이다. → 그릇된 전제
소전제	철수는 사람이다.
결론	그러므로 철수의 머리는 동물이다.

→ 오류

> **풀이 비법 3** 한눈에 쏙쏙
>
> **1** 전제가 결론을 정당화하고 있는지 점검합니다.
>
> ↓
>
> **2** 제시된 전제가 참인지 확인합니다.

풀이 비법 4 어떤 유형의 오류인지 판단하며 선택지를 찾습니다.

논증과 오류 영역의 문제는 제시문뿐만 아니라 선택지도 하나하나 그 논리를 살펴보며 참인지 거짓인지 판단해야 하거나, 선택지에 나타난 오류가 제시문에 나타난 오류와 동일한지 판단해야 합니다. 이때 대표적인 오류의 유형을 알아둔다면 선택지의 오류 여부를 판단하는 데 큰 도움이 됩니다.

논리적 오류의 종류

성급한 일반화의 오류
부분을 전체로 착각하여 범하는 오류로, 소수의 일부 사례를 근거로 하여 전체의 속성이나 특징을 일반화할 때 발생하는 오류입니다.

흑백 논리의 오류
어떤 대상에 대한 판단을 선악(善惡), 득실(得失), 가부(可否) 등 이분법적으로만 인식함으로써 그 중간 단계의 다른 판단을 인정하지 않는 오류입니다.

피장파장의 오류(역공격의 오류)
상대방의 잘못을 근거로 하여 자신의 주장이 정당하다고 내세울 때 흔히 발생하는 오류입니다.

순환 논증의 오류
주장이나 의견에 대한 근거로 그 주장이나 의견을 다시 제시할 때 발생하는 오류입니다.

병태 요정의 ADVICE

추론 과정을 점검하는 방법

1 논리적 오류의 종류가 매우 많기 때문에 기출 문제의 제시문과 선택지를 통해 자주 출제되는 오류의 종류를 정리해 두어야 해요.

2 전제와 결론의 추론이 어려우면, 이 둘을 인과 관계라고 생각해 보는 것도 좋아요. 단, 결과는 원인 변수에 의해서만 설명되어져야 하며 다른 변수에 의한 설명 가능성은 배제되어야 함에 주의해야 해요.

3 연역 논증은 참-거짓을 판단하는 것이고, 귀납 논증은 타당성을 판단하는 것이에요. 즉 확실히 옳은지 그른지 장담할 수는 없으나, 논증이 설득력이 있는지 판단하는 것이지요.

대표 기출 - 논증과 오류

STUDY 12

지문 제재 | 예술
2017 지방직 9급

다음 글의 논증 구조를 옳게 파악한 것은?

㉠ 동물들의 행동을 잘 살펴보면 동물들도 우리가 사용하는 말 못지않은 의사소통 수단을 가지고 있는 듯이 보인다. ㉡ 즉, 동물들도 여러 가지 소리를 내거나 몸짓을 함으로써 자신들의 감정과 기분을 나타낼 뿐 아니라 경우에 따라서는 인간과 다를 바 없이 의사를 교환하고 있는 듯하다. ㉢ 그러나 그것은 단지 겉모습의 유사성에 지나지 않을 뿐이고 사람의 말과 동물의 소리에는 아주 근본적인 차이가 존재한다는 점을 잊어서는 안 된다. ㉣ 동물들이 사용하는 소리는 단지 배고픔이나 고통 같은 생물학적인 조건에 대한 반응이거나, 두려움이나 분노 같은 본능적인 감정들을 표현하기 위한 것에 지나지 않는다. ㉤ 따라서, 동물들이 내는 소리가 때때로 의사소통의 수단으로 이용된다고 해서 그것을 대화나 토론이나 회의와 같은 언어활동이라고 할 수는 없다.

① ㉠은 논증의 결론으로 주제문이다.
② ㉡은 ㉠의 논리적 결함을 지적한 것이다.
③ ㉢은 ㉠, ㉡을 부정하고 새로운 논점을 제시한 것이다.
④ ㉤은 ㉢, ㉣에 대한 근거이다.

지문을 한눈에

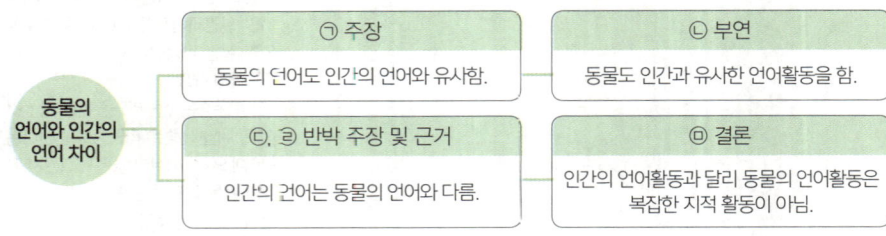

대표 기출 — 논증과 오류

지문 제재 | 예술

다음 글의 논증 구조를 옳게 파악한 것은? 2017 지방직 9급

> ㉠ [동물들의 행동을 잘 살펴보면 동물들도 우리가 사용하는 말 못지않은 의사소통 수단을 가지고 있는 듯이 보인다.](견해 1) ㉡ 즉, [동물들도 여러 가지 소리를 내거나 몸짓을 함으로써 자신들의 감정과 기분을 나타낼 뿐 아니라 경우에 따라서는 인간과 다를 바 없이 의사를 교환하고 있는 듯하다.](부연) ㉢ 그러나 그것은 단지 겉모습의 유사성에 지나지 않을 뿐이고 사람의 말과 동물의 소리에는 아주 근본적인 차이가 존재한다는 점을 잊어서는 안 된다.(반박 견해, ㉢의 근거) ㉣ [동물들이 사용하는 소리는 단지 배고픔이나 고통 같은 생물학적인 조건에 대한 반응이거나, 두려움이나 분노 같은 본능적인 감정들을 표현하기 위한 것에 지나지 않는다.](㉢ 주장에 대한 뒷받침 문장, ㉤의 근거) ㉤ 따라서, [동물들이 내는 소리가 때때로 의사소통의 수단으로 이용된다고 해서 그것을 대화나 토론이나 회의와 같은 언어활동이라고 할 수는 없다.](결론)
> ▶ 인간의 언어는 동물의 언어와 다름

① ㉠은 논증의 결론(×)으로 주제문(×)이다.(근거 ㉤이 논증의 결론(주제문))
② ㉡은 ㉠의 논리적 결함을 지적한 것(×)이다.(근거 ㉡의 '즉'은 상술이나 부연 문장을 표지하는 부사임.)
③ ㉢은 ㉠, ㉡을 부정하고 새로운 논점을 제시한 것이다.(근거 ㉢의 '그러나'는 앞의 내용과 뒤의 내용이 상반될 때 쓰는 접속 부사임.)
④ ㉤은 ㉢, ㉣에 대한 근거(×)이다.(근거 ㉤의 '따라서'는 앞 문장 ㉢, ㉣이 근거가 되게 하는 접속 부사이므로 ㉤은 결론임.)

단계별 풀이 비법

풀이 비법 1 발문과 선택지를 확인하라!
지문은 논증 구조를 파악하는 문제이다. 결론과 근거를 찾는 문제이므로 접속 부사를 체크하면서 주장, 근거, 결론을 찾는다.

풀이 비법 2 화제어와 중심 내용을 파악하라!
중심 화제 인간의 언어와 동물의 언어 차이
중심 내용

㉠, ㉡	동물의 언어도 인간의 언어와 유사함
㉢	인간의 언어는 동물의 언어와 다름
㉣	동물의 언어는 본능적인 감정을 표현한 것임.
㉤	인간의 언어활동과 달리 동물의 언어활동은 복잡한 지적 활동이 아님.

풀이 비법 3 글의 논증 구조를 바탕으로 문장 간의 관계를 파악하라!
제시문은 인간의 언어와 동물의 언어가 다름을 주장하고 있다. 지문 전체의 논증 구조를 살펴보면, 글쓴이가 반박하고자 하는 주장이 지문의 가장 앞에 배열되었고(㉠, ㉡), 반박의 근거가 되는 ㉢과 ㉣을 뒷받침하는 ㉣이 뒤이어 제시된 후에 지문의 주제문이자 논증의 결론인 ㉤이 제시되었음을 알 수 있다. ㉢은 앞서 제시된 ㉠과 ㉠의 부연인 ㉡을 반증하기 위해 사용된 논거이니 '③의 ㉢은 ㉠, ㉡을 부정하고 새로운 논점을 제시한 것이다.'가 지문의 논증 구조를 올바르게 분석한 것이다.

풀이 비법 4 지문과 선택지를 비교하여 일치 여부를 판단하라!
① ㉠은 지문에서 반증하고자 하는 명제이고, ㉤이 논증의 결론으로 주제문에 해당한다.
② ㉡은 ㉠의 내용을 구체화한 진술이므로 ㉠의 부연에 해당한다.
③ 인간의 언어와 동물의 언어가 유사하다는 ㉠, ㉡의 내용과 상반된 ㉢이 새로운 논점을 제시하고 있다.
④ 지문 전체의 주제문이자 주어진 논증의 결론은 ㉤이다. ㉢과 ㉣이 ㉤의 근거이다.

정답 ③

개념 PLUS 논증 분석 방법

1. **결론 찾기**: 문단을 읽고 결론을 찾습니다. 일반적으로 결론은 '글을 끝맺는 부분', 전제는 '어떤 일이 이루어지기 위해서 먼저 되어 있어야 하든가 해결해야 하는 사실이나 조건'을 의미하는 말로 쓰입니다. 그러나 논리학에서의 결론과 전제는 각각 '주장'과 '근거(+논거)'의 의미로 쓰이므로 문장의 위치만으로는 결론과 전제를 판단할 수 없습니다. 논증을 할 때는 일반적인 결론과 전제의 의미를 논리학에서의 결론과 전제로 바꿔 이해하는 것이 중요합니다.
2. **전제 찾기**: 결론에 대한 전제를 찾습니다.
3. **근거와 논거로 나누기**: 여러 가지 전제 중에서 다른 전제를 부연 설명하는 전제를 논거로, 그렇지 않은 전제를 근거로 정합니다.
4. **사례로 이해하기**
   주장 사무실에 떨어진 쓰레기가 있다면 자발적으로 줍자. [결론]
   근거 ① 사무실은 우리 모두가 생활하는 공간이다.
   근거 ①의 논거 내가 버리지 않았다고 사무실에 떨어진 쓰레기를 줍지 않는다면, 우리는 비위생적인 환경에서 일하게 될 것이다. [전제 1]
   근거 ② 사무실의 주인은 우리들이다.
   근거 ②의 논거 주인은 자기 방을 더럽히지 않고 깨끗하게 치운다. [전제 2]

실전 기출 — 논증과 오류

STUDY 12

학습일: 월   일   풀이 시간: 1분 이내

연습 1 병태 요정과 함께 풀기

㉠~㉣의 예를 추가할 때 가장 적절한 것은?   2018 국가직 9급

논리학에서 비형식적 오류 유형에는 우연의 오류, 애매어의 오류, 결합의 오류, 분해의 오류 등이 있다.

우선 ㉠<u>우연의 오류</u>란 거의 대부분의 경우에 적용되는 일반적인 원리나 규칙을 우연적인 상황으로 인해 생긴 예외적인 특수한 경우에까지도 무차별적으로 적용할 때 생기는 오류이다. 그 예로 "인간은 이성적인 동물이다. 중증 정신 질환자는 인간이다. 그러므로 중증 정신 질환자는 이성적인 동물이다."를 들 수 있다. ㉡<u>애매어의 오류</u>는 동일한 한 단어가 한 논증에서 맥락마다 서로 다른 의미를 지니는 것으로 사용될 때 생기는 오류를 말한다. "김 씨는 성격이 직선적이다. 직선적인 모든 것들은 길이를 지닌다. 고로 김 씨의 성격은 길이를 지닌다."가 그 예이다. 한편 각각의 원소들이 개별적으로 어떤 성질을 지니고 있다는 내용의 전제로부터 그 원소들을 결합한 집합 전체도 역시 그 성질을 지니고 있다는 결론을 도출하는 경우가 ㉢<u>결합의 오류</u>이고, 반대로 집합이 어떤 성질을 지니고 있다는 내용의 전제로부터 그 집합의 각각의 원소들 역시 개별적으로 그 성질을 지니고 있다는 결론을 도출하는 경우가 ㉣<u>분해의 오류</u>이다. 전자의 예로는 "그 연극단 단원들 하나하나가 다 훌륭하다. 고로 그 연극단은 훌륭하다."를, 후자의 예로는 "그 연극단은 일류급이다. 박 씨는 그 연극단 일원이다. 그러므로 박 씨는 일류급이다."를 들 수 있다.

① ㉠ - 모든 사람은 죽는다. 소크라테스는 사람이다. 그러므로 소크라테스는 죽는다.
② ㉡ - 부패하기 쉬운 것들은 냉동 보관해야 한다. 세상은 부패하기 쉽다. 고로 세상은 냉동 보관해야 한다.
③ ㉢ - 미국 아이스하키 선수단이 이번 올림픽에서 금메달을 차지했다. 그러므로 미국 선수 각자는 세계 최고 기량을 갖고 있다.
④ ㉣ - 그 학생의 논술 시험 답안은 탁월하다. 그의 답안에 있는 문장 하나하나가 탁월하기 때문이다.

연습 2 혼자서 눈으로 계속 연습하기

㉠~㉣의 예를 추가할 때 가장 적절한 것은?   2018 국가직 9급

논리학에서 비형식적 오류 유형에는 우연의 오류, 애매어의 오류, 결합의 오류, 분해의 오류 등이 있다.

우선 ㉠<u>우연의 오류</u>란 거의 대부분의 경우에 적용되는 일반적인 원리나 규칙을 우연적인 상황으로 인해 생긴 예외적인 특수한 경우에까지도 무차별적으로 적용할 때 생기는 오류이다. 그 예로 "인간은 이성적인 동물이다. 중증 정신 질환자는 인간이다. 그러므로 중증 정신 질환자는 이성적인 동물이다."를 들 수 있다. ㉡<u>애매어의 오류</u>는 동일한 한 단어가 한 논증에서 맥락마다 서로 다른 의미를 지니는 것으로 사용될 때 생기는 오류를 말한다. "김 씨는 성격이 직선적이다. 직선적인 모든 것들은 길이를 지닌다. 고로 김 씨의 성격은 길이를 지닌다."가 그 예이다. 한편 각각의 원소들이 개별적으로 어떤 성질을 지니고 있다는 내용의 전제로부터 그 원소들을 결합한 집합 전체도 역시 그 성질을 지니고 있다는 결론을 도출하는 경우가 ㉢<u>결합의 오류</u>이고, 반대로 집합이 어떤 성질을 지니고 있다는 내용의 전제로부터 그 집합의 각각의 원소들 역시 개별적으로 그 성질을 지니고 있다는 결론을 도출하는 경우가 ㉣<u>분해의 오류</u>이다. 전자의 예로는 "그 연극단 단원들 하나하나가 다 훌륭하다. 고로 그 연극단은 훌륭하다."를, 후자의 예로는 "그 연극단은 일류급이다. 박 씨는 그 연극단 일원이다. 그러므로 박 씨는 일류급이다."를 들 수 있다.

① ㉠ - 모든 사람은 죽는다. 소크라테스는 사람이다. 그러므로 소크라테스는 죽는다.
② ㉡ - 부패하기 쉬운 것들은 냉동 보관해야 한다. 세상은 부패하기 쉽다. 고로 세상은 냉동 보관해야 한다.
③ ㉢ - 미국 아이스하키 선수단이 이번 올림픽에서 금메달을 차지했다. 그러므로 미국 선수 각자는 세계 최고 기량을 갖고 있다.
④ ㉣ - 그 학생의 논술 시험 답안은 탁월하다. 그의 답안에 있는 문장 하나하나가 탁월하기 때문이다.

지문을 한눈에

우연의 오류	애매어의 오류	결합의 오류	분해의 오류
일반적인 원리나 규칙을 예외적인 특수한 경우에까지도 무차별적으로 적용할 때 생기는 오류	동일한 한 단어가 맥락마다 서로 다른 의미를 지니는 것으로 사용될 때 생기는 오류	각각의 원소들이 지니고 있는 성질을 그 원소들을 결합한 전체도 역시 그 성질을 지니고 있다고 결론을 도출하는 오류	전체의 어떤 특성을 원소들 역시 그 성질을 지니고 있다고 결론을 도출하는 오류

실전 기출 논증과 오류

01

지문 제재 | 인문
2018 국가직 9급

㉠~㉣의 예를 추가할 때 가장 적절한 것은?

1 ¹논리학에서 비형식적 오류 유형에는 우연의 오류, 애매어의 오류, 결합의 오류, 분해의 오류 등이 있다.
▶ 비형식적 오류에는 우연의 오류, 애매어의 오류, 결합의 오류, 분해의 오류 등이 있음

2 ¹우선 ㉠우연의 오류란 거의 대부분의 경우에 적용(適用, 알맞게 이용하거나 맞추어 씀)되는 일반적인 원리나 규칙(規則, 여러 사람이 다 같이 지키기로 작정한 법칙)을 우연적인 상황으로 인해 생긴 예외적인 특수한 경우에까지도 무차별적으로 적용할 때 생기는 오류이다. ²그 예로 "인간은 이성적인 동물이다.(일반적인 원리) 중증 정신 질환자는 인간이다.(특수한 경우) 그러므로 중증 정신 질환자는 이성적인 동물이다.(오류가 생김)"를 들 수 있다. ³㉡애매어의 오류는 동일한 한 단어가 한 논증(論證, 옳고 그름을 이유를 들어 밝힘. 또는 그 근거나 이유)에서 맥락(脈絡, 사물 따위가 서로 이어져 있는 관계나 연관)마다 서로 다른 의미를 지니는 것으로 사용될 때 생기는 오류를 말한다. ⁴"김 씨는 성격이 직선적이다. 직선적인 모든 것들은 길이를 지닌다.(동일한 단어가 맥락마다 서로 다른 의미로 쓰임) 고로 김 씨의 성격은 길이를 지닌다.(오류가 생김)"가 그 예이다. ⁵한편 각각의 원소들이 개별적으로 어떤 성질을 지니고 있다는 내용의 전제(前提, 어떠한 사물이나 현상을 이루기 위하여 먼저 내세우는 것)로부터 그 원소들을 결합한 집합 전체도 역시 그 성질을 지니고 있다는 결론을 도출(導出, 판단이나 결론 따위를 이끌어 냄)하는 경우가 ㉢결합의 오류이고, 반대로 집합이 어떤 성질을 지니고 있다는 내용의 전제로부터 그 집합의 각각의 원소들 역시 개별적으로 그 성질을 지니고 있다는 결론을 도출하는 경우가 ㉣분해의 오류이다. ⁶전자의 예로는 "그 연극단 단원들 하나하나가 다 훌륭하다. 고로 그 연극단은 훌륭하다."(결합의 오류)를, 후자의 예로는 "그 연극단은 일류급이다. 박 씨는 그 연극단 일원이다. 그러므로 박 씨는 일류급이다."(분해의 오류)를 들 수 있다.
▶ 우연의 오류, 애매어의 오류, 결합의 오류, 분해의 오류의 정의 및 사례 제시

① ㉠ - 모든 사람은 죽는다. 소크라테스는 사람이다. 그러므로 소크라테스는 죽는다.(근거 **2**-1, 2)

❷ ㉡ - 부패하기 쉬운 것들은 냉동 보관해야 한다. 세상은 부패하기 쉽다. 고로 세상은 냉동 보관해야 한다.(근거 **2**-3, 4)

③ ㉢ - 미국 아이스하키 선수단이 이번 올림픽에서 금메달을 차지했다. 그러므로 미국 선수 각자는 세계 최고 기량을 갖고 있다.(근거 **2**-5, 6)

④ ㉣ - 그 학생의 논술 시험 답안은 탁월하다. 그의 답안에 있는 문장 하나하나가 탁월하기 때문이다.(근거 **2**-5, 6)

단계별 풀이 비법

풀이 비법 1 발문으로 유형을 먼저 확인하라!
선택지에 나타난 오류를 밝히고, 동일한 종류의 오류를 찾는 문제이다. 자주 출제되는 유형의 문제로, 출제되었던 오류는 반드시 확인해 두는 것이 좋다.

풀이 비법 2 글의 핵심어를 찾고 중심 내용을 파악하라!
화제어 비형식적 오류
중심 내용

1	비형식적 오류의 종류
2-1, 2	우연의 오류는 일반적인 원리나 규칙을 예외적인 특수한 경우에까지도 무차별적으로 적용할 때 생기는 오류임.
2-3, 4	애매어의 오류는 동일한 한 단어가 맥락마다 서로 다른 의미를 지니는 것으로 사용될 때 생기는 오류임.
2-5, 6	결합의 오류는 각각의 원소들이 지니고 있는 성질을 그 원소들을 결합한 전체도 역시 그 성질을 지니고 있다고 결론을 도출하는 오류임.
2-5, 6	분해의 오류는 전체의 어떤 특성을 원소들 역시 그 성질을 지니고 있다고 결론을 도출하는 오류임.

풀이 비법 3 각각의 오류에 해당하는 적절한 사례를 찾아라!
우연의 오류는 일반적인 원리를 예외적인 경우에도 적용할 때 생기는 오류이고, 애매어의 오류는 동일한 단어가 맥락마다 서로 다른 의미를 지니는 것으로 사용될 때 생기는 오류이다. 결합의 오류는 개별적으로는 참이나, 그 부분의 결합인 전체로는 거짓인 것을 참인 것으로 여기는 오류, 분해의 오류는 전체로는 참이나 그것을 분해한 구성 요소에 대해서는 거짓이 되는 것이다

풀이 비법 4 부합하는 선택지를 찾아라!
① 대전제(모든 사람은 죽는다.)와 소전제(소크라테스는 사람이다.)로부터 결론(소크라테스는 죽는다.)을 도출하는 추론 방식으로 정언적(定言的) 삼단 논법에 해당한다.
② '부패하기 쉬운 것들'에서의 '부패'는 '유기물이 미생물의 작용에 의하여 분해되는 과정. 또는 그런 현상'을 뜻하는 것인데, '세상은 부패하기 쉽다.'에서의 '부패'는 '정치, 사상, 의식 따위가 타락함.'을 뜻하므로 애매어의 오류에 해당한다.
③ 선수단이 탁월한 기량을 지니고 있다고 해서 그 선수 각자도 탁월한 기량을 지니고 있다고 결론을 내렸으므로 분해의 오류에 해당한다.
④ 각각의 문장이 탁월해서 논술 시험 답안 전체도 탁월하다는 '결합의 오류'에 해당한다.

정답 ②

실전 기출 — 논증과 오류

연습 1 병태 요정과 함께 풀기

다음 글과 논증 방식이 가장 가까운 것은? 2017 국가직 7급 추가

> 기존의 틀을 벗어나려면 새로운 가치가 필요하다. 운동 선수가 뜀틀을 넘으려면 도약대가 있어야 하듯, 낡은 사고, 인습, 그리고 변화에 저항하는 틀을 뛰어넘기 위해서는 믿고 따를 분명한 디딤판이 필요하다. 또한, 기존의 틀을 벗어나려면 운동선수가 뜀틀을 향해 달려가는 것처럼 변화하고자 하는 의지도 필요하다. 도전하려는 의지가 수반될 때에 뜀틀 너머의 새로운 사회를 만날 수 있다.

① 미국 헌법은 미국 시민의 투표권을 보장한다. 미국 여성은 미국 시민이다. 그러므로 미국 헌법은 미국 여성의 투표권을 보장한다.
② 나는 유해한 모든 일을 피하려고 한다. 전자파가 유해하다는 것은 널리 알려진 사실이다. 전자레인지는 전자파를 방출하는 대표적인 기기이다. 따라서 나는 전자레인지 사용을 자제 하려고 한다.
③ 전선을 통한 전기의 흐름은 도관을 통한 물의 흐름과 유사하다. 지름이 큰 도관은 지름이 작은 도관에 비해 많은 양의 물을 전달할 수 있다. 따라서 큰 지름의 전선은 작은 지름의 전선보다 많은 양의 전기를 전달할 수 있을 것이다.
④ 주말이면 동네에서 크고 작은 문화 행사를 한다. 박물관에는 다양한 문화재들이 항상 전시되어 있으며, 대학로의 소극장이나 예술의 전당 같은 문화 공간에서는 다양한 공연이 열리고 있다. 문화는 우리 생활 구석구석에 스며들어 있다.

연습 2 혼자서 눈으로 계속 연습하기

다음 글과 논증 방식이 가장 가까운 것은? 2017 국가직 7급 추가

> 기존의 틀을 벗어나려면 새로운 가치가 필요하다. 운동 선수가 뜀틀을 넘으려면 도약대가 있어야 하듯, 낡은 사고, 인습, 그리고 변화에 저항하는 틀을 뛰어넘기 위해서는 믿고 따를 분명한 디딤판이 필요하다. 또한, 기존의 틀을 벗어나려면 운동선수가 뜀틀을 향해 달려가는 것처럼 변화하고자 하는 의지도 필요하다. 도전하려는 의지가 수반될 때에 뜀틀 너머의 새로운 사회를 만날 수 있다.

① 미국 헌법은 미국 시민의 투표권을 보장한다. 미국 여성은 미국 시민이다. 그러므로 미국 헌법은 미국 여성의 투표권을 보장한다.
② 나는 유해한 모든 일을 피하려고 한다. 전자파가 유해하다는 것은 널리 알려진 사실이다. 전자레인지는 전자파를 방출하는 대표적인 기기이다. 따라서 나는 전자레인지 사용을 자제 하려고 한다.
③ 전선을 통한 전기의 흐름은 도관을 통한 물의 흐름과 유사하다. 지름이 큰 도관은 지름이 작은 도관에 비해 많은 양의 물을 전달할 수 있다. 따라서 큰 지름의 전선은 작은 지름의 전선보다 많은 양의 전기를 전달할 수 있을 것이다.
④ 주말이면 동네에서 크고 작은 문화 행사를 한다. 박물관에는 다양한 문화재들이 항상 전시되어 있으며, 대학로의 소극장이나 예술의 전당 같은 문화 공간에서는 다양한 공연이 열리고 있다. 문화는 우리 생활 구석구석에 스며들어 있다.

지문을 한눈에

화제 제시(1)	비유 ①(2)	비유 ②(3)	주제(4)
기존의 틀을 벗어나기 위한 새로운 가치의 필요성	뜀틀의 도약대가 필요하듯 디딤판이 필요함.	뜀틀을 향해 달려가는 것처럼 의지가 필요함.	도전하려는 의지가 새로운 사회를 만들 수 있음.

실전 기출 논증과 오류

02

다음 글과 논증 방식이 가장 가까운 것은?

지문 제재 | 인문
2017 국가직 7급 추가

> 1 ¹기존의 틀을 벗어나려면 새로운 가치가 필요하다. ²운동 선수가 뜀틀을 넘으려면 도약대가 있어야 하듯(유사성을 지닌 사례 ①), 낡은 사고, 인습, 그리고 변화에 저항하는 틀을 뛰어넘기 위해서는 믿고 따를 분명한 디딤판이 필요(운동 선수가 뜀틀을 넘을 때 도약대가 있어야 하는 것과 유사함)하다. ³또한, 기존의 틀을 벗어 나려면 운동선수가 뜀틀을 향해 달려가는 것(유사성을 지닌 사례 ②)처럼 변화하고자 하는 의지도 필요하다. ⁴도전하려는 의지가 수반될 때에 뜀틀 너머의 새로운 사회를 만날 수 있다.
> ▶ 기존의 틀을 벗어나는 새로운 가치의 필요성

① 미국 헌법은 미국 시민의 투표권을 보장한다.(대전제) 미국 여성은 미국 시민이다.(소전제) 그러므로 미국 헌법은 미국 여성의 투표권을 보장한다.(결론) (×-연역 추리)

② 나는 유해한 모든 일을 피하려고 한다.(대전제) 전자파가 유해하다는 것은 널리 알려진 사실이다. 전자레인지는 전자파를 방출하는 대표적인 기기이다.(소전제) 따라서 나는 전자레인지 사용을 자제하려고 한다.(결론)(×-연역 추리)

❸ 전선을 통한 전기의 흐름은 도관을 통한 물의 흐름과 유사하다. 지름이 큰 도관은 지름이 작은 도관에 비해 많은 양의 물을 전달할 수 있다. 따라서 큰 지름의 전선은 작은 지름의 전선 보다 많은 양의 전기를 전달할 수 있을 것이다.(○-도관을 통한 물의 흐름과 유사한 지름의 크기에 따른 전달량이 다른 전선)

④ 주말이면 동네에서 크고 작은 문화 행사를 한다. 박물관에는 다양한 문화재들이 항상 전시되어 있으며, 대학로의 소극장이나 예술의 전당 같은 문화 공간에서는 다양한 공연이 열리고 있다.(개별적이고 구체적인 사례 제시) 문화는 우리 생활 구석구석에 스며들어 있다.(일반적 원리)(×-귀납 추리)

단계별 풀이 비법

풀이 비법 1 발문으로 유형을 먼저 확인하라!

전형적인 글의 논증 방식을 묻는 문제이다. 지문의 논지 전개의 과정을 바탕으로 논증의 방식을 정확하게 찾아야 하는 것이 제일 중요하다.

풀이 비법 2 단락을 이루는 문장들의 세부적인 의미를 파악하라!

중심 화제 새로운 가치의 필요성
중심 내용

1-1	기존의 틀을 벗어나기 위한 새로운 가치의 필요성
1-2	뜀틀의 도약대가 필요하듯 디딤판이 필요함.
1-3	뜀틀을 향해 달려가는 것처럼 의지가 필요함.
1-4	도전하려는 의지가 새로운 사회를 만들 수 있음.

풀이 비법 3 단락을 이루는 문장들 간의 의미 관계를 파악하라!

글쓴이의 주장이 드러난 네 번째 문장에서 새로운 사회를 만들기 위해 기존의 틀을 벗어나는 새로운 가치의 필요성을 말하고 있다. 이를 중심으로 각 문장의 내용 관계를 보면 글쓴이의 주장을 독자들이 이해하기 쉬운 뜀틀 도약대를 넘기 위한 과정에 빗대어 유추하고 있는 글임을 알 수 있다.

풀이 비법 4 부합하는 선택지를 찾아라!

① 연역 추론의 방법을 활용하여 일반적 원리인 '미국 헌법은 미국 시민의 투표권을 보장한다'라는 대전제로부터 '미국 여성은 미국 시민이다'라는 소전제를 통해 결론인 '미국 헌법은 미국 여성의 투표권을 보장한다'를 이끌어 내고 있다.
② 연역 추론의 형식으로 자신의 가치관을 드러내고 있다. 대전제 '유해한 모든 일을 피하겠다'로부터 전자파가 유해하고 전자레인지가 전자파의 대표적인 기기임을 소전제 삼아 '전자레인지 사용을 자제하겠다'라는 결론을 이끌어 내고 있다.
③ 유비 추리의 방법으로 전선의 굵기에 따라 전류량이 달라진다는 사실을 설명하기 위해 우리에게 익숙하고 전류 전달 방법과 유사한 도관을 통한 물의 흐름에 비유하고 있다.
④ 귀납 추론의 형식으로 동네의 주말 문화 행사, 박물관, 소극장 등의 다양한 사례로부터 문화가 우리 생활 구석구석에 스며들어 있다는 결론을 이끌어 내고 있다.   정답 ③

개념 PLUS   논증의 방법

1. **유비 추리**: 두 대상이 여러 면에서 유사한 특성을 지니고 있음을 바탕으로 다른 부분도 유사할 것이라고 추리하는 방식으로, "모든 운동 경기에 규칙이 있듯이 우리 삶에도 지켜야 할 규칙이 있다"라는 방법으로 논증하는 방법이다.

2. **연역 추리**: 보편적이고 일반적인 대전제를 제시하고 소전제를 거쳐 개별적이고 구체적인 결론을 이끌어 내는 방식으로, 대전제 "모든 동물은 영양 섭취가 필요하다."로부터 소전제 "개미는 동물이다"를 거쳐 "그러므로 개미는 영양 섭취가 필요하다"라는 결론을 이끌어 내는 방법이다.

3. **귀납 추리**: 개별적이고 구체적인 사례를 제시한 후 일반적인 원리를 이끌어 내는 방식으로, "참새와 비둘기와 독수리는 알을 낳는다"라는 구체적 사실과 참새, 비둘기, 독수리는 조류임을 통해 "조류는 알을 낳는다"라는 결론을 이끌어 내는 방법이다.

유형 07 화법과 작문

병태 요정이 알려주는 유형 GUIDE

화법은 '말'을 통해, 작문은 '글'을 통해 사고와 정서를 표현하는 의사소통 행위입니다. 말을 하거나 글을 쓸 때 우리는 화제 선정 및 계획, 내용 생성, 내용 조직, 내용 표현 등에 대해 끊임없이 생각하며 이를 체계적으로 구성하는 의사 결정적 사고를 하게 됩니다. 또한 이 과정을 되돌아보면서 자신의 사고를 점검하는 자기 성찰적 사고를 하게 되지요. 화법과 작문의 형식과 내용, 표현과 전달 방식에 주목하여 의사소통 과정을 점검하고 조정해 보도록 합시다.

I. 화법

풀이 비법 1 발문으로 출제 유형을 먼저 확인합니다.

- 다음 대화에 대한 설명으로 가장 적절한 것은? [22 지방 9급]
- 다음 대화에서 나타난 '지민'의 의사소통 방식으로 가장 적절한 것은? [22 국가 9급]
- 다음 대화에 대한 설명으로 적절한 것은? [21 지방 9급]
- 다음에서 설명한 공감적 대화로 가장 적절한 것은? [20 국가 7급]

풀이 비법 2 담화를 꿰뚫는 핵심 개념을 찾습니다.

담화 유형별로 핵심 내용과 발화의 전개 양상, 말하기 방식 등을 파악하는 연습을 하고, 문항의 유형에 따라 문제 해결 방법을 터득해야 합니다. 화법의 원리와 관련 있는 개념들에 무엇이 있는지 파악하고 그 개념을 정확하게 이해해야 합니다. 공감적 듣기, 협력의 원리, 공손성의 원리, 토의의 유형, 논제, 쟁점 등의 개념을 이해하고, 개념과 관련된 요소를 담화에서 찾을 수 있어야 합니다.

풀이 비법 3 담화의 서술 방식 및 정보를 파헤쳐 봅니다.

담화의 유형별 특성을 이해하고 담화의 의사소통 상황을 정확하게 파악해야 합니다. 발표, 방송 보도, 토의, 토론, 대화, 면접 등의 특성을 알고, 절차에 따라 제시되어 있는 내용을 파악해 의사소통 상황을 정확하게 이해하는 연습을 지속해야 합니다.

풀이 비법 4 기준을 세워 비판하며 선택지를 읽습니다.

선택지를 고르기 위해서는 담화 목적에 맞게 계획을 세워 담화 내용이 생성되었는지, 혹은 수정·보완되었는지 파악해야 합니다. 사전 계획의 적절성, 내용 생성의 적절성 등을 기준으로 삼아, 선택지 안에서 끊어 읽기를 통해 옳은 부분과 옳지 않은 부분을 꼼꼼하게 체크하면서 읽어야 합니다.

풀이 비법 ②③④ 한눈에 쏙쏙

1. 화법의 원리와 관련 있는 개념들을 파악합니다.
   ↓
2. 담화의 유형별 특성을 이해하고 적용합니다.
   ↓
3. 담화의 유형에 맞게 담화 내용이 생성되었는지 검토합니다.

▶ 담화의 유형별 특성

대화	두 사람 이상이 모여 말로써 서로의 생각과 느낌을 표현하고 이해하는 상호 교섭적 활동입니다.
토의	여러 사람이 모여서 공동의 문제 해결을 위해 협의하는 말하기입니다.
토론	특정 논제에 대해 찬성과 반대 측이 각각 논거를 들어 자신의 주장이 옳음을 내세우고 상대방의 주장이나 논거가 부당하다는 것을 밝히는 말하기입니다.
발표	여러 사람 앞에서 자신의 생각이나 의견 또는 어떤 사실에 대해 진술하는 말하기입니다.
면접	일정한 목적을 위해 질문과 응답의 방식으로 정보를 수집하거나 대상을 평가하기 위한 공적인 대화의 한 유형입니다.
협상	둘 또는 그 이상의 사람들이 서로에게 이익이 되는 합의점에 도달하기 위해 갈등과 의견 차이를 해소하는 의사소통 과정입니다.
연설	한 사람의 연설자가 다수의 청중을 대상으로 특정한 목적을 가지고 말하는 공적인 말하기입니다.

 병태 요정의 ADVICE

화법 문제 쉽게 해결하는 방법

1. 담화의 전체적인 흐름을 읽으면 담화 내용에 이어질 내용을 추론하기 쉬워져요.
2. 화자의 말하기 계획이 제시된 경우, 실제 담화에 반영되었는지 점검해요.
3. 의사소통이 이루어지는 상황과 참여자들 간의 관계, 대화의 맥락을 파악한 뒤, 참여자가 어떤 방식으로 말을 하고 있는지 살펴봐야 해요.

II. 작문

풀이 비법 1 발문으로 출제 유형을 먼저 확인합니다.

- ㉠~㉣의 고쳐 쓰기로 적절하지 않은 것은? [22 지방 9급]
- (가)~(라)의 고쳐 쓰기 방안으로 적절하지 않은 것은? [21 지방 9급]
- 다음 글의 ㉠~㉣에 대한 고쳐 쓰기 방안으로 적절하지 않은 것은? [20 지방 9급]
- (가)와 (나)의 표현상 특징을 이해한 것으로 적절하지 않은 것은? [20 국가 7급]
- 다음 글의 글쓰기 방식에 대한 설명으로 적절한 것은? [19 지방 9급]
- 다음을 고려한 보고서 작성 방안으로 적절하지 않은 것은? [19 지방 7급]
- 다음 조건을 모두 참조하여 쓴 글은? [18 지방 9급]
- 다음의 개요를 기초로 하여 글을 쓸 때, 주제문으로 가장 적절한 것은? [17 지방 9급]
- 다음 개요에서 알 수 있는 글쓰기 전략으로 가장 적절한 것은? [17 국가 생활 안전 분야 7급]
- ㉠, ㉡에 들어갈 내용으로 가장 적절한 것은? [17 교행 7급]
- (가)~(다)의 자료를 이용하여 글을 쓰기 위해 정리한 것으로 적절하지 않은 것은? [16 지방 7급]
- 다음 자료를 활용하여 글을 쓰려고 할 때 적절하지 않은 것은? [15 국가 9급]

풀이 비법 2 제시문을 꿰뚫는 핵심어 및 중심 내용을 찾습니다.

작문 목적에 따른 다양한 종류의 글감을 활용하여 작문의 단계에 따른 여러 유형의 문제가 출제되고 있습니다. 제시문에서 반복되는 핵심어가 있는지 찾고, 제시문을 재구성하여 핵심어를 포함하는 일반적 진술로 중심 문장을 만들어 보아야 합니다. 이로써 글쓴이가 본래 펼치고자 했던 주장이나 의도, 관점이 무엇이었을지 추측해 볼 수 있습니다.

풀이 비법 3 제시문의 쓰기 전략을 파악하고 핵심 정보를 파헤쳐 봅니다.

쓰기 계획과 전략이 제시문에 실현되었는지, 혹은 쓰기 계획과 전략이 적절한지 파악해야 합니다. 이를 위해서 **풀이 비법 2**에서 작문의 맥락을 정확히 이해하여 내용을 정리하는 작업이 필요한 것입니다. 아울러 글에 쓰인 대표적인 글쓰기 전략이나 내용 전개 방법 등이 나오면 표시해 두는 습관을 기를 필요가 있습니다.

풀이 비법 4 퇴고하듯, 선택지에 자신의 생각을 덧붙여 비판적으로 수용합니다.

작문의 경우, 주어진 조건에 따라 제시문을 비판적으로 검토하거나 고쳐 쓸 수 있어야 합니다. 따라서 선택지의 설명이 주어진 제시문이나 조건에 부합하는지 비판적으로 검토해야 합니다. 특히 작문 과정에서 자료가 어떻게 활용되었는지 묻는 문제가 출제된 경우, 선택지를 분석할 때 제시된 자료의 의미가 제대로 파악되었는지, 자료를 활용하여 얻을 수 있는 효과에 대한 설명은 적절한지 실제로 글을 쓰는 이의 관점에서 검토해야 합니다.

풀이 비법 ②③④ 한눈에 쏙쏙

1. 작문의 맥락을 정확하게 이해하여 글의 내용을 정리합니다.
   ↓
2. 쓰기 계획과 전략이 적절한지 비판적으로 분석합니다.
   ↓
3. 주어진 글을 어떻게 고쳐 쓸 수 있을지 검토합니다.

글쓰기 전략

정보 전달을 위한 글쓰기 전략
- 그림이나 사진, 도표, 그래프 등을 활용합니다.
- 소제목을 활용하여 독자의 배경지식을 활성화합니다.

설득을 위한 글쓰기 전략
- 이중 부정, 설의법, 비유법 등의 표현을 통해 주장을 강조합니다.
- 사진, 도표, 그래프 등의 자료 및 전문가의 글을 인용하여 근거의 신뢰성과 객관성을 확보합니다.

정보의 속성에 따른 내용 전개 방법

나열 구조	서로 대등한 관계에 있는 정보를 늘어놓는 방법입니다.
순서 구조	설명 대상의 과정이나 순서에 따라 내용을 조직하는 방법입니다.
비교·대조 구조	두 대상 간의 공통점과 차이점을 중심으로 내용을 조직하는 방법입니다.
인과 구조	어떤 현상의 원인과 결과를 중심으로 내용을 조직하는 방법입니다.
문제 해결 구조	어떤 현상에 대한 문제점과 그 문제점에 대한 해결 방안을 제시하는 방법입니다.

내용 수정의 원리

첨가	부족한 내용은 보충합니다.
삭제	넘치는 내용은 삭제합니다.
대치	더 좋은 내용이 있으면 바꿉니다.
상세화	더 세밀하고 자세하게 나누어 기술합니다.
통합	여러 개로 나뉜 것을 하나로 묶어 기술합니다.
순서 조정	순서를 바꾸면 더 효과적인지 검토합니다.

병태 요정의 ADVICE

작문 문제 쉽게 해결하는 방법

1. 계획 없이 쓰인 글은 없어요. 그러니 지문을 읽을 때 계획의 타당성과 실현 여부를 점검해야겠지요.
2. 주어진 글을 초고라고 생각하면 편하죠. 초고는 완성된 글이 아니잖아요. 초고에서 무엇이 잘못되었는지 전체 글-문단-문장 수준을 고려하며 수정·보완해 보는 게 좋아요.
3. 최근 문제에 〈보기〉, 〈조건〉, 〈자료〉 등이 활용되고 있어요. 따라서 선택지가 주어진 맥락이나 조건에 맞는지 꼼꼼하게 따져 보는 습관이 필요해요.

대표 기출 — 화법과 작문 1

토론자들의 말하기 방식에 대한 설명으로 적절한 것은?   2019 국가직 9급

> 사회자: 학교 폭력 문제가 나날이 심각해지고 있습니다. 이와 관련해 오늘은 '학교 폭력을 방관한 학생에게도 책임을 물어야 한다'를 주제로 토론을 해 보도록 하겠습니다. 먼저 찬성 측 말씀해 주시죠.
> 찬성 측: 친구가 학교 폭력에 의해 희생되고 있는데도 자신에게 피해가 올까 두려워 아무런 조치를 취하지 않는 학생들이 많다고 합니다. 이러한 행동으로 인해 학교 폭력은 점점 확산되고 있습니다. 학교 폭력을 행하는 것을 목격했음에도 어떤 조치도 취하지 않은 것은 폭력에 대해 묵시적으로 동의한 것과 같습니다. 폭력을 직접 행사하는 행위뿐 아니라, 불의에 저항하지 않는 정의롭지 못한 행위에 대해서도 합당한 책임을 물어야 할 것입니다.
> 사회자: 다음으로 반대 측 의견 말씀해 주시죠.
> 반대 측: 특정 학생에게 폭력을 직접 행사해서 피해를 준 사실이 명백할 때에만 책임을 물을 수 있을 것입니다. 또한 사건에 대한 개입과 방관은 개인의 자율적 의지에 달린 문제이므로 외부에서 규제할 성질의 문제가 아닙니다.
> 사회자: 그럼 이번에는 반대 측부터 찬성 측에 대해 반론해 주시지요.
> 반대 측: 과연 누구까지를 학교 폭력의 방관자라고 규정지을 수 있을까요? 집에 가는 길에 우연히 폭력을 목격했을 경우, 자신의 친구로부터 폭력에 관련된 소문을 접했을 경우 등 방관자라고 규정하기에는 애매한 경우가 많습니다. 어떠한 행위를 처벌하려면 확고한 기준이 필요한데, 방관자의 범위부터 규정하기가 불명확하다고 볼 수 있습니다.
> 찬성 측: 불의를 방관한 행위에 대해 사회가 책임을 묻지 않는다면 이후로도 사람들은 아무런 죄책감 없이 불의를 모른 체하고 방관할 것입니다. 결국 이는 사회 전체의 건전성과 도덕성을 떨어뜨릴 것이고, 정의에 근거한 시민의 고발정신까지 약화시킬 것입니다.

① 찬성 측은 친숙한 상황을 빗대어 자신의 견해를 펼치고 있다.
② 찬성 측은 자신의 경험을 제시하여 논지를 보충하고 있다.
③ 반대 측은 윤리적 방법으로 해결책을 제시하고 있다.
④ 반대 측은 논제에 의문을 제기하여 주장을 강화하고 있다.

지문을 한눈에

찬성 측		반대 측
• 주장: 학교 폭력을 방관한 학생에게도 책임을 물어야 한다. • 근거: 학교 폭력의 확산을 방지하기 위해		• 주장: 책임을 물어서는 안 된다. • 근거: ① 직접적 피해가 없는 경우 책임을 물을 수 없으므로 ② 개인의 자율성을 침해하므로

반대 측		찬성 측
• 주장: 책임을 물어서는 안 된다. • 근거: 방관의 범위 규정이 불명확하므로		• 주장: 학교 폭력을 방관한 학생에게도 책임을 물어야 한다. • 근거: 사회의 건전성, 도덕성이 저하되고, 고발정신이 약화되므로

대표 기출 화법과 작문 1

토론자들의 말하기 방식에 대한 설명으로 적절한 것은? 2019 국가직 9급

사회자: 학교 폭력 문제가 나날이 심각해지고 있습니다. 이와 관련해 오늘은 '학교 폭력을 방관한 학생에게도 책임을 물어야 한다'를 주제로 토론을 해 보도록 하겠습니다.(논제 제시) 먼저 찬성 측 말씀해 주시죠.(토론의 순서 지정)

찬성 측: 친구가 학교 폭력에 의해 희생되고 있는데도 자신에게 피해가 올까 두려워 아무런 조치를 취하지 않는 학생들이 많다고 합니다. 이러한 행동으로 인해 [학교 폭력은 점점 확산되고 있습니다.](찬성 측 근거 ①) 학교 폭력을 행하는 것을 목격했음에도 어떤 조치도 취하지 않은 것은 [폭력에 대해 묵시적으로(默示的-, 직접적으로 말이나 행동으로 드러내지 않고 은연중에 뜻을 나타내 보이는) 동의한 것과 같습니다.](찬성 측 근거 ②) 폭력을 직접 행사하는 행위뿐 아니라, [불의에 저항하지 않는 정의롭지 못한 행위에 대해서도 합당한(合當-, 어떤 기준, 용도, 도리에 꼭 알맞은) 책임을 물어야 할 것입니다.](찬성 측 주장)

사회자: 다음으로 반대 측 의견 말씀해 주시죠.

반대 측: [특정 학생에게 폭력을 직접 행사해서 피해를 준 사실이 명백할 때에만 책임을 물을 수 있을 것입니다.](반대 측 근거 ①) 또한 [사건에 대한 개입과 방관은 개인의 자율적 의지에 달린 문제이므로 외부에서 규제할 성질의 문제가 아닙니다.](반대 측 근거 ②)

사회자: 그럼 이번에는 반대 측부터 찬성 측에 대해 반론해 주시지요.(반론의 순서 지정)

반대 측: 과연 누구까지를 학교 폭력의 방관자라고 규정지을 수 있을까요? → 논제에 대한 의문 제기 집에 가는 길에 우연히 폭력을 목격했을 경우, 자신의 친구로부터 폭력에 관련된 소문을 접했을 경우 등 방관자라고 규정하기에는 애매한 경우가 많습니다. [어떠한 행위를 처벌하려면 확고한 기준이 필요한데, 방관자의 범위부터 규정하기가 불명확하다고 볼 수 있습니다.](반대 측 근거)

찬성 측: 불의를 방관한 행위에 대해 사회가 책임을 묻지 않는다면 이후로도 사람들은 아무런 죄책감 없이 불의를 모른 체하고 방관할 것입니다. [결국 이는 사회 전체의 건전성과 도덕성을 떨어뜨릴 것이고, 정의에 근거한 시민의 고발정신까지 약화시킬 것입니다.](찬성 측 근거)

① 찬성 측은 친숙한 상황을 빗대어(×) 자신의 견해를 펼치고 있다.
② 찬성 측은 자신의 경험을 제시(×)하여 논지를 보충하고 있다.
③ 반대 측은 윤리적 방법으로 해결책을 제시하고 있다.(×)
④ 반대 측은 논제에 의문을 제기하여 주장을 강화하고 있다.

단계별 풀이 비법

풀이 비법 1 발문으로 유형을 먼저 확인하라!
담화의 형식적 특징을 묻는 문제로, 선택지의 핵심 내용을 지문과 대응시켜 정답을 찾아야 한다. 이 유형의 문제를 빠르고 정확하게 풀기 위해서는 특정 말하기 방식에 밑줄을 치며 제시문을 읽거나 선택지를 먼저 읽는 연습을 하는 것이 좋다.

풀이 비법 2 말하기 방식에 주목하며 담화의 중심 내용을 찾아라!
중심 논제 학교 폭력을 방관한 학생에게도 책임을 물어야 한다.
중심 내용

사회자	논제 제시 및 입론의 순서 지정
찬성 측	학교 폭력의 확산을 방지하기 위해 폭력을 방관한 학생에게도 책임을 물어야 한다.
반대 측	책임을 물어서는 안 된다.(직접적 피해가 없는 경우 책임을 물을 수 없으며, 개인의 의지를 외부에서 규제해서도 안 된다.)
사회자	반론의 순서 지정
반대 측	책임을 물어서는 안 된다.(방관의 범위 규정이 불명확하다.)
찬성 측	책임을 물어야 한다.(사회의 건전성, 도덕성이 저하되고, 고발 정신이 약화될 수 있다.)

풀이 비법 3 말하기 방식과 연관되는 선택지의 핵심 내용을 파악하라!
선택지 ①은 '친숙한 상황에 빗대어'(유추), 선택지 ②는 '자신의 경험', '논지를 보충', 선택지 ③은 '윤리적 방법', '해결책 제시', 선택지 ④는 '의문을 제기', '주장을 강화'가 말하기 방식에 해당하는 핵심 내용이다.

풀이 비법 4 지문의 내용을 확인해 적절한 선택지를 찾아라!
①, ② 찬성 측은 "자신에게 피해가 올까 두려워 아무런 조치를 취하지 않는 학생들이 많다고 합니다."라고 하였다. 이는 찬성 측 주장을 펼친 이가 자신이 알고 있는 상황을 주장의 근거로 제시한 것이지, 자신에게 친숙한 상황이나 자신이 직접 경험한 내용을 제시하거나, 학교 폭력 상황을 다른 대상에 빗댄 것도 아니다.
③ 반대 측은 '학교 폭력을 방관한 학생이라도 처벌할 수 없다.'는 주장만 펼치고 있을 뿐, 학교 폭력의 해결 방안을 제시하지는 않았다.
④ 반대 측은 "과연 누구까지를 학교 폭력의 방관자라고 규정지을 수 있을까요?"라는 의문을 통해 '학교 폭력을 방관한 학생이라도 처벌할 수 없다.'는 자신의 주장을 강조하고 있다.

정답 ④

화법과 작문 1

학습일: 월 일 풀이 시간: 1분 이내

연습 1 병태 요정과 함께 풀기

'해양 오염'을 주제로 연설을 한다고 할 때, 다음에 제시된 조건을 모두 충족한 것은? 2023 국가직 9급

- 해양 오염을 줄일 수 있는 생활 속 실천 방법을 포함할 것
- 설의적 표현과 비유적 표현을 활용할 것

① 바다는 쓰레기 없는 푸른 날을 꿈꾸고 있습니다. 미세 플라스틱은 바다를 서서히 죽이는 보이지 않는 독입니다. 우리의 관심만이 다시 바다를 살릴 수 있을 것입니다.

② 우리가 버린 쓰레기는 바다로 흘러갔다가 해양 생물의 몸에 축적이 되어 해산물을 섭취하면 결국 다시 우리에게 돌아오게 됩니다. 분리수거를 철저히 하고 일회용품을 줄이는 것이 바다도 살리고 우리 자신도 살리는 길입니다.

③ 여름만 되면 피서객들이 마구 버린 쓰레기로 바다가 몸살을 앓는다고 합니다. 자기 집이라면 이렇게 함부로 쓰레기를 버렸을까요? 피서객들의 양심이 모래밭 위를 뒹굴고 있습니다. 자기 쓰레기는 자기가 집으로 되가져가도록 합시다.

④ 산업 폐기물이 바다로 흘러가 고래가 죽어 가는 장면을 다큐멘터리에서 본 적이 있습니다. 이대로 가다간 인간도 고통받게 되지 않을까요? 정부에서 산업 폐기물 관리 지침을 만들고 감독을 강화하지 않는다면 바다는 쓰레기 무덤이 되고 말 것입니다.

연습 2 혼자서 눈으로 계속 연습하기

'해양 오염'을 주제로 연설을 한다고 할 때, 다음에 제시된 조건을 모두 충족한 것은? 2023 국가직 9급

- 해양 오염을 줄일 수 있는 생활 속 실천 방법을 포함할 것
- 설의적 표현과 비유적 표현을 활용할 것

① 바다는 쓰레기 없는 푸른 날을 꿈꾸고 있습니다. 미세 플라스틱은 바다를 서서히 죽이는 보이지 않는 독입니다. 우리의 관심만이 다시 바다를 살릴 수 있을 것입니다.

② 우리가 버린 쓰레기는 바다로 흘러갔다가 해양 생물의 몸에 축적이 되어 해산물을 섭취하면 결국 다시 우리에게 돌아오게 됩니다. 분리수거를 철저히 하고 일회용품을 줄이는 것이 바다도 살리고 우리 자신도 살리는 길입니다.

③ 여름만 되면 피서객들이 마구 버린 쓰레기로 바다가 몸살을 앓는다고 합니다. 자기 집이라면 이렇게 함부로 쓰레기를 버렸을까요? 피서객들의 양심이 모래밭 위를 뒹굴고 있습니다. 자기 쓰레기는 자기가 집으로 되가져가도록 합시다.

④ 산업 폐기물이 바다로 흘러가 고래가 죽어 가는 장면을 다큐멘터리에서 본 적이 있습니다. 이대로 가다간 인간도 고통받게 되지 않을까요? 정부에서 산업 폐기물 관리 지침을 만들고 감독을 강화하지 않는다면 바다는 쓰레기 무덤이 되고 말 것입니다.

실전 기출 — 화법과 작문 1

01

지문 제재 | 작문

'해양 오염'을 주제로 연설을 한다고 할 때, 다음에 제시된 조건을 모두 충족한 것은?

2023 국가직 9급

- 해양 오염을 줄일 수 있는 생활 속 실천 방법을 포함할 것
- 설의적 표현과 비유적 표현을 활용할 것

① ¹바다는 쓰레기 없는 푸른 날을 꿈꾸고 있습니다(의인법). ²미세 플라스틱은 바다를 서서히 죽이는 보이지 않는 독(은유법)입니다. ³우리의 관심만이 다시 바다를 살릴 수 있을 것입니다.(×) 생활 속 실천 방법이나 설의적 표현은 쓰이지 않았다.

② ¹우리가 버린 쓰레기는 바다로 흘러갔다가 해양 생물의 몸에 축적이 되어 해산물을 섭취하면 결국 다시 우리에게 돌아오게 됩니다. ²분리수거를 철저히 하고 일회용품을 줄이는 것(생활 속 실천 방안)이 바다도 살리고 우리 자신도 살리는 길입니다.(×) 설의적 표현과 비유적 표현을 활용하지 않았다.

❸ ¹여름만 되면 피서객들이 마구 버린 쓰레기로 바다가 몸살을 앓는다(의인법)고 합니다. ²자기 집이라면 이렇게 함부로 쓰레기를 버렸을까요?(설의적 표현) ³피서객들의 양심(원관념: 쓰레기)이 모래밭 위를 뒹굴고 있습니다. ⁴자기 쓰레기는 자기가 집으로 되가져가도록 합시다(생활 속 실천 방법). 제시된 조건을 모두 충족했다.

④ ¹산업 폐기물이 바다로 흘러가 고래가 죽어 가는 장면을 다큐멘터리에서 본 적이 있습니다. ²이대로 가다간 인간도 고통받게 되지 않을까요?(설의적 표현) ³정부에서 산업 폐기물 관리 지침을 만들고 감독을 강화하(정부의 실천 방안)지 않는다면 바다는 쓰레기 무덤(비유적 표현)이 되고 말 것입니다. 생활 속 실천 방법을 포함(×)

단계별 풀이 비법

풀이 비법 1 발문으로 유형을 먼저 확인하라!

조건을 충족시킨 글을 확인할 수 있는지를 묻는 유형이다. 주어진 조건을 형식 조건과 내용 조건을 나누어 파악한다. 먼저 형식 조건에 맞는 문장을 찾은 다음 내용 조건을 찾아낸다.

풀이 비법 2 주어진 조건을 정확히 파악하라!

먼저 형식 조건에 맞는 문장을 선지에서 찾는다. 비유적 표현은 내용을 자세히 읽어야 하므로 문장 구조만 봐도 알 수 있는 설의적 표현이 쓰인 선지인 ③과 ④를 먼저 분석한다.

풀이 비법 3 형식 조건에 맞는 문장을 선지에서 찾아 정리하라!

선지	관련 정보
①	1, 2: 의인법
②	2: 생활 속 실천 방안
③	1: 의인법, 2: 설의법, 3: 비유법, 4: 생활 속 실천 방법
④	2: 설의법, 4: 비유법

풀이 비법 4 형식 조건에 맞는 선지 중에서 내용 조건에 맞는 것을 찾아라!

① '미세 플라스틱'을 '보이지 않는 독'으로 비유적 표현을 활용했지만 설의적 표현은 활용하지 않았고 생활 속 실천 방법도 나타나지 않았다.
② '분리수거를 철저히 하고 일회용품을 줄이'라는 생활 속 실천 방안을 포함했지만, 설의적 표현과 비유적 표현을 활용하지 않았다.
③ 자기 쓰레기는 자기가 집으로 되가져가도록 하자는 생활 속 실천 방법을 제시했고, '이렇게 함부로 쓰레기를 버렸을까?'에서 설의적 표현이, '바다가 몸살을 앓는다'는 의인법, '양심이 모래밭 위를 뒹굴고 있습니다.'에서 쓰레기를 마구 버리는 사람들의 '양심'을 구체적 사물로 비유하여 표현하였다.
④ '인간도 고통 받게 되지 않을까?'는 설의적 표현, 오염된 '바다'를 '쓰레기 무덤'으로 비유하여 표현하였다. 그러나 생활 속 실천 방안을 제시하지 않았다.

정답 ③

개념 PLUS

조건에 자주 나오는 형식 조건	비유	설의	대구	역설	반어
	표현하고자 하는 대상을 다른 대상에 빗대어 표현하는 방법	의문문 형태로 알면서도 굳이 물어 의미를 강조하는 방법	비슷한 구절을 잇대어 내용을 분명히 드러내는 방법	표면적으로 이치에 맞지 않으나 그 속에는 깊은 의미를 담아 표현하는 방법	속에 담겨 있는 내용과 반대로 겉으로 드러내는 방법

화법과 작문 1

연습 1 병태 요정과 함께 풀기

다음 대화에 나타난 말하기 방식을 설명한 것으로 적절하지 않은 것은?
2023 국가직 9급

> **백팀장**: 이번 워크숍 장면을 사내 게시판에 올리는 게 좋겠어요. 워크숍 내용을 공유하면 좋을 것 같아서요.
> **고대리**: 전 반대합니다. 사내 게시판에 영상을 공개하는 것은 부담스러워요. 타 부서와 비교될 것 같기도 하고요.
> **임대리**: 저도 팀장님 말씀대로 정보를 공유한다는 취지는 좋다고 생각해요. 다만 다른 팀원들의 동의도 구해야 할 것 같고, 여러 면에서 우려되긴 하네요. 팀원들 의견을 먼저 들어 보고, 잘된 것만 시범적으로 한두 개 올리는 것이 어떨까요?

① 백 팀장은 팀원들에 대한 유대감을 드러내는 표현을 사용하며 자신의 바람을 전달하고 있다.
② 고 대리는 백 팀장의 제안에 반대하는 이유를 명시적으로 밝히며 백 팀장의 요청을 거절하고 있다.
③ 임 대리는 발언 초반에 백 팀장 발언의 취지에 공감하여 백 팀장의 체면을 세워 주고 있다.
④ 임 대리는 대화 참여자의 의견을 묻는 의문문을 사용하여 자신의 의견을 간접적으로 드러내고 있다.

연습 2 혼자서 눈으로 계속 연습하기

다음 대화에 나타난 말하기 방식을 설명한 것으로 적절하지 않은 것은?
2023 국가직 9급

> **백팀장**: 이번 워크숍 장면을 사내 게시판에 올리는 게 좋겠어요. 워크숍 내용을 공유하면 좋을 것 같아서요.
> **고대리**: 전 반대합니다. 사내 게시판에 영상을 공개하는 것은 부담스러워요. 타 부서와 비교될 것 같기도 하고요.
> **임대리**: 저도 팀장님 말씀대로 정보를 공유한다는 취지는 좋다고 생각해요. 다만 다른 팀원들의 동의도 구해야 할 것 같고, 여러 면에서 우려되긴 하네요. 팀원들 의견을 먼저 들어 보고, 잘된 것만 시범적으로 한두 개 올리는 것이 어떨까요?

① 백 팀장은 팀원들에 대한 유대감을 드러내는 표현을 사용하며 자신의 바람을 전달하고 있다.
② 고 대리는 백 팀장의 제안에 반대하는 이유를 명시적으로 밝히며 백 팀장의 요청을 거절하고 있다.
③ 임 대리는 발언 초반에 백 팀장 발언의 취지에 공감하여 백 팀장의 체면을 세워 주고 있다.
④ 임 대리는 대화 참여자의 의견을 묻는 의문문을 사용하여 자신의 의견을 간접적으로 드러내고 있다.

지문을 한눈에

워크숍 내용을 공유하는 것에 대한 의견 조율

백 팀장	고 대리
워크숍 장면을 사내 게시판에 올려서 워크숍 내용을 공유하면 좋을 것 같다는 의견을 제시함.	영상 공개 의견에 대해 반대함.

임 대리
백팀장의 제안에 공감하면서도 팀원들 의견을 먼저 들어 보자고 함.

02

지문 제재 | 대화

다음 대화에 나타난 말하기 방식을 설명한 것으로 적절하지 않은 것은?

2023 국가직 9급

> 백팀장: ¹이번 워크숍 장면을 사내 게시판에 올리는 게 좋겠어요.
> 자신의 생각을 직설적으로 제시함
> ²워크숍 내용을 공유하면 좋을 것 같아서요.
> 고대리: ¹[전 반대합니다.](주장) ²[사내 게시판에 영상을 공개하는 것은 부담스러워요. ³타 부서와 비교될 것 같기도 하고요.](근거)
> 임대리: ¹저도 팀장님 말씀대로 정보를 공유한다는 취지는 좋다고 생각해요.(공감적인 태도, 동의의 격률이 나타남) ²다만 다른 팀원들의 동의도 구해야 할 것 같고, 여러 면에서 우려되긴 하네요. [³팀원들 의견을 먼저 들어 보고, 잘된 것만 시범적으로 한두 개 올리는 것이 어떨까요?] (임 대리는 자신의 의견과 다른 사람들의 의견 사이의 차이점을 최소화하려고 시도하고 있다. 또한 의문문을 사용하여 자신의 의견을 우회적으로 제시하고 있다.)

① 백 팀장은 팀원들에 대한 유대감(紐帶感: 서로 밀접하게 연결되어 있는 공통된 느낌)을 드러내는 표현을 사용하며(×) 자신의 바람을 전달하고 있다.

② 고 대리는 백 팀장의 제안에 반대하는 이유를 명시적(明示的: 내용이나 뜻을 분명하게 드러내 보이는 것)으로 밝히며 백 팀장의 요청을 거절하고 있다. (근거 1~3)

③ 임 대리는 발언 초반에 백 팀장 발언의 취지에 공감(共感: 남의 감정, 의견, 주장 따위에 대하여 자기도 그렇다고 느낌)하여 백 팀장의 체면을 세워 주고 있다. (근거 1)

④ 임 대리는 대화 참여자의 의견을 묻는 의문문을 사용하여 [자신의 의견을 간접적으로 드러내]('간접적'이라는 것은 매개를 통한다는 뜻으로 '완곡한'과 '우회적'과 함께 유사한 개념으로 쓰임)고 있다. (근거 2, 3)

단계별 풀이 비법

풀이 비법 1 발문과 선택지를 확인하라!

대화 참여자의 말하기 방식을 묻는 문제이다. 발화의 내용과 대화 참여자의 의도를 함께 고려하여 선택지의 적절성 여부를 판단해야 한다.

풀이 비법 2 말하기 방식에 주목하여 담화의 중심 내용을 파악하라!

중심 화제 사내 게시판에 워크숍 내용 올리기
중심 내용 사내 게시판에 워크숍 내용 올리는 것에 대한 의견 조율

백 팀장	워크숍 장면을 사내 게시판에 올려서 워크숍 내용을 공유하면 좋을 것 같다는 의견을 제시함.
고 대리	영상을 공개하는 것은 부담스럽고 타 부서와 비교될 것 같다는 이유로 반대 의견을 제시함.
임 대리	백 팀장의 주장에 공감하면서도 팀원들 의견을 먼저 들어 보자고 함.

풀이 비법 3 말하기 방식과 연관되는 선택지의 핵심 내용을 파악하라!

선지	관련 정보
①	'올리는 게 좋겠'다와 '공유하면 좋을' 것 같다는 자신의 바람을 전달했다.
②	'전 반대', '부담스러'움과 '타 부서와 비교'
③	'저도 팀장님 말씀대로'
④	'어떨까요?'

풀이 비법 4 선택지의 적절성을 판단하라!

① 백 팀장은 워크숍 장면을 사내 게시판에 올려서 워크숍 내용을 공유하면 좋을 것 같다는 자신의 의견을 제시하였다. 팀원들에 대한 유대감을 드러내는 표현을 사용하지는 않았다.

② 고 대리는 사내 게시판에 영상을 공개하는 것은 부담스럽고 타 부서와 비교될 것 같다는 이유를 명시적으로 밝히면서 백 팀장의 요청을 거절하고 있다.

③ 임 대리는 백 팀장의 의견에 대해 '정보를 공유한다는 취지는 좋다고 생각'한다고 하면서 공감을 표현하여 백 팀장의 체면을 세워 주고 있다.

④ 임 대리는 '팀원들 의견을 먼저 들어 보고, 잘된 것만 시범적으로 한두 개 올리는 것이 어떨까요?'라고 의문문을 사용하여 자신의 의견을 간접적으로 제시하고 있다.

정답 ①

실전 기출 — 화법과 작문 1

학습일: 월 일 풀이 시간: 1분 이내

연습 1 병태 요정과 함께 풀기

㉠~㉣의 말하기 방식을 설명한 내용으로 가장 적절한 것은?
2023 지방직 9급

> 김 주무관: AI에 대한 국민 이해도를 높이기 위해 설명회를 개최할 필요가 있다고 생각해요.
> 최 주무관: ㉠저도 요즘 그 필요성을 절감하고 있어요.
> 김 주무관: ㉡그런데 어떻게 준비해야 효과적으로 전달할 수 있을지 고민이에요.
> 최 주무관: 설명회에 참여할 청중 분석이 먼저 되어야겠지요.
> 김 주무관: 청중이 주로 어떤 분야에 관심이 있는지 알면 준비할 때 유용하겠네요.
> 최 주무관: ㉢그럼 청중의 관심 분야를 파악하려면 청중의 특성 중에서 어떤 것들을 조사하면 좋을까요?
> 김 주무관: ㉣나이, 성별, 직업 등을 조사할까요?

① ㉠: 상대의 의견에 대해 공감을 표현하고 있다.
② ㉡: 정중한 표현을 사용하여 직접 질문하고 있다.
③ ㉢: 자신의 반대 의사를 우회적으로 드러내고 있다.
④ ㉣: 의문문을 통해 상대의 의견을 반박하고 있다.

연습 2 혼자서 눈으로 계속 연습하기

㉠~㉣의 말하기 방식을 설명한 내용으로 가장 적절한 것은?
2023 지방직 9급

> 김 주무관: AI에 대한 국민 이해도를 높이기 위해 설명회를 개최할 필요가 있다고 생각해요.
> 최 주무관: ㉠저도 요즘 그 필요성을 절감하고 있어요.
> 김 주무관: ㉡그런데 어떻게 준비해야 효과적으로 전달할 수 있을지 고민이에요.
> 최 주무관: 설명회에 참여할 청중 분석이 먼저 되어야겠지요.
> 김 주무관: 청중이 주로 어떤 분야에 관심이 있는지 알면 준비할 때 유용하겠네요.
> 최 주무관: ㉢그럼 청중의 관심 분야를 파악하려면 청중의 특성 중에서 어떤 것들을 조사하면 좋을까요?
> 김 주무관: ㉣나이, 성별, 직업 등을 조사할까요?

① ㉠: 상대의 의견에 대해 공감을 표현하고 있다.
② ㉡: 정중한 표현을 사용하여 직접 질문하고 있다.
③ ㉢: 자신의 반대 의사를 우회적으로 드러내고 있다.
④ ㉣: 의문문을 통해 상대의 의견을 반박하고 있다.

지문을 한눈에

AI에 대한 국민 이해도를 높이기 위한 설명회 개최 준비

- 김 주무관: AI에 대한 국민 이해도를 높이기 위해 설명회를 개최할 필요성과 청중의 특성 분석 제안함.

→ 서로 공감하며 말하기

- 최 주무관: 김 주무관의 제안에 공감 후 청중의 나이, 성별, 직업 등을 조사할 것을 제안함.

03

지문 제재 | 대화

㉠~㉣의 말하기 방식을 설명한 내용으로 가장 적절한 것은?

2023 지방직 9급

¹김 주무관: AI(artificial intelligence, 인공지능)에 대한 국민 이해도를 높이기 위해 설명회를 개최(開催, 모임이나 회의 따위를 주최하여 엶)할 필요가 있다고 생각해요. (화제 제시)

²최 주무관: ㉠【저도 요즘 그 필요성을 절감(切感, 절실히 느낌)하고 있어요.】(공감적 태도의 답변, 동의의 격률 사용)

³김 주무관: ㉡ 그런데 어떻게 준비해야 효과적으로 전달(傳達, 지시, 명령, 물품 따위를 다른 사람이나 기관에 전하여 이르게 함)할 수 있을지 고민이에요. (고민을 토로하여 최 주무관의 의견을 듣고 싶다는 의사를 간접적으로 표현함)

⁴최 주무관:【설명회에 참여할 청중(聽衆, 강연을 듣기 위하여 모인 사람들) 분석(分析, 복잡한 현상이나 대상 또는 개념을, 그것을 구성하는 단순한 요소로 분해하는 일)이 먼저 되어야겠지요.】(의견 제시)

⁵김 주무관:【청중이 주로 어떤 분야에 관심이 있는지 알면 준비할 때 유용하겠네요.】(공감적 태도)

⁶최 주무관: ㉢【그럼 청중의 관심 분야를 파악(把握, 어떤 대상의 내용이나 본질을 확실하게 이해하여 앎)하려면 청중의 특성 중에서 어떤 것들을 조사하면 좋을까요?】(청중 분석에 대한 구체적 방안을 물음)

⁷김 주무관: ㉣【나이, 성별, 직업 등을 조사할까요?】(최 주무관의 질문에 대해 김 주무관은 자신의 답변에 확신을 얻기 위해 의문문 형식을 사용함)

❶ ㉠: 상대의 의견에 대해 공감을 표현하고 있다. (근거 2)
② ㉡: 정중한 표현을 사용하여 직접(×) 질문하고 있다. (근거 3)
③ ㉢: 자신의 반대(×) 의사를 우회적(×)으로 드러내고 있다. (근거 6)
④ ㉣: 의문문을 통해 상대의 의견을 반박(×)하고 있다. (근거 7)

단계별 풀이 비법

풀이 비법 1 발문과 선택지를 확인하라!

대화 참여자의 말하기 방식을 묻는 문제이다. 발화의 내용과 대화 참여자의 의도를 함께 고려하여 선택지의 적절성 여부를 판단해야 한다.

풀이 비법 2 말하기 방식에 주목하여 담화의 중심 내용을 파악하라!

중심 화제 AI에 대한 국민 이해도를 높이기 위해 설명회 개최 준비
중심 내용 AI에 대한 국민 이해도를 높이기 위해 설명회 개최할 때 준비 사항으로 청중의 나이, 성별, 직업 등을 조사할 것을 제안함.

김 주무관	AI에 대한 국민 이해도를 높이기 위해 설명회를 개최할 필요성과 청중의 특성 분석 제안함.
최 주무관	김 주무관의 제안에 공감 후 청중의 나이, 성별, 직업 등을 조사할 것을 제안함.

풀이 비법 3 말하기 방식과 연관되는 선택지의 핵심 내용을 파악하라!

선지	관련 정보
①	저도 ~ 절감하고 있어요.
②	어떻게 준비해야 ~ 고민이에요.
③	어떤 것들을 조사하면 좋을까요?
④	나이, 성별, 직업 등을 조사할까요?

풀이 비법 4 선택지의 적절성을 판단하라!

① AI에 대한 설명회 개최의 필요성에 대해 최 주무관은 '저도 ~ 절감하고 있어요.'라며 공감을 표현하고 있다.
② 평서문을 사용해 간접적으로 물은 것이므로 직접 질문했다고 볼 수 없다.
③ 청중 분석에 대한 구체적 방안을 묻고 있으므로, 반대 의사를 드러나고 있다고 볼 수 없다.
④ 상대의 의견을 반박한 것이 아니라 최 주무관의 질문에 대해 김 주무관은 자신의 답변에 확신을 얻기 위해 의문문을 썼다.

정답 ①

실전 기출 — 화법과 작문 1

학습일: 월 일 풀이 시간: 1분 이내

연습 1 병태 요정과 함께 풀기

㉠~㉣ 중 어색한 곳을 찾아 수정하는 방안으로 가장 적절한 것은?
2023 지방직 9급

조선 후기에 서학으로 불린 천주학은 '학(學)'이라는 말에서도 짐작할 수 있듯이 ㉠ 종교적인 관점에서보다 학문적인 관점에서 받아들여졌다. 당시의 유학자 중 서학 수용에 적극적인 이들까지도 서학을 무조건 따르자고 ㉡ 주장하지는 않았는데, 서학은 신봉의 대상이 아니라 분석의 대상이었기 때문이다. 그들은 조선 사회를 바로잡고 발전시키기 위해 새로운 학문과 지식이 필요하다고 생각했지만, 외부에서 유입된 사유 체계에는 양명학이나 고증학 등도 있어서 서학이 ㉢ 유일한 대안은 아니었다. 그들은 서학을 검토하며 어떤 부분은 수용했지만, 반대로 어떤 부분은 ㉣ 지향했다.

① ㉠: '학문적인 관점에서보다 종교적인 관점에서'로 수정한다.
② ㉡: '주장하였는데'로 수정한다.
③ ㉢: '유일한 대안이었다'로 수정한다.
④ ㉣: '지양했다'로 수정한다.

연습 2 혼자서 눈으로 계속 연습하기

㉠~㉣ 중 어색한 곳을 찾아 수정하는 방안으로 가장 적절한 것은?
2023 지방직 9급

조선 후기에 서학으로 불린 천주학은 '학(學)'이라는 말에서도 짐작할 수 있듯이 ㉠ 종교적인 관점에서보다 학문적인 관점에서 받아들여졌다. 당시의 유학자 중 서학 수용에 적극적인 이들까지도 서학을 무조건 따르자고 ㉡ 주장하지는 않았는데, 서학은 신봉의 대상이 아니라 분석의 대상이었기 때문이다. 그들은 조선 사회를 바로잡고 발전시키기 위해 새로운 학문과 지식이 필요하다고 생각했지만, 외부에서 유입된 사유 체계에는 양명학이나 고증학 등도 있어서 서학이 ㉢ 유일한 대안은 아니었다. 그들은 서학을 검토하며 어떤 부분은 수용했지만, 반대로 어떤 부분은 ㉣ 지향했다.

① ㉠: '학문적인 관점에서보다 종교적인 관점에서'로 수정한다.
② ㉡: '주장하였는데'로 수정한다.
③ ㉢: '유일한 대안이었다'로 수정한다.
④ ㉣: '지양했다'로 수정한다.

지문을 한눈에

서학 수용에 이중적 태도	서학으로 불린 천주학	서학이 일부만 수용된 이유
	서학은 신봉의 대상이 아니라 분석의 대상으로 종교적인 관점이 아니라 학문적인 관점에서 수용됨.	조선 사회를 바로잡고 발전시키기 위해 유입된 사유 체계에는 양명학·고증학 등이 있어서 서학이 부분적으로 수용됨.

실전 기출 화법과 작문 1

04

지문 제재 | 인문

㉠~㉣ 중 어색한 곳을 찾아 수정하는 방안으로 가장 적절한 것은?

2023 지방직 9급

> 1 ¹조선 후기에 서학으로 불린 천주학은 '학(學, '학문'의 뜻을 더하는 접미사)'이라는 말에서도 짐작(斟酌, 사정이나 형편 따위를 어림잡아 헤아림)할 수 있듯이 ㉠ 종교적인 관점(觀點, 사물이나 현상을 관찰할 때, 그 사람이 보고 생각하는 태도나 방향 또는 처지)에서보다 학문적인 관점에서 받아들여졌다. ²당시의 유학자 중 서학 수용(受容, 어떠한 것을 받아들임)에 적극적인 이들까지도 서학을 무조건 따르자고 ㉡ 주장하지는 않는데, [서학은 신봉(信奉, 사상이나 학설, 교리 따위를 옳다고 믿고 받듦)의 대상(對象, 어떤 일의 상대 또는 목표나 목적이 되는 것)이 아니라 분석(分析, 개념이나 문장을 보다 단순한 개념이나 문장으로 나누어 그 의미를 명료하게 함)의 대상](서학을 무조건 따르지 않는 이유)이었기 때문이다. ³그들은 조선 사회를 바로잡고 발전시키기 위해 새로운 학문과 지식이 필요하다고 생각했지만, 외부에서 유입(流入, 문화, 지식, 사상 따위가 들어옴)된 사유(思惟, 대상을 두루 생각하는 일) 체계(體系, 일정한 원리에 따라서 낱낱의 부분이 짜임새 있게 조직되어 통일된 전체)에는 양명학(陽明學, 명나라 왕양명이 주장했던 새로운 유교 학설)이나 고증학(考證學, 명나라 말기에 일어나 청나라 때에 발전한 학문 또는 학풍) 등도 있어서 서학이 ㉢ 유일한 대안(對案, 어떤 일에 대처할 방안)은 아니었다. ⁴[그들은 서학을 검토(檢討, 어떤 사실이나 내용을 분석하여 따짐)하며 어떤 부분은 수용했지만](서학 수용에 개방적인 태도), 반대로 어떤 부분은 ㉣ 지향(志向, 어떤 목표로 뜻이 쏠리어 향함)했다.

① ㉠: '학문적인 관점(×)에서보다 종교적인 관점에서(×)'로 수정한다. (근거 1)
② ㉡: '주장하였는데(×)'로 수정한다. (근거 2)
③ ㉢: '유일한(×) 대안이었다'로 수정한다. (근거 3)
④ ㉣: '지양했다'로 수정한다. (근거 4)

단계별 풀이 비법

풀이 비법 1 발문으로 유형을 확인하라!

고쳐쓰기 유형 중 어색한 곳을 찾아 수정하는 방안을 찾는 문제이다. 어휘나 문장이 논리적으로 적절한지 검토한다. 수정 전과 수정 후를 문장 단위로 비교해 가면서 차이점을 파악해야 정확하게 답을 고를 수 있다.

풀이 비법 2 무엇(화제)에 대해 말하고 있는지 파악하라!

중심 화제 서학 수용에 대한 이중적 태도
전체 내용 서학 수용자들은 서학을 학문적인 관점에서 수용했지만 종교적인 관점에서 수용하는 것은 지양했다.

풀이 비법 3 제시된 부분과 관련된 배경지식을 활성화시켜라!

선지	관련 정보
㉠	1-1: '학(學)'이라는 말에서도 짐작할 수 있듯이
㉡	1-2: 서학은 신봉의 대상이 아니라 분석의 대상이었기 때문
㉢	1-3: 외부에서 유입된 사유 체계에는 양명학이나 고증학 등도 있어서
㉣	1-4: 서학을 검토하며 어떤 부분은 수용했지만, 반대로

풀이 비법 4 선택지의 적절성을 판단하라!

① 천주학은 '학(學)'은 '학문'의 뜻을 더하는 접미사이므로 학문적인 관점에서 받아들여졌다는 것을 짐작할 수 있으므로 수정 전이 적절하다.
② 서학은 신봉의 대상이 아닌 분석의 대상이었으므로, 서학 수용에 적극적인 이들도 서학을 무조건 따르자고 주장하지 않았을 것으로 수정 전이 적절하다.
③ 외부에서 유입된 사유 체계에는 서학 외에도 양명학이나 고증학 등도 있으므로 서학이 유일한 대안은 아님을 알 수 있다.
④ ㉣은 문맥상 앞에 있는 '수용'과 상반되는 말이 와야 하므로, ㉣ '지향'이 아니라 더 높은 단계로 오르기 위하여 어떠한 것을 하지 아니한다는 '지양(止揚)'으로 수정하는 것이 적절하다. 정답 ④

시간 절약 꿀팁 TIP 문제 풀 때 고려해야 할 사항

수준	고려해야 할 사항
단어	맥락에 부합하거나 적절한 단어를 썼는가? 삭제하거나 보충할 단어는 없는가? 한글 맞춤법에 맞는가?
문장	문장 성분 간의 호응은 제대로 되어 있는가? 문장의 의미가 모호하지 않은가?

실전 기출 - 화법과 작문 1

학습일: 월   일   풀이 시간: 1분 이내

연습 1 병태 요정과 함께 풀기

다음 대화를 분석한 내용으로 적절하지 않은 것은? 2023 지방직 9급

> 은지: 최근 국민 건강 문제와 관련해 '설탕세' 부과 여부가 논란인데, 나는 설탕세를 부과해야 한다고 생각해. 그러면 당 함유 식품의 소비가 감소하게 되고, 비만이나 당뇨병 등의 질병이 예방되니까 국민 건강 증진에 도움이 되기 때문이야.
> 운용: 설탕세를 부과하면 당 소비가 감소한다고 믿을 만한 근거가 있니?
> 은지: 세계보건기구 보고서를 보면 당이 포함된 음료에 설탕세를 부과하면 이에 비례해 소비가 감소한다고 나와 있어.
> 재윤: 그건 나도 알아. 그런데 설탕세 부과가 질병을 예방한다는 것은 타당하지 않아. 여러 연구 결과를 보면 당 섭취와 질병 발생은 유의미한 상관관계가 없어.

① 은지는 첫 번째 발언에서 화제를 제시하고 있다.
② 운용은 은지의 주장에 반대하고 있다.
③ 은지는 두 번째 발언에서 자신의 주장에 대한 근거를 제시하고 있다.
④ 재윤은 은지가 제시한 주장의 근거를 부정하고 있다.

연습 2 혼자서 눈으로 계속 연습하기

다음 대화를 분석한 내용으로 적절하지 않은 것은? 2023 지방직 9급

> 은지: 최근 국민 건강 문제와 관련해 '설탕세' 부과 여부가 논란인데, 나는 설탕세를 부과해야 한다고 생각해. 그러면 당 함유 식품의 소비가 감소하게 되고, 비만이나 당뇨병 등의 질병이 예방되니까 국민 건강 증진에 도움이 되기 때문이야.
> 운용: 설탕세를 부과하면 당 소비가 감소한다고 믿을 만한 근거가 있니?
> 은지: 세계보건기구 보고서를 보면 당이 포함된 음료에 설탕세를 부과하면 이에 비례해 소비가 감소한다고 나와 있어.
> 재윤: 그건 나도 알아. 그런데 설탕세 부과가 질병을 예방한다는 것은 타당하지 않아. 여러 연구 결과를 보면 당 섭취와 질병 발생은 유의미한 상관관계가 없어.

① 은지는 첫 번째 발언에서 화제를 제시하고 있다.
② 운용은 은지의 주장에 반대하고 있다.
③ 은지는 두 번째 발언에서 자신의 주장에 대한 근거를 제시하고 있다.
④ 재윤은 은지가 제시한 주장의 근거를 부정하고 있다.

지문을 한눈에

설탕세 부과	은지 (화제 제시 & 찬성 입장 표명)	운용 (은지에게 근거 질문)	은지 (근거 답변)	재윤 (은지의 근거 부정)
	설탕세 부과 → 당 함유 식품 소비 감소 → 국민 건강 증진	주장의 근거는?	세계 보건 기구 보고서: 설탕세 부과 → 당 포함 음료 소비 감소	당섭취와 질병 발생은 상관관계 없음.

실전 기출 화법과 작문1

05

다음 대화를 분석한 내용으로 적절하지 않은 것은?

지문 제재: 대화
2023 지방직 9급

¹은지: [최근 국민 건강(健康, 정신적으로나 육체적으로 아무 탈이 없고 튼튼함) 문제와 관련해 (설탕세) 부과 여부가 논란(論難, 여럿이 서로 다른 주장을 내며 다툼)인데](화제 제시), [나는 설탕세를 부과(賦課, 세금이나 부담금 따위를 매기어 부담하게 함)해야 한다고 생각해](주장). 그러면 [당 함유(含有, 물질이 어떤 성분을 포함하고 있음) 식품의 소비(消費, 돈이나 물자, 시간, 노력 따위를 들이거나 써서 없앰)가 감소(減少, 양이나 수치가 줆. 또는 양이나 수치를 줄임)하게 되고, 비만이나 당뇨병 등의 질병(疾病, 몸의 온갖 병)이 예방(豫防, 질병이나 재해 따위가 일어나기 전에 미리 대처하여 막는 일)되니까 국민 건강 증진(增進, 기운이나 세력 따위가 점점 더 늘어 가고 나아감)에 도움이 되기 때문이야](근거).

²운용: 설탕세를 부과하면 당 소비가 감소한다고 믿을 만한 근거(根據, 어떤 일이나 의논, 의견에 그 근본이 됨. 또는 그런 까닭)가 있니?

³은지: 세계보건기구 보고서를 보면 당이 포함된 음료에 설탕세를 부과하면 이에 비례(比例, 한쪽의 양이나 수가 증가하는 만큼 그와 관련 있는 다른 쪽의 양이나 수도 증가함)해 소비가 감소한다고 나와 있어.

⁴재윤: 그건 (설탕세 부과에 비례해 설탕 소비가 감소한다는 사실) 나도 알아. 그런데 설탕세 부과가 질병을 예방한다는 것은 타당(妥當, 일의 이치로 보아 옳음)하지 않아. 여러 연구 결과를 보면 당 섭취(攝取, 좋은 요소를 받아들임)와 질병 발생은 유의미한 상관관계(相關關係, 두 가지 가운데 한쪽이 변화하면 다른 한쪽도 따라서 변화하는 관계)가 없어.

① 은지는 첫 번째 발언에서 화제를 제시하고 있다. (근거 1)
❷ 운용은 은지의 주장에 반대(×)하고 있다. (근거 2)
③ 은지는 두 번째 발언에서 자신의 주장에 대한 근거를 제시하고 있다. (근거 3)
④ 재윤은 은지가 제시한 주장의 근거를 부정하고 있다. (근거 4)

단계별 풀이 비법

풀이 비법 1 발문과 선택지를 확인하라!

대화를 잘못 분석한 내용을 찾는 문제이다. 발문의 내용과 대화 참여자의 말을 함께 고려하여 선택지의 적절성 여부를 판단해야 한다.

풀이 비법 2 말하기 방식에 주목하여 담화의 중심 내용을 파악하라!

중심 화제 설탕세 부과
중심 내용

은지	당 소비가 감소되어 국민 건강 증진에 도움이 되므로 설탕세를 부과해야 한다고 주장함.
운용	당 소비가 감소된다는 근거를 물음.
재윤	설탕세 부과가 질병을 예방한다는 은지의 주장은 타당성이 없다고 주장함.

풀이 비법 3 말하기 방식과 연관되는 선택지의 핵심 내용을 파악하라!

선지	관련 정보
①	1: '설탕세' 부과 여부가 논란인데
②	2: 믿을 만한 근거가 있니?
③	3: 세계보건기구 보고서를 보면 ~
④	4: 당 섭취와 질병 발생은 유의미한 상관관계가 없어

풀이 비법 4 선택지의 적절성을 판단하라!

① 은지는 첫 번째 발언에서 '설탕세' 부과 여부에 대한 논란을 화제로 제시했다.
② 운용은 은지의 주장에 대해 근거를 요구할 뿐 반대 의사를 제시하지 않았다.
③ 은지는 두 번째 발언에서 '세계보건기구 보고서'를 인용하여 자신의 주장에 대한 근거로 제시했다.
④ 재윤은 '당 섭취와 질병 발생은 유의미한 상관관계'가 없다는 연구 결과를 들어 은지가 제시한 주장의 근거를 부정하고 있다.

정답 ②

실전 기출 화법과 작문1

학습일: 월 일 풀이 시간: 1분 이내

연습 1 병태 요정과 함께 풀기

다음 연설에 대한 설명으로 가장 적절한 것은? 2022 지방직 7급

> 올림픽 헌장은 "올림픽의 목적은 인류의 조화로운 발전과 인간 존엄성의 수호를 위해, 평화로운 사회를 만들기 위해 스포츠 경기를 하는 것이다."라고 말합니다. 이것이 올림픽 정신이며, 스포츠의 가능성과 힘을 보여 주는 것이라고 저는 굳게 믿습니다. 열 살 때 남북 선수단이 올림픽 경기장에 동시 입장하는 것을 보고 처음으로 스포츠의 힘을 느꼈습니다. 오늘 저는 유엔 총회의 '올림픽 휴전 결의안' 초안 승인을 통해 그때 목격했던 스포츠의 힘을 다시 한번 볼 수 있기를 바랍니다.

① 반대되는 사례를 제시하여 주장을 부각하고 있다.
② 권위 있는 자료를 인용하여 설득력을 높이고 있다.
③ 설의적인 표현을 사용하여 공감대를 형성하고 있다.
④ 연설자의 공신력을 강조하여 신뢰도를 높이고 있다.

연습 2 혼자서 눈으로 계속 연습하기

다음 연설에 대한 설명으로 가장 적절한 것은? 2022 지방직 7급

> 올림픽 헌장은 "올림픽의 목적은 인류의 조화로운 발전과 인간 존엄성의 수호를 위해, 평화로운 사회를 만들기 위해 스포츠 경기를 하는 것이다."라고 말합니다. 이것이 올림픽 정신이며, 스포츠의 가능성과 힘을 보여 주는 것이라고 저는 굳게 믿습니다. 열 살 때 남북 선수단이 올림픽 경기장에 동시 입장하는 것을 보고 처음으로 스포츠의 힘을 느꼈습니다. 오늘 저는 유엔 총회의 '올림픽 휴전 결의안' 초안 승인을 통해 그때 목격했던 스포츠의 힘을 다시 한번 볼 수 있기를 바랍니다.

① 반대되는 사례를 제시하여 주장을 부각하고 있다.
② 권위 있는 자료를 인용하여 설득력을 높이고 있다.
③ 설의적인 표현을 사용하여 공감대를 형성하고 있다.
④ 연설자의 공신력을 강조하여 신뢰도를 높이고 있다.

지문을 한눈에

- **유엔 총회 연설**
  '올림픽 휴전 결의안' 초안 승인 설득
  - 스포츠의 힘 강조
    - 권위 있는 자료 '올림픽 헌장' 인용
      올림픽의 목적은 인류의 조화로운 발전과 인간 존엄성 후발
    - 10살 때 경험 사례
      남북 선수단 올림픽 경기장 동시 입장

실전 기출 화법과 작문 1

06

다음 연설에 대한 설명으로 가장 적절한 것은?

지문 제재 | 연설
2022 지방직 7급

> 1 [¹올림픽 헌장(憲章, 어떠한 사실에 대하여 약속을 이행하기 위하여 정한 규범)은 "올림픽의 목적은 인류의 조화(調和, 서로 잘 어울림)로운 발전과 인간 존엄성(尊嚴性, 감히 범할 수 없는 높고 엄숙한 성질)의 수호(守護, 지키고 보호함)를 위해, 평화로운 사회를 만들기 위해 스포츠 경기를 하는 것이다."라고 말합니다.](권위 있는 자료) ²이것이 (올림픽 헌장의 올림픽의 목적) 올림픽 정신이며, 스포츠의 가능성과 힘을 보여 주는 것이라고 저는 굳게 믿습니다. ³열 살 때 남북 선수단이 올림픽 경기장에 동시 입장(入場, 장내(場內)로 들어가는 것)하는 것을 보고 처음으로 스포츠의 힘을 느꼈습니다. ⁴오늘 저는 유엔 총회의 ['올림픽 휴전(休戰, 군사 교전국이 서로 합의하여, 전쟁을 얼마 동안 멈추는 일) 결의안(決議案, 의결에 부칠 의안)' 초안(草案, 애벌로 안(案)을 잡음) 승인(承認, 어떤 사실을 마땅하다고 받아들임)을 통해 그때 목격(目擊, 눈으로 직접 봄)했던 스포츠의 힘을 다시 한번 볼 수 있기를 바랍니다.](연설자의 주장 호소)
> 연설 주제

① 반대되는(×) 사례를 제시하여 주장을 부각하고 있다. (근거 1-3)
❷ 권위 있는 자료를 인용하여 설득력을 높이고 있다. (근거 1-1, 4)
③ 설의적인(×) 표현을 사용하여 공감대를 형성하고 있다. (근거 1-3)
④ 연설자의 공신력(×)을 강조하여 신뢰도를 높이고 있다. (근거 1-1, 2)

단계별 풀이 비법

풀이 비법 1 발문으로 유형을 확인하라!
글의 내용을 바탕으로 추론한 내용의 적절성을 묻는 문제이다. 지문에서 설명하고 있는 대상에 대한 글쓴이의 관점과 대상에 대한 정확한 이해가 필요하다.

풀이 비법 2 무엇(화제)에 대해 말하고 있는지 파악하라!
중심 화제 '올림픽 휴전 결의안' 초안 승인
중심 내용 올림픽 헌장의 올림픽 정신과 남북 선수단이 올림픽 경기장에 동시 입장한 사례를 들어 스포츠의 힘을 강조하면서 '올림픽 휴전 결의안'의 초안 승인을 설득하고 있다.

풀이 비법 3 지문에서 선택지 내용과 관련된 정보를 찾아 정리하라!

선지	관련 정보
①	1-3: 남북 선수단이 올림픽 경기장에 동시 입장하는 ~ 스포츠의 힘을 느꼈습니다.
②	1-1, 4: '올림픽 헌장'이라는 권위 있는 자료를 통해, '올림픽 휴전 결의안'의 초안 승인
③	1-3: 열 살 때 남북 선수단이 ~ 처음으로 스포츠의 힘을 느꼈습니다.
④	1-1, 2: '올림픽 헌장', 이것이 올림픽 정신이며 ~

풀이 비법 4 선택지의 적절성을 판단하라!
① 남북 선수단의 사례는 주장과 반대되는 사례가 아니다. 주장을 부각하는 근거가 되는 사례이다.
② '올림픽 헌장'이라는 권위 있는 자료를 통해 올림픽의 목적을 근거로 들어, '올림픽 휴전 결의안'의 초안 승인에 대한 설득력을 높이고 있다.
③ 설의적 표현은 사용되지 않았고 사례를 들어 공감대를 형성하고 있다.
④ 연설자가 자신의 공신력(公信力, 화자가 청자에게 공적으로 신뢰를 받을 만한 능력)을 강조하지 않았고 '올림픽 헌장'이라는 권위 있는 자료를 통해 신뢰도를 높이고 있다.

정답 ②

개념 PLUS 연설자의 설득 전략

인성적 설득 전략	화자의 공신력이나 연설 내용의 신뢰성을 바탕으로 공감을 얻어 청중이 화자의 말을 수용하게 하는 전략
이성적 설득 전략	화자가 자신의 주장을 타당한 근거를 들어 논리적으로 표현함으로써 청중이 자신의 주장을 수용하게 하는 전략
감성적 설득 전략	기쁨, 슬픔, 분노, 공포, 동정심, 자부심 등 인간의 감정에 호소하여 청중의 마음을 움직여 설득하는 전략

실전 기출 - 화법과 작문 1

연습 1 병태 요정과 함께 풀기

㉠~㉣을 문맥을 고려하여 수정한 것으로 가장 적절한 것은?

2022 지방직 7급

농촌의 모습을 주된 소재로 삼는 A드라마에 결혼이주여성이 등장한다는 것은 그녀들이 직면한 여러 문제들을 다룰 기회가 마련되었다는 점에서 일단은 긍정적이다. 하지만 ㉠ 그녀들이 농촌에 정착하는 과정에서 경험하게 되는 다양한 문제들을 단순화할 수 있는 위험성도 내포하고 있다.

이 드라마에는 모문화와 이문화 사이의 차이로 인해 힘겨워하는 여성, 민족적 정체성에 혼란을 겪는 여성, 아이의 출산과 양육 문제로 갈등을 겪는 여성 등이 등장한다. 문제는 이 드라마에서 이러한 갈등의 원인을 제대로 규명하는 것보다는 ㉡ 부부간의 사랑이나 가족애를 통해 극복하는 낭만적인 해결 방식을 주로 선택한다는 데에 있다.

예를 들어, ○○회에서는 여성 주인공이 아이의 태교 문제로 내적 갈등을 겪다가 결국 자신의 생각을 포기함으로써 그 갈등이 해소된 것처럼 마무리된다. 태교에 대한 문화적 차이가 주된 원인이었지만, 이 드라마에서는 그것에 주목하기보다 ㉢ 남편과 갈등을 일으키는 여성 주인공의 모습을 부각하여 사랑과 이해에 기반한 순종과 순응을 결혼이주여성이 갖추어야 할 덕목으로 묘사한 것이다.

이 드라마에서 ㉣ 이러한 강요된 선택과 해소되지 않은 심적 갈등이 사실대로 재현되지 않음으로써 실질적인 원인은 은폐되고 여성의 일방적인 양보와 희생을 통해 해당 문제들이 성급히 봉합된다. 이는 어디까지나 한국인의 시선으로만 결혼이주여성과 다문화 가정을 바라보고 있기 때문이다.

① ㉠을 "그녀들이 농촌에 정착하는 과정에서 경험하게 되는 다양한 문제들을 탐색할 수 있는 가능성도"로 고친다.
② ㉡을 "시댁 식구를 비롯한 한국인들과의 온정적인 소통을 통해 극복하는 구체적인 해결 방식"으로 고친다.
③ ㉢을 "남편의 의견을 따르는 여성 주인공의 모습"으로 고친다.
④ ㉣을 "이러한 억압적 상황과 해소되지 않은 외적 갈등이 여과 없이 노출됨으로써"로 고친다.

연습 2 혼자서 눈으로 계속 연습하기

㉠~㉣을 문맥을 고려하여 수정한 것으로 가장 적절한 것은?

2022 지방직 7급

농촌의 모습을 주된 소재로 삼는 A드라마에 결혼이주여성이 등장한다는 것은 그녀들이 직면한 여러 문제들을 다룰 기회가 마련되었다는 점에서 일단은 긍정적이다. 하지만 ㉠ 그녀들이 농촌에 정착하는 과정에서 경험하게 되는 다양한 문제들을 단순화할 수 있는 위험성도 내포하고 있다.

이 드라마에는 모문화와 이문화 사이의 차이로 인해 힘겨워하는 여성, 민족적 정체성에 혼란을 겪는 여성, 아이의 출산과 양육 문제로 갈등을 겪는 여성 등이 등장한다. 문제는 이 드라마에서 이러한 갈등의 원인을 제대로 규명하는 것보다는 ㉡ 부부간의 사랑이나 가족애를 통해 극복하는 낭만적인 해결 방식을 주로 선택한다는 데에 있다.

예를 들어, ○○회에서는 여성 주인공이 아이의 태교 문제로 내적 갈등을 겪다가 결국 자신의 생각을 포기함으로써 그 갈등이 해소된 것처럼 마무리된다. 태교에 대한 문화적 차이가 주된 원인이었지만, 이 드라마에서는 그것에 주목하기보다 ㉢ 남편과 갈등을 일으키는 여성 주인공의 모습을 부각하여 사랑과 이해에 기반한 순종과 순응을 결혼이주여성이 갖추어야 할 덕목으로 묘사한 것이다.

이 드라마에서 ㉣ 이러한 강요된 선택과 해소되지 않은 심적 갈등이 사실대로 재현되지 않음으로써 실질적인 원인은 은폐되고 여성의 일방적인 양보와 희생을 통해 해당 문제들이 성급히 봉합된다. 이는 어디까지나 한국인의 시선으로만 결혼이주여성과 다문화 가정을 바라보고 있기 때문이다.

① ㉠을 "그녀들이 농촌에 정착하는 과정에서 경험하게 되는 다양한 문제들을 탐색할 수 있는 가능성도"로 고친다.
② ㉡을 "시댁 식구를 비롯한 한국인들과의 온정적인 소통을 통해 극복하는 구체적인 해결 방식"으로 고친다.
③ ㉢을 "남편의 의견을 따르는 여성 주인공의 모습"으로 고친다.
④ ㉣을 "이러한 억압적 상황과 해소되지 않은 외적 갈등이 여과 없이 노출됨으로써"로 고친다.

지문을 한눈에

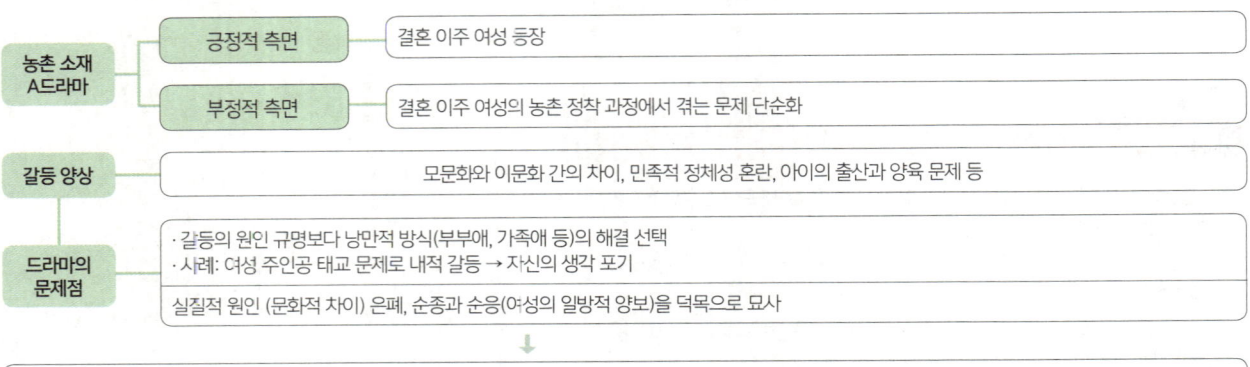

07

지문 제재 고쳐쓰기

㉠~㉣을 문맥을 고려하여 수정한 것으로 가장 적절한 것은?

2022 지방직 7급

> **1** ¹농촌의 모습을 주된 소재로 삼는 A드라마에 결혼이주여성이 등장한다는 것은 그녀들이 직면(直面, 어떠한 일이나 사물을 직접 당하거나 접함)한 여러 문제들을 다룰 기회가 마련되었다는 점에서 일단은 긍정적이다. ²하지만 ㉠그녀들이 농촌에 정착하는 과정에서 경험하게 되는 다양한 문제들을 단순화할 수 있는 위험성도 내포(內包, 어떤 성질이나 뜻 따위를 속에 품음)하고 있다. ▶ 농촌 드라마의 긍정적, 부정적 측면
>
> **2** ¹이 드라마에는 모문화와 이문화 사이의 차이로 인해 힘겨워하는 여성, 민족적 정체성(正體性, 변하지 아니하는 존재의 본질을 깨닫는 성질)에 혼란을 겪는 여성, 아이의 출산과 양육 문제로 갈등을 겪는 여성 등이 등장한다. ²문제는 이 드라마에서 이러한 갈등의 원인을 제대로 규명(糾明, 어떤 사실을 자세히 따져서 바로 밝힘)하는 것보다는 ㉡부부간의 사랑이나 가족애를 통해 극복하는 낭만적인 해결 방식을 주로 선택한다는 데에 있다. ▶ 갈등 원인을 규명하기보다 낭만적 해결 방식 선택함
>
> **3** ¹예를 들어, ○○회에서는 여성 주인공이 아이의 태교 문제로 내적 갈등(葛藤, 두 가지 이상의 상반되는 욕구에 직면하였을 때, 선택을 하지 못하고 괴로워함)을 겪다가 결국 자신의 생각을 포기함으로써 그 갈등이 해소(解消, 어려운 문제가 되는 상태를 해결하여 없애 버림)된 것처럼 마무리된다. ²태교에 대한 문화적 차이가 주된 원인이었지만, 이 드라마에서는 그것에 주목하기보다 ㉢남편과 갈등을 일으키는 여성 주인공의 모습을 부각(浮刻, 두드러지게 나타냄)하여 사랑과 이해에 기반(基盤, 기초가 되는 바탕)한 순종과 순응을 결혼이주여성이 갖추어야 할 덕목으로 묘사한 것이다. ▶ 문화적 차이가 주된 원인이지만 순종과 순응을 덕목으로 묘사함
>
> **4** ¹이 드라마에서 ㉣이러한 강요된 선택과 해소되지 않은 심적 갈등이 사실대로 재현되지 않음으로써 실질적인 원인은 은폐(隱蔽, 덮어 감춤)되고 여성의 일방적인 양보와 희생을 통해 해당 문제들이 성급히 봉합(縫合, 꿰매어 붙임)된다. ²이는 어디까지나 한국인의 시선으로만 결혼이주여성과 다문화가정을 바라보고 있기 때문이다. ▶ 한국인의 시선으로만 결혼 이주 여성과 다문화 가정을 바라보고 있음

① ㉠을 "그녀들이 농촌에 정착하는 과정에서 경험하게 되는 다양한 문제들을 탐색할 수 있는 가능성도"로 고친다. (근거 **1**-1, 2)

② ㉡을 "시댁 식구를 비롯한 한국인들과의 온정적인 소통을 통해 극복하는 구체적인 해결 방식"으로 고친다. (근거 **2**-2)

③ ㉢을 "남편의 의견을 따르는 여성 주인공의 모습"으로 고친다. (근거 **3**-2)

④ ㉣을 "이러한 억압적 상황과 해소되지 않은 외적 갈등이 여과 없이 노출됨으로써"로 고친다. (근거 **4**-1)

단계별 풀이 비법

풀이 비법 1 발문으로 유형을 확인하라!

'고쳐쓰기'의 적절성을 묻고 있으므로 바르게 고쳐 썼는지 파악하는 문제이다. 단순한 맞춤법 문제가 아니라 글의 내용을 정확하게 파악해야만 풀 수 있다.

풀이 비법 2 말하기 방식에 주목하며 담화의 중심 내용을 찾아라!

중심 화제 농촌 드라마 속 결혼 이주 여성
중심 내용

1	농촌 드라마의 긍정적 측면과 부정적 측면
2	갈등의 원인을 규명하지 않고 낭만적 해결 방식을 선택하는 문제점
3	문화적 차이가 주된 원인이지만 순종과 순응을 덕목으로 묘사함.
4	한국인의 시선으로만 결혼 이주 여성과 다문화 가정을 바라보고 있음.

풀이 비법 3 지문에서 선택지 내용과 관련된 정보를 찾아 정리하라!

선지	관련 정보
㉠	**1**-1, 2: 긍정적이다. 하지만
㉡	**2**-2: 문제는
㉢	**3**-2: ㉢'을 부각하여 사랑과 이해에 기반한 순종과 순응
㉣	**4**-1: 이 드라마, 실질적인 원인은 은폐되고

풀이 비법 4 선택지의 적절성을 판단하라!

① '하지만'은 상반되는 사실을 이어 줄 때 쓰는 접속 부사이므로 ㉠은 수정하지 않는 것이 적절하다.

② **2**-2에서는 갈등의 원인을 제대로 규명하지 않는 문제에 부합하는 내용이 와야 하므로 ㉡은 수정하지 않는 것이 적절하다.

③ '㉢'을 부각하여 사랑과 이해에 기반한 순종과 순응'이라는 내용에 부합하려면 "남편의 의견을 따르는 여성 주인공의 모습"으로 수정하는 것이 적절하다.

④ **4**-1 '이 드라마'의 실질적 원인은 은폐되었다는 내용에 부합하는 ㉣은 수정하지 않는 것이 적절하다.

정답 ③

실전 기출 화법과 작문1

STUDY 13

학습일:　월　일　풀이 시간: 1분 이내

연습 1 병태 요정과 함께 풀기

다음 강연 내용에 대한 반응으로 가장 적절한 것은?　2021 지방직 7급

> 오늘은 우리의 전통 건축 문화에 나타난 특징에 대해 말씀드릴까 합니다. 지금이야 아파트에 사는 경우가 많아져서 내가 살 집을 이런저런 조건을 고려해서 짓기 어렵습니다만, 옛날에는 그렇지 않았습니다. 집터를 고를 때 첫 번째로 고려한 조건은 지리(地理)입니다. 지리는 집을 둘러싼 전체적인 지형 곧, 산과 물의 조화를 말하는 것이지요. 둘째가 생리(生利), 곧 살기에 얼마나 편리하냐이고 셋째가 인심(人心), 그리고 마지막으로 산수(山水), 곧 경치입니다. 우리 조상들은 집 한 채를 지으려고 해도 집의 위치가 자연 조건과 잘 어울리도록 따져서 집을 지었던 것이지요.

① 우리 조상들은 자연을 모방해서 거주 공간을 지었군.
② 우리 조상들은 거주 공간을 고를 때 인간과 자연을 모두 고려했군.
③ 우리 조상들은 자연을 적극적으로 변용하여 거주의 편리성을 추구했군.
④ 우리 조상들은 거주 공간을 고를 때 지리, 생리, 인심, 산수를 서로 경쟁하는 요소들로 생각했군.

연습 2 혼자서 눈으로 계속 연습하기

다음 강연 내용에 대한 반응으로 가장 적절한 것은?　2021 지방직 7급

> 오늘은 우리의 전통 건축 문화에 나타난 특징에 대해 말씀드릴까 합니다. 지금이야 아파트에 사는 경우가 많아져서 내가 살 집을 이런저런 조건을 고려해서 짓기 어렵습니다만, 옛날에는 그렇지 않았습니다. 집터를 고를 때 첫 번째로 고려한 조건은 지리(地理)입니다. 지리는 집을 둘러싼 전체적인 지형 곧, 산과 물의 조화를 말하는 것이지요. 둘째가 생리(生利), 곧 살기에 얼마나 편리하냐이고 셋째가 인심(人心), 그리고 마지막으로 산수(山水), 곧 경치입니다. 우리 조상들은 집 한 채를 지으려고 해도 집의 위치가 자연 조건과 잘 어울리도록 따져서 집을 지었던 것이지요.

① 우리 조상들은 자연을 모방해서 거주 공간을 지었군.
② 우리 조상들은 거주 공간을 고를 때 인간과 자연을 모두 고려했군.
③ 우리 조상들은 자연을 적극적으로 변용하여 거주의 편리성을 추구했군.
④ 우리 조상들은 거주 공간을 고를 때 지리, 생리, 인심, 산수를 서로 경쟁하는 요소들로 생각했군.

지문을 한눈에

전통 건축 문화의 특징 → 집터의 조건
1. 지리: 집을 둘러싼 지형, 즉 산과 물의 조화
2. 생리: 살기에 편리한 정도
3. 인심
4. 산수: 경치
→ 자연 조건과 잘 어울리도록 집의 위치 선정

실전 기출 화법과 작문1

08
다음 강연 내용에 대한 반응으로 가장 적절한 것은?

지문 제재 | 강연
2021 지방직 7급

1 ¹오늘은 우리의 전통(傳統, 공동체에서 과거로부터 이어 내려오는 사상·관습·행동 따위의 양식) 건축(建築, 집이나 성, 다리 따위의 구조물을 그 목적에 따라 설계하여 여러 가지 재료를 써서 세우거나 쌓아 만드는 일) 문화에 나타난 특징(特徵, 다른 것에 비하여 특별히 눈에 뜨이는 점)에 대해 말씀드릴까 합니다. ²지금이야 아파트에 사는 경우가 많아져서 내가 살 집을 이런저런 조건(條件, 어떤 일이 이루어지려면 갖추어져야 할 상태나 요소)을 고려(考慮, 생각하고 헤아려 봄)해서 짓기 어렵습니다만, 옛날에는 그렇지 않았습니다. ³집터를 고를 때 첫 번째로 고려한 조건은 지리(地理)입니다. ⁴지리는 집을 둘러싼 전체적인 지형(地形, 땅의 생긴 모양이나 형세) 곧, 산과 물의 조화(調和, 서로 잘 어울림)를 말하는 것이지요. ⁵둘째가 생리(生利), 곧 살기에 얼마나 편리하냐이고 셋째가 인심(人心), 그리고 마지막으로 산수(山水), 곧 경치입니다. ⁶우리 조상들은 집 한 채를 지으려고 해도 집의 위치(位置, 일정한 곳에 자리를 차지함)가 자연 조건과 잘 어울리도록 따져서 집을 지었던 것이지요.

① 우리 조상들은 자연을 모방(×)해서 거주 공간을 지었군.(근거 1-4~6)
❷ 우리 조상들은 거주 공간을 고를 때 인간과 자연을 모두 고려했군.(근거 1-3~6)
③ 우리 조상들은 자연을 적극적으로 변용(×)하여 거주의 편리성을 추구했군.(근거 1-5)
④ 우리 조상들은 거주 공간을 고를 때 지리, 생리, 인심, 산수를 서로 경쟁(×)하는 요소들로 생각했군.(근거 1-3~6)

단계별 풀이 비법

풀이 비법 1 발문으로 유형을 확인하라!
'강연 내용에 대한 반응'의 적절성을 묻는 것이므로 제시된 세부 정보를 바탕으로 화자의 견해를 파악하는 유형이다.

풀이 비법 2 무엇(화제)에 대해 말하고 있는지 파악하라!
중심 화제 전통 건축에서 집터를 고를 때 고려한 조건
중심 내용 옛날에는 집터를 고를 때 지리, 생리, 인심, 산수를 고려하여 집의 위치가 자연 조건과 잘 어울리도록 따져서 집을 지었다.

풀이 비법 3 지문에서 선택지 내용과 관련된 정보를 찾아 정리하라!

선지	관련 정보
①	1-6: 자연 조건과 잘 어울리도록 따져서 집을 지었던 것
②	1-3~6: 지리, 생리, 인심, 산수
③	1-5, 6: 살기에 얼마나 편리하냐, 자연 조건과 잘 어울리도록 따져서 집을 지었던 것
④	1-3~6: 집 한 채를 지으려고 해도 집의 위치가 자연 조건과 잘 어울리도록 따져서 집을 지었던 것

풀이 비법 4 선택지의 적절성을 판단하라!
① 조상들이 집터를 고를 때 자연 조건과 잘 어울리는지 고려했지만, 자연을 모방해서 거주 공간을 지었는지는 알 수 없다.
② '우리 조상들은 집 한 채를 지으려고 해도 집의 위치가 자연 조건과 잘 어울리도록 따져서 집을 지었던 것이지요.' 즉 조화롭게 집을 지었다는 것을 확인할 수 있다.
③ 조상들이 집터를 고를 때 생리, 곧 살기에 얼마나 편리하냐를 고려했지만, 자연 조건과 잘 어울리도록 집을 지었던 것으로 보아 자연을 적극적으로 변용했다고 볼 수는 없다.
④ 우리 조상들이 거주 공간을 고를 때 지리, 생리, 인심, 산수를 고려했지만 서로 경쟁하는 요소인지는 알 수 없다.

정답 ②

실전 기출 — 화법과 작문 1

연습 1 병태 요정과 함께 풀기

㉠~㉣에 들어갈 말로 적절하지 않은 것은?   2021 지방직 7급

> 제목: ○○ 청소기 관련 고객 만족도 제고 방안
> Ⅰ. 고객 불만 현황
>   1. (㉠   )
>   2. 인터넷 고객 문의 접수 및 처리 지연
> Ⅱ. (㉡   )
>   1. 해외 공장에서 제작한 모터 품질 불량
>   2. 인터넷 고객 지원 서비스 시스템의 잦은 오류
> Ⅲ. (㉢   )
>   1. 동종 제품 전량 회수 후 수리 또는 신제품으로 교환
>   2. 고객 지원 서비스 시스템 최신화 및 관리 인력 충원
> Ⅳ. (㉣   )
>   1. 제품에 대한 고객 민원 해결 및 회사 이미지 제고
>   2. 품질 결함 최소화를 위한 품질 관리 체계의 개선 방향

① ㉠: 소음 과다 및 흡입력 미흡
② ㉡: 고객 불만 발생의 원인
③ ㉢: 고객 지원 센터의 지원 인력 부족
④ ㉣: 기대 효과와 향후 과제

연습 2 혼자서 눈으로 계속 연습하기

㉠~㉣에 들어갈 말로 적절하지 않은 것은?   2021 지방직 7급

> 제목: ○○ 청소기 관련 고객 만족도 제고 방안
> Ⅰ. 고객 불만 현황
>   1. (㉠   )
>   2. 인터넷 고객 문의 접수 및 처리 지연
> Ⅱ. (㉡   )
>   1. 해외 공장에서 제작한 모터 품질 불량
>   2. 인터넷 고객 지원 서비스 시스템의 잦은 오류
> Ⅲ. (㉢   )
>   1. 동종 제품 전량 회수 후 수리 또는 신제품으로 교환
>   2. 고객 지원 서비스 시스템 최신화 및 관리 인력 충원
> Ⅳ. (㉣   )
>   1. 제품에 대한 고객 민원 해결 및 회사 이미지 제고
>   2. 품질 결함 최소화를 위한 품질 관리 체계의 개선 방향

① ㉠: 소음 과다 및 흡입력 미흡
② ㉡: 고객 불만 발생의 원인
③ ㉢: 고객 지원 센터의 지원 인력 부족
④ ㉣: 기대 효과와 향후 과제

지문을 한눈에

제목	Ⅰ 불만 현황	Ⅱ 발생원인	Ⅲ (불만 해결 방안)	Ⅳ 기대 효과 및 향후 과제
고객 만족도 제고 방안	· 소음 과다 · 흡입력 미흡 · 접수 지연 · 처리 지연	· 모터 품질 불량 · 지원 서비스 시스템 오류	· 전량 회수 후 수리 · 신제품 교환 · 서비스 시스템 최신화 · 관리 인력 충원	· 고객 민원 해결 · 회사 이미지 제고 · 품질 관리 체계 개선화 → 결함 최소화

실전 기출 화법과 작문1

09

지문 제재: 작문
2021 지방직 7급

㉠~㉣에 들어갈 말로 적절하지 않은 것은?

제목: ○○ 청소기 관련 고객 만족도 제고 방안(方案, 일을 처리하거나 해결하여 나갈 방법이나 계획)

Ⅰ. 고객 불만 현황(現況, 현재의 상황)
  1. (㉠)
  2. 인터넷 고객 문의 접수(接受, 신청·신고 따위를 구두나 문서로 받음) 및 처리(處理, 일을 문제가 없도록 마무리함) 지연(遲延, 시간이 늦추어짐)

Ⅱ. (㉡)
  1. 해외 공장에서 제작한 모터 품질 불량
  2. 인터넷 고객 지원 서비스 시스템의 잦은 오류(誤謬, 그릇되어 이치에 맞지 않는 일)

Ⅲ. (㉢)
  1. 동종 제품 전량 회수(回收, 도로 거두어들임) 후 수리 또는 신제품으로 교환
  2. 고객 지원 서비스 시스템 최신화 및 관리 인력 충원(充員, 인원수를 채움)

Ⅳ. (㉣)
  1. 제품에 대한 고객 민원(民願, 어떤 일과 관련하여 개개인이나 집단이 바라는 바) 해결 및 회사 이미지 제고(提高, 수준 따위를 끌어올림)
  2. 품질 결함(缺陷, 완전하지 못하여 흠이 되는 부분) 최소화를 위한 품질 관리 체계(體系, 일정한 원리에 따라서 낱낱의 부분이 짜임새 있게 조직되어 통일된 전체)의 개선 방향(方向, 어떤 방위를 향한 쪽)

① ㉠: 소음 과다 및 흡입력 미흡(근거 Ⅰ, Ⅱ-1)
② ㉡: 고객 불만 발생의 원인(근거 Ⅱ-1, 2)
❸ ㉢: 고객 지원 센터의 지원 인력 부족(×)(근거 Ⅰ-2)
④ ㉣: 기대 효과와 향후 과제(근거 Ⅳ-1, 2)

단계별 풀이 비법

풀이 비법 1 발문으로 유형을 확인하라!
글쓰기 계획 중 개요의 각 항목에 들어갈 말의 적절성을 판단하는 문제이다. 개요는 상위항목과 하위 항목이 서로 밀접하게 관련을 가지고 이어져 있는지를 파악해야 한다.

풀이 비법 2 무엇(화제)에 대해 말하고 있는지 파악하라!
중심 화제 고객 만족도 제고 방안
중심 내용 고객 불만 현황과 원인 및 해결 방안을 제시하여 그 기대 효과 및 향후 과제를 나타냈다.

풀이 비법 3 지문에서 선택지 내용과 관련된 정보를 찾아 정리하라!

선지	관련 정보
①	Ⅰ, Ⅱ-1 모터 품질 불량
②	Ⅱ-1, 2 품질 불량, 시스템의 잦은 오류
③	Ⅰ-2의 원인
④	Ⅳ-1, 2 고객 민원 해결 및 회사 이미지 제고

풀이 비법 4 선택지의 일치 여부를 판단하라!
① 고객 불만 현황의 하위 항목 ㉠은 Ⅱ-1과 대응한다. 모터 품질 불량으로 인해 나타나는 고객 불만 현황에 들어갈 말은 '소음 과다 및 흡입력 미흡'은 적절하다.
② ㉡의 하위 항목 Ⅱ-1과 Ⅱ-2는 '품질 불량'과 '잦은 오류'이므로 '고객 불만 발생의 원인'의 하위 항목으로 적절하다고 볼 수 있다.
③ '고객 지원 센터의 관리 인력 부족'은 '인터넷 고객 문의 접수 및 처리 지연'의 원인이다. ㉢에는 Ⅲ-1, 2를 포괄하는 '고객 불만의 해결 방안' 정도가 들어가는 게 적절하다.
④ Ⅳ-1은 고객의 불만을 해결했을 때의 기대 효과이고, Ⅳ-2는 회사의 향후 과제에 해당한다. ㉣에는 두 항목을 포괄하는 '기대 효과와 향후 과제'가 들어갈 말로 적절하다.

정답 ③

시간 절약 꿀팁 TIP 개요 수정 방안

1. 주제를 확인하고 주제에서 벗어난 항목이 있는지 찾아본다.
2. 상위 항목과 하위 항목이 유기적으로 연계되었는지 파악한다.
  - 상위 항목은 하위 항목을 포괄해야 하고 하위 항목은 상위 항목에 포함되어야 한다.
3. 문제의 현황, 원인과 해결 방안이 일대일로 대응되는지 파악한다.
4. 제시된 해결 방안이 구체적이며 실현가능한 것인지 판단한다.
5. 제시된 결론이 글의 전체적인 내용을 함축할 수 있는지 판단한다.

실전 기출 화법과 작문 1

연습 1 병태 됴정과 함께 풀기

다음의 여러 조건에 가장 잘 맞는 토론 논제는? 2019 국가직 9급

- 긍정 평서문으로 제시되어야 한다.
- 찬성과 반대의 대립이 분명하게 나타나야 한다.
- 쟁점이 하나여야 한다.
- 찬성이나 반대 어느 한 편에 유리하게 작용하는 정서적 표현을 사용해서는 안 된다.

① 징병제도는 유지해야 한다.
② 정보통신망법을 개선할 수는 없다.
③ 야만적인 두발 제한을 폐지해야 한다.
④ 내신 제도와 논술 시험을 개혁해야 한다.

연습 2 혼자서 눈으로 계속 연습하기

다음의 여러 조건에 가장 잘 맞는 토론 논제는? 2019 국가직 9급

- 긍정 평서문으로 제시되어야 한다.
- 찬성과 반대의 대립이 분명하게 나타나야 한다.
- 쟁점이 하나여야 한다.
- 찬성이나 반대 어느 한 편에 유리하게 작용하는 정서적 표현을 사용해서는 안 된다.

① 징병제도는 유지해야 한다.
② 정보통신망법을 개선할 수는 없다.
③ 야만적인 두발 제한을 폐지해야 한다.
④ 내신 제도와 논술 시험을 개혁해야 한다.

실전 기출 화법과 작문1

10
다음의 여러 조건에 가장 잘 맞는 토론 논제는?

지문 제재 | 말하기
2019 국가직 9급

〈조건 ①〉· 긍정 평서문으로 제시되어야 한다.
〈조건 ②〉· 찬성과 반대의 대립이 분명하게 나타나야 한다.
〈조건 ③〉· 쟁점이 하나여야 한다.
〈조건 ④〉· 찬성이나 반대 어느 한 편에 유리하게 작용하는 정서적 표현을 사용해서는 안 된다.

▶ '토론의 논제'가 갖추어야 할 요건

① 징병제도는 유지해야 한다.
② 정보통신망법을 개선할 수는 없다. (조건 ① ×)
③ 야만적인 두발 제한을 폐지해야 한다. (조건 ④ ×)
④ 내신 제도와 논술 시험을 개혁해야 한다. (조건 ③ ×)

단계별 풀이 비법

풀이 비법 1 발문으로 유형을 먼저 확인하라!
제시문의 조건을 선택지에 적용하는 문제이다. 제시문에서 설명하고 있는 조건의 내용에 주목해야 한다.

풀이 비법 2 담화(제시문)를 꿰뚫는 핵심 개념을 찾아라!
핵심 개념 토론 논제의 조건
핵심 개념에 대한 배경지식을 쌓아 두면 수월하게 풀 수 있는 문제이므로 '개념 PLUS'의 자료를 익혀 두어야 한다.

풀이 비법 3 담화(제시문)의 서술 방식 및 정보를 파헤쳐라!
긍정 평서문(조건 ①)의 형태를 취하는 토론의 논제는 내용상 찬반의 대립이 뚜렷해야 하며(조건 ②), 주장이 한 가지로 한정되어 있어야 한다.(조건 ③) 또 어느 한 쪽에 유리하게 작용해서는 안 된다.(조건 ④)

풀이 비법 4 기준을 세워 비판하며 선택지를 읽어라!
제시문에 나타난 조건을 선택지에 적용해 적절성을 판단한다.
① 제시문에 나타난 '조건 ①~조건 ④'에 위배되는 내용이 없으므로 토론의 논제로 적합한 선택지이다.
② 문장이 '~없다'로 끝나므로 '조건 ①'에 위배된다.
③ '야만적인'이라는 정서적 표현이 찬성 측에 유리하게 작용하므로 '조건 ④'에 위배된다.
④ '내신 제도'와 '논술 시험'이라는 두 가지 쟁점을 제시하고 있으므로 '조건 ③'에 위배된다.

정답 ①

개념 PLUS 토의와 토론

1. 토의와 토론의 개념과 목적
- 토의는 여러 사람이 모여서 공동의 문제를 해결하기 위하여 협의하는 화법의 한 형식이다. 하나의 문제에 대해 다양한 의견을 나누고 그 과정에서 문제에 대한 최선의 해결책을 찾아가는 집단적 화법이다.
- 토론은 의견을 모으지 못한 어떤 쟁점에 대하여 찬성 측 토론자와 반대 측 토론자가 각기 논거를 들어 자신의 주장이 옳음을 내세우고, 상대방의 주장이나 논거가 부당하다는 것을 명백하게 하는 화법의 한 형식이다.

2. 토의와 토론의 차이

	토의	토론
목적	당면한 문제에 대해 여럿의 의견을 모아 최선의 해결책을 찾음.	당면한 논제에 대한 이해를 심화하고 해결하려 함.
참여자의 역할	협력적 상호 작용	경쟁적 상호 작용
형식	원탁 토의, 심포지엄, 포럼, 패널 토의 등	고전식 토론, 직파식 토론, 반대 신문식 토론 등

3. 토의와 토론 주제의 성격
- 토의의 주제는 여러 사람의 생각을 필요로 하는 것이어야 하고, 토의자들이 공통적으로 관심을 가지는 것이어야 하며, 시의적절한(時宜適切-, 그 당시의 사정이나 요구에 아주 알맞은) 것이어야 한다.
- 토론의 주제를 논제라고 하는데, 그 내용이 분명하며 그 주장이 하나로 한정되어 있어야 한다. 또 토론은 참여자들이 논제에 대한 찬성과 반대의 의견을 밝히는 것이므로 논제는 반드시 찬반의 입장이 분명하게 갈리는 형식이어야 한다. 일반적으로 토론의 논제는 사실 논제(화성에는 생명체가 존재한다), 가치 논제(충보다 효가 중요하다), 정책 논제(국민의 복지 증진을 위해 세금을 더 거둬야 한다)로 나뉘며, 긍정문의 형태를 취한다.

시간 절약 깨알 TIP

1 다음 중 '토론'에 대한 설명으로 적절하지 않은 것은?
2008 지방직 7급 변형

① 토론은 구두로 하는 것이 원칙이다.
② '사교육 대책 이대로 안 된다.'는 명제는 토론의 논제로 적절하지 않다.
③ 발언 순서, 시간을 미리 정해두면 토론의 역동성이 떨어지게 된다.
④ 토론은 바람직한 의사결정을 통하여 문제 해결을 하기 위한 방법이다.

토론은 구두, 즉 입으로 하는 것이 원칙이다. 또 논제의 속성상 긍정 명제여야 하므로 '사교육 대책의 문제점을 해결해야 한다.' 정도로 정하는 것이 적절하다. 또한 토론은 정당한 과정을 거쳐 문제를 해결하는 방안을 논의하는 수단이 될 수 있다. 한편 토론에서 발언 순서와 시간을 미리 정해두는 것은 토론을 공정하게 진행하기 위한 것으로 토론의 역동성을 방해하지 않는다.

정답 ③

유형 07 화법과 작문 325

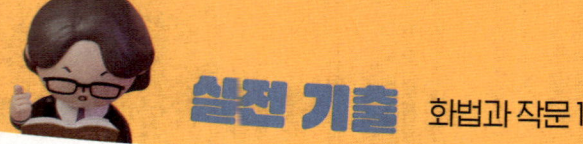

실전 기출 화법과 작문 1

학습일: 월 일 풀이 시간: 1분 이내

연습 1 병태 요정과 함께 풀기

다음은 토론과 토의의 차이점을 제시한 글이다. 토론의 주제로 가장 적절한 것은?
2019 지역인재 9급

> 토론은 토의와 달리 규칙과 규율에 의해 이루어지나 토의는 특약이나 규율 없이 자유로운 의사 개진과 대담을 통해 이루어진다. 토론이 의견 대립이 존재한다는 것을 인정하고 주어진 논제에 대해 자신의 입장에서 타인을 설득하는 것이 목적이라면 토의는 협의를 통해 답을 구하는 것이 목적이다. 그렇기 때문에 토의와 달리 토론의 주제는 찬반의 명확한 입장이 잘 드러나야 한다.

① 사형 제도는 폐지해야 하는가?
② 남녀 간 적절한 데이트 비용 지불 비율은?
③ 환경 오염을 줄이기 위해 우리가 할 일은 무엇인가?
④ 세계선수권대회를 성공적으로 개최하기 위한 방법은?

연습 2 혼자서 눈으로 계속 연습하기

다음은 토론과 토의의 차이점을 제시한 글이다. 토론의 주제로 가장 적절한 것은?
2019 지역인재 9급

> 토론은 토의와 달리 규칙과 규율에 의해 이루어지나 토의는 특약이나 규율 없이 자유로운 의사 개진과 대담을 통해 이루어진다. 토론이 의견 대립이 존재한다는 것을 인정하고 주어진 논제에 대해 자신의 입장에서 타인을 설득하는 것이 목적이라면 토의는 협의를 통해 답을 구하는 것이 목적이다. 그렇기 때문에 토의와 달리 토론의 주제는 찬반의 명확한 입장이 잘 드러나야 한다.

① 사형 제도는 폐지해야 하는가?
② 남녀 간 적절한 데이트 비용 지불 비율은?
③ 환경 오염을 줄이기 위해 우리가 할 일은 무엇인가?
④ 세계선수권대회를 성공적으로 개최하기 위한 방법은?

지문을 한눈에

토론과 토의의 차이	토론	토의
	찬반의 명확한 입장이 대립하여, 자신의 주장으로 타인을 설득하는 것이 목적임.	타협과 협의를 통해 자유롭게 답을 구하는 협동적 말하기

실전 기출 화법과 작문1

11
지문 제재 화법

다음은 토론과 토의의 차이점을 제시한 글이다. 토론의 주제로 가장 적절한 것은?

2019 지역인재 9급

> ① ¹토론(討論, 어떤 문제에 대하여 여러 사람이 각각 의견을 말하며 논의함)은 토의와 달리 규칙(規則, 여러 사람이 다 같이 지키기로 작정한 법칙)과 규율(規律, 일정한 질서나 차례)에 의해 이루어지나 토의(討議, 어떤 문제에 대하여 검토하고 협의함)는 특약(特約, 특별한 조건을 붙인 약속)이나 규율 없이 자유로운 의사 개진(開陳, 주장이나 사실 따위를 밝히기 위하여 의견이나 내용을 드러내어 말하거나 글로 씀)과 대담(對談, 마주 대하고 말함)을 통해 이루어진다. ²[토론이 의견 대립이 존재한다는 것을 인정하고 주어진 논제에 대해 자신의 입장에서 타인을 설득하는 것이 목적이라면 토의는 협의를 통해 답을 구하는 것이 목적이다.](토론과 토의의 목적) ³그렇기 때문에 토의와 달리 토론의 주제는 찬반의 명확한 입장이 잘 드러나야 한다.
>
> ▶ 토론과 토의의 차이점

① 사형 제도는 폐지해야 하는가? (근거 2, 3)
② 남녀 간 적절한 데이트 비용 지불 비율은? (근거 2)
③ 환경 오염을 줄이기 위해 우리가 할 일은 무엇인가? (근거 1, 2)
④ 세계선수권대회를 성공적으로 개최하기 위한 방법은? (근거 1, 2)

단계별 풀이 비법

풀이 비법 1 발문으로 유형을 확인하라!

화법 가운데 토론과 토의의 차이점을 파악하여 토론의 주제로 적절한 것을 고르는 묻는 문제이다. 토의와 토론의 차이점 중 토론의 특징을 파악하는 것이 중요하다.

풀이 비법 2 무엇(화제)에 대해 말하고 있는지 파악하라!

중심 화제 토론과 토의의 차이점

전체 내용

토론	토의
규칙과 규율과 같은 형식적 제약이 있다.	특약이나 규율 없이 자유로운 의사 개진과 대담을 통해 이루어짐.
찬반의 명확한 입장(대립)	타협과 협의(협동)
자신의 주장으로 타인을 설득하는 것이 목적	협의를 통해 자유롭게 답을 구함.

풀이 비법 3 지문에서 선택지 내용과 관련된 정보를 찾아 정리하라!

선지	관련 정보
①	①-2, 3: '의견 대립', '타인 설득'
②	①-2: '토의는 협의를 통해 답을 구하는 것이 목적'
③	①-1, 2: '토의는~자유로운 의사 개진', '토의는 협의를 통해 답을 구하는 것이 목적'
④	①-1, 2: '자유로운 의사 개진과 대담을 통해', '토의는 협의를 통해 답을 구하는 것이 목적'

풀이 비법 4 선택지의 적절성을 판단하라!

① 사형 제도를 폐지하자는 입장과 유지하자는 입장으로 찬반이 명확하게 나누어지므로 토론 논제로 적절하다. '사형 제도 폐지'에 대한 의견 대립이 존재하고 폐지하자는 입장에서는 유지하자는 입장에 선 사람들을 설득하는 것이 목적이다.
② '데이트 비용 지불 비율'은 찬반의 명확한 입장이 드러나는 것이 아니므로 토론의 주제로 적절하지 않다. 협의를 통해 답을 구하는 것이 목적인 토의의 주제로 적절하다.
③ '환경 오염을 줄이기 위해 우리가 할 일은 무엇인가'라는 주제는 자유로운 의사 개진과 대담을 통해 답을 구하는 토의의 주제로 적절하다.
④ '세계선수권대회를 성공적으로 개최하기 위한 방법'은 다양하다. 따라서 자유로운 의사 개진과 대담을 통해 답을 구하는 토의의 주제로 적절하다.

정답 ①

개념 PLUS 토론하기에 적절한 주제

· ○○○를 폐지해야 한다.
· ○○○를 시행해야 한다.
· 동물 실험을 중단해야 한다.
· 서머 타임제를 시행해야 한다.
· ○○산에 케이블카를 설치해야 한다.
· 학교 주변 폐회로 텔레비전 설치를 확대해야 한다.

실전 기출 — 화법과 작문1

연습 1 병태 요정과 함께 풀기

'샛강을 어떻게 살릴 수 있을까?'라는 주제에 대해 토의하고자 한다. 이에 대한 설명으로 적절하지 않은 것은? 2016 지방직 9급

> 토의는 어떤 공통된 문제에 대해 최선의 해결안을 얻기 위하여 여러 사람이 의논하는 말하기 양식이다. 패널 토의, 심포지엄 등이 그 대표적 예이다. ㉠ 패널 토의는 3~6인의 전문가들이 사회자의 진행에 따라, 일반 청중 앞에서 토의 문제에 대한 정보나 지식, 의견이나 견해 등을 자유롭게 주고받는 유형이다. 토의가 끝난 뒤에는 청중의 질문을 받고 그에 대해 토의자들이 답변하는 시간을 갖는다. 이 질의·응답 시간을 통해 청중들은 관련 문제를 보다 잘 이해하게 되고 점진적으로 해결 방안을 모색하게 된다. ㉡ 심포지엄은 전문가가 참여한다는 점, 청중과 질의·응답 시간을 갖는다는 점에서는 패널 토의와 그 형식이 비슷하다. 다만 전문가가 토의 문제의 하위 주제에 대해 서로 다른 관점에서 연설이나 강연의 형식으로 10분 정도 발표한다는 점에서는 차이가 있다.

① ㉠과 ㉡은 모두 '샛강 살리기'와 관련하여 전문가의 의견을 들은 이후, 질의·응답 시간을 갖는다.
② ㉠과 ㉡은 모두 '샛강을 어떻게 살릴 수 있을까?'라는 문제의 대해 최선의 해결책을 얻기 위함이 목적이다.
③ ㉡은 토의자가 샛강의 생태적 특성, 샛강 살리기의 경제적 효과 등의 하위 주제를 발표한다.
④ ㉠은 '샛강 살리기'에 대한 찬반 입장을 나누어 이야기한 후 절차에 따라 청중이 참여한다.

연습 2 혼자서 눈으로 계속 연습하기

'샛강을 어떻게 살릴 수 있을까?'라는 주제에 대해 토의하고자 한다. 이에 대한 설명으로 적절하지 않은 것은? 2016 지방직 9급

> 토의는 어떤 공통된 문제에 대해 최선의 해결안을 얻기 위하여 여러 사람이 의논하는 말하기 양식이다. 패널 토의, 심포지엄 등이 그 대표적 예이다. ㉠ 패널 토의는 3~6인의 전문가들이 사회자의 진행에 따라, 일반 청중 앞에서 토의 문제에 대한 정보나 지식, 의견이나 견해 등을 자유롭게 주고받는 유형이다. 토의가 끝난 뒤에는 청중의 질문을 받고 그에 대해 토의자들이 답변하는 시간을 갖는다. 이 질의·응답 시간을 통해 청중들은 관련 문제를 보다 잘 이해하게 되고 점진적으로 해결 방안을 모색하게 된다. ㉡ 심포지엄은 전문가가 참여한다는 점, 청중과 질의·응답 시간을 갖는다는 점에서는 패널 토의와 그 형식이 비슷하다. 다만 전문가가 토의 문제의 하위 주제에 대해 서로 다른 관점에서 연설이나 강연의 형식으로 10분 정도 발표한다는 점에서는 차이가 있다.

① ㉠과 ㉡은 모두 '샛강 살리기'와 관련하여 전문가의 의견을 들은 이후, 질의·응답 시간을 갖는다.
② ㉠과 ㉡은 모두 '샛강을 어떻게 살릴 수 있을까?'라는 문제의 대해 최선의 해결책을 얻기 위함이 목적이다.
③ ㉡은 토의자가 샛강의 생태적 특성, 샛강 살리기의 경제적 효과 등의 하위 주제를 발표한다.
④ ㉠은 '샛강 살리기'에 대한 찬반 입장을 나누어 이야기한 후 절차에 따라 청중이 참여한다.

지문을 한눈에

- 토의
  - 패널 토의: 3~6인의 전문가(배심원)들이 토의한 뒤 청중이 참여하는 형식
  - 심포지엄: 전문가가 토의 문제의 하위 주제에 대해 서로 다른 관점에서 강연한 후, 청중이 참여하는 형식

실전 기출 화법과 작문 1

12
지문 제재 | 화법

'샛강을 어떻게 살릴 수 있을까?'라는 주제에 대해 토의하고자 한다. 이에 대한 설명으로 적절하지 않은 것은?

2016 지방직 9급

> ❶ ¹토의(討議, 어떤 문제에 대하여 검토하고 협의함)는 [어떤 공통된 문제에 대해 최선(最善, 가장 좋고 훌륭함)의 해결안(解決案, 잘 풀어서 처리할 수 있는 방안)을 얻기 위하여 여러 사람이 의논하는 말하기 양식](토의의 정의)이다. ²패널 토의, 심포지엄 등이 그 대표적 예이다. ㉠³패널 토의는 [3~6인의 전문가들이 사회자](토의 참가자)의 진행에 따라, 일반 청중 앞에서 토의 문제에 대한 정보나 지식, 의견이나 견해(見解, 어떤 사물이나 현상에 대한 자기의 의견이나 생각) 등을 자유롭게 주고받는 유형이다. ⁴토의가 끝난 뒤에는 청중의 질문을 받고 그에 대해 토의자들이 답변하는 시간을 갖는다. ⁵이 질의·응답 시간을 통해 청중들은 관련 문제를 보다 잘 이해하게 되고 점진적으로 해결 방안을 모색(摸索, 일이나 사건 따위를 해결할 수 있는 방법이나 실마리를 더듬어 찾음)하게 된다. ㉡⁶심포지엄은 [전문가가 참여한다는 점, 청중과 질의·응답 시간을 갖는다는 점에서는 패널 토의와 그 형식이 비슷하다.] (패널 토의와 심포지엄의 공통점) ⁷다만, 전문가가 토의 문제의 하위 주제에 대해 서로 다른 관점에서 연설이나 강연의 형식으로 10분 정도 발표한다는 점에서는 차이가 있다. ▶토의의 대표적 예인 패널 토의와 심포지엄의 특징

① ㉠과 ㉡은 모두 '샛강 살리기'와 관련하여 전문가의 의견을 들은 이후, 질의·응답 시간을 갖는다. (근거 6)

② ㉠과 ㉡은 모두 '샛강을 어떻게 살릴 수 있을까?'라는 문제에 대해 최선의 해결책을 얻기 위함이 목적이다. (근거 1)

③ ㉡은 토의자가 샛강의 생태적 특성, 샛강 살리기의 경제적 효과 등의 하위 주제를 발표한다. (근거 7)

❹ ㉠은 '샛강 살리기'에 대한 찬반 입장(×)을 나누어 이야기한 후 절차에 따라 청중이 참여한다. (근거 1, 2)

단계별 풀이 비법

풀이 비법 1 발문으로 유형을 먼저 확인하라!
화법 가운데 토의의 특징에 대해 묻는 문제이다. 패널 토의와 심포지엄의 공통점과 차이점을 파악하여 토의 주제에 적용하는 문제이다. 토의, 패널 토의, 심포지엄의 특징을 파악하는 것이 중요하다.

풀이 비법 2 화제를 중심으로 중심 내용을 정리하라!

	화제	중심 내용
❶-1, 2	토의	어떤 공통된 문제에 대해 최선의 해결안을 얻기 위하여 여러 사람이 의논하는 말하기 양식
❶-3~5	패널 토의	3~6인의 전문가들이 사회자의 진행에 따라 토의 문제에 대한 정보나 지식, 의견이나 견해 주고받은 유형으로 청중과 질의·응답 시간을 갖음.
❶-6~7	심포지엄	전문가가 토의 문제의 하위 주제에 대해 서로 다른 관점에서 연설이나 강연의 형식으로 10분 정도 발표 후 청중과 질의·응답 시간을 갖음.

풀이 비법 3 지문에서 선택지 내용과 관련된 정보를 찾아 정리하라!

선지	관련 정보
①	❶-6: '심포지엄은 전문가가 참여한다는 점, 청중과 질의·응답 시간을 갖는다는 점에서는 패널 토의와 그 형식이 비슷'
②	❶-1: '어떤 공통된 문제에 대해 최선의 해결안을 얻기 위하여'
③	❶-7: '전문가가 토의 문제의 하위 주제에 대해'
④	❶-1, 2: '공통된 문제에 대해 최선의 해결안을 얻기 위하여 여러 사람이 의논하는 말하기 양식', '패널 토의'

풀이 비법 4 선택지의 일치 여부를 판단하라!

① '전문가 참여', '청중과 질의·응답 시간'은 ㉠, ㉡의 공통점이다.
② 토의의 목적은 최선의 해결안을 얻는 것이다. ㉠, ㉡은 모두 토의이므로 이에 부합한다.
③ 전문가가 토의 문제의 하위 주제, 즉 샛강의 생태적 특성, 샛강 살리기의 경제적 효과에 대해 연설이나 강연의 형식으로 10분 정도 발표하므로 적절한 설명이다.
④ '찬반 입장을 나누어' 말하는 방식은 토론이다. ㉠은 토의에 해당하므로 틀린 진술이다. **정답 ④**

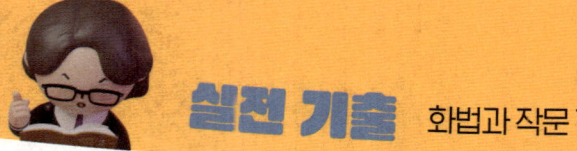

실전 기출 — 화법과 작문1

연습 1 병태 요정과 함께 풀기

다음 글에서 알 수 있는 내용이 아닌 것은? 2021 국가직 9급

> 사회자: 오늘의 토의 주제는 '통일 시대의 남북한 언어가 나아갈 길' 입니다. 먼저 최○○ 교수님께서 '남북한 언어 차이와 의사소통'이라는 제목으로 발표해 주시겠습니다.
> 최 교수: 남한과 북한의 말은 비슷하지만 다른 점이 있습니다. 남한과 북한의 어휘 차이가 대표적입니다. 남한과 북한의 어휘 차이를 분석한 결과, 〈중략〉 앞으로도 남북한 언어 차이에 대한 연구가 지속되어야 합니다.
> 사회자: 이로써 최 교수님의 발표를 마치겠습니다. 다음은 정○○ 박사님의 '남북한 언어의 동질성 회복 방안'에 대한 발표가 있겠습니다.
> 정 박사: 앞으로 통일을 대비해 남북한 언어의 다른 점을 줄여 나가는 노력이 필요합니다. 실제로도 남한과 북한의 학자들로 구성된 '겨레말큰사전 편찬위원회'에서는 남북한 공통의 사전인《겨레말큰사전》을 만들며 서로의 차이를 이해하고 받아들이기 위한 노력을 하고 있습니다. 〈중략〉
> 사회자: 그러면 질의응답이 있겠습니다. 시간상 간략하게 질문해 주시기 바랍니다.
> 청중 A: 두 분의 말씀 잘 들었습니다. 남북한 언어의 차이와 이를 극복하는 방안을 말씀하셨는데요. 그렇다면 통일 시대에 대비한 언어 정책에는 무엇이 있을까요?

① 학술적인 주제에 대해 발표 형식으로 진행되고 있다.
② 사회자는 발표자 간의 이견을 조정하여 의사결정을 유도하고 있다.
③ 발표자는 주제에 대한 자신의 견해를 밝혀 청중에게 정보를 제공하고 있다.
④ 청중 A는 발표자의 발표 내용을 확인하고 주제와 관련된 질문을 하고 있다.

연습 2 혼자서 눈으로 계속 연습하기

다음 글에서 알 수 있는 내용이 아닌 것은? 2021 국가직 9급

> 사회자: 오늘의 토의 주제는 '통일 시대의 남북한 언어가 나아갈 길' 입니다. 먼저 최○○ 교수님께서 '남북한 언어 차이와 의사소통'이라는 제목으로 발표해 주시겠습니다.
> 최 교수: 남한과 북한의 말은 비슷하지만 다른 점이 있습니다. 남한과 북한의 어휘 차이가 대표적입니다. 남한과 북한의 어휘 차이를 분석한 결과, 〈중략〉 앞으로도 남북한 언어 차이에 대한 연구가 지속되어야 합니다.
> 사회자: 이로써 최 교수님의 발표를 마치겠습니다. 다음은 정○○ 박사님의 '남북한 언어의 동질성 회복 방안'에 대한 발표가 있겠습니다.
> 정 박사: 앞으로 통일을 대비해 남북한 언어의 다른 점을 줄여 나가는 노력이 필요합니다. 실제로도 남한과 북한의 학자들로 구성된 '겨레말큰사전 편찬위원회'에서는 남북한 공통의 사전인《겨레말큰사전》을 만들며 서로의 차이를 이해하고 받아들이기 위한 노력을 하고 있습니다. 〈중략〉
> 사회자: 그러면 질의응답이 있겠습니다. 시간상 간략하게 질문해 주시기 바랍니다.
> 청중 A: 두 분의 말씀 잘 들었습니다. 남북한 언어의 차이와 이를 극복하는 방안을 말씀하셨는데요. 그렇다면 통일 시대에 대비한 언어 정책에는 무엇이 있을까요?

① 학술적인 주제에 대해 발표 형식으로 진행되고 있다.
② 사회자는 발표자 간의 이견을 조정하여 의사결정을 유도하고 있다.
③ 발표자는 주제에 대한 자신의 견해를 밝혀 청중에게 정보를 제공하고 있다.
④ 청중 A는 발표자의 발표 내용을 확인하고 주제와 관련된 질문을 하고 있다.

지문을 한눈에

'통일 시대 남북한 언어가 나아갈 길' 심포지엄	사회자	최 교수	정 박사	청중 A
	주제 제시 및 발표자의 발표 주제를 청중에게 소개하고 청중에게 질문 기회를 줌.	남북한 언어 차이에 대한 연구의 지속 필요성 발표	남북한 언어 차이 극복 방안 발표	통일 시대에 대비한 언어 정책 질문

실전 기출 — 화법과 작문 1

13
다음 토의에 대한 설명으로 적절하지 않은 것은?

지문 제재 | 화법
2021 국가직 9급

¹사회자: 오늘의 토의 주제는 '통일 시대의 남북한 언어가 나아갈 길'(학술적인 토의 의제 제시, 심포지엄)입니다. 먼저, 최○○ 교수님께서 '남북한 언어 차이와 의사소통'이라는 제목으로 발표해 주시겠습니다. (사회자의 역할 ①: 토의 주제와 발표자, 발표 주제를 청중에게 소개함)

²최 교수: 남한과 북한의 말은 비슷하지만 다른 점이 있습니다. 남한과 북한의 어휘 차이가 대표적입니다. 남한과 북한의 어휘 차이를 분석한 결과, 〈중략〉 앞으로도 [남북한 언어 차이에 대한 연구가 지속(持續, 어떤 상태가 오래 계속됨. 또는 어떤 상태를 오래 계속함)되어야 합니다] [남북한 언어 차이에 대한 연구의 지속성 유지하자는 최 교수의 발표].

³사회자: 이로써 최 교수님의 발표를 마치겠습니다. 다음은 정○○ 박사님의 '남북한 언어의 동질성 회복 방안'에 대한 발표가 있겠습니다. (사회자의 역할 ②: 다음 토의 참여자의 발표 주제를 청중에게 소개함)

⁴정 박사: 앞으로 통일을 대비해 남북한 언어의 다른 점을 줄여 나가는 노력이 필요합니다. 실제로도 남한과 북한의 학자들로 구성된 '겨레말큰사전 편찬위원회'에서는 남북한 공통의 사전인 《겨레말큰사전》을 만들며 서로의 차이를 이해하고 받아들이기 위한 노력을 하고 있습니다. 〈중략〉 [남북한 언어의 차이를 줄이려는 노력과 극복 방법]

⁵사회자: 그러면 질의응답(質疑應答, 의심나거나 모르는 점을 묻고 물음에 대답하는 일)이 있겠습니다. 시간상 간략하게 질문해 주시기 바랍니다.

⁶청중 A: 두 분의 말씀 잘 들었습니다. [남북한 언어의 차이와 이를 극복하는 방안을 말씀] (발표 내용 확인)하셨는데요. 그렇다면 [통일 시대에 대비한 언어 정책에는 무엇이 있을까요?] (주제와 관련된 질문)

① [학술적인 주제]에 대해 [발표 형식]으로 진행되고 있다. (근거 1, 3)
❷ [사회자]는 [발표자 간의 이견을 조정](×)하여 [의사결정을 유도](×)하고 있다.
③ [발표자]는 [주제에 대한 자신의 견해]를 밝혀 [청중에게 정보를 제공]하고 있다. (근거 2, 4)
④ [청중 A]는 [발표자의 발표 내용을 확인]하고 [주제와 관련된 질문]을 하고 있다. (근거 6)

단계별 풀이 비법

풀이 비법 1 발문으로 유형을 먼저 확인하라!

토의 참여자들의 발화를 확인하며 발화의 내용이나 특징을 이해하는 유형이다. 이 유형의 문제를 빠르고 정확하게 풀기 위해서는 선택지와 토의의 내용을 비교하며 ○, ×로 표시한다.

풀이 비법 2 발화 내용을 주목하여 중심 내용을 정리하라!

중심 내용 통일 시대의 남북한 언어가 나아갈 길

사회자	토의 주제 제시 및 발표자의 발표 주제를 청중에게 소개함.
최 교수	남북한 언어 차이에 대한 연구의 지속성을 유지해야 함.
사회자	다음 발표자의 발표 주제를 청중에게 소개함.
정 박사	《겨레말큰사전》을 만들며 남북한 언어의 차이를 이해하고 받아들이기 위한 노력을 함.
사회자	청중에게 질의응답의 기회를 줌
청중 A	통일 시대에 대비한 언어 정책에 대한 질의

풀이 비법 3 지문에서 선택지 내용과 관련된 정보를 찾아 정리하라!

선지	관련 정보
①	1, 3: '통일 시대의 남북한 언어가 나아갈 길', '… 이라는 제목으로 발표해 주시겠습니다.', '… 에 대한 발표가 있겠다.'
②	'발표자 간의 이견 조정', '의사결정 유도' 없음.
③	2, 4: '최 교수'와 '정 박사'의 발표
④	6: '… 방안을 말씀하셨는데요. 그렇다면 … 에는 무엇이 있을까요?'

풀이 비법 4 발화 내용을 확인해 적절한 선택지를 찾아라!

① 학술적인 주제인 '통일 시대의 남북한 언어가 나아갈 길'은 사회자의 발언을 통해 확인할 수 있다.
② 이 토의는 특정한 문제에 대하여 두 사람 이상의 전문가가 서로 다른 각도에서 의견을 발표하고 참석자의 질문에 답하는 형식의 심포지엄이다. 따라서 사회자는 발표자 간의 이견을 조정하거나 의사결정을 유도하지 않는다.
③ 최 교수는 남북한 언어 차이에 대한 연구가 지속되어야 함을, 정 박사는 남북한 언어의 차이를 줄이려는 방안으로 『겨레말큰사전』을 만드는 것과 같은 노력을 하고 있다는 견해를 밝히며 청중에게 주제에 관련된 정보를 제공하고 있다.
④ 청중 A는 '남북한 언어의 차이와 이를 극복하는 방안'이라는 발표자의 발표 내용을 확인하고, 토의 주제인 '통일 시대의 남북한 언어가 나아갈 길'과 관련하여 '통일 시대에 대비한 언어 정책'에 대해 질문을 하고 있다.

정답 ②

STUDY 14

연습 1 　병태 요정과 함께 풀기

다음 대화에 대한 설명으로 가장 적절한 것은? 　2022 지방직 9급

> A: 예은 씨. 오늘 회의 내용을 팀원들에게 공유해 주시면 좋겠네요.
> B: 네. 알겠습니다. 팀장님, 오늘 회의 내용을 요약 정리해서 메일로 공유하면 되겠지요?
> A: (고개를 끄덕이며) 맞습니다.
> B: 네. 그럼 회의 내용은 개조식으로 요약하고, 팀장님을 포함해서 전체 팀원에게 메일로 보내도록 하겠습니다.
> A: 예은 씨. 그런데 개조식으로 회의 내용을 요약하는 방식에는 문제가 있지 않을까요?
> B: (고개를 끄덕이며) 그렇겠네요. 개조식으로 요약할 경우 회의 내용이 과도하게 생략되어 이해가 어려울 수 있겠네요.

① A는 B에게 내용 요약 방식을 제안하고 있다.
② A와 B는 대화 중에 공감의 표지를 드러내며 상대방의 말을 듣고 있다.
③ B는 회의 내용 요약 방식에 대한 A의 문제 제기에 대해 자신이 다른 입장임을 드러내고 있다.
④ A는 개조식 요약 방식이 회의 내용을 과도하게 생략하여 이해에 어려움을 줄 수 있다고 명시하고 있다.

연습 2 　혼자서 눈으로 계속 연습하기

다음 대화에 대한 설명으로 가장 적절한 것은? 　2022 지방직 9급

> A: 예은 씨. 오늘 회의 내용을 팀원들에게 공유해 주시면 좋겠네요.
> B: 네. 알겠습니다. 팀장님, 오늘 회의 내용을 요약 정리해서 메일로 공유하면 되겠지요?
> A: (고개를 끄덕이며) 맞습니다.
> B: 네. 그럼 회의 내용은 개조식으로 요약하고, 팀장님을 포함해서 전체 팀원에게 메일로 보내도록 하겠습니다.
> A: 예은 씨. 그런데 개조식으로 회의 내용을 요약하는 방식에는 문제가 있지 않을까요?
> B: (고개를 끄덕이며) 그렇겠네요. 개조식으로 요약할 경우 회의 내용이 과도하게 생략되어 이해가 어려울 수 있겠네요.

① A는 B에게 내용 요약 방식을 제안하고 있다.
② A와 B는 대화 중에 공감의 표지를 드러내며 상대방의 말을 듣고 있다.
③ B는 회의 내용 요약 방식에 대한 A의 문제 제기에 대해 자신이 다른 입장임을 드러내고 있다.
④ A는 개조식 요약 방식이 회의 내용을 과도하게 생략하여 이해에 어려움을 줄 수 있다고 명시하고 있다.

지문을 한눈에

회의 내용 요약 방식	A	B
	회의 내용을 개조식으로 요약하는 것에 대해 문제 제기	A의 문제 제기에 대해 B는 동의한 후 개조식 요약에 문제점을 밝히고 있음.

실전 기출 화법과 작문 2

01
다음 대화에 대한 설명으로 가장 적절한 것은?

지문 제재 | 대화
2022 지방직 9급

> A¹: 예은 씨. [오늘 회의 내용을 팀원들에게 공유해 주시면 좋겠네요.](A는 B가 부담을 덜 느끼도록 공손하게 말하고 있다(요령의 격률))
> B¹: [네. 알겠습니다. 팀장님, 오늘 회의 내용을 요약 정리해서 메일로 공유하면 되겠지요?](B는 상대방이 한 말의 의미를 재구성하여 말하는 적극적 들어 주기를 하고 있음. 공감하며 듣는 방법)
> A²: [(고개를 끄덕이며) 맞습니다.](A는 비언어적 표현을 활용하여 상대방의 말에 집중하고 있음을 보여 주는 소극적 들어 주기를 하고 있다. 이는 의사소통을 원활하게 만듦)
> B²: 네. 그럼 회의 내용은 개조식(個條式, 글을 쓸 때에 글 앞에 번호를 붙여 가며 중요한 요점이나 단어를 나열하는 방식)으로 요약하고, 팀장님을 포함해서 전체 팀원에게 메일로 보내도록 하겠습니다.
> A³: 예은 씨. [그런데 개조식으로 회의 내용을 요약하는 방식에는 문제가 있지 않을까요?](A는 회의 내용의 요약 방식에 대한 문제를 제기함)
> B³: [(고개를 끄덕이며) 그렇겠네요.](B는 A의 문제 제기에 대해 동의하고 있음(동의의 격률). B는 몸짓이나 표정으로 상대방의 말에 집중하고 있음을 보여 주는 소극적 들어 주기를 하고 있음. 공감하며 대화한다는 것은 '상대방의 생각에 자신도 그렇다고 느끼면서 대화하는 것'이라고 할 수 있음) 개조식으로 요약할 경우 회의 내용이 과도(過度, 정도에 지나침)하게 생략되어 이해가 어려울 수 있겠네요.

① A(×)는 B에게 내용 요약 방식을 제안하고 있다.(근거 B²)
❷ A와 B는 대화 중에 공감의 표지를 드러내며 상대방의 말을 듣고 있다.(근거 A², B³ 비언어적 표현(고개를 끄덕이며))
③ B는 회의 내용 요약 방식에 대한 A의 문제 제기에 대해 자신이 다른(×) 입장임을 드러내고 있다.(근거 A³, B³)
④ A(×)는 개조식 요약 방식이 회의 내용을 과도하게 생략하여 이해에 어려움을 줄 수 있다고 명시하고 있다.(근거 B³)

단계별 풀이 비법

풀이 비법 1 발문으로 유형을 확인하라!
말하기가 이루어지는 의사소통의 상황에서, 담화 참여자의 태도를 파악할 때는 말하기가 이루어지고 있는 상황뿐 아니라 발화의 내용과 화자의 의도 등도 함께 고려하여 선택지의 적절성 여부를 판단해야 한다.

풀이 비법 2 말하기 방식에 주목하며 담화의 중심 내용을 찾아라!
중심 화제 회의 내용 요약 방식
중심 내용 개조식으로 요약할 경우 회의 내용이 과도하게 생략되어 이해하기 어렵다.

A¹	회의 내용을 팀원들에게 공유해 달라고 요구함.
B¹	제안 승낙 후 회의 내용을 요약해서 공유하겠다고 함.
A²	비언어적 표현과 언어적 표현을 통해 공감함.
B²	개조식으로 회의 내용을 요약해서 공유하겠다고 함.
A³	회의 내용의 요약 방식에 대한 의문을 제기함.
B³	A의 문제 제기에 대해 공감함.

풀이 비법 3 말하기 방식과 연관되는 선택지의 핵심 내용을 파악하라!

선지	관련 정보
①	B²: '회의 내용은 개조식으로 요약하고'
②	A², B³: '(고개를 끄덕이며)'
③	A³, B³: '문제가 있지 않을까요?', '(고개를 끄덕이며) 그렇겠네요.'
④	B³: '개조식으로 요약할 경우 회의 내용이 과도하게 생략되어 이해가 어려울 수 있겠네요.'

풀이 비법 4 선택지의 적절성을 판단하라!
① B가 A에게 요약 방식을 말했고, A는 개조식으로 회의 내용을 요약하는 것은 문제가 있을 것 같다고 의문을 나타내고 있다.
② A와 B는 고개를 끄덕이는 행동을 통해 공감의 표지를 드러내고 있다.
③ A의 문제 제기에 대해 B는 동의하고 있다.
④ '개조식으로 요약할 경우 회의 내용이 과도하게 생략되어 이해가 어려울 수 있다'고 말한 사람은 B다.

정답 ②

개념 PLUS 공감하며 듣는 방법

소극적 들어 주기	몸짓이나 표정으로 상대방의 말에 집중하고 있음을 보여 주기, 상대방이 말을 이어 갈 수 있게 격려하기
적극적 들어 주기	상대방이 한 말을 요약하여 말해 주기, 상대방이 한 말의 의미를 재구성하여 말해 주기

실전 기출 — 화법과 작문 2

학습일: 월 일 풀이 시간: 1분 이내

연습 1 병태 요정과 함께 풀기

다음 대화에서 나타난 '지민'의 의사소통 방식으로 가장 적절한 것은?

2022 국가직 9급

> 정수: 지난번에 너랑 같이 들었던 면접 전략 강의가 정말 유익했어.
> 지민: 그랬어? 나도 그랬는데.
> 정수: 특히 아이스크림 회사의 면접 내용이 도움이 많이 됐어.
> 지민: 맞아. 그중에서도 두괄식으로 답변하라는 첫 번째 내용이 정말 인상적이더라. 핵심 내용을 먼저 말하는 전략이 면접에서 그렇게 효과적일 줄 몰랐어.
> 정수: 어! 그래? 나는 두 번째 내용이 훨씬 더 인상적이었는데.
> 지민: 그랬구나. 하긴 아이스크림 매출 증가에 관한 통계 자료를 인용해서 답변한 전략도 설득력이 있었어. 하지만 초두 효과의 효용성도 크지 않을까 해.
> 정수: 그렇긴 해.

① 자신의 면접 경험을 예로 들어 상대방을 설득하고 있다.
② 상대방의 약점을 공략하며 상대방의 이견을 반박하고 있다.
③ 상대방의 견해를 존중하면서 자신의 의견을 제시하고 있다.
④ 상대방과의 갈등 해소를 위해 자신의 감정을 표현하고 있다.

연습 2 혼자서 눈으로 계속 연습하기

다음 대화에서 나타난 '지민'의 의사소통 방식으로 가장 적절한 것은?

2022 국가직 9급

> 정수: 지난번에 너랑 같이 들었던 면접 전략 강의가 정말 유익했어.
> 지민: 그랬어? 나도 그랬는데.
> 정수: 특히 아이스크림 회사의 면접 내용이 도움이 많이 됐어.
> 지민: 맞아. 그중에서도 두괄식으로 답변하라는 첫 번째 내용이 정말 인상적이더라. 핵심 내용을 먼저 말하는 전략이 면접에서 그렇게 효과적일 줄 몰랐어.
> 정수: 어! 그래? 나는 두 번째 내용이 훨씬 더 인상적이었는데.
> 지민: 그랬구나. 하긴 아이스크림 매출 증가에 관한 통계 자료를 인용해서 답변한 전략도 설득력이 있었어. 하지만 초두 효과의 효용성도 크지 않을까 해.
> 정수: 그렇긴 해.

① 자신의 면접 경험을 예로 들어 상대방을 설득하고 있다.
② 상대방의 약점을 공략하며 상대방의 이견을 반박하고 있다.
③ 상대방의 견해를 존중하면서 자신의 의견을 제시하고 있다.
④ 상대방과의 갈등 해소를 위해 자신의 감정을 표현하고 있다.

지문을 한눈에

면접 전략 강의에 대한 견해

- **정수**: 면접 전략 강의 중 아이스크림 회사의 면접 내용이 도움이 됐고, 통계 자료를 인용하는 두 번째 내용이 인상적이었음.

↔

- **지민**:
  · 두괄식으로 답변하라!는 첫 번째 내용이 인상적임.
  · 통계 자료를 인용한 전략도 설득력이 있지만 두괄식의 초두 효과의 효용성도 큼.

실전 기출 화법과 작문 2

02

지문 제재 사회

다음 대화에서 나타난 '지민'의 의사소통 방식으로 가장 적절한 것은?

2022 국가직 9급

> ¹정수: 지난번에 너랑 같이 들었던 면접 전략(戰略, 정치, 경제 따위의 사회적 활동을 하는 데 필요한 책략) 강의가 정말 유익(有益, 이롭거나 도움이 될 만한 것이 있음)했어.
> ¹지민: [그랬어? 나도 그랬는데.] (공손성의 원리 중 동의의 격률 사용)
> ²정수: 특히 아이스크림 회사의 면접 내용이 도움이 많이 됐어.
> ²지민: 맞아. 그중에서도 두괄식으로 답변하라!는 첫 번째 내용이 정말 인상적이더라. 핵심 내용을 먼저 말하는 전략이 면접에서 그렇게 효과적일 줄 몰랐어.
> ³정수: [어! 그래? 나는 두 번째 내용이 훨씬 더 인상적이었는데.] (첫 번째 내용이 인상적이라는 지민과 의견과 다름)
> ³지민: 그랬구나. 하긴 아이스크림 매출(賣出, 물건 따위를 내다 파는 일) 증가(增加, 양이나 수치가 늚.)에 관한 통계(統計, 어떤 현상을 종합적으로 한눈에 알아보기 쉽게 일정한 체계에 따라 숫자로 나타냄) 자료를 인용(引用, 남의 말이나 글을 자신의 말이나 글 속에 끌어 씀)해서 답변한 전략도 설득력이 있었어 (동의). 하지만 초두 효과(初頭效果, 맨 처음에 제시된 정보가 나중에 제시된 정보보다 더 잘 기억되는 효과)의 효용성(效用性, 쓸모나 보람이 있는 성질)도 크지 않을까 해. (자신의 의견 말하기) (의견이 다를 때, 정수의 의견에서 동의하는 부분을 찾아 인정해 준 다음에 지민 자신의 의견을 말하고 있음)
> ⁴정수: [그렇긴 해.] (동의의 격률)

① 자신의 면접 경험(×)을 예로 들어 상대방을 설득하고 있다. (근거 1 정수)
② 상대방의 약점을 공략하며(×) 상대방의 이견을 반박(×)하고 있다. (근거 3 정수)
❸ 상대방의 견해를 존중하면서 자신의 의견을 제시하고 있다. (근거 3 지민)
④ 상대방과의 갈등(×) 해소를 위해 자신의 감정을 표현(×)하고 있다. (근거 3 지민)

단계별 풀이 비법

풀이 비법 1 발문으로 유형을 확인하라!

말하기가 이루어지는 의사소통의 상황에서, 담화 참여자의 태도를 파악할 때는 말하기가 이루어지고 있는 상황뿐 아니라 발화의 내용과 화자의 의도 등도 함께 고려하여 선택지의 적절성 여부를 판단해야 한다.

풀이 비법 2 무엇(화제)에 대해 말하고 있는지 파악하라!

중심 화제 면접 전략 강의에 대한 의견
중심 내용 면접 전략 강의에 대해 인상적인 부분이 달랐지만 수의 의견에서 동의하는 부분을 찾아 인정해 준 다음에 지민 자신의 의견을 말하고 있다.

풀이 비법 3 지문에서 선택지 내용과 관련된 정보를 찾아 정리하라!

선지	관련 정보
①	근거 1: 정수 – 면접 전략 강의
②	근거 3: 정수
③	근거 3: 지민 – 그랬구나. 하지만~
④	근거 3: 지민 – 그랬구나. 하지만~

풀이 비법 4 선택지의 일치 여부를 판단하라!

① '지민'은 면접 전략 강의를 통해 얻은 내용을 토대로 의사소통을 하고 있다.
② 상대방의 약점을 공략해 이견을 반박한 적은 없다.
③ 지민은 '그랬어? 나도 그랬는데', '맞아', '그랬구나' 등의 표현을 통해 상대방과 나의 일치점을 강조하는 동의의 격률을 사용해 상대방의 견해를 존중하지만 '초두 효과의 효용성도 크지 않을까 해.'와 같이 자신의 의견도 제시하고 있다.
④ 세 번째 대화에서 지민과 정수의 의견이 달랐지만 갈등은 일어나지 않았고 자신들의 감정을 표현하지도 않았다.

정답 ③

실전 기출 — 화법과 작문 2

연습 1 병태 오정과 함께 풀기

다음 글의 '동기화 단계 조직'에 따라 (가) ~ (마)를 배열한 것으로 가장 적절한 것은?
2022 국가직 9급

> 설득하는 말하기의 메시지를 조직하는 방법으로 '동기화 단계 조직'이 있다. 이 방법의 세부 단계는 다음과 같다.
> - 1단계: 주제에 대한 청자의 주의나 관심을 환기한다.
> - 2단계: 특정 문제를 청자와 관련지어 설명함으로써 청자의 요구나 기대를 자극한다.
> - 3단계: 해결 방안을 제시하여 청자의 이해와 만족을 유도한다.
> - 4단계: 해결 방안이 청자에게 어떤 도움이 되는지 구체화한다.
> - 5단계: 구체적인 행동의 내용과 방법을 제시하여 특정 행동을 요구한다.

> (가) 지난주 제 친구는 일을 마친 후 자전거를 타고 집으로 돌아오다가 사고를 당해 머리를 다쳤습니다.
> (나) 여러분이 자전거를 탈 때 헬멧을 착용하면 머리를 보호할 수 있습니다.
> (다) 아마 여러분도 가끔 자전거를 타는 경우가 있을 것입니다. 그런데 매년 2천여 명이 자전거를 타다가 머리를 다쳐 고생한다고 합니다.
> (라) 만약 자전거를 타는 모든 사람이 헬멧을 착용한다면 자전거 사고를 당해도 뇌손상을 비롯한 신체 피해를 75% 줄일 수 있습니다. 또 자전거 타기가 주는 즐거움과 편리함을 안전하게 누릴 수 있습니다.
> (마) 자전거를 탈 때는 안전을 위해서 반드시 헬멧을 착용하시기 바랍니다.

① (가) - (나) - (다) - (라) - (마)
② (가) - (다) - (나) - (라) - (마)
③ (가) - (다) - (라) - (나) - (마)
④ (가) - (라) - (다) - (나) - (마)

연습 2 혼자서 눈으로 계속 연습하기

다음 글의 '동기화 단계 조직'에 따라 (가) ~ (마)를 배열한 것으로 가장 적절한 것은?
2022 국가직 9급

> 설득하는 말하기의 메시지를 조직하는 방법으로 '동기화 단계 조직'이 있다. 이 방법의 세부 단계는 다음과 같다.
> - 1단계: 주제에 대한 청자의 주의나 관심을 환기한다.
> - 2단계: 특정 문제를 청자와 관련지어 설명함으로써 청자의 요구나 기대를 자극한다.
> - 3단계: 해결 방안을 제시하여 청자의 이해와 만족을 유도한다.
> - 4단계: 해결 방안이 청자에게 어떤 도움이 되는지 구체화한다.
> - 5단계: 구체적인 행동의 내용과 방법을 제시하여 특정 행동을 요구한다.

> (가) 지난주 제 친구는 일을 마친 후 자전거를 타고 집으로 돌아오다가 사고를 당해 머리를 다쳤습니다.
> (나) 여러분이 자전거를 탈 때 헬멧을 착용하면 머리를 보호할 수 있습니다.
> (다) 아마 여러분도 가끔 자전거를 타는 경우가 있을 것입니다. 그런데 매년 2천여 명이 자전거를 타다가 머리를 다쳐 고생한다고 합니다.
> (라) 만약 자전거를 타는 모든 사람이 헬멧을 착용한다면 자전거 사고를 당해도 뇌손상을 비롯한 신체 피해를 75% 줄일 수 있습니다. 또 자전거 타기가 주는 즐거움과 편리함을 안전하게 누릴 수 있습니다.
> (마) 자전거를 탈 때는 안전을 위해서 반드시 헬멧을 착용하시기 바랍니다.

① (가) - (나) - (다) - (라) - (마)
② (가) - (다) - (나) - (라) - (마)
③ (가) - (다) - (라) - (나) - (마)
④ (가) - (라) - (다) - (나) - (마)

지문을 한눈에

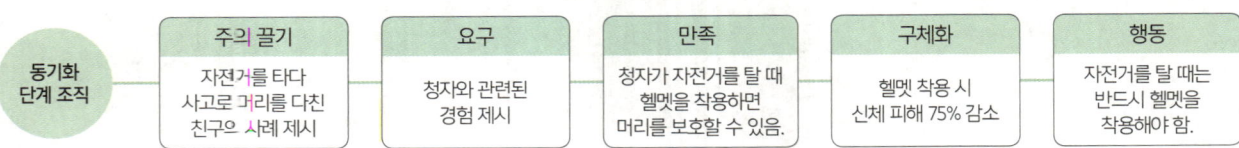

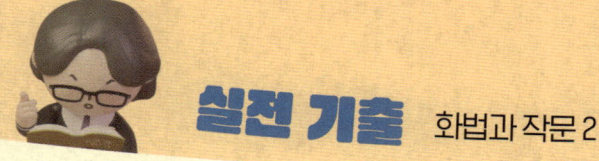

실전 기출 화법과 작문 2

03

지문 제재 | 작문

다음 글의 '동기화 단계 조직'에 따라 (가)~(마)를 배열한 것으로 가장 적절한 것은?

2022 국가직 9급

> ¹설득하는 말하기의 메시지를 조직하는 방법으로 '동기화 단계 조직(청자나 독자의 마음이 움직이는 과정)'이 있다. ²이 방법의 세부 단계는 다음과 같다.
> - 1단계: 주제에 대한 청자의 주의나 관심을 환기(喚起, 주의나 여론, 생각 따위를 불러일으킴)한다.(주의 끌기)
> - 2단계: 특정 문제를 청자와 관련지어 설명함으로써 청자의 요구나 기대를 자극한다.(요구)
> - 3단계: 해결 방안을 제시하여 청자의 이해와 만족을 유도(誘導, 사람이나 물건을 목적한 장소나 방향으로 이끎.)한다.(해결 방안 제시)
> - 4단계: 해결 방안이 청자에게 어떤 도움이 되는지 구체화(具體化, 구체적인 것으로 됨)한다.(해결 방안 구체화)
> - 5단계: 구체적인 행동의 내용과 방법을 제시하여 특정 행동을 요구한다.(행동 촉구)

(가) 지난주 제 친구는 일을 마친 후 자전거를 타고 집으로 돌아오다가 [사고를 당해 머리를 다쳤습니다.](1단계 주의 끌기: 청자의 흥미와 호기심을 자극함으로써 청자의 주의나 관심을 이끌어 냄)

(나) 여러분이 자전거를 탈 때 [헬멧을 착용하면 머리를 보호할 수 있습니다.](3단계 해결 방안 제시: 청자의 요구나 기대에 부합하는 문제의 해결 방안을 제시함으로써 청자의 만족감을 높임)

(다) [아마 여러분도 가끔 자전거를 타는 경우가 있을 것입니다.](2단계 주제와 관련된 경험을 청자와 관련지어 설명함으로써 청자의 요구나 기대를 자극하고 강화함) 그런데 매년 2천여 명이 자전거를 타다가 머리를 다쳐 고생한다고 합니다.

(라) 만약 자전거를 타는 모든 사람이 헬멧을 착용한다면 자전거 사고를 당해도 [뇌손상을 비롯한 신체 피해를 75% 줄일 수 있습니다.](4단계 해결 방안 구체화: 해결 방안이 청자에게 어떤 도움과 이익을 주는지를 구체화함) 또 자전거 타기가 주는 즐거움과 편리함을 안전하게 누릴 수 있습니다.

(마) 자전거를 탈 때는 안전을 위해서 반드시 [헬멧을 착용하시기 바랍니다.](5단계 특정 행동 요구: 어떻게 해야 할 것인지를 설명하고, 행동을 요구함)

① (가) - (나) - (다) - (라) - (마)
❷ (가) - (다) - (나) - (라) - (마)
③ (가) - (다) - (라) - (나) - (마)
④ (가) - (라) - (다) - (나) - (마)

단계별 풀이 비법

풀이 비법 1 발문으로 유형을 확인하라!

'동기화 단계 조직'에 따라 (가)~(마)의 배열로 적절한 것을 묻고 있으므로 각 단계에 맞게 배열하는 유형임을 알 수 있다.

풀이 비법 2 무엇(화제)에 대해 말하고 있는지 파악하라!

중심 화제 자전거를 탈 때 헬멧을 착용해야 한다
중심 내용 자전거를 탈 때 헬멧을 착용한다면 신체 피해를 줄일 수 있으므로 반드시 헬멧을 착용해야 한다.

풀이 비법 3 지문에서 선택지 내용과 관련된 정보를 찾아 정리하라!

	관련 정보
(가)	자전거를 타다 사고로 머리를 다침: 1단계
(나)	헬멧을 착용하면 머리를 보호할 수 있음: 3단계
(다)	아마 여러분도 가끔 자전거를 타는 경우: 2단계
(라)	신체 피해를 75% 줄일 수 있음: 4단계
(마)	자전거 탈 때는 반드시 헬멧을 착용해야 함: 5단계

풀이 비법 4 논리적 흐름에 맞게 배열하라!

1단계: (가) 친구의 자전거 사고 이야기를 통해 '자전거를 탈 때 헬멧을 착용해야 한다'는 주장에 대한 청자의 관심을 환기하고 있다. → 2단계: (다) 청자의 경험과 관련지어 설명하고 있다. → 3단계: (나) 신체 피해를 막기 위해 헬멧을 착용하는 해결 방안을 제시하고 있다. → 4단계: (라) 헬멧을 착용할 경우 신체 피해를 줄일 수 있음을 수치로 제시하여 구체화하고 있다. → 5단계: (마) 자전거를 탈 때는 반드시 헬멧을 착용해야 한다는 행동을 요구하고 있다.

정답 ②

연습 1 병태 요정과 함께 풀기

다음 대화에 대한 설명으로 적절하지 않은 것은? 2022 국가직 9급

> 이진: 태민아, ㉠이 책 읽어 봤니?
> 태민: 아니, ㉡그 책은 아직 읽어 보지 못했어.
> 이진: 그렇구나. 이 책은 작가의 문체가 독특해서 읽어 볼 만해.
> 태민: 응, 꼭 읽어 볼게. 한 권 더 추천해 줄래?
> 이진: 그럼 ㉢저 책은 어때? 한국 대중문화를 다양한 시각에서 다룬 재미있는 책이야.
> 태민: 그래, ㉣그 책도 함께 읽어 볼게.
> 이진: (두 책을 들고 계산대로 간다.) 읽어 보겠다고 하니, 생일 선물로 ㉤이 책 두 권 사 줄게.
> 태민: 고마워. 잘 읽을게.

① ㉠은 청자보다 화자에게, ㉡은 화자보다 청자에게 가까이 있는 대상을 가리킨다.
② ㉢은 화자보다 청자에게 멀리 있는 대상을 가리킨다.
③ ㉢과 ㉣은 같은 대상을 가리킨다.
④ ㉡, ㉤은 ㉠과 ㉢과 모두를 가리킨다.

연습 2 혼자서 눈으로 계속 연습하기

다음 대화에 대한 설명으로 적절하지 않은 것은? 2022 국가직 9급

> 이진: 태민아, ㉠이 책 읽어 봤니?
> 태민: 아니, ㉡그 책은 아직 읽어 보지 못했어.
> 이진: 그렇구나. 이 책은 작가의 문체가 독특해서 읽어 볼 만해.
> 태민: 응, 꼭 읽어 볼게. 한 권 더 추천해 줄래?
> 이진: 그럼 ㉢저 책은 어때? 한국 대중문화를 다양한 시각에서 다룬 재미있는 책이야.
> 태민: 그래, ㉣그 책도 함께 읽어 볼게.
> 이진: (두 책을 들고 계산대로 간다.) 읽어 보겠다고 하니, 생일 선물로 ㉤이 책 두 권 사 줄게.
> 태민: 고마워. 잘 읽을게.

① ㉠은 청자보다 화자에게, ㉡은 화자보다 청자에게 가까이 있는 대상을 가리킨다.
② ㉢은 화자보다 청자에게 멀리 있는 대상을 가리킨다.
③ ㉢과 ㉣은 같은 대상을 가리킨다.
④ ㉡, ㉤은 ㉠과 ㉢과 모두를 가리킨다.

지문을 한눈에

지시 표현	이것, 이, 이리, 여기	그것, 그, 그리, 거기	저것, 저, 저리, 저기
	화자에게 가까운 대상이나 장소를 가리킬 때	화자에게서는 멀지만 청자에게는 가까운 대상이나 장소를 가리킬 때	화자와 청자 모두에게서 멀리 떨어져 있는 대상이나 장소를 가리킬 때

※ **대용 표현**: 화자 또는 청자의 말에서 언급된 것을 다시 가리킬 때 쓰이며, 앞뒤 발화의 내용을 긴밀하게 연결시켜 줌. '이'와 '그' 계통의 것들이 사용됨.

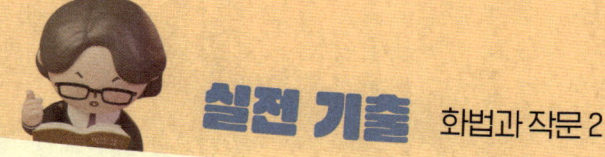

04

다음 대화에 대한 설명으로 적절하지 않은 것은?

지문 제재 | 지시 표현
2022 국가직 9급

> ¹이진: 태민아, ㉠【이】(지시 관형사로 화자와 가까운 표현) 책 읽어 봤니?
> ¹태민: 아니, ㉡【그】(청자와 가까운 지시 표현) 책은 아직 읽어 보지 못했어.
> ²이진: 그렇구나. 【이】(㉠, ㉡) 책은 작가의 문체가 독특해서 읽어 볼 만해.
> ²태민: 응, 꼭 읽어 볼게. 한 권 더 추천해 줄래?
> ³이진: 그럼 ㉢【저】(화자와 청자로부터 먼 지시 표현) 책은 어때? 한국 대중문화를 다양한 시각에서 다룬 재미있는 책이야.
> ³태민: 그래, ㉣【그】(앞에서 이미 이야기한 대상을 가리키는 대용 표현) 책도 함께 읽어 볼게.
> ⁴이진: (두 책을 들고 계산대로 간다.) 읽어 보겠다고 하니, 생일 선물로 ㉤이 책 두 권 사 줄게.
> ⁴태민: 고마워. 잘 읽을게.

① ㉠은 청자보다 화자에게, ㉡은 화자보다 청자에게 가까이 있는 대상을 가리킨다.(근거 1 이진, 1 태민)
❷ ㉢은 화자보다(×) 청자에게 멀리 있는 대상을 가리킨다.(근거 3 이진)
③ ㉢과 ㉣은 같은 대상을 가리킨다.(근거 3 이진, 3 태민)
㉡㉤은 ㉡과 ㉣ 모두를 가리킨다.(근거 1 태민, 3 이진, 4 이진)

단계별 풀이 비법

풀이 비법 1 발문으로 유형을 확인하라!

이, 그, 저로 대표되는 지시 표현은 해당 사물을 지칭하면서도 본래 명칭으로 표현되는 것이 아니기 때문에 반드시 앞 뒤 장면을 통해서만 구체적인 내용을 확인해야 한다. 이들은 화자와 청자로부터 거리에 따라 사물, 장소, 동작, 상태 등을 지시하는 다양한 표현이 존재한다-. '이'는 화자와 가까이 있는 대상, '그'는 청자와 가까이 있는 대상, '저'는 화자와 청자로부터 멀리 있는 대상일 때 사용된다.

풀이 비법 2 무엇(화제)에 대해 말하고 있는지 파악하라!

중심 화제 이, 그, 저
중심 내용

1~2	이진이 태민에게 작가의 문체가 독특하다며 책 추천하고 태민이 한 권 더 추천해 달라고 함.
3~4	이진이 한국 대중문화를 다양한 시각에서 다룬 책을 추천한 후 두 책을 모두 선물함

풀이 비법 3 지문에서 선택지 내용과 관련된 정보를 찾아 정리하라!

선지	관련 정보
①	¹이진, ¹태민, ㉠, ㉡
②	³이진 ㉢
③	³이진, ³태민 ㉢ 한국 대중문화를 다양한 시각에서 다룬 재미있는 책 ㉣ 그래, ~
④	⁴이진 ㉤ (두 책을 들고 계산대로 간다.) 이 책 두 권

풀이 비법 4 부합하는 선택지를 찾아라!

① ㉠ '이 책'의 '이'는 '화자와 가까이 있거나 화자가 생각하고 있는 대상을 가리킬 때 쓰는' 지시 관형사이고 ㉡ '그 책'의 '그'는 '청자와 가까이 있거나 청자가 생각하고 있는 대상을 가리킬 때 쓰는' 지시 관형사이다. 따라서 ㉠은 화자와, ㉡은 청자와 가까이 있는 대상을 가리킨다.
② ㉢ '저 책'의 '저'는 '화자와 청자로부터 멀리 있는 대상을 가리킬 때 쓰는 말'이다.
③ ³이진이 '㉢저 책'은 어떠냐고 묻고, ³태민이 '㉣그 책'도 읽어 본다고 했으므로 ㉢과 ㉣은 모두 '한국 대중문화를 다양한 시각에서 다룬 재미있는 책'을 뜻한다.
④ '⁴이진'이 두 책을 들고 계산대로 간다고 하였으므로 '㉤이 책'은 ㉡과 ㉣ 모두를 가리킨다.

정답 ②

실전 기출 — 화법과 작문 2

학습일: 월   일   풀이 시간: 1분 이내

연습 1 병태 요정과 함께 풀기

㉠~㉣은 '공손하게 말하기'에 대한 설명이다. ㉠~㉣을 적용한 B의 대답으로 적절하지 않은 것은?   2021 국가직 9급

> ㉠ 자신을 상대방에게 낮추어 겸손하게 말해야 한다.
> ㉡ 상대방의 처지를 고려하여 상대방이 부담을 갖지 않도록 말해야 한다.
> ㉢ 상대방이 관용을 베풀 수 있도록 문제를 자신의 탓으로 돌려 말해야 한다.
> ㉣ 상대방의 의견에서 동의하는 부분을 찾아 인정해 준 다음에 자신의 의견을 말해야 한다.

① ㉠ A: "이번에 제출한 디자인 시안 정말 멋있었어."
   B: "아닙니다. 아직도 여러모로 부족한 부분이 많습니다."
② ㉡ A: "미안해요. 생각보다 길이 많이 막혀서 늦었어요."
   B: "괜찮아요. 쇼핑하면서 기다리니 시간 가는 줄 몰랐어요."
③ ㉢ A: "혹시 내가 설명한 내용이 이해 가니?"
   B: "네 목소리가 작아서 내용이 잘 안 들렸는데 다시 한 번 크게 말해 줄래?"
④ ㉣ A: "가원아, 경희 생일 선물로 귀걸이를 사주는 것은 어때?"
   B: "그거 좋은 생각이네. 하지만 경희의 취향을 우리가 잘 모르니까 귀걸이 대신 책을 선물하는 게 어떨까?"

연습 2 혼자서 눈으로 계속 연습하기

㉠~㉣은 '공손하게 말하기'에 대한 설명이다. ㉠~㉣을 적용한 B의 대답으로 적절하지 않은 것은?   2021 국가직 9급

> ㉠ 자신을 상대방에게 낮추어 겸손하게 말해야 한다.
> ㉡ 상대방의 처지를 고려하여 상대방이 부담을 갖지 않도록 말해야 한다.
> ㉢ 상대방이 관용을 베풀 수 있도록 문제를 자신의 탓으로 돌려 말해야 한다.
> ㉣ 상대방의 의견에서 동의하는 부분을 찾아 인정해 준 다음에 자신의 의견을 말해야 한다.

① ㉠ A: "이번에 제출한 디자인 시안 정말 멋있었어."
   B: "아닙니다. 아직도 여러모로 부족한 부분이 많습니다."
② ㉡ A: "미안해요. 생각보다 길이 많이 막혀서 늦었어요."
   B: "괜찮아요. 쇼핑하면서 기다리니 시간 가는 줄 몰랐어요."
③ ㉢ A: "혹시 내가 설명한 내용이 이해 가니?"
   B: "네 목소리가 작아서 내용이 잘 안 들렸는데 다시 한 번 크게 말해 줄래?"
④ ㉣ A: "가원아, 경희 생일 선물로 귀걸이를 사주는 것은 어때?"
   B: "그거 좋은 생각이네. 하지만 경희의 취향을 우리가 잘 모르니까 귀걸이 대신 책을 선물하는 게 어떨까?"

지문을 한눈에

공손하게 말하기	겸양의 격률	요령의 격률	관용의 격률	동의의 격률
	자신을 낮추어 겸손하게 말하기	상대방이 부담을 갖지 않도록 말하기	문제를 자신의 탓으로 돌려 말하기	상대방의 의견에 동의한 다음 자신의 의견 말하기

실전 기출 화법과 작문 2

05

지문 제재 | 화법

㉠~㉣은 '공손하게 말하기'에 대한 설명이다. ㉠~㉣을 적용한 B의 대답으로 적절하지 않은 것은?

2021 국가직 9급

> ㉠ 자신을 상대방에게 낮추어 겸손하게 말해야 한다. → 겸양의 격률(자신에 대한 칭찬을 최소화)
> ㉡ 상대방의 처지를 고려하여 상대방이 부담을 갖지 않도록 말해야 한다.
> → 요령의 격률(상대방에게 부담이 되는 표현은 최소화, 이익이 되는 표현은 최대화)
> ㉢ 상대방이 관용을 베풀 수 있도록 문제를 자신의 탓으로 돌려 말해야 한다. → 관용의 격률(자신에게 혜택이 되는 표현은 최소화, 부담이 되는 표현은 최대화)
> ㉣ 상대방의 의견에서 동의하는 부분을 찾아 인정해 준 다음에 자신의 의견을 말해야 한다. → 동의의 격률(상대방과의 차이점은 최소화, 일치점은 최대화)
> ▶ 공손하게 말하기

① ㉠ A: "이번에 제출한 디자인 시안 정말 멋있었어."
B: "아닙니다. 아직도 여러모로 부족한 부분이 많습니다."(겸손한 말하기)(근거 ㉠ 겸손하게 말해야 한다.)

② ㉡ A: "미안해요. 생각보다 길이 많이 막혀서 늦었어요."
B: "괜찮아요.(상대방에게 부담되는 표현 최소화) 쇼핑하면서 기다리니 시간 가는 줄 몰랐어요."(근거 ㉡ 상대방이 부담을 갖지 않도록 말해야 한다.)

③ ㉢ A: "혹시 내가 설명한 내용이 이해 가니?"
B: "네 목소리가 작아서 내용이 잘 안 들렸는데(×) 다시 한 번 크게 말해 줄래?"(근거 ㉢ 자신의 탓으로 돌려 말해야 한다.)

④ ㉣ A: "가원아, 경희 생일 선물로 귀걸이를 사주는 것은 어때?"
B: "그거 좋은 생각이네.(동의) 하지만 경희의 취향을 우리가 잘 모르니까 귀걸이 대신 책을 선물하는 게 어떨까?"(자신의 의견 말하기)(근거 ㉣ 상대방의 의견에 동의)

단계별 풀이 비법

풀이 비법 1 발문으로 유형을 먼저 확인하라!

'공손하게 말하기'에 대한 설명을 적용하여 적절하지 않은 대답을 찾는 문제이다. 이 유형의 문제를 빠르고 정확하게 풀기 위해서는 제시된 설명과 선택지의 대답을 비교하며 ○, ×로 표시한다.

풀이 비법 2 화제어와 중심 내용을 파악하라!

중심 화제 공손성의 원리
중심 내용 공손하고 예의 바르게 말하기

㉠ 겸양의 격률	자신을 낮추어 겸손하게 말하기
㉡ 요령의 격률	상대방이 부담을 갖지 않도록 말하기
㉢ 관용의 격률	문제를 화자 자신의 탓으로 돌려 말하기
㉣ 동의의 격률	상대방의 의견에 동의한 다음 자신의 의견 말하기

풀이 비법 3 지문에서 선택지 내용과 관련된 정보를 찾아 정리하라!

선지	관련 정보
①	㉠ '겸손하게'
②	㉡ '상대방이 부담을 갖지 않도록'
③	㉢ '자신의 탓'
④	㉣ '상대방의 의견에서 동의하는 부분을 … 인정'

풀이 비법 4 부합하는 선택지를 찾아라!

① 상대의 칭찬에 자신을 낮추어 겸손하게 말하고 있다.
② 기다리는 시간이 가는 줄 몰랐다며 상대방이 부담을 느끼지 않도록 배려하며 말하고 있다.
③ 문제를 자신의 탓으로 돌려 말하지 않고 상대방 탓으로 돌려 말하므로 관용의 격률을 어기고 있다. '내가 제대로 못 들었는데'나 '내가 귀가 안 좋아서 못 들었는데'로 말해야 관용의 격률을 지키는 것이다.
④ '그거 좋은 생각이'라고 동의한 다음 자신의 의견을 말하고 있다. **정답 ③**

개념 PLUS 대화의 원리

대화의 원리		
협력의 원리	양의 격률	필요한 만큼의 정보만 제공하기
	질의 격률	타당한 근거를 들어 진실을 말하기
	관련성의 격률	대화의 목적이나 주제와 관련된 것을 말하기
	태도의 격률	모호하거나 중의적인 표현을 피하고 간결하고 조리 있게 말하기
공손하게 말하기	요령의 격률	상대방이 부담을 갖지 않도록 말하기
	관용의 격률	문제를 자신의 탓으로 돌려 말하기
	칭찬의 격률	비방은 줄이고 상대를 칭찬하는 말하기
	겸양의 격률	자신을 상대방에게 낮추어 겸손하게 말하기
	동의의 격률	차이점을 말하기보다 일치점을 강조하여 말하기
공감적 듣기	소극적 들어주기	상대방에게 관심을 표명하면서 상대 말에 집중하고 격려하며 맞장구치기
	적극적 들어주기	청자가 화자의 말을 요약, 정리, 반영해 주는 역할을 통해 화자 스스로 문제를 해결할 수 있도록 도와주기

실전 기출 화법과 작문 2

연습 1 병태 요정과 함께 풀기

다음 대화에 대한 설명으로 적절한 것은? 2021 지방직 9급

> A: 지난번 제안서 프레젠테이션을 마친 후 "검토하고 연락드리겠습니다."라고 답변을 받았는데 아직 별다른 연락이 없어서 고민이에요.
> B: 어떤 연락을 기다리신다는 거예요?
> A: 해당 사업에 관하여 제 제안서를 승낙했다는 답변이잖아요. 그런데 후속 사업 진행을 위해 지금쯤 연락이 와야할텐데 싶어서요.
> B: 글쎄요. 보통 그런 상황에서는 완곡하게 거절하는 의사 표현이라 볼 수 있어요. 그리고 해당 고객이 제안서 내용은 정리가 잘되었지만, 요즘 같은 코로나 시기에는 이전과 동일한 사업적 효과가 있을지 궁금하다고 말한 것을 보면 알 수 있죠.
> A: 네, 기억납니다. 하지만 궁금하다고 말한 것이지 사업을 수용하지 않는다는 것은 아니지 않나요? 답변을 할 때도 굉장히 표정도 좋고 박수도 쳤는데 말이죠. 목소리도 부드러웠고요.

① A와 B는 고객의 답변에 대해 제안서 승낙이라는 의미로 동일하게 이해한다.
② A는 동일한 사업적 효과가 있을지 궁금하다는 표현을 제안한 사업에 대한 부정적 평가라고 판단한다.
③ B는 고객이 제안서에 의문을 제기한 내용을 근거로 고객의 답변에 대해 판단한다.
④ A는 비언어적 표현을 바탕으로 하여 고객의 답변을 제안서에 대한 완곡한 거절로 해석한다.

연습 2 혼자서 눈으로 계속 연습하기

다음 대화에 대한 설명으로 적절한 것은? 2021 지방직 9급

> A: 지난번 제안서 프레젠테이션을 마친 후 "검토하고 연락드리겠습니다."라고 답변을 받았는데 아직 별다른 연락이 없어서 고민이에요.
> B: 어떤 연락을 기다리신다는 거예요?
> A: 해당 사업에 관하여 제 제안서를 승낙했다는 답변이잖아요. 그런데 후속 사업 진행을 위해 지금쯤 연락이 와야할텐데 싶어서요.
> B: 글쎄요. 보통 그런 상황에서는 완곡하게 거절하는 의사 표현이라 볼 수 있어요. 그리고 해당 고객이 제안서 내용은 정리가 잘되었지만, 요즘 같은 코로나 시기에는 이전과 동일한 사업적 효과가 있을지 궁금하다고 말한 것을 보면 알 수 있죠.
> A: 네, 기억납니다. 하지만 궁금하다고 말한 것이지 사업을 수용하지 않는다는 것은 아니지 않나요? 답변을 할 때도 굉장히 표정도 좋고 박수도 쳤는데 말이죠. 목소리도 부드러웠고요.

① A와 B는 고객의 답변에 대해 제안서 승낙이라는 의미로 동일하게 이해한다.
② A는 동일한 사업적 효과가 있을지 궁금하다는 표현을 제안한 사업에 대한 부정적 평가라고 판단한다.
③ B는 고객이 제안서에 의문을 제기한 내용을 근거로 고객의 답변에 대해 판단한다.
④ A는 비언어적 표현을 바탕으로 하여 고객의 답변을 제안서에 대한 완곡한 거절로 해석한다.

지문을 한눈에

사업 제안서에 대한 승낙 여부	A	B
	B의 발화의 내용과 비언어적 표현을 통해 제안서를 승낙했다고 판단하여 후속 사업에 대해 문의	제안에 대해 사업적 효과에 의문을 제기하며 완곡하게 거절의 의사를 밝힘.

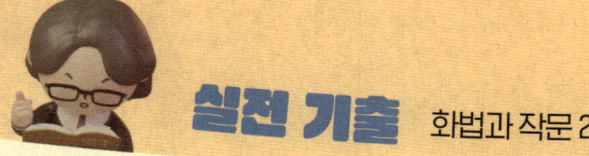

06

다음 대화에 대한 설명으로 적절한 것은?

지문 제재 | 화법
2021 지방직 9급

A¹: 지난번 제안서(提案書, 의견이나 원하는 바를 제안하는 문서) 프레젠테이션을 마친 후 ["검토하고 연락드리겠습니다(A가 제안서를 승낙했다고 생각한 근거)."]라고 답변을 받았는데 아직 별다른 연락이 없어서 고민이에요.(거절의 완곡한 표현을 이해하지 못함)

B¹: 어떤 연락을 기다리신다는 거예요?

A²: [해당 사업에 관하여 제 제안서를 승낙(承諾, 청하는 바를 들어줌)했다는 답변이잖아요.](거절을 이해하지 못하고 승낙으로 이해함) 그런데 후속 사업 진행을 위해 지금쯤 연락이 와야 할텐데 싶어서요.

B²: 글쎄요. 보통 그런 상황에서는 완곡하게(婉曲, 듣는 사람의 감정이 상하지 않도록 모나지 않고 부드럽게) 거절하는 의사 표현이라 볼 수 있어요. 그리고 해당 고객이 제안서 내용은 정리가 잘되었지만,[요즘 같은 코로나 시기에는 이전과 동일한 사업적 효과가 있을지 궁금하다(B가 거절의사를 밝혔다고 생각한 근거)고 말한 것을 보면 알 수 있죠.](사업적 효과에 의문을 제기하여 거절의 의사를 표함)

A³: 네, 기억납니다. 하지만 궁금하다고 말한 것이지 사업을 수용(受容, 어떠한 것을 받아들임)하지 않는다는 것은 아니지 않나요?[답변을 할 때도 굉장히 표정도 좋고 박수도 쳤는데 말이죠. 목소리도 부드러웠고요.](비언어적 표현을 바탕으로 고객의 답변을 제안서에 대한 승낙으로 수용함)

① A(승낙의 의미로 받아들임)와 B(완곡한 거절)는 고객의 답변에 대해 제안서 승낙이라는 의미로 동일하게(×) 이해한다.(근거-A¹, A², B¹)

② A(×)는 동일한 사업적 효과가 있을지 궁금하다는 표현을 제안한 사업에 대한 부정적 평가라고 판단한다.(근거-B²)

❸ B는 고객이 제안서에 의문을 제기한 내용을 근거로 고객의 답변에 대해 판단한다.(근거-B²)

④ A는 비언어적 표현을 바탕으로 하여 고객의 답변을 제안서에 대한 완곡한 거절(×)로 해석한다.(근거-A³)

단계별 풀이 비법

풀이 비법 1 발문으로 유형을 확인하라!

말하기가 이루어지는 의사소통의 상황에서, 담화 참여자의 태도를 파악할 때는 말하기가 이루어지고 있는 상황뿐 아니라 발화의 내용과 화자의 의도 등도 함께 고려하여 선택지의 적절성 여부를 판단해야 한다.

풀이 비법 2 말하기 방식에 주목하며 담화의 중심 내용을 찾아라!

중심 화제 제안서 승낙 여부
중심 내용

A¹	제안서 제출 후 답변에 대한 연락을 기다림.
A²	제안 승낙 후 후속 사업 진행 여부를 물음.
B²	제안에 대한 거절 의사를 밝혔다고 생각함.
A³	비언어적 표현을 근거로 제안을 승낙했다고 생각함.

풀이 비법 3 말하기 방식과 연관되는 선택지의 핵심 내용을 파악하라!

①	근거-A¹, A², B²: '검토하고 연락을 드리겠습니다', '제안서를 승낙', '거절하는 의사 표현'
②	근거-B²: '동일한 사업적 효과가 있을지 궁금하다고 말한 것을 보면 알 수 있죠.'
③	근거-B²: '요즘 같은 코로나 … 궁금하다고 말한 것을 보면 알 수 있죠'
④	근거-A³: '굉장히 표정도 좋고 박수도 쳤는데 말이죠. 목소리도 부드러웠고요'.

풀이 비법 4 지문의 내용을 확인해 적절한 선택지를 찾아라!

① '검토하고 연락을 드리겠습니다'라는 B의 답변에 대해, A는 제안서 승낙이라 이해했지만 B는 완곡한 거절이라 생각하였다.

② '동일한 사업적 효과가 있을지 궁금하다'라는 표현을 제안한 사업에 대한 부정적 평가라고 판단한 사람은 B이다.

③ B는 고객이 제안서에서 '코로나 시기에 이전과 동일한 사업적 효과가 있을지 궁금하다'라고 의문을 제기한 것을 근거로 A의 답변을 완곡하게 거절한 것으로 판단하였다

④ A는 표정, 몸짓(박수)과 같은 비(非)언어적 표현과 부드러운 목소리 같은 반(半)언어적 표현을 바탕으로 하여 B의 답변을 제안서에 대한 승낙이라고 생각하였다

정답 ③

실전 기출 — 화법과 작문 2

연습 1 병태 요정과 함께 풀기

다음에서 설명한 공감적 대화로 가장 적절한 것은? 2020 국가직 7급

> 대화는 화자와 청자 간에 이루어지는 상호 교섭적 행위이다. 공감적 대화를 하기 위해서는 상대방이 무엇을 생각하고 느끼고 필요로 하는지에 대해 귀 기울여 들을 수 있어야 한다. 진정한 공감은 상대방에게 잘못을 지적하거나 해결책을 제시하거나 조언을 해주는 것이 아니라 상대방의 경험을 존중하고 이해해 주는 것이다.

① 가: 요즘 집중력이 떨어지는 것 같아.
　나: 음, 요즘 날씨 때문에 더 그렇지? 네가 중요하다고 생각하는 시기에 집중력이 떨어진다니 속이 상하겠구나.
② 가: 시험 날짜가 다가오니 불안한 마음이 들어.
　나: 안정감을 가져 봐. 많이 지쳐서 그럴 수 있으니 며칠 쉬면서 생각해 보면 어떨까?
③ 가: 계속 공부를 하니 지치는 것 같아.
　나: 몸이 지치면 공부를 하기가 더 힘들어지지. 고민만 하지 말고 좋은 방법을 찾아봐.
④ 가: 이번에는 좋은 결과가 나오지 않을 것 같아.
　나: 지금이 얼마나 중요한 시기인데 그런 얘길 하니? 마음을 다잡고 일단 최선을 다해 봤으면 좋겠구나.

연습 2 혼자서 눈으로 계속 연습하기

다음에서 설명한 공감적 대화로 가장 적절한 것은? 2020 국가직 7급

> 대화는 화자와 청자 간에 이루어지는 상호 교섭적 행위이다. 공감적 대화를 하기 위해서는 상대방이 무엇을 생각하고 느끼고 필요로 하는지에 대해 귀 기울여 들을 수 있어야 한다. 진정한 공감은 상대방에게 잘못을 지적하거나 해결책을 제시하거나 조언을 해주는 것이 아니라 상대방의 경험을 존중하고 이해해 주는 것이다.

① 가: 요즘 집중력이 떨어지는 것 같아.
　나: 음, 요즘 날씨 때문에 더 그렇지? 네가 중요하다고 생각하는 시기에 집중력이 떨어진다니 속이 상하겠구나.
② 가: 시험 날짜가 다가오니 불안한 마음이 들어.
　나: 안정감을 가져 봐. 많이 지쳐서 그럴 수 있으니 며칠 쉬면서 생각해 보면 어떨까?
③ 가: 계속 공부를 하니 지치는 것 같아.
　나: 몸이 지치면 공부를 하기가 더 힘들어지지. 고민만 하지 말고 좋은 방법을 찾아봐.
④ 가: 이번에는 좋은 결과가 나오지 않을 것 같아.
　나: 지금이 얼마나 중요한 시기인데 그런 얘길 하니? 마음을 다잡고 일단 최선을 다해 봤으면 좋겠구나.

지문을 한눈에

공감적 대화와 듣기	공감적 대화	공감적 듣기
	상대방의 말을 경청할 때, 상대방이 무엇을 생각하고 느끼고 필요로 하는지에 대해 귀 기울이는 것	상대방에게 잘못을 지적하거나 해결책을 제시하거나 조언을 해주는 것이 아니라

실전 기출 화법과 작문 2

07

다음에서 설명한 공감적 대화로 가장 적절한 것은?

지문 제재 | 인문
2020 국가직 7급

> 1 ¹[대화(對話, 마주 대하여 이야기를 주고받음)는 화자와 청자 간에 이루어지는 상호(相互, 상대가 되는 이쪽과 저쪽 모두) 교섭(交涉, 어떤 일을 이루기 위하여 서로 의논하고 절충함)적 행위(行爲, 사람이 의지를 가지고 하는 짓)이다.](대화의 정의) ²[공감적(共感的, 남의 감정, 의견, 주장 따위에 대하여 자기도 그렇다고 느끼는) 대화를 하기 위해서는 상대방이 무엇을 생각하고 느끼고 필요로 하는지에 대해 귀 기울여 들을 수 있어야 한다.](공감적 듣기의 자세) ³[진정한 공감은 상대방에게 잘못을 지적하거나 해결책(解決策, 어떠한 일이나 문제 따위를 해결하기 위한 방책)을 제시하거나 조언(助言, 말로 거들거나 깨우쳐 주어서 도움)을 해주는 것이 아니라 상대방의 경험(經驗, 자신이 실제로 해 보거나 겪어 봄)을 존중(尊重, 높이어 귀중하게 대함)하고 이해해 주는 것이다.](진정한 공감의 의미)
> ▶ 대화의 정의와 공감적 듣기

① 가: [집중력이 떨어지는 것 같아.](고민 토로)
　나: [음](무엇을 수긍한다는 뜻으로 내는 소리), 요즘 날씨 때문에 더 그렇지? [네가 중요하다고 생각하는 시기에 집중력이 떨어진다니 속이 상하겠구나.]
　(상대방의 말을 재진술하여 상대방의 느낌을 추측하고 감정을 말로 표현하여 상대의 경험을 존중하고 이해함)(근거 3)

② 가: [시험 날짜가 다가오니 불안한 마음이 들어.](불안감 토로)
　나: [안정감을 가져 봐.(×) 많이 지쳐서 그럴 수 있으니 며칠 쉬면서 생각해 보면 어떨까?(×)](해결책과 조언 제시)(근거 3)

③ 가: [계속 공부를 하니 지치는 것 같아.](지쳤다고 토로)
　나: 몸이 지치면 공부를 하기가 더 힘들어지지. [고민만 하지 말고 좋은 방법을 찾아봐.(×)](조언 제시)(근거 3)

④ 가: [이번에는 좋은 결과가 나오지 않을 것 같아.](부정적 생각 토로)
　나: [지금이 얼마나 중요한 시기인데 그런 얘길 하니?(×) 마음을 다잡고 일단 최선을 다해 봤으면 좋겠구나.(×)](상대방의 잘못 지적하고 조언 제시)(근거 3)

단계별 풀이 비법

풀이 비법 1 발문으로 유형을 확인하라!

발문에 제시된 핵심 개념을 실제 대화에 적용하는 문제이다. 이 유형의 문제를 빠르고 정확하게 풀기 위해서는 지문의 핵심 내용에 밑줄을 긋고, 핵심 내용을 적용한 대화를 찾아야 한다.

풀이 비법 2 무엇(화제)에 대해 말하고 있는지 파악하라!

중심 화제 공감적 듣기
전체 내용 진정한 공감은 상대방에게 잘못을 지적하거나 해결책을 제시하거나 조언을 해주는 것이 아니라 상대방의 경험을 존중하고 이해하며 상대방의 말을 경청하는 것이다.

풀이 비법 3 지문에서 선택지 내용과 관련된 정보를 찾아 정리하라!

선지	관련 정보
①	1-3: '상대방의 경험을 존중하고 이해해 주는 것'
②	1-3: '진정한 공감은 상대방에게 … 해결책을 제시하거나 조언을 해 주는 것이 아니라'
③	1-3: '진정한 공감은 상대방에게 … 조언을 해주는 것이 아니라'
④	1-3: '진정한 공감은 상대방에게 잘못을 지적하거나 … 아니라'

풀이 비법 4 선택지의 적절성을 판단하라!

① 고민을 토로하는 '가'의 말에 '나'는 '요즘 날씨 때문에 더 그렇지? 네가 중요하다고 생각하는 시기에 집중력이 떨어진다니 속이 상하겠'다며 '가'의 경험을 존중하고 이해해 주고 있어 공감적 대화로 적절하다.
② 불안한 마음을 토로하는 '가'의 말에 '나'는 안정감과 휴식을 가져보라는 해결책과 조언을 해 주었으므로 공감적 듣기로 적절하지 않다.
③ 지쳤다고 토로하는 '가'의 말에 '나'는 좋은 방법을 찾아보라는 조언을 제시하고 있으므로 공감적 듣기로 적절하지 않다.
④ 부정적 생각을 토로하는 '가'의 말에 '나'는 '지금이 얼마나 중요한 시기인데 그런 얘길 하'냐며 '가'의 잘못을 지적하고 '마음을 다잡고 일단 최선을 다'하라고 해결책을 제시하고 있으므로 공감적 듣기로 적절하지 않다.

정답 ①

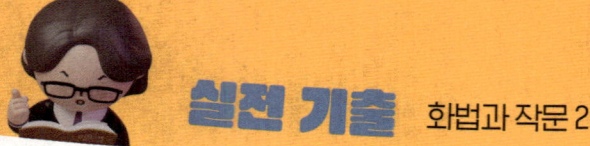

실전 기출 — 화법과 작문 2

연습 1 병태 요정과 함께 풀기

다음 글을 근거로 할 때, 〈보기〉의 대화에서 ⓛ의 대답이 갖는 특징으로 적절하지 않은 것은?
2016 국가직 9급

그라이스(Grice)는 원활한 대화 진행을 위한 요건으로 네 가지의 '협력의 원리'를 제시한 바 있다. 첫째, 주고받는 대화의 목적에 필요한 만큼만 정보를 제공하고 필요 이상의 정보를 제공하지 말라는 양의 격률이다. 둘째, 진실한 정보만을 제공하도록 노력하고 증거가 불충한 것은 말하지 말라는 질의 격률이다. 셋째, 해당 대화 맥락과 관련되는 말을 하라는 관련성의 격률이다. 넷째, 모호하거나 중의적인 표현을 피하고 간결하고 조리 있게 말하라는 태도의 격률이다. 그러나 모종의 효과를 위해 이 네 가지의 격률을 위배하는 일은 일상 대화에서 빈번하게 이루어지는데, 일반적으로 언중들은 그것을 자연스럽게 받아들일 뿐 아니라 때에 따라서는 협력의 원리를 지키는 것이 예의에 어긋난 경우도 많다.

―보기―

대화 (1) ㉠: 체중이 얼마나 되니?
　　　　 ㉡: 55kg인데 키에 비해 가벼운 편입니다.
대화 (2) ㉠: 얼마 전 시민 운동회가 있었다며?
　　　　 ㉡: 응. 백 미터 달리기에서 비행기보다 빠른 사람을 봤어.
대화 (3) ㉠: 너 몇 살이니?
　　　　 ㉡: 형이 열일곱 살이고, 저는 열다섯 살이지요.
대화 (4) ㉠: 점심은 뭐 먹을래?
　　　　 ㉡: 생각해 보고 마음 내키는 대로요.

① 대화 (1): 관련성의 격률을 위배하였다.
② 대화 (2): 질의 격률을 위배하였다.
③ 대화 (3): 양의 격률을 위배하였다.
④ 대화 (4): 태도의 격률을 위배하였다.

연습 2 혼자서 눈으로 계속 연습하기

다음 글을 근거로 할 때, 〈보기〉의 대화에서 ⓛ의 대답이 갖는 특징으로 적절하지 않은 것은?
2016 국가직 9급

그라이스(Grice)는 원활한 대화 진행을 위한 요건으로 네 가지의 '협력의 원리'를 제시한 바 있다. 첫째, 주고받는 대화의 목적에 필요한 만큼만 정보를 제공하고 필요 이상의 정보를 제공하지 말라는 양의 격률이다. 둘째, 진실한 정보만을 제공하도록 노력하고 증거가 불충한 것은 말하지 말라는 질의 격률이다. 셋째, 해당 대화 맥락과 관련되는 말을 하라는 관련성의 격률이다. 넷째, 모호하거나 중의적인 표현을 피하고 간결하고 조리 있게 말하라는 태도의 격률이다. 그러나 모종의 효과를 위해 이 네 가지의 격률을 위배하는 일은 일상 대화에서 빈번하게 이루어지는데, 일반적으로 언중들은 그것을 자연스럽게 받아들일 뿐 아니라 때에 따라서는 협력의 원리를 지키는 것이 예의에 어긋난 경우도 많다.

―보기―

대화 (1) ㉠: 체중이 얼마나 되니?
　　　　 ㉡: 55kg인데 키에 비해 가벼운 편입니다.
대화 (2) ㉠: 얼마 전 시민 운동회가 있었다며?
　　　　 ㉡: 응. 백 미터 달리기에서 비행기보다 빠른 사람을 봤어.
대화 (3) ㉠: 너 몇 살이니?
　　　　 ㉡: 형이 열일곱 살이고, 저는 열다섯 살이지요.
대화 (4) ㉠: 점심은 뭐 먹을래?
　　　　 ㉡: 생각해 보고 마음 내키는 대로요.

① 대화 (1): 관련성의 격률을 위배하였다.
② 대화 (2): 질의 격률을 위배하였다.
③ 대화 (3): 양의 격률을 위배하였다.
④ 대화 (4): 태도의 격률을 위배하였다.

지문을 한눈에

협력의 원리	양의 격률	질의 격률	관련성의 격률	태도의 격률
	필요한 내용만 말하라!	진실한 내용만 말하라!	관계없는 내용은 삼가라.	분명하고 간결하고 조리 있게 말하라!

실전 기출 — 화법과 작문 2

08

다음 글을 근거로 할 때, 〈보기〉의 대화에서 ⓒ의 대답이 갖는 특징으로 적절하지 않은 것은?

지문 제재 | 인문
2016 국가직 9급

> 1 ¹그라이스(Grice)는 원활한 대화 진행을 위한 요건으로 네 가지의 '협력(協力, 힘을 합하여 서로 도움)의 원리'를 제시한 바 있다. ²첫째, 주고받는 대화의 목적에 필요한 만큼만 정보를 제공하고 필요 이상의 정보를 제공하지 말라는 양의 격률(格率, 행위의 규범이나 윤리의 원칙)이다. ³둘째, 진실한 정보만을 제공하도록 노력하고 증거가 불충한 것은 말하지 말라는 질의 격률이다. ⁴셋째, 해당 대화 맥락(脈絡, 사물 따위가 서로 이어져 있는 관계)과 관련되는 말을 하라!는 관련성의 격률이다. ⁵넷째, 모호(模糊, 말이나 태도가 흐리터분하여 분명하지 않음)하거나 중의적인 표현을 피하고 간결하고 조리 있게 말하라!는 태도의 격률이다. ⁶그러나 모종의 효과를 위해 이 네 가지의 격률을 위배(違背, 법률, 명령, 약속 따위를 지키지 않고 어김)하는 일은 일상 대화에서 빈번하게 이루어지는데, 일반적으로 언중(言衆, 같은 언어를 사용하면서 공동생활을 하는 언어 사회 안의 대중)들은 그것을 자연스럽게 받아들일 뿐 아니라 때에 따라서는 협력의 원리를 지키는 것이 예의(禮儀, 존경의 뜻을 표하기 위하여 예로써 나타내는 말투나 몸가짐)에 어긋난 경우도 많다.
>
> ▶ 화자가 지켜야 할 대화의 격률: 양, 질, 관련성, 태도의 격률

─ 보기 ─
대화 (1) ㉠: 체중이 얼마나 되니?
　　　　 ㉡: 55kg인데(맥락과 관련 있는 말) 키에 비해 가벼운 편입니다.
　　　　　　 (필요 이상의 정보를 제공, 증거가 불충분한 내용)
대화 (2) ㉠: 얼마 전 시민 운동회가 있었다며?
　　　　 ㉡: 응. 백 미터 달리기에서 비행기보다 빠른 사람을 봤어.(진실한 정보인지 증거가 불충분함.)
대화 (3) ㉠: 너 몇 살이니?
　　　　 ㉡: 형이 열일곱 살이고,(필요한 내용이 아님.) 저는 열다섯 살이지요.
대화 (4) ㉠: 점심은 뭐 먹을래?
　　　　 ㉡: 생각해 보고 마음 내키는 대로요.(모호한 답변)

❶ 대화 (1): 관련성(×)의 격률을 위배하였다.(근거 2, 3, 4)
② 대화 (2): 질의 격률을 위배하였다.(근거 3)
③ 대화 (3): 양의 격률을 위배하였다.(근거 2)
④ 대화 (4): 태도의 격률을 위배하였다.(근거 5)

단계별 풀이 비법

풀이 비법 1 발문으로 유형을 확인하라!
발문에 제시된 핵심 개념을 실제 대화에 적용하는 문제이다. 제시문에서 설명하고 있는 개념의 주요 내용에 주목해야 한다.

풀이 비법 2 무엇(화제)에 대해 말하고 있는지 파악하라!
중심 화제 협력의 원리
중심 내용 원활한 대화 진행의 요건인 협력의 원리에는 양의 격률, 질의 격률, 관련성의 격률, 태도의 격률이 있다.

풀이 비법 3 지문에서 선택지 내용과 관련된 정보를 찾아 정리하라!

선지	관련 정보
①	근거 2, 3, 4: '해당 대화 맥락과 관련되는 말을 하라!'
②	근거 3: '진실한 정보만을 제공하도록 노력하고 증거가 불충한 것은 말하지 말라.'
③	근거 2: '대화의 목적에 필요한 만큼만 정보를 제공하고 필요 이상의 정보를 제공하지 말라.'
④	근거 5: '모호하거나 중의적인 표현을 피하고 간결하고 조리 있게 말하라!'

풀이 비법 4 선택지의 적절성을 판단하라!
① ㉡은 해당 대화 맥락과 관련된 말을 했으므로 '관련성의 격률'을 위배한 것은 아니다. 다만, ㉠은 체중만 물었는데 ㉡은 굳이 키에 비해 가볍다고 주관적으로 답하여 '양의 격률'과 '질의 격률'을 위배하고 있다.
② 백 미터를 빨리 달린 사람이 비행기보다 빠르다는 증거가 불충분하다. 따라서 ㉡은 질의 격률을 위배하였다.
③ ㉡의 나이만 물었는데 ㉡은 형의 나이까지 갈했다. 지나치게 많은 정보를 제공하여 양의 격률을 위배하였다.
④ ㉡은 점심에 무엇을 먹을지를 정확하게 말하지 않고, 모호하게 말하여 태드의 격률을 위배하였다.

정답 ①

실전 기출 화법과 작문 2

연습 1 병태 요정과 함께 풀기

다음 진행자 'A'의 대화 진행 전략으로 적절하지 않은 것은?
2020 국가직 9급

> A: 여러분, 안녕하세요? 한 지방 자치 단체가 의료 취약 계층을 위한 의약품 공급 정보망 구축 사업을 진행해 오고 있는데요. 오늘은 그 관계자 한 분을 모시고 말씀을 들어 보기로 하겠습니다. 과장님, 안녕하세요?
> B: 네, 안녕하세요.
> A: 의약품 공급 정보망이라는 말이 다소 생소한데 이게 무슨 말인가요?
> B: 네, 약국이나 제약 회사가 의약품을 저희에게 기탁하면, 이 약품을 필요한 사회 복지 시설이나 국내외 의료 봉사 단체에 무상으로 줄 수 있도록 연결하는 사이버상의 네트워크입니다.
> A: 그렇군요. 그동안 이 사업에 성과가 있었다면 그럴 만한 이유가 있을 텐데요, 이에 대해 말씀해 주세요.
> B: 그렇습니다. 약국이나 제약 회사에서는 판매되지 않은 의약품을 기탁하고 세금 혜택을 받습니다. 그리고 복지 시설이나 봉사 단체에서는 필요한 의약품을 무상으로 지원받을 수 있습니다.
> A: 그렇군요. 혹시 이 사업에 걸림돌은 없나요?
> B: 의약품을 의사의 처방에 따라서 주는 것이 아니라 수요자가 요구하면 주는 방식이어서 전문 의약품을 제공하는 과정에 어려움이 있습니다. 처방전 발급을 부탁할 수도 없고……
> A: 그러니까 앞으로 이런 문제를 해결하기 위한 제도 정비나 의료 전문가의 지원이 좀 더 필요하다는 말씀인 것 같군요. 끝으로 이 사업에 참여하려면 어떻게 해야 하나요?
> B: 그건 생각보다 쉽습니다. 저희 홈페이지에 접속하셔서 회원으로 가입하시면 기부하실 때나 받으실 때나 모두 쉽게 참여하실 수 있습니다.
> A: 네, 간편해서 좋군요. 모쪼록 이 의약품 공급 정보망 사업이 확대되어 국내외 의료 취약 계층에 많은 도움이 되기를 바랍니다. 감사합니다.

① 상대방의 말을 들었다는 반응을 보인다.
② 상대방의 대답에서 모순점을 찾아 논리적으로 대응한다.
③ 대화의 화제가 된 일을 홍보할 수 있는 대답을 유도한다.
④ 상대방의 말을 대화의 흐름에 맞게 해석하여 상대방의 말을 보충한다.

연습 2 혼자서 눈으로 계속 연습하기

다음 진행자 'A'의 대화 진행 전략으로 적절하지 않은 것은?
2020 국가직 9급

> A: 여러분, 안녕하세요? 한 지방 자치 단체가 의료 취약 계층을 위한 의약품 공급 정보망 구축 사업을 진행해 오고 있는데요. 오늘은 그 관계자 한 분을 모시고 말씀을 들어 보기로 하겠습니다. 과장님, 안녕하세요?
> B: 네, 안녕하세요.
> A: 의약품 공급 정보망이라는 말이 다소 생소한데 이게 무슨 말인가요?
> B: 네, 약국이나 제약 회사가 의약품을 저희에게 기탁하면, 이 약품을 필요한 사회 복지 시설이나 국내외 의료 봉사 단체에 무상으로 줄 수 있도록 연결하는 사이버상의 네트워크입니다.
> A: 그렇군요. 그동안 이 사업에 성과가 있었다면 그럴 만한 이유가 있을 텐데요, 이에 대해 말씀해 주세요.
> B: 그렇습니다. 약국이나 제약 회사에서는 판매되지 않은 의약품을 기탁하고 세금 혜택을 받습니다. 그리고 복지 시설이나 봉사 단체에서는 필요한 의약품을 무상으로 지원받을 수 있습니다.
> A: 그렇군요. 혹시 이 사업에 걸림돌은 없나요?
> B: 의약품을 의사의 처방에 따라서 주는 것이 아니라 수요자가 요구하면 주는 방식이어서 전문 의약품을 제공하는 과정에 어려움이 있습니다. 처방전 발급을 부탁할 수도 없고……
> A: 그러니까 앞으로 이런 문제를 해결하기 위한 제도 정비나 의료 전문가의 지원이 좀 더 필요하다는 말씀인 것 같군요. 끝으로 이 사업에 참여하려면 어떻게 해야 하나요?
> B: 그건 생각보다 쉽습니다. 저희 홈페이지에 접속하셔서 회원으로 가입하시면 기부하실 때나 받으실 때나 모두 쉽게 참여하실 수 있습니다.
> A: 네, 간편해서 좋군요. 모쪼록 이 의약품 공급 정보망 사업이 확대되어 국내외 의료 취약 계층에 많은 도움이 되기를 바랍니다. 감사합니다.

① 상대방의 말을 들었다는 반응을 보인다.
② 상대방의 대답에서 모순점을 찾아 논리적으로 대응한다.
③ 대화의 화제가 된 일을 홍보할 수 있는 대답을 유도한다.
④ 상대방의 말을 대화의 흐름에 맞게 해석하여 상대방의 말을 보충한다.

지문을 한눈에

의약 공급 정보망 구축 사업	의약 공급 정보망	의약 공급 정보망의 성공 요인	사업의 걸림돌	사업 참여 방법
	의약품을 기탁 받아 사회 복지 시설이나 국내외 의료 봉사 단체에 무상으로 줄 수 있도록 연결하는 사이버상의 네트워크	약국이나 제약 회사에서는 판매되지 않은 의약품을 기탁하고 세금 혜택을 받고, 복지 시설이나 봉사 단체에서는 필요한 의약품을 무상으로 지원받음.	의약품을 의사의 처방에 따라서 주는 것이 아니라 수요자가 요구하면 주는 방식이어서 전문 의약품을 제공하는 과정에 어려움이 있음.	홈페이지에 접속하여 회원 가입 후 기부할 때나 기부 받을 때 참여 가능

09

다음 진행자 'A'의 대화 진행 전략으로 적절하지 않은 것은?

지문 제재 | 인문
2020 국가직 9급

¹A: 여러분, 안녕하세요? 한 지방 자치 단체가 의료 취약 계층을 위한 의약품 공급 정보망 구축 사업을 진행해 오고 있는데요.(화제 제시) 오늘은 그 관계자 한 분을 모시고 말씀을 들어 보기로 하겠습니다. 과장님, 안녕하세요?

²B: 네, 안녕하세요.

³A: [의약품 공급 정보망이라는 말이 다소 생소한데 이게 무슨 말인가요?] (의약품 공급 정보망 사업을 홍보할 수 있는 대답을 유도함.)

⁴B: 네, [약국이나 제약 회사가 의약품을 저희에게 기탁하면, 이 약품을 필요한 사회 복지 시설이나 국내외 의료 봉사 단체에 무상으로 줄 수 있도록 연결하는 사이버상의 네트워크](의약품 공급 정보망 의미)입니다.

⁵A: [그렇군요.](관심을 갖는 경청 반응)[그동안 이 사업에 성과가 있었다면 그럴 만한 이유가 있을 텐데요, 이에 대해 말씀해 주세요.](사업의 성과와 이유를 물음.)

⁶B: 그렇습니다. [약국이나 제약 회사에서는 판매되지 않은 의약품을 기탁하고 세금 혜택을 받습니다.](기탁하는 곳의 이점) 그리고 [복지 시설이나 봉사 단체에서는 필요한 의약품을 무상으로 지원받을 수 있습니다.](기탁받는 곳의 이점)

⁷A: 그렇군요. 혹시 이 사업에 걸림돌은 없나요?

⁸B: 의약품을 의사의 처방에 따라서 주는 것이 아니라 수요자가 요구하면 주는 방식이어서 [전문 의약품을 제공하는 과정에 어려움이 있습니다. 처방전 발급을 부탁할 수도 없고…….](의약품 공급 정보망 사업의 문제점)

⁹A: [그러니까 앞으로 이런 문제를 해결하기 위한 제도 정비나 의료 전문가의 지원이 좀 더 필요하다는 말씀인 것 같군요. 끝으로 이 사업에 참여하려면 어떻게 해야 하나요?](상대방의 답변을 나름대로 해석하며 그와 관련된 질문을 던지고 있다.)

¹⁰B: 그건 생각보다 쉽습니다. [저희 홈페이지에 접속하셔서 회원으로 가입하시면 기부하실 때나 받으실 때나 모두 쉽게 참여하실 수 있습니다.](의약품 공급 정보망 사업 참여 방법 제시)

¹¹A: 네, 간편해서 좋군요. 모쪼록 이 의약품 공급 정보망 사업이 확대되어 국내외 의료 취약 계층에 많은 도움이 되기를 바랍니다. 감사합니다.

① 상대방의 말을 들었다는 반응을 보인다.(근거 5, 7, 9, 11)
❷ 상대방의 대답에서 모순점을 찾아(×) 논리적으로 대응한다.
③ 대화의 화제가 된 일을 홍보할 수 있는 대답을 유도한다.(근거 3, 5, 7, 9)
④ 상대방의 말을 대화의 흐름에 맞게 해석하여 상대방의 말을 보충한다.(근거 9)

단계별 풀이 비법

풀이 비법 1 발문으로 유형을 확인하라!

화법 가운데 특정인의 대화 진행 전략에 대해 묻는 문제이다. 특히 인터뷰를 이끌어가는 진행자의 대화 진행 전략을 묻고 있으므로 진행자의 말하기에 중점을 두고 이해하는 것이 제일 중요하다.

풀이 비법 2 제시된 글에서 화제어, 지시어, 접속어 등 내용을 연결하는 키워드를 찾아라!

중심 화제 의약품 공급 정보망 사업
중심 내용

A 진행자	화제 제시 및 '의약품 공급 정보망'에 대한 말의 의미 질문
B 관계자	의약품 공급 정보망이란 의약품을 기탁 받아 사회 복지 시설이나 국내외 의료 봉사 단체에 무상으로 줄 수 있도록 연결하는 사이버상의 네트워크임
A 진행자	사업의 성과와 성공 요인에 대해 질문함
B 관계자	기탁하는 곳과 기탁 받은 곳의 이점 제시
A 진행자	사업의 어려움에 대해 질문함
B 관계자	의약품 공급 정보망 사업의 문제점 토로
A 진행자	사업 참여 방법에 대해 질문함
B 관계자	홈페이지에 가입 후 회원으로 가입하면 됨.

풀이 비법 3 지문에서 선택지 내용과 관련된 정보를 찾아 정리하라!

선지	관련 정보
①	근거 5, 7, 9, 11: '그렇군요, 그러니까 …, 네 …'
②	근거 없음.
③	근거 3, 5, 7, 9: '이게 무슨 말인가요?', '… 말씀해 주세요.', '… 없나요?', '… 하나요?'
④	근거 9: '그러니까 … 필요하다는 말씀인 것 같군요.'

풀이 비법 4 지문의 내용을 확인해 적절한 선택지를 찾아라!

① 진행자 A는 제시된 대화에서 '그렇군요, 그러니까~, 네~'라는 말을 사용하며, 상대방의 말을 들었다는 반응을 보이고 있다.
② 상대방의 대답에서 모순점을 찾아 논리적으로 대응한 대화는 나타나지 않았다.
③ 진행자 A는 화제인 '의료 취약 계층을 위한 의약품 공급 정보망 사업'에 대해 용어의 의미, 사업성과, 사업 참여 방법 등을 B에게 질문하여 B가 의약품 공급 정보망 사업을 홍보할 수 있도록 했다.
④ A는 '그러니까 앞으로 이런 문제를 해결하기 위한 제도 정비나 의료 전문가의 지원이 좀 더 필요하다는 말씀인 것 같군요'라고 말하며 상대방의 말을 대화의 흐름에 맞게 해석하여 보충하고 있다.

정답 ②

실전 기출 — 화법과 작문 2

연습 1 병태 오정과 함께 풀기

다음 글을 참고할 때, 〈보기〉에서 아이의 말에 대한 엄마의 말이 '반영하기'에 해당하는 것은? 2017 지방직 9급 추가

> 적극적인 듣기의 방법에는 '요약하기'와 '반영하기'가 있다. 화자가 자신의 상태에 대해 직접적으로 말하는 경우에는 요약하기와 같은 재진술이 가능하지만 그렇지 않으면 불가능하다. 한편 반영하기는 상대의 생각을 수용하고 상대의 현재 상태에 감정 이입을 하여 의미를 재구성하는 방법으로, 상대를 이해하고 있다는 청자의 적극적인 표현이기 때문에 원활한 의사소통에 도움이 된다.

― 보기 ―
아이: 엄마, 모레가 시험인데 내일 꼭 치과에 가야 하나요?
엄마: _____

① 너, 치과에 가기가 싫어서 그러지?
② 네가 치료보다 시험에 집중하고 싶구나.
③ 내일 꼭 치과에 가야 하는지가 궁금했구나.
④ 약속은 지켜야 하는 거니까 치과에 가야겠지.

연습 2 혼자서 눈으로 계속 연습하기

다음 글을 참고할 때, 〈보기〉에서 아이의 말에 대한 엄마의 말이 '반영하기'에 해당하는 것은? 2017 지방직 9급 추가

> 적극적인 듣기의 방법에는 '요약하기'와 '반영하기'가 있다. 화자가 자신의 상태에 대해 직접적으로 말하는 경우에는 요약하기와 같은 재진술이 가능하지만 그렇지 않으면 불가능하다. 한편 반영하기는 상대의 생각을 수용하고 상대의 현재 상태에 감정 이입을 하여 의미를 재구성하는 방법으로, 상대를 이해하고 있다는 청자의 적극적인 표현이기 때문에 원활한 의사소통에 도움이 된다.

― 보기 ―
아이: 엄마, 모레가 시험인데 내일 꼭 치과에 가야 하나요?
엄마: _____

① 너, 치과에 가기가 싫어서 그러지?
② 네가 치료보다 시험에 집중하고 싶구나.
③ 내일 꼭 치과에 가야 하는지가 궁금했구나.
④ 약속은 지켜야 하는 거니까 치과에 가야겠지.

지문을 한눈에

1-1 적극적인 듣기의 방법에는 '요약하기'와 '반영하기'가 있음.

1-2 '요약하기'는 화자가 자신의 상태에 대해 직접적으로 말하는 경우로 재진술이 가능함.

1-3 '반영하기'는 상대의 생각을 수용하고 상대의 현재 상태에 감정 이입을 하여 의미를 재구성하는 방법임.

실전 기출 화법과 작문 2

10
지문 제재 | 화법

다음 글을 참고할 때, 〈보기〉에서 아이의 말에 대한 엄마의 말이 '반영하기'에 해당하는 것은?
2017 지방직 9급 추가

> 1 ¹적극적인 듣기의 방법에는 '요약하기'와 '반영하기'가 있다. ²화자가 자신의 상태에 대해 직접적으로 말하는 경우에는 요약하기와 같은 재진술이 가능하지만 그렇지 않으면 불가능하다. ³한편 반영하기는 상대의 생각을 수용하고 상대의 현재 상태에 감정 이입을 하여 의미를 재구성하는 방법으로, 상대를 이해하고 있다는 청자의 적극적인 표현이기 때문에 원활한 의사소통에 도움이 된다.

보기
아이: 엄마, 모레가 시험인데 내일 꼭 치과에 가야 하나요?
엄마: _____

① 너, 치과에 가기가 싫어서 그러지?
② 네가 치료보다 시험에 집중하고 싶구나.
③ 내일 꼭 치과에 가야 하는지가 궁금했구나.
④ 약속은 지켜야 하는 거니까 치과에 가야겠지.

단계별 풀이 비법

풀이 비법 1 발문과 선택지를 확인하라!
의사소통의 기술 중 '요약하기'와 '반영하기'를 이해하고 실제 사례에 적용할 수 있는지를 묻는 문제이다.

풀이 비법 2 화제어와 중심 내용을 파악하라!
중심 화제 '요약하기'와 '반영하기'
중심 내용

1-1	적극적인 듣기의 방법에는 '요약하기'와 '반영하기'가 있다.
1-2	'요약하기'는 화자가 자신의 상태에 대해 직접적으로 말하는 경우로 재진술이 가능하다.
1-3	'반영하기'는 상대의 생각을 수용하고 상대의 현재 상태에 감정 이입을 하여 의미를 재구성하는 방법이다.

풀이 비법 3 '반영하기'의 정의에 맞는 대화를 선택하라!
'반영하기'는 상대(아이)의 생각을 수용하고 상대(아이)의 현재 상태에 감정 이입을 하여 의미를 재구성하는 방법으로, 상대(아이)를 이해하고 있다는 청자의 적극적인 표현이다.

풀이 비법 4 부합하는 선택지를 찾아라!
① '아이'의 심정을 이해하기보다는 아이에게 반문하여 관심을 표현한 소극적인 듣기 방법에 해당한다.
② 〈보기〉에서 '아이'의 물음은 치과에 가기 싫다는 심정을 담았다. 아이의 입장에 감정을 이입하여 의미를 재구성한 선지는 '치료보다 시험에 집중'하고자 한다는 것을 이해한 표현이므로 적절한 물음이다.
③ '아이'의 심정을 전혀 이해하지 못한 발화에 해당한다.
④ 질문의 의도를 이해하여 아이의 입장을 반영한 것이 아니라 단순히 질문에 대한 답을 한 것이다.

정답 ②

개념 PLUS 공감적 듣기의 유형

소극적인 공감적 듣기의 유형	적극적인 공감적 듣기의 유형
· 관심 표현: 그래서? 그런데?	· 재진술(요약하기): 내가 이해한 대로 말하면, 네 말은
· 공감 표현: 그러게 말이야, 그럼.	· 환언: 비유하자면, ~라는 말이지?
· 동정 표현: 저런, 쯧쯧, 저걸 어쩌나?	· 명료화: 그러니까, 네가 하고 싶었던 말은 ……
· 기쁨 표현: 참 잘됐다. 멋지다. 신 난다.	· 반영하기: 너가 ~하고 싶구나.

실전 기출 — 화법과 작문 2

연습 1 병태 요정과 함께 풀기

화자의 진정한 발화 의도를 파악할 때, 밑줄 친 부분을 고려하지 않아도 되는 것은?
2018 지방직 9급

> 일상 대화에서는 직접 발화보다는 간접 발화가 더 많이 사용되지만, 그 의미는 맥락에 의해 파악될 수 있다. 화자는 상대방이 충분히 그 의미를 파악할 수 있다고 판단될 때 간접 발화를 전략적으로 사용함으로써 의사소통을 원활하게 하기도 한다.

① (친한 사이에서 돈을 빌릴 때) 돈 가진 것 좀 있니?
② (창문을 열고 싶을 때) 얘야, 방이 너무 더운 것 같구나.
③ (갈림길에서 방향을 물을 때) 김포공항은 어느 쪽으로 가야합니까?
④ (선생님이 과제를 내주고 독려할 때) 우리 반 학생들은 선생님 말씀을 아주 잘 듣습니다.

연습 2 혼자서 눈으로 계속 연습하기

화자의 진정한 발화 의도를 파악할 때, 밑줄 친 부분을 고려하지 않아도 되는 것은?
2018 지방직 9급

> 일상 대화에서는 직접 발화보다는 간접 발화가 더 많이 사용되지만, 그 의미는 맥락에 의해 파악될 수 있다. 화자는 상대방이 충분히 그 의미를 파악할 수 있다고 판단될 때 간접 발화를 전략적으로 사용함으로써 의사소통을 원활하게 하기도 한다.

① (친한 사이에서 돈을 빌릴 때) 돈 가진 것 좀 있니?
② (창문을 열고 싶을 때) 얘야, 방이 너무 더운 것 같구나.
③ (갈림길에서 방향을 물을 때) 김포공항은 어느 쪽으로 가야합니까?
④ (선생님이 과제를 내주고 독려할 때) 우리 반 학생들은 선생님 말씀을 아주 잘 듣습니다.

지문을 한눈에

화제 제시 (1)	부연 설명 (2)
일상 대화에서 간접 발화는 그 맥락에 의해 의미를 파악할 수 있음.	간접 발화를 사용할 수 있는 상황과 간접 발화 사용의 효과

실전 기출 — 화법과 작문 2

11
지문 제재 | 화법

화자의 진정한 발화 의도를 파악할 때, 밑줄 친 부분을 고려하지 않아도 되는 것은?
2018 지방직 9급

> ¹일상 대화에서는 직접 발화(발화의 형식에 맞춰 자신의 의도를 직접 드러내는 발화)보다는 간접 발화(발화의 형식과 달리 자신의 의도를 우회적으로 돌려서 표현하는 발화)가 더 많이 사용되지만, 그 의미는 맥락(脈絡, 앞뒤에 놓인 언어적 의미의 연관 관계)에 의해 파악될 수 있다. ²화자는 상대방이 충분히 그 의미를 파악할 수 있다고 판단될 때 간접 발화를 전략적으로 사용함으로써(발화의 효과를 높임) 의사소통을 원활하게 하기도 한다.
> ▶ 일상 대화에서 발화의 맥락 파악

① (친한 사이에서 돈을 빌릴 때) 돈 가진 것 좀 있니?(×)(돈을 빌려달라는 것을 우회적으로 표현한 간접 발화임.)
② (창문을 열고 싶을 때) 얘야, 방이 너무 더운 것 같구나.(×)(창문을 열어달라는 간접 발화임.)
❸ (갈림길에서 방향을 물을 때) 김포공항은 어느 쪽으로 가야 합니까?(○)(실제 길을 묻는 직접 발화)
④ (선생님이 과제를 내주고 독려할 때) 우리 반 학생들은 선생님 말씀을 아주 잘 듣습니다.(×)(숙제를 해 오기를 바라는 간접 발화임.)

단계별 풀이 비법

풀이 비법 1 발문으로 유형을 먼저 확인하라!
발화의 의도를 파악하는 유형으로, 발화의 형식과 기능을 생각하며 말하는 이의 의도를 정확하게 찾아야 하는 것이 제일 중요하다.

풀이 비법 2 제시된 지문의 의미를 파악하라!
중심 화제 일상 대화에서 간접 발화의 맥락
중심 내용 일상 대화에서 발화의 의미를 파악하기 위해 화자가 자신의 의도를 직접 드러내는 직접 발화와 문맥의 흐름에 따라 파악해야 하는 간접 발화를 구분해야 원활한 의사소통을 할 수 있다.

풀이 비법 3 간접 발화의 특성을 파악하라!
간접 발화는 발화가 이어지는 맥락을 통해 파악되기 때문에 화자와 청자, 시간적, 공간적 상황 등의 다양한 맥락을 이해하는 것이 중요하다.

풀이 비법 4 선택지에서 맥락을 통해 발화의 의미를 이해해야 하는 간접 발화를 판단하라!

① "돈 가진 것 좀 있니?"라는 발화는 제시한 맥락을 고려하면 돈을 빌려달라는 요청의 의미를 담고 있는 발화이므로 간접 발화에 해당한다.
② "얘야, 방이 너무 더운 것 같구나."라는 발화는 제시된 맥락을 바탕으로 볼 때 창문을 열어 달라는 명령의 의미를 담고 있는 발화이므로 간접 발화에 해당한다.
③ "김포공항은 어느 쪽으로 가야 합니까?"라는 발화는 제시된 맥락을 고려해 볼 때 실제 방향을 묻고 있으므로 맥락을 고려하지 않아도 의미를 파악할 수 있는 직접 발화에 해당한다.
④ "우리 반 학생들은 선생님 말씀을 아주 잘 듣습니다."라는 발화는 제시된 맥락을 고려하면 숙제를 꼭 해 오기를 바라는 요청의 의미를 담고 있는 간접 발화에 해당한다.

정답 ③

개념 PLUS

◆ **발화의 형식과 기능의 관계**
1. 발화의 형식: 평서형, 의문형, 청유형, 명령형, 감탄형 등이 있다.
2. 발화의 기능: 선언, 명령, 요청, 제안, 약속, 경고, 축하, 위로, 질책, 비난 등 맥락에 따라 매우 다양하게 나타난다.
3. 발화의 형식과 기능이 달라질 경우 문맥에 따라 의미를 이해해야 의사소통이 가능하다.

◆ **발화의 의미와 맥락**
1. 발화가 이루어지는 맥락은 언어적 맥락과 비언어적 맥락으로 구분된다. 그리고 비언어적 맥락은 다시 상황 맥락과 사회·문화적 맥락으로 나눌 수 있는데 이처럼 발화의 상황 맥락을 이해하는 것이 중요하다.
2. 발화의 상황 맥락은 화자, 청자, 시간, 공간 등을 가리키며 이러한 맥락에 따라 동일한 발화도 다르게 표현되거나 이해될 수 있다.
예를 들어 "지금 몇 시니?"라는 발화의 경우 발화의 형식은 의문형이지만 지각한 학생에게 선생님이 말하는 상황 맥락이라면 지각한 학생에 대한 질책의 의미이고, 학교 갈 시간이 임박했을 때 엄마가 말하는 상황 맥락이라면 서두르라는 명령의 의미이며, 시간이 궁금했을 경우에는 직접 발화에 해당한다.

시간 절약 꿀팁 TIP

화법에서 발화의 맥락을 통해 의미를 이해해야 하는 경우 먼저 발화의 형식을 확인한 후 맥락을 바탕으로 화자의 의도를 이해하는 것이 중요하므로 발화 형식과 그 기능의 차이를 확인해 보는 것이 좋은 방법입니다. 예를 들어, 만원버스에서 "내립시다"라는 발화는 청유형의 형식이지만 길을 비켜달라는 요청이나 명령의 의도를 담고 있는 발화로 볼 수 있습니다.

STUDY 14 실전 기출 화법과 작문 2

학습일: 월 일 풀이 시간: 1분 이내

연습 1 병태 요정과 함께 풀기

진행자의 말하기 방식에 대한 이해로 가장 적절한 것은?
2018 국가직 7급

> 진행자: 최근 사회적으로 이슈가 되고 있는 노키즈 존(No Kids Zone)에 대한 의견을 들어 보겠습니다. 먼저, 한국대학교 홍○○ 교수입니다. 안녕하세요? 우선 노키즈 존이 정확하게 뭔가요?
> 홍 교수: 사업체마다 조금씩 다르긴 하겠지만 특정 연령 이하 아이들의 출입을 제한하는 공간을 말합니다.
> 진행자: 공공 목적을 가진 곳에서는 그럴 수도 있겠다 싶지만, 상업 시설에서도 그런가요?
> 홍 교수: 네. 음식점이나 카페 같은 곳도 해당됩니다. 서비스의 형평성 문제나 불만으로 인해 전체 매출에 좋지 않은 영향을 끼치는 걸 미연에 방지하고자 하는 거죠.
> 진행자: 아, 어린이 동반 손님을 받다 보면 오히려 다른 손님들을 더 많이 못 받을 수 있다.
> 홍 교수: 네. 아무래도 경영을 하시는 분 입장에서는 그런 취지겠죠.
> 진행자: 피해가 발생하니까 이런 생각을 하시는 것이겠지만 언뜻 특정인들을 위한 전용 버스 운행과 같이 또 다른 차별의 예를 떠올리게 하네요.
> 홍 교수: 많은 분들이 걱정하는 것도 그 부분입니다. 한국 사회가 시장주의 위주로 성장해 오면서 특정 집단에 대한 차별 같은 부분은 깊이 생각해 오지 못한 것은 아닌가 합니다.
> 진행자: 네, 그렇군요. 물론 특정 집단의 차별에 대해 일부 사람들 때문에 피해를 경험했던 분들은 다른 생각을 하실 수도 있을 것 같습니다. 교수님, 오늘 말씀 감사합니다.

① 상대방의 발언에 적극 동조하며 다음 인터뷰를 기약한다.
② 예상되는 반론 가능성을 차단하며 자기의 주장을 관철한다.
③ 사례를 언급하며 상대방이 생각을 더 할 수 있도록 유도한다.
④ 지속적인 질문을 통해 상대방의 태도에 문제가 있음을 환기시킨다.

연습 2 혼자서 눈으로 계속 연습하기

진행자의 말하기 방식에 대한 이해로 가장 적절한 것은?
2018 국가직 7급

> 진행자: 최근 사회적으로 이슈가 되고 있는 노키즈 존(No Kids Zone)에 대한 의견을 들어 보겠습니다. 먼저, 한국대학교 홍○○ 교수입니다. 안녕하세요? 우선 노키즈 존이 정확하게 뭔가요?
> 홍 교수: 사업체마다 조금씩 다르긴 하겠지만 특정 연령 이하 아이들의 출입을 제한하는 공간을 말합니다.
> 진행자: 공공 목적을 가진 곳에서는 그럴 수도 있겠다 싶지만, 상업 시설에서도 그런가요?
> 홍 교수: 네. 음식점이나 카페 같은 곳도 해당됩니다. 서비스의 형평성 문제나 불만으로 인해 전체 매출에 좋지 않은 영향을 끼치는 걸 미연에 방지하고자 하는 거죠.
> 진행자: 아, 어린이 동반 손님을 받다 보면 오히려 다른 손님들을 더 많이 못 받을 수 있다.
> 홍 교수: 네. 아무래도 경영을 하시는 분 입장에서는 그런 취지겠죠.
> 진행자: 피해가 발생하니까 이런 생각을 하시는 것이겠지만 언뜻 특정인들을 위한 전용 버스 운행과 같이 또 다른 차별의 예를 떠올리게 하네요.
> 홍 교수: 많은 분들이 걱정하는 것도 그 부분입니다. 한국 사회가 시장주의 위주로 성장해 오면서 특정 집단에 대한 차별 같은 부분은 깊이 생각해 오지 못한 것은 아닌가 합니다.
> 진행자: 네, 그렇군요. 물론 특정 집단의 차별에 대해 일부 사람들 때문에 피해를 경험했던 분들은 다른 생각을 하실 수도 있을 것 같습니다. 교수님, 오늘 말씀 감사합니다.

① 상대방의 발언에 적극 동조하며 다음 인터뷰를 기약한다.
② 예상되는 반론 가능성을 차단하며 자기의 주장을 관철한다.
③ 사례를 언급하며 상대방이 생각을 더 할 수 있도록 유도한다.
④ 지속적인 질문을 통해 상대방의 태도에 문제가 있음을 환기시킨다.

지문을 한눈에

화제 제시(1~2)	원인 제시(3~4)	원인에 대한 분석(5~9)
노키즈 존이 사회적 이슈가 되고 있는 현실과 노키즈 존의 의미	노키즈 존 현상이 발생되는 장소와 그 원인	노키즈 존 현상에 대한 다양한 분석과 다른 관점에서의 가능성

12

진행자의 말하기 방식에 대한 이해로 가장 적절한 것은?

지문 제재: 화법
2018 국가직 7급

> ¹**진행자**: 최근 사회적으로 이슈가 되고 있는 노키즈 존(No Kids Zone)에 대한 의견을 들어 보겠습니다. 먼저, 한국대학교 홍○○ 교수입니다. 안녕하세요? 우선 노키즈 존이 정확하게 뭔가요?(질문을 통해 화제의 의미를 묻고 있음)
>
> ²**홍 교수**: 사업체마다 조금씩 다르긴 하겠지만 특정 연령 이하 아이들의 출입을 제한하는 공간을 말합니다.
>
> ³**진행자**: 공공 목적을 가진 곳에서는 그럴 수도 있겠다 싶지만, 상업 시설에서도 그런가요?(자신이 이해하고 있는 바에 대한 확인 질문)
>
> ⁴**홍 교수**: 네. 음식점이나 카페 같은 곳도 해당됩니다. 서비스의 형평성 문제나 불만으로 인해 전체 매출에 좋지 않은 영향을 끼치는 걸 미연에 방지하고자 하는 거죠.
>
> ⁵**진행자**: 아, 어린이 동반 손님을 받다 보면 오히려 다른 손님들을 더 많이 못 받을 수 있다.(상대방 발언에 대한 확인)
>
> ⁶**홍 교수**: 네. 아무래도 경영을 하시는 분 입장에서는 그런 취지겠죠.
>
> ⁷**진행자**: 피해가 발생하니까 이런 생각을 하시는 것이겠지만 언뜻 특정인들을 위한 전용 버스 운행과 같이 또 다른 차별의 예(노키즈 존과 유사한 또 다른 차별의 사례를 제시함)를 떠올리게 하네요.
>
> ⁸**홍 교수**: 많은 분들이 걱정하는 것도 그 부분입니다. 한국 사회가 시장주의 위주로 성장해 오면서 특정 집단에 대한 차별 같은 부분은 깊이 생각해 오지 못한 것은 아닌가 합니다.(진행자의 발언을 바탕으로 더 깊은 생각을 하게 됨)
>
> ⁹**진행자**: 네, 그렇군요. 물론 특정 집단의 차별에 대해 일부 사람들 때문에 피해를 경험했던 분들은 다른 생각을 하실 수도 있을 것(다른 관점에서의 가능성 언급) 같습니다. 교수님, 오늘 말씀 감사합니다.

① 상대방의 발언에 적극 동조하며 다음 인터뷰를 기약한다.(근거 2, 3)
② 예상되는 반론 가능성을 차단하며 자기의 주장을 관철한다.(확인×)
❸ 사례를 언급하며 상대방이 생각을 더 할 수 있도록 유도한다.(근거 7, 8)
④ 지속적인 질문을 통해 상대방의 태도에 문제가 있음(×)을 환기시킨다.(×)

단계별 풀이 비법

풀이 비법 1 발문으로 유형을 먼저 확인하라!

화법 가운데 특정인의 말하기 방식에 대해 묻는 전형적인 문제이다. 특히 인터뷰를 이끌어가는 진행자의 말하기 방식을 묻고 있으므로 진행자의 말하기에 중점을 두고 발화의 의미에 대한 정확한 이해가 제일 중요하다.

풀이 비법 2 화제에 대한 중심 내용을 파악하라!

중심 화제 노키즈 존
중심 내용

1-2	노키즈 존이 사회적 이슈가 되고 있는 현실과 노키즈 존의 의미
3-4	노키즈 존 현상이 발생되는 장소와 그 원인
5-9	노키즈 존 현상에 대한 다양한 분석과 다른 관점에서의 가능성

풀이 비법 3 화제에 대한 상대방의 말에 대응하는 진행자의 발화에 주의 기울여라!

진행자는 인터뷰를 시작하며 사회적 이슈로 떠오른 화제를 제시하며 상대에게 이어 대한 여러 질문을 통해, 노키즈 존의 의미와 이와 같은 현상이 발생하는 장소와 그 원인과 함께 한국 사회에서 다른 차별의 사례와 비교하며 분석하며 인터뷰를 진행하고 있다.

풀이 비법 4 부합하는 선택지를 찾아라!

① 진행자는 홍교수의 말에 동조하기보다 오히려 2의 홍 교수의 말에 3에서 '상업 시설에서도 그런가요?'라며 의문을 제기하는 한편 자신이 이해하고 있는 바에 대해 확인하고 있으며 다음 인터뷰를 기약하고 있지 않으므로 적절하지 않다.

② 진행자는 예상되는 반론의 가능성을 차단하는 발언을 하지 않았고 마지막 발언에서 홍 교수의 말을 정리하며 다른 관점의 가능성을 언급한 것이며, 또 자기 주장을 관철하는 말하기는 확인할 수 없으므로 적절하지 않다.

③ 7의 진행자의 말에서 '특정인들을 위한 버스 운행'의 예를 들면서 노키즈 존이 또 다른 차별이 될 가능성을 제기하고 있다. 또한 이에 대해 상대방인 홍 교수가 8에서 많은 분들이 걱정하는 부분이라 언급하며 한국 사회가 생각해 오지 못한 부분이었다는 추가 발언을 통해 성찰의 기회를 다시 한 번 유도한다는 점에서 적절하다.

④ 진행자는 질문의 방식을 적극 활용하며 인터뷰를 진행하고 있지만 이것이 상대방의 태도에 문제가 있음을 지적하는 것이 아니고 추가 정보 요청이나 내용을 확인하기 위한 것이므로 적절하지 않다.

정답 ③

실전 기출 — 화법과 작문 2

학습일: 월   일   풀이 시간: 1분 이내

연습 1 병태 요정과 함께 풀기

다음 글에서 토의 참여자의 말하기 방식에 대한 이해로 가장 적절한 것은?
2018 지방직 7급

> **사회자**: 우리나라의 교통 체증 문제는 대우 심각합니다. 이에 대한 해결방안을 마련하고자 여러 분야의 권위자를 모셨습니다. 각자의 의견을 말씀해 주시겠습니까?
> **김 국장**: 교통 체증 문제는 승용차 10부제 실시로 해결할 수 있지 않을까요?
> **윤 사장**: 그것은 사업자 입장에서 아주 불만스러운 제도입니다. 재정이 좋은 사업자는 번호판이 다른 차를 하나 더 구입하면 되겠지만, 영세한 사업자들은 그렇게 하기 힘듭니다.
> **박 위원**: 버스 전용 차로제가 어떨까요? 이 제도가 잘 활용되면 승용차 이용자도 출퇴근 시간에 대중교통 수단을 이용할 것입니다.
> **김 국장**: 승용차 10부제가 실시되면 대중교통을 이용하는 사람이 늘 것으로 기대됩니다. 승용차 이용을 제한하지 않고서는 교통 체증 문제를 해결하기 어렵습니다.
> **윤 사장**: 자본주의 국가에서 재산권의 침해가 과연 옳은지 생각해 봐야 합니다.
> **사회자**: 서로 주장을 조금씩 양보하면 어떨까요? 예를 들어, 승용차 10부제에서 상업용은 제외하는 방안이 그것입니다.
> **윤 사장**: 상업용 승용차가 따로 있는 것은 아니지요. 사업하는 사람이 타고 다니는 승용차는 어떤 의미에서 다 상업용이지요.
> **김 국장**: 어려움을 같이 감수해야 합니다. 모두 손해를 보지 않겠다고 한다면 어떤 해결방안도 찾기 어렵습니다.
> **박 위원**: 두 분 말씀 모두 일리가 있다고 생각합니다. 대중교통 이용이 승용차 이용보다 훨씬 편리하다고 생각하면 굳이 승용차를 이용하지 않을 것입니다. 명절 귀성길에 시행했던 고속버스 전용 차로제의 효과가 그것을 증명합니다.
> **사회자**: 버스 전용 차로제에 대해서는 이의가 없군요. 이번 토의는 좋은 방안을 생각해 보자는 데 그 의의를 두었습니다. 승용차 10부제와 같이 미진한 안건에 대해서는 다음 번에 논의하도록 하겠습니다. 감사합니다.

① 사회자: 참여자의 의견을 수용하여 주제를 전환하고 있다.
② 김 국장: 상대방의 주장을 수긍하면서도 자신의 생각을 적극적으로 관철하고자 한다.
③ 윤 사장: 당면한 문제점을 부각하면서 타협의 가능성을 열어 놓고 있다.
④ 박 위원: 참여자의 의견을 경청하며 구체적인 대안을 제시하고 있다.

연습 2 혼자서 눈으로 계속 연습하기

다음 글에서 토의 참여자의 말하기 방식에 대한 이해로 가장 적절한 것은?
2018 지방직 7급

> **사회자**: 우리나라의 교통 체증 문제는 매우 심각합니다. 이에 대한 해결방안을 마련하고자 여러 분야의 권위자를 모셨습니다. 각자의 의견을 말씀해 주시겠습니까?
> **김 국장**: 교통 체증 문제는 승용차 10부제 실시로 해결할 수 있지 않을까요?
> **윤 사장**: 그것은 사업자 입장에서 아주 불만스러운 제도입니다. 재정이 좋은 사업자는 번호판이 다른 차를 하나 더 구입하면 되겠지만, 영세한 사업자들은 그렇게 하기 힘듭니다.
> **박 위원**: 버스 전용 차로제가 어떨까요? 이 제도가 잘 활용되면 승용차 이용자도 출퇴근 시간에 대중교통 수단을 이용할 것입니다.
> **김 국장**: 승용차 10부제가 실시되면 대중교통을 이용하는 사람이 늘 것으로 기대됩니다. 승용차 이용을 제한하지 않고서는 교통 체증 문제를 해결하기 어렵습니다.
> **윤 사장**: 자본주의 국가에서 재산권의 침해가 과연 옳은지 생각해 봐야 합니다.
> **사회자**: 서로 주장을 조금씩 양보하면 어떨까요? 예를 들어, 승용차 10부제에서 상업용은 제외하는 방안이 그것입니다.
> **윤 사장**: 상업용 승용차가 따로 있는 것은 아니지요. 사업하는 사람이 타고 다니는 승용차는 어떤 의미에서 다 상업용이지요.
> **김 국장**: 어려움을 같이 감수해야 합니다. 모두 손해를 보지 않겠다고 한다면 어떤 해결방안도 찾기 어렵습니다.
> **박 위원**: 두 분 말씀 모두 일리가 있다고 생각합니다. 대중교통 이용이 승용차 이용보다 훨씬 편리하다고 생각하면 굳이 승용차를 이용하지 않을 것입니다. 명절 귀성길에 시행했던 고속버스 전용 차로제의 효과가 그것을 증명합니다.
> **사회자**: 버스 전용 차로제에 대해서는 이의가 없군요. 이번 토의는 좋은 방안을 생각해 보자는 데 그 의의를 두었습니다. 승용차 10부제와 같이 미진한 안건에 대해서는 다음 번에 논의하도록 하겠습니다. 감사합니다.

① 사회자: 참여자의 의견을 수용하여 주제를 전환하고 있다.
② 김 국장: 상대방의 주장을 수긍하면서도 자신의 생각을 적극적으로 관철하고자 한다.
③ 윤 사장: 당면한 문제점을 부각하면서 타협의 가능성을 열어 놓고 있다.
④ 박 위원: 참여자의 의견을 경청하며 구체적인 대안을 제시하고 있다.

13

다음 글에서 토의 참여자의 말하기 방식에 대한 이해로 가장 적절한 것은?

지문 제재 | 말하기
2018 지방직 7급

사회자: 우리나라의 교통 체증 문제는 매우 심각합니다.(토의의 배경 제시) 이에 대한 해결방안을 마련하고자 여러 분야의 권위자를 모셨습니다. 각자의 의견을 말씀해 주시겠습니까?(화제 제시)
김 국장: 교통 체증 문제는 승용차 10부제 실시로 해결할 수 있지 않을까요?(대안 ① 제시)
윤 사장: 그것은 사업자 입장에서 아주 불만스러운 제도입니다.(반대 의견 제시) 재정이 좋은 사업자는 번호판이 다른 차를 하나 더 구입하면 되겠지만, 영세한 사업자들은 그렇게 하기 힘듭니다.
박 위원: 버스 전용 차로제가 어떨까요?(대안 ② 제시) 이 제도가 잘 활용되면 승용차 이용자도 출퇴근 시간에 대중교통 수단을 이용할 것입니다.
김 국장: 승용차 10부제가 실시되면 대중교통을 이용하는 사람이 늘 것으로 기대됩니다. 승용차 이용을 제한하지 않고서는 교통 체증 문제를 해결하기 어렵습니다.(대안 ① 강조 - 10부제의 장점과 필요성)
윤 사장: 자본주의 국가에서 재산권의 침해가 과연 옳은지 생각해 봐야 합니다.(대안 ①의 단점 - 반대 의견 강조)
사회자: 서로 주장을 조금씩 양보하면 어떨까요? 예를 들어(예시), 승용차 10부제에서 상업용은 제외하는 방안이 그것입니다.(절충안 제시)
윤 사장: 상업용 승용차가 따로 있는 것은 아니지요.(절충안에 대한 반대 의견 제시) 사업하는 사람이 타고 다니는 승용차는 어떤 의미에서 다 상업용이지요.
김 국장: 어려움을 같이 감수해야 합니다. 모두 손해를 보지 않겠다고 한다면 어떤 해결방안도 찾기 어렵습니다.(양보 촉구)
박 위원: 두 분 말씀 모두 일리가 있다고 생각합니다.(상대의 주장 인정) 대중교통 이용이 승용차 이용보다 훨씬 편리하다고 생각하면 굳이 승용차를 이용하지 않을 것입니다. 명절 귀성길에 시행했던 고속버스 전용 차로제의 효과가 그것을 증명합니다.(대안 ② 강조)
사회자: 버스 전용 차로제에 대해서는 이의가 없군요. 이번 토의는 좋은 방안을 생각해 보자는 데 그 의의를 두었습니다.(토의의 의의 정리) 승용차 10부제와 같이 미진한 안건에 대해서는 다음 번에 논의하도록 하겠습니다. 감사합니다.(다음 안건의 제시)

① 사회자: 참여자의 의견을 수용하여 주제를 전환하고 있다.(×)
② 김 국장: 상대방의 주장을 수긍하면(首肯, 옳다고 인정함)서도(×) 자신의 생각을 적극적으로 관철하고자(貫徹, 어려움을 뚫고 나아가 목적을 기어이 이룸.) 한다.
③ 윤 사장: 당면한 문제점을 부각하면서(×) 타협의 가능성을 열어 놓고 있다.(×)
④ 박 위원: 참여자의 의견을 경청하며 구체적인 대안을 제시하고 있다.

단계별 풀이 비법

풀이 비법 1 발문으로 유형을 먼저 확인하라!

이 문제는 앞의 문제와 유사해 보이지만 다른 방식으로 접근해야 하는 유형이다. 담화의 형식적 특징을 묻는 앞의 문제와 달리 담화의 주요 주장과 근거, 그리고 담화의 흐름을 파악하며 제시문을 읽어야 한다.

풀이 비법 2 핵심어를 통해 담화의 중심 내용을 찾아라!

중심 화제: 교통 체증 문제의 해결방안
중심 내용

사회자	화제 제시
김 국장	대안 ①(승부차 10부제 실시) 제안
윤 사장	대안 ①에 대한 반대 의견 제시 - 근거: 영세 사업자의 어려움.
박 위원	대안 ②(버스 전용 차로제) 제안
김 국장	대안 ① 강조(장점과 필요성 제시)
윤 사장	대안 ①에 대한 반대 의견 제시 - 근거: 재산권의 침해
사회자	절충안(상업용을 제외한 승용차 10부제 실시) 제시
윤 사장	절충안에 대한 반대 의견 제시 - 근거: 상업용 승용차의 구분이 어려움.
김 국장	윤 사장에 대한 양보 촉구
박 위원	대안 ② 강조(두 주장의 충돌을 해결할 수 있음.)
사회자	토의의 정리 및 다음 안건 제시

풀이 비법 3 말하기 방식과 연관되는 선택지의 핵심 내용을 파악하라!

선택지 ①은 '참여자의 의견 수용', '주제를 전환', 선택지 ②는 '상대방의 주장을 수긍', '자신의 생각을 관철', 선택지 ③은 '문제점을 부각', '타협의 가능성', 선택지 ④는 '참여자의 의견을 경청', '구체적인 대안을 제시'가 말하기 방식에 해당하는 핵심 내용이다.

풀이 비법 4 지문의 내용을 확인해 적절한 선택지를 찾아라!

① 마지막 발언에서 '사회자'는 주제를 전환한 것이 아니라, 지금까지의 논의를 정리하고 다음 안건을 제시하고 있다.
② '김 국장'은 '승용차 10부제 실시'라는 자신의 입장을 끝까지 관철하고자 한다. 그러나 '승용차 10부제 실시'를 반대하는 '윤 사장'의 입장을 수긍하지는 않는다.
③ '교통 체증'이라는 당면한 문제점을 부각한 이는 '사회자'이다. 또 '두 분 말씀 모두 일리가 있다'며 타협의 가능성을 보여준 이는 '박 위원'이다.
④ '박 위원'은 '김 국장'의 제안과 '윤 사장'의 반박을 들은 후 두 주장의 충돌을 해결할 수 있는 방안으로 교통 체증을 줄이면서도 승용차 이용에 제한이 없는 '버스 전용 차로제'를 제시하고 있다. 따라서 '박 위원'은 다른 참여자의 발언을 경청한 후 그것을 바탕으로 구체적 대안을 제시했다고 볼 수 있다.

정답 ④

실전 기출 — 화법과 작문 3

연습 1 병태 요정과 함께 풀기

㉠~㉣을 문맥에 맞게 수정하는 방안으로 적절한 것은?
2023 국가직 9급

> 난독(難讀)을 해결하려면 정독을 해야 한다. 여기서 말하는 정독은 '뜻을 새겨 가며 자세히 읽음', 즉 '정교한 독서'라는 뜻으로 한자로는 '精讀'이다. '精讀'은 '바른 독서'를 의미하는 '正讀'과 ㉠ 소리는 같지만 뜻이 다르다. 무엇이 정교한 것일까? 모든 단어에 눈을 마주치면서 제대로 인식하는 것이다. 이와 같은 ㉡ 정독(精讀)의 결과로 생기는 어문 실력이 문해력이다. 문해력이 발달하면 결국 독서 속도가 빨라져, '빨리 읽기'인 속독(速讀)이 가능해진다. 빨리 읽기는 정독을 전제로 할 때 빛을 발한다. 짧은 시간에 같은 책을 제대로 여러 번 읽을 수 있기 때문이다. 그래서 문해력의 증가는 '정교하고 빠르게 읽기', 즉 ㉢ 정속독(正速讀)에서 일어나게 되어 있다. 정독이 생활화되면 자기도 모르게 정속독의 경지에 오르게 된다. 그런 경지에 오른 사람들은 뭐든지 확실히 읽고 빨리 이해한다. 자연스레 집중하고 여러 번 읽어도 빠르게 읽으므로 시간이 여유롭다. ㉣ 정독이 빠진 속독은 곧 빼먹고 읽는 습관, 즉 난독의 일종임을 잊지 말아야 한다.

① ㉠을 '다르게 읽지만 뜻이 같다'로 수정한다.
② ㉡을 '정독(正讀)'으로 수정한다.
③ ㉢을 '정속독(精速讀)'으로 수정한다.
④ ㉣을 '속독이 빠진 정독'으로 수정한다.

연습 2 혼자서 눈으로 계속 연습하기

㉠~㉣을 문맥에 맞게 수정하는 방안으로 적절한 것은?
2023 국가직 9급

> 난독(難讀)을 해결하려면 정독을 해야 한다. 여기서 말하는 정독은 '뜻을 새겨 가며 자세히 읽음', 즉 '정교한 독서'라는 뜻으로 한자로는 '精讀'이다. '精讀'은 '바른 독서'를 의미하는 '正讀'과 ㉠ 소리는 같지만 뜻이 다르다. 무엇이 정교한 것일까? 모든 단어에 눈을 마주치면서 제대로 인식하는 것이다. 이와 같은 ㉡ 정독(精讀)의 결과로 생기는 어문 실력이 문해력이다. 문해력이 발달하면 결국 독서 속도가 빨라져, '빨리 읽기'인 속독(速讀)이 가능해진다. 빨리 읽기는 정독을 전제로 할 때 빛을 발한다. 짧은 시간에 같은 책을 제대로 여러 번 읽을 수 있기 때문이다. 그래서 문해력의 증가는 '정교하고 빠르게 읽기', 즉 ㉢ 정속독(正速讀)에서 일어나게 되어 있다. 정독이 생활화되면 자기도 모르게 정속독의 경지에 오르게 된다. 그런 경지에 오른 사람들은 뭐든지 확실히 읽고 빨리 이해한다. 자연스레 집중하고 여러 번 읽어도 빠르게 읽으므로 시간이 여유롭다. ㉣ 정독이 빠진 속독은 곧 빼먹고 읽는 습관, 즉 난독의 일종임을 잊지 말아야 한다.

① ㉠을 '다르게 읽지만 뜻이 같다'로 수정한다.
② ㉡을 '정독(正讀)'으로 수정한다.
③ ㉢을 '정속독(精速讀)'으로 수정한다.
④ ㉣을 '속독이 빠진 정독'으로 수정한다.

지문을 한눈에

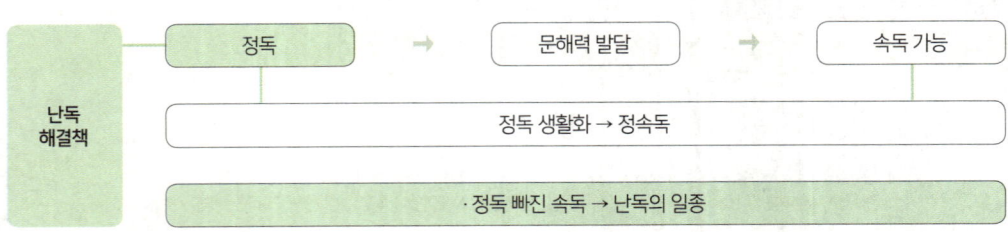

실전 기출 — 화법과 작문 3

01
㉠~㉣을 문맥에 맞게 수정하는 방안으로 적절한 것은?

지문 제재 | 인문
2023 국가직 9급

> 1 ¹난독(難讀, 읽기 어려움)을 해결하려면 정독을 해야 한다. ²여기서 말하는 정독은 '뜻을 새겨 가며 자세히 읽음', 즉 '정교한 독서'라는 뜻으로 한자로는 '精讀'이다. ³'精讀'은 '바른 독서'를 의미하는 '正讀'과 ㉠ 소리는 같지만 뜻이 다르다. ⁴무엇이 정교한 것일까? ⁵모든 단어에 눈을 다 주치면서 제대로 인식하는 것이다. ⁶이와 같은 ㉡ 정독(精讀)의 결과로 생기는 어문 실력이 문해력이다. ⁷문해력이 발달하면 결국 독서 속도가 빨라져, '빨리 읽기'인 속독(速讀)이 가능해진다. (인과) ⁸빨리 읽기(속독)는 정독을 전제(前提, 어떠한 사물이나 현상을 이루기 위하여 먼저 내세우는 것)로 할 때 빛을 발한다. (주장) ⁹짧은 시간에 같은 책을 제대로 여러 번 읽을 수 있기 때문이다. (근거) ¹⁰그래서 문해력의 증가는 '정교하고 빠르게 읽기', 즉 ㉢ 정속독(正速讀)에서 일어나게 되어 있다. ¹¹정독이 생활화되면 자기도 모르게 정속독의 경지에 오르게 된다. ¹²그런 경지에 오른 사람들은 뭐든지 확실히 읽고 빨리 이해한다. ¹³자연스레 집중하고 여러 번 읽어도 빠르게 읽으므로 시간이 여유롭다. ¹⁴㉣ 정독이 빠진 속독은 곧 빼먹고 읽는 습관, 즉 난독의 일종임을 잊지 말아야 한다.

① ㉠을 '다르게 읽지만 뜻이 같다'로 수정한다. (근거 1-2, 3)
② ㉡을 '정독(正讀)'으로 수정한다. (근거 1-2, 5)
❸ ㉢을 '정속독(精速讀)'으로 수정한다. (근거 1-2, 4, 5, 7)
④ ㉣을 '속독이 빠진 정독'으로 수정한다. (근거 1-1, 8, 11)

단계별 풀이 비법

풀이 비법 1 발문으로 유형을 확인하라!
고쳐쓰기 유형 중 문맥에 맞게 수정하는 방안을 찾는 문제임을 알 수 있다.

풀이 비법 2 무엇(화제)에 대해 말하고 있는지 파악하라!
중심 화제 난독 해결 방법
중심 내용 난독을 해결하려면 정독(精讀)을 해야 하고, 그 결과 문해력이 발달하면 속독이 가능해져 '정속독(精速讀)'의 경지에 이른다.

풀이 비법 3 제시된 부분과 관련된 배경지식을 활성화시켜라!

선지	관련 정보
㉠	1-2, 3: 정독은 '뜻을 새겨 가며 자세히 읽음', 精讀은 '바른 독서'
㉡	1-2, 5: '정교한 독서'라는 뜻으로 한자로는 '精讀', 모든 단어에 눈을 마주치면서 제대로 인식하는 것
㉢	1-2, 4, 5, 7: '정교한 독서'라는 뜻으로 한자로는 '精讀', 문해력이 발달하면 결국 독서 속도가 빨라져
㉣	1-1, 8, 11: 난독을 해결하려면 정독을 해야, 빨리 읽기는 정독을 전제로, 정독이 생활화되면 자기도 모르게 정속독의 경지에 오르게

풀이 비법 4 선택지의 적절성을 판단하라!
① '정독(精讀)'과 '정독(正讀)'은 동음이의어이다. ㉠은 수정하지 말아야 한다.
② ㉡은 문맥상 정교하게 읽는 것을 말하므로, '정독(精讀)'이 맞는 표기이다.
③ ㉢은 '정교하고 빠르게 읽기'이므로 '정속독(精速讀)'으로 수정했으므로 맞는 수정 방안이다.
④ 빨리 읽기는 정독을 전제로 하므로 '정독이 빠진 속독'이 문맥상 맞는다.

정답 ③

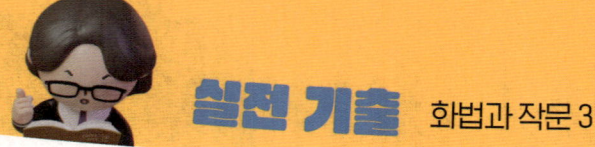
실전 기출 화법과 작문 3

연습 1 병태 요정과 함께 풀기

두 사람의 대화에 적용된 공감적 듣기의 방법이 아닌 것은?
2019 국가직 9급

> "수빈 씨, 나 처음 한 프레젠테이션인데 엉망이었어."
> "정말? 무슨 일이 있었는지 자세히 말해 봐."
> "너무 긴장해서 팀장님 질문에 대답을 못했어."
> "팀장님 질문에 대답을 못했구나. 처음 하는 프레젠테이션이라 정아 씨가 긴장을 많이 했나 보다."

① 수빈은 정아의 말에 자신이 주의 집중하고 있음을 보여 주고 있다.
② 수빈은 정아가 계속 말을 할 수 있도록 격려하고 있다.
③ 수빈은 정아의 혼란스러운 감정을 정아 스스로 정리하게끔 도와주고 있다.
④ 수빈은 정아의 말을 자신의 처지로 바꾸어 의미를 재구성하고 있다.

연습 2 혼자서 눈으로 계속 연습하기

두 사람의 대화에 적용된 공감적 듣기의 방법이 아닌 것은?
2019 국가직 9급

> "수빈 씨, 나 처음 한 프레젠테이션인데 엉망이었어."
> "정말? 무슨 일이 있었는지 자세히 말해 봐."
> "너무 긴장해서 팀장님 질문에 대답을 못했어."
> "팀장님 질문에 대답을 못했구나. 처음 하는 프레젠테이션이라 정아 씨가 긴장을 많이 했나 보다."

① 수빈은 정아의 말에 자신이 주의 집중하고 있음을 보여 주고 있다.
② 수빈은 정아가 계속 말을 할 수 있도록 격려하고 있다.
③ 수빈은 정아의 혼란스러운 감정을 정아 스스로 정리하게끔 도와주고 있다.
④ 수빈은 정아의 말을 자신의 처지로 바꾸어 의미를 재구성하고 있다.

실전 기출 화법과 작문 3

02
지문 제재 | 말하기

두 사람의 대화에 적용된 공감적 듣기의 방법이 아닌 것은?

2019 국가직 9급

> "수빈 씨, 나 처음 한 프레젠테이션인데 엉망이었어."
> "정말?(관심을 표명하는 감탄사) 무슨 일이 있었는지 자세히 말해 봐.(이야기를 지속하도록 돕는 격려하는 표현)"
> "너무 긴장해서 팀장님 질문에 대답을 못했어."
> "팀장님 질문에 대답을 못했구나. 처음 하는 프레젠테이션이라 정아 씨가 긴장을 많이 했나 보다.(상대의 말에 대한 재진술)"

① 수빈은 정아의 말에 자신이 주의 집중하고 있음을 보여 주고 있다.
② 수빈은 정아가 계속 말을 할 수 있도록 격려하고 있다.
③ 수빈은 정아의 혼란스러운 감정을 정아 스스로 정리하게끔 도와주고 있다.
④ 수빈은 정아의 말을 자신의 처지로 바꾸어(×) 의미를 재구성하고(×) 있다.
(핵심 개념에 부적합한 진술)

단계별 풀이 비법

풀이 비법 1 발문으로 유형을 먼저 확인하라!
발문에 지시된 핵심 개념을 실제 대화에 적용하는 문제이다.

풀이 비법 2 담화(제시문)를 꿰뚫는 핵심 개념을 찾아라!
핵심 개념 공감적 듣기
핵심 개념에 대한 배경지식을 쌓아 두면 수월하게 풀 수 있는 문제이다. '공감적 듣기'는 상대방의 말을 분석하거나 비판하며 듣지 않고, 상대방의 생각이나 감정을 역지사지(易地思之)하며 듣는 태도를 의미한다.

풀이 비법 3 담화(제시문)의 서술 방식 및 정보를 파헤쳐라!
첫 프레젠테이션을 마친 '정아'가 '수빈'에게 자신의 감정을 털어놓고 있는 담화이다.

풀이 비법 4 기준을 세워 비판하며 선택지를 읽어라!
상대의 말에 대한 '공감'이 드러나는지를 기준으로 하여 선택지를 판단한다.
① "정말?"이라는 감탄사를 사용하여 상대방의 말에 대한 관심을 표명하고 있다.
② "무슨 일이 있었는지 자세히 말해 봐."와 같은 표현을 사용하여 자신의 관심을 표명하면서 동시에 상대가 계속 이야기를 이어갈 수 있도록 격려하고 있다.
③ "무슨 일이 있었는지 자세히 말해 봐."라고 함으로써 상대가 자신에게 일어난 일에 대해 자세히 말하는 과정에서 스스로 정리하도록 하고 있다.
④ "팀장님 질문에 대답을 못했구나.", "긴장을 많이 했나 보다."와 같이 상대의 말을 재진술하는 것은 적극적인 공감적 듣기의 한 방법이다. 그러나 이는 상대의 말을 동일하게 반복한 것이지 그 말을 자신의 처지로 바꾸어 재구성한 것은 아니다. 상대의 말을 '자신의 처지'로 바꾸어 재구성하는 것은 상대에 대한 '공감'이라고 보기 어렵다. **정답 ④**

개념 PLUS 담화의 수용과 평가 – 공감적 듣기

'공감적 듣기'란 상대방의 말을 분석하거나 비판하기보다는 일단 상대방의 관점에서 문제를 바라보고 이해하려고 노력하는 듣기를 말한다. 상대로 하여금 신뢰와 친밀감을 가지도록 하는 데 매우 중요한 구실을 한다.

1. **소극적인 공감적 듣기**: 상대방에게 관심을 표명하면서 화자가 계속 이야기를 이어갈 수 있도록 화맥을 조절해 격려하는 것으로, 다음과 같은 유형이 있다.
   · 관심 표현: 그래서? 그런데? 등
   · 공감 표현: 그러게 말이야, 그럼 등
   · 동정 표현: 저런, 쯧쯧, 저걸 어쩌나? 등
   · 기쁨 표현: 참 잘됐다, 멋지다, 신 난다 등

2. **적극적인 공감적 듣기**: 청자가 객관적인 관점에서 문제에 접근할 수 있도록 화자의 말을 요약, 정리해 주고 반영해 주는 역할을 통해서 화자가 스스로 문제를 해결할 수 있도록 도와주는 것으로, 다음과 같은 유형이 있다.
   · 재진술: 내가 이해한 대로 말하면, 네 말은 등
   · 환언: 비유하자면, ~라는 말이지? 등
   · 명료화: 그러니까, 네가 하고 싶었던 말은 등

3. **공감을 표시하기 위한 전략**
   · '말'로 공감하기: 대화 도중에 적절한 시점에 감탄사나 질문을 하기
   · '표정'으로 공감하기: 대화 도중에 미소나 놀라움 등 화제와 관련 있는 표정을 짓기
   · '몸짓'으로 공감하기: 고개를 끄덕이거나 가로젓는 등 화제에 관심이 있음을 표현하기

실전 기출 — 화법과 작문 3

연습 1 병태 요정과 함께 풀기

㉠~㉣의 고쳐 쓰기로 적절하지 않은 것은? 2022 지방직 9급

　파놉티콘(panopticon)은 원형 평면의 중심에 감시탑을 설치해 놓고, 주변으로 빙 둘러서 죄수들의 방이 배치된 감시 시스템이다. 감시탑의 내부는 어둡게 되어 있는 반면 죄수들의 방은 밝아 교도관은 죄수를 볼 수 있지만, 죄수는 교도관을 바라볼 수 없다. 죄수가 잘못했을 때 교도관은 잘 보이는 곳에서 처벌을 가한다. 그렇게 수차례의 처벌이 있게 되면 죄수들은 실제로 교도관이 자리에 ㉠있을 때조차도 언제 처벌을 받을지 모르는 공포감에 의해서 스스로를 감시하게 된다. 이렇게 권력자에 의한 정보 독점 아래 ㉡다수가 통제된다는 점에서 파놉티콘의 디자인은 과거 사회 구조와 본질적으로 같았다.
　현대사회는 다수가 소수의 권력자를 동시에 감시할 수 있는 시놉티콘(synopticon)의 시대가 되었다. 시놉티콘에 가장 크게 기여한 것은 인터넷의 ㉢동시성이다. 권력자에 대한 비판을 신변 노출 없이 자유롭게 표현할 수 있게 되었기 때문이다. 정보화 시대가 오면서 언론과 통신이 발달했고, ㉣특정인이 정보를 수용하고 생산하게 되었다. 그로 인해 사회에서 일어나는 일에 대한 비판적 인식 교류와 부정적 현실 고발 등 네티즌의 활동으로 권력자들을 감시하는 전환이 일어났다.

① ㉠을 '없을'로 고친다.
② ㉡을 '소수'로 고친다.
③ ㉢을 '익명성'으로 고친다.
④ ㉣을 '누구나가'로 고친다.

연습 2 혼자서 눈으로 계속 연습하기

㉠~㉣의 고쳐 쓰기로 적절하지 않은 것은? 2022 지방직 9급

　파놉티콘(panopticon)은 원형 평면의 중심에 감시탑을 설치해 놓고, 주변으로 빙 둘러서 죄수들의 방이 배치된 감시 시스템이다. 감시탑의 내부는 어둡게 되어 있는 반면 죄수들의 방은 밝아 교도관은 죄수를 볼 수 있지만, 죄수는 교도관을 바라볼 수 없다. 죄수가 잘못했을 때 교도관은 잘 보이는 곳에서 처벌을 가한다. 그렇게 수차례의 처벌이 있게 되면 죄수들은 실제로 교도관이 자리에 ㉠있을 때조차도 언제 처벌을 받을지 모르는 공포감에 의해서 스스로를 감시하게 된다. 이렇게 권력자에 의한 정보 독점 아래 ㉡다수가 통제된다는 점에서 파놉티콘의 디자인은 과거 사회 구조와 본질적으로 같았다.
　현대사회는 다수가 소수의 권력자를 동시에 감시할 수 있는 시놉티콘(synopticon)의 시대가 되었다. 시놉티콘에 가장 크게 기여한 것은 인터넷의 ㉢동시성이다. 권력자에 대한 비판을 신변 노출 없이 자유롭게 표현할 수 있게 되었기 때문이다. 정보화 시대가 오면서 언론과 통신이 발달했고, ㉣특정인이 정보를 수용하고 생산하게 되었다. 그로 인해 사회에서 일어나는 일에 대한 비판적 인식 교류와 부정적 현실 고발 등 네티즌의 활동으로 권력자들을 감시하는 전환이 일어났다.

① ㉠을 '없을'로 고친다.
② ㉡을 '소수'로 고친다.
③ ㉢을 '익명성'으로 고친다.
④ ㉣을 '누구나가'로 고친다.

지문을 한눈에

파놉티콘과 시놉티콘
- **파놉티콘**: 권력자에 의한 정보 독점으로 소수가 다수를 통제함.
- (정보사회 전환) →
- **시놉티콘**: 감시에 대한 역감시로 다수가 소수의 권력자를 감시함.

실전 기출 — 화법과 작문 3

03

㉠~㉣의 고쳐 쓰기로 적절하지 않은 것은?

지문 제재 | 언문
2022 지방직 9급

1. ¹파놉티콘(panopticon)은 원형 평면의 중심에 감시탑을 설치해 놓고, 주변으로 빙 둘러서 죄수들의 방이 배치(配置, 사람이나 물자 따위를 일정한 자리에 나누어 둠)된 감시(監視, 단속하기 위하여 주의 깊게 살핌) 시스템이다. ²감시탑의 내부는 어둡게 되어 있는 반면 죄수들의 방은 밝아 교도관은 죄수를 볼 수 있지만, 죄수는 교도관을 바라볼 수 없다. ³죄수가 잘못했을 때 교도관은 잘 보이는 곳에서 처벌을 가한다. ⁴그렇게 수차례의 처벌이 있게 되면 죄수들은 실제로 교도관이 자리에 ㉠있을 때조차도 언제 처벌을 받을지 모르는 공포감에 의해서 스스로를 감시하게 된다. ⁵어떻게 [권력자에 의한 정보 독점 아래 ㉡다수가 통제(統制, 일정한 방침이나 목적에 따라 행위를 제한하거나 제약함)된다는 점에서 파놉티콘의 디자인은 과거 사회 구조와 본질적으로 같았다.](권력자는 소수이고 통제받는 자는 다수라는 점에서 과거 사회 구조와 유사함) ▶파놉티콘의 특징과 문제점

2. ¹현대사회는 [다수가 소수의 권력자를 동시에 감시할 수 있는](시놉티콘의 정의) 시놉티콘(synopticon)의 시대가 되었다. ²[시놉티콘에 가장 크게 기여(寄與, 도움이 되도록 이바지함.)한 것은 인터넷의 ㉢동시성(同時性, 어떤 두 사건이 같은 시간에 일어나는 것)이다.](주장) ³[권력자에 대한 비판을 신변(身邊, 몸의 주변) 노출(露出, 겉으로 드러내거나 드러냄) 없이 자유롭게 표현할 수 있게 되었기 때문이다.](근거) ⁴정보화 시대가 오면서 언론과 통신이 발달했고, ㉣특정인(特定人, 특별히 지정한 사람)이 정보를 수용(受容, 어떠한 것을 받아들임)하고 생산하게 되었다.](원인) ⁵[그로 인해 사회에서 일어나는 일에 대한 비판적 인식 교류와 부정적 현실 고발 등 네티즌의 활동으로 권력자들을 감시하는 전환(轉換, 다른 방향이나 상태로 바뀌거나 바꿈)이 일어났다.](결과) ▶시놉티콘의 특징과 영향

① ㉠을 '없을'로 고친다.
❷ ㉡을 '소수'로 고친다.
③ ㉢을 '익명성'으로 고친다.
④ ㉣을 '누구나가'로 고친다.

단계별 풀이 비법

풀이 비법 1 발문으로 유형을 먼저 확인하라!
'고쳐쓰기'의 적절성을 묻고 있으므로 바르게 고쳐 썼는지 파악하는 문제이다. 단순한 맞춤법 문제가 아니라 글의 내용을 정확하게 파악해야만 풀 수 있다.

풀이 비법 2 무엇(화제)에 대해 말하고 있는지 파악하라!
중심 화제 파놉티콘과 시놉티콘
중심 내용 권력자에 의한 정보 독점으로 소수가 다수를 통제하는 파놉티콘의 시대에서 누구나 정보를 수용하고 생산하는 정보화 시대가 도래하여 대중이 권력자를 동시에 감시하는 사회인 시놉티콘 시대로 전환됐다.

1-1, 2	중앙에 감시탑이 있는 감옥 '파놉티콘'의 내부
1-3, 4	죄수는 감시자가 항상 자신을 지켜본다고 생각하게 되어 스스로를 감시함.
1-5	과거 통제 사회 구조와 유사한 '파놉티콘'
2-1~3	인터넷의 익명성으로 인해 대중이 권력자를 감시하는 사회인 시놉티콘 시대가 도래함.
2-4	누구나 정보를 수용하고 생산하는 정보화 시대가 도래함.
2-5	다수가 소수의 권력자를 감시할 수 있는 체제로 전환됨.

풀이 비법 3 지문에서 선택지 내용과 관련된 정보를 찾아 정리하라!

선지	관련 정보
①	1-4: '언제 처벌을 받을지 모르는 공포감에 의해서 스스로를 감시하게 된다.'
②	1-4, 5: '죄수들은 실제로 … 스스로를 감시', '정보 독점 아래 … 통제된다.'
③	2-2, 3: '권력자에 대한 비판을 신변 노출 없이 자유롭게 표현'
④	2-1, 4~5: '다수가 소수의 권력자', '네티즌의 활동'

풀이 비법 4 선택지의 일치 여부를 판단하라!

① 1-4, 언제 처벌을 받을지 모르는 공포감 때문에 실제로 교도관이 없을 때조차도 스스로를 감시하게 된다는 것이므로 ㉠은 '없을'로 고쳐 쓰는 것이 적절하다.
② 1-5, 파놉티콘은 다수의 죄수가 소수의 교도관들에게 감시를 당하는 구조이다. 이는 권력자에 의한 정보 독점으로 다수가 통제된다는 것이 ㉡-. 따라서 ㉡에는 지문 그대로 '다수'가 들어가는 것이 적절하다.
③ 2-2~3, 권력자에 대한 비판을 신변 노출 없이 자유롭게 표현할 수 있게 되었다는 근거 문장을 통해 '익명성'으로 고쳐 쓰는 것이 적절하다.
④ 2-1, 4, 정보화 시대가 오면서 언론과 통신이 발달하였고 '익명성'으로 인해 다수의 네티즌들이 소수의 권력자들을 감시할 수 시놉티콘의 시대가 되었으므로 '누구나가'로 고쳐 쓰는 것이 적절하다.

정답 ②

실전 기출 — 화법과 작문 3

연습 1 병태 요정과 함께 풀기

(가)~(라)의 고쳐 쓰기 방안으로 적절하지 않은 것은?
2021 지방직 9급

> (가) 현재 우리 구청 조직도에는 기획실, 홍보실, 감사실, 행정국, 복지국, 안전국, 보건소가 있었다.
> (나) 오늘은 우리 시청이 지양하는 '누구나 행복한 ○○시'를 실현하기 위한 추진 방안을 논의합니다.
> (다) 지난달 수해로 인한 준비 기간이 짧았기 때문에 지역 축제는 예년보다 규모가 줄어들었다.
> (라) 공과금을 기한 내에 지정 금융 기관에 납부하지 않으면 연체료를 내야한다.

① (가): '있었다' 문맥상 시제 표현이 적절하지 않으므로 '있다'로 고쳐 쓴다.
② '지양'은 어떤 목표로 뜻이 쏠리어 향한다는 의미인 '지향'으로 고쳐 쓴다.
③ '지난달 수해로 인한'은 '준비 기간'을 수식하는 절이 아니므로 '지난달 수해로 인하여'로 고쳐 쓴다.
④ '납부'는 맥락상 금융 기관이 돈이나 물품 따위를 받아 거두어들인다는 '수납'으로 고쳐 쓴다.

연습 2 혼자서 눈으로 계속 연습하기

(가)~(라)의 고쳐 쓰기 방안으로 적절하지 않은 것은?
2021 지방직 9급

> (가) 현재 우리 구청 조직도에는 기획실, 홍보실, 감사실, 행정국, 복지국, 안전국, 보건소가 있었다.
> (나) 오늘은 우리 시청이 지양하는 '누구나 행복한 ○○시'를 실현하기 위한 추진 방안을 논의합니다.
> (다) 지난달 수해로 인한 준비 기간이 짧았기 때문에 지역 축제는 예년보다 규모가 줄어들었다.
> (라) 공과금을 기한 내에 지정 금융 기관에 납부하지 않으면 연체료를 내야한다.

① (가): '있었다' 문맥상 시제 표현이 적절하지 않으므로 '있다'로 고쳐 쓴다.
② '지양'은 어떤 목표로 뜻이 쏠리어 향한다는 의미인 '지향'으로 고쳐 쓴다.
③ '지난달 수해로 인한'은 '준비 기간'을 수식하는 절이 아니므로 '지난달 수해로 인하여'로 고쳐 쓴다.
④ '납부'는 맥락상 금융 기관이 돈이나 물품 따위를 받아 거두어들인다는 '수납'으로 고쳐 쓴다.

지문을 한눈에

고쳐쓰기 방안	(가) 시제	(나)	(다)	(라)
	· 과거 시제 선어말 어미: 었 · 현재 시제 선어말 어미: -는-/-ㄴ-, 형용사는 현재 시제 선어말 어미 없음. · 미래 시제 선어말 어미: 겠	· 지양(止揚): 어떠한 것을 하지 아니함. · 지향(志向): 어떤 목표로 뜻이 쏠리어 향함.	· 인하여(원인, 까닭, 근거 따위를 나타냄.) · 인한 (관형어 역할)	· 납부(納付/納附): 세금이나 공과금 따위를 관계 기관에 냄. · 수납(收納): 돈, 물품 따위를 받아 거두어들임.

04

지문 제재 | 작문

(가)~(라)의 고쳐 쓰기 방안으로 적절하지 않은 것은?   2021 지방직 9급

> (가) 현재 우리 구청 조직도(組織圖, 정부나 기업 따위와 같은 조직체의 구조와 권한 관계를 한눈에 알 수 있도록 나타낸 그림표)에는 기획(企劃, 일을 꾀하여 계획함)실, 홍보실, 감사(監査, 감독하고 검사함)실, 행정국, 복지(福祉, 행복한 삶)국, 안전국, 보건(保健, 건강을 온전하게 잘 지킴)소가 있었다.
> (나) 오늘은 우리 시청이 지양하는 '누구나 행복한 ○○시'를 실현(實現, 꿈, 기대 따위를 실제로 이룸)하기 위한 추진(推進, 목표를 향하여 밀고 나아감) 방안(方案, 일을 처리하거나 해결하여 나갈 방법이나 계획)을 논의(論議, 어떤 문제에 대하여 서로 의견을 내어 토의함)합니다.
> (다) 【지난달 수해로 인한】(원인)【준비 기간이 짧았기 때문에】(결과) 지역 축제는 예년(例年, 보통의 해)보다 규모(規模, 본보기가 될 만한 틀이나 제도)가 줄어들었다.
> (라) 공과금을 기한 내에 지정(指定, 가리키어 확실하게 정함) 금융 기관에 납부(納付/納附, 세금이나 공과금 따위를 관계 기관에 냄)하지 않으면 연체료(延滯料, 기한 안에 이행하여야 할 채무나 납세 따위를 지체하였을 때 밀린 날짜에 따라 더 내는 돈)를 내야 한다.

① (가): '있었다' 문맥상 시제 표현이 적절하지 않으므로 '있다'로 고쳐 쓴다. (근거: 현재 ~ 있다)
② (나): '지양'은 어떤 목표로 뜻이 쏠리어 향한다는 의미인 '지향'으로 고쳐 쓴다. (근거: 문맥에 어울리지 않는 어휘)
③ (다): '지난달 수해로 인한'은 '준비 기간'을 수식하는 절이 아니므로 '지난달 수해로 인하여'로 고쳐 쓴다. (근거: '인한'은 관형어, '인하여'는 원인)
❹ (라): '납부'는 맥락상 금융 기관이 돈이나 물품 따위를 받아 거두어들인다는 '수납'(×)으로 고쳐 쓴다.

단계별 풀이 비법

풀이 비법 1 발문으로 유형을 확인하라!
'고쳐쓰기 방안'의 적절성을 묻고 있으므로 바르게 고쳐 썼는지 파악하는 문제임을 알 수 있다.

풀이 비법 2 제시된 문장을 바르게 고쳐 썼는지 파악하라!
(가) 시제
(나) 혼동하기 쉬운 어휘(지향/지양)
(다) 인한/인하여
(라) 혼동하기 쉬운 어휘(수납/납부)

풀이 비법 3 지문에서 선택지 내용과 관련된 정보를 찾아 정리하라!

선지	관련 정보
①	현재 ⋯ 있다
②	・지양(止揚): 더 높은 단계로 오르기 위하여 어떠한 것을 하지 아니함. ・지향(志向): 어떤 목표로 뜻이 쏠리어 향함.
③	・인하여(원인, 까닭, 근거 따위를 나타냄) ・인한(관형어 역할)
④	・납부(納付/納附): 세금이나 공과금 따위를 관계 기관에 냄. ・수납(收納): 돈, 물품 따위를 받아 거두어들임.

풀이 비법 4 선택지의 적절성을 판단하라!
① (가) '현재'라는 '부사'와 과거 시제 선어말 어미 '었'이 들어간 '있었다'는 적절하지 않으므로 '현재' 시제에 맞게 '있었다'는 '있다'로 고쳐 쓰는 것이 적절하다.
② (나) '지양(止揚)'은 '더 높은 단계로 오르기 위하여 어떠한 것을 하지 아니함.'의 뜻으로 '"누구나 행복한 ○○시'를 실현하기 위한 추진 방안을 논의"한다는 내용에 어울리게 어떤 목표로 뜻이 쏠리어 향한다는 뜻인 '지향(指向)'을 쓰는 것이 적절하다.
③ (다) '준비 기간'의 원인이 '지난달 수해'가 아니라, '준비 기간이 짧았'던 원인이 '지난달 수해'인 것이므로 '지난달 수해로 인하여'로 고쳐 쓰는 것이 의미 호응에 적절하다.
④ (라) 공과금을 금융 기관에 내는 경우이기 때문에 '납부'를 '수납'으로 고쳐 쓰는 것은 적절하지 않다. 그대로 두는 것이 적절하다.   정답 ④

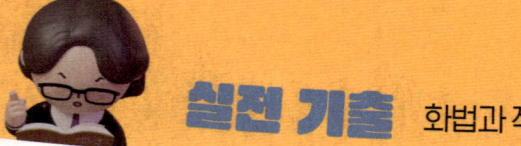

실전 기출 화법과 작문 3

학습일: 월 일 풀이 시간: 1분 이내

연습 1 병태 요정과 함께 풀기

〈보기〉를 근거로 판단할 때, ㉠~㉢ 중 적절하지 않은 것은?

2018 국가직 9급

― 보기 ―
통일성은 글의 내용이 하나의 주제로 긴밀하게 관련되는 특성을 말한다. 초고의 적절성을 평가할 때에는 글의 내용이 하나의 주제를 드러낼 수 있도록 선정되었는지, 그리고 중심 내용에 부합하는 하위 내용들로 선정되었는지를 검토한다.

사람들은 대개 수학 과목이 어렵다고 한다. 하지만 나는 수학 시간이 재미있다. ㉠바로 수업을 재미있게 진행하시는 수학 선생님 덕분이다. 수학 선생님은 유머로 딱딱한 수학 시간을 웃음바다로 만들곤 한다. ㉡졸리는 오후 시간에 뜬금없이 외국으로 수학여행을 가자고 하여 분위기를 부드럽게 만든 후 어려운 수학 문제를 쉽게 설명한 적도 있다. 그래서 우리 학교에서는 수학 선생님의 인기가 시들 줄 모른다. ㉢그리고 수학 선생님의 아들이 수학을 굉장히 잘한다는 소문이 나 있다. ㉣내 수학 성적이 좋아진 것도 수학 선생님의 재미있는 수업 덕택이다.

① ㉠   ② ㉡   ③ ㉢   ④ ㉣

연습 2 혼자서 눈으로 계속 연습하기

〈보기〉를 근거로 판단할 때, ㉠~㉢ 중 적절하지 않은 것은?

2018 국가직 9급

― 보기 ―
통일성은 글의 내용이 하나의 주제로 긴밀하게 관련되는 특성을 말한다. 초고의 적절성을 평가할 때에는 글의 내용이 하나의 주제를 드러낼 수 있도록 선정되었는지, 그리고 중심 내용에 부합하는 하위 내용들로 선정되었는지를 검토한다.

사람들은 대개 수학 과목이 어렵다고 한다. 하지만 나는 수학 시간이 재미있다. ㉠바로 수업을 재미있게 진행하시는 수학 선생님 덕분이다. 수학 선생님은 유머로 딱딱한 수학 시간을 웃음바다로 만들곤 한다. ㉡졸리는 오후 시간에 뜬금없이 외국으로 수학여행을 가자고 하여 분위기를 부드럽게 만든 후 어려운 수학 문제를 쉽게 설명한 적도 있다. 그래서 우리 학교에서는 수학 선생님의 인기가 시들 줄 모른다. ㉢그리고 수학 선생님의 아들이 수학을 굉장히 잘한다는 소문이 나 있다. ㉣내 수학 성적이 좋아진 것도 수학 선생님의 재미있는 수업 덕택이다.

① ㉠   ② ㉡   ③ ㉢   ④ ㉣

개념 PLUS 글의 구성 원리 – 통일성과 응집성

글: 문장이 모여 이루어진 유기적 통일체

통일성
- 내용적 구성 원리: 글의 내용이 하나의 주제를 중심으로 긴밀하게 연결되는 관계
- 하나의 중심 생각, 주제와 부합하는 세부 내용

응집성
- 형식적 구성 원리: 글의 형식이 주제가 잘 드러날 수 있도록 유기적으로 연결되는 관계
- 적절한 지시어와 접속어의 활용을 통한 문장의 연결

실전 기출 화법과 작문 3

05

지문 제재 | 쓰기

〈보기〉를 근거로 판단할 때, ㉠~㉢ 중 적절하지 않은 것은? 2018 국가직 9급

보기
통일성(핵심 개념)은 글의 내용이 하나의 주제로 긴밀하게 관련되는 특성을 말한다. 초고의 적절성을 평가할 때에는 글의 내용이 하나의 주제를 드러낼 수 있도록 선정되었는지, 그리고 중심 화제에 부합하는 하위 내용들로 선정되었는지를 검토한다.
▶ '통일성'의 개념

사람들은 대개 수학 과목이 어렵다고 한다. 하지만 나는 수학 시간이 재미있다.(화제) ㉠ 바로 수업을 재미있게 진행하시는 수학 선생님 덕분이다.(필자의 생각 제시) 수학 선생님은 유머로 딱딱한 수학 시간을 웃음바다로 만들곤 한다.(재미있는 수학 수업의 사례 ①) ㉡ 졸리는 오후 시간에 뜬금없이 외국으로 수학여행을 가자고 하여 분위기를 부드럽게 만든 후 어려운 수학 문제를 쉽게 설명한 적도 있다.(재미있는 수학 수업의 사례 ②) 그래서 우리 학교에서는 수학 선생님의 인기가 시들 줄 모른다.(재미있는 수학 수업의 영향 ①) ㉢ 그리고 수학 선생님의 아들이 수학을 굉장히 잘한다는 소문이 나 있다.(재미있는 수학 수업과 무관한 내용) ㉣ 내 수학 성적이 좋아진 것도 수학 선생님의 재미있는 수업 덕택이다.(재미있는 수학 수업의 영향 ②)

① ㉠   ② ㉡   ❸ ㉢   ④ ㉣

단계별 풀이 비법

풀이 비법 1   발문으로 유형을 먼저 확인하라!
핵심 개념을 실제 글에 적용하는 문제이다. 제시문에서 설명하고 있는 개념의 주요 내용에 주목해야 한다.

풀이 비법 2   제시문을 꿰뚫는 핵심 개념을 찾아라!
핵심 개념 통일성
글의 구성 원리 중 하나인 '통일성'은 내용들 간의 '의미적인' 연결 관계를 말한다. 통일성은 상위 주제에 대해 하위 주제들이 의미적으로 얼마나 긴밀하게 연결되어 있는가, 즉 얼마나 주제 집약적으로 구성되어 있는가를 나타낸다. 통일성을 갖추기 위해서는 하나의 단락에 하나의 중심 생각만 드러나야 하며, 전체의 주제와 부합하도록 세부 내용이 구성되어야 한다. 이러한 이유로 통일성을 선택의 원리라고 말하기도 한다

풀이 비법 3   제시문의 정보를 파헤쳐라!
반복되는 화제(재미있는 수학 시간)에 필자의 생각을 덧붙이면(수학 선생님 덕분이다) 중심 화제(주제문)를 파악할 수 있다. 이어서 단락의 세부 내용들이 이러한 중심 화제와 연관이 있는지를 확인해야 한다.
중심 내용

중심 문장	재미있는 수학 시간(화제)은 수학 선생님 덕분이다.(필자의 생각)
뒷받침 문장	재미있는 수학 시간의 사례 ① – 유머 재미있는 수학 시간의 사례 ② – 수학여행 재미있는 수학 시간의 영향 ① – 인기 재미있는 수학 시간의 영향 ② – 성적 향상

풀이 비법 4   기준을 세워 비판하며 선택지를 읽어라!
중심 화제와의 긴밀한 연관성이 제시문의 통일성을 판단하는 기준이 된다.
① ㉠은 화제에 대한 필자의 생각이 드러나는 부분이므로 통일성에 어긋나지 않는다.
② ㉡은 중심 화제를 뒷받침하는 사례이므로 통일성에 어긋나지 않는다.
③ ㉢은 윗글의 화제인 '재미있는 수학 시간'과 관계 없는 '수학 선생님 아들의 수학 성적'이라는 새로운 화제에 대해 언급하고 있으므로 통일성을 깨뜨리는 내용으로 판단할 수 있다.
④ ㉣은 '재미있는 수학 시간'의 영향에 대해 언급하고 있으므로 화제와 연관된 내용으로 볼 수 있다.
정답 ③

유형 07 화법과 작문   367

실전 기출 — 화법과 작문 3

연습 1 병태 요정과 함께 풀기

다음의 개요를 기초로 하여 글을 쓸 때, 주제문으로 가장 적절한 것은?
2017 지방직 9급

> **서론**: 최근의 수출 실적 부진 현상
> **본론**: 수출 경쟁력의 실태 분석
>   1. 가격 경쟁력 요인
>   ㄱ. 제조 원가 상승
>   ㄴ. 고금리
>   ㄷ. 환율 불안정
>   2. 비가격 경쟁력 요인
>   ㄱ. 기업의 연구 개발 소홀
>   ㄴ. 품질 개선 부족
>   ㄷ. 판매 후 서비스 부족
>   ㄹ. 납기의 지연
> **결론**: 분석 결과의 요약 및 수출 경쟁력 향상 방안 제시

① 정부가 수출 분야 산업을 적극 지원해야 한다.
② 내수 시장의 기반을 강화하는 데 역량을 모아야 한다.
③ 기업이 연구 개발비 투자를 늘리고 품질 향상에 많은 노력을 기울여야 한다.
④ 수출 경쟁력을 좌우하는 요인을 분석한 후 그에 맞는 방안을 마련해야 한다.

연습 2 혼자서 눈으로 계속 연습하기

다음의 개요를 기초로 하여 글을 쓸 때, 주제문으로 가장 적절한 것은?
2017 지방직 9급

> **서론**: 최근의 수출 실적 부진 현상
> **본론**: 수출 경쟁력의 실태 분석
>   1. 가격 경쟁력 요인
>   ㄱ. 제조 원가 상승
>   ㄴ. 고금리
>   ㄷ. 환율 불안정
>   2. 비가격 경쟁력 요인
>   ㄱ. 기업의 연구 개발 소홀
>   ㄴ. 품질 개선 부족
>   ㄷ. 판매 후 서비스 부족
>   ㄹ. 납기의 지연
> **결론**: 분석 결과의 요약 및 수출 경쟁력 향상 방안 제시

① 정부가 수출 분야 산업을 적극 지원해야 한다.
② 내수 시장의 기반을 강화하는 데 역량을 모아야 한다.
③ 기업이 연구 개발비 투자를 늘리고 품질 향상에 많은 노력을 기울여야 한다.
④ 수출 경쟁력을 좌우하는 요인을 분석한 후 그에 맞는 방안을 마련해야 한다.

지문을 한눈에

서론(논제 제시)	본론(1)	본론(2)	결론
문제 상황 제시: 최근의 수출 실적 부진 현상	수출 경쟁력 하락 원인 분석 ① – 가격 요인(기업적, 대내외적 경제 환경)	수출 경쟁력 하락 원인 분석 ② – 비가격 요인(기업의 연구 개발, 품질 개선, 사후 서비스, 제품 납기)	– 분석 결과 요약 – 기업의 수출 경쟁력 향상 방안 제시

06

지문 제재 | 쓰기

다음의 개요를 기초로 하여 글을 쓸 때, 주제문으로 가장 적절한 것은?
2017 지방직 9급

> 서론: 최근의 수출 실적 부진 현상
> 본론: 수출 경쟁력의 실태 분석
>   1. 가격 경쟁력 요인
>   ㄱ. 제조 원가 상승(기업적 요인)
>   ㄴ. 고금리(기업의 제품 가격에 영향을 미치는 환경적 요인)
>   ㄷ. 환율 불안정(기업의 제품 가격에 영향을 미치는 환경적 요인)
>   2. 비가격 경쟁력 요인
>   ㄱ. 기업의 연구 개발 소홀(기업적 요인)
>   ㄴ. 품질 개선 부족(기업적 요인)
>   ㄷ. 판매 후 서비스 부족(기업적 요인)
>   ㄹ. 납기(納期, 세금이나 공과금을 내는 시기나 기한)의 지연(기업적 요인)
> 결론: 분석 결과의 요약 및 수출 경쟁력 향상 방안 제시

① 정부가 수출 분야 산업을 적극 지원해야 한다.
② 내수 시장의 기반을 강화하는 데 역량을 모아야 한다.
③ 기업이 연구 개발비 투자를 늘리고 품질 향상에 많은 노력을 기울여야 한다.
④ 수출 경쟁력을 좌우하는 요인을 분석한 후 그에 맞는 방안을 마련해야 한다.

단계별 풀이 비법

풀이 비법 1 발문으로 유형을 먼저 확인하라!

개요를 통해 '주제문'을 파악하는 문제이다. 개요의 초점 및 개요가 전개되는 과정을 통해서 궁극적으로 글쓴이가 주장하고자 하는 논지가 무엇인지를 추론해야 한다.

풀이 비법 2 개요를 꿰뚫는 핵심어(논제) 및 핵심 주장(논지)을 찾아라!

개요문에서 반복되는 핵심어를 통해 논제를 찾은 후, 개요문의 논리적 흐름에 맞춰 각 소제목을 일반적 진술로 바꾸어 핵심 주장을 파악한다.

중심 화제 수출 경쟁력
중심 내용

서론	(기업의) 수출 실적이 부진하므로
본론 I	(기업의) 수출 경쟁력의 실태를 가격적 측면과
본론 II	비가격적 측면에서 분석해
결론	(기업의) 수출 경쟁력을 향상시킬 수 있는 방안을 제시한다.

풀이 비법 3 개요의 전개 과정을 통해 핵심 정보를 파헤쳐라!

위 개도에는 이미 결론에 '수출 경쟁력 향상 방안'이 제시되어 있다. 그러나 결론이 제시되어 있지 않은 경우에는 개요의 전개 과정을 살펴보아야 한다. 위 개오의 서론은 '수출 실적'이 부진하다는 배경 상황을 제시하고 있으며, 본론어서는 그 원인을 두 가지 측면으로 나누어 분석하고 있다. 따라서 위 개요 결론에는 수출 경쟁력이 떨어진 원인에 대한 분석을 바탕으로 그에 대한 적절한 대책을 제시할 것으로 추론할 수 있다. 또한 본론이 주로 기업의 문제에 초점을 맞추고 있는 것으로 보아 대안 역시 기업의 수출 경쟁력을 높이는 방향으로 제시될 것으로 추론할 수 있다.

풀이 비법 4 기준에 부합하는 선택지를 찾아라!

① 수출 경쟁력을 높이기 위해 기업이 아닌 정부가 해야 할 일을 제시하고 있으므로 적절하지 않다.
② '내수 시장의 강화'를 주장하고 있어 주제인 '기업의 수출 경쟁력 향상'과 무관한 진술이다.
③ '연구 개발비 투자 증가'와 '품질 향상'은 본론에 제시된 내용 중 일부에 대한 대책에 불과하다. 결론은 본론 전체의 내용을 포괄해야 한다.
④ 개요의 결론에 제시된 '분석 결과의 요약' 및 '수출 경쟁력 향상 방안'을 모두 언급하고 있으므로 주제문으로 적합하다.

정답 ④

실전 기출 — 화법과 작문 3

연습 1 병태 요정과 함께 풀기

다음은 신문 기사의 일부이다. 〈보기〉를 참고할 때 ㉠~㉣에 대한 설명으로 가장 적절한 것은?
2019 지방직 7급

> ㉠ 별 헤는 밤
> ㉡ - 울산과 부산서 11·12일 별 축제 열려 -
>
> ㉢ 11일과 12일 저녁 울산과 부산에서 가을밤 별자리를 관찰할 수 있는 축제가 잇따라 펼쳐진다.
> ㉣ 울산광역시와 한국천문연구원은 11일 오후 5시부터 한국우주전파관측망(KVN) 울산전파천문대에서 '울산전파천문대와 함께하는 대한민국 별 축제'를 연다. 이 축제는 울산광역시 생활과학교실과 한국아마추어천문학회가 주관해 2010년부터 해마다 여는, 청소년을 위한 과학 문화 축제이다. … 〈하략〉
> — ○○신문, 20○○. ○○. ○○.

― 보기 ―
신문 기사에서 '전문'은 기사의 내용을 요약하여 제시한 부분으로, 대체로 육하원칙에 의거하여 기사 내용의 뼈대를 제공한다. 이는 본문을 요약하는 전문, 배경을 설명하는 전문, 여론을 환기하는 전문, 결과를 제시하는 전문 등으로 나눌 수 있다.

① ㉠: 기사 내용을 요약 제시한 전문이다.
② ㉡: 사건의 결과와 함께 원인을 제시한다.
③ ㉢: 육하원칙의 몇몇 요소로 기사의 요지를 제시한다.
④ ㉣: 대중의 관심을 환기하는 전문에 해당한다.

연습 2 혼자서 눈으로 계속 연습하기

다음은 신문 기사의 일부이다. 〈보기〉를 참고할 때 ㉠~㉣에 대한 설명으로 가장 적절한 것은?
2019 지방직 7급

> ㉠ 별 헤는 밤
> ㉡ - 울산과 부산서 11·12일 별 축제 열려 -
>
> ㉢ 11일과 12일 저녁 울산과 부산에서 가을밤 별자리를 관찰할 수 있는 축제가 잇따라 펼쳐진다.
> ㉣ 울산광역시와 한국천문연구원은 11일 오후 5시부터 한국우주전파관측망(KVN) 울산전파천문대에서 '울산전파천문대와 함께하는 대한민국 별 축제'를 연다. 이 축제는 울산광역시 생활과학교실과 한국아마추어천문학회가 주관해 2010년부터 해마다 여는, 청소년을 위한 과학 문화 축제이다. … 〈하략〉
> — ○○신문, 20○○. ○○. ○○.

― 보기 ―
신문 기사에서 '전문'은 기사의 내용을 요약하여 제시한 부분으로, 대체로 육하원칙에 의거하여 기사 내용의 뼈대를 제공한다. 이는 본문을 요약하는 전문, 배경을 설명하는 전문, 여론을 환기하는 전문, 결과를 제시하는 전문 등으로 나눌 수 있다.

① ㉠: 기사 내용을 요약 제시한 전문이다.
② ㉡: 사건의 결과와 함께 원인을 제시한다.
③ ㉢: 육하원칙의 몇몇 요소로 기사의 요지를 제시한다.
④ ㉣: 대중의 관심을 환기하는 전문에 해당한다.

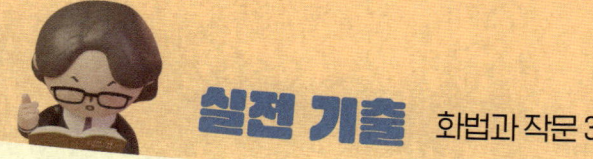

07

지문 제재 | 쓰기

다음은 신문 기사의 일부이다. 〈보기〉를 참고할 때 ㉠~㉣에 대한 설명으로 가장 적절한 것은?

2019 지방직 7급

㉠ 별 헤는 밤 (제목)
㉡ - 울산과 부산서 11·12일 별 축제 열려 - (부제)

㉢ 11일과 12일 저녁 울산과 부산에서 가을밤 별자리를 관찰할 수 있는 축제가 잇따라 펼쳐진다. (전문)
㉣ 울산광역시와 한국천문연구원은 11일 오후 5시부터 한국우주전파관측망(KVN) 울산전파천문대에서 '울산전파천문대와 함께하는 대한민국 별축제'를 연다. 이 축제는 울산광역시 생활과학교실과 한국아마추어천문학회가 주관해 2010년부터 해마다 여는, 청소년을 위한 과학 문화 축제이다. …
〈하략〉 (본문)
- ○○신문, 2000. ○○. ○○.

▶ '신문 기사'의 사례

보기

신문 기사에서 '전문'은 기사의 내용을 요약하여 제시한 부분으로, 대체로 육하원칙에 의거하여 기사 내용의 뼈대를 제공한다. 이는 본문을 요약하는 전문, 배경을 설명하는 전문, 여론을 환기하는 전문, 결과를 제시하는 전문 등으로 나눌 수 있다.

▶ '신문 기사'에서 '전문'의 개념, 특성, 종류

① ㉠: 기사 내용을 요약 제시한 전문이다. (×)
② ㉡: 사건의 결과와 함께 원인을 제시한다. (×)
③ ㉢: 육하원칙의 몇몇 요소로 기사의 요지를 제시한다.
④ ㉣: 대중의 관심을 환기하는 전문에 해당한다. (×)

단계별 풀이 비법

풀이 비법 1 발문으로 유형을 먼저 확인하라!
제시문의 핵심 개념을 실제 기사에 적용하는 문제이다. 신문 기사의 구성을 알고 있어야 쉽게 풀 수 있는 문제이므로 '개념 PLUS'의 자료를 익혀 두어야 한다.

풀이 비법 2 제시문을 꿰뚫는 핵심 개념을 찾아라!
중심 화제 신문 기사의 '전문'
'전문'은 기사의 핵심 내용을 육하원칙에 따라 요약한 문장으로, 신문 기사에서 표제와 부제의 다음 부분, 본문의 앞에 제시된다.
중심 내용

표제(부제)	별 헤는 밤('별 축제' 개최 소개)
전문	'별 축제' 개최 일자, 시간, 장소, 내용 소개
본문	'별 축제'에 관한 세부 정보 전달(주최, 대상 등)

풀이 비법 3 제시문의 정보를 파헤쳐라!
제시문에서 '전문'은 기사의 내용을 요약하고 있는 뼈대이며, 육하원칙에 의거한다고 하였다.

풀이 비법 4 기준을 세워 비판하며 선택지를 읽어라!
① ㉠은 기사의 맨 앞에 제시되어 있으므로 '표제'에 해당한다. 육하원칙과 관련이 없으며, 기사의 내용도 거의 드러나지 않는다.
② ㉡은 ㉠을 보충하는 역할을 하고 있으므로 '부제'에 해당한다. 일부 육하원칙과 관련되는 내용이 있으나 사건의 원인이나 결과는 전혀 언급되지 않는다.
③ ㉢은 축제 개최 일자, 시간, 장소, 내용(별자리 관찰) 등 주요 정보를 몇 가지 육하원칙의 요소에 맞춰 요약해 전달하고 있으므로 '전문'에 해당한다.
④ ㉣은 '별 축제'와 관련된 정보를 상세하게 전달하고 있으므로 '본문'에 해당한다. 대중의 관심을 환기하는 내용도 나타나지 않는다.

정답 ③

개념 PLUS 기사문의 구성[역피라미드형]

표제(헤드라인, 제목)	전문(前文)	본문	해설
본문의 내용을 압축해 나타낸 것으로 정확성, 명료성, 간결성을 지녀야 함. *부제: 표제의 내용을 부연 설명하여 주제를 드러냄.	기사의 핵심 내용을 육하원칙에 따라 요약한 문장임. 요약문이라고도 하며 50음절 이내로 작성함.	기사의 내용을 자세히 서술하는 부분으로, 통일성과 일관성이 있어야 함.	참고 사항이나 보충 해설을 덧붙이는 부분임. 사건의 전망이나 평가 등이 나오며, 주관성이 드러나기도 함.

※ 역피라미드형: 중요한 핵심을 앞에 요약하고, 그 뒤에 이를 보충하는 세부적인 내용을 기술하는 방식

실전 기출 — 화법과 작문 3

연습 1 병태 요정과 함께 풀기

다음을 고려한 보고서 작성 방안으로 적절하지 않은 것은?
2019 지방직 7급

- 주제: 주거지의 관광 명소화에 따른 문제점과 개선 방안
- 목적: 북촌 한옥 마을, 이화 마을 등의 주거 지역에 관광객이 몰리면서 기존 거주민의 쾌적한 주거 환경이 위협받는 문제에 대한 개선 방안을 마련하고자 한다.

① 외국의 유사한 정책 사례를 조사하고 시사점을 도출한다.
② 대상 지역에 주소지를 둔 관광 업체의 경영 실태 및 매출 실적을 분석한다.
③ 전문가 자문 회의와 주민 토론회를 열어 개선 방안에 대한 다양한 의견을 수렴한다.
④ 대상 지역 주민들과의 면담을 통해 피해 사례를 조사하고 일정한 기준에 따라 유형화한다.

연습 2 혼자서 눈으로 계속 연습하기

다음을 고려한 보고서 작성 방안으로 적절하지 않은 것은?
2019 지방직 7급

- 주제: 주거지의 관광 명소화에 따른 문제점과 개선 방안
- 목적: 북촌 한옥 마을, 이화 마을 등의 주거 지역에 관광객이 몰리면서 기존 거주민의 쾌적한 주거 환경이 위협받는 문제에 대한 개선 방안을 마련하고자 한다.

① 외국의 유사한 정책 사례를 조사하고 시사점을 도출한다.
② 대상 지역에 주소지를 둔 관광 업체의 경영 실태 및 매출 실적을 분석한다.
③ 전문가 자문 회의와 주민 토론회를 열어 개선 방안에 대한 다양한 의견을 수렴한다.
④ 대상 지역 주민들과의 면담을 통해 피해 사례를 조사하고 일정한 기준에 따라 유형화한다.

실전 기출 화법과 작문 3

08

다음을 고려한 보고서 작성 방안으로 적절하지 않은 것은? 2019 지방직 7급

지문 제재 | 쓰기

- 주제: 주거지의 관광 명소화에 따른 문제점과 개선 방안
- 목적: 북촌 한옥 마을, 이화 마을 등의 주거 지역에 관광객이 몰리면서 기존 거주민의 쾌적한 주거 환경이 위협받는 문제에 대한 개선 방안을 마련하고자 한다.

▶ '주거지의 관광 명소화에 따른 문제점과 개선 방안' 보고서

① 외국의 유사한 정책 사례를 조사하고 시사점(示唆點, 미리 알려주는 암시)을 도출한다.(導出-, 판단이나 결론 따위를 이끌어 내다)
② 대상 지역에 주소지를 둔 관광 업체의 경영 실태 및 매출 실적을 분석한다.(×)
③ 전문가 자문(諮問, 어떤 일을 효율적이고 바르게 처리하기 위해 그 분야에 전문적인 지식을 가진 사람이나 기관에 의견을 물음) 회의와 주민 토론회를 열어 개선 방안에 대한 다양한 의견을 수렴한다.
④ 대상 지역 주민들과의 면담을 통해 피해 사례를 조사하고 일정한 기준에 따라 유형화한다.

단계별 풀이 비법

풀이 비법 1 발문으로 유형을 먼저 확인하라!

'보고서'를 작성하기 위해 자료를 수집하는 방법에 대한 찾는 문제이다. 적절한 자료의 요건을 알고 있으면 수월하게 풀 수 있는 문제이므로 '개념 PLUS'의 자료를 익혀 두어야 한다.

풀이 비법 2 제시문을 꿰뚫는 핵심 개념을 찾아라!

중심 화제 주거지의 관광 명소화에 따른 '문제점'과 '개선 방안'
중심 내용

상황	주거 지역에 관광객이 몰리고 있음.
문제	기존 거주민의 쾌적한 주거 환경이 위협받고 있음.
목적	문제 상황을 개선할 방안을 마련함.

풀이 비법 3 제시문의 정보를 파헤쳐라!

'주거지'가 '관광 명소'가 됨에 따라 지역 거주민들의 주거 환경이 위협받는 상황에서 그 문제점을 파악하고 그에 대한 개선 방안을 조사해 제시하는 보고서이다. 자료는 주제를 뒷받침할 수 있어야 하므로 핵심 개념인 '문제점'이나 '개선 방안'과 연관된 것이어야 보고서를 작성하는 데 있어 적절한 것이 된다.

풀이 비법 4 기준을 세워 비판하며 선택지를 읽어라!

① '외국의 유사한 정책 사례를 조사'하는 것은 '개선 방안'을 파악하는 데 도움이 될 수 있으므로 적절하다.
② '관광 업체의 경영 실태 및 매출'을 분석하는 것은 지역 주민의 고통이라는 '문제점'이나 그 문제의 '개선 방안'이라는 핵심 화제와 연관되지 않으므로 적절하지 않다.
③ '전문가 자문 회의' 및 '주민 토론회'를 열어 다양한 의견을 수렴하는 것은 보다 바람직한 '개선 방안'을 얻기 위한 것이므로 적절하다.
④ '피해 사례 조사'를 위한 '지역 주민 면담'은 문제점을 파악하기 위한 것이므로 적절하다.

정답 ②

개념 PLUS

◆ 자료의 수집과 생성

자료의 요건
· 주제를 뒷받침할 수 있는 것이어야 한다. · 객관적이고 구체적이며 근거가 확실해야 한다. · 사실과 의견이 분명하게 구분되어야 한다. · 독자의 관심을 끌 수 있는 독창적이고 새로운 것이어야 한다. · 풍부하고 다양해야 한다.

◆ 보고서
- 개념: 어떤 목적을 가지고 행한 조사, 실험, 연구, 답사, 관찰 등의 과정과 결과를 일정한 양식에 맞추어 알리는 글
- 작성 순서

계획 수립 → 자료 수집 → 자료 해석 → 보고서 작성

- 구성 형식

처음	조사 일시, 조사 대상, 조사 내용 및 목적, 조사단 편성, 조사 과정 등
중간	사실 제시 부분과 사실에 대한 설명 부분
끝	내용 요약 및 앞으로 해야 할 일, 참고 자료

- 보고서 작성 시 유의점
  ① 보고 목적과 보고 대상을 분명히 하고 조사자와 보고 내용을 조사한 시간 및 장소를 명확히 밝혀야 한다.
  ② 보고 결과를 쓸 때에는 사실에 근거하여, 과장하거나 왜곡하지 않아야 한다.
  ③ 다른 사람의 연구 결과를 표절하지 않는 등 윤리를 지켜야 한다.
  ④ 참고한 문헌이나 자료 등의 출처는 반드시 밝혀야 한다.

연습 1 병태 요정과 함께 풀기

다음 글의 글쓰기 방식에 대한 설명으로 적절한 것은?
2019 지방직 9급

> 멕시코의 환경 운동가로 유명한 가브리엘 과드리는 1960년대 이후 중앙아메리카 숲의 25% 이상이 목초지 조성을 위해 벌채되었으며 1970년대 말에는 중앙아메리카 전체 농토의 2/3가 축산 단지로 점유되었다고 주장했다. 실제로 1987년 이후로도 멕시코에만 1,497만 3,900ha의 열대 우림이 파괴되었는데, 이렇게 중앙아메리카의 열대림을 희생하면서까지 생산된 소고기는 주로 유럽과 미국으로 수출되었다. 그렇지만 이 소고기들은 지방분이 적고 미국인의 입맛에 그다지 맞지 않아 대부분 햄버거의 재료로 사용되었다.

① 통계 수치를 활용하여 논거의 타당성을 높이고 있다.
② 이론적 근거를 나열하여 주장의 전문성을 강화하고 있다.
③ 전문 용어의 뜻을 쉽게 풀이하여 독자의 이해를 돕고 있다.
④ 예측할 수 없는 결과를 나열하여 사태의 심각성을 알리고 있다.

연습 2 혼자서 눈으로 계속 연습하기

다음 글의 글쓰기 방식에 대한 설명으로 적절한 것은?
2019 지방직 9급

> 멕시코의 환경 운동가로 유명한 가브리엘 과드리는 1960년대 이후 중앙아메리카 숲의 25% 이상이 목초지 조성을 위해 벌채되었으며 1970년대 말에는 중앙아메리카 전체 농토의 2/3가 축산 단지로 점유되었다고 주장했다. 실제로 1987년 이후로도 멕시코에만 1,497만 3,900ha의 열대 우림이 파괴되었는데, 이렇게 중앙아메리카의 열대림을 희생하면서까지 생산된 소고기는 주로 유럽과 미국으로 수출되었다. 그렇지만 이 소고기들은 지방분이 적고 미국인의 입맛에 그다지 맞지 않아 대부분 햄버거의 재료로 사용되었다.

① 통계 수치를 활용하여 논거의 타당성을 높이고 있다.
② 이론적 근거를 나열하여 주장의 전문성을 강화하고 있다.
③ 전문 용어의 뜻을 쉽게 풀이하여 독자의 이해를 돕고 있다.
④ 예측할 수 없는 결과를 나열하여 사태의 심각성을 알리고 있다.

지문을 한눈에

주장	근거	이어질 수 있는 주장의 추론
열대 우림이 파괴되어 목초지가 되고 있으며, 농토는 축산 단지로 전용되고 있음.	구체적 통계 수치를 주장의 근거로 제시 - 1960년대: 중앙아메리카 숲의 25% - 1970년대: 중앙아메리카 전체 농토의 2/3 - 1987년 이후: 멕시코에서 1,497만 3,900ha의 열대 우림이 파괴됨.	환경을 보존하기 위해서는 육류의 소비를 줄여야 함.

실전 기출 화법과 작문 3

09
다음 글의 글쓰기 방식에 대한 설명으로 적절한 것은?

지문 제재 | 쓰기
2019 지방직 9급

> 멕시코의 환경 운동가로 유명한 가브리엘 과드리는 1960년대 이후 중앙아메리카 숲의 25% 이상이 목초지(牧草地, 가축의 사료가 되는 풀이 자라고 있는 곳) 조성을 위해 벌채(伐採, 나무를 베어 내거나 섶을 깎아 냄)되었으며 1970년대 말에는 중앙아메리카 전체 농토의 2/3가 축산 단지로 점유(占有, 물건이나 영역, 지위 따위를 차지함)되었다고 주장했다. 실제로 1987년 이후로도 멕시코에만 1,497만 3,900ha(헥타르, 100a-아르 또는 1만㎡에 해당하는 미터법의 단위)의 열대 우림이 파괴되었는데, 이렇게 중앙아메리카의 열대림을 희생하면서까지 생산된 소고기는 주로 유럽과 미국으로 수출되었다. 그렇지만 이 소고기들은 지방분이 적고 미국인의 입맛에 그다지 맞지 않아 대부분 햄버거의 재료로 사용되었다. (구체적 수치가 자주 활용되어 있음)
> ▶ 축산업으로 인한 열대 우림의 파괴와 농토 축소

① 통계 수치를 활용하여 논거의 타당성을 높이고 있다.
② 이론적 근거를 나열하여(×) 주장의 전문성을 강화하고 있다.
③ 전문 용어의 뜻을 쉽게 풀이(×) 독자의 이해를 돕고 있다.
④ 예측할 수 없는 결과를 나열하여(×) 사태의 심각성을 알리고 있다.(×)

단계별 풀이 비법

풀이 비법 1 발문으로 유형을 먼저 확인하라!
글의 형식적 특징을 묻는 문제로, 선택지의 핵심 내용을 제시문과 대응시켜 정답을 찾아야 한다. 이 유형의 문제를 빠르고 정확하게 풀기 위해서는 특정 내용 전개 방식이 나타날 때마다 밑줄을 치며 제시문을 읽는 연습을 하는 것이 좋다. 또한 특정 내용 전개 방식을 사용할 때 발생하는 효과에 대해서도 알아 두어야 한다. 내용 전개 방식은 맞지만 그 효과가 적절하지 않아 오답이 되는 경우, 문제의 난도가 더욱 높아진다.

풀이 비법 2 핵심어를 통해 제시문의 중심 내용을 찾아라!
중심 화제 축산업으로 인한 열대 우림의 파괴와 농토 축소

풀이 비법 3 글쓰기 방식과 연관되는 선택지의 핵심 내용을 파악하라!
선택지 ①은 '통계 수치를 활용'해 '논거의 타당성'을 높임, 선택지 ②는 '이론적 근거를 나열'해 '주장의 전문성'을 강화함, 선택지 ③은 '전문 용어를 쉽게 풀이'하여 '독자의 이해'를 도움, 선택지 ④는 '예측할 수 없는 결과를 나열'하여 '사태의 심각성'을 알리는 내용이 글쓰기 방식에 해당하는 핵심 내용이다.

풀이 비법 4 지문의 내용을 확인해 적절한 선택지를 찾아라!
① 중앙아메리카 숲의 25%, 중앙아메리카 전체 농토의 2/3, 멕시코의 열대 우림 1,497만 3,900ha 등 숲이 파괴되는 상황을 구체적 수치를 통해 제시하고 있다.
② 이론적 근거를 나열할 경우 주장에 전문성을 부여할 수 있다. 그러나 지문에 과드리의 주장을 뒷받침할 이론적 근거는 제시되어 있지 않다.
③ 전문 용어를 풀이해 제시할 경우 독자의 이해를 도울 수 있다. 그러나 지문에는 특정 용어를 풀이하는 내용이 나타나 있지 않다.
④ 예측할 수 없는 결과가 제시되면서 그것이 부정적일 경우 사태의 심각성을 강조할 수 있다. 그러나 지문은 이미 나타난 결과만 제시하고 있을 뿐 미래에 나타날 수 있는 결과에 대해서는 언급하지 않고 있다. **정답 ①**

실전 기출 — 화법과 작문 3

연습 1 병태 요정과 함께 풀기

다음 개요에서 알 수 있는 글쓰기 전략으로 가장 적절한 것은?
2017 국가직 7급

> Ⅰ. 서론
>   1. 재능 기부 현황과 재능 기부에 대한 인식 실태
>   2. 재능 기부의 의의와 필요성
> Ⅱ. 재능 기부의 장애 요인
>   1. 홍보 부족
>   2. 참여 의식 부족
>   3. 프로그램 영역의 편중
>   4. 기부자와 수혜자의 연계 채널 미비
> Ⅲ. 재능 기부 활성화 방안
>   1. 홍보 강화
>   2. 국민의 공감대 형성
>   3. 프로그램 영역의 다양화
>   4. 연결망 구축
> Ⅳ. 결론

① 재능 기부의 활성화 방안을 간접적으로 제시한 후 재능 기부가 이루어지지 못하는 현실을 개탄하는 내용으로 마무리한다.
② 재능 기부의 필요성을 알리고 재능 기부가 잘 이루어지도록 하기 위해 논의의 초점을 재능 기부의 장애 요인에 맞춘다.
③ 재능 기부의 현황을 토대로 의의와 필요성을 밝히고 재능 기부의 장애 요인을 해결하는 방향으로 활성화 방안을 제시한다.
④ 재능 기부의 필요성과 활성화 방안이 초점이므로 재능 기부의 의의와 필요성을 토대로 재능 기부의 현황과 인식 실태 파악을 이끌어 낸다.

연습 2 혼자서 눈으로 계속 연습하기

다음 개요에서 알 수 있는 글쓰기 전략으로 가장 적절한 것은?
2017 국가직 7급

> Ⅰ. 서론
>   1. 재능 기부 현황과 재능 기부에 대한 인식 실태
>   2. 재능 기부의 의의와 필요성
> Ⅱ. 재능 기부의 장애 요인
>   1. 홍보 부족
>   2. 참여 의식 부족
>   3. 프로그램 영역의 편중
>   4. 기부자와 수혜자의 연계 채널 미비
> Ⅲ. 재능 기부 활성화 방안
>   1. 홍보 강화
>   2. 국민의 공감대 형성
>   3. 프로그램 영역의 다양화
>   4. 연결망 구축
> Ⅳ. 결론

① 재능 기부의 활성화 방안을 간접적으로 제시한 후 재능 기부가 이루어지지 못하는 현실을 개탄하는 내용으로 마무리한다.
② 재능 기부의 필요성을 알리고 재능 기부가 잘 이루어지도록 하기 위해 논의의 초점을 재능 기부의 장애 요인에 맞춘다.
③ 재능 기부의 현황을 토대로 의의와 필요성을 밝히고 재능 기부의 장애 요인을 해결하는 방향으로 활성화 방안을 제시한다.
④ 재능 기부의 필요성과 활성화 방안이 초점이므로 재능 기부의 의의와 필요성을 토대로 재능 기부의 현황과 인식 실태 파악을 이끌어 낸다.

지문을 한눈에

서론(논제 제시)	본론(1)	본론(2)	결론
1. 재능 기부가 활성화 되지 못한 현실 2. 재능 기부의 의의와 필요성	재능 기부가 활성화 되지 못한 요인 분석 – 개인적, 사회적, 제도적, 의식적 측면 등	재능 기부를 활성화 하기 위한 방안 제시 – 개인적, 사회적, 제도적, 의식적 측면 등	재능 기부의 중요성을 바탕으로 재능 기부 활성화 방안이 필요함을 강조

10

다음 개요에서 알 수 있는 글쓰기 전략으로 가장 적절한 것은?

2017 국가직 7급

> Ⅰ. 서론
> 　1. 재능 기부 현황과 재능 기부에 대한 인식 실태 (상황 분석)
> 　2. 재능 기부의 의의와 필요성 (핵심 주장을 위한 전제 ①)
> Ⅱ. 재능 기부의 장애 요인 (상황의 원인 분석 – 핵심 주장을 위한 전제 ②)
> 　1. 홍보 부족 (제도적, 수단적, 사회적 측면)
> 　2. 참여 의식 부족 (의식적, 개인적 측면)
> 　3. 프로그램 영역의 편중 (제도적, 내용적 측면)
> 　4. 기부자와 수혜자의 연계 채널 미비 (제도적, 수단적, 사회적 측면)
> Ⅲ. 재능 기부 활성화 방안 (핵심 주장)
> 　1. 홍보 강화 (제도적, 수단적, 사회적 측면)
> 　2. 국민의 공감대 형성 (의식적, 개인적 측면)
> 　3. 프로그램 영역의 다양화 (제도적, 내용적 측면)
> 　4. 연결망 구축 (제도적, 수단적, 사회적 측면)
> Ⅳ. 결론

① 재능 기부의 활성화 방안을 간접적으로 제시 한 후 (×) 재능 기부가 이루어지지 못하는 현실을 개탄 하는 (慨嘆-. 분하거나 못마땅하게 여겨 한탄하다.) 내용으로 마무리한다. (×) → 서론의 내용
② 재능 기부의 필요성을 알리고 재능 기부가 잘 이루어지도록 하기 위해 논의의 초점을 재능 기부의 장애 요인 에 맞춘다. (×) → 초점의 전제
❸ 재능 기부의 현황을 토대로 의의와 필요성을 밝히고 재능 기부의 장애 요인을 해결하는 방향으로 활성화 방안을 제시 한다.
④ 재능 기부의 필요성과 활성화 방안이 초점이므로 재능 기부의 의의와 필요성을 토대로 재능 기부의 현황과 인식 실태 파악 을 이끌어 낸다. (×) → 서론의 내용

단계별 풀이 비법

풀이 비법 1 발문으로 유형을 먼저 확인하라!

개요를 통해 '글쓰기 전략'을 파악하는 문제이다. 개요가 전개되는 과정을 통해서 궁극적으로 글쓴이가 주장하고자 하는 논지가 무엇인지를 추론하며 개요를 읽어야 한다.

풀이 비법 2 개요를 꿰뚫는 핵심어(논제) 및 핵심 주장(논지)을 찾아라!

개요문에서 반복되는 핵심어를 통해 논제를 찾은 후, 개요문의 논리적 흐름에 맞춰 각 소제목을 일반적 진술로 바꾸어 핵심 주장을 파악한다.

중심 화제 재능 기부

핵심 문장 만들기

Ⅰ	재능 기부가 활성화되지 않은 상황에서 재능 기부가 중요하고 필요하므로
Ⅱ	재능 기부가 활성화되지 않은 원인을 분석하고
Ⅲ	그 해결 방안을 제시함으로써
Ⅳ	(재능 기부를 활성화하고자 한다.)

풀이 비법 3 개요의 전개 과정을 통해 핵심 정보를 파헤쳐라!

서론은 논지를 제시하기 위한 배경 상황에 불과하므로 핵심 내용이 될 수 없다. 따라서 본론에 해당하는 개요 Ⅱ, Ⅲ에 주목하면, 개요 Ⅱ에서 문제 상황의 원인을 분석한 것은 결국 개요 Ⅲ에서 그 해결 방안을 제시하기 위한 것임을 알 수 있다. 즉 재능 기부가 활성화되지 못한 요인들을 4가지로 분석한 것은 각각의 해결 방안을 제시하기 위한 전제가 되는 것이다. 따라서 이 개요의 핵심 정보는 개요 Ⅲ에 담겨 있으며, 독자에게 이를 전달하는 것이 필자의 핵심 '전략'임을 추론할 수 있다.

풀이 비법 4 기준에 부합하는 선택지를 찾아라!

① '재능 기부의 활성화 방안'은 Ⅲ에서 직접 제시되어 있다. 또한 위 개요의 주요 전략은 '재능 기부 활성화 방안'을 제시하는 것이지 '재능 기부가 이루어지지 못하는 현실'을 개탄하는 것이 아니다.
② 위 개요의 초점은 '재능 기부의 장애 요인'이 아니라 '재능 기부 활성화 방안'이다. 개요 Ⅱ는 개요 Ⅲ을 제시하기 위한 전제에 해당한다.
③ 개요에서 '재능 기부의 현황, 의의, 필요성'을 밝힌 후, '재능 기부의 장애 요인'을 분석한 것은 결국 그러한 요인들을 제거하고 '재능 기부를 활성화해야 할 필요성이 크다는 것'을 주장하기 위한 것이다.
④ '재능 기부의 현황과 인식 실태 파악'은 개요의 서론 Ⅰ에 이미 제시되어 있는 내용이므로, 위 개요에서 이끌어 내고자 하는 핵심 주장이 될 수 없다.

정답 ③

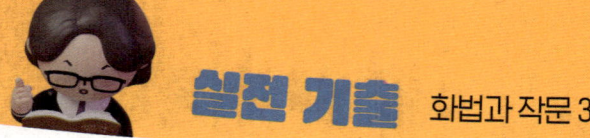

연습 1 병태 요정과 함께 풀기

다음 글의 ㉠~㉣에 대한 고쳐 쓰기 방안으로 적절하지 않은 것은?
2020 지방직 9급

현재 리셋 증후군이 인터넷 중독의 한 유형으로 ㉠꼽혀지고 있다. 리셋 증후군 환자들은 현실에서 잘못을 하더라도 버튼만 누르면 해결될 수 있다고 생각해서 아무런 죄의식이나 책임감 없이 행동한다. ㉡'리셋 증후군'이라는 말은 1990년 일본에서 처음 생겨났는데, 국내에선 1990년대 말부터 쓰이기 시작했다. 리셋 증후군 환자들은 현실과 가상을 구분하지 못하여 게임에서 실행했던 일을 현실에서 저지르고 뒤늦게 후회하는 경우가 많다. 특히, 이러한 특성을 지닌 청소년들은 무슨 일이든지 쉽게 포기하고 책임감 없는 행동을 하며, 마음에 들지 않는 사람이 있으면 ㉢막다른 골목으로 몰 듯 관계를 쉽게 끊기도 한다.

리셋 증후군은 행동 양상이 명확히 나타나지 않는 편이라 쉽게 판별하기 어렵고 진단도 쉽지 않다. ㉣이와 같이 예방을 위해 지속적으로 주위 사람들과 대화를 나누고, 현실과 인터넷 공간을 구분하는 능력을 길러야 한다.

① 불필요한 이중 피동 표현으로 어법에 맞게 ㉠을 '꼽고'로 수정한다.
② 글의 맥락상 자연스럽지 않으므로 ㉡은 첫 번째 문장 뒤로 옮긴다.
③ 앞뒤 문맥을 고려할 때 ㉢은 '칼로 무를 자르듯'으로 수정한다.
④ 앞 문장과의 연결을 고려하여 ㉣을 '그러므로'로 수정한다.

연습 2 혼자서 눈으로 계속 연습하기

다음 글의 ㉠~㉣에 대한 고쳐 쓰기 방안으로 적절하지 않은 것은?
2020 지방직 9급

현재 리셋 증후군이 인터넷 중독의 한 유형으로 ㉠꼽혀지고 있다. 리셋 증후군 환자들은 현실에서 잘못을 하더라도 버튼만 누르면 해결될 수 있다고 생각해서 아무런 죄의식이나 책임감 없이 행동한다. ㉡'리셋 증후군'이라는 말은 1990년 일본에서 처음 생겨났는데, 국내에선 1990년대 말부터 쓰이기 시작했다. 리셋 증후군 환자들은 현실과 가상을 구분하지 못하여 게임에서 실행했던 일을 현실에서 저지르고 뒤늦게 후회하는 경우가 많다. 특히, 이러한 특성을 지닌 청소년들은 무슨 일이든지 쉽게 포기하고 책임감 없는 행동을 하며, 마음에 들지 않는 사람이 있으면 ㉢막다른 골목으로 몰 듯 관계를 쉽게 끊기도 한다.

리셋 증후군은 행동 양상이 명확히 나타나지 않는 편이라 쉽게 판별하기 어렵고 진단도 쉽지 않다. ㉣이와 같이 예방을 위해 지속적으로 주위 사람들과 대화를 나누고, 현실과 인터넷 공간을 구분하는 능력을 길러야 한다.

① 불필요한 이중 피동 표현으로 어법에 맞게 ㉠을 '꼽고'로 수정한다.
② 글의 맥락상 자연스럽지 않으므로 ㉡은 첫 번째 문장 뒤로 옮긴다.
③ 앞뒤 문맥을 고려할 때 ㉢은 '칼로 무를 자르듯'으로 수정한다.
④ 앞 문장과의 연결을 고려하여 ㉣을 '그러므로'로 수정한다.

지문을 한눈에

리셋 증후군의 특징과 예방법

1 화제 제시: 리셋 증후군은 현실과 가상을 구분하지 못하는 증상임.

2 예방법: 리셋 증후군은 경각심을 지니고 평소에 예방해야 함.

실전 기출 — 화법과 작문 3

11

다음 글의 ㉠~㉣에 대한 고쳐쓰기 방안으로 적절하지 않은 것은?

지문 제재 | 사회
2020 지방직 9급

1 ¹현재 리셋 증후군이 인터넷 중독의 한 유형(類型, 성질이나 특징 따위가 공통적인 것끼리 묶은 하나의 틀. 또는 그 틀에 속하는 것)으로 ㉠ 꼽혀지고 있다. ²[리셋 증후군 환자들은 현실에서 잘못을 하더라도 버튼만 누르면 해결될 수 있다고 생각해서 아무런 죄의식이나 책임감 없이 행동한다.](리셋 증후군의 증세) ㉡³'리셋 증후군'이라는 말은 1990년 일본에서 처음 생겨났는데, 국내에선 1990년대 말부터 쓰이기 시작했다. ⁴리셋 증후군 환자들은 현실과 가상(假像, 실물처럼 보이는 거짓 형상)을 구분하지 못하여 게임에서 실행했던 일을 현실에서 저지르고 뒤늦게 후회하는 경우가 많다. ⁵특히, 이러한 특성을 지닌 청소년들은 [무슨 일이든지 쉽게 포기하고 책임감 없는 행동을 하며, 마음에 들지 않는 사람이 있으면 ㉢ 막다른 골목으로 몰 듯 관계를 쉽게 끊기도 한다.](리셋 증후군의 행동 양상)
▶ 리셋 증후군의 특징

2 ¹리셋 증후군은 행동 양상이 명확히 나타나지 않는 편이라 쉽게 판별하기 어렵고 진단도 쉽지 않다. ㉣ ²이와 같이 예방(豫防, 질병이나 재해 따위가 일어나기 전에 미리 대처하여 막는 일)을 위해 [지속적으로 주위 사람들과 대화를 나누고, 현실과 인터넷 공간을 구분하는 능력을 길러야 한다.](리셋 증후군의 예방법)
▶ 리셋 증후군의 예방법

① 불필요한 이중 피동 표현(○)으로 어법에 맞게 ㉠을 '꼽고'(×)로 수정한다.
② 글의 맥락상 자연스럽지 않으므로 ㉡은 첫 번째 문장 뒤로 옮긴다.(앞뒤 문장과의 연결 관계 어색 + 통일성 훼손)
③ 앞뒤 문맥을 고려할 때 ㉢은 '칼로 무를 자르듯'으로 수정한다.(문맥과 어울리지 않음)
④ 앞 문장과의 연결을 고려하여 ㉣을 '그러므로'로 수정한다.(앞 문장과의 연결 관계 어색)

단계별 풀이 비법

풀이 비법 1 발문으로 유형을 확인하라!
'고쳐쓰기 방안'의 적절성을 묻고 있으므로 화법과 작문 중에서 작문의 고쳐쓰기 유형에 해당하는 문제임을 알 수 있다.

풀이 비법 2 제시된 작문의 중심 내용을 파악하라!
중심 화제 리셋 증후군
중심 내용 현실과 가상을 구분하지 못하여 현실에서 잘못을 하더라도 리셋 버튼만 누르면 해결될 수 있다고 생각하는 인터넷 중독의 한 유형으로, 평소 예방이 중요하다.

풀이 비법 3 제시된 부분과 관련된 배경 지식을 활성화시켜라!

㉠	피동 표현이 불필요하게 중복된 이중 피동 표현임.
㉡	글의 흐름에서 벗어나 통일성을 해침.
㉢	막다른 골목: 더 이상 어찌할 수 없는 절박한 지경
㉣	앞 문장과의 연결이 부자연스러우므로 적절한 접속어로 교체해야 함.

풀이 비법 4 선택지의 적절성을 판단하라!

① '꼽혀지고'는 '꼽다'에 피동 접사 '-히-'가 결합한 '꼽히다'에 다시 피동 표현을 나타내는 '-어지다'가 결합한 이중 피동 표현이다. 그런데 이를 피동의 의미가 없는 '꼽고'로 수정하면 주어와의 호응이 어색해진다. 따라서 적절한 피동 표현인 '꼽히고'로 수정하는 것이 적절하다.
② ㉡은 리셋 증후군이라는 용어의 기원에 대한 내용이다. 그런데 ㉡의 바로 앞 문장과 ㉡ 뒤에 이어지는 문장은 모두 리셋 증후군의 증상을 설명하고 있으므로 문맥상 자연스럽지 않다. 따라서 **1** 단락의 첫 번째 문장 다음으로 이동하는 것이 적절하다. 한편, ㉡은 아예 삭제하는 것도 적절하다.
③ 관계를 쉽게 끊어 버린다.'는 내용과 ㉢의 '막다른 골목'이라는 관용어가 적절하게 호응하지 않는다. 따라서 ㉢을 일시에 냉정하게 관계를 청산하는 일을 비유적으로 나타내는 '칼로 무를 자르듯'으로 고치는 것은 적절하다.
④ ㉣은 앞 문장의 내용을 전제로 하여 리셋 증후군의 예방이 필요하다는 내용을 이끌고 있으므로 인과 관계를 나타내는 접속어인 '그러므로'로 바꾸는 것이 적절하다.

정답 ①

실전 기출 — 화법과 작문 3

연습 1 병태 요정과 함께 풀기

(가)와 (나)의 표현상 특징을 이해한 것으로 적절하지 않은 것은?
2020 국가직 7급

> (가) 한국 아이스하키가 북한을 제압, 동메달을 추가했다. 한국 팀은 13일 쓰키사무 실내 링크에서 벌어진 동계 아시안게임 아이스하키 최종 경기에서 북한을 6 대 5로 제치고 1승 2패를 마크, 일본 중국에 이어 3위에 입상했다. 당초 열세가 예상됐던 한국 팀은 이날 필승의 정신력으로 똘똘 뭉쳐 1피리어드 초반부터 파상적인 공격을 펴던 중 3분쯤 첫 골을 성공시키면서 기세를 높였다.
>
> (나) 아이스하키 남북 대결에서 한국이 예상을 뒤엎고 6 대 5로 승리, 동계 아시안게임 동메달을 획득했다. 한국 팀은 13일 삿포로 쓰키사무 실내 링크에서 열린 북한 팀과의 경기에서 초반 수비 치중에 기습 공격 작전이 적중하면서 승세를 타기 시작, 한 차례의 동점도 허용하지 않고 경기를 끝냈다. 한국 팀은 이로써 북한 팀과의 대표 대결에서 3승 1패로 앞섰다.

① (가)는 '제압', (나)는 '승리'라는 말을 사용한 것으로 보아 (나)는 (가)보다 경기 결과를 객관적인 태도로 표현했어.
② (가)는 '필승의 정신력으로 똘똘 뭉쳐', (나)는 '수비 치중에 기습 공격 작전이 적중하면서'라는 말을 사용한 것으로 보아 (가)는 (나)보다 선수들의 의욕을 강조했어.
③ (가)는 '당초 열세가 예상됐던', (나)는 '예상을 뒤엎고'라는 말을 사용한 것으로 보아 (가)와 (나) 모두 경기 전에 한국 팀의 실력이 북한 팀의 실력보다 낮게 평가되었음을 표현했어.
④ (가)는 '3위에 입상했다', (나)는 '동메달을 획득했다'라는 말을 사용한 것으로 보아 (가)와 (나) 모두 아쉬운 경기 결과였음을 강조했어.

연습 2 혼자서 눈으로 계속 연습하기

(가)와 (나)의 표현상 특징을 이해한 것으로 적절하지 않은 것은?
2020 국가직 7급

> (가) 한국 아이스하키가 북한을 제압, 동메달을 추가했다. 한국 팀은 13일 쓰키사무 실내 링크에서 벌어진 동계 아시안게임 아이스하키 최종 경기에서 북한을 6 대 5로 제치고 1승 2패를 마크, 일본 중국에 이어 3위에 입상했다. 당초 열세가 예상됐던 한국 팀은 이날 필승의 정신력으로 똘똘 뭉쳐 1피리어드 초반부터 파상적인 공격을 펴던 중 3분쯤 첫 골을 성공시키면서 기세를 높였다.
>
> (나) 아이스하키 남북 대결에서 한국이 예상을 뒤엎고 6 대 5로 승리, 동계 아시안게임 동메달을 획득했다. 한국 팀은 13일 삿포로 쓰키사무 실내 링크에서 열린 북한 팀과의 경기에서 초반 수비 치중에 기습 공격 작전이 적중하면서 승세를 타기 시작, 한 차례의 동점도 허용하지 않고 경기를 끝냈다. 한국 팀은 이로써 북한 팀과의 대표 대결에서 3승 1패로 앞섰다.

① (가)는 '제압', (나)는 '승리'라는 말을 사용한 것으로 보아 (나)는 (가)보다 경기 결과를 객관적인 태도로 표현했어.
② (가)는 '필승의 정신력으로 똘똘 뭉쳐', (나)는 '수비 치중에 기습 공격 작전이 적중하면서'라는 말을 사용한 것으로 보아 (가)는 (나)보다 선수들의 의욕을 강조했어.
③ (가)는 '당초 열세가 예상됐던', (나)는 '예상을 뒤엎고'라는 말을 사용한 것으로 보아 (가)와 (나) 모두 경기 전에 한국 팀의 실력이 북한 팀의 실력보다 낮게 평가되었음을 표현했어.
④ (가)는 '3위에 입상했다', (나)는 '동메달을 획득했다'라는 말을 사용한 것으로 보아 (가)와 (나) 모두 아쉬운 경기 결과였음을 강조했어.

지문을 한눈에

아이스하키 남북 대결 기사
- **1 기사문**: 남북한의 경기 내용을 비교적 주관적으로 보도
- **2 기사문**: 남북한의 경기 내용을 비교적 객관적으로 보도

12

(가)와 (나)의 표현상 특징을 이해한 것으로 적절하지 않은 것은?

지문 제재 | 기사문
2020 국가직 7급

(가) ¹[한국 아이스하키가 북한을 제압(制壓, 위력이나 위엄으로 세력이나 기세 따위를 억눌러서 통제함),](한국이 북한을 힘으로 이겼다는 느낌을 주는 표현) 동메달을 추가했다. ²한국 팀은 13일 쓰키사무 실내 링크에서 벌어진 동계 아시안게임 아이스하키 최종 경기에서 북한을 6 대 5로 제치고 1승 2패를 마크, 일본 중국에 이어 3위에 입상(入賞, 상을 탈 수 있는 등수 안에 듦)했다. ³당초 열세(劣勢, 상대편보다 힘이나 세력이 약함. 또는 그 힘이나 세력)가 예상됐던 한국 팀은 이날 필승의 정신력으로 똘똘 뭉쳐 1피리어드 초반부터 파상적(波狀的, 일이 물결 모양으로 일정한 간격을 두고 차례로 되풀이되는 것)인 공격을 펴던 중 3분쯤 첫 골을 성공시키면서 기세를 높였다. ▶ 한국이 북한을 '제압'한 아이스하키 경기

(나) ¹[아이스하키 남북 대결에서 한국이 예상을 뒤엎고 6 대 5로 승리,](남북 대결의 결과를 객관적으로 제시) 동계 아시안게임 동메달을 획득했다. ²한국 팀은 13일 삿포로 쓰키사무 실내 링크에서 열린 북한 팀과의 경기에서 초반 수비 치중에 기습(奇襲, 적이 생각지 않았던 때에, 갑자기 들이쳐 공격함. 또는 그런 공격) 공격 작전이 적중하면서 승세를 타기 시작, 한 차례의 동점도 허용하지 않고 경기를 끝냈다. ³한국 팀은 이로써 북한 팀과의 대표 대결에서 3승 1패로 앞섰다. ▶ 한국이 북한에게 '승리'한 아이스하키 경기

① (가)는 '제압(힘으로 이겼다는 느낌)', (나)는 '승리(경기 결과만 제시)'라는 말을 사용한 것으로 보아 (나)는 (가)보다 경기 결과를 객관적인 태도로 표현했어.

② (가)는 '필승의 정신력으로 똘똘 뭉쳐(정신력에 초점)', (나)는 '수비 치중에 기습 공격 작전이 적중하면서(전술에 초점)'라는 말을 사용한 것으로 보아 (가)는 (나)보다 선수들의 의욕을 강조했어.

③ (가)는 '당초 열세가 예상됐던', (나)는 '예상을 뒤엎고'라는 말을 사용한 것으로 보아 (가)와 (나) 모두 경기 전에 한국 팀의 실력이 북한 팀의 실력보다 낮게 평가되었음을 표현했어.

❹ (가)는 '3위에 입상했다(최종 성적의 객관적 제시)', (나)는 '동메달을 획득했다(최종 성적의 객관적 제시)'라는 말을 사용한 것으로 보아 (가)와 (나) 모두 아쉬운 경기 결과였음을 강조했어.

단계별 풀이 비법

풀이 비법 1 발문과 선택지로 유형을 확인하라!

기사문인 (가)와 (나)의 표현상 특징에 대한 이해의 적절성을 묻고 있으므로 글쓰기 전략을 파악하는 문제로 볼 수 있다. 그리고 선택지를 보면 동일한 사건을 다룬 (가)와 (나) 공통점과 차이점을 비교하는 유형임을 알 수 있다.

풀이 비법 2 무엇(화제)에 대해 말하고 있는지 파악하라!

중심 화제 남한과 북한의 아이스하키 경기
중심 내용 아시안게임 아이스하키 경기에서 남한이 북한을 6 대 5로 이겨 동메달을 땄다.

풀이 비법 3 선택지를 중심으로 (가)와 (나)를 비교하라!

①	(가)	제압	힘으로 이겼다는 느낌
	(나)	승리	경기 결과의 객관적 표현
②	(가)	필승의 정신력	선수들의 의욕에 초점
	(나)	수비 치중에 기습 공격	경기 전술에 초점
③	(가)	열세 예상	남한의 실력이 북한보다 떨어진다고 예상
	(나)	예상을 뒤엎고	
④	(가)	3위에 입상	경기 결과에 따른 최종 성적을 객관적으로 제시
	(나)	동메달 획득	

풀이 비법 4 선택지의 적절성을 판단하라!

① (가)의 '제압'은 마치 남한이 북한을 힘으로 억눌러서 이겼다는 느낌을 형성하는 표현인 반면, (나)의 '승리'는 경기 결과를 객관적으로 전달하는 표현이다.

② (가)의 '필승의 정신력으로 똘똘 뭉쳐'라는 표현은 선수들의 의욕과 정신력에 초점을 두고 있는데 비해, (나)의 '수비 치중에 기습 공격 작전이 적중하면서'라는 표현은 경기의 전술에 초점을 두고 있다.

③ (가)는 '당초 열세가 예상됐던'과 (나)는 '예상을 뒤엎고'라는 어구에서는 공통적으로 한국 팀의 실력이 북한 팀보다 낮게 평가되었다는 것이 전제되어 있다.

④ (가)의 '3위에 입상했다'와 (나)는 '동메달을 획득했다'라는 표현 모두 경기 결과에 따른 최종 성적을 객관적으로 제시하고 있다. (가)와 (나) 어디에서도 아쉬운 경기 결과였음을 강조하고 있지는 않다. **정답 ④**

실전 기출 — 화법과 작문 3

연습 1 병태 요정과 함께 풀기

진행자의 말하기 방식에 대한 설명으로 적절하지 않은 것은?

2019 지방직 9급

> **진행자**: 안녕하십니까? 오늘은 고령자의 운전면허 자진 반납 제도에 대해 홍○○ 교수님 모시고 말씀 들어 보겠습니다.
> **홍 교수**: 네, 반갑습니다.
> **진행자**: 나와 주셔서 감사합니다. 우선 이 제도가 어떤 제도인가요?
> **홍 교수**: 지자체마다 조금씩 다르기는 하지만 고령 운전자들이 운전면허를 자발적으로 반납하게 유도하여 고령 운전자에 의한 교통사고를 줄이고자 하는 제도입니다.
> **진행자**: 고령 운전자에 의한 교통사고가 심각한가요? 뒷받침할 만한 자료가 있나요?
> **홍 교수**: 네. 도로교통공단의 통계에 따르면, 전체 교통 사고 대비 고령 운전자에 의한 교통사고 비율이 2014년에는 9.0%였으나 매년 조금씩 증가하여 2017년에는 12.3%를 차지하고 있습니다.
> **진행자**: 그렇군요. 아무래도 고령화 사회로 진입하다 보니 전체 운전자 중에서 고령 운전자에 해당하는 비율이 늘었기 때문인 것 같은데요.
> **홍 교수**: 네, 그렇습니다. 이전보다 차량 성능이 월등히 좋아진 점도 하나의 요인이 될 것입니다.
> **진행자**: 그렇다고 해도 무작정 운전면허를 반납하라고만 할 수는 없을 테고, 뭔가 보완책이 있나요?
> **홍 교수**: 네. 지자체마다 차이가 있지만 소정의 교통비를 지급함으로써 대중교통 이용을 권장하고 있습니다.
> **진행자**: 취지 자체만으로는 긍정적으로 평가할 수 있을 것 같은데, 혹시 제도 시행상의 문제점은 없나요?
> **홍 교수**: 일회성이 문제라고 생각합니다.
> **진행자**: 아, 운전면허를 반납한 당시에만 교통비가 한 차례 지원된다는 말씀이군요.
> **홍 교수**: 네. 이분들이 더 이상 운전을 하지 않아도 이동권을 확보할 수 있도록 지속적인 지원이 이루어져야 이 제도가 효과를 얻을 수 있습니다.
> **진행자**: 그에 더해 장기적으로는 고령자 친화적인 대중교통 인프라를 구축하는 일도 필요할 듯합니다. 교수님, 오늘 말씀 감사합니다.

① 상대방의 의견이 합리적이지 않음을 지적하며 인터뷰를 마무리 짓는다.
② 상대방이 인용한 통계 자료에 대해 자기 나름대로의 해석을 제시한다.
③ 상대방이 제시한 정보 이외에 추가적인 정보를 요구한다.
④ 상대방에게 해당 제도의 시행 배경에 대한 객관적인 근거를 요구한다.

연습 2 혼자서 눈으로 계속 연습하기

진행자의 말하기 방식에 대한 설명으로 적절하지 않은 것은?

2019 지방직 9급

> **진행자**: 안녕하십니까? 오늘은 고령자의 운전면허 자진 반납 제도에 대해 홍○○ 교수님 모시고 말씀 들어 보겠습니다.
> **홍 교수**: 네, 반갑습니다.
> **진행자**: 나와 주셔서 감사합니다. 우선 이 제도가 어떤 제도인가요?
> **홍 교수**: 지자체마다 조금씩 다르기는 하지만 고령 운전자들이 운전면허를 자발적으로 반납하게 유도하여 고령 운전자에 의한 교통사고를 줄이고자 하는 제도입니다.
> **진행자**: 고령 운전자에 의한 교통사고가 심각한가요? 뒷받침할 만한 자료가 있나요?
> **홍 교수**: 네. 도로교통공단의 통계에 따르면, 전체 교통 사고 대비 고령 운전자에 의한 교통사고 비율이 2014년에는 9.0%였으나 매년 조금씩 증가하여 2017년에는 12.3%를 차지하고 있습니다.
> **진행자**: 그렇군요. 아무래도 고령화 사회로 진입하다 보니 전체 운전자 중에서 고령 운전자에 해당하는 비율이 늘었기 때문인 것 같은데요.
> **홍 교수**: 네, 그렇습니다. 이전보다 차량 성능이 월등히 좋아진 점도 하나의 요인이 될 것입니다.
> **진행자**: 그렇다고 해도 무작정 운전면허를 반납하라고만 할 수는 없을 테고, 뭔가 보완책이 있나요?
> **홍 교수**: 네. 지자체마다 차이가 있지만 소정의 교통비를 지급함으로써 대중교통 이용을 권장하고 있습니다.
> **진행자**: 취지 자체만으로는 긍정적으로 평가할 수 있을 것 같은데, 혹시 제도 시행상의 문제점은 없나요?
> **홍 교수**: 일회성이 문제라고 생각합니다.
> **진행자**: 아, 운전면허를 반납한 당시에만 교통비가 한 차례 지원된다는 말씀이군요.
> **홍 교수**: 네. 이분들이 더 이상 운전을 하지 않아도 이동권을 확보할 수 있도록 지속적인 지원이 이루어져야 이 제도가 효과를 얻을 수 있습니다.
> **진행자**: 그에 더해 장기적으로는 고령자 친화적인 대중교통 인프라를 구축하는 일도 필요할 듯합니다. 교수님, 오늘 말씀 감사합니다.

① 상대방의 의견이 합리적이지 않음을 지적하며 인터뷰를 마무리 짓는다.
② 상대방이 인용한 통계 자료에 대해 자기 나름대로의 해석을 제시한다.
③ 상대방이 제시한 정보 이외에 추가적인 정보를 요구한다.
④ 상대방에게 해당 제도의 시행 배경에 대한 객관적인 근거를 요구한다.

실전 기출 — 화법과 작문 3

STUDY 15

13
진행자의 말하기 방식에 대한 설명으로 적절하지 않은 것은?
지문 제재 | 말하기
2019 지방직 9급

진행자: 안녕하십니까? 오늘은 고령자의 운전면허 자진 반납 제도에 대해 홍○○ 교수님 모시고 말씀 들어 보겠습니다.(화제 제시)
홍 교수: 네, 반갑습니다.
진행자: 나와 주셔서 감사합니다. 우선 이 제도가 어떤 제도인가요?
홍 교수: 지자체마다 조금씩 다르기는 하지만 고령 운전자들이 운전면허를 자발적으로 반납하게 유도하여 고령 운전자에 의한 교통사고를 줄이고자 하는 제도입니다.(제도의 개념 및 목적 설명)
진행자: 고령 운전자에 의한 교통사고가 심각한가요? 뒷받침할 만한 자료가 있나요?(신뢰성 있는 객관적 자료의 요구)
홍 교수: 네. 도로교통공단의 통계에 따르면(통계 자료의 제시), 전체 교통 사고 대비 고령 운전자에 의한 교통사고 비율이 2014년에는 9.0%였으나 매년 조금씩 증가하여 2017년에는 12.3%를 차지하고 있습니다.
진행자: 그렇군요. 아무래도 고령화 사회로 진입하다 보니 전체 운전자 중에서 고령 운전자에 해당하는 비율이 늘었기 때문인 것 같은데요.(자료에 대한 해석 - 교통사고 증가의 원인 ①)
홍 교수: 네, 그렇습니다. 이전보다 차량 성능이 월등히 좋아진 점도 하나의 요인이 될 것입니다.(교통사고 증가의 원인 ②)
진행자: 그렇다고 해도 무작정 운전면허를 반납하라고만 할 수는 없을 테고, 뭔가 보완책이 있나요?(추가적인 정보의 요구 - 보완책)
홍 교수: 네. 지자체마다 차이가 있지만 소정의 교통비를 지급함으로써 대중교통 이용을 권장하고 있습니다.
진행자: 취지 자체만으로는 긍정적으로 평가할 수 있을 것 같은데, 혹시 제도 시행상의 문제점은 없나요?(추가적인 정보의 요구 - 문제점)
홍 교수: 일회성이 문제라고 생각합니다.
진행자: 아, 운전면허를 반납한 당시에만 교통비가 한 차례 지원된다는 말씀이군요.(문제점에 대한 해석)
홍 교수: 네. 이분들이 더 이상 운전을 하지 않아도 이동권을 확보할 수 있도록 지속적인 지원이 이루어져야 이 제도가 효과를 얻을 수 있습니다.(문제의 해결책 제시)
진행자: 그에 더해 장기적으로는 고령자 친화적인 대중교통 인프라를 구축하는 일도 필요할 듯합니다. 교수님, 오늘 말씀 감사합니다.(문제의 해결책 추가 제시, 마무리)

❶ 상대방의 의견이 합리적이지 않음을 지적하며(×) 인터뷰를 마무리 짓는다.
② 상대방이 인용한 통계 자료에 대해 자기 나름대로의 해석을 제시한다.
③ 상대방이 제시한 정보 이외에 추가적인 정보를 요구한다.
④ 상대방에게 해당 제도의 시행 배경에 대한 객관적인 근거를 요구한다.

단계별 풀이 비법

풀이 비법 1 발문으로 유형을 먼저 확인하라!
담화의 형식적 특징을 묻는 문제로, '진행자'의 담화 방식으로 한정되어 있다. 이 유형의 문제를 빠르고 정확하게 풀기 위해서는 특정 말하기 방식에 밑줄을 치며 제시문을 읽는 연습을 하는 것이 좋다. 또 선택지의 핵심 내용을 지문과 대응시켜 정답을 찾아야 한다.

풀이 비법 2 핵심어를 통해 담화의 중심 내용을 찾아라!
중심 호제 고령자의 운전면허 자진 반납 제도
중심 내용

진행자	화제 제시 및 제도의 개념 질문
홍 교수	제도의 개념 및 목적 제시
진행자	제도의 시행 배경에 대한 질문 및 근거 요구
홍 교수	제도의 시행 배경 제시 - 고령 운전자의 교통사고 증가에 대한 자료
진행자	교통사고 증가 원인에 대한 추론
홍 교수	교통사고 증가 원인 추가 제시
진행자	제도의 보완책 및 문제점 질문
홍 교수	제도의 보완책 및 문제점 제시
진행자	제도의 보완책 추가 제시 및 마무리

풀이 비법 3 말하기 방식과 연관되는 선택지의 핵심 내용을 파악하라!
선택지 ①은 '상대의 의견이 합리적이지 않음을 지적', 선택지 ②는 '통계 자료', '해석을 제시', 선택지 ③은 '추가적인 정보를 요구', 선택지 ④는 '시행 배경에 대한 객관적 근거를 요구'가 말하기 방식에 해당하는 핵심 내용이다.

풀이 비법 4 지문의 내용을 확인해 적절한 선택지를 찾아라!
① 진행자는 "그에 더해 장기적으로는 고령자 친화적인 대중교통 인프라를 구축하는 일도 필요할 듯한다."라고 하며 대담을 마무리하고 있다. 이는 상대의 견해에 자신의 의견을 덧붙인 것이지, 상대의 의견이 합리적이지 않음을 지적한 것이 아니다.
② 진행자는 통계에 나타난 교통사고 증가에 대해 "아무래도 고령화 사회로 진입하다 보니 전체 운전자 중에서 고령 운전자에 해당하는 비율이 늘었기 때문인 것 같은데요."라고 하며 자기 나름대로 그 원인을 분석하고 있다.
③ 진행자는 "반대 측은 뭔가 보완책이 있나요?", "제도 시행상의 문제점은 없나요?"라고 물으며 대담자에게 추가적인 정보를 요구하고 있다.
④ 진행자는 "고령 운전자에 의한 교통사고가 심각한가요? 뒷받침할 만한 자료가 있나요?"라고 물으며 대담자에게 객관적인 근거를 요구하고 있다.

정답 ①